SHERRY SONTAG/CHRISTOPHER DREW
mit Annette Lawrence Drew

Jagd unter Wasser

Buch

Was wirklich hinter den Kulissen der Weltmachtpolitik geschah: Jahrzehnte lang sandte die US-Marine ihre U-Boote vor die Küsten der Sowjetunion mit dem Ziel, Informationen über den undurchschaubaren Gegner zu sammeln. Diese Operationen waren naturgemäß »top secret«. Alle Beteiligten – Offiziere, Matrosen und Techniker – waren unter Eid zum Schweigen verpflichtet. Sherry Sontag und Christopher Drew durchbrechen diesen Bann und enthüllen erstmals die Wahrheit jenes geheimen Wettlaufs um die Vormachtstellung in der Welt. Hunderte von Menschenleben setzten die USA aufs Spiel, um sich den entscheidenden Wissensvorsprung zu sichern. »Jagd unter Wasser« ist ein dramatischer Tatsachenbericht und zugleich erschreckendes Zeugnis der tödlichen Logik des Kalten Kriegs vor dem Hintergrund nuklearer Bedrohung. Aufschlussreiche Fakten über abenteuerliche Unfälle, Störfälle und Katastrophen, die von den Verantwortlichen mit guten Gründen über Jahre unter Verschluss gehalten wurden.

Autoren

Sherry Sontag arbeitet als investigative Journalistin für die *New York Times* und das *National Law Journal*. Mehr als sechs Jahre widmete sie allein der Recherche und dem Verfassen von *Jagd unter Wasser*.

Christopher Drew ist mehrfach ausgezeichneter Redakteur der *New York Times*. Er veröffentlichte außerdem Beiträge in *Chicago Tribune* und *Wall Street Journal*.
Die aufwendige Recherche für das vorliegende Buch unterstützte seine Frau, die promovierte Politikwissenschaftlerin Annette Lawrence Drew.

Sherry Sontag
Christopher Drew
mit Annette Lawrence Drew

Jagd
unter Wasser

Die wahre Geschichte
der U-Boot-Spionage

Aus dem Amerikanischen
von Diane von Weltzien

GOLDMANN

Die Originalausgabe erschien
unter dem Titel »Blind Man's Bluff«
bei PublicAffairs, Perseus Books Group, New York.

Umwelthinweis:
Alle bedruckten Materialien dieses Taschenbuches
sind chlorfrei und umweltschonend.

Der Goldmann Verlag
ist ein Unternehmen der Verlagsgruppe Bertelsmann.

Vollständige Taschenbuchausgabe Juni 2001
Wilhelm Goldmann Verlag, München,
in der Verlagsgruppe Bertelsmann GmbH
© 2000 der deutschsprachigen Ausgabe
by C. Bertelsmann Verlag München,
in der Verlagsgruppe Bertelsmann GmbH
© 1998 der Originalausgabe
by Sherry Sontag and Christopher Drew
Umschlaggestaltung: Design Team München
Umschlagfoto: Electric Boat Co.
Druck: Elsnerdruck, Berlin
Verlagsnummer: 15077
KF · Herstellung: Sebastian Strohmaier
Made in Germany
ISBN 3-442-15077-9
www.goldmann-verlag.de

3 5 7 9 10 8 6 4 2

*Für die Männer, die diese Geschichten gelebt,
und vor allem für jene, die sie mit uns geteilt haben.*

Inhalt

*»Letztendlich ist die U-Boot-Fahrerei schon immer
ein Blindekuhspiel gewesen.«*

Ein hochrangiger Admiral der U-Boot-Flotte

*Und wenn's auch mal ums Ganze ging,
War jedem von der Mannschaft klar,
Was beim Blindekuhspiel stets vom Kapitän abhing
Und was für'n toller Prachtkerl er doch war.*

Vers aus der »Ballade von Whitey Mack«,
Ode an einen U-Boot-Kapitän
vom U-Boot-Fahrer Tommy Cox

Prolog

Fregattenkapitän Charles R. MacVean hatte etwas an sich, was die Legendenbildung beförderte. Es lag nicht daran, wie er aussah: Er war groß, etwas untersetzt und hatte bereits mit Ende dreißig immer dünner werdende graue Haare. Es war vielmehr sein Sinn für Humor und seine Menschlichkeit. Er war ein Mann, der, wenn er durch die Luke einen Schwall Wasser abbekam, noch immer regungslos dastand, die tropfende Pfeife zwischen den Zähnen. Er war außerdem der Mann, der soeben das nukleargetriebene Jagd-U-Boot USS *Seawolf* durch eine seiner gefährlichsten Operationen während des Kalten Kriegs geführt hatte. Er hatte sich in ein sowjetisches Meer geschlichen und den Feind belauscht, und zwar auf eine Weise, wie es für die meisten anderen Unterseeboote undenkbar war. Nun, schließlich zu Hause, war MacVean froh, endlich etwas Schlaf zu bekommen.

Das Telefon klingelte. MacVean war sofort hellwach und blickte auf die Uhr: zwei Uhr morgens. Der Anruf kam vom Marinehauptquartier in Washington, D.C., und die Stimme am anderen Ende der Leitung gehörte einem recht verlegenen und verwirrten Marineoffizier.

»Da ist ein Matrose von Ihrem Schiff in einer Bar namens Horse & Cow«, erklärte der Mann, »und er versucht gerade den Präsidenten anzurufen, um ihm zu sagen, welch großartige Arbeit Sie geleistet haben und wie toll Sie sind. Könnten Sie ihn bitte aus der Telefonzelle herausholen?«

MacVean wusste ebenso wie all seine Männer, wo das Horse & Cow war. Die Bar war das Stammlokal der U-Boot-Fahrer in

Vallejo, Kalifornien, ein verräuchertes Lokal, das mit Erinnerungsstücken von fast jedem U-Boot geschmückt war, das je durch den Pazifik in Richtung Sowjetunion aufgebrochen war, ein Ort, an dem sich die Männer auf das vorbereiteten, was sie auf See erwartete, und wo sie ihr Überleben feierten, wenn sie es wieder nach Hause geschafft hatten. Der Fregattenkapitän weckte seinen Steuer-Vize, und gemeinsam fuhren sie zu der Bar, die einsam an einer Zufahrtsstraße zu einem Highway lag. Sie bogen auf einen Parkplatz ein, der mehr Schlaglöcher als Straßenbelag aufwies. Und tatsächlich, dort trafen sie ein mehr oder weniger betrunkenes Mitglied der *Seawolf*-Mannschaft an, das sich in der Telefonzelle eingerichtet hatte und noch immer versuchte, die Vermittlung im Weißen Haus zu überreden, zum Präsidenten durchgestellt zu werden. MacVean holte den Mann aus der Telefonzelle und spendierte ihm ein Bier. So ein Kapitän war MacVean. Davon einmal abgesehen wusste er, dass der Mann sich einen Schluck verdient hatte. Das hatten sie alle.

Diese Geschichte trug sich in den siebziger Jahren zu, doch sie hätte sich während des Kalten Kriegs auch zu jedem anderen Zeitpunkt ereignet haben können. Schließlich waren MacVean und seine Männer Teil einer Geheimdienstoperation, die in den Annalen der amerikanischen Geschichte ihresgleichen suchte. Über mehr als vier Jahrzehnte und unter dem Deckmantel der allerhöchsten Geheimhaltung, wie sie rigider sonst kaum praktiziert wurde, schickten die Vereinigten Staaten Zehntausende Männer zusammengepfercht in Stahlzylindern mit Spionageaufträgen vor die unwirtlichen Küsten der Sowjetunion. Ihre Aufgabe dort war es, im Verborgenen zu bleiben, Informationen über die Absichten der Feinde und deren Befähigung zum Seekrieg zu erlangen. Von Natur aus waren Unterseeboote, deren Beschaffenheit es ihnen ermöglichte, fast geräuschlos und unsichtbar unter den Wellen zu lauern, ideal für diese Aufgabe geeignet. Sie wurden schon bald zu den entscheidendsten Spionagefahrzeugen der Vereinigten Staaten.

Keine andere Geheimdienstoperation hat so viele Generationen innerhalb einer einzelnen Waffengattung involviert, keine andere hat durchweg das Leben so vieler Amerikaner aufs Spiel gesetzt. Bis zu 140 Mann pro U-Boot, dazu mehrere U-Boote gleichzeitig unterwegs – unter diesen Bedingungen wurde fast jeder Mann, der je auf einem amerikanischen Jagd-U-Boot gedient hat, dazu eingesetzt, sowjetische Häfen und Werften zu beobachten, sowjetische Raketentests zu überwachen oder sowjetische U-Boote zu beschatten. Einige U-Boote, darunter die *Seawolf,* waren eigens dafür ausgerüstet, Kabel anzuzapfen oder Bestandteile sowjetischer Waffen zurückzuholen, die im Rahmen von Tests abgeschossen worden und auf den Meeresboden gesunken waren. Doch handelte es sich bei allen Beteiligten um Freiwillige.

Diese Unterseebootspione standen als einsame Wachen in der vordersten Front eines Kriegs, der von beiden Seiten grimmig geführt wurde. Nur waren in diesem Krieg die wichtigsten Waffen nicht Torpedos, sondern Kameras, feinste Schallortungsgeräte und eine ebenso umfangreiche wie komplizierte Lauschausrüstung. Und während diese Männer in ihren Fahrzeugen saßen, deren komplizierte Technik kaum mehr zu überblicken war, klang ihr Auftrag trügerisch einfach: »Den Feind kennen lernen.« Alles über ihn in Erfahrung bringen, um einen Überraschungsangriff im Keim zu ersticken und um nahezu jeden Preis in diesem nuklearen Zeitalter eine Wiederholung von Pearl Harbor zu verhindern.

In absoluter Stille und in aller Verstohlenheit, vor allem aber vollkommen heimlich, führten Jagdunterseeboote mehr als zweitausend Spionagemissionen aus, indem sie sowjetische U-Boote verfolgten. Am wichtigsten war es, den »Boomern« auf den Fersen zu bleiben – jenen sowjetischen U-Schiffen, die länger als ein Fußballfeld waren und bis zu zwanzig ballistische Raketen an Bord nehmen konnten. Jede dieser Raketen konnte bis zu zehn nukleare Sprengköpfe gleichzeitig aufnehmen und damit durch einen einzigen Abschuss einen Feuersturm auslösen, dessen Gewalt größer gewesen wäre als die aller im Zweiten Weltkrieg abgeworfenen Bomben zugleich. Da diese Waffenarsenale mitgeführt und auf See verborgen gehalten werden konnten, waren sie weit weniger angreifbar und entschieden gefährlicher als Bomben, die von Flugzeugen aus, ausgehend von fixen Punkten an Land, eingesetzt werden mussten.

Es gab nur eine effektive Art, den auf Unterseebooten befindlichen Flugkörpern etwas entgegenzusetzen – und dies erforderte eigene Unterseeboote. Es ist folglich kein Wunder, dass es zur absoluten Priorität der amerikanischen Marine wurde, etwas über diese waffenstarrenden russischen »Boomer« in Erfahrung zu bringen und sich ihnen an die Fersen zu heften. Das war fast jedes Risiko wert und der Grund, warum man Unterseeboote wieder und wieder hinausschickte. Das war die eigentliche Ursache für das jahrzehntelange »Blindekuhspiel«. Für diese Suche nach den neuesten sowjetischen Entwicklungen und U-Booten tauschten die Männer ihr Zuhause, die Sonne und jegliche Illusion von Intimsphäre gegen das überfüllte, fensterlose Schiff ein und tasteten sich durch die Gefilde fremder Ozeane voran, die mehr als zwei Drittel der Weltkugel bedecken. Sie gelangten bis ins Mittelmeer, hinauf in die eisigen Gefahren der Arktis und oft geradewegs hinein in sowjetisches Hoheitsgebiet. Sie lebten fast ohne je einen Blick auf den Ozean und die Meere werfen zu können, die sie durchkreuzten. Sie mussten sich mit dem begnügen, was sie gelegentlich durch das Sehrohr sahen oder sich anhand des Flackerns auf den Bildschirmen des Sonars und des atmosphärischen Knisterns in den Kopfhörern der Sonarmänner zusammenreimten.

In der Kälte und Dunkelheit waren Unterseeboote mit Gefahren konfrontiert, die weit schlimmer waren als jene, denen man bei der gewöhnlichen Seefahrt ausgesetzt war, denn der Druck des Ozeans vermag den stählernen Rumpf eines Unterseeboots mit Leichtigkeit zu zerdrücken, falls es zu tief taucht. Im Laufe der Jahre stellten sich solche Katastrophen auf beiden Seiten ein. Ebenso bedrohlich waren die Sowjets selbst, die entschlossen waren, diesen amerikanischen Spionen Einhalt zu gebieten, und sich so gut wie möglich zur Wehr setzten, manchmal mit Vorstößen in die Tiefe, manchmal indem sie amerikanische Militärs und Geheimdienstmitarbeiter rekrutierten, die für sie spionieren sollten. Die Gefahr all dessen wurde zunehmend deutlich, als sowjetische und amerikanische U-Boote einander fiebrige Jagden lieferten, als Fehleinschätzungen zu Kollisionen führten, als amerikanische U-Boote in sowjetischen Hoheitsgewässern ausgemacht wurden.

Für die Sowjets waren amerikanische U-Boot-Fahrer mehr als nur irgendein Feind; sie waren eine ständig präsente Plage. Für die übrigen Amerikaner waren sie einfach nur die anonymen Männer des »stillen Diensts«. Dieses Buch schildert ihre Geschichte, eine Geschichte, über die Stillschweigen herrscht, bis zum heutigen Tage. Dies ist eines der letzten großen noch nicht erzählten Abenteuer des Kalten Kriegs.

In ihrem Kern scheint das Motiv für die Jagd der Unterseeboote – mittels derer der Gegner daran gehindert werden soll, von den Meeren aus eine Welle des Todes auszusenden – nahezu zeitlos. Bereits Anfang des 16. Jahrhunderts entwarf Leonardo da Vinci den Prototyp eines Tauchboots, kommentierte seinen Entwurf in seinem Notizbuch jedoch mit den Worten, dass er niemals darlegen würde, wie man das Meer unterhalb seiner Oberfläche befahren könne, da er »das böse Wesen des Menschen fürchte, der die Fahrzeuge gewiss nur als Mittel der Zerstörung am Meeresboden einsetzen würde«.

Dennoch war es genau dieses Potenzial unerwarteter Zerstörung, das Erfinder in der Folge vorantrieb. Während des amerikanischen Bürgerkriegs versuchten sie, blasenförmige Tauchboote und später dann solche, die wie Stummelzigarren aussahen, zu bauen, nur um damit unter der Wasseroberfläche Minen an den Schiffen der Feinde zu befestigen. Diese Tauchboote wurden durch Handkurbeln und Tretwerke angetrieben. Meistens kamen die Mitglieder der kleinen Besatzungen selbst durch diese neuen Waffen ums Leben. Trotzdem verbreiteten bereits diese ersten Versuche großes Entsetzen, und nur wenige Jahre nach dem amerikanischen Bürgerkrieg beschrieb Jules Vernes in seinem Roman *Zwanzigtausend Meilen unter dem*

Meer Unterseeboote als Meeresungeheuer, die Schiffe rammen. Die Vision, dass seine Gefährte mit elektrischem Strom angetrieben wurden, erwies sich als prophetisch. Die *Holland,* das erste funktionstüchtige Unterseeboot der amerikanischen Marine, verfügte unter Wasser über einen batteriegespeisten Antrieb und lief über Wasser mit einem Dieselmotor. Am 11. April 1900 angeschafft, war sie lediglich 15 Meter lang und bot einer nur sechsköpfigen Mannschaft Raum.

Die U-Boot-Technologie machte so rasche Fortschritte, dass kaum eine Generation später mit Dieselmotoren angetriebene Unterseeboote während des Ersten Weltkriegs die Schiffe der Alliierten terrorisierten. Es war eines dieser deutschen U-Boote, das der amerikanischen Neutralität ein Ende setzte, indem es das britische Passagierschiff *Lusitania* versenkte, das 1915 bei New York in See gestochen war. Als die Vereinigten Staaten schließlich zwei Jahre später in den Krieg eingriffen, hatten deutsche U-Boote bereits mehrere hundert Schiffe zerstört.

Bis zum Zweiten Weltkrieg hatte die Schlagkraft von Unterseebooten eine solche Steigerung erfahren, dass sie die Verfolgung von ganzen Schiffskonvois aufnehmen konnten und zu einem kriegsentscheidenden Faktor geworden waren. Deutschland schickte seine U-Boote in »Rudeln« aus, damit sie sich zum Zweck eines Angriffs zusammentun konnten. Dabei handelte es sich um eine derart tödliche Taktik, dass die Vereinigten Staaten auf sie zurückgriffen, um nach Pearl Harbor die Kontrolle über den Pazifik zurückzuerlangen. Die Auswirkungen auf japanische Truppentransporter, Tanker und Frachter waren vernichtend, brachten jedoch auch große Verluste mit sich. Die Vereinigten Staaten verloren 52 Unterseeboote und 3500 Mann Besatzung.

Es sind diese Bilder aus dem Zweiten Weltkrieg, von U-Booten, die Torpedos abschießen, von Männern, die schwitzend in engen Stahlzylindern eingepfercht sitzen, während das Pingen japanischer Sonars durch den Schiffskörper schallte und Wasserbomben ihn in Erschütterungen versetzten, die sich im Bewusstsein der Amerikaner am eindringlichsten festgesetzt haben. Doch zum gleichen Zeitpunkt begann damals bereits ein vorsichtiges Werben zwischen U-Boot-Fahrern und Spionen. Einige Male hatten Unterseeboote einfache Antennen ausgefahren, um japanische Funksprüche abzufangen, und etwa ein Dutzend Unterseeboote waren ausgeschickt worden, um mit dem Sehrohr Aufklärungsarbeit bei der Vorbereitung von Truppenlandungen an Stränden zu leisten. Solche Experimente weckten das Interesse der Geheimdienste und machten deutlich, dass Unterseeboote mit Beginn des Kalten Kriegs eine neue Aufgabe würden übernehmen können. Dieselelektrisch angetriebene Unterseeboote waren die ersten, die sich in der neuen Rolle versuchten. Dann wurden Unterseeschiffe mit nahezu endloser Kraft und unbegrenztem Täuschungsvermögen entwickelt – kernkraftgetriebene Schiffe, die monatelang unter Wasser bleiben konnten.

Die Einzelheiten all dieser Dinge sind in der Regel von den ranghöchsten Admiralen und Kapitänen der amerikanischen Marine unter Verschluss gehalten worden. Nur der Präsident, seine ranghöchsten Militärberater und Geheimdienstmitarbeiter und einige wenige Kongressmitglieder waren in der Regel in die Details eingeweiht. Letztendlich lag die Kontrolle über alle derartigen Aufträge in den Händen junger, etwa 35jähriger Kapitäne zur See, denen vollkommene Funkstille auferlegt worden war. Diese Männer wurden ermutigt, Risiken einzugehen, und manche von ihnen schlüpften direkt in sowjetische Häfen oder mitten in russische Marineübungen, um Top-Informationen mit nach Hause zu bringen. Dennoch, ihre Hauptdirektive behielt Vorrang: die Entlarvung verhindern und die Sowjets auf keinen Fall wissen lassen, wie genau sie beobachtet wurden. Letztlich war es dieses Erfordernis mehr als irgendetwas sonst, was jene unerschütterliche Geheimhaltung im Zusammenhang mit diesen militärischen Operationen bewirkte.

Trotzdem machten sich ab und an sogar ein paar Insider Sorgen. Waren diese Missionen nicht doch zu provokativ, zu gefährlich? Würde ein misslungener Auftrag oder ein schrecklicher Unfall die beiden Supermächte dazu verleiten, bis an die

Grenze zu gehen? Würden diese Spionageeinsätze schließlich ungewollt genau den Krieg auslösen, den sie verhindern sollten? Solange die Fahrten der Unterseeboote unter strenger Geheimhaltung erfolgten, war die Navy nur selten mit solchen Fragen konfrontiert.

Erst nachdem wir jahrelang Interviews geführt hatten, gelang es uns, die Zusammenhänge so lange geheim gehaltener Ereignisse zu durchschauen, und auch dies nur mit großer Mühe und Beharrlichkeit. Wir kontaktierten Hunderte von U-Boot-Fahrern. Einige reagierten, indem sie die Untersuchungsbeamten der Navy anriefen, andere entschlossen sich einfach zu reden. Viele jedoch ließen sich auf regelrechte Interviews ein, die wir von Angesicht zu Angesicht überall in den Vereinigten Staaten führten. Gelegentlich wurden diese Männer dann von der Marinepolizei (Naval Investigative Service) aufgesucht oder angerufen und an ihre Eide und rechtlichen Verpflichtungen erinnert. Doch die Details häuften sich, als U-Boot-Offiziere, einfache Seeleute, politische Akteure und Geheimdienstmitarbeiter zu dem Schluss kamen, dass es an der Zeit war, ihre Geschichte zu erzählen. Insbesondere für die U-Boot-Fahrer war es eine Erleichterung, endlich darüber zu sprechen. Die meisten von ihnen hatten nicht einmal ihren Eltern, Frauen, Kindern oder besten Freunden Einzelheiten über ihre monatelange Abwesenheit erzählt. Nach monatelanger harter Arbeit konnten sie nicht einfach nach Hause kommen und sich alles von der Seele reden. Jetzt aber mussten sie mit jemandem sprechen, der verstand, worum es ging, um die lange schon überfällige Anerkennung zu erhalten.

Und so schreiben wir nun über und für sie. Die Menschen, ihre Namen und die Ereignisse in diesem Buch sind alle real, und die Geschichten jedes Kapitels werden so wortgetreu und gewissenhaft wie möglich, basierend auf ausführlichen Interviews und den wenigen überhaupt zugänglichen Dokumenten, wiedergegeben. Gespräche werden so erzählt, wie sie uns von beteiligten Personen oder Zeugen glaubhaft berichtet wurden. Doch haben sich nicht alle in diesem Buch beschriebenen Personen direkt mit uns unterhalten. Vielmehr kommen sie vor, weil sie im Zentrum einiger der kritischsten Operationen im Verlauf des Kalten Kriegs standen. In den meisten Fällen mussten wir unseren Informanten versprechen, sie zu schützen und ihnen weder Informationen zuzuschreiben noch preiszugeben, dass wir uns überhaupt jemals mit ihnen getroffen hatten.

Die meisten der in diesem Buch beschriebenen Ereignisse sind niemals zuvor der Öffentlichkeit mitgeteilt worden – und schon gar nicht so detailliert. Statt also jedes Mal darauf hinzuweisen, dass es sich um eine neue Information handelt, haben wir es vorgezogen, im laufenden Text oder in Fußnoten die bereits veröffentlichten und bekannten Details hervorzuheben. Alles Übrige in diesem Buch wird hier erstmals zugänglich gemacht, selbst für einige der Männer, die eine vollständige Laufbahn im Dienst der Unterseeboote absolviert haben, doch von der Navy nur die Informationen erhielten, die diese ihnen als unverzichtbar zugestehen wollte.

Dies ist ein Buch über Unterseeboote, Spionage und Geopolitik, doch es ist auch ein Buch über Menschen: über den Gedichte zitierenden Tiefseeforscher, der darüber nachdenkt, wie man Nuklearflugkörper vom Meeresboden bergen kann; über den Marinenachrichtenoffizier, dessen Kindheitserinnerungen ihn darauf brachten, wie man unter Wasser sowjetische Kommunikationskabel anzapfen kann; über einen Unterseebootkommandanten mit einem Cowboy-Gemüt, der es nicht lassen konnte, sich bis auf wenige Meter an sowjetische U-Boote heranzuschleichen; über die Männer, deren Unterseeboot in Tauchstellung gehalten wurde, während sie kaum mehr Luft zum Atmen hatten und von oben die Sprengkörper von sowjetischen Schiffen herunterregneten. Wir präsentieren außerdem neue Informationen, die vielleicht zur Aufklärung des Rätsels beitragen, was mit der USS *Scorpion* geschah, einem amerikanischen Spionageunterseeboot, das vor dreißig Jahren mit Mann und Maus versank.

Die meisten Bücher über Unterseeboote konzentrieren sich auf einen Mann, nämlich den herausragendsten und einflussreichsten Offizier der US-Navy und den Vater der kernkraftgetriebenen Unterseeboote: Admiral Hyman G. Rickover. Doch selbst Rickover musste zusehen, während andere Männer seine Boote fuhren und diese Aufträge ausführten. Dies ist also nicht die Geschichte eines Mannes, sondern die einer großen Zahl Männer, die jahrzehntelang dienten. Wir haben ihre Anstrengungen über die Jahrzehnte in drei Phasen verfolgt: angefangen bei den ersten tastenden Versuchen über die großen Verfolgungsjagden unterhalb des Meeresspiegels bis hin zu der Zeit, in der Technologie und Einfallsreichtum es den Besatzungen der Unterseeboote möglich machte, den Sowjets direkt in die Köpfe zu sehen. Und wie so viele großartige Heldengeschichten ist auch diese nicht einfach zu Ende. Amerikanische Unterseebootfahrer werden noch immer ausgesandt, um ein Auge auf die Russen zu haben und auch um andere Krisenherde der Welt möglichst unter Kontrolle zu halten. Die hier erzählten Geschichten geben nicht nur einen Einblick in die Welt der umfassenden Spionageaktivitäten einer Nation. Sie vermitteln uns etwas darüber, wie weit eine Regierung zu gehen bereit ist, um den Gegner auszuspionieren, unabhängig von Zeit und Raum.

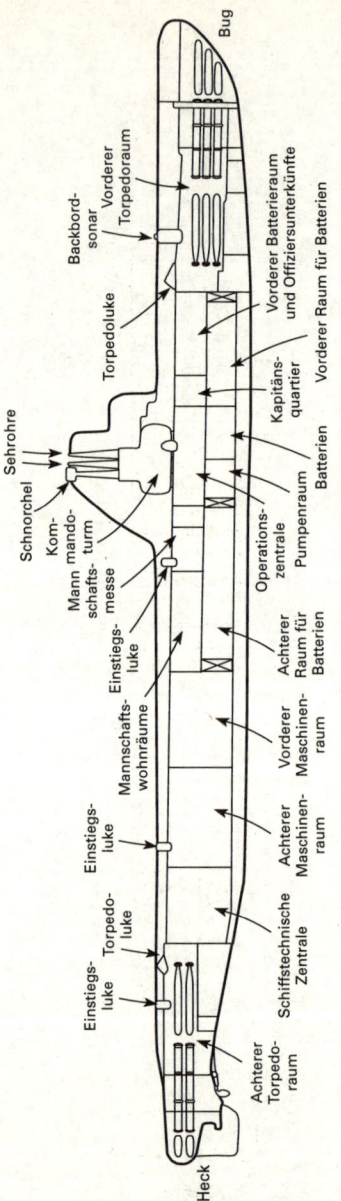

INNENRAUMQUERSCHNITT

Bug

Backbord-sonar

Vorderer Torpedoraum

Torpedoluke

Vorderer Batterieraum und Offiziersunterkünfte

Vorderer Raum für Batterien

Kapitäns-quartier

Batterien

Sehrohre

Schnorchel

Kom-mando-turm

Mannschafts-messe

Einstiegs-luke

Operations-zentrale

Pumpenraum

Mannschafts-wohnräume

Achterer Raum für Batterien

Einstiegs-luke

Vorderer Maschinen-raum

Einstiegs-luke

Torpedo-luke

Achterer Maschinen-raum

Schiffstechnische Zentrale

Achterer Torpedo-raum

Heck

Dieselelektrische U-Boote der Guppy-Klasse waren die ersten U-Boote, die für die Spionage im Kalten Krieg eingesetzt wurden.

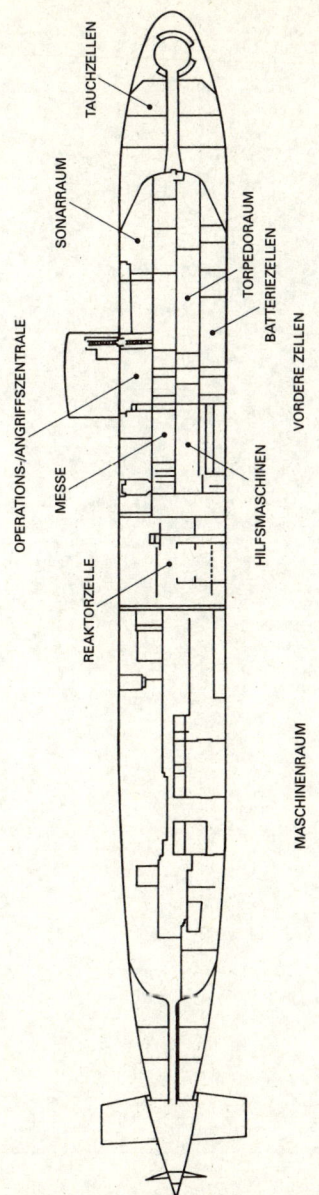

TAUCHZELLEN

SONARRAUM

OPERATIONS-/ANGRIFFSZENTRALE

MESSE

TORPEDORAUM

BATTERIEZELLEN

VORDERE ZELLEN

HILFSMASCHINEN

REAKTORZELLE

MASCHINENRAUM

Atom-U-Boote der Los Angeles-Klasse sind heute die bei der Spionage gebräuchlichsten Jagd-U-Boote.

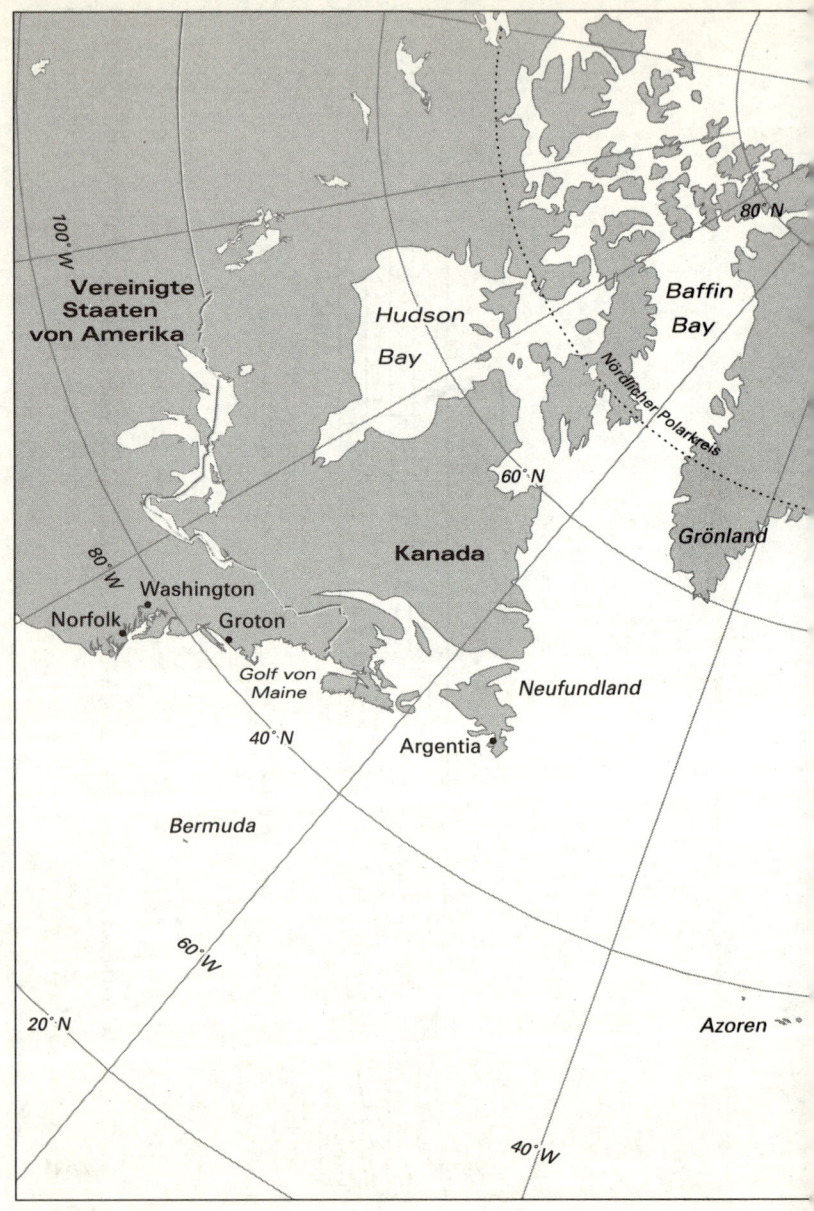

Nordpol

Nordpolarmeer

Karasee

Nowaja
Semlja

Barentssee

Kola-Meeresarm

Weißes
Meer

Sowjetunion

60° O

Poljarnij

Vajenga

Hammerfest

Murmansk

Kola-

Se>Halbinsel

Kola

Sewerodwinsk

Europäisches
Nordmeer

Finnland

Moskau

Jan-Mayen-
Insel

Leningrad

40° O

Dänemarkstraße

Schweden

Island

Norwegen

Ostsee

Reykjavik

GIUK-Lücke

Dänemark

Großbritannien

London

Portsmouth

Atlantik

Mittelmeer

20° O

Straße von Gibraltar

20° W

Kanarische
Inseln

0°

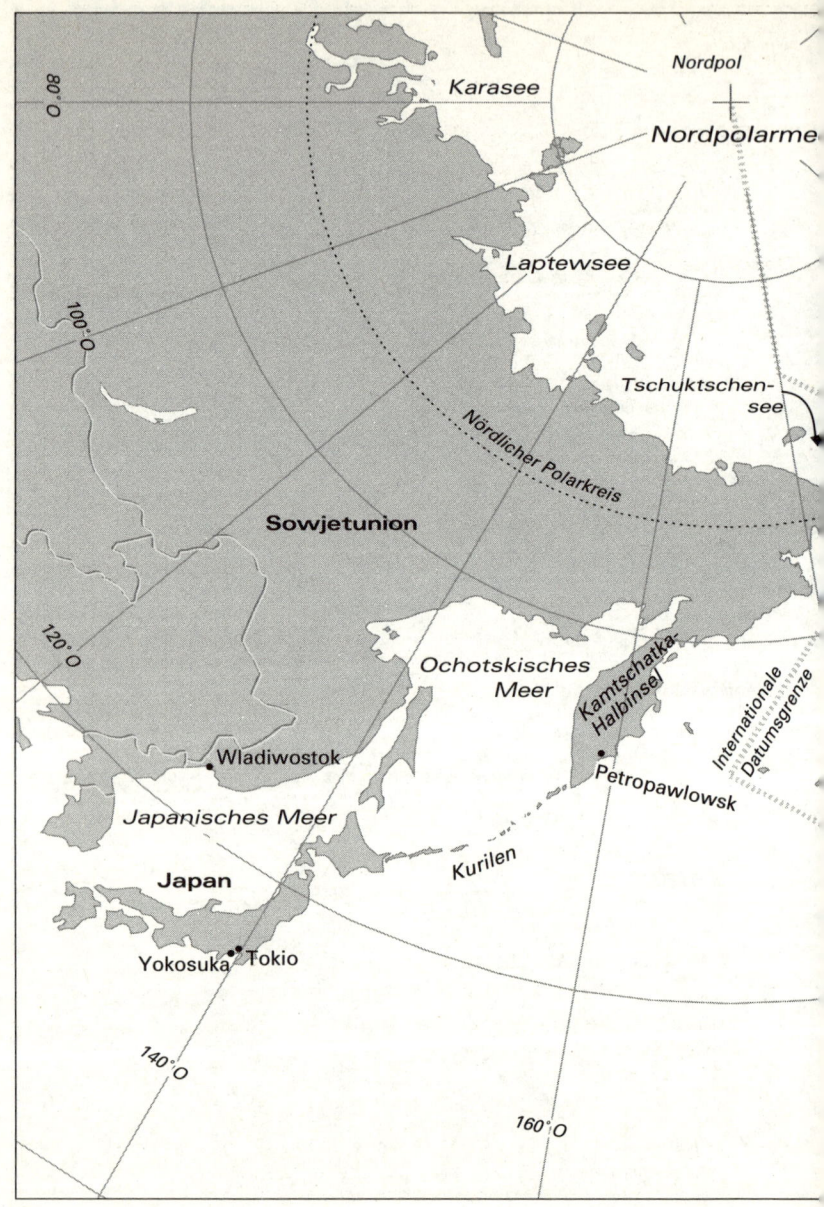

80° N

Beaufortsee

100° W

Vereinigte
Staaten
von Amerika

Kanada

60° N

Vancouver

120° W

Mare Island

San Francisco

Beringstraße

Alaska

Aleuten

40° N

Pazifik

140° W

20° N

X Fundstelle
sowjetisches U-Boot
der Golf-Klasse

160° W

180°

Hawaii

Pearl
Harbor

Midway-Insel

27

Tödlicher Beginn

»Ihr müsst ja verrückt sein«, murmelte Harris M. Austin, als er zusah, wie das hässlichste Stück Schrott, das er je gesehen hatte, in die britische Marinebasis in Londonderry, Nordirland, einlief. Das konnte doch nicht sein U-Boot, nicht die *Cochino* sein!

Jedermann sonst auf dem belebten Pier hätte Harris M. Austin einfach für einen 28-jährigen Funker gehalten. Doch er selbst wusste es besser. Er war hier auf direkten Befehl des Chefs der Seekriegsleitung (U.S. Chief of Naval Operations). Er war von Admiralen instruiert worden, die die amerikanischen Marinestreitkräfte in Europa befehligt hatten. Sein persönlicher Hintergrund war überprüft und wieder überprüft worden. Und heute war er im Begriff, sich der Mannschaft dieses Unterseeboots als frisch rekrutierter Geheimagent der Marine, als Spitzel anzuschließen, der darin ausgebildet worden war, aus der dünnen Luft sowjetische Militärsignale und elektronische Mitteilungen zu fischen. Es würde seine Aufgabe sein, kühn einige der verborgensten Geheimnisse der Sowjetunion zu entlarven zu versuchen.

Austin sprang hinab auf den Pier und fing mit einer Hand voll anderer Männer an, die Leinen festzulegen. Dann sagte jemand, dass es sich tatsächlich um die *Cochino* handelte, das US-Unterseeboot *SS-345*, das Boot, auf das Austin seit drei Tagen gewartet hatte.

»Verdammt hässliches Stück Schrott«, dachte er bei sich, als er sich seinen mit geheimen Dokumenten gefüllten Seesack über die Schulter hievte und durch die Einstiegsluke polterte, um sich und seine Dokumente dem Befehl habenden Offizier, dem Fregattenkapitän Rafael C. Benitez, zu präsentieren.

Austin hatte sich von Schlachtkreuzern auf U-Boote versetzen lassen, weil er den Nervenkitzel suchte. Der gleiche Grund hatte ihn auch zu seinem letzten freiwilligen Wechsel veranlasst und ihn von einem gewöhnlichen Funker in einen Spion verwandelt. Dass er beim Militär sein würde, hatte ohnehin schon seit seiner Geburt mehr oder weniger festgestanden. Seine Vorfahren waren über viele Generationen hinweg schottische Krieger, ein Erbe, das er ohne größere Anstrengung bis ins 14. Jahrhundert zurückverfolgen konnte. Sein Vater war Koch bei einer amerikanischen Fliegerschwadron in England gewesen, bevor er in den Vereinigten Staaten auf Walfängern und Frachtschiffen anheuerte. Austins walisische Mutter hatte für eine britische Munitionsfabrik gearbeitet. Austin selbst war erst 19 Jahre alt gewesen, als er zur See ging, und sein rostrotes Haar hatte ihm rasch den Spitznamen »Red« eingebracht.

Benitez, 32 Jahre alt, war einer dieser Männer, bei deren Erziehung höchster Wert auf Anstand gelegt worden war. Sein Vater war Richter auf Puerto Rico gewesen, und Fregattenkapitän Benitez hatte gerade sein Jurastudium abgeschlossen, eine Vergünstigung, die die Marine ihm zugestanden hatte, um ihn bei der Fahne zu halten. Als U-Boot-Offizier während des Zweiten Weltkriegs hatte er mehrere Angriffe überstanden und genoss den Ruf, auch unter Beschuss die Ruhe zu bewahren. Nun, Ende Juli 1949, war er seit drei Wochen wieder in der Unterseebootflotte und hatte gerade sein erstes eigenes Kommando erhalten.

Tatsächlich war dies ein Kommando, das Benitez gerne abgelehnt hätte, weil ihn der Name seines U-Boots in Verlegenheit brachte. Die *Cochino* war zwar nach dem atlantischen Drückerfisch benannt worden, doch auf Spanisch, die Sprache, die er zu Hause mit seiner Familie und seinen Freunden teilte, würde er das Unterseeboot *Schwein* kommandieren.

In seinem letzten Brief nach Hause hatte er dies seiner Mutter gestanden, doch ihre Antwort hatte ihn noch nicht erreicht, als er jetzt in der engen Offiziersmesse stand und die Schultern zurücknahm, um das Beste aus seiner schmächtigen Gestalt zu machen. Er war allein mit diesem massigen Mann, der nur einem Mannschaftsdienstgrad angehörte, mit diesem zum Spion mutierten Matrosen, der zu der Art Männer zählte, die auch mit über siebzig Jahren noch behaupten würden, dass sie »knallhart« waren.

Red Austin händigte Benitez seine Befehle aus. Der Kapitän überflog sie und straffte sich, als er las, dass die *Cochino*, sein U-Boot, für ein Experiment als Spionageunterseeboot bestimmt war.

Benitez war sprachlos. Die Mission der *Cochino* war bereits kompliziert genug. Sie war für einen Übungslauf vorgesehen, der so beschaffen war, dass er das Wesen der U-Boot-Kriegsführung grundlegend ändern würde. Die klassischen Flotten-U-Boote des Zweiten Weltkriegs hatten gerade lang genug unter Wasser bleiben können, um Überwasserschiffe anzugreifen und einem Gegenangriff zu entkommen, bevor sie wieder auftauchen mussten. Doch seit Ende des Zweiten Weltkriegs waren an der *Cochino* und einigen anderen Booten gravierende Änderungen vorgenommen worden. Sie verfügten nun über eine neue, weitgehend unerprobte Ausrüstung, darunter über einen Schnorchel, der die Frischluftzufuhr für die Dieselmaschinen und den Ausstoß von Abgasen gewährleisten sollte, ohne dass hierzu aufgetaucht werden musste. Damit war es den Booten möglich, die meiste Zeit unter Wasser zu bleiben. Sie waren nun praktisch unsichtbar und konnten entweder andere Unterseeboote oder aber Überwasserschiffe verfolgen.

Benitez hatte erwartet, dass er mit seinem auf diese Weise veränderten U-Boot hinausfahren, es samt Ausrüstung testen, die Mannschaft ausbilden und herausfinden würde, wie das Boot als reines Unterwasserschiff zu handhaben war. Doch Austins Befehle gaben Benitez' Mission eine neue Dimension, verwandelten sie von einem Kriegsspiel und harmlosen ersten Versuch in eine Operation im unbekannten Reich der U-Boot-Spionage. Außerdem sollte all dies in der kalten Barentssee in-

31

nerhalb des Polarkreises in den Gewässern bei Murmansk stattfinden, wo die Sowjets ihre Nordflotte stationiert hatten.

Noch schlimmer war, dass die Kabel und Antennen für Austins primitive Lauschvorrichtungen direkt durch den Druckkörper des U-Boots geführt werden mussten. Folglich war es erforderlich, Löcher geradewegs in den Stahl zu bohren, der dafür sorgte, dass der Ozean draußen blieb.

Benitez warf einen Blick auf die Pläne, denen zufolge der Bootskörper, den er als schützende Hülle und »letzte Rettung« betrachtete, durchbohrt werden sollte, und war im Begriff, die Fassung zu verlieren. Was sich als Nächstes ereignete, erzählte Austin später wieder und wieder.

»Löcher in den Druckkörper bohren?«, sagte Benitez laut genug, um sich auch der Aufmerksamkeit seines Ersten Offiziers und des Steuer-Vize zu versichern, die sofort angelaufen kamen. Löcher bohren ohne eine direkte Anweisung von der Hauptverwaltung der Seestreitkräfte (Navy's Bureau of Ships, BUSHIPS), der doch die Überwachung der Konstruktion und der Veränderung von U-Booten oblag?

»Haben Sie auch etwas vom BUSHIPS?«, fragte er.

»Nein, Sir. Das ist alles, was sie mir mitgegeben haben«, entgegnete Austin. Mit einer beschwichtigenden Geste, die allerdings missglückte, fügte er hinzu: »Es werden ja nur kleine Löcher sein.«

Austin wartete auf Antwort. Es kam keine. Stattdessen wandte Benitez sich ab und verließ die Messe. Er ging los, um in London anzurufen. Er würde darüber mit seinem Vorgesetzten sprechen. Am allerwenigsten würde er bleiben und mit Austin darüber zu diskutieren.

Diese zerbrechlichen und voll gepackten Unterseeboote, in denen es durchdringend nach Diesel stank und deren elektrische Generatoren die beunruhigende Neigung hatten, Kurzschlüsse zu produzieren, ließen schon so nur wenig Spielraum für Fehler. Die Zahl der denkbaren Katastrophen war schon immer groß gewesen. Manchmal verlangte allein schon das reine Überleben heroische Anstrengungen. Dies galt insbesondere für die Zeit während des Zweiten Weltkriegs, aber wenigstens waren Benitez und die anderen damals in den vertrauteren Gewässern des Pazifik mit einem bekannten Feind konfrontiert gewesen. Nun würde er sich am äußersten Ende von Weiß-Gott-wo vielleicht gewaltigen Stürmen stellen müssen. Und zu all dem kam nun noch hinzu, dass man von ihm verlangte, eine Attacke zu reiten, um sowjetische Militärgeheimnisse zu knacken, sein Schiff und 78 Männer bei einer Spionagemission zu riskieren, noch bevor irgendjemand sicher wusste, ob das Unterseeboot überhaupt sicher durch den Ozean kommen würde.

Benitez kam rasch zurück, nicht gerade zerknirscht, aber nun hatte er die Sache endgültig am Hals. Der Befehl hatte seinem heiligen Zorn standgehalten. Höchste Priorität hatte nun Austins Spionageauftrag.

Mit diesem eher zähen Einstand begann eine Beziehung zwischen U-Boot-Fahrern und Spionen, die schließlich den Kalten Krieg in den Meeren und Ozeanen der Welt bestimmen sollte. Und aus ihren Anstrengungen sollten sich neue Aufgaben ergeben, die schließlich diese verstohlen agierenden Schiffe zu den entscheidenden und in ihrer Symbolik bedeutsamsten der ganzen Ära machen sollten.

Es war bereits offensichtlich geworden, dass die Vereinigten Staaten einen gefährlichen neuen Gegner hatten und dass sich die Welt stark von jener unterschied, die noch Bestand hatte, als Benitez das letzte Mal aus dem Meer aufgetaucht war. Damals war eine vom Sieg übermütige Nation in dem Bild des Matrosen geronnen, der sich mitten auf dem Times Square ein Mädchen für einen überschwänglichen Kuss greift. Nun, als Benitez sich darauf vorbereitete, in die Tiefe zurückzukehren, hatten die Mittel, denen der Sieg zu verdanken gewesen war, die Menschen überall in den Vereinigten Staaten in Angst und Schrecken versetzt. Fassungslos hatten sie in Kinos die Wochenschauen über Hiroshima und Nagasaki gesehen, beim Anblick der entsetzlich verbrannten Frauen und Kinder geweint – Frauen und Kinder, die einmal der Feind gewesen waren, ein gesichtsloses Monster, das keine Tränen verdiente. Menschen, die die Bombe bejubelt hatten, empfanden sie jetzt als bedrohlich näher rückendes Grauen, das sich nun, vielleicht schon morgen, gegen ihr eigenes Heim richten konnte. Es gab Berichte, dass die Sowjetunion, der Verbündete, der zum Feind geworden war, alles daran setzte, eigene Atombomben zu bauen. Zweifel daran, dass die Sowjets die Hand nach der Vorherrschaft in der Welt ausstreckten, waren nicht angebracht. Die chinesischen Kommunisten hatten gerade Chiang Kai-shek aus China vertrieben. In der Tschechoslowakei war es zur Machtübernahme der Kommunisten gekommen. Die Sowjets hatten die Berlin-Blockade eingeleitet. Und Winston Churchill hatte erklärt, dass ein »Eiserner Vorhang« über Osteuropa niedergegangen war. Es schien möglich, dass in den Vereinigten Staaten jederzeit eine kommunistische Machtübernahme stattfinden konnte. Wie sonst hätte die Nation die Schlagzeilen verstehen sollen, die sich aus dem Senatsausschuss zur »Untersuchung unamerikanischer Umtriebe« ergossen, insbesondere die sensationellen Anschuldigungen, dass ein früherer Mitarbeiter des Außenministeriums, Alger Hiss, für die Sowjetunion spioniert hatte?

Diese Atmosphäre des gegenseitigen Misstrauens führte zur Geburt der CIA (Central Intelligence Agency, Zentralamt des US-Geheimdienstes), und die CIA warf ihre Agenten postwendend in ein Duell mit sowjetischen Spionen. Das war die Ära der Angst, die den Westen veranlasste, noch einmal alle Kräfte zu sammeln und letztendlich den Nordatlantikpakt (North Atlantic Treaty Organisation, NATO) zu gründen. Und all dies wiederum forderte jenes »Blindekuhspiel« heraus, verlangte nach Unterseebootfahrern in fensterlosen Zylindern, die tief eintauchen mussten, um in ihrer neuen Rolle diese Bedrohung der Nation abwenden zu helfen.

Die Sowjets hatten ihre U-Boote, die meisten von ihnen klein und veraltet, immer schon zur Verteidigung ihrer Küsten herangezogen. Doch als die Nazi-Kriegsbeute unter den Alliierten aufgeteilt worden war, hatten die Vereinigten Staaten, Großbritannien und die Sowjetunion jeweils einige neu entwickelte deutsche U-Boote erhalten, die äußerst fortschrittlich und alle mit Schnorchel und einem neuen, anspruchsvollen Sonarsystem ausgerüstet waren. Diese Technologie versprach, Unterseeboote zu einer tödlicheren Waffe zu machen, als es jemals zuvor der Fall gewesen war, und ließ die Angst aufkommen, die Sowjets könnten ihre küstenorientierte Strategie ändern und Hochsee-U-Boote entwickeln. Vor allem brauchten also Benitez und die anderen Kommandeure Zeit, um zu lernen, Zeit, um zu üben, Zeit, um ihre U-Boote in die »Jäger-Mörder« zu verwandeln, die erforderlich waren, um der Flut sowjetischer U-Boote zu begegnen, die vielleicht eines Tages Kurs auf amerikanische Küsten nehmen würden.

Nach dem Vorbild der Nazi-Technologie gebaut, konnte die *Cochino* mit ihrem Schnorchel tage- und wochenlang unter Wasser bleiben, ihren tonnenschweren massigen Rumpf, der so lang wie ein Fußballfeld war, unter der Wasseroberfläche verbergen und lediglich ein Ziel bieten, das nicht größer war als eine städtische Mülltonne. Sie konnte sogar im Verborgenen bleiben, während ihre Dieselmaschinen liefen, um die Batterien aufzuladen, die, wenn sie geräuschlos vorankommen musste, bei abgeschalteten Motoren ihr einziger Antrieb waren. Dank der Deutschen hatte die *Cochino* Batterien mit einer größeren Kapazität als irgendeines der klassischen Flotten-U-Boote aus dem Zweiten Weltkrieg.

Die *Cochino* war außerdem mit einem neuen passiven Sonarsystem ausgerüstet: Sie konnte unter Wasser hören und daher »sehen«, ohne selbst irgendein Geräusch zu machen. Im Zweiten Weltkrieg hatten Unterseeboote noch »aktive« Sonare verwendet. Diese strahlten hörbares Pingen ab und beruhten auf der Reflexion von Schallwellen, die somit die Ziele im umgebenden Wasser verrieten und auch die Entfernung zu ihnen maßen. Das Ergebnis war in etwa so, als leuchtete man in absoluter Dunkelheit mit einer Taschenlampe. Unterseeboote konnten zwar sehen, was da draußen war, doch der Prozess machte auch sie selbst unübersehbar. Passive Sonarsysteme tasten das gesamte Klangspektrum ab, ohne selbst irgendwelche verräterischen Töne auszusenden, und dieses geräuschlose Sehen versprach den entscheidenden Vorteil im Unterwasserkampf.

Die US-Marine war außerdem dabei, die Voraussetzungen für die endgültige Überlegenheit unter Wasser zu schaffen. Ein obskurer Ingenieur namens Hyman G. Rickover war dabei, einen Plan für kernkraftgetriebene Unterseeboote zu entwickeln, die endlos unter Wasser würden bleiben können, ohne auch nur schnorcheln zu müssen. Damit würde der Einsatz für den Krieg unter Wasser noch einmal erhöht. Doch im Augenblick war der Nuklearantrieb wenig mehr als eine Vorstellung, und die *Cochino* und vergleichbare U-Boote waren das Beste, was die Navy hatte. Im Rahmen eines neuen Programms, das »Operation Kayo« hieß, bereitete die Navy die *Cochino* und andere Flotten-U-Boote aus dem Zweiten Weltkrieg darauf vor, im Falle eines Kriegs einen K.o.-Schlag zu landen.

Einen Haken hatten die Pläne der amerikanischen Marine für ihre Unterseeboote: Die Spione der Nation empfanden andere Bedrohungen als unmittelbarer und wollten sich der U-Boote bedienen, um ihnen entgegenzutreten. Es gab bislang noch keinerlei Hinweis darauf, dass die sowjetische Marine reine Unterwasserschiffe baute, und so waren die CIA und der Marinenachrichtendienst (Office of Naval Intelligence) der Auffassung, dass die Unterseebootfahrer noch genug Zeit hatten, um ihren Unterwasserkampf, der noch weit in der Zukunft lag, vorzubereiten. Beunruhigender waren der Meinung gestandener Geheimdienstmitarbeiter zufolge andere von den Deutschen geerbte Technologien: die unbemannte V1, ein mit Selbststeuerungsanlage versehener Flugkörper, der eine Bombe tragen konnte, und die V2, die erste Rakete, die die Schallgeschwindigkeit überschritt. Diese deutschen Entwicklungen, ebenfalls von den Alliierten beschlagnahmt, waren Vorläufer der Marschflugkörper und Interkontinentalraketen, Bomben, die über einen eigenen Raketenantrieb verfügten. Die Vereinigten Staaten bauten bereits auf experimenteller Basis »Loon«-Flugkörper, die von eigens ausgerüsteten Schiffen aus abgefeuert werden konnten, den ersten primitiven Raketen-U-Booten. Die Sowjets, so schien es, waren ebenfalls dabei, ihre ersten kleinen Flugkörper zu entwickeln. Überläufer berichteten, dass die Sowjets bereits Testabschüsse von Land und von alten Unterseebooten aus, die im Gebiet von Murmansk stationiert waren, durchführten.

Zusätzlich sandte die Air Force Flugzeuge aus, die mit Filtern ausgerüstet waren, um im sowjetischen Grenzgebiet radioaktive Partikel einzufangen und festzustellen, ob die Sowjets bereits Atomwaffen testeten. Denn das war die eigentliche Angst: dass die V-Waffe mit Atomsprengköpfen ausgerüstet werden könnte.

Ein Großteil davon war nichts als Mutmaßung. Das bisschen, was die amerikanischen Geheimdienste über die sowjetische Marine wussten, kam von der englischen Royal Navy, die während des Zweiten Weltkriegs eng mit den Russen zusammengearbeitet hatte. Darüber hinaus wurde der Funkverkehr zwischen sowjetischen Schiffen und ihren Basen von amerikanischen Abhörstationen in Europa und Alaska abgefangen. All dieses Ausspionieren des früheren Verbündeten war eine derart empfindliche Angelegenheit, dass die Boten ihre Berichte über den abgehörten sowjetischen Funkverkehr in verschlossenen Aktentaschen zu den Admiralen trugen. Jeder Versuch, mehr herauszufinden und dichter an den Gegner heranzukommen, stand unter höchster Geheimhaltung.

Es war dieses Bedürfnis nach Geheimhaltung, das die Geheimdienste mehr als irgendetwas sonst davon überzeugte, dass Unterseeboote der nächste logische Schritt beim Aufbau eines Lauschnetzwerks waren, das die gesamte Sowjetunion umspannen sollte. Entsprechende Anstrengungen waren bereits unternommen worden. 1948 hatte die Navy zwei Flotten-U-Boote, die USS *Sea Dog (SS-401)* und die USS *Blackfin (SS-322)*, ins Beringmeer geschickt, um herauszufinden, ob sie möglicherweise sowjetische Funksprüche abfangen könnten, und um die Propellerumdrehungen von sowjetischen Zerstörern und Handelsschiffen zu zählen – ein erster Schritt auf dem Weg zu ihrer Identifizierung mittels Passivsonar. Doch Geheimdienstmitarbeiter stellten sich vor, dass die neuen Schnorchel-U-Boote wie die *Cochino* noch mehr erreichen würden. Diese hatten die Möglichkeit, sich vor der sowjetischen Küste auf die Lauer zu legen, zu beobachten und zu überwachen. Vielleicht würde es ihnen sogar gelingen, aus erster Hand herauszufinden, wie weit die Sowjets mit der Entwicklung der gefährlichen Raketentechnologie waren. Mit ihrem Schnorchel konnte sich die *Cochino* so weit vortasten, wie sie es nur wagte. Lediglich ihr Sehrohr, ihre Antennen und ihr Schnorchel würden überhaupt aus den Wellen herausragen. Mit einem Wort, dieses U-Boot war das beste denkbare Spionagefahrzeug.

Tatsächlich war die *Cochino* von Anfang an für eine ganz andere Herausforderung entwickelt worden. Sie war das letzte im Zweiten Weltkrieg in Dienst gestellte Unterseeboot und erstmals ausgesandt worden, zwei Wochen nachdem die *Enola Gay* die erste Atombombe abgeworfen hatte. Nun hatte man sie und die USS *Tusk (SS-426)* mit diesen Schnorcheln und anderen Weiterentwicklungen nachgerüstet und in das verwandelt, was die Navy »Guppys« nannte, eine Abkürzung für Greater Underwater Propulsion Power (»Stärkere Unterwasserantriebskraft«). Das Akronym passte besser, als es manchem lieb war – als »Jäger-Mörder« entsprachen diese Unterseeboote höchstens unteren Dienstgraden, die erst neu schwimmen lernen mussten. Als Wissenschaftler das Boot ein paar Monate vor dieser Fahrt überprüften, mussten sie feststellen, dass die Mannschaften und das technische Personal so wenig über das passive Sonarsystem wussten, dass man es versäumt hatte, entscheidende Bestandteile der Lauschgeräte anzuschließen. Also waren die Boote nach Londonderry geschickt worden, um mit den Briten zu üben, die in der Beherrschung des neuen Sonars weiter fortgeschritten waren.

In Londonderry holte Austin die *Cochino* ein. Ebenfalls an Bord war ein ziviler Sonarexperte namens Robert W. Philo, der als Berater fungierte. Die Übungen des »Jäger-Mörders« wurden als so wichtig erachtet, dass der Chef der »Operation Kayo«, Kommodore Roy S. Benson, ebenfalls zugegen war und sich schließlich auf der *Tusk* einfinden sollte, auf der Robert K. Worthington das Kommando innehatte.

Wie Benitez hatte Worthington sein Kommando nur wenige Tage zuvor übernommen, als sie alle zu dieser Fahrt aufgebrochen waren, und wie Benitez waren Worthington und Benson skeptisch, was ihre neue Mission in Sachen Spionage betraf. Benson war überzeugt, dass es sich im besten Fall um eine Nebenaufgabe handeln konnte, die in keiner Weise so bedeutend war wie die Ausbildung in der Kunst echter Unterwasserkriegsführung. Red Austin glaubte, es besser zu wissen. Aber schließlich waren Spionageangelegenheiten ja auch seine Berufung.

»Was ich tue, muss einfach irgendwie geheimnisumwittert sein«, stellte Austin gerne fest. »Ich bin eben so gestrickt.«

Doch auch wenn Lauschen und Lauern Austin im Blut lagen, so galt dies für alle übrigen Beteiligten noch lange nicht. Seine Spezialausrüstung sollte in einer Werft in Portsmouth, England, eingebaut werden, wo die neuen Geräte selbst bei den Werftarbeitern Verwirrung auslösten.

»Mist, das ist doch nur ein Stück Spaghetti«, schimpfte der ungeduldige Austin angesichts eines Stücks Koaxialkabel, das die Arbeiter nicht korrekt zu installieren wussten. »Ein einfaches Stück Koaxialkabel, mit einem Zentimeter Durchmesser. Und ich meine mich doch zu erinnern, dass ihr die Pläne habt, um dieses Ding richtig unterzubringen. Warum könnt ihr euch nicht einfach an die Pläne halten?«

Es juckte Austin in den Fingern, endlich anzufangen. Eine winzige Kabine wurde für ihn und seine Spionageausrüstung auf dem Deck der Operationszentrale in der Nähe des Funkraums eingerichtet. Er brannte darauf, das Koaxialkabel in seine von ihm so bezeichnete »Black Box« zu führen. Zwar im guten alten Marinegrau gestrichen, war die Box jedoch ein einzigartiges Stück, das die telemetrischen Funksignale der Russen einfangen sollte, die zum Steuern der zu testenden Flugkörper benutzt wurden. Die Box, etwa einen Dreiviertelmeter hoch, zeichnete die Signale auf schmalen Lochstreifen auf; sie war wahrscheinlich die empfindlichste und geheimste Vorrichtung auf der *Cochino*.

Das Kabel sollte von dieser Box durch den Schiffskörper zu den »Ohren« laufen, die sich am Turm des Schiffs befanden, an jener Stahlflosse auf dem ansonsten glatten Rücken des Bootskörpers, die dem Schiff sein haifischähnliches Aussehen gab. Diese speziellen Antennen sahen tatsächlich wie Ohren aus. Sie ähnelten einem »C« aus Draht, das sich jeweils etwa 30 Zentimeter links und rechts des Turms aus dem Rumpf erhob. Mit diesen zusätzlichen Leitungen, die noch zu der üblichen Ansammlung von Antennen hinzukamen, erhielt das U-Boot das Aussehen eines außerirdischen Wesens aus einem B-Movie.

Bis Mitte August waren schließlich alle Umbauten abgeschlossen, und die *Cochino* lief, gefolgt von der *Tusk* und zwei weiteren Flotten-U-Booten, der USS *Toro (SS-422)* und der USS *Corsair (SS-435)*, aus dem Hafen von Portsmouth aus. Unter strikter Funkstille simulierten sie eine Operation, die bei der Navy als »gestellte Kriegspatrouille« bezeichnet wurde. Keiner an Land sollte wissen, wo sie waren. Sobald sie England verlassen hatten, würden sie einfach von der Bildfläche verschwinden.

Bereits wenige Stunden nach dem Ablegen gaben die Dichtungen an Austins Kabeln den Geist auf und verpassten Austin in seiner Kabine eine wenig willkommene Dusche. Mit etwas Anziehen und Herumfummeln gelang es ihm, sein System wieder funktionstüchtig zu machen. Doch wenn die Dichtungen erneut nachgaben, dann würde er die Kabel abklemmen müssen, und sein Teil an der Mission wäre beendet.

Inzwischen wusste die Mannschaft, dass ihr Auftrag kein gewöhnlicher war, ebenso wie von ihr die meisten ahnten, dass ihr neuestes Mitglied nicht das war, was es zu sein schien. Red Austin mochte zwar die Abzeichen der Funker an seiner Uniform tragen, doch in Wahrheit arbeitete er für den Marineabschirmdienst (Naval Security Group), jene sagenumwobene

Dekodierungsgruppe, die entscheidende japanische Marinekommunikation während des Zweiten Weltkriegs abgefangen und entschlüsselt hatte. Dies mochte zwar ein Geheimnis sein, doch selbst der Mannschaft war klar, dass ein gewöhnlicher Funker sich nicht so ausführlich mit dem Kapitän besprechen würde.

Dennoch, U-Boot-Matrosen sind eben U-Boot-Matrosen, und die Beliebtesten an Bord werden immer diejenigen mit den tollsten Geschichten sein. Dies galt insbesondere für die *Cochino*, auf der etwa ein Drittel der Mannschaft den Krieg mitgemacht hatte. Austin steuerte Kriegsgeschichten von seiner Kreuzerzeit bei, und er war ein geschickter Acey-Deucey-Spieler, die Backgammon-Variante der Seeleute, die seit mehr als einem Jahrhundert an Bord gespielt wird. Außerdem war es schwer, nicht rasch Freundschaft zu schließen, da doch den typischen Gepflogenheiten auf U-Booten gemäß die noch warmen Kojen sofort nach dem Aufstehen der letzten Schicht zum Schlafen überlassen wurden. Die Mannschaft war in drei Gruppen unterteilt, die drei verschiedenen Zeitzonen entsprechend in Aktion traten. Die eine Gruppe lebte nach der Osteuropäischen Zeit, die nächste nach der Hawaiianisch-Aleutischen Zeit und die dritte nach der Indischer-Ozean-Zeit. Jeder Funktionsbereich war dreifach besetzt, und es gab also drei Gruppen Sonarleute, Waffentechniker, Köche und Funker.

Nur der Kommandeur und sein Erster Offizier, Korvettenkapitän Richard M. Wright, Austin und sein Assistent lebten jenseits dieser Zeitzonen. Austin machte es nichts aus, einen dreifachen Dienst zu übernehmen, zumal er dann die Gelegenheit erhielt, an den drei Frühstücken, drei Mittagessen und drei Abendessen, die jeden Tag an Bord ausgegeben wurden, teilzunehmen. Der Mann aß für sein Leben gern – sogar Dosenfleisch –, und er hatte nichts an pulverisierten Eiern auszusetzen.

Nach seiner ersten oder zweiten Mahlzeit griff sich Benitez den Nachrichtendienstmann, damit er Dienst auf dem Kommandoturm tat, einem voll gestopften Ort eine Treppe oberhalb der Operationszentrale, von wo aus der Kommandant oder der Dienst habende Offizier das Unterseeboot führte.

»Besetzen Sie Sehrohr Nummer zwei, Austin«, wies ihn der Kapitän an. Dies war ein Posten, auf dem er Austins Engagement binden und ihn beschäftigen konnte. Es war außerdem, davon war Austin überzeugt, ein Posten, auf dem Benitez ein wachsames Auge auf ihn haben würde.

Schon bald lösten sich die beiden Flotten-U-Boote, die die *Cochino* und die *Tusk* begleitet hatten, und steuerten auf das arktische Packeis nordöstlich von Grönland zu, um in diesen eisigen Gewässern zu üben. *Cochino* und *Tusk* setzten ihren Weg fort und hielten Kurs auf die Sowjetunion.

Sie tuckerten ihre ersten Stunden durch das Europäische Nordmeer oberhalb des nördlichen Polarkreises umher. Beide U-Boote hatten in ihren Torpedoräumen Seekästen mit einem Seewasserventil zur Probeentnahme, um Temperatur und Salzgehalt zu bestimmen, und beide vermaßen den Meeresgrund. Am Samstag, dem 20. August 1949, erreichten die Boote die Barentssee. Nun trennten auch sie sich, wobei die *Tusk* aufbrach, um Sonartests durchzuführen, und die *Cochino* auf eine Stelle etwa 20 Kilometer oberhalb der nördlichsten Spitze Norwegens zuhielt, um dort mit Austins Mission zu beginnen. Sobald sie diesen Punkt erreicht haben würden, sollte Benitez die Kursänderungen anordnen, die Austin verlangen würde, und das Boot im Zickzackkurs durch die See führen, während Austin versuchen sollte, sich auf sowjetische Signale einzuhören.

Austin versuchte es für sich zu behalten, doch er machte sich Sorgen. Wenn er irgendwelche Signale einfangen sollte, dann würden diese ohrförmigen Antennen aus den Wellen herausragen müssen. Das bedeutete, dass das U-Boot direkt unter der Wasseroberfläche – also nicht einmal in Sehrohrtiefe – entlang gleiten und dass folglich ein Teil seines Turms sichtbar sein würde. Zu dieser Jahreszeit und so weit nördlich war der Himmel sogar nachts hell, und die Mannschaft würde sorgsam darauf achten müssen, nicht von den Überwasserschiffen und Trawlern bemerkt zu werden, die diese Gewässer befuhren. Die

Tatsache, dass es so lang hell blieb, vergrößerte außerdem die Gefahr, dass die *Cochino* entdeckt wurde, wenn sie vollständig auftauchen musste.

»Zu viel Tageslicht«, stellte Austin besorgt fest. »Das bedeutet nichts Gutes. Keine Gelegenheit, sich zu verstecken.« Benitez hielt in seinem Logbuch ähnliche Gedanken fest. »Die Nacht an sich ist verschwunden«, schrieb er. »Mehr als zwei Stunden Dämmerlicht dürfen wir nicht erwarten. In Kriegszeiten ist hier an ein aufgetauchtes Fahren an der Oberfläche nicht zu denken.«

Austin suchte nach elektronischen Signalen, als die *Cochino* die nordöstlichste Ecke Norwegens umfuhr. Nun war das U-Boot noch etwa 200 bis 250 Kilometer von Murmansk entfernt, zu weit, um Land zu sichten, aber nah genug, so hoffte er, um die Signale sowjetischer Flugkörpersteuerung abzufangen. Näher würde Benitez sich nicht heranwagen.

Auf der Karte befindet sich Murmansk an einer Stelle, die wie die Daumenwurzel eines auf den Kopf gestellten Handschuhs aussieht, wobei die Finger von Norwegen, Schweden und Finnland gebildet werden. Der Daumen selbst ist die sowjetische Kola-Halbinsel, auf der sich die Operationsbasen Srednii (später in Seweromorsk umbenannt) und Poljarnij befinden. Sie gehörten zu den wichtigsten nördlichen sowjetischen Seehäfen, da sie das ganze Jahr hindurch benutzt werden konnten – ein Seitenarm des Golfstroms sorgt dafür, dass sie auch im Winter eisfrei bleiben. Poljarnij war Unterseebootbasis wie auch Standort des unterirdischen Hauptquartiers des Oberbefehlshabers der sowjetischen Nordflotte. Versteckt unter aus Ziegeln und Steinen errichteten Verwaltungsgebäuden befanden sich dort die sowjetischen Kodierungsräume und Kommunikationszentren.

Austin versuchte Flugkörper- oder Raketensteuersignale von diesen Basen oder von in der Nähe befindlichen Schiffen aufzuspüren. Da sich Raketensteuersignale in der Regel der höchsten Frequenzbereiche bedienen, hatte der Geheimdienst Austins Black Box so eingerichtet, dass diese außerhalb des

Normalbereichs liegenden Frequenzen eines Raketenstarts eingefangen würden. Wenn also etwas geschah, dann sollte er fähig sein, es zu hören. So hoffte er jedenfalls. Diese Spionagemission war über weite Strecken nichts als ein Ratespiel. Es gab keine Möglichkeit zu wissen, ob die Sowjets überhaupt irgendwelche Abschüsse geplant hatten. Austin konnte nichts anderes tun, als in seiner Kabine an den Einstellknöpfen bzw. -rädchen für die Frequenzbereiche zu drehen und zu lauschen. Er hatte sich außerdem angewöhnt, in den Funkerraum hinüber zu wandern, um sich dort russische Funksprüche anzuhören. Doch sprachen weder Austin noch der Funker Russisch. Allerdings vermochte Austin das kyrillische Alphabet aus Morsecodes auszumachen – eines der Dinge, die er gelernt hatte, um die Langeweile während seiner Zeit auf Überwasserschiffen zu bekämpfen. Nun saß er da, hackte russische Sprüche in die mechanische Schreibmaschine der *Cochino* und stellte sich vor, dass er tatsächlich verstand, was er da schrieb. In seinem Kopf entwarf er ein Bild, in dem ein sowjetisches Schiff der Kommandozentrale in seinem Tagesbericht mitteilte, wie viel Reis sich noch an Bord befand und dass alles Obst gegessen worden war. Ein anderes gab die Krankenliste des Tages durch.

Drei Tage vergingen, und Austin hatte lediglich ein paar russische Funksprüche gesammelt. Benitez kam zu dem Entschluss, noch eine Nacht zu investieren, damit Austin eine Chance erhielt, noch mehr aufzuschnappen. Austin wäre bereit gewesen, Wochen dort zuzubringen. Er wollte unbedingt ins Allerheiligste der Russen eindringen und wenigstens einige Erkenntnisse über sowjetische Flugkörpersteuerung gewinnen.

An diesem letzten Abend geschah es schließlich, dass Austin wirklich etwas hereinbekam. Es hörte sich nicht an wie ein Abschuss, dachte er, doch hatte man ihn auch beauftragt, andere Testvorgänge aufzuzeichnen. Vielleicht war es ja das Ausprobieren bestimmter Geräte, was er jetzt hörte. Vielleicht waren die Russen im Begriff, ihre Instrumente zu stimmen, um sich auf einen Auftritt vorzubereiten. Austin bat Benitez, eine Wende anzuordnen und zu versuchen, die *Cochino* so zu positionieren, dass die Signale klar empfangen werden konnten. Aber selbst dann war Austin sich nicht sicher, was er da hörte und ob es vom Land oder von der See kam. Jedenfalls handelte es sich nicht um Funksprüche, so viel konnte er erkennen.

Einen Augenblick schienen die Frequenzen ausreichend hoch, um auf einen Waffentest hinzuweisen. Aber die Signale waren einfach nicht stark genug – ja, sie kamen dem tosenden Geräusch, das die Telemetrie eines Waffentests signalisiert hätte, nicht einmal nahe. Die Geheimdienstleute zu Hause hatten sich vielleicht vorgestellt, dass die Sowjets einen Testabschuss nach dem anderen vornahmen, sich fieberhaft darauf vorbereiteten, ihre Flugkörper auf See zu bringen. Doch wenn das zutraf, dann legten sie gerade in dem Augenblick eine Pause ein, als die *Cochino* in der Nähe war. Austins Spionagemission war ein Fehlschlag, jedenfalls bisher. Ein weiterer Versuch war vorgesehen, doch jetzt würde sich die *Cochino* erst einmal an die Erfüllung ihres ursprünglichen Auftrags machen. Sie würde mit der *Tusk* Verstecken spielen, damit die beiden U-Boote wie jedes junge Raubtier lernen würden, richtige »Jäger-Mörder« zu werden.

Inzwischen war sogar Benitez enttäuscht, als er die *Cochino* aus dem Gebiet heraussteuerte. Bei all den Schwierigkeiten, die Austins Befehle verursacht hatten, wäre der Kapitän gerne nach Hause gefahren und hätte gesagt: »Seht mal, wir haben etwas«, oder hätte wenigstens in sein Logbuch eingetragen: »Wir haben dies und wir haben jenes aufgeschnappt.« Trotzdem war er, als er jetzt den Kurswechsel in nördliche und westliche Richtung anordnete, froh, zu seiner eigentlichen Aufgabe zurückzukehren. Tatsächlich fühlte er sich sogar erleichtert. Es war Mittwoch, der 24. August, der Tag vor dem vierten Geburtstag der *Cochino*, und Benitez hatte eine Vorfeier verlangt.

Die Smutjes waren mit der Zubereitung einer großen Geburtstagstorte und einer Steak-Abendmahlzeit beschäftigt, von der auch Austin zugeben musste, dass sie besser als Frühstücksfleisch war. Es wurden Lieder, Witze und Geburtstagswünsche zum Besten gegeben, die am Morgen von einigen Männern beim Essen in der Messe aufgezeichnet worden waren. Später trug Benitez in sein Logbuch ein: »Wir waren ein fröhliches Schiff, und in der Offiziersmesse gaben wir dem Wunsch Ausdruck, dass wir auch beim nächsten Geburtstag gesund und auf der *Cochino* sein mögen.«

Früh am nächsten Morgen machte die *Cochino* die *Tusk* an Steuerbord aus. Gegen 10.30 Uhr an jenem Donnerstag fuhr die *Cochino* auf Periskoptiefe getaucht voraus. Sie war an der Reihe damit, sich zu verstecken, während die *Tusk* sich bereits entfernt hatte, um nach der Art der U-Boote sozusagen bis zehn zu zählen.

Es war ein düsterer Tag, neblig und grau, mit einer rauen See. In der Funkerkabine war vor einer Weile ein Wetterbericht aufgefangen worden, der vor Polarstürmen warnte, und der Wind blies nun schon seit Stunden. Die Wellen ließen die *Cochino* schaukeln, die Rudergänger hatten zu tun, um eine konstante Tiefe einzuhalten, und der Rest der Crew hielt sich an Kartentischen und an Rohren fest, die an der Decke entlangliefen. Andere stürzten hinzu, um rutschende Kaffeetassen und Werkzeuge aufzuhalten. Der vordere Maschinenraum meldete sich über die Sprachrohrleitung und teilte Benitez mit, dass Wasser über den Schnorchel in das Boot eindrang, der sich eigentlich automatisch wasserdicht verschließen sollte, sobald der Sensor des entsprechenden Ventils nass wurde.

Benitez schickte Wright, seinen Stellvertreter, vor, um die Angelegenheit zu untersuchen, als die Maschinen aufgrund zu geringer Luftzufuhr ausgingen. Ungefähr zwei Minuten später war ein dumpfer Aufprall zu hören, der das U-Boot erzittern ließ. Austin wurde gegen das Okular von Sehrohr Nummer zwei geschleudert. Er war sich sicher, dass sie auf einen Holzklotz oder einen Baumstamm aufgelaufen waren und dass er zwei blaue Augen haben würde, um den Beweis hierfür anzutreten.

Doch was nun geschah, war weit schlimmer. Ein Elektriker sah Funken aus einer der zwei Batteriezellen kommen, von denen eine jede zwei der riesigen Batterien enthielt, die für den

Antrieb der *Cochino* im getauchten Zustand sorgten. Die Zellen befanden sich im mittleren Bereich des U-Boots. Die Batterien in der Batteriezelle achtern hatten Feuer gefangen, und der Raum begann sich mit Rauch zu füllen.

»Zelle sofort räumen«, rief der Elektriker und blieb zurück, um das Feuer möglichst zu löschen. Männer strömten nach vorn in die Operationszentrale und überbrachten Benitez die Nachricht.

»Feuer in der Achter-Batteriezelle!« keuchte jemand. Benitez reagierte mit einem Befehl. »Auftauchen!« Dann wandte er sich einem der neuen Geräte zu, das sie testen sollten, einem Unterwassertelefon, und übermittelte der *Tusk* eine Nachricht. »Unfall. Wir tauchen auf.«

Die Männer setzten die Pumpen in Gang, um die Tauchzellen zu leeren, und die *Cochino* gelangte innerhalb weniger Augenblicke an die Oberfläche, schaukelte wild in der stürmischen See umher, die mit fünf Meter hohen Wellen gegen ihren Rumpf anbrandete. Der Kapitän eilte zum Kommandoturm, öffnete die Luke und kletterte auf die Brücke, eine große vorstehende Plattform auf dem stählernen Turm der *Cochino*. Hier befand er sich ein gutes Stück oberhalb des Decks und suchte mit seinem Fernglas, das sich jedoch als nutzlos erwies, den Horizont nach der *Tusk* ab.

Benitez rief etwas in die Operationszentrale hinunter und schickte einen der jüngsten Offiziere an Bord, den Fähnrich John P. Shelton, los, um über das Feuer Bericht zu erstatten. Andere Männer liefen herbei, um bei der Bekämpfung des Feuers zu helfen, doch es kam zu einer furchtbaren Verzögerung. Das Gerät für die Notluftzufuhr, das den ersten Mann vor Rauch und Gasen schützen sollte, funktionierte nicht. Bis ein zweites herbeigeschafft war, hatte sich die wasserdichte Tür im Schott, die in den Raum führte, verklemmt, weil sie entweder durch den hohen Druck im Inneren an Ort und Stelle gehalten wurde oder durch die Hitze des Feuers festgeschmolzen war.

Im Inneren lud offenbar eine Batterie die nächste auf und setzte als Nebenprodukt hoch brennbaren Wasserstoff frei.

Wenn es nicht irgendjemandem gelang, in die brennende Zelle einzudringen, mit einem Schraubenschlüssel die schweren Schalter umzulegen und die Verbindung zwischen den brennenden Batterien zu unterbrechen, dann würde der Wasserstoff eine gefährlich hohe Konzentration erreichen, und es könnte zu einer weiteren Explosion kommen. Sie könnte, wenn sie stark genug war, das Ende der *Cochino* bedeuten.

Benitez verließ die Brücke und kehrte in die Operationszentrale zurück. Dort überprüfte er die Wasserstoffdetektoren. Sie befanden sich noch immer auf null. Einen Moment lang fühlte er Dankbarkeit, doch nur kurz. Dann wurde ihm klar, dass die Detektoren einfach nicht funktionierten. Er wusste, dass er nur eine Option hatte. Jemand musste von der anderen Seite, vom vorderen Maschinenraum aus, den Zugang in die Batteriezelle erzwingen und noch einmal versuchen, die Batterien abzuschalten. Gerade in diesem Augenblick rief Wright an – er wollte genau diese Maßnahme versuchen. In knappen Worten legte er seinen Plan dar, ohne weiter auf die Risiken einzugehen. Sowohl er als auch Benitez wussten, dass die Batteriezelle jeden Augenblick explodieren und jeder Versuch, in sie einzudringen, tödlich sein konnte. Ihnen war außerdem klar, dass Wrights Versuch absolut unverzichtbar war.

Benitez kletterte zurück auf die Brücke, um Ausschau nach der einzigen in der Nähe befindlichen Rettung zu halten, den Männern auf der *Tusk*. Er befand sich dort oben, als er die zweite Explosion spürte. Sie riss eine Klappe ab, die den Rauch aus der brennenden Zelle bisher daran gehindert hatte, in das Belüftungssystem des Schiffs zu gelangen. Nun strömten Rauch und giftige Gase in den vorderen Teil des U-Boots. Jemand rief auf der Brücke an. Die Männer im Inneren waren nun in ernsthaften Schwierigkeiten.

Benitez ordnete eine Evakuierung an, rief jeden nach oben, der nicht an kritischer Position das Feuer bekämpfte. Die Männer fingen an, sich in Bewegung zu setzen. Jedes instinktive Bedürfnis, in Panik zu geraten, wurde von den schier unglaublichen Ausmaßen des Unfalls erstickt. Einer nach dem anderen, einige von ihnen rangen schwer um Atem, tastete sich vor zum Bug und kletterte die Leiter hinauf, die zur Ausstiegsluke führte. Auf Befehl des Kapitäns arbeiteten sie sich zur Reling an der Leeseite des Turms vor und karabinierten sich dort ein.

Es war bitterkalt und die Wellen knallten noch immer auf das rollende Schiff nieder. Einige der Männer waren geradewegs aus ihren Kojen heraufgekommen und hatten nichts am Leib als Socken, T-Shirt und Unterhose. Einige von ihnen waren in Decken gewickelt. Nur wenige hatten noch rechtzeitig nach dem Ölzeug greifen können. Gemeinsam verfügten sie lediglich über ein paar Schwimmwesten, jedoch keine Nahrungsmittel, kein Wasser, keine Medikamente. Im Großen und Ganzen waren sie der eisigen, stampfenden See machtlos ausgeliefert.

Mittlerweile hatten sich 47 Männer an Deck mit Sicherheitsgurten einkarabiniert. Weitere zwölf befanden sich auf der Brücke bei Benitez, obwohl der Raum dort nur für sieben Personen vorgesehen war. Achtern im Schiff hielten sich noch immer 18 Mann auf, die versuchten, den Antrieb wieder in Gang zu bringen und das Feuer zu bekämpfen. Der Kapitän blickte hinunter auf seine Mannschaft und dann zum Horizont. Wo blieb nur die *Tusk*? Das Feuer brannte nun schon eine halbe Stunde.

Irgendjemandem gelang es, die Maschinen der *Cochino* wieder in Gang zu bringen. Benitez hoffte nun, dass er das Schiff an die Küste würde bringen können. Da begrub eine Welle das Heck unter sich. Ein Schrei war zu hören, bevor das Wasser noch ganz hatte ablaufen können.

»Mann über Bord! Mann über Bord!« Es war Joseph Morgan, einer der Messeköche.

»Wir müssen ihn rausholen«, murmelte Benitez, der sich nun ausschließlich darauf konzentrierte, das Schiff dichter an Morgan heranzuführen, der in der tosenden See kaum auszumachen war. Gerade in diesem Augenblick entdeckte jemand die *Tusk* an Steuerbord.

Austin hatte sich inzwischen auf die Brücke und an die Seite von Benitez vorgekämpft. Alle Signalleute der *Cochino* litten unter den Auswirkungen der ausgetretenen Gase, und Austin war der Einzige, der noch stand und Winkzeichen wenigstens so weit beherrschte, um eine Botschaft zu übermitteln. Er hatte das Winkeralphabet seit dem Ausbildungslager nicht mehr gebraucht, doch nun griff er sich zwei Signalflaggen und streckte die Arme hoch in die Luft.

Im Kampf gegen den Wind buchstabierte er: »M-a-n-n ü-b-e-r B-o-r-d. R-e-c-h-t-s v-o-r-a-u-s. X F-e-u-e-r i-n d-e-r B-a-t-t-e-r-i-e a-c-h-t-e-r-n.« Es war 11.21 Uhr.

Dann kam aus dem Inneren des Schiffs ein Brüllen, das seine stählerne Außenhaut erzittern ließ. Die *Tusk* versuchte näher heranzukommen, doch Benitez hielt den Blick auf den ertrinkenden Koch fixiert, wobei er sich sehr wohl darüber im Klaren war, dass der Mann nicht mehr sehr viel länger würde durchhalten können, nicht in derart kaltem Wasser. Ohne erst dazu aufgefordert worden zu sein, sprang Steuer-Vize Hubert H. Rauch ins Wasser und kämpfte sich durch das aufgewühlte Meer zu Morgan vor. Bis es ihm gelungen war, Morgan zurück zum Schiff zu zerren, war Rauch durch das fünf Grad kalte Wasser zu sehr geschwächt, um den fast Ertrunkenen noch auf das Deck hieven zu können. Ein anderer der Schiffsköche karabinierte sich los und lehnte sich über das Hauptdeck, um Morgan aus Rauchs Armen in Empfang zu nehmen. Weitere Männer griffen nach Rauch, während Morgan zur Brücke getragen und auf ein Bord gelegt wurde, das eigentlich als Kartentisch diente. Er zitterte auch dann noch unkontrolliert, als die Männer ihn in die wenigen zur Verfügung stehenden Decken gewickelt hatten. Zwei Männer entledigten sich ihrer durchnässten Kleidung und versuchten den halb erfrorenen Morgan mit ihren eigenen Körpern zu wärmen.

Für Benitez stand außer Zweifel, dass seine Männer draußen im Freien nicht sicher waren, nicht solange die Brecher derart gewaltsam auf das Deck seines Schiffs schlugen, als wollten sie seine frierenden Männer von den Leinen reißen, mit denen sie sich eingeklinkt hatten. Er wies seine Leute an, sich auf der engen Kommandobrücke in Sicherheit zu bringen. Alles was dort Standfläche bot, wurde genutzt, so dass die Männer fast den Anblick einer menschlichen Pyramide boten. Den Übrigen befahl er, im vorderen Torpedoraum Schutz zu suchen, mehr oder weniger der einzige Bereich, der noch halbwegs bewohnbar war.

Während all dies geschah, erfuhr Benitez, dass die Explosion nicht nur die Luft des U-Boots mit Rauch und Gasen verpestet, sondern auch furchtbare Opfer gefordert hatte. Wright hatte zwar die Tür zur Batteriezelle mit Gewalt öffnen können, doch in dem Augenblick, als es ihm gelang, explodierte der angestaute Wasserstoff in einem gewaltigen Blitz und warf ihn zurück. Schlimme Verbrennungen an Händen, Brust und Beinen, ja, an seiner gesamten Vorderseite mit Ausnahme des Gesichts, das durch eine Atemmaske geschützt war, waren die Folge. Nun befand er sich in einem schweren Schockzustand. Vier weitere Männer waren ebenfalls verletzt. Die Verwundeten befanden sich nun im hinteren Torpedoraum, die achtere Zelle, und das Feuer schnitt sie von ihren Kameraden ab. Sie benötigten dringend medizinische Versorgung, doch der Arzt Hubert T. »Doc« Eason hielt sich mit der übrigen Mannschaft im Vorderschiff auf. Es war vollkommen undenkbar, durch die Flammen und das Gas von einem Ende des Schiffs zum anderen zu gelangen. Doc Eason hätte das Feuer über die Außenhaut des U-Boots umgehen können, doch die Einstiegsluke zum hinteren Torpedoraum war mehr als 50 Meter entfernt – 50 Meter auf dem rutschigen, nassen Stahlkörper eines Unterseeboots, das durch die niederkrachenden Wellen hüpfte, die so gewaltig waren, dass sie die zu Hilfe eilende *Tusk* wie einen Zweig umherwarfen, als sie versuchte, näher an die *Cochino* zu gelangen.

Ein junger Offizier bot sich an, eine Leine vom Turm zur hinteren Ausstiegsluke zu bringen, damit sie Doc Eason als Rettungsleine zum Festhalten dienen konnte. Als die Leine gespannt war, kroch Eason gegen die gewaltige Brandung an zum hinteren Teil des Schiffs und erreichte die Luke, durch die er zu den Verwundeten gelangen konnte. Austin nahm seine Signalflaggen auf und übermittelte erneut eine Botschaft. »B-i-t-t-e l-ä-n-g-s-s-e-i-t-s k-o-m-m-e-n, w-i-r m-ü-s-s-e-n S-c-h-i-f-f m-ö-g-l-i-c-h-e-r-w-e-i-s-e a-u-f-g-e-b-e-n.« Sobald Benitez Doc Easons erste Berichte erhalten hatte, nahm Austin die Signalflaggen erneut auf. »B-e-n-ö-t-i-g-e-n m-e-d-i-z-i-n-i-s-c-h-e H-i-l-f-e. X F-ü-n-f V-e-r-l-e-t-z-t-e. X E-i-n-e-r m-i-t s-c-h-w-e-r-e-n V-e-r-b-r-e-n-n-u-n-g-e-n.«

Die Brücke nahm Easons Diagnose zur Kenntnis. Wright hatte sich schwerste Verbrennungen zugezogen und würde wohl kaum überleben. Die Berichte des Arztes waren so Grauen erregend, dass Benitez den Matrosen, der die Meldungen an der Sprachrohrleitung entgegennahm, bald beiseite schob. Die Nachrichten waren zu schlecht, um sie einem Mannschaftsdienstgrad zuzumuten. Die Aufrechterhaltung der Moral war zu wichtig. Ein Offizier übernahm.

Anderthalb Stunden waren seit dem Ausbruch des Feuers vergangen, und die Männer, die sich im vorderen Torpedoraum zusammendrängten, fingen an, die Auswirkungen der Gase zu spüren und umzukippen. Jedermann dort wusste, dass sie wieder auf das gefährliche, ungeschützte Deck würden zurückkehren müssen. So viele wie möglich würden sich auf der Brücke zusammendrängen.

Ein Mann nach dem anderen wurde in den Kommandoturm gehievt. Der Kapitän sah zu und dachte bei sich, dass einige von ihnen mehr tot als lebendig aussahen. Einer der Männer hatte das Bewusstsein verloren und atmete nicht. Seine Gefährten bliesen ihm Luft in die Lungen, massierten seinen Brustkorb.

Achtern litt Wright schreckliche Qualen. Eason pumpte ihn mit Morphium voll und versuchte dann die Verbrennungen der übrigen Männer mit Petroleum aus seinem Erste-Hilfe-Koffer zu behandeln.

Inzwischen bemühte sich Kapitän Worthington, eine Möglichkeit zu finden, um den Arzt der *Tusk* zur *Cochino* hinüberzubringen, vielleicht in einem Schlauchboot. Seine Männer pumpten Diesel aus dem Schiff, mehr als 50 000 Liter, um durch den so erzeugten Ölteppich die Wellen einzudämmen. Die *Tusk* schoss eine Leine hinüber zur *Cochino*. Männer auf beiden Schiffen würden versuchen, das Seil festzuhalten, und so für eine Rettungsleine über das Wasser hinweg sorgen, an der sich das Schlauchboot hinüberziehen konnte. Beim ersten Versuch verloren die Männer auf der *Tusk* den Halt, doch beim nächsten Mal hielt die Leine. Beim Anblick der Wellen erkannte Worthington jedoch, dass es noch immer zu gefährlich war, auf diesem Weg einen Mann hinüberzuschicken. Stattdessen brachte die *Tusk* Medikamente, Schmerzmittel und Whiskey auf den Weg.

Benitez war sich ebenfalls der Gefahren bewusst, sah ein, dass jeder, der versuchen würde, das Meer in dem Schlauchboot zu überqueren, leicht verloren gehen konnte. Doch um 14.00 Uhr, während er die fortgesetzten Explosionen unter seinen Füßen zählte, kam er zu der Erkenntnis, dass ihm keine andere Wahl blieb. Er musste den Offizieren auf der *Tusk* mitteilen, wie schrecklich seine Situation war, dass die Besatzung der *Cochino* vielleicht ihr Schiff würde verlassen müssen. Er musste ihnen mehr Informationen zukommen lassen als Austin mit seinen Signalflaggen Buchstabe für Buchstabe bewältigen konnte. Außerdem wollte er ausprobieren, ob das Schlauchboot der Aufgabe, seine Männer einen nach dem anderen auf die *Tusk* zu bringen, gewachsen war.

Der Kapitän fragte Shelton, ob er bereit sei, die gefährliche Überfahrt zu wagen. Shelton stimmte zu und mit ihm ein anderer Mann. Es war Robert Philo, der junge zivile Sonarexperte, der um einer Übung willen an Bord gekommen war, die nun nie stattfinden würde.

»Philo, wollen Sie das wirklich tun?«, sagte Benitez absichtlich langsam.

»Ja.«

Benitez wiederholte die Frage Wort für Wort ebenso bedächtig, wobei er diesmal das Wort »wollen« ein wenig mehr betonte.

Wieder antwortete Philo: »Ja.«

Benitez holte tief Luft. »Also gut, Sie und Shelton machen sich auf den Weg.«

Noch während er zustimmte, dachte er bei sich, dass es ihm, wenn irgendetwas schief ging, verdammt schwer fallen würde zu erklären, wie ein Zivilist auf das Schlauchboot gekommen war. Doch auf seinem Schiff waren Männer mit Verbrennungen, Männer mit Gasvergiftung und Männer, die erbärmlich froren. Der Kapitän hatte keine Zeit zu streiten, keine Zeit, gegen den Wind anzubrüllen, um herauszufinden, ob Philo ein Held sein oder nur das Schiff verlassen wollte, keine Zeit zu warnen, dass die Dinge auf der *Cochino* zwar schlecht standen, dass aber die Überfahrt in dem Schlauchboot zur *Tusk* noch sehr viel schlimmer sein konnte. Er vermochte nicht mehr, als Philo zu fragen, ob er sich sicher war, und seine Frage dann noch einmal zu wiederholen.

Sobald die Mannschaft Philo und Shelton im Schlauchboot ins Meer hinuntergelassen hatte, kenterten sie. Nun klammerten sich die beiden Männer an Gurten fest, die außen über den Boden des Schlauchboots liefen, während sie von Männern an Bord der *Tusk* durch die stampfende See gezogen wurden.

Benitez musste hilflos zusehen, wie Shelton vom Schlauchboot abgetrieben wurde und versuchte, zu ihm zurückzuschwimmen. Dann konnte Benitez nicht mehr länger zusehen. Er musste seine Aufmerksamkeit wieder auf sein U-Boot richten. Die Männer auf der *Tusk* befanden sich in einer besseren Position, um ein Rettungsmanöver für Shelton zu versuchen. Denn zu allem anderen kam hinzu, dass die *Cochino* nicht mehr manövrierfähig war. Der Zugang zu den Ruderstationen war durch das giftige Gas versperrt. Benitez konnte nichts anderes tun, als für die Sicherheit seiner übrigen Männer zu sorgen. Es drängten sich nun 57 Männer mit ihm auf der Brücke und im Turm der *Cochino* zusammen. Unter Deck und achtern befanden sich 18 weitere, fünf von ihnen mit Verbrennungen, unter ihnen Wright. Die an Gasvergiftung leidenden Männer auf Deck waren noch immer in schlechtem Zustand.

Die Mannschaftsquartiere und damit die Schlechtwetterbe-

kleidung der Mannschaft waren noch immer durch das aus-
strömende Gas abgeschnitten. Alle froren, insbesondere Morgan, der nach seinem schrecklichen Erlebnis noch immer erbärmlich zitterte. Benitez streifte seine Jacke ab und reichte sie
einem Mann, dann entledigte er sich auch seiner Schuhe, um sie
einem anderen zu geben.

Nun stand Benitez in Hemdsärmeln und Socken auf der
Brücke und wünschte sich mehr als irgendetwas sonst, ein paar
seiner Männer von der *Cochino* auf die *Tusk* zu befördern.
Wenn er eine Notmannschaft an Bord behalten würde, dann
war er sicher, die *Cochino* nach Hause bringen zu können,
selbst wenn sie abgeschleppt und auf Strand gesetzt werden
musste. Er war noch immer entschlossen, das Schiff nicht zu
verlassen, auf keinen Fall, solange Wright nicht in Sicherheit
gebracht war. Benitez würde das U-Boot keinesfalls ohne seinen
Ersten Offizier verlassen.

Mittlerweile befand sich die *Tusk* wieder außer Sichtweite.
Benitez hatte nicht gesehen, wie Sheltons und Philos Versuch,
die *Tusk* zu erreichen, ausgegangen war. Er wusste nicht, dass
die Wellen Philo hart gegen die *Tusk* geschleudert hatten und
dass er danach schlaff und mit dem Gesicht nach unten im Wasser trieb. Als ein Mannschaftsmitglied der *Tusk* endlich hinein-
gesprungen war, um ihn zu packen, blutete Philo und hatte aufgehört zu atmen. Die Offiziere der *Tusk* starteten sofort noch
an Deck Wiederbelebungsversuche, leisteten Mund-zu-Mund-
Beatmung und spritzten Adrenalin. Shelton wurde drei Minuten später an Bord gezogen. Zwar war er bei Bewusstsein, litt
jedoch an Unterkühlung. Man brachte ihn unter Deck, wo er
heftig zitternd Benson und Worthington den ersten detaillierten Bericht von der sich auf dem anderen U-Boot abspielenden
Katastrophe lieferte – über die Kurzschlüsse produzierenden
Batterien, die Explosionen, die Giftwolke, die fast das gesamte
Innere der *Cochino* unzugänglich machte.

Draußen auf dem Deck der *Tusk* befanden sich 15 Männer.
Einige von ihnen kümmerten sich um Philo, der keinen spür-
baren Puls mehr hatte, die anderen versuchten die Rettungs-

mannschaft davor zu bewahren, über Bord gespült zu werden. Plötzlich wurde die *Tusk* von einer riesigen Welle getroffen, dann von einer zweiten, die so gewaltig war, dass sie vier Stützen aus Stahlrohr umknickte, an denen die Rettungsleine der Männer auf Deck befestigt war. Von einer Sekunde auf die andere wurden zwölf Männer auf einmal über Bord gerissen, unter ihnen auch Philo.

Worthington und seine Mannschaft suchten das Meer nach den Männern ab. Philo und ein weiterer Mann waren gar nicht mehr auszumachen. Ein anderer schwamm mit dem Gesicht nach unten im Wasser. Worthington kämpfte erneut mit seinem Schiff gegen die Strömung an, um seinen Männern zu Hilfe zu eilen.

Doch das Grauen hatte seinen Höhepunkt noch nicht erreicht. Anders als die Männer auf der *Cochino* hatten jene auf der *Tusk* Zeit genug gehabt, um Schlechtwetterkleidung anzulegen, doch genau dieser vermeintliche Vorteil schien sich nun zu ihren Ungunsten auszuwirken. Die Ausrüstung, von der Navy neu entwickelt und für diese Fahrt erstmals zur praktischen Erprobung freigegeben, bestand aus einem einteiligen Overall, der so beschaffen war, dass er den Mann vor arktischer Kälte schützen sollte. Selbst aufblasende »Mae West«-Schwimmwesten waren direkt in den Anzug eingenäht. Die dazugehörigen Stiefel ließen sich durch eine eigens dafür vorgesehene Metallrille auf Knöchelhöhe und unter Zuhilfenahme eines Spezialwerkzeugs fest und wasserdicht mit den Hosenbeinen verbinden.

Auf Deck hatte sich diese Schlechtwetterkleidung bereits bewährt. Doch nun waren einige der eingenähten Schwimmwesten geplatzt, als sie auf das eisige Wasser aufschlugen. Damit war nur mehr ein Teil des Anzugs in höchstem Maße schwimmfähig: die Gummistiefel, die so dicht versiegelt waren, dass sie Lufttaschen bildeten.

Einer der Männer im Wasser, Steuer-Vize John G. Guttermuth, versuchte verzweifelt, mit einem bewusstlosen Mann im Schlepptau auf eine Rettungsleine zuzuschwimmen. Die beiden

Männer waren nur 20 Meter entfernt und hätten gerettet werden können. Doch irgendetwas stimmte nicht. Guttermuths Füße kamen immer wieder an die Oberfläche und zwangen seinen Kopf unter Wasser. Worthington musste entsetzt zusehen, wie der Steuer-Vize mit den Stiefeln um sein Leben kämpfte und schließlich den anderen Mann losließ, der sofort sank. »Guttermuths Stiefel ließen seine Beine immer wieder an die Oberfläche treiben«, hielt Worthington später im Logbuch der *Tusk* fest. »Er versuchte sich durch Schwimmen auszurichten, doch es gelang ihm nicht, und er ertrank, obwohl seine Füße noch auf dem Wasser schwammen.«

Zum Trauern blieb keine Zeit. Es befanden sich noch andere Männer im Wasser. Die Rettungsaktion ging weiter. Weitere Männer sprangen über Bord, um zu helfen. Andere, die sich bereits im Wasser befanden, versuchten Gefährten am Kragen zu packen, die noch schlechter dran waren als sie selbst. Oberleutnant L. Philip Pennington befand sich eine Stunde und 25 Minuten im Wasser, bevor es gelang, ihn auf das U-Boot zu ziehen. Raymond T. Reardon wurde in einer Rettungsinsel ausgemacht, doch die Wellen warfen ihn heraus. Ein anderer Mann sprang ins Wasser und rettete ihn.

Inzwischen waren zwei Stunden vergangen, seit die Männer über Bord gegangen waren. Worthington war mit einer nahezu unerträglichen Wirklichkeit konfrontiert. Sieben Männer befanden sich noch im Wasser, und sie waren mit an Sicherheit grenzender Wahrscheinlichkeit tot. Mannschaftsmitglieder der *Tusk* erzählten später ihren Kameraden von der *Cochino*, dass mehrere wie Guttermuth mit den Stiefeln nach oben im Wasser gestorben waren.

Niemand auf der *Cochino* wusste, dass die Katastrophe ihre ersten Todesopfer gefordert hatte. Doch alle spürten die Nähe des Todes. Austin dachte an seine Frau und seine zwei Kinder, daran, dass er vielleicht den Tod in den Wellen finden würde, ohne sie je wieder zu sehen. Er fühlte sich getröstet durch den Gedanken, dass es hieß, eiskaltes Wasser mache einen Mann bewusstlos, bevor er schließlich starb.

Benitez fuhr fort, die Situation wieder und wieder neu einzuschätzen. Er hatte drei Versuche unternommen, sein Schiff zu lüften, doch das Gas ergriff jedes Mal sofort wieder von ihm Besitz. Er versuchte Männer über das Deck nach achtern hinweg über die beschädigte Batteriezelle zum äußersten Ende des Boots zu schicken, wo Eason noch immer Wright versorgte und wohin das Gas noch nicht vorgedrungen war, doch die beiden ersten Männer, die den Versuch wagten, waren fast über Bord gespült worden.

Zwei Versuche waren gemacht worden, die Luke vom Kommandoturm nach unten zu öffnen. Doch jedes Mal war Gas ausgeströmt. Das Bild der an Gasvergiftung leidenden Männer am frühen Nachmittag stand noch deutlich vor Benitez' Augen. Er durfte es nicht riskieren, all die Männer, die zusammengepfercht auf der Brücke standen, dem gleichen Risiko auszusetzen.

Man konnte nicht mehr tun, als zu warten und ein bisschen zu beten. Sechs Stunden waren seit der ersten Explosion vergangen. Das Feuer tobte noch immer, als die *Tusk* von Neuem aus dem Nebel auftauchte. Erst Stunden später würde Benitez erfahren, dass das Schwester-U-Boot nun sieben Männer weniger an Bord hatte. Er dachte über nichts anderes nach als darüber, wie er die *Cochino* heimbugsieren könnte.

Die Steuerung der *Cochino* war ausgefallen. Dennoch hoffte Benitez, sein U-Boot in ruhigere Gewässer steuern zu können, um die Verletzten mit geringerem Risiko auf die *Tusk* zu bringen. Die *Tusk* würde die Männer dann mit Höchstgeschwindigkeit voraus nach Hammerfest in Norwegen fahren und im Krankenhaus abliefern.

Benitez versuchte fast eine Stunde lang, der *Tusk* zu folgen, doch die *Cochino* hörte nicht auf, Kreise zu ziehen. Dann gelang es einem der Verletzten im Inneren am äußersten Ende des Schiffs, die Steuerung wiederherzustellen, indem er mit seinem von Schmerz gepeinigten Körper eine Rohrzange niederdrückte, die er in den Steuerkolben der Seitenrudermaschine gezwängt hatte. Er steuerte das Schiff, indem er blind Benitez'

Anweisungen über die Sprachrohrleitung folgte. Schließlich gelang es der *Cochino*, der *Tusk* zu folgen. Inzwischen war es ungefähr 7.10 Uhr abends, fast neun Stunden waren seit der ersten Explosion vergangen.

Über die Sprachrohrleitung versicherte Benitez den Verletzten, dass sie fast schon in Norwegen waren. Nur noch drei Stunden, hatte er zu irgendeinem Zeitpunkt am Nachmittag versprochen. Dann, vier Stunden später, hatte er sein Versprechen wiederholt – nur noch drei Stunden. Auch da wusste er, dass es mindestens doppelt so lang dauern musste, bevor sie sich Land nähern würden.

»Wir mussten die Geschwindigkeit drosseln, damit die Männer auf dem Vorderschiff nicht zu sehr unter den Wellen leiden, die noch immer über die Brücke hereinbrechen«, erklärte Benitez, wobei er sich bemühte, so zuversichtlich wie möglich zu klingen. »Ich weiß, Sie werden das verstehen.«

Die Männer achtern wussten, dass er nicht die Wahrheit sagte. Doch sie antworteten: »Natürlich verstehen wir. Vielen Dank.«

Benitez schnürte es fast die Kehle zusammen, und er wunderte sich, dass diese durch ihre Verwundungen und Verbrennungen gequälten Männer noch immer Mitgefühl für ihre Kameraden aufbrachten, die auf Deck froren, und dieses Mitgefühl zu nutzen wussten, um ihr eigenes Leiden besser zu ertragen. Er wollte sie in Sicherheit bringen, alle.

Es sah so aus, als ob die meisten der Verletzten durchkommen würden. Mit Ausnahme von Wright schien es ihnen besser zu gehen. Sogar das Tosen des Ozeans hatte etwas nachgelassen. Benitez hörte nicht auf, mit seinen Männern zu sprechen, sie zu ermutigen, sie zu bitten, noch ein wenig auszuhalten. Der Kapitän rief sich jeden Augenblick, den er während des Kriegs auf See verbracht hatte, ins Bewusstsein, dachte daran, wie er sich schweigend mit einer anderen Mannschaft niedergekauert hatte, als ihr U-Boot mit Wasserbomben angegriffen worden war. Der Edelmut, den er jetzt noch unter Beweis zu stellen vermochte, war der Edelmut reinster Tapferkeit, und er beeindruckte damit sogar den massigen, rothaarigen Kelten, der an seiner Seite stand.

Benitez glaubte noch immer, dass er die Schlacht gegen das U-Boot und das Meer gewinnen konnte, als sein Schiff kurz nach Mitternacht am Freitag, dem 26. August, von einer neuerlichen Explosion erschüttert wurde. Das Unterseeboot erzitterte, und das Feuer griff auf den zweiten Maschinenraum über, der an den Torpedoraum angrenzte, in dem sich Wright und die anderen befanden. Nun hatte Benitez keine Wahl mehr. Die Männer dort unten mussten auf Deck kommen. Einer nach dem anderen kletterten die 15 Männer aus der Heckluke und arbeiteten sich zum Turm vor. Dennoch, Wright und einer der anderen Verletzten konnten nicht bewegt werden, und Doc Eason war nicht bereit, sie allein zurückzulassen. Sie würden noch aushalten, teilte er Benitez mit.

Inzwischen erkannte der Kapitän, dass er den Rest seiner Mannschaft so rasch wie möglich auf der *Tusk* in Sicherheit bringen musste. Im nächtlichen Dunst wollte Austin es nicht riskieren, dass die Männer auf der *Tusk* seine Flaggensignale vielleicht nicht sehen würden, und so bediente er sich einer Sturmlaterne und nutzte den Kippschalter, um mit Hilfe des Morsealphabets die Nachricht »E-i-n-e w-e-i-t-e-r-e E-x-p-l-o-s-i-o-n. B-i-t-t-e l-ä-n-g-s-s-e-i-t-s g-e-h-e-n« zu übermitteln.

Nachdem dies erledigt war, richtete Benitez seine Aufmerksamkeit darauf, die letzten drei Männer nach oben zu holen. Die Sprachrohrleitungen waren schließlich ausgefallen. Es gab nun keine Möglichkeit mehr, mit den Männern im Heck zu sprechen. Ein Freiwilliger bot an, zur Heckluke zu laufen. Die Wellen tobten noch immer über das Deck, doch hatte der Mann nun bessere Aussichten auf Erfolg. Benitez stimmte zu, er wollte die letzten drei Männer nach oben holen. Doch hatte er aufgrund der Berichte, die er über Wrights Zustand erhalten hatte, wenig Hoffnung, dass sein Stellvertreter es aus dem U-Boot heraus schaffen würde.

Benitez fasste schweigend den Entschluss: »Also gut, wenn er nicht rauskommt, dann gehe ich zu ihm in den Torpedoraum und mit ihm unter.« Das Gefühl geistiger Klarheit war überwältigend. Eine tiefe Ruhe erfasste ihn. Es war das gleiche Gefühl, wie er es auch während des Kriegs in der *Dace* gehabt hatte, als japanische Zerstörer auf das U-Boot eintrommelten und er davon überzeugt gewesen war, dass es kein Entkommen geben konnte.

Jetzt dachte er: »Ich werde also sterben. Das war's dann eben.«

Er machte sich einen Augenblick lang Sorgen, dass er auf dem Weg zum Heck von Bord gespült werden könnte – oder noch schlimmer, dass er fortgespült und dann gerettet werden könnte und dass Wright allein würde sterben müssen. Doch er schüttelte den Gedanken ab. Seine Ruhe wich einem Gefühl des Friedens, das alles Verstehbare hinter sich zu lassen und jenseits aller Gefühle in religiöse Sphären vorzustoßen schien.

Inzwischen war die *Tusk* im Begriff, näher zu kommen. Zunächst feuerte die Mannschaft die Torpedos ab, die sich in den Torpedorohren befanden, um sicherzugehen, dass es nicht zu einer Explosion kam, wenn die beiden U-Boote aneinanderstießen oder wenn die *Tusk*, bei einer weiteren Explosion im Inneren der *Cochino*, dieser zu nahe kam. Dann ging die *Tusk* längsseits zur *Cochino*. Auf der *Cochino* bereiteten sich einige der Männer darauf vor, nach achtern zu laufen, um Wright nach vorn zu tragen, doch als sie sich umblickten, sahen sie ihn, wie er, einem anderen Mann folgend, aus der Luke zum Hecktorpedoraum kletterte. Er hatte es irgendwie geschafft, sich von seiner Koje aufzuraffen, zur Leiter unter der Luke zu wanken, und sich gezwungen, einen Fuß hoch genug zu heben, um ihn auf die erste Leitersprosse zu stellen. Die Schmerzen waren entsetzlich. Er musste innehalten, und als er da stand, nahm er wahr, dass Doc Eason ihm nachfolgte und dass das Wasser auf dem Boden des Torpedoraums hin und her schwappte. Das U-Boot lief nun voll Wasser.

Später schwor Wright, dass er nicht wusste, wie er die Leiter hinaufgekommen war, er schwor, dass es sich fast so angefühlt hatte, als habe ihn eine unsichtbare Hand – vielleicht die von Doc Eason – am Hosenboden gepackt und die Leiter hinauf auf

Deck geschoben. Benitez, der den Vorgang beobachtete, sah, wie Wright seine dick bandagierten Hände vor sich ausstreckte. Andere Kameraden sahen ebenfalls zu, wie Wright sich in Bewegung setzte. Es gab kein Anfeuern, keine Jubelrufe. Einige der Männer liefen nach achtern, um zu helfen, doch es gab fast keine Stelle, an der man Wright anfassen durfte, ohne ihm noch größere Qual zu verursachen. Schweigend sahen sie zu, wie er einen mühevollen Schritt nach dem andern machte.

Männer auf beiden U-Booten arbeiteten bereits daran, eine schmale Planke zwischen beiden Schiffen zu befestigen. Nun befand sich niemand mehr im Inneren der *Cochino*. Alle standen auf Deck. Die meisten hielten sich in der Nähe der Planke auf, die nichts anderes war als ein über sieben Meter langes schwankendes Brett, das gerade eben von einem U-Boot zum anderen reichte und an beiden Seiten eine Auflagefläche von nur wenigen Zentimetern hatte. Einige Männer hielten Stricke gepackt, um die Planke an Ort und Stelle zu fixieren. Doch durch das Rollen der Schiffe und die aufgewühlte See rutschte das Brett immer wieder von seiner Auflage ab und musste erneut an seinen Platz gewuchtet werden. Sollte das Brett abrutschen, während ein Mann gerade zur *Tusk* hinüberlief, dann war klar, dass er zwischen den beiden Bootskörpern, die gerade unterhalb der Wasseroberfläche aneinander stießen, zerdrückt werden würde. Ohne Zweifel war dies einer der unangenehmsten Fluchtwege, die je auf See erdacht worden waren.

Wright war der Erste, der auf die Planke zuging. Die Männer vor ihm machten ihm in fassungslosem Schweigen Platz. Mit einem wohlbemessenen, qualvollen Schritt nach dem anderen gelangte er zu der notdürftigen Brücke und ging dann einfach weiter, bis er auf der *Tusk* angelangt war.

Das war's. Das war, was der Rest der Mannschaft hatte sehen müssen. Wenn Wright in seinem Zustand es schaffte, dann würde es ihnen ebenfalls gelingen. Einer nach dem anderen schlitterten sie hinüber, die Verletzten zuerst. Sie passten den richtigen Zeitpunkt ab, warteten, bis zuerst eines der Schiffe von den Wellen angehoben wurde und dann das andere, warteten auf den kurzen Augenblick, da beide sich auf gleicher Höhe befanden. Niemand trieb sie an. Sie brauchten jetzt niemanden auf der Brücke, der ihnen sagte, was sie tun sollten. Ein jeder wählte für sich den richtigen Augenblick, um die Überquerung zu wagen.

Kaum waren zwei oder drei Männer nacheinander hinübergelangt, rutschte die Planke wieder ab und musste neu ausgerichtet werden. Wundersamerweise war bisher niemand abgestürzt. Als etwa ein Drittel der Mannschaft es auf die *Tusk* geschafft hatte, trieben die Wellen die beiden U-Boote auseinander, und einige der Leinen rissen. Die *Tusk* schob sich erneut an die *Cochino*, doch es war klar, dass die verbliebenen Leinen nicht mehr lange halten würden. Es schien, als legten die verbliebenen Männer den Weg über das schmale wackelige Brett innerhalb von Sekunden zurück – alle außer Benitez, der noch immer auf dem Deck der *Cochino* stand.

Benson rief hinüber zu Benitez: »Geben Sie das Schiff auf?«

»Verdammt, nein«, ließ sich Benitez vernehmen, »ich gebe es nicht auf.« Er wollte, dass die *Tusk* sich bereithielt, um ihn in Schlepp zu nehmen. Er glaubte noch immer daran, sein Schiff retten zu können. Inzwischen war es etwa 1.45 Uhr am frühen Freitagmorgen. Die *Cochino* neigte sich nach Steuerbord. Die Heckluke zum hinteren Torpedoraum befand sich nun unter Wasser. Das Boot verlor zunehmend an Längsstabilität und lehnte sich mit dem Heck zurück ins Wasser.

Als der Winkel immer steiler wurde, beobachtete Benitez gespannt, ob sich das U-Boot wieder stabilisieren würde. Ein paar Grad mehr, und er würde das Schiff aufgeben müssen.

»Jetzt!«, riefen ihm die Männer von der *Tusk* zu. »Jetzt!«, riefen sie noch einmal. Sie erkannten es, bevor er dazu in der Lage war, sahen, dass er keine Wahl hatte.

Benitez stand da, als das Heck der *Cochino* immer weiter ins Wasser glitt und das Meer das Deck weiter und weiter in Besitz nahm. »Nun, das ist das Ende«, sagte er zu sich. Dann rief er hinüber zu Benson und sprach die schlimmsten Worte, die ein Kapitän sagen kann: »Ich gebe das Schiff auf.«

Er gelangte hinüber, nur Sekunden bevor das Holz der Laufplanke zersplitterte.

Worthington rief bereits die Befehle aus, die die *Tusk* weit genug von der sinkenden *Cochino* entfernen sollten, als Benitez seine Männer drängte, unter Deck zu gehen. Dann trat er auf die Brücke, um sein U-Boot ein letztes Mal tauchen zu sehen.

Sein Schiff neigte sich etwa 15 Grad nach Steuerbord. Wasser umspülte nun bereits seinen Turm. Der Bug ragte nahezu senkrecht in die Luft, als wollte das U-Boot noch einen Blick auf den Himmel werfen, bevor es sich zurücklehnte und sanft zwischen den Wellen hinabsank.

Die *Cochino* sank etwa 180 Kilometer vor der norwegischen Küste 300 Meter tief auf den Grund. Seit dem Beginn des Feuers waren 15 Stunden verstrichen. Benitez sah zu, bis sie verschwunden war. Er sagte kein Wort, nicht zu diesem Zeitpunkt und auch eine Stunde später noch nicht. Erst als er wieder zu sprechen begann, berichteten Benson und Worthington ihm, dass Philo und sechs weitere Mannschaftsmitglieder der *Tusk* tot und ihre Leichen verloren waren.

Sechs Stunden später machte die *Tusk* in Hammerfest fest. Einige der Männer wurden ins Krankenhaus gebracht. Den Übrigen ließ man die Wahl. Sie konnten direkt nach New London, Connecticut, und damit nach Hause fliegen oder an Bord der *Tusk* bleiben, die Geretteten und die Retter, beide Mannschaften zusammengedrängt auf dem einen Schiff. Jeder, der sich die Reise noch zutraute, trat den Heimweg auf der *Tusk* an.

Der Verlust der *Cochino* sorgte in den Vereinigten Staaten für Schlagzeilen – und in der Sowjetunion. Das sowjetische Marineblatt *Rote Flotte* veröffentlichte einen Artikel, in dem die Vereinigten Staaten angeklagt wurden, »verdächtige Übungen« in der Nähe sowjetischer Hoheitsgewässer abzuhalten und die *Cochino* zum Spionieren nach Murmansk geschickt zu haben.

Die US-Marine selbst bekannte sich öffentlich zu dem Fiasko

und räumte sogar ein, dass ihre Männer und ihre zerbrechlichen Schiffe dem tückischen Nordmeer noch nicht gewachsen waren. Austins Spionageschachzug war gescheitert, doch die Navy hatte keineswegs vor, etwas davon verlauten zu lassen oder auch nur, dass überhaupt ein Geheimdienstmann an Bord gewesen war. Als Offiziere aufgefordert wurden, Stellung zu der sowjetischen Behauptung zu nehmen, dass die *Cochino* sich nahe Murmansk aufgehalten hatte, antworteten sie auf genau die Weise, wie sie es auch in den kommenden Jahrzehnten bei solchen Fragen tun würden: »Kein Kommentar.«

Trotz dieser Tragödie und des anfänglichen Widerwillens einiger Kommandanten und Admirale stellte sich gar nicht erst die Frage, ob die Marine auch weiterhin U-Boote ausschicken würde, um die Entwicklung der atomaren Bedrohung durch die Sowjets zu überwachen. Nur neun Tage nachdem die *Cochino* gesunken war fing ein Aufklärungsflugzeug der Air Force Signale auf, die bewiesen, dass die Sowjets atomare Sprengkörper gezündet hatten. Die andere Seite war im Besitz der Bombe. Die vorhergesehene Bedrohung, die überhaupt erst die Spionagemission von Unterseebooten veranlasst hatte, war Wirklichkeit geworden.

2

Whiskey à gogo

Die USS *Gudgeon (SS-567)* lief Sonntag, den 21. Juli 1957, in den Hafen von Yokosuka in Japan ein. Yokosuka war sozusagen die letzte Zwischenstation, der Ort, an dem Unterseeboote, die von Pearl Harbor und San Diego kamen, letzte Vorbereitungen trafen, um sich an die sowjetische Küste heranzuschleichen. Hierher würden die Männer nach ihrer Mission zurückkehren, um zu feiern, sich zu entspannen, sich auf die nächste Fahrt vorzubereiten. Yokosuka war zum Zentrum für Spionage-U-Boote im Pazifik geworden.

Diese Basis an der äußersten Spitze der Tokio-Bucht war geprägt durch ihre Mischung aus Geheimdienstmilieu und Ausschweifungen, Anspannung und Vergnügen. Yokosuka war ein japanischer Marinehafen gewesen und später von den Alliierten übernommen worden. Hier konnte ein Soldat sich voll laufen lassen, und hier hatten sich Offiziere in einem Haus ohne Aufzug in einer der oberen Wohnungen eine U-Boot-Fahrer-Zuflucht geschaffen mit einer Bar, ein paar Kojen und Bildern an den Wänden, auf denen sich nackte Frauen auf schwarzem Samt räkelten.

Seit der *Cochino*-Tragödie waren nahezu acht Jahre vergangen, und Unterseeboote spielten mittlerweile eine zentrale Rolle bei den geheimdienstlichen Bemühungen im Kalten Krieg. Sie hatten ihren Wert ein für alle Mal während des Koreakriegs unter Beweis gestellt, als mit Schnorcheln ausgerüstete Diesel-U-Boote ins Japanische Meer geschickt wurden, um dort auf eventuelle Vorbereitungen der Russen zur Intervention zu achten. Seither hatten selbst die ewiggestrigen Krieger der Unterseebootflotte den Nutzen davon erkannt, sich direkt vor der feindlichen Küste auf die Lauer zu legen und das Kommen und Gehen des Feindes zu beobachten. Bis ein Krieg ausbrach, würde Überwachung die primäre Aufgabe der Unterseebootflotte sein, ihre Existenzberechtigung und außerdem die beste Möglichkeit, Einzelheiten über die Entwicklung der sowjetischen Marine zu sammeln, was nun mit ganzer Kraft vorangetrieben wurde.

Spionage-U-Boote hatten bereits die Nachricht überbracht, dass sowjetische Werften am laufenden Band neue U-Boote großer Reichweite bauten, darunter mehr als 250 Boote der Whiskey- und der Zulu-Klasse, die bereits mit Schnorcheln versehen wurden. Das sowjetische Oberkommando hatte klargestellt, dass es sich darauf vorbereitete, die US-Navy auf hoher See unter Verwendung von Unterseebooten als hauptsächlicher Waffe herauszufordern. Die Sowjets waren noch dabei zu lernen, richtig mit ihren neuen U-Booten umzugehen; zum Beispiel schädigten die giftigen Gase während eines der ersten 30-Tage-Tests auf einem Whiskey-Boot die Mannschaft so sehr, dass Hände und Beine der Mitglieder auf den doppelten Umfang angeschwollen waren. Trotz dieser Schwierigkeiten machten die Sowjets weiter. Die Vereinigten Staaten verfügten über Berichte, die zwar unbestätigt waren, aus denen jedoch hervorging, dass die sowjetische Marine einige ihrer Zulus so umbaute, dass sie mit Flugkörpern, möglicherweise mit Atomsprengköpfen, bestückt werden konnten.

Das reichte aus, um selbst die traditionellsten Admirale davon zu überzeugen, dass die U-Boot-Spionage mehr war als nur das Füttern einiger neunmalkluger Analytiker, die im Marinenachrichtendienst und im noch geheimnisvolleren CIA sozusagen unter Verschluss gehalten wurden. Als sie erkannten, dass sie sich mit Hilfe von U-Booten in den Besitz von Informationen bringen konnten, die für die eigene U-Boot-Flotte überlebenswichtig waren, übernahmen die Admirale der atlantischen und pazifischen Flotten die Kontrolle über die U-Boot-Spionage, rissen die ganze Show an sich, legten Aufgaben fest. Auf ihre Befehle hin lauerten Unterseeboote unter Wasser, blitzten Sehrohre aus den Wellen auf, die ständig, bis auf die kältesten Monate im Jahr, beobachteten, wie die Sowjets ihre neuesten Schiffe auf Herz und Nieren prüften. Hierin bot sich für U-Boot-Fahrer zudem die großartige Gelegenheit, ihre Kampfbereitschaft nicht nur durch Kriegspielen mit befreundeten Mächten aufrechtzuerhalten, sondern auch, indem sie direkt in sowjetische Hoheitsgewässer eindrangen und sich dort dem Gegner stellten.

Eine Sache höchster Priorität für jeden Kapitän eines Spionage-U-Boots war das, was die Navy als »Hinweis- und Warnpflicht« bezeichnete. Es wurde von den Kapitänen erwartet, dass sie jede Vorsicht und das Funkverbot außer Acht ließen und eine Meldung aus der Barentssee oder dem Japanischen Meer nach Hause schickten, sobald sie irgendwelche Anzeichen dafür entdeckten, dass die sowjetische Marine mobil machte oder sich anderweitig auf einen Angriff vorbereitete. Amerikanische Spionage-U-Boote bedienten sich inzwischen außerdem stark verfeinerter Versionen von Austins »Ohren«, um nach Hinweisen auf russische Flugkörpertests zu fahnden. Und Unterseeboote, deren Antennen immer in Bereitschaft waren, fingen routinemäßig das Schwatzen auf, das die amerikanische Marine darüber in Kenntnis setzte, wie viele sowjetische Schiffe und Unterseeboote bereit zum Auslaufen waren und welcher Taktiken sie sich möglicherweise in Kriegszeiten bedienen würden.

In zunehmendem Maße besprachen sich Admirale mit den Mitarbeitern des Marinenachrichtendiensts, wurden zu Partnern in Sachen Spionage. Geheimdienstleute luden andere Navy-Männer dazu ein, mit ihnen zusammen zu üben. In einer ihrer Einladungen stellten sie lapidar fest, dass sie sich im »zweitältesten Gewerbe« der Welt engagierten, das »Moral sogar noch weniger kennt als das älteste«.

Die meisten höheren Regierungsbeamten wussten wenig oder gar nichts über die Risiken, welche die U-Boot-Flotte einging, oder über das merkwürdige Macho-Spiel, auf das sie sich einließ. Während Präsident Dwight D. Eisenhower nur zögernd seine Zustimmung zu U-2-Spionageflügen hoch über der Sowjetunion gegeben hatte und den sowjetischen Premier Nikita Chruschtschow keinesfalls reizen wollte, hielten viele U-Boot-Fahrer es für ihre eigentliche Aufgabe – zum Teufel mit den Feinheiten internationalen Rechts! –, direkt in sowjetische Hoheitsgewässer hineinzufahren. Flottenkommandanten stuften ihre Kapitäne danach ein, wie lange sie es wagten, ihre »Augen und Ohren« aus dem Wasser zu strecken. Je waghalsiger ihre Unternehmungen waren, umso höher war ihre Einstufung. Dies hatte sich zu einer Art Wettstreit entwickelt, einer Mutprobe für Kapitäne, Offiziere und Mannschaften und einem Tauglichkeitstest für ihre Fahrzeuge. Und die meisten der Kapitäne empfanden diese Tage ungezügelten Risikos stets als den Höhepunkt ihrer Karriere. Keine Frage, die Sache war anstrengend, äußerst anstrengend! Einige der älteren Kommandeure verloren 20 Pfund Körpergewicht, wenn sie diese langen Einsätze im Westpazifik – in ihrer eigenen Sprache »Westpacs« genannt – befehligten. Niemand vermochte vorherzusagen, wer dem Druck standhalten würde und wer nicht.

Als die *Gudgeon* an der Reihe war, die Beschattung der Sowjets zu übernehmen, legte sie mit Norman G. »Buzz« Bessac am Ruder in Yokosuka ab. Bereits einmal hatte er bei einer Aufklärungsmission die *Gudgeon* unerkannt unter eine Gruppe sowjetischer Schiffe geführt, die in eisigen nördlichen Gewässern operierten. Nun steuerte er sein U-Boot geradewegs in feindliches Territorium, sein erstes Kommando in diesen gefährlichen Gewässern. Doch der 34-jährige Korvettenkapitän war überhaupt nur deshalb hier und auf einem U-Boot, weil er sich nach Abenteuern sehnte. In den anderthalb Jahren, während derer er das Kommando auf der *Gudgeon* führte, hatte er seine Mannschaft davon überzeugt, dass er einer jener wagemutigen Kapitäne war, ein Mann, der wollte, dass auch die *Gudgeon* wie all die schwerfälligen Propellerflugzeuge, die U-2-Aufklärungsflugzeuge und die landgebundenen Abhörstationen, die aus allen Blickwinkeln ein Auge auf die Sowjets hatten, ihren Beitrag leistete.

In dieser Hinsicht hatte er mit den Nachrichtendienstlern an Bord seines Schiffs einiges gemeinsam. Diese Männer, die führenden Schnüffler und Lauscher der Navy, konnten sich ihre Aufträge aussuchen. Genauso gut hätten sie sich für die Spionageflüge der Marine entscheiden, jede Nacht rechtzeitig zum Abendbrot nach Hause kommen und bei ihren Frauen schlafen können, statt Wange an Zehen mit einem halben Dutzend Männern und ein oder zwei Torpedos zu dösen. Doch für die Männer vom Nachrichtendienst schien nahezu alles in Unterseebooten von Wichtigkeit und Dramatik zu sein. Sie stahlen sich an Bord in Uniformen wie jener Austins auf der *Cochino*, vertauschten ihre eigenen Insignien, die verräterischen Abzeichen des Spionagedienstes, mit den Abzeichen (»Blitz«) der Funker. Ihre schriftlichen Befehle besagten lediglich, dass sie der »USS Geheim« zu berichten hatten.

Es war die Aufgabe dieser Spitzel, den Feind zu beobachten, Informationen mit nach Hause zu bringen und rechtzeitig zu warnen, falls ein U-Boot durch sowjetische Schiffe oder landgebundene Einrichtungen, die die Küste in zunehmendem Maße mit Radar und Sonar überwachten, entdeckt worden war. Sowjetische Patrouillenboote hatten bereits Jagd auf einige amerikanische U-Boote gemacht. Immerhin handelte es sich um die Jahre, die der Kubakrise vorausgingen. Es war die Zeit, in der die sowjetische Propagandamaschine Futter sogar im Märchen »Hänsel und Gretel« fand und eine Version in Umlauf brachte, in der die Kinder schwer arbeitender Kollektivbauern durch einen Kapitalisten in einem herrschaftlichen Anwesen im bösen Westen versklavt wurden. Und sowjetische »Brieffreunde« unterbreiteten Amerikanern das Angebot, Fotos von »wunderschönen russischen Kirchen« gegen solche von nordamerikanischen Küsten, vielleicht inklusive Hafenanlagen, zu tauschen. Als sich die Männer der *Gudgeon* darauf vorbereiteten, an Bord zu gehen, zweifelten wenige von ihnen daran, dass sie Kämpfer in einem unerklärten Krieg waren. Mehrere amerikanische Spionageflugzeuge waren abgeschossen worden, und die Mannschaft der *Gudgeon* konnte nur raten, was die Sowjets tun würden, wenn es ihnen gelang, ein amerikanisches U-Boot in die Enge zu treiben.

Die *Gudgeon* war eines der neuesten Unterseeschiffe der Navy, eines der ersten mit dieselelektrischem Antrieb, das von Anfang an mit einem Schnorchel und elektronischen Lauscheinrichtungen ausgerüstet worden war. Auf ihrer sagenhaften Schiffswerft in Groton, Connecticut, hatte die Electric Boat Company bereits die ersten beiden kernkraftgetriebenen Unterseeboote der amerikanischen Marine fertig gestellt, die USS *Nautilus (SSN-571)* und die USS *Seawolf (SSN-575)*. Doch Hyman Rickover, inzwischen Admiral, war sich keineswegs sicher, dass er diese beiden neuen Schiffe der sowjetischen Marine direkt in den Weg stellen wollte, und er verfügte über ausreichende Macht, um sie vorerst in heimischen Gewässern zu behalten.

Rickover war bereits ein Meister der Machtpolitik. Geboren in der jüdischen Gemeinde Makow in Polen, etwa 80 Kilometer nördlich von Warschau, bediente sich seine Familie ihrer Verbindungen zum Kongress, um ihn auf die Marineakademie zu bekommen. Nachdem er sich an frühen Experimenten mit Nuklearantrieben beteiligt hatte, ließ er sich zuerst auf einen hohen Posten bei der Atomenergiekommission versetzen und drängte dann die Navy zum Bau kernkraftgetriebener Unterseeboote. Er war so dreist, dass die Navy ihm zweimal eine Beförderung zum Konteradmiral verweigerte, doch Rickover wandte sich an Freunde im Kongress, und die Angelegenheit ging klar.

Inzwischen setzte er die Atom-U-Boote als wirkungsvolles PR-Mittel ein – jedes Mal, wenn ein Kongressabgeordneter eine Fahrt auf einem der revolutionären Schiffe machen durfte, wurde das Budget der US-Marine aufgestockt. In der Tat liefen gerade die Vorbereitungen, mit der *Nautilus* einen absoluten Coup in der Öffentlichkeit zu landen: Sie sollte das erste Unterseeschiff sein, das unter dem arktischen Eis hinweg bis zum Nordpol fuhr.

Folglich waren es die Diesel-U-Boote, denen die ganze Spionagearbeit zufiel, darunter die *Gudgeon*, die nun in nördlicher Richtung auf Wladiwostok zudampfte, den größten sowjetischen Marinehafen im Pazifik. In den ersten Augusttagen näherte sie sich mit drei oder vier Spitzeln an Bord, von denen einige bereits darauf lauschten, ob ihr Kommen bemerkt worden war, ihrem Posten für diesen Spezialauftrag.

Zusätzliche Lauschausrüstung war überall hineingezwängt worden, wo noch welche hinpasste. Ein Kommunikationstechniker, der die russische Sprache beherrschte, überprüfte die Schiff-Land-Kommunikation auf den russischen Ausruf »U-Boot gesichtet«. Ein anderer Spitzel setzte die elektronischen Gegenmaßnahmen in Gang, lauschte auf eine mögliche Radarerfassung der *Gudgeon* durch die Sowjets und hielt sich bereit, in einem solchen Fall zu signalisieren, möglichst schnell zu tauchen. Wenn es ihm gelang, würde er außerdem den elektromagnetischen Impuls dieses Radars aufzeichnen, damit der amerikanische Geheimdienst nach Wegen suchen konnte, um solche sowjetische Radarerfassung in Zukunft zu blockieren. Ein Sonarspezialist stand bereit, um die akustische Signatur vorbeifahrender sowjetischer Schiffe und U-Boote aufzuzeichnen. Diese einzigartigen Fingerabdrücke der Propeller- und Maschinengeräusche würden später vielleicht US-Streitkräften helfen, sowjetische Schiffe und U-Boote auf See zu identifizieren.

Wie immer würde das Ergebnis der Spitzel ebenso sehr von ihrer Begabung abhängen wie von ihrem Glück. Man konnte unmöglich vorhersagen, welche Entwicklung eine Mission nehmen würde.

Bessac hielt sich mit seinem U-Boot nicht lange auf, sondern veranlasste, dass es sich in die von den Sowjets beanspruchte Zwölf-Meilen-Zone schlich. Seine Befehle gestatteten es ihm, so zu verfahren, sie erlaubten ihm sogar, bis in die von den Vereinigten Staaten anerkannte Drei-Meilen-Zone hinein vorzudringen. Dann erst begann die Operation wirklich, fing die auf einen Monat veranschlagte Prozedur tatsächlich an: sich am Tage in die Zone schleichen, so nah an die Küste wie möglich, dabei den größten Teil des 87 Meter langen und acht Meter breiten Gefährts unter der Wasseroberfläche verbergen, während gleichzeitig die Sehrohre und Antennen aus den Wellen ragen.

Jede Nacht sollte sich die *Gudgeon* 30 bis 50 Kilometer weit zurückziehen, weit genug, damit sie ihre lärmenden Maschinen laufen lassen, die Batterien aufladen und den Schnorchel einsetzen konnte, um frische Luft zu tanken sowie Kohlenmonoxid und andere schädliche Gase durch ein separates Rohr auszustoßen. Diese Übung würde für ausreichend Luft und Batteriestrom sorgen, um einen weiteren Tag stillen Eintauchens in sowjetische Gewässer zu ermöglichen.

Wenn die Operation nach Plan erfolgte, würde die *Gudgeon* ihre Maschinen nicht in der Nähe der sowjetischen Küste laufen lassen und die Sehrohrtiefe nicht ändern müssen, bis sie einen guten Teil des Rückwegs nach Japan geschafft hatte. Bis dahin würden die Männer in ihrem voll gestopften Stahlpanzer leben und im Dunst der Dieseldämpfe arbeiten, die auch das Schnorcheln nicht ganz beseitigen konnte.

Die Mannschaft nahm den Geruch kaum noch wahr. Ihre Kleidung, ihre Haut, ihre Haare, alles war durchdrungen von »Eau de Diesel«, ein Duft, der das Markenzeichen jedes U-Boot-Fahrers war und andere olfaktorische Zumutungen überdeckte. Da die Mannschaftsdusche in der Regel mit Lebensmitteln voll gestellt war, stand jedem Mann für seine täglichen Waschungen im besten Fall ein mit Frischwasser halb gefülltes Waschbecken zur Verfügung. Dank der neuen Verdampfer auf der *Gudgeon* war das Wasser weit sauberer als die rostige Brühe, die auf älteren Dieselschiffen zur Verfügung stand, nichtsdestoweniger war es jedoch knapp. Also ließen sich die Männer Tricks einfallen, um dies kostbare Gut zu »strecken«: Beim Waschen fingen sie mit dem Gesicht an und rieben dann den Rest mit dem Schwamm ab. Die Männer richteten Salzwasserduschen ein, die durch das Bilgewasser der Maschinenräume gespeist wurden. Sie gewannen ein paar zusätzliche Becher Wasser aus dem Inneren des Bootes, indem sie Eimer aufstellten, um das immer gegenwärtige Kondenswasser aufzufangen, dank dessen alles an Bord vor Nässe tropfte oder zumindest feucht war. Das so gesammelte Kondenswasser reichte für gewöhnlich aus, dass die Männer einmal bei jedem Einsatz ihre Kleidung waschen konnten. Das war genug der Zugabe, und die Mannschaft fluchte kaum jemals über den Dunst, der aus den Bilgen aufstieg und ihre Kojen in metallische Sümpfe verwandelte. Was war schon dabei, wenn ihre Matratzen zum Schutz gegen die unangenehme Feuchtigkeit in Schutzsäcken aus Plastik verstaut werden mussten? Jeder U-Boot-Fahrer lernte es rasch, den Reißverschluss zu öffnen, schnell in sein Bett zu kriechen und ihn umgehend wieder zuzuziehen.

Bequemlichkeit war eine, am Leben bleiben eine andere Sache. Und aus diesem Grund waren die Regeln einfach: still sein, unter Wasser bleiben und vor allem jegliche Entdeckung vermeiden. Das waren die entscheidenden Regeln, und eine davon war die *Gudgeon* im Begriff zu brechen.

Es geschah am Montag, den 19. August 1957, irgendwann gegen 17.00 Uhr nachmittags nach sowjetisch-pazifischer Zeit. Die *Gudgeon* tauchte nun seit etwa zwölf Stunden. Es würde zwei bis drei Stunden dauern, um zu der abgelegenen Stelle zu kommen, an der sie würde schnorcheln können, und dann noch ein paar weitere, um genug Luft aufzunehmen und die Batterien für den nächsten Tag ausreichend aufzuladen. Die Luft an Bord war bereits recht schwer. Es stank schlimmer als nur nach dem üblichen Dieselgeruch, und es schmeckte ebenso schlecht.

Eine Gruppe von Männern befand sich in der Messe und sah die erste Filmrolle von *Stadt in Angst* an. Über das Surren eines 16-Millimeter-Projektors hinweg ließen Spencer Tracy, Lee Marvin und Ernest Borgnine die Tage direkt nach dem Zweiten Weltkrieg lebendig werden. Der Film war halbwegs neu. Was in Unterseebooten an Raum, Wasser und Intimsphäre fehlte, versuchte die Navy durch gute Filme und gutes Essen wettzumachen.

Dann neigte sich das Schiff plötzlich einen Augenblick lang

zur Seite. Nur ganz leicht, etwa so, wie ein direkt unter der Wasseroberfläche liegendes U-Boot bei aufgewühlter See krängt. Doch in der ruhigen See vor Wladiwostok konnte es nur dann zu einer solchen kurzen Schräglage kommen, wenn der Turm die Wasseroberfläche durchstieß und von einer Welle erfasst wurde. Dann tauchte die *Gudgeon*. Auch das geschah nicht auf extreme Weise, nicht wie im Fall einer Flucht steil nach unten. Es war ein sanfter Vorgang, lediglich in Form einer leichten Vorwärtsneigung, die die Mannschaft unter ihren Füßen fühlen konnte.

Plötzlich schrillte die Alarmglocke. Der Ruf, der durch die Sprachrohrleitung erscholl, hatte nichts Sanftes: »Alle Mann auf Gefechtsstation!«

Nun sprangen alle auf und rannten gleichzeitig umher, krochen aus Kojen, kamen aus der Messe, aus jeder nur denkbaren Ecke heraus, quetschten sich in den Gängen, in denen kaum zwei Männer aneinander vorbeikommen konnten. Sie packten die Griffe oberhalb der ovalen wasserdichten Schotten, stießen ihre Beine voran in die nächste Zelle und ließen dann Schultern und Kopf folgen. Sie schlitterten Leitern hinunter und Treppen, die nicht viel besser als Leitern waren. Sie alle zusammen machten mehr Krach, als sie es sich leisten konnten.

»Wir haben die Wasseroberfläche durchstoßen«, rief einer der Männer in den Raum. »Die verdammten Russen sind da oben. Und der Alte sorgt nun dafür, dass wir verschwinden.«

Einige dachten bei sich, dass der Mast für elektronische Gegenmaßnahmen zu lange ausgefahren geblieben war. Er war etwa 30 Zentimeter breit und einen halben Meter hoch. Der Diensthabende des Schiffs hätte ihn sofort mit den ersten empfangenen Radarsignalen einfahren müssen. Denn diese ersten Radarsignale bedeuteten nichts anderes, als dass sich die Sowjets auf die *Gudgeon* einspielten. Normalerweise blieb der Mast nur für einen Spielraum von etwa 30 Sekunden am Stück ausgefahren. Doch für diese Fahrten entlang der sowjetischen Küste blieb der Mast ein wenig länger ausgefahren, da er mit anderen nachrichtendienstlichen Antennen, die wie Äste davon abstanden, ergänzt worden war. Entweder war der Befehl, ihn einzufahren, zu spät gekommen, oder das Tiefenruder der *Gudgeon* war schlecht bedient worden und hatte möglicherweise beide Masten und einen Teil des Turms exponiert.

Was auch immer zutreffen mochte, alles was sich in diesen ruhigen Gewässern aus dem Wasser reckte, hätte die Entdeckung der *Gudgeon* nur allzu leicht zur Folge haben können, und nichts anderes war nun geschehen. Sowjetische Schiffe machten sich bereits zu ihrer Verfolgung auf, als Bessac ein Ausweichmanöver befahl. Während er sein Boot tief hinabführte, hielt er Ausschau nach einer Thermalschicht im Wasser mit besonders niedriger Temperatur. Sie würde sein U-Boot verbergen, indem sie die Sonarpings, die Überwasserschiffe nach unten richteten, wieder zurück an die Oberfläche reflektierte. Die Sowjets würden sich die Jagd nicht entgehen lassen und die tödlich genauen Schallwellen senden, die ein vollständiges Bild dessen zeichneten, was sich unter der Wasseroberfläche befand. Für sie gab es keinen Grund, sich auf das Passivsonar zu beschränken oder irgendeine Geräuschentwicklung zu vermeiden. Sie waren es nicht, die gejagt wurden.

30 Meter, 60 Meter – Bessac fand die kalte Wasserschicht nicht, unter der sie sich hätten verbergen können. 100 Meter.

Die ganze Mannschaft hörte es: »Ping. ... Ping. ... Ping. ...« Das Sondieren der Sowjets jagte ein eisiges Schaudern durch die *Gudgeon* und ihre Mannschaft. Ein Schiff hatte sie im Visier. Bessac ließ sein Unterseeboot noch weiter absinken und führte es aus der Zwölf-Meilen-Zone heraus. Viele Mannschaftsmitglieder meinten, die Flucht sei gelungen, doch die Sowjets setzten die Jagd fort. Auf Batteriebetrieb beschränkt und vollständig abgetaucht konnte die *Gudgeon* ihnen nicht entkommen, brachte nicht mehr als nur ein paar Knoten zu Stande.

Inzwischen konzentrierte sich jeder einzelne Mann an Bord darauf, dass das U-Boot entkam. Der Tiefenrudergänger sorgte dafür, dass das Schiff während des Tauchvorgangs ruhig im Wasser lag. Andere behielten die Tiefenmessinstrumente im Auge. Bessac stand in der vollgestopften Operationszentrale und gab Befehle. Leutnant John O. Coppedge, der ruhige, aus den Südstaaten stammende Stellvertreter des Kommandeurs, befand sich an der Seite seines Kapitäns.

Auf den Stationen, die kreisförmig um den Kapitän angeordnet waren, hielten sich die Feuerleitoffiziere bereit, um auf Befehl des Kapitäns zu zielen und zu feuern, und die Navigationsbootsmänner beziehungsweise Navigationsoffiziere beugten sich über Karten, auf denen sie die Kursänderungen einzeichneten, welche die *Gudgeon* vornahm, um sich ihren Peinigern zu entziehen. Jenseits eines wasserdichten Schotts, direkt vor der Operationszentrale, saßen die Sonartechniker in ihrer verdunkelten Kabine, starrten auf Bildschirme und versuchten, Propellerumdrehungen zu zählen.

Über ihnen befanden sich zunächst zwei und dann noch mehr Schiffe, die sich versammelten, um die *Gudgeon* festzunageln.

Langsam wurde den Männern ihre Lage bewusst. Die Batterien der *Gudgeon* waren den ganzen Tag in Betrieb gewesen und entsprechend leer. Die Luft war verbraucht und roch übel. Und es gab keine Möglichkeit, die Dieselmotoren anzuwerfen und frische Luft ins Schiff zu pumpen oder die Batterien neu aufzuladen, es sei denn, Bessac gelang es, die *Gudgeon* weit genug nach oben zu bringen, um das Schnorchelrohr auszufahren, und lange genug oben zu bleiben, bis die Luft sauber war. Der Kohlendioxidgehalt der Luft war bereits derart hoch, dass einige Männer unter Übelkeit litten; andere hatten Kopfschmerzen von solcher Heftigkeit, dass sie meinten, der Schädel würde ihnen gespalten. Das Ende eines Tages war auf jedem Diesel-U-Boot die schlimmste Tageszeit, und es war der absolut ungünstigste Zeitpunkt, um sich erwischen zu lassen.

Unwichtige Geräte wurden abgeschaltet, um Strom zu sparen und den Lärm zu verringern. Die Eisbereitungsmaschinen waren außer Betrieb. Das Licht wurde auf Notbeleuchtung heruntergefahren, so dass die Lampen mehr ein Glühen als wirkliche Helligkeit abstrahlten. Ventilatoren und Gebläse waren abgestellt.

Bessac gab den Befehl, zu entspannter Gefechtsstation zu wechseln. Damit war es vielen Crewmitgliedern nun gestattet, sich auf ihren Kojen auszustrecken, um Sauerstoff zu sparen. Von oben wurde die *Gudgeon* von einem Schiff angepingt und so zu einem anderen getrieben, das seinerseits den Sonarangriff fortsetzte. Jedes Ping erinnerte die Mannschaft daran, dass jemand an Bord einen großen Fehler gemacht hatte.

Die Sonarkabine machte Meldung. Wenigstens vier Schiffe befanden sich nun da oben. Die Männer verfluchten »Charlie Brown«, einer ihrer Namen für die Russen, wenn sie sich nicht gerade anschaulicherer Umschreibungen bedienten.

Dann eine weitere Runde Sonarpings! Ihnen folgte etwas anderes, weit Furchterregenderes.

Eine Serie kleiner Explosionen regnete auf und um die *Gudgeon* nieder. Sie hatte neuerlich den Kurs gewechselt und versucht, sich ihren Jägern zu entziehen. Und dies war die Antwort! Die Sowjets warfen leichte Wasserbomben ab, die sich wie Handgranaten anhörten.

Der Lärm der Detonationen durchdrang laut vernehmlich den Bootskörper. Dem Schiff war nichts geschehen; so kleine Explosionen konnten der *Gudgeon* nichts anhaben. Doch was würde sein, wenn die Sowjets den nächsten Schritt folgen ließen und richtige Wasserbomben abwarfen?

Bessac gab Befehl für eine neue Reihe von Ausweichmanövern. In der Operationszentrale arbeiteten die Männer fieberhaft, strengten sich an zu erlauschen, was oben vor sich ging. Andere lagen still in ihren Kojen, lauschten ebenfalls, warteten auf das Donnern größerer Explosionen, die bedeuteten, dass die *Gudgeon* niemals wieder auftauchen würde.

Die jüngeren Seeleute waren spürbar nervös. Die grauhaarigen Veteranen, die wenigen, die den Zweiten Weltkrieg mitgemacht hatten, konnten ihre Furcht besser verbergen, doch für sie war dieser Augenblick in Wirklichkeit viel schlimmer. Sie wussten, was Wasserbomben anrichteten. Sie wussten, dass der Namensvetter ihres Schiffs, ein U-Boot aus dem Zweiten Weltkrieg, 1944 im Pazifik vermutlich von feindlichen Wasserbomben getroffen worden und verloren gegangen war. Diese Veteranen hatten auf den U-Booten jener Tage Kameraden verloren. Und einige von ihnen waren auf Unterseebooten gewesen, die gerade noch hatten fliehen können, als diese Bomben fielen. Sie hatten die wilden Erschütterungen zu spüren bekommen, waren durchnässt worden von Seewasser, das durch die beschädigten Rümpfe ihrer Flotten-U-Boote spritzte, hatten sich gefragt, wie lange sie im Inneren von zerbrechlichem Stahl noch würden aushalten können.

Die Sowjets fuhren erneut über sie hinweg. Wieder und wieder. Und jedes Mal ließen sie Pings und granatenähnliche Bomben auf sie hinabregnen.

»Bleiben Sie ruhig, wir kommen hier wieder raus«, murmelte Bessac einem jungen Seemann zu, der noch keine 20 Jahre alt war.

Der junge Mann hatte Talismane zur Abwendung von Katastrophen, Tätowierungen in Form eines Huhns und eines Schweins, eines auf jedem Fuß. Damit folgte er einer Tradition, die auf eine hawaiische Legende zurückging. Es hieß, dass Hühner und Schweine immer irgendeinen Gegenstand fanden, auf den sie sich im Wasser retten konnten, und dass sie niemals ertranken. Mehrere Männer an Bord waren auf diese Weise tätowiert.

Mittlerweile dauerte die Belagerung fast drei Stunden. Bessac suchte weiter nach der kalten Thermalschicht, brachte das Boot auf die Testtiefe von 200 Metern und ließ es dann noch etwas weiter abfallen. Kein Glück. Vielleicht befand sich die gesuchte Schicht in 250 Metern Tiefe. Die *Gudgeon* hätte dem Druck selbst bei diesen zusätzlichen 50 Metern problemlos standhalten sollen, und unter anderen Umständen hätte Bessac es sicherlich riskiert. Doch gab es ein weiteres Problem, das den Kapitän nun davon abhielt, das Äußerste zu wagen: Früher am Tag hatte sich etwas in der äußeren Klappe des »Mülltorpedos« verfangen. Alles, was in die Müllschleuse ging, sollte eigentlich in gut verschlossenen Tüten verpackt sein. Jeder an Bord wusste das. Normalerweise erfolgt die Müllbeseitigung mit einem

Wasserstrahl, mit dem der Müll in die offene See befördert wurde. Doch irgendjemand hatte etwas Unverpacktes hineingeworfen, und der Gegenstand, was immer es auch war, hatte sich in der äußeren Klappe verklemmt.

Nun war es lediglich die innere Klappe der Müllschleuse, ein Stück Stahlblech, das den Ozean aussperrte. Selbst bei einer Tauchtiefe von nur 50 Metern konnte der Druck genug Wasser durch ein drei Zentimeter großes Loch pressen, um die Pumpen zu überfordern und das U-Boot zum Sinken zu bringen. Wenn die innere Klappe der Müllschleuse bei der inzwischen erreichen Tauchtiefe nachgab, dann konnte es das Ende der *Gudgeon* bedeuten.

Einer der älteren Unteroffiziersgrade, ein Oberstabsbootsmann, hatte den ganzen Tag, lange bevor die Sowjets auf der Bildfläche erschienen waren, ein schlechtes Gefühl wegen der defekten Müllschleuse gehabt. Er hatte vorgeschlagen, jemanden von außen zu der Luke schwimmen zu lassen, um sie wieder frei zu bekommen. Doch Bessac entschied, dass sie ein solches Manöver nicht riskieren konnten, solange sie sich auf Horchposten befanden. Die verklemmte Klappe des »Mülltorpedos« wäre kein Thema gewesen, wenn die *Gudgeon* sich nicht in einer Position befunden hätte, in der sie etwas mehr Tauchtiefe vielleicht hätte retten können. Wie die Dinge nun standen, war es allerdings unmöglich, tiefer abzutauchen.

Bessac versuchte es nun mit anderen Taktiken. Er verlangte den Einsatz von »Geräuschmachern«, Geräten, die durch die Bordschleuse im Achterschiff ausgestoßen werden konnten. Sie befanden sich in etwa einen Meter langen Büchsen. Feuerte man sie ab, dann erzeugten sie im Wasser eine Vielzahl von Blasen, die das gegnerische Sonar verwirrten – ihre Wirkung war etwa der einer überdimensionalen Alka-Seltzer-Tablette vergleichbar.

Die Sowjets ließen sich nicht an der Nase herumführen. Sie beantworteten den Einsatz der Lärmmacher, indem sie eine weitere Runde granatenähnlicher Bomben auf die *Gudgeon* abwarfen. Bestrafung für einen Fluchtversuch? Spott angesichts ihres Versagens? Es spielte keine Rolle. Die *Gudgeon* wurde noch immer bedroht.

Im nächsten Augenblick blickte der Kapitän seine Rudergänger an und wies sie mit einem »Wir wollen es versuchen« an, direkt auf den Feind zuzuhalten. Er hoffte, dass die Sowjets mit diesem Manöver nicht rechneten und sich irreleiten lassen würden. Es funktionierte nicht. Ebenso wenig Wirkung zeigte es, als er sein Schiff erst nach Backbord, dann nach Steuerbord und schließlich wieder geradeaus steuerte. Jedes Ausweichmanöver wurde mit einem Sturm von Sprengladungen beantwortet.

Inzwischen waren da oben vielleicht acht Schiffe. Erst fuhr eines über die *Gudgeon* hinweg, dann kam ein anderes an die Reihe. Die ganze Zeit über verfolgten die Sonarmänner die Bewegungen der Sowjets und hielten die Feuerleitoffiziere ihre Torpedos auf die sich bewegenden Ziele gerichtet. Doch Spionageunterseeboote hatten allgemein keine Schießgenehmigung. Sie durften sich nur dann wehren, wenn sie zuerst angegriffen wurden. Bisher waren die kleinen Wasserbomben nicht durch größere Sprengkörper ersetzt worden.

Die Belagerung dauerte fort, zwölf Stunden, 24 Stunden. Keiner konnte sich später daran erinnern, dass Bessac – oder auch Coppedge – die Operationszentrale verlassen hätte. Wenn sie überhaupt Schlaf bekamen, dann nur in Form kurzen Dösens. Der größte Teil der Mannschaft, wenn nicht die gesamte Crew, verzichtete ebenfalls darauf zu schlafen. Selbst die Männer, die sich in ihre Kojen hatten zurückziehen müssen, lauschten angespannt auf das Fortschreiten der Belagerung.

Jede Bewegung, ja, jeder Atemzug schmerzte. Der kurze Weg von der Station des Steuer-Vize bis in die Operationszentrale reichte aus, dass ein Mann außer Atem geriet und ihm die Augen tränten, als sei er soeben fünf Kilometer gelaufen. Inzwischen wurde an Bord natürlich nicht mehr gekocht. Stattdessen gaben die Smutjes Sandwiches aus. Rauchen war verboten. Ohnehin war es nahezu unmöglich, in der sauerstoffarmen Luft eine Zigarette überhaupt anzuzünden. Dennoch fanden ein paar

Männer Luftblasen im U-Boot, die es ihnen gestatteten, sich eine anzustecken und ein paar heimliche Züge zu machen.

Die Männer ließen Sauerstoff aus den großen Kanistern, von denen jeweils zwei vorne und zwei hinten am Schiffsrumpf befestigt waren, in das U-Boot strömen. Doch zusätzlicher Sauerstoff verringerte nicht den Kohlendioxid- und den Kohlenmonoxidgehalt, der mittlerweile ein gefährlich hohes Maß erreicht hatte. Nahezu jeder litt inzwischen unter dröhnenden Kopfschmerzen. Ein paar der Männer waren kurz davor umzukippen.

Kanister mit Lithiumhydroxidkristallen wurden überall im U-Boot aufgestellt, um das übermäßig vorhandene Kohlendioxid wenigstens teilweise zu binden. Ein Teil der Kristalle wurde auf den Matratzen ausgebreitet, um den Prozess zu beschleunigen. Doch der Kohlendioxidgehalt der Luft war auch dann noch viel zu hoch. Das Kohlenmonoxid, jenes farb- und geruchlose Gas, das schließlich alle an Bord in einen ewigen Schlaf versetzen konnte, vermochten die Kristalle gar nicht zu absorbieren. Die Sowjets ließen sich ihre Beute nicht durch die Finger schlüpfen. Die *Gudgeon*, die sich vor und zurück, seitwärts und diagonal bewegte, fuhr nun die radialen Linien eines Kreises entlang – ein Kreis, dessen Umfang durch die Positionen der feindlichen Schiffe definiert wurde. Jedes Manöver zog zuerst Pings und dann Granaten nach sich.

Mittwoch, 21. August, früher Morgen: keine Veränderung. Mittwochnachmittag: keine Veränderung. Mittwoch, früher Abend: Die *Gudgeon* wurde nun seit fast 48 Stunden belagert und befand sich seit nahezu 64 Stunden auf Tauchstation, ohne Gelegenheit zum Schnorcheln gehabt zu haben. Bessac hatte pflichtbewusst die zurückgelegten Entfernungen in sein Logbuch eingetragen. In diesen zwei Tagen beliefen sie sich auf null. Irgendetwas musste geschehen, etwas Drastisches.

Coppedge ging durch das Schiff und teilte den Männern mit, dass sie auf Schnorchelposition auftauchen und das Risiko eingehen mussten, die »Nase in die Luft zu stecken«. Den überwiegenden Teil der Belagerung hatten sich die Männer auf entspannter Gefechtsstation befunden. Nun wurden sie zu voller

Gefechtsstation gerufen. Die *Gudgeon* musste Frischluft tanken, einen Hilferuf aussenden und den Status quo ändern oder untergehen.

»Wir tauchen auf«, kündigte Bessac in der Operationszentrale an. »Sobald wir die Wasseroberfläche berühren, nehmen wir den Schnorchel in Betrieb.«

Als die *Gudgeon* auftauchte, versuchten einige der Männer die Hydraulik in Gang zu setzen, mit deren Hilfe die Antenne ausgefahren wurde. Doch die Antenne bewegte sich nicht. Sie hätte mit einem Ruck emporschießen müssen. Aber die Männer hörten nur ein-, zweimal ein dumpfes Geräusch. Sofort nachdem der Schnorchel der *Gudgeon* durch die Wasseroberfläche ragte, wurden die Maschinen in Gang gesetzt. Das U-Boot holte kräftig Luft und dann noch einmal.

Und schon setzte sich eines der sowjetischen Schiffe in Bewegung, kam auf die *Gudgeon* zugeschossen, als wollte es sie rammen oder wenigstens zwingen, sich wieder nach unten zurückzuziehen. Die Sowjets waren mit den Amerikanern noch nicht fertig. Sie würden es den Männern nicht gestatten, Luft zu holen, und schon gar nicht, um Hilfe zu rufen.

Jemand betätigte den Kollisionsalarm, und Bessac gab den Tauchbefehl. Die Maschinen stellten ihren Betrieb ein, und die *Gudgeon* verschwand erneut zwischen den Wellen. Der Mannschaft war es nicht gelungen, SOS zu funken. Die Atemluft war noch immer ebenso erbärmlich wie zuvor.

Bessac ordnete an, die *Gudgeon* bis auf 130 Meter sinken zu lassen, und dachte währenddessen über seine nächsten Schachzüge nach. Er besprach sich mit Coppedge, der sich beim Ersten Schiffstechnischen Offizier über den Zustand der Batterien und bei Doc Huntley, dem Sanitäter, über die Qualität der Luft und den Zustand der Mannschaft informierte. Bessac blieb keine Wahl. Es war offensichtlich, dass seine Männer der Situation nicht mehr länger standhalten konnten. Die Batterien würden noch weitere acht Stunden halten, wenn sich das Schiff nicht allzu sehr bewegte, doch damit wäre nicht viel erreicht. Der Alte wusste, dass er seinen Peinigern nicht entkommen würde.

Innerhalb von Augenblicken traf Bessac seine Entscheidung. Die *Gudgeon* würde versuchen zu schnorcheln und hierzu vermutlich ganz auftauchen müssen. Eines jedoch würde keinesfalls geschehen. Die Crew würde niemanden an Bord lassen, und sie würde das Schiff nicht übergeben; eher wollten sie alle miteinander sterben. Nicht ein einziger Mann an Bord legte Widerspruch ein.

Bessac gab Befehl, alle Abschussrohre zu fluten. Er wusste, dass die Sowjets dies hören und richtig deuten würden, und er wollte sie wissen lassen, dass es den Amerikanern ernst war. Dann wurden an die Offiziere Pistolen ausgegeben, auch an Doc Huntley. Mit der 45er in der Hand lief er umher und erklärte, dass es seine Aufgabe sei, die Männer vom Nachrichtendienst zu erschießen, falls die Sowjets versuchten, an Bord zu kommen. »Sie können eine grüne Pille nehmen, oder aber ich erschieße Sie«, sagte er zu einem der Kundschafter. Der Arzt war immer schon ein bisschen merkwürdig gewesen.

Doc Huntley war vermutlich gar nicht dazu autorisiert, irgendjemandem seine ungewöhnliche Hilfestellung aufzudrängen. Vielleicht, so grübelte die Mannschaft, hätte man ihm überhaupt nie eine Pistole in die Hand geben sollen. Doch nun hatte er die 45er, und im Augenblick hatten die Jungs vom Nachrichtendienst mehr Angst vor ihm als vor den Russen.

Inzwischen begannen die Nachrichtendienstler, die Männer in der Funkerkabine gegenüber der Operationszentrale und alle Übrigen, die mit irgendwelchen kodierten oder geheimen Papieren zu tun hatten, diese in Ledertaschen zu packen, die mit Löchern durchsetzt und mit Blei beschwert waren. Einige Dokumente wurden an Ort und Stelle vernichtet. Sollten die Sowjets versuchen, an Bord zu kommen, dann würden diese Taschen durch die Luke fliegen und auf dem Grund des Japanischen Meers landen.

Das war ein Augenblick, den kein U-Boot-Fahrer erleben wollte, und der schlimmste, dem ein Kapitän entgegensehen konnte. In diesem Fall war er unvermeidlich. Vielleicht wäre es der *Gudgeon* gelungen zu fliehen, wenn sie tiefer hätte tauchen können. Doch die verklemmte äußere Klappe der Müllschleuse hatte das verhindert. Aus welchen Gründen auch immer, Bessac musste sich geschlagen geben.

Deprimiert gab er den Befehl zum Auftauchen.

Bessac wollte der US-Basis in Japan eine Nachricht zukommen lassen, doch auf ihrem Weg nach oben verklemmte sich die Antenne erneut. Sobald der Schnorchel die Wasseroberfläche durchstieß, ließ Bessac alle drei Maschinen der *Gudgeon* anwerfen. Sofort schossen die Abgase des U-Boots in den Himmel und auch in den ohnehin schon verpesteten Innenraum des Schiffs. Keiner kümmerte sich jetzt besonders um die Abgase, solange der Schnorchel nur frische Luft ansaugte und die verbrauchte Atemluft mitsamt der giftigen Gase, die die Männer so lange hatten einatmen müssen, hinausbeförderte.

Das U-Boot befand sich nun in Periskoplage. Offensichtlich waren die sowjetischen Schiffe zurückgeblieben. Aber für wie lange?

Eine Minute verging, dann zwei. Dann fünf. Noch immer war es den Männern nicht gelungen, ihre Nachricht auf den Weg zu bringen. Aber wenigstens nahm die *Gudgeon* Frischluft auf und ließ Abgase ab. Die Männer fragten sich, ob ihr Kommandant die Sache durchziehen und vollständig auftauchen würde.

Bessac versuchte, seine Lage richtig einzuschätzen, dachte bis zum letzten Augenblick über seine Möglichkeiten nach. Es war eine Schnorchelzeit von mindestens 20 Minuten erforderlich, um die Luft wenigstens minimal zu reinigen, doch die Aufladung der Batterien hatte dann noch nicht einmal begonnen. Sollte das U-Boot erneut tauchen müssen, würde es bei erneutem Batteriebetrieb im besten Fall im Schneckentempo durch das Wasser kriechen. Blieb die *Gudgeon* in Schnorchellage, dann konnte sie eine Maschine zur Aufladung der Batterien einsetzen und sich dennoch etwas schneller fortbewegen. Nur voll aufgetaucht hatte die *Gudgeon* eine Chance, mit einer Höchstgeschwindigkeit von 20 Knoten nach Japan zu entkommen. Es ließ sich unmöglich voraussagen, wann die sowjetischen Schiffe erneut angreifen würden. Doch bei dieser Geschwindigkeit und mit ein wenig Vorsprung würden sie ihnen vielleicht, aber nur vielleicht entkommen können.

Er traf die einzige Wahl, die ihm blieb. Bessac gab seiner Mannschaft den Befehl zum Auftauchen.

Niemand war verwundet, keine Schwerter waren zerbrochen und kein Territorium aufgegeben worden. Und doch hatten die Vereinigten Staaten soeben eine entscheidende Niederlage einstecken müssen. Zum ersten Mal seit Beginn dieses Kalten Kriegs unter Wasser war ein US-amerikanisches U-Boot gezwungen worden, das Versteckspielen aufzugeben und sich verwundbar auf der Wasseroberfläche, quasi auf dem Präsentierteller, zu zeigen.

Danach befahl Bessac seinen Männern, den nun viel zu späten Hilfeschrei auszusenden.

»Schicken Sie das verdammte Ding auf Englisch«, rief er und beantwortete damit die Frage des Funkers, den die Mannschaft »Bad Ass« nannte.

Es hatte keinen Sinn, weiter geheim halten zu wollen, wer sie waren. Die Nachricht wurde unverschlüsselt auf den Weg geschickt. Inzwischen stieg der Kapitän die lange Leiter hinauf, die von der Luke in der Operationszentrale in den Turm und auf die Brücke führte. Ihm folgte einer der Offiziere, ein Signalgast und ein Matrose zur Bedienung der Sprachrohrleitung, mit deren Hilfe Bessacs Anweisungen durch das Schiff schallen würden, falls die Sowjets es auf einen Kampf ankommen lassen wollten. Sollte sich da draußen ein feindlicher Zerstörer befinden, dann hatte die *Gudgeon* keine Chance.

Es war noch hell draußen. Und die Männer auf der Brücke konnten die Sowjets sehen. Zwei Schiffe, vielleicht drei, schaukelten auf dem Meer. Es waren alle kleinere U-Boot-Jagdschiffe. Die Sowjets hatten ihre übrigen Schiffe zurückgezogen. Man brauchte keine Flotte, um ein einzelnes U-Boot, dem der Strom auszugehen drohte, unter Kontrolle zu halten.

Die Russen signalisierten »Alfa, Alfa« – den internationalen Morsekode für »Wer seid ihr? Identifiziert euch!«

Die *Gudgeon* antwortete: »Alfa, Alfa.«

Die Sowjets entgegneten: »CCCP«, was UdSSR auf Russisch bedeutet.

Die *Gudgeon* identifizierte sich mit »USN. Wir sind auf dem Weg nach Japan.«

Die Reaktion war die Weisung an die *Gudgeon*, sich auf den Weg zu machen und sowjetische Gewässer zu verlassen. Der Signalgast übersetzte fröhlich für die Crew: »Sie haben gesagt: ›Vielen Dank für die UAW.‹« Nett, dass ihr uns an einer U-Boot-Abwehrübung habt teilnehmen lassen. Es gelang dem Mann nur unvollkommen, sein Grinsen zu unterdrücken. Der Rest der Mannschaft grinste ebenfalls. Tatsächlich versetzte die neue Situation die Männer in Hochstimmung. Sie suchten schleunigst das Weite.

Die Feier hatte bereits begonnen, als – so wenigstens kam es den meisten vor – Stunden später US-Flugzeuge am Himmel erschienen. Sie sollten feststellen, ob mit der *Gudgeon* alles in Ordnung war, während sie aufgetaucht dahinschoss, um so viel Wasser wie möglich zwischen sich und die UdSSR zu bringen.

Zum ersten Mal seit Tagen konnten die Köche ihre Herde benutzen. Heute gab es Steak zum Abendbrot und zwei Büchsen Bier pro Mann. Die Crew war erstaunt. Es war ihnen nie in den Sinn gekommen, dass Bier an Bord sein könnte, und schon gar nicht, dass es sich um ganze Kisten handelte. Doch da war es, und diesen Männern war mehr daran gelegen, es zu trinken, als ihrem Kapitän die Vorschriften vorzuhalten. Sie machten Fahrt, sie atmeten, die Batterien luden sich auf. Sie waren in Verlegenheit gebracht worden, ja, man hatte ihnen sogar die Nase blutig geschlagen. Doch im Augenblick war ihnen das egal. Sie waren noch einmal davongekommen, und zum ersten Mal gestanden sich die Männer gegenseitig ein, dass sie sich eines guten Ausgangs keineswegs sicher gewesen waren. Ohne Zweifel wären die Sowjets dazu in der Lage gewesen, das U-Boot zu versenken. Doch das hatten sie wohl gar nicht gewollt. Oder aber, so überlegte die Mannschaft, sie wollten schon, durften jedoch nicht.

Als die *Gudgeon* Montag, den 26. August, auf den Tag genau acht Jahre nach dem Untergang der *Cochino*, in den Hafen von Yokosuka zurückkehrte, gab es keine offizielle Feier. Die Stimmung auf der Basis war verbittert: Die Sowjets hatten an diesem Tag verkündet, dass sie die ersten erfolgreichen Flugtests von landgestützten ballistischen Interkontinentalraketen durchgeführt hatten. In einem derart angespannten Klima wollte die US-Marine den *Gudgeon*-Vorfall vom Tisch fegen, und das so schnell und gründlich wie möglich.

»Bad Ass«, der Funker, der die Nachricht auf Englisch geschickt hatte, wurde zum Steuer-Vize befördert und sofort versetzt. Es hieß, er hätte seitdem Nachrichten mit der linken Hand senden müssen, damit sein Stil, seine Signatur sozusagen, bei einem möglichen Abfangen nicht preisgeben könnte, dass sich ein US-amerikanisches U-Boot in der Gegend befand.

Bessac wurde ebenfalls vom U-Boot genommen. Schon vor der Vertuschungsaktion für die Versetzung vom Dieselboot auf einen Posten in Admiral Rickovers nuklearer Sektion der Marine vorgesehen, blieb sein Rang unverändert. Was sich jedoch veränderte, war der Marschplan der *Gudgeon*. Hastig kündigte die Navy an, dass sie weltweit das erste Unterseeboot sein sollte, das die Erde umrundete. Das war das beste Mittel, um sie aus dem Pazifik fortzuschaffen, wo die Sowjets sie nun nur allzu gut kannten, und es war außerdem die aussichtsreichste Methode, um der Verbreitung der peinlichen Geschichte in der U-Boot-Flotte einen Riegel vorzuschieben.

Natürlich bot die Navy auch noch andere Erklärungen für den Ausflug an. Sie erklärte, die *Gudgeon* sei in geradezu idealer Weise dafür geschaffen, an einem Programm namens »Menschen für Menschen« teilzunehmen, und Präsident Eisenhower persönlich ernannte alle Mitglieder der Mannschaft zu »Botschaftern des guten Willens gegenüber der Welt«. Jedem dieser Botschafter wurde befohlen, unter keinen Umständen jemals über den Vorfall zu sprechen.

Inzwischen machte sich die sowjetische Marine, die durch ihren Sieg Auftrieb erhalten hatte, daran, weitere US-amerikanische Spionage-U-Boote aufzumischen. Unter ihnen war die USS *Wahoo (SS-565)*, die Anfang 1958 nahe der sowjetischen Küste gestellt wurde, jedoch entkommen konnte, obwohl eine ihrer Maschinen ausgefallen war. Vielleicht weil die U-Boote ihrer Arbeit im Verschwiegenen nachgingen, erlegten sich die Russen dabei mehr Zurückhaltung auf als bei den Spionageflugzeugen, von denen einige mit Bedacht verteidigungsrelevante Radaranlagen ausleuchteten, um deren Systeme ausmessen zu können. So unangenehm der Kampf unter Wasser auch wurde, kein U-Boot ging verloren, und das Zerstörungspotenzial der »Wasserbomben« überschritt in der Regel nicht jenes derer, die gegen die *Gudgeon* zur Anwendung gekommen waren.

Doch Auseinandersetzungen zwischen U-Booten wurden nun zu einem festen Bestandteil des Kalten Kriegs, und die Spannungen nahmen noch zu, als beide Seiten sich darauf vorbereiteten, ihre Unterseeboote erstmals mit Lenkraketen auszurüsten. Als die Sowjets im Herbst 1957 den ersten Sputnik ins All geschossen hatten, trieb Präsident Eisenhower die Pläne zum Bau kernkraftgetriebener Unterseeschiffe, die im getauchten Zustand ballistische »Polaris«-Flugkörper abschießen konnten, rascher voran. Inzwischen rüstete die US-Marine einige U-Boote mit dieselelektrischem Antrieb um, damit sie ferngelenkte »Regulus«-Flugkörper, die Nachkommen der deutschen V-Waffe mit einer Reichweite zwischen 500 und 700 Kilometern, mit sich führen konnten. Für den Abschuss mussten die »Regulus«-U-Boote jedoch auf Sehrohrtiefe gehen, und die Steuerung des Flugkörpers erfolgte vom Abschuss bis zum Ziel durch Radar sowohl vom U-Boot als auch von einem weiteren Schiff aus, das sich dichter an der sowjetischen Küste positionieren musste. Trotz dieser Erschwernisse waren diese neuen Waffen eine wirksame Drohung gegenüber den Sowjets.

Die Befürchtung, die Sowjets könnten nun selbst der Spionage dienliche und mit Flugkörpern bestückte U-Boote vor die amerikanische Küste schicken, spornte hohe Beamte in Washington dazu an, nun selbst die Kontrolle über die Angelegenheit der Unterwasserspionage zu gewinnen. Mit einem Mal wurden Operationen, die sonst in die Befugnisse der Navy-Flottenkommandanten fielen, durch das Weiße Haus und das

Pentagon überprüft. Die CIA und die Nationale Sicherheitsagentur (National Security Agency, NSA) – der militärische De-
kodierungsdienst, der so supergeheim war, dass selbst seine
Mitarbeiter sich über ihn lustig machten, indem sie witzelten,
NSA bedeute »No Such Agency« (»Die Agentur gibt es nicht«)
oder »Never Say Anything« (»Sprich nie über sie«) – spielten
nun ebenfalls eine größere Rolle bei der Entscheidung darüber,
welcher Art von Informationen Priorität eingeräumt wurde.

Bisher hatte noch kaum ein sowjetisches dieselelektrisches
U-Boot die lange Fahrt zur amerikanischen Küste zurückgelegt,
doch das änderte nichts daran, dass es zum Ausbruch einer »roten Hysterie« kam. Ein Mitglied des Repräsentantenhauses
verkündete, dass fast 200 sowjetische U-Boote vor der Atlantikküste gesehen worden waren. Gewöhnliche Bürger fingen
an, »U-Boot-Wachtürme« zu bemannen, und im Laufe der nachfolgenden Jahre wurden entlang der amerikanischen Küsten
häufiger U-Boote »gesichtet«. Eine Frau, die in Marinedokumenten nur als Mrs. Gilkinson bezeichnet wird, berichtete,
dass sie drei U-Boote vor einem Strand in Florida gesehen
habe, darunter eines, das bis auf drei Meter an sie herankam,
als sie gerade einen Tiefseetauchgang absolvierte. Ein Mann in
Texas teilte mit, ein Sehrohr bemerkt zu haben, an einer Stelle,
die, wie sich später herausstellte, nur anderthalb Meter tief war.

Die Marine hielt ebenfalls Ausschau nach sowjetischen
U-Booten, doch ein Großteil der Überwachung fand direkt vor
dem natürlichen Engpass statt, den Grönland (G), Island (I) und
das Vereinigte Königreich (UK) miteinander bilden. Das war ein
ungemein großer Vorteil für die Vereinigten Staaten. Sowjetische
Schiffe und U-Boote mussten durch die »GIUK-Lücke« fahren,
um den Atlantik und damit die Vereinigten Staaten zu erreichen.
Eine ganze Kette von Unterseebooten befand sich oft direkt vor
diesem Engpass auf Lauschposten, und auch die britische Marine hielt Ausschau nach sowjetischen U-Booten. Zusätzlich
hatte die US-Navy sowohl an der Atlantik- als auch an der Pazifikküste angefangen, Unterwasserlauschvorrichtungen zu platzieren – womit sie zum Aufspüren von Schiffen und U-Booten

ein Lauschnetz schuf, das die Bezeichnung SOSUS für Sound Surveillance System (Schallüberwachungssystem) erhielt. Doch die Analytiker, deren Aufgabe es war, die SOSUS-Aufzeichnungen zu entziffern, benötigten mehr Datenmaterial, um die akustischen Signaturen sowjetischer Kriegsschiffe vor dem Hintergrund all des von Fischerbooten und Handelsschiffen erzeugten Lärms erkennen zu können. Sie benötigten eine Art Bibliothek der Schallsignaturen, und die erlangte man am besten, indem man U-Boote ausschickte, um zu horchen und aufzuzeichnen.

Da war noch etwas anderes, was die amerikanische Marine suchte: eine Chance zur Vergeltung. Sie wollte den Sowjets die Schikanierung der *Gudgeon* und anderer U-Boote heimzahlen. Admiral Jerauld Wright, Oberbefehlshaber der Atlantikflotte, ließ eine gerahmte Erklärung vor seinem Büro anbringen:

> In Anbetracht der Tatsache, dass die Anwesenheit nicht-identifizierter Unterseeboote im Anmarsch auf die Vereinigten Staaten häufig gemeldet wurde, und in Anbetracht der Tatsache, dass diese Unterseeboote sich unkooperativ in der Hinsicht verhalten haben, dass sie weder ihre Identität noch ihre Absichten preisgegeben haben, wie es in Anbetracht der Sitten und Gebräuche ehrenhafter Seeleute erforderlich ist, und in Anbetracht der handfesten Beweise dafür, dass diese verstohlen durchgeführten Operationen die von ihnen Betroffenen entsprechend blamieren müssen, verspreche ich hiermit demjenigen Kommandanten eine Kiste Jack Daniels Old Nr. 7 Brand of Quality Tennessee Sour Mash Corn Whiskey, der so hergestellt wurde, wie unsere Vorväter ihn seit sieben Generationen in der ältesten eingetragenen Whiskeybrennerei der Vereinigten Staaten gemacht haben, der als Erster Beweise dafür erbringt, dass er im Atlantik ein nichtamerikanisches oder uns bekanntermaßen nicht freundlich gesinntes Unterseeboot zum Aufgeben gezwungen hat.
> Unterzeichnet Jerauld Wright
> Admiral, US-Marine

Im Mai 1959 verkündete Wright den Gewinner. Die USS *Grenadier (SS-525)* hatte bei Island ein sowjetisches Unterseeboot neun Stunden lang gejagt, bis es aufgeben und auftauchen musste. Der Skipper der *Grenadier*, Korvettenkapitän Theodore F. Davis, erhielt den Whiskey, und die Marine hatte zum ersten Mal ein russisches U-Boot zum Auftauchen gezwungen.

Wichtiger noch war dabei, dass die Navy damit erstmals einen gründlichen Blick auf ein raketenbestücktes sowjetisches Unterseeboot werfen konnte. Davis hatte eines der Zulus in die Falle gelockt, die zu Raketenträgern umgebaut worden waren. Er brachte außerdem Fotos und Aufnahmen der akustischen Signatur mit, und die Marine verbreitete seinen Erfolg unter der Hand in ganz Washington. Tatsächlich hielt George B. Kistiakowsky, Präsident Eisenhowers Sekretär, zuständig für Wissenschaft und Technologie, später in diesem Jahr in seinem Tagebuch fest, dass er »einen äußerst interessanten Bericht über die Methoden« erhalten habe, »wie die Marine intime Kenntnis von sowjetischen Marineaktivitäten erhält«, eine Angelegenheit, die so geheim war, dass er sie nicht zu Papier bringen durfte. »Eines Tages«, so überlegte er, »wird dies eine hochbrisante Reportage abgeben.«

Noch etwas ergab sich aus diesen rüden Einzelkämpfen. Auf beiden Seiten wuchs die Erkenntnis, dass zwar der Schnorchel die Unterwasserkriegsführung revolutioniert hatte, dass ihr aber dennoch auch weiterhin massive Beschränkungen auferlegt waren. Solange U-Boote unter Wasser festgehalten und ihre Mannschaften dem Erstickungstod preisgegeben werden konnten, waren sie noch immer zu verwundbar. Für die US-Marine war klar, dass Rickovers kernkraftgetriebene Unterseeboote nicht mehr länger eine Kuriosität bleiben durften. Es war an der Zeit, dass sie sich an den Ort des Geschehens begaben.

Rickovers revolutionäre Schiffe verfügten über eine nahezu unerschöpfliche Stromquelle. Reaktoren spalteten Atome und verwandelten Wasser in Dampf, Dampf genug, um einen Propeller anzutreiben und ein U-Boot länger und schneller laufen zu lassen, als es je eines mit dieselelektrischem Antrieb vermochte. Sie waren außerdem dazu in der Lage, ihren eigenen Sauerstoff herzustellen und das überschüssige Kohlendioxid aus der Luft zu filtern. Unter Wasser festgehalten zu werden, stellte keine Bedrohung mehr dar. Diesen Schiffen war es möglich, endlos unter Wasser zu bleiben.

Nach und nach übernahmen nukleargetriebene Angriffs-U-Boote Aufgaben, die in den Pionierzeiten von Dieselbooten erfüllt worden waren, und drangen ungestraft in sowjetische Gewässer ein. Die Befehle hatten sich nicht verändert. Fahrt so dicht wie möglich an sowjetische Fahrzeuge und noch dichter an die Küste heran. Jedes Risiko ist erlaubt. Aber lasst euch nicht erwischen!

Zum Beispiel steuerte Kommandant William »Bill« Behrens die USS *Skipjack (SSN-585)* Ende 1960 direkt in die Kanaleinfahrt, die nach Murmansk führte. Einem anderen russischen Hafen kam er so nahe, dass seine Offiziere durch das Sehrohr den nur 30 bis 40 Meter entfernten Pier betrachten konnten. Möglicherweise war das dichter, als es selbst der Navy recht gewesen wäre – jedenfalls dichter, als sie es jemals zugegeben hätte. Ja tatsächlich, bevor Behrens sich in den Kanal schlich, sahen Crewmitglieder einen der Offiziere den mechanischen Fahrtenschreiber, der die Bewegungen des Schiffs aufzeichnete, aushängen, damit es keine Dokumentation für diesen Vorstoß gab. Später, während der gleichen Mission, zeichnete Behrens die ersten Fahrversuche eines U-Boots der Golf-Klasse auf, das erste sowjetische U-Boot mit dieselelektrischem Antrieb, dessen Konstruktion es ihm von Anfang an gestattete, ballistische Raketen mit an Bord zu führen. Behrens, der einigen Mitgliedern seiner Mannschaft anfangs spießig und langweilig erschienen war, hatte unter Beweis gestellt, dass er genauso gerne mit der Gefahr spielte wie andere Kapitäne, dass er auf See ein ganz anderer Mann sein konnte als auf Land, vor allem wenn er sich in sowjetischen Gewässern befand.

In dieser Hinsicht war Behrens nicht allein. Das war die Zeit der waghalsigen Atom-U-Boot-Kapitäne, denen das Erbe der Dieselfahrer am Herzen zu liegen schien, die sich keinerlei Beschränkungen unterworfen hatten. Drüben im Pazifik stellten einige Kapitäne kurz ihre Reaktoren ab, um die Hintergrundgeräusche zu vermindern, wenn sie versuchten, akustische Signaturen aufzuzeichnen – und mussten plötzlich feststellen, dass ihre Schiffe bei solchen Manövern gefährlich tief absanken. Einem anderen U-Boot, das in Sehrohrtiefe lauerte, wurde von einem unter ihm auftauchenden sowjetischen U-Boot eine Delle verpasst.

Eines der dringlichsten Ziele war es herauszufinden, wie weit die Sowjets in ihrem Streben nach der Entwicklung kernkraftgetriebener U-Boote vorangekommen waren. Obwohl höchste amerikanische Beamte es nur ungern glauben wollten, wurde nach und nach klar, dass die Sowjets drei verschiedene U-Boot-Klassen entwickelten: »Hotels«, alle mit ballistischen Raketen ausgerüstet; »Echos«, die für den Einsatz gegen andere Schiffe bestimmte Marschflugkörper an Bord hatten; und »November«, reine Angriffs-U-Boote. Doch zeigte die frühzeitige Überwachung, wie primitiv und laut diese Unterseeschiffe waren, und die amerikanische Marine hatte sich schon bald angewöhnt, sie mit einem Kürzel zu belegen, das sich praktisch aus dem Akronym ergab, und nannte sie »Hens« (englisch für Hühner). Und weder die Golfs noch die Hotels waren auch nur annähernd weit genug entwickelt, um auf Patrouille geschickt zu werden.

Es wurde deutlich, dass die Vereinigten Staaten den Wettlauf, bei dem es um die Positionierung von Raketen-U-Booten vor feindlichen Küsten ging, gewonnen hatten. Vier mit der primitiven »Regulus«-Rakete ausgerüstete Diesel-U-Boote hatten 1959 und 1960 den Weg in den Pazifik bereitet, und im November 1960 wagte sich die USS *George Washington (SSBN-598)*, als Erste mit »Polaris«-Raketen bestückt, in den Atlantik. Innerhalb kürzester Zeit verbrachten die »Regulus«-U-Boote so viel Zeit in grauenhaftem Wetter vor der sowjetischen Küste, dass die Mannschaften sich scherzhaft als den »nordpazifischen Segelklub« bezeichneten. Eines von ihnen, die USS *Growler (SSG-577)*, wurde schwer beschädigt, als sie in der Nähe der Kamtschatka-Halbinsel, unmittelbar neben der sowjetischen Basis Petropawlowsk, auf Treibeis lief. Es dauerte nicht lange, und die Männer entwarfen Reversabzeichen, die aus einem Anker bestanden, der von den drei Alphabetflaggen der Buchstaben »S«, »M« und »F« gekreuzt wurde. Diese Initialen standen für die drei typischen Ausrufe während eines Sturms: »Scheiße! Mann! Fuck!«

Gleichzeitig mit diesen Einsätzen wurde das »Polaris«-Programm weiter vorangetrieben. Präsident Eisenhower hatte William F. »Red« Raborn, den geschwätzigen Konteradmiral, der für die Entwicklung der »Polaris« zuständig war, mit noch nie da gewesenen Vollmachten ausgestattet und ihm erlaubt, unter Umgehung des üblichen Papierkriegs jeden einzustellen, von dem er der Meinung war, dass er entsprechende U-Boote für die »Polaris«-Raketen rasch und gut entwickeln und bauen würde. Natürlich brachte die neue Technologie vorhersehbare Schwierigkeiten mit sich. (Raborns Mitarbeiter hatten genug Humor, um einen als geheim deklarierten Film über »Polaris«-Fehlschläge zusammenzustellen – Testflugkörper, die kaum aufstiegen, und andere, die nur Rad schlugen.) Doch das »Polaris«-System setzte sich durch, und die zeitliche Planung wurde eingehalten, vor allem deshalb, weil dem Programm oberste Priorität eingeräumt worden war. Jeder investierte so unchristlich viele Arbeitsstunden, dass die U-Boot-Fahrer zu der Überzeugung kamen, die Bezeichnung SSBN der neuen Boote bedeute nicht »Submersible Ship – Ballistic Missiles – Nuclear Power« (»Atom-Unterseeboot mit ballistischen Flugkörpern«), sondern »Saturday, Sunday, and a Bunch of Nights« (»Samstag, Sonntag und jede Menge Nächte«).

Während Raborn und sein Team für den Bau der Unterseeschiffe sorgten, war es Rickovers Angelegenheit, die Installation der Reaktoren zu beaufsichtigen und die Mannschaften für sie auszuwählen. Rickover suchte nach Männern, die in Krisensituationen unerschrocken reagierten, die bereit waren, auch kleinsten Details Beachtung zu schenken, Männer, die so sorgfältig waren wie er selbst. Er war überzeugt, nur so könne Reaktorsicherheit gewährleistet werden, und ihm war klar, dass Reaktorsicherheit die Voraussetzung war, um weiterhin die öf-

fentliche Unterstützung seiner kernkraftgetriebenen Unterseeschiffe zu sichern. All dies diente dem Zweck, eine einmalige
U-Boot-Flotte zu schaffen. Rickovers Männer würden die töd-
lichsten U-Boote besteigen, die je gebaut worden waren und die
entscheidend für das Machtgleichgewicht im Kalten Krieg sein
sollten.

Die ersten mit »Polaris«-Raketen ausgerüsteten U-Schiffe
waren 120 Meter lang und damit ungefähr 20 Meter länger als
kernkraftgetriebene Angriffs-U-Boote. Sie waren mit 16 Flugkörpern mit Atomsprengköpfen bestückt, die Ziele in einer
Entfernung von mehr als 1800 Kilometern erreichen konnten.
Jedes dieser »Polaris«-U-Schiffe bekam außerdem zwei Mannschaften, die abwechselnd 60 Tage auf See blieben und damit
ihre U-Boote durchgehend im Einsatz hielten. Der Dienst war
hart. Die Reichweite von 1800 Kilometern zwang diese Schiffe,
sich in der rauen See vor der nördlichen Küste Europas aufzuhalten und sich nicht weiter von Moskau zu entfernen, als die
Zielentfernung es vorgab. Ihre Aufgabe war es, sich »mit Stolz
zu verstecken«, eine mit Interkontinentalraketen ausgerüstete
Streitkraft zu bilden, die auf der Lauer lag, um den Zweitschlag
zu führen, falls die Vereinigten Staaten angegriffen und die
landgestützten Raketen zerstört würden.*

---

* Obgleich nicht einmal der Präsident der Vereinigten Staaten wusste, wo die »Polaris«-
U-Boote patrouillierten, hatten sie vorgeschriebene Operationsgebiete, Planquadrate,
Zehntausende von Quadratkilometern groß, innerhalb derer diese ersten raketenbe-
stückten U-Boote sich in der Nähe der 1800-Kilometer-Abschusslinie hielten.
Es gab essenzielle Sicherheitsvorkehrungen, die es einem Verrückten unmöglich mach-
ten, aus eigenem Antrieb einen Atomkrieg vom Zaun zu brechen. Erstens musste jeder
Startbefehl den sich täglich verändernden korrekten Authentisierungskode enthalten.
Dieser befand sich an Bord des U-Boots hinter zwei aufeinder folgenden verschlossenen
Türen eines Safes, der in der Operationszentrale an der Bordwand festgeschweißt war.
Zwei Männer kannten die Kombinationen, die erforderlich waren, um den Safe zu öffnen und den Authentisierungskode festzustellen, den sie dann dem Kommandeur und
seinem Stellvertreter mitteilten. Sobald der Startbefehl bestätigt war, mussten drei Männer unterschiedliche Schlüssel verwenden, die ebenfalls in einem Safe aufbewahrt wurden, um den Angriff nun wirklich in die Wege zu leiten. Der Schlüssel des Kommandeurs
gestattete es ihm, das Feuerleitsystem des U-Boots zu aktivieren. Der Schlüssel des Stell-
vertreters lud die Flugkörperstartkennungen. Dann löste der Einsatzkontrolloffizier mit
seinem Schlüssel den Abschuss aus. Der Vorgang sollte etwa 15 Minuten dauern.

Was die Russen betraf, so hatten sie nur ein paar Untersee-schiffe mit nuklearem Antrieb, die so schlecht konstruiert waren, dass die Männer darin starben. Eines dieser U-Boote erlitt einen so furchtbaren Reaktorunfall, dass die Überlebenden ihm den Spitznamen *Hiroshima* gaben. Zu dem Zeitpunkt, als die Sowjets 1962 Raketenabschussvorrichtungen in Kuba aufstellen wollten, hatten die Vereinigten Staaten einen so großen Vorsprung, dass sie in der Lage waren, innerhalb kürzester Zeit ein paar mit »Polaris«-Raketen bestückte Unterseeschiffe – zum Schluss waren es insgesamt neun – in Zielentfernung zur Sowjetunion zu bringen.*

Die Vereinigten Staaten waren klar im Vorteil, doch wie lange noch? Die Kuba-Krise mag sowjetischen Führern klargemacht haben, dass es unmöglich war, landgestützte nukleare Raketen in der Nähe amerikanischer Küsten aufzustellen. Doch indem sie ihre »Polaris«-U-Boote in Feuerposition brachten, hatten die Vereinigten Staaten damit auch den Sowjets eine effektivere Methode gezeigt, mit der das gleiche Ziel zu erreichen war.

---

* Die Öffentlichkeit in den USA hat nie erfahren, wie viel Angst ihre Regierung davor hatte, dass die Sowjets eine Konfrontation auf See zur Eskalation treiben würden. Nur Monate zuvor hatte ein sowjetischer Überläufer Informationen präsentiert, die als die »Ironbark-Papiere« bekannt wurden – detaillierte sowjetische Pläne, denen zufolge taktische Kernwaffen gegen amerikanische Über- und Unterwasserschiffe zum Einsatz kommen sollten, falls der Krieg auf See ausbrach. Die Ratgeber von Präsident John F. Kennedy ließ die Vorstellung nicht los, dass die Sowjetunion bereits die ersten Schritte dieses Plans in die Wege geleitet haben könnte. Tatsächlich fürchtete Kennedy, dass jeder Kampf auf See die Krise noch verstärken würde, egal ob dabei nun Kernwaffen zum Einsatz kamen oder nicht. Als er die Seeblockade gegen Kuba einleitete, wurde ein sowjetisches U-Boot in der Nähe von zwei russischen Frachtern ausgemacht. Als Kennedy davon erfuhr, fragte er seine Berater: »Gibt es nicht irgendetwas, um zu verhindern, dass wir unsere erste Auseinandersetzung ausgerechnet mit einem russischen U-Boot erleben? Fast alles wäre besser als das!«

Tatsächlich kam es zu solchen Auseinandersetzungen, doch keine von ihnen ließ die schlimmsten Befürchtungen Kennedys Wirklichkeit werden. Amerikanische Überwasserschiffe und Flugzeuge machten bei Kuba eine Hand voll sowjetischer Dieselunterseeboote aus und konnten drei von ihnen problemlos zum Auftauchen zwingen.

3

Hinab in die Tiefe

Getragen durch den Erfolg seines »Polaris«-Porgramms begann Admiral Red Raborn, nach vorn zu blicken und über die Förderung neuer einfallsreicher Mittel der nuklearen Abschreckung nachzudenken. Schon bald wandte er sich dem Träumer in seinen Rängen zu, einem jungen Zivilisten, den der Admiral ein paar Jahre zuvor aus dem Nichts hervorgeholt und zum Chefwissenschaftler des »Polaris«-Programms gemacht hatte.

John P. Craven war erst Mitte 30, als Raborn ihn fand. Dennoch war es seine Aufgabe, jedem über die Schulter zu sehen, der mit der Entwicklung von für die Raketenbestückung geeigneten Unterseebooten befasst war, Probleme aufzuspüren, Lösungen zu finden. Er war, wie er selbst es ausdrückte, der »Chefkiebitz«.

Der Spitzname passte. Craven redete wie ein Wasserfall, wobei sich seine Ideen normalerweise überschlugen, und er war die Art Mann, die einen Entwurf auseinander nehmen und dabei immer noch ein paar Gedichtzeilen, Bibelverse oder eine seiner endlosen selbst erdachten Maximen über das Meer vom Stapel lassen konnte. Manchmal vermischte er Verse mit Maximen und brachte das Ergebnis laut zu Gehör. Er predigte Phantasie inmitten militärischer Disziplin; er erfüllte die Technik nuklearer Kriegsführung mit Romantik.

Es war eine Rolle, die Craven in die Wiege gelegt worden war. Er war der Spross einer Familie, die auf Seiten seiner Mutter auf maurische Piraten zurückging und sich auf Seiten seines Vaters aufspaltete in presbyterianische Geistliche und Marineoffiziere, die sich in der Kirchenbank der Familie langweilten.

Der Messingglanz der Marine war derjenige Teil der Herkunft, mit dem sich die meisten Cravens am liebsten brüsteten, mit dem Teil der Familiengeschichte, die zurückging auf Tunis Agustas MacDonough Craven, der im Amerikanischen Bürgerkrieg das unionistische Schiff *Tecumseh* befehligte, als es während der Schlacht von Mobile Bay von einem konföderierten Torpedo getroffen wurde und Admiral David Farragut zu seinem denkwürdigen, an die übrige Flotte gerichteten Befehl inspirierte: »Zum Teufel mit den Torpedos. Volle Kraft voraus.«

Der Tradition gemäß ertrank Tunis in Ausübung seiner Pflichten. Die meisten Mitglieder der Craven-Clans beendeten die Geschichte an dieser Stelle. John Craven jedoch hatte Spaß daran, sie noch um eine Anmerkung zu ergänzen: dass Tunis starb, während er darum kämpfte, vor dem Hafenlotsen vom sinkenden Schiff zu kommen. Und nur John Craven gab mit etwas an, worüber der Rest seiner Familie kaum im Flüsterton zu sprechen wagte: dem Piratenblut, das seitens der Familie seiner Mutter in seinen Adern floss.

Dass John Craven aus der Rolle fallen würde, wurde in dem Augenblick klar, als er die Bühne des Planeten betrat und im Williamsburg-Viertel von Brooklyn landete. Es war die Nacht von Halloween, eine Tatsache, die seine väterliche Verwandtschaft lieber ignorierte. Sie sah für ihn ein Leben in der Marine mit strenger militärischer Disziplin vor. Fünfzehn Jahre später, als Craven von der Marineakademie abgelehnt wurde, gab es am Scheitern ihres Plans keinen Zweifel mehr. Es lag nicht daran, dass es ihm an Intelligenz mangelte. Er hatte auf dem Weg zur Highschool mehrere Klassen übersprungen. Doch hatte er sich, als er mit elf Jahren dort anlangte, entschieden, als Aufschneider Anerkennung zu finden. Er überzeugte seine erheblich älteren Klassenkameraden, dass er für sein Alter nur einfach klein war, und machte sich dann daran, ihren Respekt zu erringen, indem er zum Schlaumeier der Klasse aufstieg, den Burschen spielte, der zu kernig war, um überhaupt Hausaufgaben zu machen.

Schließlich erfüllte er die Erwartungen der Familie doch immerhin teilweise. Er brachte es nie zu einem Marineakademie-abschluss, doch er wurde schließlich zum Reserveoffizier ernannt und beendete sein Studium über Meerestechnologien. Von diesem Moment an machte er es sich zur Gewohnheit, über das Meer zu predigen und über Unterwassermanöver, die in der Navy überwiegend als unmöglich oder wenigstens als im höchsten Maße unwahrscheinlich abgetan wurden. Er erwartete nicht, dass die Bekehrung der Marine leicht sein würde. Doch wie jeder Priester, der vom Heraufziehen eines Wunders spricht, war Craven durchdrungen von der Überzeugung, dass man ihm zuletzt doch Recht geben würde.

Nun überreichte Raborn Craven sozusagen einen Blankoscheck, damit er das tat, was er am besten konnte – Ideen entwickeln, so viele wie möglich. 1963 arbeitete Craven mittlerweile hart an Raborns Vision von einem fortschrittlichen seegestützten Abschreckungsprogramm. Als Erstes hatte er jährlich eine Million Dollar beiseite gelegt, um ein kleines politikwissenschaftliches Programm ins Leben zu rufen, mit dessen Hilfe er der Abschreckungsstategie auf den Grund gehen würde. Mit der Zeit hatte er ungefähr jeden Politikwissenschaftler unter Vertrag genommen, dessen Spezialität die strategische Verteidigung war.

Mit dem verbleibenden Rest seines Budgets nahm er auf der für ihn geschaffenen Bühne einen von der Marine bisher kaum berührten Bereich der Meereskunde unter die Lupe und entwickelte mit seinen Mitarbeitern Ideen: Raketen, die Kilometer unterhalb der Meeresoberfläche auf dem Meeresboden zu stationieren waren; Unterseeschiffe, die weit hinunter in bisher unerreichte Tiefen tauchen und die trüben Tiefen mit Kameras untersuchen würden.

Die meisten Marineoffiziere brachten für Cravens Visionen kaum ein Gähnen auf. Die wenigen existierenden Studien über die Tiefsee waren schon lange in die Schublade gelegt und damit dem Aufgabenbereich einer kleinen Gruppe von Ozeanographen zugeschoben worden. Admirale empfanden Operationen in der Tiefsee als schwieriger als den bemannten Flug ins

All, der gegenwärtig die Nation in Atem hielt. Die besten Unterseeboote der Marine erreichten eine Tauchtiefe von 300 bis etwa 500 Metern. Wer noch weiter hinunter wollte, der riskierte den sicheren Tod durch Implosion, verursacht durch den enormen Druck des Meeres, der selbst die gewaltigen »Polaris«-U-Boote ohne weiteres zerquetschen würde.

Der topografische Bereich unterhalb des üblichen Operationsgebiets der Marine wurde etwa in dem Maß einer durchschnittlichen Mülldeponie respektiert. Der zentrale Bereich der Marine für Schiffskonstruktion, nämlich die Hauptverwaltung der Seestreitkräfte (Bureau of Ships), führte das Tauchen in großen Tiefen auf Rang zehn ihrer zehn Prioritäten umfassenden Liste – und es hatte diesen Rang nur deshalb erhalten, weil niemandem ein wichtigerer letzter Punkt eingefallen war. Sogar Admiral Rickover, der sich im öffentlichen Ruhm des Erneuerers der Marine sonnte, interessierte sich nicht für das Vordringen in die Tiefsee.

Cravens Tieftauchgruppe war lediglich von marginaler Bedeutung, aber dennoch eifrig bei der Arbeit. Ein Team seiner Wissenschaftler wurde aufgefordert, beim Testen der USS *Thresher (SSN-593)* mitzuhelfen, des ersten U-Boots einer neuen, starken, kernkraftgetriebenen Angriffs-U-Boot-Klasse, die aufgrund ihrer Beschaffenheit tiefer tauchen konnte als die meisten Unterseeschiffe jener Zeit. Am 10. April 1963 ging die *Thresher* während eines Tauchtests in einer Tiefe von 400 Metern verloren. So weit sich das nachträglich überhaupt feststellen ließ, lösten das Versagen einer Rohrleitung und der nachfolgende Antriebsverlust eine Reihe von Ereignissen aus, die zum Sinken des Schiffs führten und die 129 Männer an Bord, darunter vier aus Cravens Team, das Leben kosteten. Craven erhielt die Nachricht, als er gerade mit Harry Jackson beisammensaß, einem technischen Offizier, der geholfen hatte, das U-Boot vor seinem letzten Tauchgang zu überprüfen, und bei jedem vorangegangenen Tieftauchvorgang zugegen gewesen war.

Jackson saß da und sagte wieder und wieder: »Ich hätte dabei sein müssen.« Doch Craven war erleichtert, dass Jackson ebenso wie drei weitere von seinen Männern, die aus Platzmangel von der Teilnahme an der Testfahrt ausgeschlossen worden waren, das Unglück, der erstmalige Verlust eines amerikanischen Atom-U-Boots, erspart geblieben war.

Erst später erkannte Craven, dass diese Tragödie ihn zu einem der wichtigsten Mitspieler in einem neuen und dramatischen Kapitel der Geschichte der Unterwasserspionage machen sollte. Craven erhielt seine Chance aufgrund der nahezu unmöglichen Versprechungen, zu denen sich die Marine im Rahmen der Schadensbegrenzung hatte verleiten lassen.

Nachdem die *Thresher* verloren gegangen war, versprach die Marine gewaltige Anstrengungen, um mehr über die unerbittlichen Tiefen des Ozeans zu erfahren. Es würde ein Sicherheitsprogramm für Unterseeschiffe geben, und die Entwicklung von »Rettungs-U-Booten für havarierte Unterseeboote« (Deep Submergence Rescue Vehicles, DSRV) wurde in Aussicht gestellt.

Das war die Gelegenheit für die Navy, um die Öffentlichkeit zu beruhigen. Die Tragödie würde mit Bildern von den Wundern des Meeres überdeckt, die Gefährlichkeit des Einsatzes von U-Booten unter Visionen innovativer Sicherheitsvorkehrungen begraben. Nahezu jeder, der involviert war, erkannte, dass einige der Vorschläge mehr mit Sciencefiction als mit Wissenschaft gemein hatten, insbesondere die Aussichten auf DSRVs. Jeder, der gerettet werden wollte, musste das Glück haben, über dem Festlandsockel oder über einem unterseeischen Berg unterzugehen, in Gewässern also, die viel seichter sind als der weitaus überwiegende Bereich der Ozeane, der vier, fünf oder sechs Kilometer tief ist. Den meisten U-Boot-Fahrern war klar, dass ein schwerer Unfall auf See fast immer ihr Verschwinden zur Folge haben würde – keine Überlebenden, keine Rettung, mehr war dazu nicht zu sagen.

Dennoch stimmte der Kongress diesen populären Vorschlägen zu und machte Gelder locker, die die Aufmerksamkeit des Marinenachrichtendiensts erregten. Die Marine hatte vielleicht eine neue Ära versprochen, die Jules Verne näher zu sein schien als der Wirklichkeit, aber einige Spezialisten für Unterseeboot-spionage erkannten nun die Möglichkeit, ein neues Zeitalter der Spionage einzuleiten, das mehr mit James Bond gemein haben würde als jemals zuvor.

Diese Nachrichtenoffiziere schmiedeten bereits Pläne, als Craven eine umfassende Studie für die Zeit nach *Thresher* in die Wege zu leiten begann. Er hatte außerdem das Projekt für Tieftauchsysteme übernommen, in dessen Rahmen die von der Marine versprochenen DSRVs entstehen sollten und das die Entwicklung eines Unterwasserlabors vorsah, eine Art Habitat mit dem Namen »SeaLab«, in dem die Navy die psychologi-schen Auswirkungen des Tiefseedrucks auf Tiefseetaucher stu-dieren wollte.

Craven sah seine Chance, insbesondere in dem DSRV-Pro-gramm. Wie alle Übrigen, die etwas von Meereskunde verstan-den, wusste er, dass DSRVs weitgehend eine Phantasievorstel-lung waren. Doch er rechnete sich aus, dass die Anstrengung, Rettungs-U-Boote zu bauen, ihm vielleicht die Gelegenheit ver-schaffte, einen anderen seiner Träume zu verfolgen – eine Flotte kleiner Tauchboote aus Glas. Da Glas rein chemisch betrachtet eine Flüssigkeit ist, kam Craven zu dem Schluss, dass Unterseе-boote aus Glas umso widerstandsfähiger sein müssten, je stär-ker der Druck des Meeres auf ihnen lastete.

Er war nicht der Einzige, der der Marine seine Vorstellungen von einer Art Mini-Tauchboot zu verkaufen versuchte. Rey-nolds Aluminium Company baute gerade ein eigenes Boot in der Hoffnung, damit einen lukrativen Auftrag an Land zu zie-hen. Gemeinsam mit dem Marineforschungsbüro (Office of Naval Research) entwickelte die Woods Hole Oceanographic Institution gerade die *Alvin*, ein Drei-Mann-Tauchboot, das bis auf 2000 Meter tauchen konnte. Bis dahin stand der amerika-nischen Marine lediglich die *Trieste II* als Tieftauchboot zur Verfügung, ein lenkbares Tauchboot, das zur Tauchstelle ge-bracht oder gezogen werden musste. Es verfügte nur über be-grenzte Manövrierfähigkeit, vermochte jedoch eine dreiköpfige

Besatzung in 6500 Meter Tiefe zu befördern. Die erste *Trieste* war 1960 über 11 000 Meter zum tiefsten Punkt des Meeres vorgedrungen – die Challenger-Tiefe des Marianen-Grabens etwa 300 Kilometer entfernt von Guam. Sowohl die *Trieste I* als auch die *Trieste II* untersuchten die Wrackteile der *Thresher*.

Als Craven gerade anfing, die technischen Details eines durch einen eigenen Antrieb unabhängig in der Tiefsee operierenden Tauchboots zu untersuchen, trat ein Mitarbeiter des Marinenachrichtendiensts an ihn heran, einer jener Männer, die mit für die Koordination der U-Boot-Überwachungsoperationen vor der sowjetischen Küste verantwortlich waren. Inzwischen hatte man diese Operationen auf ganzjährige Präsenz erweitert. Unter dem Kodenamen »Binnacle« – und später »Holystone« – überwachte die wachsende amerikanische Flotte aus dieselelektrischen und kernkraftgetriebenen Unterseeschiffen die Sowjets, die den Abschuss von Raketen von Landsilos und Schiffen aus in die Ozeane erprobten. Amerikanische U-Boote verfolgten außerdem die zunehmende Zahl sowjetischer Atom-U-Boote, die nun schließlich auch in den Atlantik und den Pazifik eindrangen. Die sowjetische Marine war im Begriff, die offene See für sich in Anspruch zu nehmen.

Während sich all dies ereignete, hielten sich fast immer ein Überwachungs-U-Boot in der Barentssee und zwei vor den sowjetischen Pazifikhäfen auf, wo sie noch immer gelegentlich kleinen sowjetischen Wasserbomben ausweichen mussten. Sogar einige der frühen Atom-U-Boote, wie etwa die USS *Scamp (SSN-588)*, wurden durch die granatenähnlichen Wasserbomben verjagt, und weitere dieselelektrische U-Boote, zum Beispiel die USS *Ronquil (SS-396)* und die USS *Trumpetfish (SS-425)*, mussten sich Anfang der Sechziger wie die *Gudgeon* festhalten lassen. Zusätzlich zu diesen Operationen vor der sowjetischen Küste brachten einige Diesel-U-Boote sowjetische Emigranten zurück in die Sowjetunion, damit sie für die Vereinigten Staaten spionierten, während andere Kommandos etwa auf Borneo, in Indonesien und im Mittleren Osten abgesetzt wurden, um den wachsenden Einfluss der Sowjets im Auge zu behalten.* Die Unterseebootspionage war so wichtig geworden, dass der Chef der Seekriegsleitung in Washington die Koordination aller Operationen übernommen hatte und ein eigener Stab für die Planung der Unterwasserkriegsführung beim Marinenachrichtendienst eingerichtet worden war.

Geheimdienstmitarbeiter waren so begierig, das Neueste über sowjetische U-Boote und Raketen in Erfahrung zu bringen, dass die Kundschafter an Bord der U-Boote den Befehl hatten, noch auf dem Heimweg die von ihnen erlangten Informationen zu übermitteln. Die Russischexperten unter ihnen begannen mit der Transskribierung aufgefangener Mitteilungen, sobald sich das U-Boot aus sowjetischen Gewässern entfernte. Kuriere warteten bei der Rückkehr der U-Boote bereits am Kai, um Nachrichten umgehend ins Hauptquartier der Nationalen Sicherheitsagentur nach Fort Meade, Maryland, zu übermitteln. Die auf U-Booten mitfahrenden Nachrichtendienstler selbst waren von so großer Bedeutung, dass die Marine von ihnen verlangte, selbst längere Entfernungen von und zum Hafen per Eisenbahn statt mit Linienflügen zurückzulegen. Die Navy wollte eine mögliche Entführung nach Kuba auf keinen Fall riskieren.

Nun war dieser Marinenachrichtendienstoffizier zu Craven gekommen, um ihn um Mithilfe bei einem Projekt zu bitten, das bedeutender war als alles, was je zuvor unternommen worden war. Der Offizier überreichte Craven ein Dokument der höchsten Geheimhaltungsstufe, bei dem es sich in Wirklichkeit

---

* Kurz nach dem Scheitern der Schweinebucht-Invasion 1961 verwendeten Marinekommandos Diesel-U-Boote, um die Flucht prominenter Kubaner vor Castros Regime zu ermöglichen. Über mehrere Wochen hinweg schlichen sich Kommandos aus den U-Booten und ruderten mit Schlauchbooten ans Ufer. Die Kubaner, die zu den U-Booten gebracht wurden, mussten oft fünf bis zehn Meter durch tiefes Wasser tauchen, bevor sie durch eine Druckausgleichskammer ins Innere der getauchten U-Boote gelangen konnten. Viele der auf diese Weise Geretteten wären nach Aussage früherer US-Seeleute, die an den Operationen beteiligt waren, ins Gefängnis gekommen oder hingerichtet worden, weil sie den Sturz Castros geplant hatten.

um eine sehr lange Wunschliste handelte, die der Marinenachrichtendienst im Verlauf mehrerer Jahre zusammengestellt und die kaum ein Dutzend Personen vor Craven in Händen gehalten hatte.

Quer über das Deckblatt waren die Worte »Operation Sand Dollar« gestempelt. Danach setzte sich die Liste seitenlang fort. Es handelte sich um die Absturzstellen sowjetischer ballistischer Raketen, die Überwasserschiffe der Navy, Radaranlagen der Air Force und Unterwasserhorchgeräte gewissenhaft aufgezeichnet hatten, sowie um Positionsangaben von abgestürzten Flugzeugen und von anderer sowjetischer militärischer Ausrüstung, deren Eintauchen in die Wellen visuell oder akustisch aufgenommen worden war. Nur ein paar Kilometer entfernt, höchstens fünf, lagen die bestgehüteten Geheimnisse sowjetischen Militärs: die besten sowjetischen Raketenlenksysteme, Metallurgie, Elektronik – und all dieser verführerische Abfall war unerreichbar. Kein Wunder, dass die Sowjetunion sich die Mühe sparte, die Stellen zu bewachen. Niemand hätte sich einen Unterwasserraubzug durch Galaxien lumineszierenden Planktons hindurch in die vollkommene Dunkelheit der Tiefe vorstellen können.

Doch warum sollte man sich nicht der tröstlichen Vorstellung von Rettungs-U-Booten bedienen, überlegten Nachrichtenoffiziere, um damit die Suche nach den in der »Sand-Dollar«-Liste aufgeführten Gegenständen zu kaschieren? Warum nicht das Budget für Rettungsausrüstung, das ohnehin nie ausgeschöpft werden würde, sinnvoll einsetzen, um Werkzeuge zu entwickeln, die vielleicht den Vereinigten Staaten den entscheidenden Vorsprung verschaffen würden?

Die *Thresher*-Tragödie würde den Vorwand liefern, das neue Sicherheitsprogramm den Stoff für eine komplizierte Vertuschungsgeschichte. Und alles hing von Cravens Antwort auf die Frage ab. Konnte er eine Tiefseeschatzsuche auf den Weg bringen?

Es handelte sich um eine Angelegenheit höchster nationaler Geheimhaltung, erklärte man Craven. Dass es außerdem eine

Sache des Stolzes, des politischen Ansehens und Schneids war, blieb unausgesprochen. Der nachrichtendienstliche Arm der Marine befand sich in einem verzweifelten Wettstreit mit jenem der Air Force, die gerade eine neue Generation von Spionagesatelliten ins All geschossen hatte. Mit ihrer zunehmenden Abdeckung der gesamten Sowjetunion schickten diese »Augen am Himmel« immer mehr Bilder zurück, die Baustellen von Silos für landgestützte Raketen und von Trockendocks für eine sowjetische Generation »Polaris«-bestückter Unterseeschiffe zeigten. Durch das »Polaris«-Programm war es gelungen, Air-Force-Bombern und Raketen die Monopolisierung nuklearer Abschreckung streitig zu machen. Nun würden vielleicht Marinespione mit den Satelliten konkurrieren, indem sie sich nicht mit Bildern zufrieden gaben, sondern nach den eigentlichen sowjetischen Waffen und Fahrzeugen tauchten.

Das war die Gelegenheit, auf die Craven gehofft hatte, die Chance, der Realisierung seiner eigenen phantastischen Pläne einen Schritt näher zu kommen. Es gab nur eines, was ihn abhielt. Er hatte keine Ahnung, wie er das schaffen sollte, was dieser Nachrichtendienstoffizier von ihm verlangte. Selbst mit der *Trieste II* war ein heimlicher Unterwasserraubzug schwer möglich – sie war zu klein, und das Überwasserschiff, welches das Tauchboot zur gewünschten Stelle mitten auf dem Ozean bringen müsste, würde es ohne Zweifel verraten.

»Wir sind zwar im Wesentlichen dabei, eine solche Technologie zu entwickeln, haben aber mit der praktischen Seite nichts zu tun«, sagte Craven. Stille. Zwei Herzschläge, vielleicht drei. Ganz egal wie dienstbeflissen er es ausdrückte, er würde trotzdem lediglich zugeben, dass er das, worum er gebeten wurde, nicht bewerkstelligen konnte.

Dann plötzlich hatte Craven eine Inspiration. »Also hören Sie, wir haben nichts, womit wir Ihre Operation durchführen könnten, weil die Dinge heimlich geschehen müssen.« Noch einmal kurz Luft holen – und dann ließ er die Bombe hochgehen. »Es hat also nicht viel Sinn, ›Sand Dollar‹ anzugehen, es sei denn von einem Unterseeboot aus.«

Da war sie also, aus der Verzweiflung geboren, die Idee für das bisher kühnste Unternehmen der amerikanischen Marine. Ein ausgewachsenes Unterseeboot, groß genug, um das offene Meer zu befahren, würde ausgerüstet, um unter der Wasseroberfläche auf der Stelle zu schweben, Kameras an kilometerlangen Trossen herunterbaumeln zu lassen und den Meeresboden nach russischen Schätzen abzusuchen. Das war genial. Man verlege die Anstrengungen unter die Wasseroberfläche, finde einen Weg, um quasi unauffindbar zu sein, und die Sowjets würden nicht einmal ahnen, wie dicht dran die Amerikaner waren.

Tatsächlich hatte Craven lediglich seine alte Überzeugung wieder aufgewärmt, dass nämlich Operationen von der Meeresoberfläche aus eine Zumutung waren. Er hatte bereits das Kernstück seiner ganz persönlichen »Zehn Gebote der Tiefseetechnologie« eingebracht. Craven formulierte es folgendermaßen: »Denke immer daran, dass die Meeresoberfläche weder Meer noch Luft ist, dass der Mensch darauf nicht gehen und dass auch die darauf befindliche Ausrüstung nicht stabil bleibt. Entwickle also deine Ausrüstung so, dass sie dort nicht lange verweilen und in diesem prekären Zwischenbereich weder gewartet noch repariert werden muss.«

Nun waren ihm plötzlich nicht nur die Mittel gegeben, dieses Gebot auf die Probe zu stellen, er erhielt außerdem auch noch die Gelegenheit, das ihm liebste Erbe seiner Abstammung auszuleben und verborgene Schätze zu plündern. Sich seiner Sache sicher und voll mit aufgewühltem Piratenblut, brauchte Craven jetzt nur mehr ein Unterseeboot, von dem aus die Operation ablaufen konnte.

Die Flotte verfügte inzwischen über 20 kernkraftgetriebene Angriffs-U-Boote, und weitere befanden sich in Bau. Doch die Admiralität würde auf kein erstklassiges Schiff verzichten, nur damit es mitten im Ozean lag und mit Kameras spielte. Wenn Craven ein U-Boot wollte, dann würde er sich mit einer der beiden kernkraftgetriebenen Kisten zufrieden geben müssen, deren Bauart sich nicht durchgesetzt hatte und die daher nie in

Serie gegangen waren. Da war die USS *Seawolf (SSN-575)*, ein missratenes Schiff mit dem V-förmigen Bug eines Zerstörers und dem Deck eines U-Boots, ausgerüstet mit einem störanfälligen Flüssignatrium-Reaktor, der bereits einmal ausgetauscht worden war. Dann gab es noch die USS *Halibut (SSGN-587)*, ein Schiff mit einer großartigeren, aber kürzeren Vergangenheit. Die *Halibut* war als einziges U-Boot speziell für die Aufgabe entworfen worden, »Regulus«-Marschflugkörper aufzunehmen, und hatte sieben Einsätze vor der sowjetischen Küste absolviert. Doch das »Regulus«-Programm war Mitte 1964 ausgesetzt worden, als die Navy anfing, »Polaris«-bestückte Unterseeschiffe im Pazifik einzusetzen. Mit dem Ende der »Regulus«-Ära wusste niemand so recht, was nun mit der *Halibut* geschehen sollte.

Sie war ein maritimer Sonderling, das am wenigsten hydrodynamische U-Boot der Atom-U-Boot-Flotte und eine der am lächerlichsten wirkenden Schöpfungen, die je in einem Trockendock gebaut worden war. Anders als der flache Heilbutt, nach dem die *Halibut* benannt worden war, hatte sie einen riesigen Buckel, der vielleicht zu einer gargantuesken Wüstenkreatur gepasst hätte, wenn da nicht die Tatsache gewesen wäre, dass er sich als Bestandteil des ursprünglichen Raketenhangars weit wie das Maul eines Hais öffnen ließ. Unter anderen Umständen wäre die *Halibut* wahrscheinlich längst stillschweigend verschrottet worden. Schließlich war dieses Schiff nicht nur absonderlich, es litt auch unter einer für Unterseeboote nahezu tödlichen Krankheit: an hydromechanischer Kakophonie. Die *Halibut* war laut. U-Boot-Fahrer hörten nur den Lärm, sahen nur die Gefahr der Überflutung, wenn sie die riesige Buckelluke erblickten, und schauderten, wenn sie ihre klobigen Tauchzellen untersuchten, gähnende Höhlen, die so beschaffen waren, damit sie rasch auftauchen, ihre Rakete abschießen und noch schneller wieder abtauchen konnte.

Craven warf einen Blick auf das Unterseeschiff, das anscheinend niemand mochte, und war wie in Bann geschlagen. Er sah nur die Möglichkeiten, die ungewöhnlichen und wunderbaren

Dinge, für die all dieser zusätzliche Raum genutzt werden konnte. Und als er einen Blick auf dieses großartige aufgerissene Maul warf, war dies genug, um ihn, wie jeden verrückten Wissenschaftler, der auf sich hält, vor Freude taumeln zu lassen. Kein anderes Unterseeboot in der Flotte konnte sich einer Luke rühmen, deren Durchmesser 70 Zentimeter überschritt. Die Luke der *Halibut* maß fast sieben Meter.

Es war beschlossen: Die *Halibut* würde Cravens Unterseeschiff sein, sein Laboratorium, seine Kanzel, sein Piratenschiff. Er würde 70 Millionen Dollar haben, um sie mit elektronischen, akustischen, fotografischen und optischen Geräten auszurüsten. Die Navy gab entsprechende Anweisungen, und Februar 1965 kam die *Halibut* nach Pearl Harbor, um zu einem ozeanographischen Forschungsschiff umgebaut zu werden.

Weniger eine Lüge als eine beträchtliche Unterschlagung, war dies nur eine von mehreren Geschichten, mit denen Craven die Wahrheit vertuschte. Das DSRV-Projekt und seine übrigen Tiefseevorhaben boten weiteren Stoff, um das zu verbergen, was Craven als seine »Stinktierarbeit« bezeichnet hatte – ein Begriff, den er seiner Dramatik wegen von der Lockheed Aircraft Corporation ausgeliehen hatte, jenem Hersteller von Spionageflugzeugen, den Craven schon bald für die Entwicklung der Rettungs-U-Boote und auch eines Tieftauchsuchbootes (Deep Submergence Search Vehicle; DSSV) einspannen würde. Die Planung sah vor, dass das Tieftauchsuchboot sich in 6000 Metern Tiefe auf dem Meeresgrund befinden und mit einem mechanischen Greifer Gegenstände aufsammeln würde. Zu den jeweiligen Bergungsorten würde es huckepack auf einem Unterseeboot gebracht.

Zwei Jahre würden Umbau und Test der *Halibut* dauern, doch Craven sollte wenig Zeit für Ungeduld bleiben. Kaum hatten die Umbauarbeiten begonnen, brachten seine zahlreichen Verschleierungsgeschichten Craven auch von außerhalb der abgeschotteten Welt des Marinenachrichtendiensts Aufmerksamkeit ein. Plötzlich wurde er in andere bedeutende Projekte eingebunden.

Rickover, der einmal alles getan hatte, um Cravens Interesse an tiefseetauglichen Tauchbooten in Zaum zu halten, kam nun zu ihm, um seine Hilfe beim Bau des ersten kernkraftgetriebenen Tiefseetauchboots zu erbitten. Allerdings sollte es aus Stahl und nicht aus Glas sein. (Der Admiral rückte nie von seinen bissigen, manchmal beleidigenden Bemerkungen zu Glas als Baustoff für U-Boote ab.) Doch immerhin arbeitete Craven nun mit Rickover zusammen. Weil Craven durch Rickover lernte, wie er das Budget der Marine anzapfen und mit dem Stab der Admirale, der für das U-Boot-Programm verantwortlich war, umgehen musste, erwies sich diese Verbindung schließlich als entscheidender Schritt in der weiteren Ausbildung des Wissenschaftlers.

Es war ein faustischer Pakt. Zwar war Rickover bereits 64 Jahre alt, ein Alter, in dem selbst weniger umstrittene Offiziere lange schon pensioniert waren, doch gelang es Craven ebenso wenig wie allen anderen in der Navy, mit Rickover richtig fertig zu werden. Rickover leitete Gespräche gerne so ein, dass von vornherein klar war, wer das Sagen hatte: »Craven, meine Leute sind kompetenter als Ihre, aber Ihr Laden ist größer, also muss ich mit Ihnen zusammenarbeiten.« Der Admiral hatte Spaß an dem Versuch, Männer aus dem Gleichgewicht zu bringen, und liebte es zu beobachten, wie sie reagierten.

Rickover persönlich taufte das Tauchboot »NR-1«. Genauso gut hätte er es auch gleich USS *Rickover* nennen können, denn »NR« war das Kürzel für die Reaktorabteilung der Marine (Naval Reactors Branch) – Rickovers Reich. Wenn dem Präsidenten eine *Air Force One* zustand, dann würde Rickover eben seine *NR-1* haben.

Im Gegensatz zu Woods Holes *Alvin*, die 1965 fertig gestellt worden und nur knapp sieben Meter lang war, sollte die *NR-1* es auf eine Länge von etwa 40 Metern bringen und damit fast halb so groß wie ein Angriffs-U-Boot sein. Die veranschlagte Tauchtiefe lag bei etwas unter 1000 Metern. Ausgerüstet mit Unterwasserlicht, Kameras und einem Greifarm zum Aufsammeln kleiner Objekte, würde sie über einiges Spionagepotenzial verfügen. Eines der Hauptprobleme bei der Konstruktion der *NR-1* bestand darin, den Reaktor abzusichern. Normale U-Boot-Reaktoren wurden durch einen 30 Zentimeter dicken Bleimantel auf jeder Seite abgesichert. Doch diese Lösung hätte das Gewicht der *NR-1* zu sehr in die Höhe getrieben. Stattdessen entschieden Rickover, Craven und die Konstrukteure, dass es nur vorne eine standardisierte Bleiplatte geben würde, um die Mannschaft zu schützen. Der gesamte vier Meter lange achtere Bereich hinter dem Reaktor sollte auf Dauer versiegelt und geflutet werden. Auf diese Weise würde die Wasserwand jegliche freiwerdende Strahlung aufnehmen und somit die schützende Bleiplatte ersetzen. Craven bezweifelte nicht, dass die Umweltschützer für einen solchen Plan wenig Begeisterung aufbringen würden, doch sowohl er als auch Rickover waren von seiner Durchführbarkeit auf dieser Basis überzeugt. Vier Meter Wasser hat das gleiche Molekulargewicht wie 30 Zentimeter Blei. Doch wenn die *NR-1* tauchte, dann würde das Wasser kein zusätzliches Gewicht bedeuten, denn wenn Wasser eine gleiche Menge Wasser ersetzte, dann war das effektive Gewicht gleich null.

Doch bevor die *NR-1* gebaut werden konnte, musste sie bezahlt werden, und gerade jetzt war wenig Spielraum im Budget für ein Tauchboot neben den Plänen für Rettungs-U-Boote und SeaLabs. Das Problem brachte Rickover jedoch nicht in Verlegenheit, und er löste es bei einer Besprechung mit Craven, Konteradmiral Levering Smith, Raborns oberstem Adjutanten bei der Umsetzung des »Polaris«-Projekts, und Robert Morse, dem beigeordneten Marineminister für Forschung und Entwicklung.

»Meine Herren, haben Sie irgendwelche Gelder, die uns einen sofortigen Anfang ermöglichen?«, fragte Rickover. Seine Tieftauchgruppe, antwortete Craven, habe in ihrem Forschungs- und Entwicklungsetat zehn Millionen Dollar übrig. Und Smith ergänzte, dass das »Polaris«-Programm ebenfalls über etwa zehn Millionen Dollar in seinem Budget für Schiffskonstruktionen verfüge.

»Was wird dieses Tauchboot kosten?«, wollte Morse wissen.

Ohne zu zögern, antwortete Rickover: 20 Millionen Dollar. Morse fuhr fort, indem er den qualvollen Prozess skizzierte, der normalerweise dem Bau eines Schiffs vorausgeht: Vertragsdefinition, Angebote und Zustimmung des Kongresses einholen. Rickover schnitt ihm das Wort ab, bevor er noch zum Schluss kommen konnte. »Überlassen Sie das alles nur mir.« Dann wandte sich Rickover an Craven und wies ihn an: »Sie rufen morgen Electric Boat an und sagen ihnen, dass sie anfangen sollen.«

Craven, Smith und Morse tauschten ungläubige Blicke aus. Keiner von ihnen glaubte daran, dass 20 Millionen Dollar ausreichen würden – tatsächlich wuchs das Budget schon bald auf 30 Millionen an. Außerdem hielten sie es für unmöglich, damit beim Kongress durchzukommen. Doch nicht einmal eine Woche später rief Rickover Craven an und teilte ihm mit, dass der Präsident an diesem Nachmittag den Bau der *NR-1* bekanntgeben würde.

Als ihm diese Neuigkeit zu Ohren kam, wurde Morse rasch von einem Schock- in einen Panikzustand versetzt. Bis zu diesem Augenblick war die *NR-1* wenig mehr als das Phantasieprodukt eines Admirals gewesen; tatsächlich hatte Rickover Paul H. Nitze, dem US-Marineminister, und Robert S. McNamara, dem Verteidigungsminister, nur eine äußerst lückenhafte Vorstellung seines Plans vermittelt. Obwohl beide zugestimmt hatten, wusste Morse, dass der Kongress es nicht gerne hatte, auf diese Weise von einem so wichtigen Projekt zu erfahren. Sobald der Präsident die *NR-1* angekündigt hatte, berief der Bewilligungsausschuss des Abgeordnetenhauses eilig eine Anhörung ein.

Craven hatte, den Anweisungen Rickovers zufolge, nur ein paar Tage Zeit, einen offiziellen Statusbericht zusammenzustellen, inklusive Kosten-Nutzen-Analyse und einer detaillierten Studie, warum die Marine ein Tauchboot benötigte.

»Nun, Admiral, Sie wissen, dass es eine solche Studie gar nicht gibt«, antwortete Craven.

»Es wird sie geben, sobald die Anhörung stattfindet«, bellte Rickover zurück.

Nun hingen die Existenz von *NR-1* und vielleicht seine eigene Karriere von Cravens Fähigkeit ab, Visionen aus einem schwarzen Loch hervorzuzaubern. Er musste beweisen, dass die *NR-1* unverzichtbar und eine Investition von 30 Millionen Dollar wert war.

Der Bewilligungsausschuss ließ sich nicht zum Narren halten, doch schließlich blieb ihm nichts anderes übrig als zuzustimmen. Die *NR-1* war nun eine Weisung des Präsidenten. Kein anderes Schiff oder Unterseeboot war je schneller bewilligt worden, und dies würde auch niemals wieder geschehen. Später prüfte der Oberste Bundesrechnungshof (General Accounting Office, GAO), sozusagen der ermittelnde Arm des Kongresses, das Projekt und kam zu dem Schluss, dass es sich um eines der am schlechtesten vorbereiteten Programme handelte, das seine Mitarbeiter je zu Gesicht bekommen hatten.

Rickover reagierte auf die für ihn typische Weise und feuerte einen Brief auf seine Kritiker ab, der Craven so sehr in Erstaunen versetzte, dass er sich den Wortlaut einprägte. »Ich lese den GAO-Bericht und fühle mich an eine Besprechung von *Lady Chatterleys Liebhaber* im Magazin *Field and Stream* erinnert. Der Rezensent dieses Buches wusste ebenso wenig über die Bestimmung von *Lady Chatterleys Liebhaber* wie die GAO über die Konstruktion und Entwicklung von Unterseebooten.«

Rickover ging auch mit Craven nicht sanfter um. Der Admiral war wütend, dass Craven gleichzeitig mit dem Umbau der *Halibut*, dem DSRV-Programm und den anderen Tiefseeprojekten beschäftigt war. Was Rickover betraf, so war nichts davon wichtiger als seine *NR-1*.

Noch zorniger machte den Admiral die Tatsache, dass man ihn nicht über die Einzelheiten der neuen Mission der *Halibut* aufklärte. Es geschah wenig in der U-Boot-Flotte, über das er nicht wenigstens am Rande informiert war, doch die Programme des Nachrichtendiensts stellten einen der wenigen Bereiche dar, zu denen er keinen offiziellen Zugang und bei denen er auch kein Mitspracherecht hatte. Er ließ seine Frustration an Craven aus, der sich vorstellte, dass der Admiral abends extra lange aufblieb, bevor er ihn anrief, eigens wartete, bis Craven eingeschlafen war oder seiner Frau den Hof machte. Er war nahezu überzeugt, dass er während der Zeit, die er in der getauchten *Halibut* bei Tests verbrachte, von Rickover überwacht wurde, der den Zeitpunkt für seine Anrufe grundsätzlich so zu wählen schien, dass es Craven unmöglich war, sie selbst entgegenzunehmen. Craven musste jedes Mal teuer bezahlen, wenn er nicht erreichbar war.

Eines Freitags, Rickover hielt gerade einen Vortrag in New York, hinterließ er auf der *Halibut*, die sich in der Nähe von Hawaii befand, eine Nachricht, dass Craven ihn Montagmorgen in New York aufsuchen sollte.

Craven ergatterte einen Platz in einem Flugzeug, musste die in ihm aufsteigende Panik unter Kontrolle bringen, als das Flugzeug während eines Aufenthalts in Los Angeles durch Nebel aufgehalten wurde, landete schließlich in New York und raste atemlos in Rickovers Hotelsuite, wo der Admiral auf ihn wartete. »So, Sie waren also da draußen, weil Sie mit den Jungen Golf spielen mussten«, sagte er, indem er sich über die Geschichte lustig machte, die Craven sich für seine Fahrt nach Hawaii hatte einfallen lassen.

Dann wandte er sich dem Haustelefon zu. »Bringen Sie diesem Mann das größte Mittagessen des Hotels.« Craven wartete auf die Pointe – er wusste genau, dass der Admiral sich keine Sorgen darüber machte, ob er nach der langen Fahrt hungrig war oder nicht.

Und tatsächlich: »Die kommende Stunde werden Sie hier sitzen und Ihr Mittagessen verspeisen«, kündigte Rickover an. »Und ich werde Sie zur Schnecke machen.«

Obwohl es keineswegs so wirkte, mochte Rickover Craven fast ebenso sehr, wie es ihm Spaß machte, ihm Kummer zu bereiten. Rickover war beeindruckt, dass Craven genug Mumm hatte, seinen schlimmsten Wutanfällen standzuhalten. Außerdem gefiel es dem Admiral, dass Craven nicht an der Marineakademie gewesen war. Rickover war als Offiziersanwärter ein Einzelgänger gewesen, und nun machte er sich einen großen Spaß daraus, ein wenig zu den Qualen der Marineakademieabsolventen beizutragen, wenn er Auswahlgespräche für sein Atomprogramm mit ihnen führte. Diese Vorstellungsgespräche hatten immer mehr die Form von Initiationsritualen angenommen, in denen der Admiral die jungen Männer in seinem Perfektionswahn an die Grenze ihrer psychischen Belastbarkeit brachte. Bei dem Versuch, seine Bewerber aus der Fassung zu bringen, sprudelte Rickover Obszönitäten hervor, ließ sie auf Stühlen sitzen, deren eines Bein kürzer war als die übrigen, oder schickte sie nach »Sibirien,« in einen Lagerraum, in dem sie stundenlang warten mussten.

Die für Rickover wohl schlechthin für alle Zeiten klassische Situation trat ein, als er sich vor einem Kandidaten aufbaute und ihn aufforderte: »Machen Sie mich wütend, wenn Sie können.« Der junge Mann reagierte unverzüglich und ohne ein Wort. Er hob seinen Arm und fegte mit einer Bewegung Bücher, Papiere, Stifte, einfach alles von Rickovers Schreibtisch auf den Boden. Der Kandidat wurde angenommen.

Für Rickover war es nur ein kleiner Spaß nebenbei, Craven zu quälen.

Inzwischen wurde Craven von der Marine immer mehr als Tiefseespezialist in Anspruch genommen. Doch dann kam ein Anruf, der sich von den übrigen abhob. Es war an einem Samstagmorgen im Januar 1966.

»Hier spricht Jack Howard«, sagte ein Mitarbeiter des Verteidigungsministeriums, der für nukleare Angelegenheiten zuständig war. »Ich habe eine Wasserstoffbombe verloren.«

»Warum rufen Sie mich an?«, wollte Craven wissen.

»Die, die ich verloren habe, befindet sich im Wasser, und ich möchte, dass Sie sie finden.« Craven wurde ein Team zugewiesen, das hastig im Pentagon zusammengestellt worden war. Eine weitere Gruppe war bereits auf dem Weg zur Absturzstelle.

Ein B-52-Bomber war während des Auftankvorgangs in

einer Höhe von 9000 Metern vor der Küste von Palomares, Spanien, mit einem Tankflugzeug zusammengestoßen und hatte dabei seine atomare Bombenlast verloren. Drei der vier Bomben wurden rasch wieder gefunden. Doch eine vierte war verschwunden und befand sich vermutlich auf dem Grund des Mittelmeers. Präsident Lyndon Johnson wusste, dass die Sowjets nach der Bombe suchten, und er weigerte sich, den Beteuerungen der US-Marine Glauben zu schenken, dass wohl kaum jemand die Bombe jemals würde bergen können. Tatsächlich war dies die Überzeugung der meisten Personen, die mit der Suche nach der Bombe beauftragt worden waren – nicht aber die Cravens.

Craven rief eine Gruppe von Mathematikern zusammen und ließ sie eine Karte des Meeresgrunds vor Palomares erstellen. Das hörte sich vernünftig an, doch Craven wollte die Karte für eine Analyse nutzen, die mehr an Rennbahnwetten gemahnte denn an irgendetwas, was man normalerweise in einem Such- und Bergungshandbuch der Marine fand.

Sobald die Karte fertig gestellt war, forderte Craven eine Gruppe von U-Boot- und Bergungsspezialisten auf, wie in Las Vegas Wetten auf die Wahrscheinlichkeit der möglichen Szenarios abzuschließen, wie die Bombe verloren gegangen sein und wie dies von den Suchmannschaften in Spanien berücksichtigt werden könnte. Jedes Szenario sah die Waffe an einem anderen Ort lokalisiert.

Dann wurde jede mögliche Position mit Hilfe einer Formel durchgerechnet, die auf den Gewinnquoten der Wettrunde basierte. Danach zeichnete Craven die Positionen neu ein, Meter oder Kilometer entfernt von jenen, wie sie allein aufgrund logischer oder akustischer Berechnungen ermittelt worden wären.

Für den Uneingeweihten hörte sich all das an wie der Witz von dem Mann, der sein Portemonnaie in einer dunklen Gasse verloren hat. Statt in der Gasse zu suchen, sucht der Mann Meter entfernt unter einer Straßenlampe, weil das Licht dort besser ist. Doch was Craven betraf, so basierte sein scheinbarer Wahnsinn auf solider Wissenschaft.

Er stützte sich auf Bayes' Theorem subjektiver Wahrscheinlichkeit, eine algebraische Formel, die von Thomas Bayes entwickelt worden war, einem 1760 geborenen Mathematiker. Im Wesentlichen sollte das Theorem den Wert einer Ahnung in Zahlen ausdrücken, eines Wissens, das in Menschen jenseits ihres Verstandes existiert.

Craven brachte diese Lehre in die Suche mit ein. Die Bombe war an zwei Fallschirmen festgemacht gewesen. Er nahm Wetten dazu entgegen, ob sich einer, beide oder gar keiner geöffnet hatte. Auf die gleiche Weise ging er bei jedem einzelnen denkbaren Detail des Absturzes vor. Sein Mathematikerteam hielt fest, wie der Absturz möglicherweise ausgegangen war, und nahm Wetten dazu entgegen, welcher Ausgang als der wahrscheinlichste galt. Nachdem die Wetten abgeschlossen waren, nutzten die Mathematiker die Gewinnquoten, um mehreren möglichen Positionen Wahrscheinlichkeitsquotienten zuzuordnen. Das Ergebnis war eine wahrscheinlichste Position und mehrere andere, die weniger wahrscheinlich waren.

Ohne überhaupt aufs Meer hinausgefahren zu sein, ging das Team nun davon aus, dass es wusste, wo sich die Bombe befand. Entsprechend seinen Berechnungen war die wahrscheinlichste Position weit von der Stelle entfernt, wo man die drei anderen Bomben eingesammelt hatte, und nicht weniger weit fort von dem Fleck, an dem die Trümmer des Flugzeugs im Wasser gelandet waren. Schlimmer noch: Wenn Cravens Berechnungen sich als korrekt erwiesen, dann befand sich die Bombe in einer tiefen Schlucht, die nahezu unerreichbar war.

Die Navy hatte einen Spanier ausfindig gemacht, der der allerbeste Fischer von Palomares sein sollte. Dieser Francisco Simo-Orts behauptete, gesehen zu haben, wo die Bombe ins Meer getaucht war, und er lokalisierte die Stelle über genau derselben Schlucht. Ohne andere Hinweise blieb dem Team im Mittelmeer nichts anderes übrig, als mit der Suche in dieser Unterwasserschlucht anzufangen, und es begann, indem es sich mit den Firmen in Verbindung setzte, welche die Navy für ihre Tieftauchboote zu interessieren versucht hatten.

Die Hauptverwaltung der Seestreitkräfte willigte ein, den Transport zweier Tauchboote, Reynolds *Aluminaut* und Woods Holes *Alvin*, nach Palomares zu bezahlen. Nach mehreren Wochen ohne jeglichen Erfolg wurde Präsident Johnson wütend. Er wollte endlich wissen, wo die Bombe war, und auch, wann sie endlich geborgen werden würde.

Als Antwort wurde dem Präsidenten eine Kopie von Cravens letztgültigen Wahrscheinlichkeitsdiagrammen – in denen auch die mehrwöchigen Misserfolge berücksichtigt waren – zugeschickt.

Johnson explodierte beim Anblick von Cravens Bergen und Tälern. Wenn es der Suchmannschaft nicht möglich war, dem Präsidenten sofort vernünftige Antworten zu geben, dann würde er Wissenschaftler ausfindig machen, die dazu in der Lage wären. Er bestand darauf, dass Wissenschaftler aus Cornell und dem Massachusetts Institute of Technology eine weitere Gruppe bildeten. Sie versammelten sich zu einer ganztägigen Sitzung. Letztendlich kamen sie aber zu dem Schluss, dass Cravens Plan der beste war, den man in dieser Situation aufstellen konnte.

Johnson hatte für seine Reaktion auf diese Ergebnisse nicht viel Zeit, denn am gleichen Tag machte die Mannschaft der *Alvin* bei ihrem zehnten Tauchgang ein in einem Fallschirm verborgenes zylindrisches Objekt aus. Es befand sich in 780 Metern Tiefe, eingeklemmt an einem Abhang mit 70 Grad Gefälle. Die *Alvin* hatte die H-Bombe genau dort gefunden, wo Cravens abschließende Berechnungen sie vermutet hatten. Es sollte jedoch noch mehrere Wochen dauern, die Bombe tatsächlich zu bergen. Zunächst versuchte die *Alvin* sie an den Haken zu nehmen, doch die Bombe fiel zurück ins Wasser und ging für weitere drei Wochen verloren. Die Marine ließ einen Roboter, ein am Kabel geführtes unbemanntes Unterwasserbergungsfahrzeug, von einem Mutterschiff herunter. Am 7. April 1966, als es dem CURV (Cabel-controlled Underwater Recovery Vehicle) nicht gelang, die Bombe einzuhaken, und es sich stattdessen in dem an der Waffe befestigten Fallschirm verfing, hätte die US-Marine beinahe beides, das kostbare Fahrzeug und die

Bombe, verloren. Verzweifelt fasste die Navy den Entschluss, beide zusammen hochzuziehen in der Hoffnung, dass das Gewirr stabil genug bleiben würde, um es als ein Stück an die Oberfläche zu holen. Es war eine keinesfalls elegante Bergungsaktion, aber sie hatte Erfolg. Für Craven war noch wichtiger, dass sie seine Theorien bestätigte. Er war sich nun sicher, dass er wahre Wunder würde wirken können, sobald er nur die *Halibut* hatte.

Er musste nicht mehr lange warten. Kaum drei Wochen nach der Bergung der Wasserstoffbombe konnte der Umbau der *Halibut* als abgeschlossen betrachtet werden.

Von außen betrachtet schien sie sich nicht sehr verändert zu haben. Der ohnehin schon hohe Turm war noch aufgestockt worden, um Platz zu schaffen für weitere Masten, in denen sich Sehrohre und Antennen verbargen. Damit konnte die Kommunikation zu und von sowjetischen Schiffen, die möglicherweise die Verfolgung aufnehmen würden, abgefangen werden. Auf ihrem Bug befand sich ein kleiner Buckel, den man leicht mit einem fehlplatzierten Sonardom verwechseln konnte. Tatsächlich war diese Kuppel aber etwas, was Craven als »Druckkraft-/Vektorkontrolleinheit« bezeichnete. Dabei handelte es sich um ein Gerät, das er ursprünglich auf die Rückseite eines Briefumschlags gekritzelt hatte. Es ließ vorn Wasser in die *Halibut* fließen, das an den Seiten wieder austrat und es so dem Schiff ermöglichte, fast bewegungslos im Wasser zu liegen. Die *Halibut* war nicht nur in der Lage, den Meeresboden abzusuchen, sie konnte auch über gefundenen Objekten schweben und diese deshalb näher untersuchen. Vielleicht würden eines Tages auch Taucher aus der *Halibut* schlüpfen, um die georteten Gegenstände zu bergen.

Im Inneren war die *Halibut* aufgeschnitten, ausgenommen und mit neuen »Organen« versehen worden, wie sie in keinem der anderen Unterseeboote anzutreffen waren. Der kamelartige Buckel mit seiner riesigen Luke war in eine Art Technologiepark verwandelt worden, der nun von allen »Fledermaushöhle« genannt wurde.

Mit ihrer grauen, braunen und himmelblauen Beschichtung, die den rostfreien Edelstahl ihrer Wände betonte, war die Höhle achteinhalb Meter breit, 15 Meter lang, neun Meter hoch und gliederte sich in drei Ebenen.

Es gab eine Dunkelkammer, einen Datenanalyseraum und ein Rechenzentrum, das mit einem riesigen Computer voll gestopft war, einem Univac 1124. Es war eine gewaltige Maschine mit großen Magnetbandspulen und blinkenden Lichtern, und sie verlieh der Höhle die Aura eines Sciencefiction-Abenteuerreichs. (Leider jedoch hatte der Univac nur einen Bruchteil der Kapazität eines durchschnittlichen modernen Laptops.) Überall hineingequetscht waren Kojen, genug für eine Mannschaft von 16 U-Boot-Fahrern und Nachrichtendienstleuten.

Cravens krönende Errungenschaft waren die »Fische« der *Halibut*, von denen er hoffte, dass sie in die tiefsten Tiefen vordringen würden. Eine jede dieser Aluminiumkreaturen wog zwei Tonnen und war 3,50 Meter lang, hatte Kameras mit batteriebetriebenen Stroboskoplampen als »Augen«, ein Schleppsonar als »Barthaare« und Heckleitwerk sowie Bug-Tiefenruder als »Schwimmflossen«. Für fünf Millionen Dollar pro Stück von der Westinghouse Electric Corporation gebaut, waren die »Fische« so beschaffen, dass sie an mehreren Kilometer langen, aus dem Boden der »Fledermaushöhle« ragenden Stahltrossen mitgeschleppt werden konnten.

Als Craven & Co. sich daran machten, die *Halibut* ihren letzten Tests zu unterwerfen, war Craven fast jeden Tag mit seinen Kontaktpersonen vom Geheimdienst in speziellen schalldichten Räumen verabredet. Für ihn war es ein Sport, mit zahllosen anderen Projekten gleichzeitig zu jonglieren, wobei er immer darauf achtete, jene Navy-Mitarbeiter, die nicht eingeweiht werden durften, vollständig im Dunkeln zu lassen. Seine Vertuschungsgeschichten setzten sich wiederum aus Halbwahrheiten zusammen, und er gab sie zum Besten, wenn er gebeten wurde, für verschiedenste Probleme bei Tiefseeprojekten Lösungen zu finden. Da waren die fortgesetzten Forderungen Rickovers ebenso wie die Anfragen vom Kongress, der wissen wollte, warum seine Tieftauchprojekte Zigmillionen Dollar teurer wurden als erwartet. Die zusätzlichen Gelder wurden selbstverständlich in die *Halibut* investiert. Doch das Projekt war eines der geheimsten in der Marine, und Craven konnte ebenso wenig über die tatsächlichen Kosten sprechen wie er seinen Aufenthaltsort verraten durfte, wenn er sich auf dem U-Boot befand.

Andere Waffenprogramme fielen Craven zum Opfer, wenn er die Kosten der *Halibut* auf erfundene Haushaltsposten der Navy verteilte. Ein bemitleidenswerter Hauptmann wurde aufgefordert, *Halibut*-Kosten in der Abrechnung eines Raketensprengkopf-Programms verschwinden zu lassen. Danach musste er sich wöchentlichen Konferenzen stellen, in denen er Erklärungen dafür zu finden hatte, warum sein Team seinen Etat so weit überzog. Ein weiteres von Cravens Lieblingsverstecken war das DSRV-Programm. Darin lag eine gewisse Ironie der Geschichte, da Craven zugleich an einem vermeintlichen Rettungs-U-Boot arbeitete, das eines Tages auf das Heck der *Halibut* geschweißt werden würde, um als Dekompressionsraum für Taucher zu dienen. Bis Craven schließlich fertig war, hatte er den DSRV-Etat um 2000 Prozent überzogen.

Die Summe entsetzte Senator William Proxmire derartig, dass der Demokrat aus Wisconsin dem Projekt seine persönliche »Goldene Zitrone« verlieh. Das Rettungs-U-Boot-Projekt halte den Überziehungsrekord in der amerikanischen Geschichte. Die US-Marine zeigte sich entsetzt über diese öffentliche Standpauke. Craven war begeistert. Welchen Piraten wird ihre Titelgeschichte schon von einem Senator geschrieben?

Natürlich fand Rickover schließlich heraus, welche Aufgaben die *Halibut* hatte. Er drängte so lange, bis er einen Großteil der Einzelheiten kannte. Als ihn die Geheimdienstdirektoren zurückwiesen, ging er schnurstracks zu den Admiralen, die für U-Boot-Operationen zuständig waren. Er fand sich nicht damit ab, dass es Operationen gab, bei denen man sich seiner Unterseeschiffe bediente und die dennoch ohne ihn stattfanden. Die Admirale wagten es nicht, ihn zurückzuweisen.

Doch Geheimdienstmitarbeiter waren wütend über seine Einmischung. Denn Rickover weigerte sich, die übliche Geheimhaltungsverpflichtung zu unterzeichnen, da er der Auffassung war, dass man seine Loyalität als gegeben hinzunehmen habe.

Die Offiziere der *Halibut* taten wenig, um die Besänftigung des Admirals zu erleichtern. Als einer von Rickovers Inspektoren versuchte, das Unterseeschiff länger auf Dock zu behalten, weil er sich Sorgen darüber machte, wie die Mannschaft den Reaktor handhabe, weigerte sich der Skipper der *Halibut*, Fregattenkapitän Harold S. »Hank« Clay, sich Rickovers Autorität zu beugen. Die *Halibut* operierte unter der höchsten militärischen Vorrangstufe, und an Bord der *Halibut* wurde erzählt, dass Clay Rickovers Mann mit den Worten anbellte: »Sie wollen mich auflaufen lassen, bitte sehr. Sagen Sie dem Präsidenten, dass wir nicht auslaufen können. Dieses Schiff hat die Auslaufgenehmigung des Präsidenten.«

Clay hatte schon ohne Rickovers Einmischungen genug Schwierigkeiten. Die Tests der *Halibut* verliefen nicht gut. Keines der Spionagegeräte war gemäß der üblichen militärischen Spezifikationen gebaut worden. Tatsächlich hatte sich die Armee einfach nie Sichtgeräte ausgedacht, die in einer Tiefe von 6000 Metern zum Einsatz kommen würden. Und so bemühte sich die Mannschaft der *Halibut* durch Herumprobieren, meist erfolglos, ihre aus dem Weltraumzeitalter stammenden Geräte zum Laufen zu bringen. Anfangs war die Crew überzeugt, dass Gremlins von der »Fledermaushöhle« Besitz ergriffen hatten. Es gab endlose Probleme mit dem Computer. Das »Interleaf«-Betriebssystem des Computers benötigte mehr als die vorhandenen 32 Kilobyte Speicherplatz, um zu funktionieren. Wenn Computerkomponenten in den »Fischen« versagten, dann wurde im Gepäck der Stewardessen von American Airlines Ersatz nach Pearl Harbor geschmuggelt.

Dann war da noch die übrige Tiefseeausrüstung der *Halibut*. Ihre Mannschaft musste feststellen, dass Systeme, die bei einer Tauchtiefe von etwa 100 Metern gut arbeiteten, in 5000 Metern Tiefe, wo der Wasserdruck groß genug war, um jeden kleinen Mangel und jede kleine Schwäche unmittelbar in einen Fehlschlag auf der ganzen Linie ausarten zu lassen, einfach nicht auf die gleiche Weise funktionierten. Die winzigen vergoldeten Gummiverbindungen, die bei den elektrischen Leitungen der »Fische« verwendet worden waren, versagten bei 3000 Metern, als das Gold und der Draht unterschiedlich schnell auf den Druck reagierten, das Gold daher abblätterte und die Stromkreise zusammenbrachen.

Die Stroboskoplampen, die außen auf dem »Fisch« saßen und den Meeresboden ausleuchteten, funktionierten zu gut. Sie waren so hell, dass sie die Kameras blendeten. Schließlich wurden schwächere Lampen montiert. Unglücklicherweise kam das Videosignal, das durch ein Koaxialkabel zwischen »Fisch« und Mutterschiff aufsteigen sollte, nicht vollständig oben an. Folglich musste sich die Mannschaft bei den ersten Einsätzen mit körnigen Sonarbildern von Schattenrissen, hellen Flecken und Formen begnügen. Die Crew erhielt nur alle sechs Tage aussagefähige Fotos, wenn der große »Fisch« zurück an Bord geholt wurde und seine Filme ablieferte.

»Wenn etwas es wert ist, getan zu werden, dann ist es auch wert, schlecht getan zu werden«, wiederholte Craven wieder und wieder und versuchte so mit seinen Witzchen den Schmerz über die Misserfolge ein wenig zu lindern. Inzwischen traf er sich wöchentlich mit den Konstrukteuren der »Fische« in der Westinghouse-Anlage in Maryland in der Hoffnung, für seine Katastrophengeschichten Lösungen zu bekommen.

Jede Sitzung begann er mit den Worten: »Also gut, Jungs, wir müssen mit der Drahtbürste auskehren, aber ich will trotzdem, dass ihr alle lächelt«, und erntete einmal ein Grinsen, ein andermal nur Grimassen.

Eines Tages beschlossen die Ingenieure, seine Begrüßung mit gleicher Münze heimzuzahlen. Sie übergaben Craven einen Plexiglasbehälter. Darin befand sich eine Drahtbürste, auf der mit Schablone geschrieben sein Name stand. Die Drahtbürste selbst lag unmittelbar über einer kleinen Metallplatte, auf der ein Wort zu lesen war: »SMILE«.

Bei einem der letzten Testläufe für die »Fische« sollte ein Überwasserschiff einen Gegenstand ins Meer fallen lassen. Der Plan war, den »Fisch« sozusagen als Müllmann zum Einsatz zu bringen. Die *Halibut*-Mannschaft sollte das Objekt identifizieren, das durch eine riesige Kiste vor neugierigen Blicken durch das Sehrohr geschützt war. Der Boden der Kiste würde sich öffnen, und der Gegenstand würde ungesehen in die Tiefe hinabgleiten.

Der geplante Tag kam, und das Wetter war gut. Die *Halibut* und das Überwasserschiff fuhren hinaus aufs offene Meer. Ein Kran auf dem Schiff hob die Kiste an und senkte sie so weit, bis sie gerade noch über der Wasserlinie baumelte. Dann öffnete sich der Kistenboden. Augenblicke später kam die schlechte Nachricht über den Schiff-U-Boot-Funk: Der Gegenstand, den die Marine so sorgsam verborgen hatte, schwamm!

Die Mannschaft auf dem Überwasserschiff holte den Gegenstand zurück an Bord und begann, ihn in Segeltuch einzuschlagen und mit unzähligen schweren Ankerketten zu umwickeln. Wieder warfen sie das Ding über Bord. Kurz darauf trat die Marinepolizei (Naval Investigation Service; NIS) in Aktion und schickte Offiziere an Bord, um alle Männer auf dem Überwasserschiff, die nun genau wussten, um welchen Gegenstand es sich bei ihrer geheimen Fracht handelte, zum Schweigen zu verpflichten. Der Größe der Kiste und den Reaktionen der Offiziere nach zu urteilen war das geheimnisvolle Objekt wahrscheinlich so beschaffen, dass es einer kegelförmigen Raketenspitze ähnelte.

Die nächsten Tage war die *Halibut* mit Suchen beschäftigt. Irgendwann verklemmte sich ein Regulierstab am Boden der *Halibut*-Reaktorkammer, der Reaktor stellte sich ab und zwang die Besatzung, auf den Dieselantrieb zurückzugreifen. Dann ging einer der »Fische« verloren und gesellte sich zu all dem verführerischen Hightech-Abfall, den zu finden er konstruiert worden war. Craven hatte eine Katastrophe dieser Art erwartet und daher sechs »Fische« bestellt, obwohl die *Halibut* so konstruiert war, dass sie nur jeweils zwei aufnehmen konnte. Soweit es ihn betraf, hatten sie nur einen überzähligen »Fisch« verloren – einen sehr teuren überzähligen »Fisch« allerdings.

Schließlich wurde der zweite »Fisch« hinuntergelassen und fing das Objekt ein, dem die Jagd der Männer gegolten hatte. Später und mit einiger Schadenfreude präsentierte die Mannschaft dieses Spezialeinsatzes stolz ein Foto des Objekts ihrer Suche.

Craven hatte gerade einen entscheidenden Erfolg in sein Logbuch eintragen können: den ersten Hinweis darauf, dass die *Halibut* tatsächlich das erreichen könnte, wozu sie umgebaut worden war. Doch den Männern der *Halibut* selbst war dies keinesfalls klar. Der größte Teil des Fotos war aus Sicherheitsgründen geschwärzt worden. Wie es sich für die Männer auf dem U-Boot darstellte, hatten sie gerade eine aufwändige Suchaktion für nichts als ein Knäuel verhedderter Ankerkette absolviert.

4

Die samtene Faust

Nach *Halibut*s erstem Erfolg war Craven überzeugt, dass er sich nun der »Operation Sand Dollar«-Wunschliste zuwenden konnte. Und drüben im Marinenachrichtendienst glaubte ihm niemand bereitwilliger als Kapitän zur See James F. Bradley jr.

Bradley, 46 Jahre alt, hatte sich gerade als der oberste Unterwasserspion der Marine an die Spitze gesetzt und traf sich nun regelmäßig mit Craven in seiner nicht gekennzeichneten, schalldichten Suite im vierten Stock des E-Rings im Pentagon. Drei aufeinander folgende verschlossene Türen hielten Unbefugte fern. Der Eingang wurde von einer Empfangsdame bewacht, die mit einem gut eingeübten verwirrten Gesichtsausdruck und mit einer Standardantwort auf unerwünschte Fragen bewaffnet war. Sie gab in der Regel an, nichts von Bradley und seinen Leuten zu wissen. Seine offizielle Marinebiografie führte ihn einfach unter der Zuständigkeit für »Marineoperationen, Marineministerium« – keine Einzelheiten, keine weiteren Informationen.

Nichts im Archiv ließ darauf schließen, dass Bradley seine Hände im Spiel hatte, wenn es darum ging, Spionageeinsätze für jedes einzelne Angriffs-U-Boot der US-amerikanischen Flotte auszuarbeiten. Und nichts wies darauf hin, dass er nun dafür verantwortlich war, den ersten wirklichen Einsatz der *Halibut* zu planen.

Bradley und Craven wussten, dass sie nicht bis in alle Ewigkeit Geld aus anderen Marinebereichen abzweigen konnten, um die *Halibut* unter der Hand mitzufinanzieren, nicht, wenn es ihnen an Unterstützung auf höchster Ebene fehlte. Rickover war bereits für sie auf die Jagd nach Geld gegangen, zum Teil deshalb, weil ihr Unterseeboot, ein »Schiff für Sonderaufgaben«, eines jener wenigen kernkraftgetriebenen war, das unter Kontrolle zu bringen ihm Schwierigkeiten bereitete. Wenn ihre Idee von der Tiefseesuche überleben sollte, dann brauchten sie Ergebnisse, und sie brauchten sie schnell!

Für Bradley waren all die sowjetischen Raketen, die US-amerikanische Spionage-U-Boote vom Abschuss bis zur Wasserung oder zum Einschlag überwacht hatten, nur Worte auf einer Liste. Nur wenn die *Halibut* ihren Wert unter Beweis stellte, konnte sie »Sand Dollar« in etwas Brauchbares verwandeln. Ansonsten wären die 70 Millionen Dollar und Tausende Arbeitsstunden, die für ihre Umrüstung erforderlich waren, für die Katz gewesen.

Nach ihrer Niederlage in der Kubakrise hatten die Sowjets mit unglaublichem Tempo Raketen entwickelt. Testabschüsse, die von Raketenbasen mitten in der Sowjetunion und von Unterseebooten aus erfolgt waren, hatten Raketen in den Pazifik gelenkt. US-amerikanische U-Boote hatten sich darauf konzentriert, diese Tests möglichst zu filmen und Messwerte zu erheischen, die Aufschlüsse über die Telemetrie der Waffen gaben. Diese U-Boote setzten sich großen Risiken aus, indem sie sich in Gewässer schlichen, die durch sowjetische Schiffe, die seegestützte Abschüsse ausführten und landgestützte Abschüsse überwachten, mehr oder weniger abgeriegelt waren. Die Reste dieser Raketen verteilten sich als Scherben auf dem Meeresboden, Stücke schwarzen Metalls, verstreut durch die Wucht des Aufpralls, Implosionen und die Meeresströmung. Vor allem war Bradley an Raketenspitzen interessiert, denn sie enthielten das Lenksystem und Dummy-Sprengköpfe, die gültige Rückschlüsse auf Größe, Stärke und Wirkung der Waffe gestatten würden. Diese Teile zu finden würde nicht leicht sein – die *Halibut* war zwar fähig gewesen, ein zuvor im Wasser sorgfältig platziertes Testobjekt zu finden, doch wie würde sie sich nun anstellen, da ihr Ziel weit weniger genau und ihr »Steinbruch« der nördliche Pazifik war, in dessen Gewässern für gewöhnlich sowjetische Schiffe patrouillierten? Nun, im Sommer 1967, käme eine Entdeckung einer diplomatischen Katastrophe gleich. Gerade diesen Juni war es fast zum ersten Schlagabtausch zwischen den Vereinigten Staaten und der Sowjetunion gekommen, hatten doch beide während des israelisch-arabischen Sechstagekriegs ihre Flotten ins Mittelmeer beordert.

Dennoch verlangte Bradley ein Wunder, und nicht nur eines. Er wollte, dass die *Halibut* so viele sowjetische Schätze fand, so viel Informationen aufstöberte, dass dem Pentagon gar nichts anderes übrig blieb, als U-Boote für Sonderaufgaben auszurüsten. Cravens Wünsche waren ähnlich gelagert, und das schweißte die beiden Männer zu einem Team zusammen.

Wie Craven entstammte auch Bradley einer Seefahrerfamilie. Beide Männer verband die Ehrfurcht vor der unerforschten und gefahrvollen Tiefe des Meeres und ein Gefühl des Staunens darüber, was die *Halibut* in Angriff zu nehmen sich anschickte. Doch Cravens Brooklyn-Draufgängertum stand in direktem Kontrast zu Bradleys mittelwestlichem Pragmatismus. Bradley konnte nichts über seine Familie im Bürgerkrieg erzählen. Es gab keine Schädel und gekreuzten Knochen in Bradleys Vergangenheit – nur die Sterne, die mit Kohlestaub und einem Taschenmesser auf die Knie seines Vaters tätowiert waren, und den großen gelb-schwarzen Tiger, der über den Bauch des alten Mannes sprang. Auf dem linken Arm seines Vaters hatte Bradley seine erste Weltreise angetreten und die 14 tätowierten Flaggen mit dem Finger nachgezogen, welche die von seinem ersten Seehelden, seinem Vater, der ein Schiffsjunge in Präsident Theodore Roosevelts »großer weißer Flotte« gewesen war, angelaufenen Häfen symbolisierten.

Bradley ging nicht deshalb zur Marine, um tradierten Familienverpflichtungen nachzukommen, sondern weil er am Vorabend des Zweiten Weltkriegs meinte, zwischen der Vorstellung von schlammigen Schützengräben einerseits und kühnen Schlachten auf einer im Sonnenlicht gleißenden See sowie hübschen Mädchen, wie sie 1940 der Film *Navy Blue and Gold* zeigte, andererseits wählen zu müssen. Kaum ein Jahr nach dem Zwischenabschluss zu Halbzeit seiner Ausbildung an der Marineakademie fand sich Bradley 1944 mitten in der Schlacht wieder. Dennoch hatte er so viel Spaß daran, in einem U-Boot mit dieselelektrischem Antrieb durch das Meer zu brausen, dass er später Rickovers Angebot ablehnte, bei der Entwicklung von Kernreaktoren für U-Boote mitzuarbeiten.

Genauso gut hätte er Stammaktien von IBM oder AT&T ablehnen können. Es war bereits klar, dass die in der Prioritätenliste hoch angesiedelten Atom-U-Boote den meisten seiner Altersgenossen ihre Admiralssterne einbringen würden. Doch Bradley war nicht wie die anderen weiß behandschuhten Kandidaten, die aus der Marineakademie kamen. Er trank lieber Margarita als Martini, egal ob dieser nun geschüttelt oder gerührt war, und falls je irgendjemand ihm ein Gurkensandwich serviert haben sollte, dann hatte Bradley vermutlich reichlich Tabasco darübergeschüttet. Er tat auf alles Tabasco außer auf Kuchen und Eis.

Muskulös, gut aussehend und dickköpfig, war er eher als Quereinsteiger zum Geheimdienst gekommen. Er führte mit keinem der beiden U-Boote, die er kommandierte, Spionageeinsätze durch. Doch er hatte es auf sich genommen, eine Art »Cocktailparty-Geheimdiensttätigkeit« zu praktizieren. Dies tat er in erster Linie, indem er, als er in den 50-er Jahren Marineattaché in Bonn war, Marineattachés und Diplomaten aus anderen Ländern ausfragte. Man hatte ihm diese Aufgabe übertragen, weil er auf der Georgetown University Deutsch studiert hatte, um damit sein bereits ansehnliches Vokabular zu erweitern, das er als Zwölfjähriger erworben hatte, als er in der Little League für eine Kirchenmannschaft im deutschen Viertel von St. Louis spielte.

Als 1966 der Posten des Direktors für Unterwasserkriegsführung im Marinenachrichtendienst geschaffen wurde, hatte Bradley einen Kumpel, der zufällig der Assistent des Direktors des Marinenachrichtendienstes war. Es war außerdem eine Zeit, in der sich Rickover weigerte, auch nur einen seiner Atom-U-Boot-Fahrer für Bürojobs abzustellen, also musste ein Diesel-U-Boot-Fahrer dafür gefunden werden – und der hieß Bradley.

Bradley genoss die Ironie, dass er es war, der nun die Spionageaufträge an Rickovers Atom-Flotte ausgab. Ja, der Kapitän zur See hatte daran fast ebenso viel Freude wie an seiner Tabasco-Sauce.

Was Rickover betraf, so konnte er Bradley nie die persönliche Kränkung verzeihen, die dieser ihm durch seine Ablehnung, sich der elitären Gesellschaft des Admirals anzuschließen, zugefügt hatte. Ebenso wenig ertrug er die schlecht verhüllte Respektlosigkeit anderer Diesel-U-Boot-Fahrer. Er hielt Bradley für einen »Freibeuter« und hasste die Tatsache, dass er keine Kontrolle über ihn hatte. Doch im Spätsommer 1967 machte sich Bradley wenig Sorgen darüber, wie er Rickover besänftigen konnte. Vielmehr befasste er sich ausschließlich mit der Frage, wie sein Spionageprogramm mit Erfolg gekrönt werden konnte.

Ein Großteil von Bradleys geliebter Dieselflotte war inzwischen nicht mehr an vorderster Front, da die Atlantikflotte Diesel-U-Boote nicht mehr an die sowjetische Küste schickte. Die Pazifikflotte war kleiner und erhielt erst später Atom-U-Boote, folglich brachte sie ihre Diesel-U-Boote noch immer gut zum Einsatz und sandte sie sowohl vor die sowjetische Küste als auch in die seichten Gewässer Chinas, um die dortigen Bemühungen um die Entwicklung von kernkraftgetriebenen Raketen-U-Booten zu überwachen. (Die Pazifikflotte schickte ihre Diesel-U-Boote sogar aus, um die Atomwaffentests der Franzosen im Südpazifik zu beobachten.) Kurz bevor Bradley nach Washington gewechselt war, hatten zwei amerikanische Diesel-U-Boote Frachter gerammt, während sie ihrem Überwachungsbefehl vor der vietnamesischen Küste nachkamen.[*] Doch während solche Fehler das Ende der Ära der Diesel-U-Boote noch beschleunig-

---

[*] Ebenso wie im Koreakrieg fanden auch im Vietnamkonflikt nur wenige Kampfhandlungen auf See statt. Unterseeboote übernahmen einige wenige Überwachungsoperationen, und Diesel-U-Boote wurden eingesetzt, um Spezialkommandos an Land zu bringen. Die *Perch* und zwei ehemalige »Regulus«-U-Boote – die *Tunny* und die *Grayback* – setzten in den Jahren 1965 bis 1972 mehrmals SEALs (Sea-Air-Land; Kampfschwimmer einer Elitetruppe innerhalb der US-Navy) für Geheimeinsätze an den Stränden ab.

ten, wurden die Kapitäne der Atom-U-Boote ermutigt, ebenso viele – und mehr – Risiken einzugehen. In der Tat waren die meisten Flottenchefs noch immer bereit, über das Eindringen in sowjetische Hoheitsgewässer und das Erwischtwerden, das nicht mit einer Kollision einherging, hinwegzusehen.

Die Kommandeure wussten ebenso gut wie Bradley, dass die Risiken es wert waren, wenn es gelang, die sowjetischen Raketen-U-Boote beim Auslaufen aus dem Hafen abzufangen. Befanden sie sich erst auf offener See, dann war es weit schwieriger, ihnen zu folgen; selbst das wachsende SOSUS-Horchnetz deckte nur einen kleinen Teil der Ozeane ab. Dieses Problem nahm an Dringlichkeit zu, weil die Sowjets, nachdem man sich all die Jahre in Washington entsprechende Sorgen gemacht hatte, nun tatsächlich anfingen, Raketen-U-Boote – meist Diesel-U-Boote der Golf-Klasse – regelmäßig auf Patrouille vor die amerikanischen Küsten zu schicken. Die Air Force benötigte ebenfalls dringend Hilfe, um etwas über das Potenzial der neuesten sowjetischen landgestützten Raketen, die bei Testabschüssen in den Ozeanen landeten, in Erfahrung zu bringen.

Und das war der Anfang von »Operation Winterwind«, Bradleys Plan, um eines der wichtigsten Objekte auf der alten »Operation Sand Dollar«-Wunschliste in den Besitz des amerikanischen Geheimdienstes zu bringen. Auf Bitten der Air Force wollte er die *Halibut* aussenden, um die Raketenspitze einer sowjetischen ballistischen Interkontinentalrakete zu finden. Für Bradley spielte es keine Rolle, dass die *Halibut* noch immer nicht mit einer Vorrichtung ausgerüstet war, um tatsächlich irgendetwas zu bergen. Er stellte sich vor, dass die *Halibut* einfach Raketenscherben suchen und ihre Position mit signalgebenden Transpondern markieren würde. Die Navy konnte später darüber nachdenken, wie sie geborgen werden sollten. Die Sender würden auf dem Meeresboden bis zu sieben Jahre lang aktiv bleiben, genug Zeit, um einen Plan zu entwickeln, und vielleicht lang genug für Cravens Team, um eines jener Tieftauchsuchfahrzeuge zu bauen, die dann schließlich zugreifen würden.

Diesmal wurde die *Halibut* von Fregattenkapitän C. Edward Moore kommandiert, einem Mann, der frisch von der »Charme-Schule« kam, dem Ausbildungslager für zukünftige befehlshabende Offiziere, die besonders bei der Arbeit mit den Kernreaktoren in die Zange genommen wurden. Abgehalten von Rickovers Günstlingen, war der Reaktorkurs eine einzige Übung in Verzweiflung und Frustration, in der die Kandidaten erbarmungslos geschliffen wurden. Rickover selbst hatte Freude daran, die »Zukünftigen« davor zu warnen, dass mindestens ein Drittel von ihnen durchfallen würde. Um herauszufinden, welches Drittel die Prüfung wohl nicht schaffen würde, quetschten er und seine Männer die Kandidaten unerbittlich aus über die Einzelheiten der Stromkreisunterbrechertheorie, über Physik und alles, was man in dem dicken Stoß Reaktorhandbücher nachlesen konnte.

Nun hatte Moore ein Boot geerbt, das von einem unzuverlässigen Reaktor und von Rickovers Boshaftigkeit geplagt wurde. Moore, der eine Statur wie ein Ringkämpfer hatte, stellte sich seiner Aufgabe mit ruhiger Entschlossenheit. Seine Haare, die bereits ergrauten, würden sich während dieses Kommandos ein wenig lichten, doch er beklagte sich allgemein kaum und praktisch nie über Rickover – obwohl er gelegentlich einen der offensichtlich sadistischeren Untergebenen des Admirals mit einem Fluch bedachte.

Als die *Halibut* sich mehr als 700 Kilometer in nördlicher Richtung von Midway entfernte, wussten nur Moore und ein paar Offiziere, welches Ziel sie verfolgten – nicht einmal die handverlesenen, besonders »sauberen« Bewohner der »Fledermaushöhle« hatte man eingeweiht. Ihr Anführer, Korvettenkapitän John H. Cook III., ein 31-jähriger Elektroingenieur, der sowohl Schiffstechnikoffizier als auch Operationsoffizier war, erwähnte lediglich, dass sie den Meeresboden in über 5000 Metern Tiefe nach Gegenständen absuchen würden, die größer als ein Abfalleimer waren.

Die Dinge nahmen einen guten Anfang. Das Team legte ein Transpondergitternetz über den Meeresboden, indem es die

Torpedorohre der *Halibut* nutzte, um mehr als ein Dutzend dieser Signalgeber abzufeuern. Ein jeder hatte eine einzigartige akustische Signatur, die bei Empfang von Funksignalen einer bestimmten Frequenz vom U-Boot aus aktiviert wurde. Sobald ein Transponder den Meeresboden berührte, zeichneten die Navigationsoffiziere dessen genaue Position mit Hilfe eines Satellitennavigationssystems ein.

Craven war nicht an Bord, als all dies geschah, doch im Geiste war er dabei. Ein Großteil der *Halibut*-Mannschaft schenkte der Geschichte Glauben, die er sich ausgedacht hatte – nämlich dass es sich bei den zweieinhalb Meter langen Transpondern um Unterwasserminen handelte. Die Transponder waren sogar mit Munitionskodes versehen und der *Halibut* über ein Marinemunitionsdepot zugestellt worden. Um sicherzugehen, dass die Mannschaft ihm seine Geschichte abnahm, bat er sie mit ernster Miene, das Vorhandensein der Minen an Bord zu leugnen.

Es dauerte 36 Stunden, um das Transpondergitternetz auszubringen. Im Anschluss brachten die Männer einen der »Fische« zum Einsatz. Dem größten Teil der Crew war gesagt worden, dass die »Fische« eine Art neues Schleppsonar seien. Doch die für die »Sonderaufgabe« zuständigen Männer, die sich in der winzigen Operationszentrale der »Fledermaushöhle« zusammendrängten, wussten es besser.

Die Videosignale kamen noch immer nicht durch. Stattdessen versuchten die Männer den Meeresgrund mit Hilfe von Sonarbildern zu »sehen«, die über den »Fisch« nach oben weitergegeben wurden. Sie saßen da, starrten auf die grauen Schatten, die sich auf ihren Bildschirmen ausbreiteten, und waren bemüht, einen Schatten vom anderen zu trennen und vorbeischwimmende Fische und Felsen von den Gegenständen, die sie suchten, zu unterscheiden. Der Monitor zeigte außerdem Felder mit Zeichen an, mit deren Hilfe man die Entfernung des mechanischen »Fischs« vom Meeresgrund feststellen und ihn auf seinem Weg verfolgen konnte. Der »Fisch« schwamm dahin, illuminierte seinen eigenen Weg und machte Fotos, die niemand sehen konnte, bis er wieder ins U-Boot geholt würde.

Die Dinge wurden noch schwieriger, als der Univac 1124 abstürzte. Diesmal jedoch war die Mannschaft in der »Fledermaushöhle« vorbereitet. Bewaffnet mit einem Taschenrechner, den ein Westinghouse-Ingenieur mit an Bord gebracht hatte, leisteten die Männer die Arbeit selbst, für die der Computer entwickelt worden war. Trotzdem gewannen wenig später fast die Gremlins in der *Halibut* die Oberhand. Diesmal wurden die Probleme teilweise von einem Manko verursacht, um das Craven sich wissentlich nicht weiter gekümmert hatte, ein kalkuliertes Risiko. Die hydraulisch angetriebene Schlepptrossenrolle war kleiner, als sie es eigentlich hätte sein dürfen. Um in die etwas über zwei Meter breite Lücke zwischen dem Druckkörper des U-Boots und der äußeren Hülle zu passen, durfte sie nur 1,80 Meter breit sein. Die Folge war, dass die über zehn Kilometer lange Stahlschlepptrosse so eng aufgewickelt werden musste, dass sie bis an ihre Grenzen beansprucht wurde.

Craven hatte sich ausgerechnet, dass die Trosse der Belastung trotzdem standhalten würde. Aber er hatte bei seinen Überlegungen ein Detail vergessen. Als Ganzes betrachtet war die Schlepptrosse zweifellos stark genug, aber tatsächlich bestand sie aus einzelnen miteinander verzwirbelten Drähten. Die einzelnen Stränge wiederum setzten sich aus kürzeren Stücken zusammen, die aneinander geschweißt worden waren, um eine Gesamtlänge von etwa elf Kilometern zu erreichen, und jede Schweißstelle war ein Schwachpunkt. Eine dieser Schweißstellen hatte der Belastung nicht standgehalten und war gerissen. Nun hatte sich ein loser Draht in der Vorrichtung verklemmt, welche die Schlepptrosse aufrollen sollte, und der »Fisch« baumelte unkontrollierbar am Ende seiner Leine. In dem verzweifelten Versuch, den Verlust der zweiten fünf Millionen Dollar teuren Sonde zu verhindern, holte eine Gruppe von Männern die zwei Tonnen Aluminium im Handbetrieb ein, und es gelang ihnen tatsächlich, den »Fisch« durch die Röhre, mittels derer er freigesetzt worden war, wieder an Bord zu hieven. Die *Halibut* tauchte auf. Die nächsten drei Tage war die Mannschaft damit beschäftigt, die gesamten 10 700 Meter Schlepptrosse von ihrer Rolle zu wickeln, sie in der Form einer riesigen Acht auf dem Boden der »Fledermaushöhle« auszubreiten, um sie dann in ihrer ganzen Länge wieder einzurollen – nur diesmal umgekehrt. Dahinter stand der Gedanke, dass man das beschädigte Stück Schlepptrosse gar nicht mehr abwickeln würde, wenn man den »Fisch« zu einem neuen Einsatz hinabließ. Die Bemühungen hatten sich gelohnt, und trotzdem fanden die Männer nicht ein einziges Bruchstück von einer Rakete.

Als die *Halibut* Ende Oktober wieder in den Hafen einlief, stand Craven am Pier. Ihm war klar, dass die *Halibut* nicht wieder mit einer geschweißten Trosse hinausfahren konnte. Er hatte dem Chef der Marineforschungs- und Entwicklungsabteilung das Problem bereits geschildert. Er brauchte eine über zehn Kilometer lange Stahltrosse ohne Schweißstellen. Die Marine setzte sich mit ihren Vertragspartnern in Verbindung und erklärte lediglich, dass sie für ein geheimes Projekt über zehn Kilometer fortlaufende Trosse ohne Schweißstellen benötigte. Alle in Frage kommenden Firmen, von Ölbohrausrüstern bis zu Aufzugbauern, schickten ihre Vertreter ins Pentagon. Einer von ihnen konnte die Spannung nicht ertragen und platzte heraus: »Sie müssen es mir sagen. Für welche Art Gebäude ist die Trosse?«

Keine einzige Firma konnte die Anforderungen der Navy erfüllen und eine fast 11 500 Meter lange Stahltrosse ohne Schweißstellen liefern. Schließlich stimmte U.S. Steel zu, ihren Trossenherstellungsprozess den Erfordernissen anzupassen. Aber auch dann noch würde es drei Monate dauern – bis Januar 1968 –, um die verlangten elf Kilometer Stahl zu verspinnen. Als die Schlepptrosse schließlich bereitlag, ordnete Bradley einen erneuten Versuch an, eine Rakete zu erbeuten.

Der neuerliche Aufbruch der *Halibut* fiel etwa mit dem Zeitpunkt zusammen, da die Nordkoreaner die USS *Pueblo*, ein Überwasserschiff mit Geheimdienstauftrag, kaperten und enterten. Die *Pueblo* befand sich in internationalen Gewässern und fing Radarsignale ab, als die Koreaner angriffen. Es war eine verwegene Aktion. Die Koreaner belegten das Schiff mit

Geschützfeuer, und die Mannschaft der *Pueblo*, die ohnehin nur leicht bewaffnet war, wagte es nicht zurückzuschießen. Als die Koreaner einschritten, um zu verhindern, dass die Spionageausrüstung und die Aufzeichnungen des Schiffs zerstört würden, kam ein Amerikaner ums Leben und drei andere wurden verwundet. Schließlich hatten die Koreaner einige der empfindlichen Chiffriergeräte der USA erbeutet, und amerikanische Geheimdienstmitarbeiter zeigten sich überzeugt, dass die Ausrüstung in die Hände der Russen gelangen würde.

Auf der *Halibut* fing unterdessen alles gut an. Sie kehrte ohne Zwischenfall zu dem Transpondergitternetz zurück. Diesmal schwamm der »Fisch« ohne Schwierigkeiten. Körnige Sonarbilder flimmerten ununterbrochen auf den Bildschirmen in der »Fledermaushöhle« und lieferten ein verschwommenes Bild von einer mehr als 5000 Meter unter der *Halibut* liegenden Welt.

Das U-Boot und seine Mannschaft suchten fast zwei Monate lang, doch es gab noch immer keine Anzeichen für irgendeine sowjetische Rakete. Schließlich brach erneut das Schlepptrossensystem und dann auch die elektronische Verbindung zum »Fisch« zusammen. All dies war nichts Neues. Die Mannschaft hatte schon längst herausgefunden, wie sich etwas rasch behelfsmäßig auf See reparieren ließ. Die ganze Operation hätte weniger als eine Stunde dauern sollen. Das Problem war, dass sie in aufgetauchtem Zustand durchgeführt werden musste. Die Männer würden sich um drei Uhr nachts bei völliger Dunkelheit auf das Deck der *Halibut* wagen müssen.

Bisher war der Tag für diese Männer 100 Meter unterhalb des Wasserspiegels unbemerkt in die Nacht übergegangen. In der Tiefe ihres Unterwasseruniversums dahinschwebend, hatten sie wenig vom Seegang über ihnen mitbekommen. Doch nun hatte Fregattenkapitän Moore keine andere Wahl. Seine Männer würden sich der schweren See an der Oberfläche stellen müssen.

Als er den Befehl gab, Ballast abzulassen, zwängten sich die drei Männer der Reparaturmannschaft gerade in ihre unbequemen Neoprenanzüge. Unter ihnen war auch der Erste Maschinist Charlie Hammonds. Er wartete darauf, bis Moore die Befehle ausgab. Der Kapitän hatte den Seegang beobachtet, um auf einen Zeitpunkt zu warten, zu dem das Deck nicht überspült war. Nach einer Weile nickte er den Männern zu.

»Knipsen Sie Ihr Licht an«, sagte der Älteste der Schiffstechniker, Skeaton Norton, als Hammonds sich bereitmachte, aus der Luke auf das Deck der *Halibut* zu klettern. Über ihren Neoprenanzügen trugen die Mitglieder der Reparaturmannschaft Schwimmwesten, die mit kleinen dosenförmigen, batteriebetriebenen Stroboskoplampen behängt waren. Eigentlich waren sie für die Air Force entwickelt worden und Bestandteil der Rettungsausrüstung von Düsenjägerpiloten.

»Ich werd's schon rechtzeitig anstellen«, entgegnete Hammond auf seine typische sturköpfige Art. Der Mechaniker war ein schroffer Mann, 1,75 Meter groß, muskulös und hatte schütter werdendes Haar. Obwohl er ein Einzelgänger war, hatte man ihm an Bord dennoch den Spitznamen »Onkel Charlie« verliehen.

»Sie machen es an, bevor Sie aus der Luke klettern«, erwiderte Norton in strengstem Befehlston.

Hammonds konnte einen Befehl als solchen erkennen. Er antwortete, indem er den Schalter betätigte.

In der Schwärze und im Nebel der Nacht reichte das winzige Pilotenlicht kaum aus, um Hammonds Gesicht zu erhellen, als er jetzt hinaustrat, um den Karabinerhaken seiner Sicherheitsleine an der Kerbe der Leitschiene, die sich fast auf gleicher Höhe mit dem Deck über die ganze Länge des U-Boots erstreckte, einzuklinken. Er folgte ihr über das nasse, schmale, schwarze Deck bis zur Vorderseite des Turms, wo er sich an einem Handlauf festhielt. Sein Standort war so gut, wie er für einen U-Boot-Fahrer in Anbetracht der Tatsache, dass er sich nachts im Freien auf dem Deck eines U-Boots mitten im tosenden Ozean befand, nur sein konnte.

Dann breitete das Meer die Arme aus, als wollte es das ganze U-Boot in die Tiefe zurückholen, wohin es gehörte. Eine einzelne Welle baute sich auf eine Höhe von über 20 Metern auf, spülte über den Kommandoturm hinweg, ließ literweise Meerwasser durch die offene Luke in die Operationszentrale rauschen, überschwemmte das Deck und riss Hammonds mit sich. Er wurde zum Bug des Schiffs geworfen, wobei seine Sicherheitsleine über die ganze Länge der Leitschiene mitlief. Die Leine hätte ausreichen sollen, um ihn an Bord zu halten, und hätte auch ausgereicht, wenn die Welle weniger gewaltig gewesen und er nicht so weit mitgerissen worden wäre. Nur war Hammonds eben bis ganz nach vorn, in die Nähe der Torpedoluke, gespült worden, wo sich eine weitere Kerbe in der Leitschiene befand, damit sich die Männer, die das Schiff über die Torpedoluke verließen, ebenfalls anleinen konnten. Diesmal allerdings, als Hammonds vorbeiflitzte, bewirkte diese kleine Kerbe die Ablösung von der Leitschiene. Plötzlich ausgeklinkt wurde er ins Meer gewaschen.

Im Inneren des Kommandoturms erfasste die Welle einen jungen Leutnant, der sich beide Arme verstauchte, als er sich verzweifelt festklammerte. Als er spuckend wieder auftauchte, konnte er sehen, dass Hammonds verschwunden war. Die Männer auf Deck riefen: »Mann über Bord!«

Nun wurde der Ruf von vielen anderen wiederholt. Sie fingen an, die Meeresoberfläche abzusuchen, so wie man sie gedrillt hatte und wie es auf einem Überwasserschiff normal gewesen wäre. Doch hier handelte es sich um ein Atom-U-Boot. Und U-Boot-Besatzungen hatten sich daran gewöhnt, den größten Teil ihrer Zeit unter Deck und unter Wasser zuzubringen. Damals, in der Zeit der Diesel-U-Boote, den Tagen von *Cochino* und *Tusk*, musste ständig mit einem solchen Vorfall gerechnet werden. Doch nun hatten nur wenige Männer, die auf reaktorgetriebenen Schiffen dienten, jemals ein solches Ereignis miterlebt, und das Mann-über-Bord-Manöver wurde selten geübt.

»Wen haben wir verloren?«

»Was ist geschehen?«

»Charlie. Wir haben Charlie verloren.«

Der Chor setzte sich fort, als die Männer sich eilends auf ihre Gefechtsstationen begaben. Einer der Offiziere sprang hinauf zum Sehrohr. Die *Halibut* schaukelte vor und zurück und gestattete einen Schwindel erregenden Blick auf das Wasser da draußen.

»Ich sehe ein Licht da draußen«, brüllte der Offizier.

»Behalten Sie es im Blick«, rief jemand, vermutlich der Kapitän.

Hammonds befand sich kapp 70 Meter entfernt auf der Steuerbordseite. Die *Halibut* hatte sich langsam vorwärts und von ihm fort bewegt.

»Notstopp! Notstopp!« befahl Moore zum Maschinenraum gewandt und sich vollständig dessen bewusst, dass sie Hammonds vielleicht nicht wieder fanden, wenn sie sein Licht aus den Augen verloren.

Der Maschinenraum reagierte umgehend. Die Maschinen liefen voll zurück. Das U-Boot vibrierte und bockte, als seine Schrauben gegen seinen Vorwärtsschwung anarbeiteten. Jemand aus dem Maschinenraum meldete durch die Sprachrohrleitung, dass die Maschinen zu überhitzen drohten.

»Fahrt beibehalten!«, schrie Moore zurück. Er wusste, ein solcher Bremsvorgang bei zu hoher Geschwindigkeit konnte die Turbinen überhitzen, doch er war überzeugt, dass die *Halibut* das aushalten würde. Schließlich war sie eigens für solche Notmanöver konstruiert worden. Außerdem mussten sie das Risiko einfach auf sich nehmen. Sie mussten Hammonds holen.

Inzwischen befanden sich an beiden Sehrohren Männer, vermutlich der Erste Offizier und der Obersteuermann. Sie starrten verzweifelt in die Dunkelheit und versuchten den weit entfernten Schimmer von Hammonds winzigem Licht nicht zu verlieren, während andere Männer stärkere Suchscheinwerfer in Position brachten.

Vier Taucher zwängten sich in ihre Neoprenanzüge und liefen zur Operationszentrale. Zwei kletterten auf das Deck und sprangen ins Wasser. Ein weiterer Mann stand, in seinem nassen Anzug frierend, unterhalb der Brückenluke, bereit, ebenfalls ins Meer zu springen, falls die anderen Taucher in Schwierigkeiten gerieten.

Cook kletterte zur »Fledermaushöhle« und erklärte, dass er den »Fisch« einholen wolle.

»Zum Teufel mit dem ›Fisch‹«, brüllte Moore ihm hinterher. Cook machte sich dennoch auf den Weg.

Kapitän Moore stieg nun mit einem Fernglas in den Turm und fing an, selbst nach Hammonds Licht zu suchen.

Mit dem Sturm und Wasser in Ohren und Augen konnte Hammonds nicht erkennen, dass die *Halibut* auf ihn zuhielt. Er schwamm verzweifelt umher, ohne sich für eine bestimmte Richtung entscheiden zu können. Dann hörte er eine Stimme in der Ferne, eine Stimme, die sagte: »Halten Sie durch, Hammonds, wir kommen und holen Sie.« Hammonds entspannte sich. Das war das Wichtigste, was er hatte tun können. In seinem nassen Neoprenanzug war Unterkühlung nicht sein größtes Problem, doch Panik kann einen Menschen das Leben kosten. Er hielt sich an dieser Stimme fest, der Stimme seines Kapitäns, auch dann noch, als sein winziges Licht verlosch. Nur Augenblicke später war die *Halibut* neben ihm. Taucher sprangen ins Wasser und knoteten eine Leine unter seinen Armen fest. Dann wurde er an Bord gezogen. Er war 15 Minuten lang in dem eisigen Wasser gewesen, und Moore wusste, dass die Rettung Hammonds' nur dem Glück zu verdanken war. Sobald er durch die Luke hinabgelassen wurde, begann Hugh »Doc« Wheat, der Sanitäter, ihn mit Brandy zu behandeln, in solchen Fällen die wirkungsvollste Medizin an Bord.

Hammonds wiederholte ständig: »Ich konnte einfach nichts sehen, ich konnte einfach nichts sehen.« Er zitterte heftig. Doc Wheat verschrieb mehr Brandy. Chefingenieur Gary L. Patterson bat ebenfalls um Brandy, doch der Sanitäter fiel nicht darauf herein. Dann wurde Hammonds zur Dusche geführt und schließlich ins Bett gesteckt. Trotzdem würde es Stunden dauern, bis der Schock abklang. Diese Zeit nutzte die Mannschaft, um die *Halibut* mit Schildern zu dekorieren, auf denen es hieß: »Willkommen zurück, Charlie. Wie war die Freiheit?«

Solche Späße zeigten bei Hammonds wenig Wirkung. Seine Mannschaftskameraden erzählten die Geschichte seines grauenhaften Schwimmabenteuers bei jedem *Halibut*-Treffen jahrelang wieder und wieder, doch Hammonds tauchte nie auf, um sie sich anzuhören. Doch versetzte Hammonds jedermann in Erstaunen, als er, während sie noch auf See waren, auch weiterhin auf dem Deck des U-Boots auftauchte, fast als wolle er das Meer herausfordern. Niemand hätte das von ihm erwartet. Nahezu jeder andere Mann wäre unter Deck geblieben, hätte zu große Angst gehabt, um sich neuerlich den heranrollenden Wellen zu stellen. Doch so lange Hammonds sich auf dem Schiff befand – und er würde dort für einen weiteren Monat sein –, weigerte er sich, seiner Angst nachzugeben.

Anfang April trat Moore mit dem U-Boot die Heimfahrt an. Er kehrte mit leeren Händen zurück. Ihm und seinen Männern war es nicht gelungen, eine Rakete zu finden. Aber immerhin brachte er alle seine Männer heil zurück, und dieser Handel machte ihm nichts aus, nicht das Geringste. Außerdem war er drauf und dran, die einmalige Chance zu erhalten, sich und sein Unterseeboot zu rehabilitieren.

Die *Halibut* erreichte Pearl Harbor am 11. April 1968, dem Tag, an dem sich zum 68. Mal jährte, dass die Marine ihr erstes Unterseeboot gekauft hatte. Die Unteroffiziere und Mannschaften besuchten den »U-Boot-Geburtstagsball«, und die Offiziere versammelten sich in der »Pink Lady«, wie die Ortsansässigen das Royal Hawaiian Hotel am Strand von Waikiki nannten. Dort arbeiteten sie sich durch drei oder vier Kisten Champagner, die unter dem Tisch gestapelt waren, und eine Kiste Whisky, die aus der Suite eines Admirals geklaut worden war.

Als sie da so feierten, entfaltete sich draußen auf dem Meer eine schier unglaubliche Tragödie. Ein Dutzend sowjetischer Schiffe hatte sich in den Pazifik ergossen. Sie kamen nur langsam voran und bearbeiteten den Ozean mit ihrem Aktivsonar. Ganz offensichtlich suchten sie nach etwas. Schon bald wurde klar, dass es einer der ihren war, den die Sowjets vermissten. Sie hatten ein U-Boot verloren.

Die USS *Barb (SSN-596)* hatte vor dem Marinehafen von Wladiwostok auf der Lauer gelegen, als die verzweifelte Suche begann. Der Kommandeur der *Barb*, Bernard M. »Bud« Kauderer, hatte nie zuvor etwas Ähnliches erlebt. Vier oder fünf sowjetische U-Boote waren hinaus aufs Meer gerast und klopften den Ozean mit ihrem Aktivsonar ab. Die U-Boote tauchten, gingen wieder auf Sehrohrtiefe, verschwanden erneut.

Die Sowjets gaben sich keine Mühe, der Entdeckung zu entgehen, versuchten nicht, sich zu verbergen. Ihre Rufe waren auf allen Radiokanälen zu hören, die Luft um Wladiwostok war erfüllt von offener Verzweiflung.

»Charlie, Victor, Red Star, bitte melden.«

»Red Star, bitte melden.«

»Red Star, bitte melden, bitte melden, bitte melden.«

An Land versammelten sich inzwischen Agenten des US-Nachrichtendienstes um elektronische Abhörgeräte und lauschten. Die *Barb* beobachtete und bewahrte absolute Funkstille. Eine Nachricht kam vom Küstenkommando herein: »Auf Position bleiben.« Kauderer fühlte, wie ihn Frustration ergriff. Er hatte vorgehabt, nach Hause zu fahren, um an der Bar-Mizwa seines einzigen Sohnes teilzunehmen. Doch nun würde sein Junge ohne ihn ein Mann werden. Kauderer war es verboten, seinem Sohn den Grund hierfür zu nennen.

Während die *Barb* und andere Überwachungsfahrzeuge lauschten, wurde klar, dass die Sowjets keine Ahnung hatten, wo sie ihr Unterseeboot finden sollten. Weit entfernt in Washington meinte Bradley, es besser zu wissen.

Seit geraumer Zeit hatte Bradleys Büro für Unterwasserkriegsführung (Office of Undersea Warfare) frustriert eine merkwürdige U-Boot-Kommunikation observiert, die der US-Geheimdienst bisher nicht hatte entschlüsseln können. Die Sowjets bedienten sich komplizierter Transmitter, die Mitteilungen zu nur Mikrosekunden dauernden kurzen Knackgeräuschen verdichteten. Bradley war der Auffassung, dass dieses unentzifferbare kurze statische Aufflackern der Schlüssel zum Auffinden des fehlenden U-Boots war.

Nachrichtenoffiziere wussten, dass die Übermittlungen von sowjetischen Raketen-U-Booten kamen, die sich auf dem Weg zu oder zurück von ihrer Patrouille in Schussentfernung zur amerikanischen Küste befanden. Die Vereinigten Staaten hatten sie überwacht und aufgezeichnet, indem sie sich einer Reihe von Empfangsstationen bedienten, die auf deutscher Technologie beruhten – Dutzende von Antennen waren entlang der Pazifikküste und in Alaska strategisch platziert.

Nach einer Weile spielte es keine Rolle mehr, ob die Knackgeräusche entschlüsselt werden konnten oder nicht. Das Knallen und Zischen allein bedeutete schon einen großen Informationsreichtum. Leichte Frequenzabweichungen halfen, ein sowjetisches U-Boot vom anderen zu unterscheiden. Außerdem waren die Sowjets so reglementiert, dass ihre U-Boote, die im losen Verband fuhren, dem US-amerikanischen Geheimdienst durch ihre Funkkontakte ihre Reiseroute präsentierten, die über 7000 Kilometer von der Kamtschatka-Halbinsel zu einer ihrer Patrouillenstationen 1200–1600 Kilometer nordwestlich von Hawaii führte. Ein Knacken war für gewöhnlich zu hören, wenn die Unterseeboote die Tiefseemarke direkt vor Kamtschatka erreichten. Ein weiteres, wenn sie die internationale Datumsgrenze, ungefähr 3500 Kilometer von der Sowjetunion entfernt auf dem 180. Längengrad, überquerten. Ein drittes teilte ihre Ankunft im Patrouillenbereich mit.

Es war so, als sagten sie: »Wir brechen jetzt auf. ... Wir haben den 180. Längengrad überquert. ... Wir haben unsere Patrouillenstation erreicht.« Der »Reisebericht« wurde fortgesetzt, sobald die U-Boote auf dem Rückweg nach Kamtschatka waren, und Bradleys Männer glaubten, aus dem statischen Knistern dieser Meldungen fast das Ersuchen der Sowjets um frische Milch, frisches Gemüse, Wodka und Frauen heraushören zu können.

Nun überprüfte Bradleys Team seine Aufzeichnungen der Übermittlungen und fand fast sofort, wonach es gesucht hatte. Ein U-Boot der Golf-II-Klasse – eine Diesel-U-Boot-Klasse, die in der Entwicklungsreihenfolge zwischen den zu Raketen-U-Booten umgebauten Zulus und den ersten sowjetischen reaktorgetriebenen Raketen-U-Booten stand – hatte den Hafen am 24. Februar 1968 verlassen und nach der Hälfte der Strecke die gewohnte Botschaft geschickt. Dann war es zu keiner weiteren Kontaktaufnahme mehr gekommen. Es meldete nicht die Überquerung des 180. Längengrads, auch nicht, dass es die offene See verlassen hatte – nichts, das als »Ersuchen um Milch oder Früchte« oder irgendetwas anderes ausgelegt werden konnte, das auf eine sichere Rückkehr hätte schließen lassen können.

Bradley reichte die Meldung eilends an die obersten Admirale der Navy weiter: Die Sowjets hatten tatsächlich ein U-Boot verloren, eines, das drei ballistische Raketen an Bord führte. Er ging davon aus, dass das U-Boot zwischen dem letzten statischen Knacken und dem nächsten zu erwartenden, das jedoch ausgeblieben war, verloren gegangen sein musste. Doch die Sowjets suchten nicht in dem Bereich, den Bradley auf diese Weise ermittelt hatte.

Was wäre, wenn es den Vereinigten Staaten gelänge, das U-Boot als Erste zu finden? Dort, an einer einzigen Stelle, befanden sich sowjetische Raketen, Chiffrierbücher, ein unglaublicher Reichtum an technologischen Informationen – und Bradley meinte im Besitz der Mittel zu sein, um all dies zu bergen. Der *Halibut* war es zwar nicht gelungen, ein relativ kleines Raketenfragment zu finden, doch ein ganzes U-Boot war ein sehr viel größeres und besseres Ziel.

Die Kommandeure der *Halibut*, Moore und Cook, wurden nach Washington beordert. Dort warteten auf sie Konteradmiral Philip A. Beshany, stellvertretender Chef der Seekriegsleitung und U-Boot-Kriegsführung, Craven und Albert G. Beutler, der die Aufträge der *Halibut* überwachte.

»Wir haben erfahren, dass die Sowjets vermutlich eines ihrer Unterseeboote im Pazifik verloren haben«, kündigte Beshany an, sobald die beiden Männer den Raum betraten. Dann informierte er sie über die Details und teilte ihnen die Pointe mit: dass die *Halibut* das sowjetische U-Boot der Golf-Klasse suchen würde.

Von Beshanys Büro brachte Craven Moore und Cook zu Paul Nitze, dem Marineminister. Diesmal wurden die Offiziere wegen des Misserfolgs der *Halibut* bei ihrer Suche nach Raketenfragmenten in die Zange genommen. Craven hielt die Luft an, während Cook dem Minister eine Geschichte auftischte, die Craven sich selbst kaum hätte besser ausdenken können.

Misserfolg oder nicht, erklärte Cook, die Mannschaft der *Halibut* hatte nun genug Zeit gehabt, um sich mit den Schrullen ihrer Geräte zurechtzufinden. Die Männer würden dazu in der Lage sein, so zeigte er sich überzeugt, ein U-Boot zu finden, wenn sie die Gelegenheit dazu erhielten. Es war nicht schwer, Nitze zu überzeugen. Es gab kein anderes Fahrzeug in der Navy, das eine solche Suche riskieren konnte, solange die Sowjets in so großer Zahl da draußen paradierten. Cooks Optimismus reichte aus, um den Minister geradewegs ins Weiße Haus gehen und die Genehmigung einholen zu lassen.

Craven, Moore und Cook konnten nun nichts weiter tun, als um die Erteilung der Genehmigung zu beten. Sie kamen kaum dazu, sich hinzuknien. Innerhalb weniger Stunden rief Nitze Beshany an, der seinerseits mit Moore, Cook und Craven telefonierte und sie erneut in sein Büro bestellte.

»Sie haben eine neue Mission, meine Herren.«*

* Als Craven & Co. nun begannen, das sowjetische U-Boot zu suchen, um sich sowjetische Technologie auf vergrößerten Unterwasseraufnahmen ansehen zu können, überzeugten einige Fotos Admiral Rickover davon, dass die nationale Sicherheit der Vereinigten Staaten außerordentlich gefährdet worden war. Wie das bei Fotos höchster Geheimhaltungsstufe oft der Fall ist, schienen diese recht harmlos zu sein. Eine Hand voll U-Boot-Fahrer von der USS *Barb* – jenes U-Bootes, das die Suche der Sowjets nach ihrem verlorenen U-Boot beobachtet hatte – hatten bei einer vorangegangenen Fahrt 1969 ein Fahrtenbuch zusammengestellt, um ihrer Monate auf See zu gedenken. Auf einigen der Fotos waren *Barb*-Männer entweder vor den Maschinen oder vor einem Teil des Reaktors im Hintergrund zu sehen. Als Rickover davon erfuhr, drehte er durch. Er bestand darauf, dass alle Fotos von seinen Reaktoren, dass jeder Teil seiner Reaktoren der höchsten Geheimhaltungsstufe zu unterwerfen seien. Als er mit seinem Ausbruch fertig war, hatte er die ganze Navy in Aufregung versetzt. Admirale forschten verzweifelt nach den 112 verteilten Büchern. Unzählige Telefonate und Rundschreiben gingen über dem Pazifik hin und her. Das kriminaltechnische Labor des FBI (Federal Bureau of Investigation; Bundeskriminalamt) wurde einbezogen, um festzustellen, ob die Fotos geschwärzt werden konnten, um die verräterischen Reaktorteile zu verbergen. Das FBI kam zu dem Schluss, dass man mit chemischen Prozessen die Reaktorteile wieder sichtbar machen konnte. Schließlich, neun Monate nach Beginn der Krise, kam die Navy zu dem Entschluss, dass die inkriminierten Motive mechanisch aus den Fotos entfernt werden konnten und dass die *Barb*-Männer ihre Fahrtenbücher behalten durften.

Craven suchte nun nach zusätzlichen Hinweisen, die den Aufenthaltsort des Golf-Boots weiter eingrenzen würden. Er war davon überzeugt, dass es andere hörbare Anzeichen für ein untergehendes U-Boot geben musste. Also nahm er Verbindung auf mit Kapitän zur See Joseph Kelly, dem Mann, der in erster Linie verantwortlich war für die Erweiterung des SOSUS-Netzes, eines unter Wasser fest installierten Sonarüberwachungssystems, das die US-amerikanische Marine überall in den Ozeanen verlegt hatte.

Kellys Leute hörten sich eine Reihe von SOSUS-Aufzeichnungen an, wobei sie nach Hinweisen auf den plötzlichen Exitus eines U-Boots suchten: der konvulsivische Schrecken einer Implosion, gefolgt von den kleineren Explosionen, die in ihrer Summe anzeigen, dass ein U-Boot auf den Meeresboden sinkt. Doch die Suche von Kellys Mannschaft erbrachte keine massiven Abweichungen, die auf eine starke Implosion hingewiesen hätten. Sie erbrachte allerdings ein kleines Sonar-Echozeichen auf dem Plot, eine kleine Erhebung in der Kurve, die als Hinweis auf einen einzelnen lauten Knall gedeutet werden konnte. Sie bezog sich genau auf den Bereich, den Bradley für den möglichen Unglücksort des sowjetischen U-Bootes hielt.

Was, so überlegte Craven, wenn das Golf-Boot aus irgendeinem Grund geflutet worden wäre, bevor es seine Zerstörungstiefe erreicht hatte? Dann wäre es hinabgesunken, ohne dass die versengende, verheerende, alles tilgende implosive Zerstörung von Stahl stattgefunden hätte. Sein Ende wäre weit ruhiger vonstatten gegangen. Craven musste herausfinden, wie sich ein sinkendes U-Boot anhörte, eines, das mit geöffneten Luken hinabglitt, das sich mit Meereswasser füllte, wo sich also Innen- und Außendruck im Gleichgewicht befanden, lange bevor das Schiff seine Zerstörungstiefe erreichte. Es gab nur einen Weg, um dies herauszufinden.

Craven und Bradley setzten bei der Navy durch, dass ein U-Boot geopfert wurde, dessen Geräusche beim Sinken man aufzeichnen wollte. Die US-Marine gab ihnen ein altes Diesel-U-Boot, einen Kriegsgaul, der vermutlich zahllose japanische

Torpedoangriffe während des Zweiten Weltkriegs überstanden hatte. Nun würde es einen bombastischen Tod sterben.

U-Boote aus dem Zweiten Weltkrieg waren schon zuvor liquidiert worden, hatten bei Torpedoübungen Ziele abgegeben. Doch diese U-Boote liefen mit laufenden Maschinen aus, und ihre Heckleitwerke waren in der gewünschten Position festgekeilt. Diese Art »Tod« hatte etwas nahezu Heldenhaftes, zu Fall gebracht mit einem einzigen Schuss wie ein tapferes altes Schlachtross.

Dieses Unterseeboot hingegen wurde einfach dem Meer überlassen, während SOSUS-Techniker sein Sinken aufzeichneten. Es starb still, genauso wie Craven und Bradley es erwartet hatten. Wenn also ein U-Boot, so überlegten sie, dessen Luken und Schotten alle sorgfältig geöffnet worden waren, geräuschlos sank, dann würde ein anderes Boot, bei dem die eine oder andere Schotte geschlossen war, vielleicht mit einem kleinen Knall untergehen. Sich also auf die Daten von anderen Unterwasserhorchgeräten berufend, die den Knall ebenfalls aufgezeichnet hatten, triangulierten Kelly und Craven die wahrscheinlichste Position des Golf-Boot bei 40 Grad Breite und 180 Grad Länge. Damit befand es sich etwa 2700 Kilometer nordwestlich von Hawaii, wo das Meer mehr als 5000 Meter tief war.

Beshany ließ sich noch nicht überzeugen. Er war sicher, dass es zu Implosionen hätte kommen müssen. Die Tatsache, dass die Sowjets an ganz anderer Stelle suchten, weckte zusätzlich Zweifel in ihm. Doch weitere Daten, an denen er sich hätte festhalten können, existierten nicht. Also gab er seine Zustimmung, und die *Halibut* wurde zu der Stelle ausgeschickt, die Craven ermittelt hatte.*

Die *Halibut* brach am 15. Juli auf. Ihr Auftrag wurde vor den Männern an Bord geheim gehalten. Selbst die Insassen der »Fledermaushöhle« wussten nur wenig. Die meisten gingen davon aus, dass sie erneut nach der sowjetischen Rakete suchen würden, die sich ihnen zuvor entzogen hatte.

Als ein »Fisch« ausgeschickt wurde, ersetzten wieder die

Grautöne des Sonars die Bilder der Videokamera, die noch immer nicht funktionierte. Man wurde ganz benommen davon, monoton Seemeile für Seemeile auf einem kontinuierlichen Streifen zu verfolgen. Die Augen der Männer begannen über kurz oder lang zu brennen, wenn sie in den grauen Schatten nach einem Gegenstand suchten, der nicht auf den Grund des Pazifiks gehörte. Ihre Schicht dauerte nie länger als 90 Minuten. Nach dieser Zeit begannen im Himmelblau der »Fledermaushöhle« die grauen Geister umherzuflattern.

Tag und Nacht lief die *Halibut* hin und her. Die Position, die Craven, Bradley und Kelly ermittelt hatten, machte es nichtsdestotrotz erforderlich, acht Kilometer abzusuchen. Das sowjetische U-Boot war möglicherweise weit abgetrieben, bevor es schließlich die rund 5000 Meter zum Meeresboden zurückgelegt hatte.

Etwa alle sechs Tage wurde der »Fisch« eingeholt, damit ihm die Filme zur Entwicklung entnommen werden konnten. Der Prozess wiederholte sich wochenlang. Noch immer nichts. Dann gab es im Dunst plötzlich etwas zu sehen.

»Kapitän Moore, Kapitän Moore!« Es war der Schiffsfotograf, der aus der winzigen Dunkelkammer der *Halibut* hervorgeschossen kam und mit einem Mal begriffen hatte, dass er

---

* In der Tatsache, dass es die *Halibut* war, die sich auf die Suche nach dem sowjetischen U-Boot der Golf-Klasse machte, lag ein weiteres Stück subtile Ironie. Die Sowjets waren inzwischen zu der Überzeugung gelangt, dass ihr U-Boot bei einer Kollision mit der USS *Swordfish (SSN-579)* verloren gegangen war, das einzige andere U-Boot, das in den sechziger Jahren wenigstens zum Teil eine ähnliche Sonderausrüstung wie die *Halibut* erhalten hatte. Den Sowjets war aufgefallen, dass die *Swordfish*, kurz nachdem sie den Kontakt zu ihrem Golf-Boot verloren hatten, mit beschädigtem Turm und Sehrohr in den Hafen von Yokosuka eingelaufen war. Als der damalige Kapitän der *Swordfish*, John T. Rigsbee, Jahrzehnte später von diesen sowjetischen Rückschlüssen erfuhr, war er sehr überrascht. Es war ihm nie in den Sinn gekommen, dass die Russen die Beschädigung der *Swordfish* auch nur bemerkt haben könnten und dass sie insbesondere zwei und zwei zusammenzählen und fünf erhalten würden. Die *Swordfish*, so beharrte er, war im Japanischen Meer lediglich auf ein Stück Treibeis gelaufen, viele Seemeilen entfernt von der Stelle, wo das Golf-Boot verloren gegangen war. Tatsächlich erstaunte es ihn, dass überhaupt irgendjemand das verbogene Sehrohr der *Swordfish* bemerkt hatte, denn zum damaligen Zeitpunkt schienen alle Augen auf den Fujiyama gerichtet zu sein, der am Tag, als die *Swordfish* in den Hafen einlief, besonders beeindruckend aussah. Der sowjetische Geheimdienst hatte seinen Blick offenbar nicht auf den Horizont gerichtet.

diesmal nicht nach einer sowjetischen Rakete suchte. Er war fassungslos und sich zugleich dessen sicher, dass er das Gesuchte gefunden hatte.

Es war das perfekte Foto eines U-Boot-Turms. Der Fotograf zitterte so sehr, dass Moore sich einen Augenblick darüber Sorgen machte, ob er wohl einen Kollaps erleiden würde. Da war er, der erste Erfolg der *Halibut*, ein Blick auf das stählerne Grab von ungefähr 100 sowjetischen Seeleuten.

Auf Moores Befehl wurde der »Fisch« erneut zu der Stelle hinuntergelassen, an der er das Foto von dem U-Boot-Turm gemacht hatte, hinunter an den Ort, wo das Golf-Boot so aussah, als ob es jemand über 5000 Meter tief hinabgefahren und sorgfältig auf dem Meeresboden abgesetzt hätte.

Während Sonar und Kamera alles in dem betreffenden Gebiet aufsaugten, sammelte der »Fisch« mit jedem Tauchgang neue Details. Direkt hinter dem Kommandoturm der Golf befand sich ein vermutlich durch eine Explosion entstandenes Loch von fast drei Metern Durchmesser. In Anbetracht der SOSUS-Aufzeichnungen musste die Explosion stattgefunden haben, während das Schiff aufgetaucht war. Vermutlich war sie auf eine Wasserstoffanreicherung zurückzuführen, die vielleicht eingesetzt hatte, als die sowjetische Mannschaft die 450 Tonnen schweren Schwefelsäurebatterien auflud. Obwohl das Schiff schwer beschädigt war, sah es doch im Wesentlichen intakt aus.

Die Fotos zeigten außerdem, dass durch den Druck der Explosion Luken abgesprengt worden waren, die nun den Blick auf zwei Flugkörperschächte freigaben. Im Inneren des ersten befanden sich verbogene Rohre, wo einmal der nukleare Sprengkopf gesessen und ruhig auf seinen Einsatz zum atomaren Holocaust gewartet hatte. Im Inneren des zweiten Silos war der Gefechtskopf ganz und gar verschwunden. Das Silo des dritten ballistischen Flugkörpers war unversehrt geblieben.

Dann erwischte die Kamera des »Fischs« etwas anderes, etwas, das sogar Moore einen Schock versetzte. Es war das Skelett eines unglücklichen Seemanns, wahrscheinlich nur ein niederer Mannschaftsgrad, fast noch ein Junge, der da allein an der Seite des U-Boots lag, in dessen Innerem wohl seine Kameraden begraben waren. Eines seiner Beine war gebrochen und stand fast in einem rechten Winkel ab, vielleicht durch die Wucht der Explosion, die das Unterseeboot zerstört hatte. Möglicherweise hatte sie auch seinen Tod verursacht. Oder aber er war ertrunken, als er die etwa 5000 Meter auf den Meeresboden sank.

Der Junge musste sich während der Explosion des U-Boots draußen auf Deck aufgehalten haben. Er hatte Schlechtwetterkleidung an, eine braune Lammfelljacke, die bis zum Hals zugeknöpft war, dicke Wollhosen und schwere schwarze Militärstiefel. Nun wärmten diese Kleidungsstücke nur mehr seine nackten weißen Knochen.

Knochen, ein nacktes Skelett – allen Berichten zufolge hätte dies nicht möglich sein dürfen. Die Experten behaupteten, dass so weit unten auf dem Grund des Meeres nichts oder fast nichts lebte. Doch da war das Skelett, und da war noch etwas anderes auf den Fotos zu erkennen. Winzige, Fleisch fressende Würmer ringelten sich um den Körper, den sie bereits Stück für Stück auf grausige Weise aufgefressen hatten.

Niemand, der den jungen sowjetischen U-Boot-Fahrer gesehen hatte, konnte ihn je vergessen, niemand, der die 22 000 Fotos sah, welche die *Halibut* am 9. September 1968 mit nach Hause brachte.

Bradley gab den Aufnahmen den Kodenamen »samtene Faust«, entsprechend der sanften Art, wie sie sie dem Ozean entwunden hatten. All die Millionen Dollar, all die endlosen Arbeitsstunden, die in die *Halibut* geflossen waren, hatten sich endlich ausgezahlt. Er schickte die Beute rasch dem neuen Direktor des Marinenachrichtendiensts, Frederick »Fritz« J. Harlfinger II., der den Posten übernommen hatte, während sich die *Halibut* noch auf See befand.

Harlfinger war zuvor im Büro des militärischen Nachrichtendiensts der stellvertretende Direktor der »Sammlung« gewesen, wobei »sammeln« in Geheimdienstkreisen lediglich als höfliche Umschreibung für Diebstahl zu verstehen war. Harlfingers Team war es ein paar Jahre zuvor in Zusammenarbeit mit Syrern und Israelis gelungen, ein komplettes sowjetisches MIG-Kampfflugzeug zu entwenden. Während des Vietnamkriegs übergaben sie dem Pentagon eine sowjetische Boden-Luft-Rakete. Außerdem gelang es ihnen, eine sowjetische Rakete in Indonesien und den Motor eines bei Berlin abgestürzten sowjetischen Flugzeugs zu klauen.

Doch die Fotos der »samtenen Faust« waren etwas noch nie Dagewesenes. So weit es Harlfinger betraf, war es die beste Art, einen neuen Job anzutreten, wenn man dem Präsidenten gleich zu Anfang derart wertvolle Dokumente präsentieren konnte.

Nach Harlfingers Anweisungen stellte Bradley 40 Fotos zusammen, um sie den höchsten Marinedienstgraden und im Weißen Haus vorzulegen. Erste Haltestelle war Beshany im U-Boot-Hauptquartier.

»Amerikanische Technologie ist ziemlich großartig«, dachte Beshany, als er zum ersten Mal mit der »samtenen Faust« in Berührung kam. Er würde für alle Zeiten die Heldentat der *Halibut* mit der Aktion eines Hubschraubers vergleichen, der in einer Höhe von 5000 Meter in der Luft schwebt und mit einer kleinen Kamera am Ende einer Leine Fotos in dichtem Nebel macht.

Bald darauf legte Harlfinger die Fotos Präsident Johnson vor, der so beeindruckt war, dass Marinegeheimdienstler sich noch monatelang gegenseitig gratulierten.

Im Januar 1969 wurde Richard Nixon als Präsident der Vereinigten Staaten vereidigt. Kurz danach klingelte das Telefon in Bradleys Büro. Es war Harlfinger.

»Machen Sie, dass Sie ins Weiße Haus herüberkommen, und bringen Sie die ›samtene Faust‹ mit.«

Alexander Haig, der damalige Stellvertreter von Nixons Nationalem Sicherheitsberater Henry Kissinger, wollte die Fotos sehen. Haig war so beeindruckt, dass er die Aufbewahrung der »samtenen Faust« für sich reklamierte.

Bradley rief Harlfinger zu Hilfe, holte ihn aus einer Besprechung. »Haig will das Material behalten«, berichtete er.

»Zum Teufel mit ihm«, antwortete der Nachrichtendienstchef.

Doch Haig zu ignorieren war leichter gesagt als getan. »Er will sie seinem Boss und dem Boss seines Bosses zeigen«, ergänzte Bradley.

Niemand musste Harlfinger erklären, dass der Boss von Haigs Boss zufällig der neue Präsident der Vereinigten Staaten war. Harlfinger kannte sich in der Politik gut genug aus, um zu wissen, wann er nachzugeben hatte.

»Also gut«, lenkte er ein. Die Fotos konnten bei Haig bleiben, aber nur für 24 Stunden.

Dieser Zeitraum reichte Haig aus, um das Material Kissinger vorzulegen. Später sollte Kissinger die »samtene Faust« Nixon präsentieren. Nixon war fasziniert. So sehr, dass er der CIA davon erzählte.

Zwar hatten sich die Analytiker der CIA schon seit langem dafür interessiert, was die normalen Spionage-U-Boote aufschnappten, doch hatten sie im Allgemeinen der Marine die Kontrolle über die Operationen überlassen. Doch nun zeigten sich die CIA und ihr Direktor Richard Helms plötzlich heftig an der Tiefsee interessiert. Helms begann eine Übernahme à la CIA auszuhecken. Zunächst rief er eine neue Verwaltungsebene ins Leben, ein Verbindungsbüro, das angeblich die Mittel des Marinenachrichtendienstes und der CIA zusammenfassen sollte. Ihm wurde der Name Nationales Büro für Unterwasseraufklärung (National Underwater Reconnaissance Office; NURO) gegeben.

Es geschah nicht zum ersten Mal, dass die CIA solche Vereinbarungen traf. Im Jahr 1961 hatte sie sich entschieden, mit der Air Force zur gemeinsamen Kontrolle über Satellitenoperationen ein Jointventure namens Nationales Büro für Aufklärung (National Reconnaissance Office) zu gründen.

Das NURO sollte zu gleichen Teilen von Marine- und CIA-Leuten besetzt werden, und auf der höchsten Ebene traf dies auch zu. Sein Direktor war John Warner, Nixons neuer Marineminister. Bradley sollte Verwaltungschef sein. An der Spitze der CIA-Fraktion stand Carl Duckett, dort stellvertretender Direktor für Wissenschaft und Technologie. Doch vom Tag an, als das NURO gebildet wurde, riss die CIA es an sich. Bradley konnte für das neue Büro nur ein paar Männer entbehren. Sein gesamtes Personal in der Unterseeabteilung des Marinenachrichtendienstes belief sich lediglich auf etwa ein Dutzend Leute. Die CIA jedoch war keinen solchen Beschränkungen unterworfen. Sie zog mit acht Vollzeitkräften und noch einer Hand voll weiterer Berater ein, die der CIA treu ergeben waren.

Schlimmer war, dass die CIA, wie Bradley und Craven feststellen mussten, ein Unterseeboot nicht von einem Unterwasserberg unterscheiden konnten. Inzwischen hatten die beiden Männer einen Plan entwickelt, um das Beste, was sich an Bord der sowjetischen Golf befand, zu bergen. Ihre Vorstellung lief schließlich darauf hinaus, ein Tauchboot hinunterzuschicken, um einen atomaren Sprengkopf, den Safe mit den sowjetischen »Krypto-Kodes« sowie die Sender und Empfänger heraufzuholen, damit die US-Marine schließlich all den Funkverkehr entschlüsseln konnte, den sie gesammelt hatte.

Die beiden Männer hatten bereits den Beweis erbracht, dass die Außenhaut der Golf geöffnet werden konnte, ohne im Inneren alles zu zerstören. Sie hatten sich von der Armee Sprengexperten ausgeliehen, um ihre Theorie zu überprüfen. In einem Wasserbecken wurde eine große Stahlplatte aufgebaut, die mehrere zerbrechliche und brennbare Gegenstände schützte. Die an ihr in geringen Mengen befestigten Plastikbomben wurden gezündet und öffneten einen kleinen Zugang, nahezu ohne die hinter der Stahlplatte befindlichen Gegenstände zu versengen.

Mehr war eigentlich gar nicht erforderlich: einen kleinen Durchgang schaffen und hineingreifen. Der Rest des Golf-Boots konnte weiter ungestört auf dem Meeresboden bleiben. Die Militärs hatten den Bau dieser U-Boote zehn Jahre lang genauestens von oben beobachtet. Der Marinenachrichtendienst kannte die Boote der Golf-II-Klasse fast bis zum letzten Bolzen. Die Raketen, mit denen diese Golfs ihre atomare Bombenlast abschießen sollten, waren primitiv, hatten eine Reichweite von lediglich 1200 Kilometern. Sowohl die Vereinigten Staaten als auch die Sowjetunion hatten inzwischen bereits Raketen mit einer Reichweite von 2500 Kilometern entwickelt. Der Versuch, Tausende Tonnen bereits veralteter Gerätschaften vom Meeresboden heraufzuholen, konnte nur wenig einbringen. Außerdem würde es Jahre dauern, um die Ausrüstung für einen solchen Bergungsversuch zu entwickeln.

Carl Duckett und seine CIA-Getreuen hörten sich die gekürzte Variante des Plans höflich an. Doch die Reaktion, die Craven und Bradley schließlich ernteten, machte sie sprachlos. Die CIA riet dazu, das gesamte U-Boot zu heben, und plante, zu diesem Zweck ein riesiges kranbestücktes Schiff zu bauen, das hinunterlangen und sich die Golf greifen würde.

Craven und Bradley trauten ihren Ohren nicht. Das sowjetische U-Boot war vermutlich mit 200 Knoten auf den Meeresboden aufgeschlagen und hatte bei seinem Fall eine Beschleunigung von 20 Meter pro Sekunde erreicht. Es sah zwar intakt aus, aber es war vermutlich so zerbrechlich wie eine Sandburg. Eine ungeschickte Berührung, und es würde auseinander fallen.

»Es ist unmöglich, das ganze verdammte U-Boot zu bergen, es wird auseinander brechen«, platzte Bradley heraus. »Herrgott noch mal. Sie und Ihre Leute bauen Luftschlösser.«

Bradley mochte zwar Recht haben, doch in Washington hatte die CIA die Macht und bekam für gewöhnlich, was sie wollte, auch wenn, wie Harlfinger meinte, es sich dabei um etwas Verrücktes und Unmögliches handelte. (Der frühere CIA-Direktor Richard M. Helms behauptet nun, dass er nie etwas von den Alternativen erfahren habe, die Bradley und Craven vorgeschlagen hatten.)

Die CIA war jedoch mit ihrem Enthusiasmus nicht allein. Der Chef für Marineoperationen (Naval Operations), Thomas H. Moorer, liebte große, faszinierende Technologieprojekte und war begeistert von dem CIA-Plan. Hier bot sich die Gelegenheit, sich ein ganzes Unterseeboot unter den Nagel zu reißen und den Sowjets die Kaperung der *Pueblo* vor Nordkorea heimzuzahlen. Außerdem war er keineswegs davon überzeugt, dass man mit Bradleys und Cravens Methode all die entscheidenden Geräte aus der Golf würde herausholen können.

Schließlich gab der Verteidigungsminister Melvin R. Laird dem CIA-Plan seine Zustimmung, wobei er zur Kenntnis nahm, dass »ein paar Leute der Auffassung sind, dass es sich um eine bekloppte Idee handelt«. Laird rationalisierte dieses Vorhaben noch: Indem man ein Schiff baute, das die Golf vom Meeresboden bergen konnte, seien die Vereinigten Staaten in die Lage versetzt, auch eines ihrer eigenen U-Boote zu heben, falls einmal eines verloren gehen sollte.

Laird besprach sich mit Howard Hughes, dem milliardenschweren Einsiedler, dessen Werft von der CIA beauftragt wurde, das Schiff zu bauen, mit dem das sowjetische U-Boot der Golf-II-Klasse vom Meeresboden gehoben werden sollte. Das Schiff sollte *Glomar Explorer* heißen, und das Unternehmen selbst erhielt den Kodenamen »Projekt Jennifer«.

Craven sah sich das Ränkespiele schweigend an. Ein nationales Geheimdienstprogramm, das sich in der Obhut von Politikern befand, konnte ihn nicht mehr überraschen. Es mag zynisch gewesen sein, doch war er sich sicher, dass die CIA nach einem Projekt suchte, das Hunderte Millionen Dollar zu Hughes schleusen würde, um Nixons hohe politische Schulden zu begleichen.

Aus welchen Gründen auch immer, Nixon gab den CIA-Plänen rasch seine Zustimmung. Und Bradley und Craven blieb es überlassen, sich selbst oder sich gegenseitig ihre abweichende Meinung zuzuflüstern. Niemand sonst, so schien es, wollte sie hören. Wenn überhaupt, dann wurde Craven für seinen Protest »belohnt«, indem man ihn von der Operation ausschloss. Das größte Tiefseeunternehmen aller Zeiten würde ohne den fachkundigen Rat der Männer vorangehen, die es überhaupt erst möglich gemacht hatten.

Auch Kapitän Moore von der *Halibut* sollte nicht mit von

der Partie sein. Es war an der Zeit für Rickover, seinen Zug zu machen und in dieser Welt hart durchzugreifen, die versucht hatte, ihn auszuschließen. Der Admiral hatte tatenlos zusehen müssen, als Moores Vorgänger eine höhere Autorität für die *Halibut* in Anspruch genommen hatten als Rickovers Marinereaktorenabteilung (Naval Reactors Branch). Rickover hatte miterleben müssen, wie Millionen und Abermillionen in die *Halibut* geflossen waren, während er unter Beschuss geriet, als sein *NR-1*-Budget von 30 Millionen Dollar auf 90 Millionen Dollar anschwoll. Er hatte abgewartet, während Nixon der *Halibut* die »Presidential Unit Citation« verlieh, die höchste amerikanische U-Boot-Auszeichnung, die es gibt. Und er zeigte sich unberührt, als Moore für das Aufspüren des Golf-Boots die »Distinguished Service Medal« erhielt.

Die ganze Zeit über jedoch war das Augenmerk von Rickovers Reaktorspezialisten auf die *Halibut* gerichtet. Deren Mannschaft regte sich dermaßen über die unablässigen Überprüfungen auf, dass sie, wie Moore annahm, absichtlich Fehler machte, nur um Rickovers Männern etwas zu geben, was die sich notieren konnten, in der Hoffnung, dass sie dann zufrieden sein und abziehen würden. Noch gab die Crew nichts dergleichen zu, doch Moore wusste, dass die ständige Anspannung sie belastete, so wie er wusste, dass es nur eine Frage der Zeit war, bis Rickover die Munition fand, nach der er suchte. Rickover würde eine Salve loslassen, die die Flotte derart erschütterte, dass kein Unterseeschiff, gleichgültig was seine Aufgaben und seine Verdienste auch waren, sich jenseits seiner Reichweite oder der seiner Sicherheitsinspektoren befinden würde.

Eines Morgens in aller Frühe im Jahr 1969 fand er seinen Anknüpfungspunkt. Die *Halibut* war in die Marinewerft auf Mare Island, direkt vor San Francisco, verlegt worden. Ihre Reaktoren sollten mit neuen Brennstäben versehen werden, während die Offiziere mit einer neuerlichen Umrüstung beschäftigt waren, die die Tiefseekapazitäten der *Halibut* weiter verbessern sollte. Auf dem Plan stand, dass Rickover an diesem Tag das Schiff besichtigen wollte, lediglich die genaue Uhrzeit war keinem an Bord bekannt. Moore befand sich in seiner Wohnung an Land, nur sechs Blocks von der Werft entfernt, als der Admiral auf Mare Island eintraf, wie üblich in Zivilkleidung.

Als Erstes stieß Rickover auf zwei wachhabende Marineinfanteristen, die ihm den Zugang durch das Tor verwehrten. Das hätte kein allzu großes Problem sein müssen – diese Männer kannten Rickover vielleicht nicht persönlich, aber mit seinem Namen hätten sie gewiss etwas anfangen können. Er hätte lediglich seine Ausweispapiere vorweisen müssen, doch das zu tun weigerte er sich. Er war wütend darüber, dass irgendjemand auf einer U-Boot-Basis nicht wusste, wie er aussah. Er erzwang seinen Weg durch das Tor. Später erfuhr Moore, dass der Admiral, verfolgt von den beiden Wachen, den Fußweg hinuntergerannt war. Er wurde festgehalten und erneut aufgefordert, seine Papiere vorzuweisen. Sobald die Wachen zufrieden gestellt waren, machte Rickover kehrt und stürmte direkt in das Büro von Robert Metzger, seinem Chef für Reaktorsicherheit auf Mare Island. Noch immer außer sich vor Wut, entschied Rickover, nicht selbst zur *Halibut* zu gehen. Stattdessen schickte er einen Stellvertreter, einen der Männer, die mit ihm von Washington angereist waren. Indem er diese Entscheidung traf, bereitete er die Bühne für eine Wiederholung der Geschichte.

Nahezu jeder auf der *Halibut* hätte Rickover sofort erkannt, und niemand wäre ihm mit irgendwelchen Fragen zu nahe getreten. Niemand jedoch kannte seinen Stellvertreter, also tat der junge U-Boot-Fahrer, der sich auf Deckswache befand, genau das, was von ihm erwartet wurde. Er trat an den Mann heran und bat ihn um seine Papiere. Dann rief er den Dienst habenden Offizier, der Rickovers Mann den Zugang verweigerte.

Als Moore all dies erfuhr, suchte er sofort Rickover auf. Der Admiral gab ihm keine Gelegenheit, die Wogen zu glätten. Stattdessen bellte er: »Moore, Sie sollten sich Sorgen um Ihre Karriere machen.« Dann wollte er wissen: »Und was werden Sie mit dem Dienst habenden Offizier machen, der uns den Zugang verwehrt hat?«

Rickover hielt es danach nicht mehr für erforderlich, die *Halibut* zu inspizieren, doch das U-Boot bekam seinen Zorn zu spüren. Die ständige Überprüfung der Reaktorbedienung wurde fortgesetzt. Die Mannschaft der *Halibut* wusste nur zu gut, dass es immer etwas zu beanstanden gab, wenn man nur einer falschen Bewegung, dem Gebrauch eines falschen Werkzeugs, der Nichtbeachtung von vorgeschriebenen Verfahrensweisen und so fort Beachtung schenken wollte.

Drei Monate nach seinem Zusammenstoß mit Rickover wurde Moore das Kommando über die *Halibut* entzogen. Obwohl der Vorgang durch eine gewöhnliche Versetzung verschleiert war, zweifelten nur wenige daran, dass Rickover hinter der Sache steckte. »Das war für mich eine der zahlreichen irrationalen Personalentscheidungen, deren dieser Herr fähig war und die er durchzog«, sagt Konteradmiral Walter L. Small jr., damals U-Boot-Kommandant im Pazifik. Rickover würde jeden entlassen, den er entlassen wollte, ob es nun in seine Zuständigkeit fiel oder nicht.

Die überwiegende Mehrheit von Moores Offizieren entschied sich, die Navy zu verlassen – einige als Ausdruck ihres stillen Protests gegen die Behandlung, die Rickover ihrem Kapitän hatte angedeihen lassen, andere einfach, um sich dem ständigen Sperrfeuer zu entziehen. Sogar Doc Wheat, der Sanitäter, der Charlie Hammonds den wieder belebenden Brandy eingeflößt hatte, war unter Beschuss geraten, als Rickovers Leute zu dem Schluss kamen, dass die Aufzeichnungen über die Strahlungsbelastung der Mannschaft ein einziges Durcheinander waren.

Moore wurde ins Pentagon versetzt, um dort mit dem Stab für Tieftauchprojekte zu arbeiten, und war schließlich – Ironie der Geschichte – ein Mitglied des Teams, das die Einsätze für Rickovers geliebte *NR-1* plante. Rickover hatte dafür gesorgt, dass Moore gefeuert wurde, aber er war ihn nicht losgeworden. Und trotz Rickovers Zorn brachte es Moore zum Vollkapitän ebenso wie der Rest seiner Gruppe. Er verfügte über zu viele vorteilhafte Zeugnisse, hatte zu viel erreicht, als dass ihm die

Beförderung hätte streitig gemacht werden können, auch durch Rickover nicht.

Aber ob Vollkapitän oder nicht, Moore hatte sein U-Boot verloren. Das war eine bizarre Belohnung. Nachdem er das kühnste Tiefseespionageprogramm der Navy geleitet hatte, sollte Moore nie wieder ein Kommando auf See erhalten.

5

Das Ende eines U-Boots

Es war der 27. Mai 1968 und das Ende eines langen Tages. John Craven fuhr am Potomac entlang nach Hause, als die Nachricht im Radio kam: Die USS *Scorpion (SSN-589)* wurde vermisst – 99 Männer wurden vermisst.

Kaum zwei Monate waren verstrichen, seit US-amerikanische Geheimdienste herausgefunden hatten, dass den Sowjets ein U-Boot der Golf-Klasse fehlte. Und Craven half noch immer Bradley dabei zu ermitteln, wo es gesunken war, als diese neueste Nachricht hereinkam. Craven hörte konzentriert zu, um Einzelheiten über die *Scorpion* zu erfahren, doch die blieben aus.

Keiner hatte auch nur eine Ahnung, wo die *Scorpion* sich aufhielt oder was ihr zugestoßen war. Man wusste lediglich, dass das 3500 Tonnen schwere nukleare Angriffs-U-Boot in Norfolk, Virginia, hätte eintreffen sollen, bisher jedoch nicht aufgetaucht war. Sie war nicht an sowjetischen Küsten entlang geschlichen, hatte nicht einmal neue Tiefen ausgelotet, wie die USS *Thresher*, als diese fünf Jahre zuvor verloren gegangen war. Die *Scorpion* war einfach auf gerader Strecke durch den Atlantik Richtung Heimat unterwegs gewesen. Ebenso wie das U-Boot aus dem Zweiten Weltkrieg, dessen Namen sie übernommen hatte, war die *Scorpion* scheinbar ohne Grund und ohne eine Spur zu hinterlassen verschwunden.

Bei der nächsten Ausfahrt ging Craven vom Gas und fuhr zurück zum Pentagon. Als Craven den »War Room« betrat, in dem ein kontrolliertes Chaos herrschte, wusste er nur, dass man ihn als den bedeutendsten Tiefseewissenschaftler der Navy brauchen würde. Ein U-Boot war vermisst – 99 Männer waren vermisst.

Sich einen Überblick über die bereits eingetroffenen Kommandeure und Admirale und anderen Offiziere verschaffend, nahm Craven etwas wahr, dem er in einem mit hochrangigen Militärs voll gestopften Raum noch nie begegnet war: erbärmliche Angst.

Die Angst konnte den Männern, die sich auf eine riesige Wandkarte konzentrierten, in die die der *Scorpion* zugewiesene Route eingezeichnet war, von den angespannten Gesichtern abgelesen und in den bebenden Stimmen derer vernommen werden, die sich über die überall im Raum verstreuten Navigationskarten beugten. Männer legten Hypothesen zurecht und entwickelten Modelle für die Suche. Sie zeichneten den Weg der *Scorpion* ein, legten darüber einen Korridor für die Suchflugzeuge fest und schauten nach den wenigen Bergen im Ozean darunter. Erst wenige Monate zuvor war die USS *Scamp (SSN-588)* fast verloren gegangen, als sie auf dem Weg zur Überwachung eines sowjetischen Raketentests im Pazifik einen Unterwasserberg gerammt hatte. Noch ein solcher Unfall – und die *Scorpion* könnte für immer verloren sein. Andererseits waren diese Berge entlang der Route möglicherweise der einzige Ort, an dem das Schiff und seine Mannschaft vielleicht hätten sinken können, ohne sofort zu Tode gedrückt zu werden.

Andere Offiziere studierten die Positionen in der Nähe befindlicher sowjetischer Schiffe und U-Boote und fragten sich, ob eventuell eines von ihnen der *Scorpion* über den Weg gekommen war. Alle Anwesenden in dem Raum versuchten, die Möglichkeiten abzuwägen, hätten gerne daran geglaubt, dass die *Scorpion* noch intakt, die Mannschaft zwar gestrandet, aber am Leben war.

»Was kann meine Organisation tun, um zu helfen?«, rief Craven in den Raum hinein, versuchte die besorgten Stimmen, das Tosen im Wettstreit befindlicher Gespräche und das Rascheln der Karten zu übertönen. Niemand blickte auf oder schien auch nur zu hören, was er, noch an der Tür stehend, gesagt hatte. Die meisten dieser Offiziere wussten nichts über die *Halibut,* nichts von Cravens Rolle bei ihrer Vorbereitung auf die Tiefseesuche oder auch nur von seinem Erfolg bei der Suche nach der Atombombe, welche die Air Force im Atlantik vor dem spanischen Palomares verloren hatte. Für die meisten Militärs hier war Craven nur einer von den vielen überarbeiteten Wissenschaftlern. Die wenigen, die ihn gut kannten, hielten ihn für einen Mann voller merkwürdiger Ideen und mit seltsamen Methoden, die in keiner Weise dem glichen, was in den Handbüchern der Marine beschrieben war. Nur wenige der Offiziere gingen an diesem Tag im »War Room« davon aus, dass Craven vielleicht ihre beste und sogar ihre einzige Chance war, die *Scorpion* zu finden.

Craven wiederholte seine Frage. Diesmal erhielt er eine Antwort: »Es ist uns nicht gelungen, die *Scorpion* im akustischen Netz zu finden. Wir wissen nicht, wo sie ist. Wenn es irgendetwas gibt, was Sie in dieser Hinsicht tun können, dann fangen Sie bitte sofort an.«

Damit war Craven wieder sich selbst überlasen, konnte nun versuchen herauszufinden, warum und wo die *Scorpion* verschwunden war. Die Chancen dafür, dass jemand das Schiff fand, standen schlechter als eins zu eine Million. Auf der Strecke von ungefähr 5000 Kilometern mitten durch den Atlantik hätte sie überall sein können.

Die Familien der *Scorpion*-Mannschaft hatten bereits am 15. Februar 1968 begonnen, sich Sorgen zu machen – drei Monate bevor Craven die Nachricht im Radio gehört hatte, drei Monate bevor sich Gerüchte in der Navy ausbreiteten, dass die Russen sie möglicherweise versenkt hatten.

Dort auf dem Pier stand Dan Rogers und warf seinen ehemaligen Kameraden die Festmacherleine zu, als die *Scorpion* ablegte. Der Elektrikermaat hatte mit der Forderung nach seiner Versetzung auf ein anderes Schiff, die er gegenüber seinem Kommandeur, dem Korvettenkapitän Francis A. Slattery, mit den Worten begründet hatte, dass jedermann an Bord »in Gefahr« war, seine Kariere riskiert. Die Marine hatte das knapp 80 Meter lange U-Boot immer als glänzendes Pracht-stück dargestellt, doch Rogers behauptete, dass die *Scorpion* dringend überholt werden musste und dass die Crew ihr bereits den Spitznamen »USS *Schrotthaufen*« verpasst hatte. Im Hy-drauliksystem kam es zu Öllecks, Meerwasser drang durch die Propellerwellendichtungen ins Schiff ein, und ihre Notballast-systeme funktionierten nicht richtig. Die Navy hatte ihre Tauchtiefe auf 100 Meter beschränkt, weniger als ein Drittel der Operationstiefe anderer Schiffe ihrer Klasse.

Außerdem war es drei Monte zuvor zu einem beängstigen-den Zwischenfall gekommen, bei dem die *Scorpion* während eines Hochgeschwindigkeitsmanövers so heftig zu vibrieren be-gonnen hatte, dass sie sich durch das Wasser zu winden schien und riesige Maschinen in ihren Gummilagern zum Schwingen brachte. Die Ursache wurde nie festgestellt. Rogers und andere Mannschaftsmitglieder fürchteten, dass das Problem jederzeit wieder auftreten könnte.

Der überwiegende Teil der U-Boot-Flotte war nach dem Ver-lust der *Thresher* einer gründlichen Überprüfung unterzogen worden. Die meisten der erforderlichen Arbeiten auf der *Scor-pion* hatte man jedoch immer wieder verschoben – zum einen wegen Geldknappheit, und zum anderen wegen der erbar-mungslosen Gangart der Geheimdienstoperationen, die rasch auf einen während des Kalten Kriegs noch nie da gewesenen Gipfel zustrebten. Als sie nun in See stach, war die *Scorpion* eines von lediglich vier Unterseeschiffen der Atlantikflotte, das noch einer Nachrüstung mit den nach dem *Thresher*-Unglück entwickelten Sicherheitsvorkehrungen harrte.

Rogers und seine Kameraden beschwerten sich bei Slattery, dass er und seine Offiziere ihre Besorgnis nicht ernst genug nah-men. Rogers wurde nicht vom Schiff gelassen, bevor er nicht Slatterys Forderung nachgab, aus seinem Versetzungsgesuch die kassandrische Warnung vor »Gefahr« zu streichen.

Einen Monat später wurde die *Scorpion* damit beauftragt, sich einer NATO-Übung im Mittelmeer anzuschließen. Ihre Entsendung erfolgte nur deshalb, weil die Marine in letzter

Minute einen Ersatz für die *Seawolf* brauchte, für jenes U-Boot, das Craven zugunsten der *Halibut* übergangen hatte, als der Zeitpunkt für die Auswahl eines U-Boots für »Sonderaufgaben« gekommen war. Die *Seawolf* hatte sich aus der Flottenrotation katapultiert, weil sie im Golf von Maine einen unterseeischen Berg gerammt und dabei ihr Heck schwer beschädigt hatte.

Das Mittelmeer war zur neuen Arena des Kalten Kriegs geworden. Seit dem israelisch-arabischen Sechstagekrieg 1967 hatte die Sowjetunion in wachsender Zahl mit Marschflugkörpern bestückte Angriffs-U-Boote ausgesandt, um US-Flugzeugträger zu beschatten und amerikanische Raketen-U-Boote zu verfolgen, die von einer Basis im spanischen Rota aus operierten. Amerikanische Überwachungs-U-Boote beobachteten ägyptische Häfen, wo einige der sowjetischen Fahrzeuge Zwischenaufenthalte einlegten. Der Verkehr war so dicht, dass es im Dezember zwischen der USS *George C. Marshall (SSBN-654)* und einem sowjetischen Angriffs-U-Boot zur ersten Unterwasserkollision im Mittelmeer kam.

Die meiste Zeit bestand das Problem darin, die sowjetischen U-Boote rechtzeitig zu entdecken. Das SOSUS-Ortungsnetz, das sich in anderen Gebieten der Erde als so hilfreich erwies, erstreckte sich nicht bis ins Mittelmeer hinein – und auch nicht an der Westküste Europas entlang, einer Route, die die Sowjets gerne für den Weg ins Mittelmeer wählten. Das Mittelmeer selbst weist entsetzliche Sonarbedingungen auf, da hier allerorten Salz- auf Süßwasser, warmes auf kaltes Wasser trifft und die Sonarpings in unvorhersagbare Richtungen abgelenkt werden. Hinzu kam, dass niemand auf amerikanischer Seite wirklich begriff, wie die Sowjets im Mittelmeer operierten oder wie viele U-Boote sie überhaupt dorthin ausgesandt hatten. Tatsächlich führten U-Boot-Analytiker in Londen und ihre Kollegen in Norfolk, Virgina, lange analytische Diskussionen über sowjetische Operationen, die sich umso mehr in die Länge zogen, je weniger Fakten es gab, um sie zu untermauern.

Von der Voraussetzung ausgehend, dass die zahlenmäßige

Präsenz die durch fehlendes Wissen entstandenen Lücke schon schließen würde, fingen die Amerikaner an, befreundete U-Boot-Flotten – aus Südeuropa und dem Nahen Osten – in der Kunst der U-Boot-Jagd auszubilden. Die *Scorpion* war ins Mittelmeer entsandt worden, um dort Hase zu spielen und sich von fremden Streitkräften als Bestandteil von deren Ausbildung jagen zu lassen. Für die Männer auf der *Scorpion* hätte dies ein Bombenjob sein sollen, einer mit der seltenen Vergünstigung von Hafenaufenthalten im sonnigen Spanien, Italien und Sizilien. Doch viele von ihnen hätten es vorgezogen, mit Rogers an Land zu bleiben – dies jedenfalls kann man den Briefen entnehmen, die sie nach Hause schickten.

»Wir haben jedes einzelne Teil der Ausrüstung auf diesem Boot repariert, ersetzt oder notdürftig geflickt«, schrieb der 24-jährige Antriebsmaat David Burton Stone am 12. April an seine Eltern. Stone schickte seinen Brief zwei Monate nach dem Auslaufen ab, kurz bevor die *Scorpion* sich auf ein gefährliches Spiel mit einem sowjetischen Zerstörer einließ. Der Vorfall war typisch für Operationen im Mittelmeer: Beide Seiten hatten es sich zur Gewohnheit gemacht, die jeweils andere zu belästigen. Als die USS *Scorpion* auftauchte, um Funksprüche mit der USS *Cutlass (SS-478)* auszutauschen, raste der Zerstörer auf das U-Boot zu, als wollte er es in den Meeresboden rammen. Das sowjetische Schiff setzte erst zurück, als der Zusammenstoß fast unausweichlich schien.

»So machten die das drei- oder viermal«, sagte Herbert E. Tibbets, der kommandierende Offizier auf der *Cutlass*, der den Vorfall von der Brücke aus beobachtete. »Ich hörte nicht auf zu schwitzen und zu denken: ›Hoffentlich lassen es die Kerle damit sein.‹«

Berichte über diesen Vorfall und Gerüchte über einen weiteren Einsatz haben viele der Familienmitglieder zu der Überzeugung gebracht, dass die Sowjets für den Verlust der *Scorpion* verantwortlich seien. Der populärsten Geschichte zufolge wurde die *Scorpion* von einem sowjetischen Torpedo gegen Ende ihrer Mission getroffen, als sie versuchte, im Atlantik ein sowjetisches Angriffs-U-Boot von einem US-amerikanischen Polaris-Schiff fortzujagen.

Es hatte tatsächlich eine Mission zum Ende der Fahrt hin gegeben, doch diese hatte nichts mit dem Jagen sowjetischer Angriffs-U-Boote zu tun. Es begann im späten April. Die *Scorpion* absolvierte gerade ihren letzten Hafenbesuch, diesmal im italienischen Neapel. Von dort aus, so meinten die Männer, würden sie nach Hause fahren. Stattdessen teilte man ihnen mit, dass sie merkwürdige sowjetische Aktivitäten beobachten sollten. US-amerikanische Satelliten hatten eine Gruppe sowjetischer Überwasserschiffe im Atlantik kurz vor dem Mittelmeer fotografiert, die Ballons in der Größe von Wetterballons fliegen ließen. Die Sowjets waren nun seit beinahe einem Monat mit diesem rätselhaften Tun beschäftigt. Es war bekannt, dass die Sowjets im Pazifik mit elektronischen Sensoren ausgerüstete Ballons in der Nähe von US-Atomtests aufsteigen ließen. Vielleicht handelte es sich hier um eine neue Anwendung dieser Spionagetechnik.

Da er sich ausrechnete, dass die *Scorpion* auf ihrem Nachhauseweg ohnehin dort vorbeikommen würde, befahl Kapitän zur See James Bradley – noch immer der oberste U-Boot-Nachrichtenoffizier der Marine – das Schiff dorthin, um sich die Sache einmal aus der Nähe anzusehen. Slattery und die übrigen Offiziere der *Scorpion* waren enttäuscht. Nachdem sie über zwei Monate lang auf See gewesen waren, wollten die Offiziere direkt nach Hause fahren. Auf einer Cocktailparty anlässlich ihres Abschieds von Neapel legten sie Bradley ihre Situation dar. Er zeigte zwar durchaus Verständnis, doch den Befehl änderte er nicht.

Am 28. April nahm die *Scorpion* also Kurs auf die sowjetischen Schiffe. In sicherer Entfernung von der Brandung legte Slattery noch einmal einen kurzen Zwischenstopp bei Rota in Spanien ein, um ein Mannschaftsmitglied und einen Nachrichtendienstler, der krank geworden war, von Bord zu lassen. Dann nahm er seinen Weg wieder auf. Die *Scorpion* legte sich vor den sowjetischen Schiffen zwei oder drei Tage auf die

Lauer, dann wendete Slattery sein U-Boot und machte sich auf den Heimweg. Als er sich in sicherer Entfernung von den Russen befand, setzte er einen Funkspruch ab, in dem er mitteilte, dass er ein paar Fotos gemacht, aber nur wenig Einblick in die sowjetische Übung gewonnen hatte.

Es ist nicht abschließend geklärt, wo genau diese Gruppe von Schiffen operierte, doch freigegebene Marinedokumente nennen eine Möglichkeit. Aufklärungsflugzeuge hatten zwei sowjetische hydrographische Vermessungsschiffe – ein Unterseebootrettungsschiff und ein kernkraftgetriebenes Angriffs-U-Boot der Echo-II-Klasse – ausgemacht, die südwestlich der Kanarischen Inseln, die etwa 500 Kilometer von der nordwestlichen Küste Afrikas entfernt sind, unspezifische »hydroakustische Operationen« durchführten. Die Luftaufklärung wurde am 19. Mai unterbrochen und am 21. Mai wieder aufgenommen, etwa zu dem Zeitpunkt, da die *Scorpion* die Gegend wieder verlassen hatte.

»Weder bevor noch nachdem die *Scorpion* verloren ging, wurden Veränderungen im Operationsmuster der sowjetischen Schiffe beobachtet, die als Hinweis auf eine Beteiligung oder irgendein Interesse hätten bewertet werden können«, berichtete die Navy später in einem Dokument, das 1969 von einer auf das *Scorpion*-Unglück angesetzten Untersuchungskommission erstellt worden war und jahrelang unter Verschluss blieb.

Am Abend des 21. Mai gab die Crew der *Scorpion* ihre Position durch und berichtete, dass sie sich auf der ihr zugewiesenen Route durch den Nordatlantik auf dem Nachhauseweg befand. Wenn sie die Anordnung befolgte, die Überfahrt mit einer Durchschnittsgeschwindigkeit von 18 Knoten zu machen, würde die *Scorpion* am 27. Mai um 13.00 Uhr Ortszeit in Norfolk eintreffen.

Admiral Thomas Moorer, der Chef der Seekriegsleitung, und Vizeadmiral Arnold F. Schade, Befehlshaber der U-Boote im Atlantik, fingen an sich Sorgen zu machen, als die *Scorpion* am 23. Mai auf einen Funkspruch wie auch auf wiederholte Botschaften an den beiden Folgetagen nicht reagierte. Sie forderten dezent ein paar Schiffe und Flugzeuge der Navy auf, Ausschau nach dem U-Boot zu halten. »Subsunk« (U-Boot-Überfälligkeitsalarm) wurde noch nicht gegeben. Schließlich war es ja denkbar, dass Slattery und seine Männer unter Wasser und damit ohne Funkkontakt nach Hause rasten.

Am 27. Mai um 12.20 Uhr verwandelte sich die Besorgnis in Angst. Es waren nur noch 20 Minuten bis zur voraussichtlichen Ankunftszeit der *Scorpion* in Norfolk. Inzwischen hätte sie auftauchen und die Mannschaft Funkkontakt zur Basis aufnehmen müssen. Schade leitete eine intensive Kommunikationsüberprüfung ein. Schiffe und Flugzeuge erfüllten die Luft mit dem Decknamen der *Scorpion*.

»Brandywine…«

»Brandywine…«

»Brandywine!«

Keine Antwort.

Um 15.15 Uhr wurde die *Scorpion* für vermisst erklärt.

Draußen auf dem Pier warteten die Familienangehörigen der Mannschaft, warteten darauf, dass ihre Männer, Söhne und Väter von der See zurückkamen, warteten in einem Frühlingsregen, der den Pier sauber wusch. Sie wussten nichts von den verzweifelten Funksprüchen, die die Luft um sie herum erfüllten. Dann forderte die Navy sie auf, nach Hause zu gehen, erklärte ihnen, dass die *Scorpion* sich verspätet hatte. Erst als Reporter anfingen, bei ihnen anzurufen, erfuhren die Familien, dass ihre Söhne, Männer und Väter als vermisst galten.

Zu dem Zeitpunkt, da Craven wendete und zum Pentagon zurückfuhr, bemühten sich Nachrichtenoffiziere bereits verzweifelt darum, einen akustischen Hinweis oder andere Anzeichen für einen Unfall, eine Kollision oder ein Gefecht zu erhalten. Aufklärungspiloten meldeten, dass alle bekannten Überwasserkriegsschiffe der Sowjetunion und der übrigen Ostblockstaaten, Handelsschiffe und U-Boote sich mindestens 80 Kilometer entfernt von jeglichem Punkt befanden, den die *Scorpion* erwartungsgemäß passiert haben würde. Die Navy stellte später fest, dass es »keine Beweise für irgendwelche sowjetischen Vorbereitungen auf Feindseligkeiten oder eine Krisensituation gab, wie sie im Falle eines vorsätzlichen Angriffs auf die *Scorpion* zu erwarten gewesen wären«. Tatsächlich hatte die Marine zu dem Zeitpunkt, da Craven den »War Room« betrat, die Wahrscheinlichkeit einer sowjetischen Beteiligung am Verlust der *Scorpion* praktisch ausgeschlossen.

Vizeadmiral Schade persönlich schloss sich der Suche auf der USS *Pargo (SSN-650)* an. Rogers, das frühere Mannschaftsmitglied, suchte ebenfalls an Bord seines neuen U-Boots, der USS *Lapon (SSN-661)*.

Es gab einen Augenblick, in dem jeder auf der *Lapon* glaubte, die *Scorpion* gefunden zu haben. Die Funker der *Lapon* hatten ein »SOS« von der »Brandywine« empfangen. Doch es wurde bald auf Ekel erregende Weise klar, dass es sich bei dem Funkspruch um Schwindel handelte, um einen sadistischen Scherz von Seeleuten auf einem Handelsschiff oder von Freizeitkapitänen.

Inzwischen hatte Craven eine Suche anlaufen lassen, die so viele ungewohnte Wendungen nehmen und die ihn so wenig mit der Marine übereinstimmen lassen sollte, dass er sich schon bald selbst die Frage stellte, ob er vielleicht tatsächlich verrückt geworden war. Anfangs ging er noch recht formell vor, dachte über Möglichkeiten nach, auf akustischem Weg die Meerestiefen zu durchforsten. Es war klar, dass das SOSUS-Ortungsnetz nicht von Nutzen sein würde. Obgleich das Überwachungssystem im Pazifik den Knall aufgezeichnet hatte, der einzig den Verlust des sowjetischen U-Boots der Golf-Klasse angezeigt hatte, würde das SOSUS-Netz im Atlantik im Fall der *Scorpion* diese Hilfe nicht leisten. Das SOSUS-System im Atlantik war so konstruiert, dass es hereinkommende Hintergrundgeräusche herausfilterte. Es zeichnete lediglich Maschinenlärm, das Dröhnen von Schiffsschrauben und all die übrige Musik, die U-Boote machen, wenn sie sich vorwärts bewegen, auf. Sprengungen zur Ölgewinnung, unterseeische Erdbeben und den Gesang der Wale hingegen unterdrückte es. Dieses Filtersystem würde auch jeden Hinweis darauf eliminiert haben, dass die *Scorpion* auf den Meeresgrund gesunken war, würde die schrecklichen »Todesschreie« eines implodierenden U-Boots zersetzt haben und die dazugehörigen Geräusche vom üblichen Ozeanlärm ununterscheidbar wiedergeben.

»Wie zum Teufel sollen wir die armen Schweine bloß finden?«, murmelte Craven vor sich hin. Innerhalb weniger Tage würde man ihn zum Vorsitzenden einer technischen Beratergruppe machen, einberufen von Robert A. Frosch, dem beigeordneten Marineminister mit Zuständigkeit für Forschung und Entwicklung, um bei der Suche nach der *Scorpion* zu helfen. Craven und die übrigen Gruppenmitglieder sollten direkt dem Chef der Seekriegsleitung und dem Befehlshaber der Atlantikflotte berichten.

Er fing an, die kleinen Meeresforschungsstationen anzurufen, die an der Atlantikküste verstreut waren. Ganz oben auf seiner Liste befand sich Gordon Hamilton, ein Freund, der ein meereskundliches Labor auf den Bermuda-Inseln leitete, das vom Forschungsbüro der Marine finanziert wurde.

»Hallo, Gordon, habt ihr irgendwelche Unterwasserhorchgeräte im Wasser, die die *Scorpion* gehört haben könnten?«, fragte Craven, ohne sich erst die Mühe einer zeremoniellen Begrüßung zu machen.

»Wir hier nicht. Aber eine Abteilung meines Labors auf den Kanarischen Inseln hat das ganze Jahr über Unterwasserhorchgeräte im Einsatz«, antwortete Hamilton.

Die Unterwasserhorchgeräte warfen Berge voll gekritzelten Papiers aus, auf denen sich Scheitelpunkte und Echozeichen sammelten, während Stifte über endlos rotierende Zylinder liefen. Es gab jedoch ein Problem. Sechs Tage waren seit dem letzten an die Basis gerichteten Funkspruch der *Scorpion* vergangen, und die Labormitarbeiter hatten Anweisung, alle Aufzeichnungen nach zwei oder drei Tagen zu vernichten. Alle Kritzeleien, die die Tragödie an Bord der *Scorpion* hätten registriert haben können, befanden sich also theoretisch bereits im Müll.

Doch Craven war davon überzeugt, dass Menschen selten

das tun, was sie tun sollen. Die Haushaltsführung, so überlegte er, wurde in der Regel als Erstes vernachlässigt. Nach ein paar Stunden rief Hamilton zurück. Craven hatte Recht. Überall im Labor waren stapelweise Ausdrucke verteilt, darunter auch die akustischen Aufzeichnungen der beiden vorangegangenen Wochen – in ihnen waren acht einzelne ozeanische Explosionen oder schwere Störungen festgehalten, die in die sechs Tage fielen, in denen ein Kontakt zur *Scorpion* nicht mehr zustande gekommen war. Doch die Störungen hätten von allem Möglichen verursacht worden sein können, unter anderem von Sprengungen zur illegalen Ölgewinnung, ein Geräusch, das recht häufig durch den Nordatlantik schallte. Und sie hätten von fast überall her und aus jeder Richtung kommen können.

Mit nur einem Satz Aufzeichnungen konnte es Craven nicht gelingen, irgendeine der Explosionen geographisch festzumachen. Hierzu musste er Aufzeichnungen von drei verschiedenen Unterwasserhorchgeräten an drei verschiedenen Einsatzorten triangulieren. Da ihm die Daten für eine genaue Ortung fehlten, wählte Craven den einzig möglichen anderen Ansatz und setzte die Explosionszeitpunkte in Beziehung zum bekannten Weg und zur Geschwindigkeit der *Scorpion*. Er erhielt acht Positionen mitten im Ozean, an denen sich das U-Boot zum jeweiligen Zeitpunkt der acht Störungen befunden haben müsste. Ozeanographische Reliefkarten zeigten, dass sich alle acht Stellen in Wassertiefen von über 600 Metern und damit unterhalb der Zerstörungstiefe des Schiffs befanden.

Auf der Basis von Cravens Angaben schickte die Navy Flugzeuge zu allen acht Stellen. Die Piloten suchten die Meeresoberfläche nach schwimmenden Wrackteilen und Ölteppichen ab. Sie fanden nichts. Da das Wasser so tief war, ließ das Fehlen von Trümmern jedoch noch keine abschließenden Folgerungen zu. Craven brauchte mehr Daten, um weitermachen zu können. Die Jagd nach akustischem Beweismaterial ging weiter.

Unabhängig von den Bemühungen Cravens steuerte Wilton Hardy, der leitende Wissenschaftler eines Eliteakustikteams im

Marineforschungslabor (Naval Research Laboratory), der bedeutendsten Unterwassertesteinrichtung der Navy, den nächsten Anhaltspunkt bei. Er wusste, dass die amerikanische Luftwaffe zwei Unterwasserhorchgeräte bei Neufundland besaß, um Unterwassererschütterungen von sowjetischen Atombombentest zurückverfolgen zu können. Das eine befand sich unmittelbar vor der Halbinsel Argentia, das andere etwa 300 Kilometer von dort entfernt.

Hardy ließ sich die Aufzeichnungen schicken, wohl wissend, dass er es mit großen Entfernungen zu tun haben würde. Beide Air-Force-Unterwasserhorchgeräte waren etwa so weit von den Azoren und damit von der letzten bekannten Position der *Scorpion* entfernt, wie es überhaupt nur möglich war, ohne den Nordatlantik zu verlassen. Und mitten zwischen den Unterwasserhorchgeräten und der *Scorpion*-Fahrspur befand sich die größte unterseeische Bergkette des Planeten, der Mittelatlantische Rücken. Die Berge waren hoch genug, um einen Großteil der Geräusche, die von den Azoren kamen, zu blockieren.

Und tatsächlich, auf den ersten Blick sahen die Air-Force-Aufzeichnungen nutzlos aus. Es gab keine auffälligen Scheitelpunkte, wie sie die Unterlagen des Labors auf den Kanaren aufgewiesen hatten. Doch Hardy hoffte, dass er, wenn er nur gründlich genug suchte und die Augen vielleicht ein bisschen zusammenkniff, möglicherweise doch etwas sehen würde. Er legte die Kanaren- und die Argentia-Aufzeichnungen direkt übereinander.

Da waren sie, fast vollständig hinter lokalen Geräuschen verborgen, kleine Echozeichen, die zu den auffälligeren Scheitelpunkten zu passen schienen, die Hamiltons Labor aufgezeichnet hatte. Hardy rief Craven an, der inzwischen die vollständige Koordination der akustischen Suchbemühungen der Marine übernommen hatte. Craven wollte sich nun davon überzeugen, dass es sich bei den Argentia-Aufzeichnungen weder um Zufall noch um ein Phantom handelte.

Wenn die Argentia-Echozeichen wertloser Lärm waren, dann würden sie die relativ feine Linie im Ozean, welche die

Fahrspur der *Scorpion* darstellte, vermutlich um Hunderte oder Tausende Seemeilen verfehlen. Doch wenn die neuen Daten irgendeinen der acht im Labor auf den Kanarischen Inseln ermittelten Punkte auf dieser feinen Linie haargenau trafen, dann würde die akustische Übereinstimmung ein fast sicherer Hinweis darauf sein, dass die Daten stichhaltig waren.

Hardy fand es als Erster. Da, mitten auf der eingezeichneten Fahrspur der *Scorpion*, war eine Explosion von ausreichender Stärke, um einen stählernen Bootskörper zu durchschlagen und ein dann geflutetes U-Boot auf den Meeresboden zu schicken.

Es war unmöglich zu sagen, was die erste Explosion verursacht hatte. Doch 91 Sekunden später kam es zu einer Serie sehr viel lauterer Detonationen, und diesmal gab es keinen Zweifel, welchen Ursprungs sie waren. Craven und Hardy waren überzeugt, dass es sich um Implosionen handeln musste, die qualvollen Schreie eines U-Boots, das kollabiert, von dem eine Zelle nach der anderen mit der Kraft von fast 250 Kilogramm TNT-Sprengstoff zusammengedrückt wird.

Möglicherweise hätten die Männer in dem Unterseeboot die erste Explosion überlebt, wenn dieses Geräusch tatsächlich mit der *Scorpion* in Zusammenhang stand. Sie hätten vielleicht lang genug gelebt, um zu sehen, wie ihre Wände zunächst erzitterten und dann nach innen gedrückt wurden, doch das wäre dann auch alles gewesen. Kein Mensch hätte auch nur die erste Implosion überleben können. Ihre Wucht hätte die Bug- und die Heckzellen in die Mitte des Unterseeboots geschoben und das Boot mit einem einzigen gewaltigen Klatschen wie eine Ziehharmonika zusammengefaltet. Die resultierende verheerende Hitze und die Wucht der Implosion würden jeden an Bord innerhalb von weniger als einer Hundertstelsekunde getötet haben. Die Männer wären längst alle tot, obwohl der Druck des Ozeans weiter auf die *Scorpion* eintrommelte: eine zweite Implosion vier Sekunden nach der ersten, dann eine weitere fünf Sekunden später, dann zwei Sekunden bis zur nächsten, drei Sekunden, sieben Sekunden, dann wieder eine und wieder eine. Drei Minuten und zehn Sekunden nach der ersten

Explosion wäre alles vorüber gewesen. Drei Minuten und zehn Sekunden der Zerstörung, bis der Ozean plötzlich wieder still wurde.

Aufgezeichnet nur 18 Stunden nach dem letzten Funkspruch von der *Scorpion*, bedeuteten die Detonationen, dass das U-Boot weniger als 700 Kilometer auf seinem Weg nach Norfolk zurückgelegt hatte.

Nun waren vier Tage vergangen, seit die *Scorpion* für vermisst erklärt worden war. Craven rief den Chef der Seekriegsleitung an und teilte ihm mit, dass die *Scorpion* vermutlich für immer verloren war. Moorer wollte nichts davon hören. Er hatte nicht vor, den Familien der Mannschaft und der Bevölkerung der Vereinigten Staaten mitzuteilen, dass es keine Hoffnung mehr gab, nur weil auf einem Stück Papier ein paar winzige, kaum voneinander zu unterscheidende Echozeichen zusammenfielen. Die Tatsache, dass sie sich an einer Stelle direkt auf der Fahrspur der *Scorpion* befanden, zu einem Zeitpunkt, an dem das Schiff sich dort hätte aufhalten müssen, veranlasste ihn lediglich dazu, die Stelle zu einem »Bereich besonderen Interesses« zu erklären. Dann wartete er ab, ob Flugzeuge, Schiffe und U-Boote noch irgendetwas anderes erbringen würden.

Konteradmiral Beshany, der Kommandeur der U-Boot-Flotte, begann alle Presseanfragen an Craven weiterzuleiten. Doch der Wissenschaftler hatte den strengen Befehl, das Wort »Verlust« und jeden Hinweis auf Tod zu vermeiden. Als weitere sechs Tage vergangen waren, ohne dass es irgendwelche Überlebenszeichen von der *Scorpion* gab, mussten Beshany und Moorer zugeben, dass Craven und Hardy Recht hatten. Am 5. Juni gab Moorer bekannt, dass die *Scorpion* »mutmaßlich verloren« war. Noch am selben Tag erklärte der Marineminister Kapitän zur See Slattery und seine 98 Offiziere und Mannschaftsränge offiziell für tot.

Doch die *Scorpion* war noch immer nicht gefunden. Ohne eine Untersuchung der Überreste des U-Boots würde die Marine nie erfahren, was vorgefallen war. Ohne dieses Wissen würde die Atom-U-Boot-Flotte für alle Zeiten mit der Angst operieren, dass ein fataler Mangel, der irgendwie übersehen worden war, erneut eine Katastrophe verursachen könnte. Solange es keine wirklichen Beweise dafür gab, dass die Mannschaft tot war, würden die Familienangehörigen nie den Gedanken abschütteln können, dass die Männer, entgegen aller Logik und aller zugänglichen Informationen, vielleicht gefangen genommen worden waren und doch noch irgendwo, möglicherweise in einem sowjetischen Gefängnis, lebten.

Und so begann die zweite Phase der Suche. Nun hing es allein von Craven und seinem Team ab, die *Scorpion* zu finden und festzustellen, was sie zur Strecke gebracht hatte. Craven konzentrierte sich erneut auf die Echozeichen.

Der Schauplatz der ersten Explosion – der nun die Bezeichnung »Punkt Oscar« erhielt – war der Ausgangspunkt der Suche. Doch damit hatte Craven das U-Boot noch lange nicht gefunden. Die Anordnung der Thermalschichten im Wasser hatten möglicherweise die Geräusche der sinkenden *Scorpion* auf ihrem Weg zu den Unterwasserhorchgeräten vor den Kanarischen Inseln und vor Neufundland verzerrt. Craven errechnete, dass jede der Stellen, welche die triangulierten Daten ergeben hatten, möglicherweise bis zu 15 Kilometer vom tatsächlichen Ort des Geschehens abwich.

Außerdem war das Meer am »Punkt Oscar« über 3000 Meter tief. Die Implosionen der *Scorpion* würden etwa 2000 Meter, bevor sie auf dem Meeresboden aufschlug, zum Stillstand gekommen sein; damit würde die akustische Spur abgeschnitten worden sein. Abhängig von ihrer Geschwindigkeit und ihrer Fahrtrichtung sowie von der Wucht der Implosion und der Position ihres Heckleitwerks beim Fallen, konnte sich die *Scorpion* kilometerweit von »Punkt Oscar« entfernt befinden.

Damit musste sich das U-Boot irgendwo innerhalb einer Kreisfläche von gut 30 Kilometern Durchmesser befinden – ein ausgedehntes unbekanntes Universum für die Suche. Und die Kunst der Tiefseesuche steckte noch in den Kinderschuhen.

Als er die Suche nach der *Scorpion* in Gang setzte, verfügte

Craven über weit weniger Daten als im Fall der sowjetischen Golf. Die Navy entschied, ein Überwasserschiff auszuschicken, um die Gegend um »Punkt Oscar« zu durchkämmen. Der Gedanke, die *Halibut* mit dieser Mission zu betrauen, kam gar nicht erst auf; die *Halibut* war ein Unterseeboot, das man für geheime Einsätze ausgerüstet hatte, doch diesmal war Heimlichkeit nicht erforderlich, da die Sowjets ohnehin in jeder amerikanischen Zeitung den Verlust des U-Boots nachlesen konnten.

Stattdessen beauftragte die Navy die USNS *Mizar*, ein ozeanographisches Vermessungsfahrzeug. Sie war ein 80 Meter langer ehemaliger Polartender, der nach dem *Thresher*-Unglück und im Zusammenhang mit dem nachfolgenden Interesse an der Tiefsee für Forschungszwecke umgebaut worden war. Für diese Mission würde das Schiff Hardys Team am Marineforschungslabor unterstellt, wo sich sein Stützpunkt befand.

Die *Mizar* führte Schleppkameras, weniger fortschrittliche Versionen der »Fische« der *Halibut*, mit sich und würde mit ihnen langsam und sorgfältig den Meeresboden durchkämmen. Die Suche würde von Chester »Buck« Buchanan geleitet werden, einem zivilen Meeresforscher und leitenden Wissenschaftler des Marineforschungslabors.

Als Buchanan sich auf den Weg machte, war ihm klar, dass er eine lange Reise vor sich hatte. Mit einer Geschwindigkeit von zwei Knoten dahinkriechend, würde die *Mizar* Monate brauchen, um das Gebiet abzusuchen. Doch der Kapitän war von Natur aus ein Fährtenleser, klein, gedrungen und auf gutmütige Weise kämpferisch. Von dem Tag an, an dem die *Mizar* auslief, ließ er sich einen Bart in Van Dyckscher Manier wachsen und erklärte, dass er ihn erst wieder abrasieren würde, wenn er die *Scorpion* gefunden hätte.

Im ständigen Kontakt mit Hardy und Craven, die die akustischen Brotkrümel überprüften, führte Buchanan die *Mizar* in Kreisen über »Punkt Oscar«, fand jedoch nichts weiter als einen stark eisenhaltigen Meteoriten. Den Anweisungen der Marine Folge leistend, suchte die *Mizar* dann den Bereich westlich von »Punkt Oscar« ab. Die Navy ging davon aus, dass dies die beste Himmelsrichtung sein würde, da sich die *Scorpion* ja auf den Nachhauseweg Richtung Norfolk befunden hatte.

Inzwischen forschte Craven weiter nach Hinweisen, ließ nichts unversucht, womit er der *Mizar* von Land aus bei ihrer Suche helfen konnte. Er machte sich daran, möglichst jede einzelne Implosion zu vermessen, um auf diesem Wege herauszufinden, wie weit die *Scorpion* noch vorangekommen war, bevor die letzten Geräusche ihres Untergangs verstummt waren.

Doch er fand erheblich mehr.

Cravens Berechnungen ergaben, dass die *Scorpion* in ihren letzten Augenblicken gar nicht nach Westen auf Norfolk zu unterwegs gewesen war. Stattdessen zeigte Cravens Karte überraschenderweise, dass das U-Boot nach Osten in Richtung Mittelmeer gefahren war. Vielleicht hatte es gewendet, um sich vor einem anderen Schiff in Sicherheit zu bringen. Doch Nachrichtendienstmitarbeiter hatten Craven bereits mitgeteilt, dass die Sowjets auf keinen Fall irgendetwas mit der Sache zu tun gehabt hatten. Es musste etwas anderes passiert sein.

Der Wissenschaftler ging geradewegs in Beshanys U-Boot-Kommandozentrale. Er hatte nur eine Frage. »Was könnte ein U-Boot dazu veranlassen, in die falsche Richtung zu fahren?«

Craven stellte sie mehreren Kapitänen und Admiralen. Jedes Mal erhielt er die gleiche Antwort.

Ein U-Boot beschreibt eine Kreisbahn von 180 Grad, wenn ein noch an Bord befindlicher Torpedo sich selbständig aktiviert, ein Ereignis, das amerikanische U-Boot-Fahrer als »Hot Run« bezeichnen. Das Boot wendet in einem Halbkreis, weil auf diese Weise die Sicherheitseinrichtung im Torpedo ausgelöst und der Prozess des Selbstbeschusses abgebrochen werden kann. Diese Sicherheitseinrichtungen halten die Waffe davon ab, sich gegen das U-Boot, das sie abgeschossen hat, zu richten und es in die Luft zu jagen.

Die *Scorpion* führte wie alle U-Boote in der Zeit des Kalten Kriegs eine volle Ladung Torpedos mit sich, mit Sprengköpfen versehen und zum Äußersten bereit. Sie hatte 14 Mk-37-Torpedos, sieben Mk-14-Torpedos und zwei mit Atomsprengköpfen versehene Mk-45-»Astor«-Torpedos an Bord. Bei den zielsuchenden Mk-37-U-Jagdtorpedos kamen Hot Runs besonders häufig vor. Wäre es zu einem Hot Run gekommen, dann hätte Slattery gerufen »Ruder hart Steuerbord!« und damit im gleichen Augenblick, in dem ihm aus dem Torpedoraum von dem Problem berichtet worden wäre, eine Wende von 180 Grad eingeleitet. Jeder Kapitän wäre so vorgegangen – U-Boot-Fahrer werden auf dieses Manöver so lange gedrillt, bis die Reaktion in Fleisch und Blut übergegangen ist. Tatsächlich hatte die *Scorpion* gerade im Dezember 1967, sechs Monate bevor sie verloren ging, einen solchen Hot Run überstanden, weil Slattery dieses Standardmanöver befolgt hatte.

Das musste es sein, überlegte Craven. Die *Scorpion* war nach Westen unterwegs gewesen, und das musste bedeuten, dass etwas mit einem der Torpedos an Bord nicht in Ordnung war. Irgendwie hatte er sich aktiviert. Und irgendwie war er losgegangen.

Craven zog weitere Erkundigungen ein. Er fand heraus, dass die an Bord befindliche Testausrüstung einen Defekt hatte, der einen Hot Run leicht hätte auslösen können. Und er brachte in Erfahrung, dass Torpedos, ebenso wie nahezu alle übrigen Geräte an Bord, routinemäßig getestet werden, sobald sich U-Boote auf dem Heimweg befinden.

Eine von Cravens Lieblingsmaximen lautete: »Wenn etwas verkehrt herum eingebaut werden kann, dann wird es auch geschehen.« Und in diesem Fall traf sie zu. Mehrere Unterseeboote hatten Hot Runs zu verzeichnen, weil an der Testausrüstung Elektrokabel falsch herum angeschlossen worden waren. Das Problem war immerhin so häufig aufgetreten, dass der Kommandeur der Atlantikflotte eine entsprechende Warnung ausgesprochen hatte.

Dieser bekannte Defekt in Kombination mit den akustischen Daten, so schien es Craven, beantwortete die Frage, welches Schicksal der *Scorpion* beschieden gewesen war. Sie hatte sich mit einem Hot Run herumschlagen müssen, der vermutlich darauf zurückzuführen war, dass jemand während eines Tests Kabel versehentlich falsch herum angeschlossen hatte. Nur war ihre Wende nach Osten zu spät gekommen. Die Logik, die Beweise – alles passte zusammen. Craven war sich seiner Sache sicher.

Es gab nur ein Problem: Fast niemand teilte seine Auffassung. Die Schallexperten, die Torpedoexperten, die U-Boot-Kapitäne, alle hörten zu, als Craven seine Theorie, seine Beweise und seine Logik darlegte, wobei seine Stimme sich hob und senkte, als trage sie einen Shakespeareschen Monolog vor, den er jedoch mit den für ihn typischen Maximen über die Tiefsee interpunktierte. Doch niemand, gleich welchen Ranges, vom Chef der Seekriegsleitung abwärts, glaubte, dass Craven Recht haben könnte.

Hardy, der Akustikexperte im Marineforschungslabor, war überzeugt, dass Craven viel zu viel in die akustischen Daten hineininterpretierte und Geistern hinterherjagte. Das einzige, was sich nach Osten Richtung Mittelmeer gewandt hatte, so meinte Hardy, war Cravens Phantomspur. Seine Argumente lösten Zweifel in Craven aus. Außerdem war die *Mizar* Hardys Labor unterstellt, und Craven brauchte seine Unterstützung, wenn das Schiff umdrehen und in östlicher Richtung suchen sollte. Cravens eigene Beziehung zum Marineforschungslabor war wackelig. Als Direktor des Projekts für Tieftauchsysteme hatte er dem Labor praktisch eines seiner wertvollsten Besitztümer – den Bathyskaph *Trieste II* – gestohlen, um ihn bei der Ausarbeitung der Eigenschaften von Rickovers nuklearem *NR-1*-Tauchboot einzusetzen.

Die Offiziere, die im Kommando für Waffentechnik (Ordnance Systems Command) für die Torpedosicherheit zuständig waren, schlossen sich der Gruppe der Neinsager an. Sie beharrten darauf, dass ein in einen Hot Run involvierter Torpedo unmöglich im Inneren des U-Boots detonieren konnte. Damit die Explosion erfolgte, musste der Gefechtskopf mit Höchstgeschwindigkeit auf einen Gegenstand auflaufen und seine Vorwärtsbewegung erst im Augenblick der Berührung einstellen.

Dann, und nur dann, würde der Torpedo losgehen. Die Waffentechniker erhielten Unterstützung aus der Hauptverwaltung der Seestreitkräfte. Walter N. »Buck« Dietzen jr., ein hochrangiger Mitarbeiter der U-Boot-Abteilung, hatte ebenfalls starke Zweifel. Während der ganzen Debatte vergaß keiner der Männer auch nur einen Augenblick lang, dass sie nach ihren eigenen Toten suchten.

Um die Dinge ein wenig aufzulockern, wettete Dietzen schließlich irgendwann mit Craven um eine Flasche Chivas Regal-Whisky, dass sich dessen Irrtum früher oder später herausstellen würde. Mitglieder der operativen Kommandos wetteten ihrerseits mit Dietzen. Die *Mizar* hatte bereits einige viel versprechende Anhaltspunkte auf der Norfolk zugewandten Seite von »Punkt Oscar« eingesammelt. Es waren drei Gegenstände gefunden worden, die möglicherweise aus der *Scorpion* stammten: ein Stück Knierohr, ein Ding, das ein Damenregenschirm zu sein schien, und ein Tau mit einem Wurfleinenknoten, dem kugelförmigen Knoten, den Seeleute am Ende einer Festmacherleine schlagen, um das Auffangen der Leine auf dem Pier zu erleichtern.

Es gab Auseinandersetzungen darüber, ob der Wurfleinenknoten so geschlagen war, wie die Navy es lehrte, oder ob er eher der von der italienischen Marine bevorzugten Variante entsprach, doch der Schirm, da waren sich die Angehörigen der operativen Kommandos sicher, musste von der *Scorpion* stammen. Schließlich hatte sie doch Häfen angelaufen, nicht wahr? Also konnte es sich bei dem Schirm sehr wohl um das Souvenir eines Mannschaftsmitglieds für eine Frau daheim handeln. Monate vergingen, bis sich schließlich herausstellte, dass der Gegenstand, der wie ein Regenschirm aussah, in Wirklichkeit lebendig war, eine der zahlreichen merkwürdigen Kreaturen, die auf dem Meeresboden leben.

Trotzdem begann sich Craven angesichts der Anhaltspunkte von der *Mizar* und der vehement zum Ausdruck gebrachten abweichenden Meinungen zu fragen, ob er sich nicht doch irrte und nur »Opium rauchte«, wie er es gerne ausdrückte. Doch dann wieder meinte er, vielleicht doch als Einziger Recht zu haben. Es fiel dem Wissenschaftler nicht schwer, sich beide Möglichkeiten vorzustellen, also suchte er weiter. Er organisierte ein Schiff, das an »Punkt Oscar« kleine Sprengladungen abwarf. Indem er die akustischen Signaturen vor Ort mit jenen verglich, die in Norfolk anlangten, vermochte er ein für alle Mal zu klären, ob eine Explosion an »Punkt Oscar« Echos erzeugen würde oder ob es sich bei seinen Aufzeichnungen nur um »Schallgeister« handelte, wie einige behaupteten.

Gordon Hamilton kam für diesen Anlass von den Kanarischen Inseln nach Norfolk geflogen. Die beiden Männer campierten in Norfolk im unverputzten, leeren Raum einer Messstation. Dort würden sie warten, den ganzen Tag, die Nacht sowie den folgenden Tag, bis die Schallwellen dieser Detonationen, die der Eichung dienen sollten, sie erreichten.

Beim ersten und beim zweiten Versuch waren die Sprengladungen zu klein, und keines ihrer akustischen Signale kam überhaupt in Norfolk an. Inzwischen hatten Hamilton und Craven es satt, Sandwiches zu essen, die unverputzten Wände und den leeren Raum anzustarren und auf dem bloßen Zementboden zu schlafen. Sie wurden einander langsam überdrüssig. Ihr Vorrat an Fachsimpeleien war erschöpft, und Craven gingen sogar seine maritimen Maximen aus.

Craven fing an, Liegestützen zu machen. Er hatte sich bereits angewöhnt, die Zeit, die ihm zwischen seinen beiden U-Boot-Suchaktionen, dem Entwurf der *NR-1* und der Leitung des Sea-Lab-Programms noch blieb, mit dem Übungsprogramm der Royal Canadian Air Force zu füllen. Inzwischen schaffte er 80 Liegestützen hintereinander. Er stellte dies mehrfach unter Beweis, bevor die Schallwellen der Detonationen schließlich Norfolk erreichten.

Sie kamen ohne Echos durch. Und als Craven und Hamilton die *Scorpion*-Signale mit den neuen Daten verglichen, erkannten sie, dass die *Scorpion* nicht nur nach Osten unterwegs gewesen war, sondern auch mit weit höherer Geschwindigkeit, als Craven angenommen hatte.

Craven kehrte zu seiner Torpedotheorie zurück. Doch er benötigte weitere Beweise.

Mit einem für ihn typischen dramatischen Flair arrangierte Craven eine Neuinszenierung der Tragödie. Er benötigte einen U-Boot-Simulator sowie Korvettenkapitän Robert R. Fountain jr., den früheren Ersten Offizier der *Scorpion*, der, unmittelbar bevor sie ihre letzte Fahrt angetreten hatte, von ihr abkommandiert worden war.

Fountain wurde das Kommando des U-Boot-Simulators übergeben und ein Computer entsprechend programmiert, um Fountains Befehle in die Berechnungen einzubeziehen, während der Simulator verschiedene denkbare Ursachen für den Verlust der *Scorpion* inszenierte. Zehn verschiedene Szenarios wurden auf diese Weise getestet, und zehnmal fehlte die bestätigende Übereinstimmung mit den akustischen Beweismitteln. Dann bat Cravens Team Fountain, es ein letztes Mal zu versuchen. Sie erwähnten nichts von einer möglichen Torpedoexplosion, sie informierten Fountain lediglich, dass er sich mit 18 Knoten auf dem Heimweg befand, und überließen es ihm, selbst die Tauchtiefe zu bestimmen. Craven forderte ihn dann auf, seine Torpedos zu testen. Das Team wartete zehn oder fünfzehn Minuten, damit Fountain ruhig Blut bewahren konnte. Dann gaben sie Alarm. »Hot Run im Torpedoraum.«

Ohne auch nur eine Sekunde verstreichen zu lassen, ohne zu zögern, ohne Fragen zu stellen, gab Fountain den Befehl: »Ruder hart Steuerbord!«

Da war sie. Die Wende, von der Craven überzeugt war, dass sie auf der *Scorpion* befohlen worden war.

Als Fountains simulierte Wende fast abgeschlossen war – vielleicht eine halbe Minute nachdem er »Ruder hart Steuerbord!« gerufen hatte –, teilte das Team durch den Simulator mit: »Explosion im vorderen Torpedoraum!«

Die gleiche Information wurde zugleich in den Computer eingegeben, der nun eine starke Flutung des U-Boots registrierte.

Fountain antwortete mit einem nahezu endlosen Strom von

Befehlen – Anblasen, Schotten dicht, Maschine AK voraus. Er tat alles, was ein U-Boot-Kommandeur in einer solchen Situation tun muss. Trotzdem füllte sich das hypothetische U-Boot weiter mit Wasser und strebte dem Meeresgrund entgegen. Genau 90 Sekunden nachdem Craven die Explosion im Torpedoraum verkündet hatte, passierte das Schiff die 600-Meter-Marke – rauschte also hinab jenseits der Zerstörungstiefe –, und der Computer registrierte eine Implosion. Jemand im Team kündigte das Ereignis mit einem Wort an: »Wumm.«

Die simulierte Implosion wich lediglich eine Sekunde von den 91 Sekunden ab, die zwischen der angenommenen Explosion auf der *Scorpion* an »Punkt Oscar« und der ersten Implosion aufgrund des Wasserdrucks verstrichen waren.

Ein Schaudern ergriff Craven, als er die Ergebnisse sah. Inzwischen waren er und einige andere, die dem Test beigewohnt hatten, fast vollständig davon überzeugt, dass sie eben den Verlust der *Scorpion* nachgestellt hatten. Niemand sagte Fountain etwas davon. Niemand klärte ihn darüber auf, dass er möglicherweise soeben die Umstände nachgestellt hatte, die zum Tod der Männer geführt hatten, mit denen er lange Zeit auf der *Scorpion* gefahren war. Vielleicht musste ihm das auch keiner sagen. Er verließ den Simulator, ohne Fragen zu stellen und ohne ein Wort zu sagen.

Cravens Mitgefühl für Fountain und die Mannschaft der *Scorpion* vermochte die überschwängliche Freude, die er verspürte, nicht zu mindern. Als Detektiv hatte er zwei wichtige neue Beweismittel zu Tage gefördert, und er ließ sie nun auf dem schnellsten Weg zu den Admiralen Schade und Bernhard A. Clarey, dem stellvertretenden Chef der Seekriegsleitung, bringen. Inzwischen zeigten sogar sie sich von Cravens Detektivarbeit fasziniert, doch überzeugt waren sie noch immer nicht. Gleiches galt für das Kommando für Waffentechnik, das weiterhin darauf bestand, ein Torpedo könne unmöglich an Bord eines U-Boots explodieren.

Niemand war bereit, sich dem Alptraum zu stellen, dass die Navy womöglich selbst für den Tod der 99 Männer verantwortlich war. Craven hatte Verständnis für ihren Widerwillen, sah ein, wie schwer den Admiralen die Einsicht fallen musste, dass sie vielleicht irgendwie an einem Fehler mitschuldig waren, der so viele Menschen das Leben gekostet hatte. Beide Admirale hatten eine Ära durchlebt, in der der Tod an Bord von U-Booten ein gewöhnliches Phänomen war. Beide waren im Zweiten Weltkrieg auf Diesel-U-Booten gefahren, doch damals war der Tod durch den Feind herbeigeführt worden und nicht durch das eigene Schiff. Schade war vermutlich der abgebrühtere der beiden, und das war kein Wunder. Als Erster Offizier auf der USS *Growler (SS-215)* hatte Schade zum ersten Mal das Kommando übernommen, als sein Skipper verwundet auf dem Deck des U-Boots lag. Fregattenkapitän Robert Gilmore rief dem jungen Schade einen letzten Befehl zu, verlangte von ihm, mit der *Growler* einen verzweifelten Tauchgang zu starten, damit er einem japanischen Torpedoboot entkäme, und ihn dort auf Deck liegen zu lassen. Schade leistete dem Befehl Folge.

Trotz des Unwillens der Admirale wollte Craven nicht aufgeben, nicht jetzt, da er überzeugt war, genug Informationen zu besitzen, um die *Scorpion* finden und beweisen zu können, was ihren Untergang verursacht hatte. Unter Verwendung von Bayes' Theorem subjektiver Wahrscheinlichkeit – die gleiche algebraische Formel, die er auch zur Suche nach der Wasserstoffbombe vor Palomares herangezogen hatte – begann er, eine Karte des Meeresbodens zu erstellen.

Nur wenige der Offiziere, die mit der Suche nach der *Scorpion* befasst waren, hatten Kenntnis von der Palomares-Aktion. Und bis Craven endlich erklärt hatte, dass er ein System von Wetten à la Las Vegas in seine Berechnungen einbezog, um den abstrakten Wert »Ahnungen« einzubeziehen, da waren einige Mitglieder der operativen Kommandos bereits zu der Auffassung gekommen, dass Craven erheblich über das Ziel hinausschoss. Für sie hörte es sich so an, als spräche er über außersinnliche Wahrnehmung. Craven versuchte noch einmal zu erklären, dass Bayes das Wissen einbezog, das zu besitzen sich oft nicht einmal Experten bewusst waren. Die Offiziere blieben skeptisch.

Dennoch trieb Craven die Aktion voran, indem er einige U-Boot- und Bergungsexperten bat, auf die Wahrscheinlichkeit der verschiedenen Szenarios, die als Erklärungsmodelle für den Verlust der *Scorpion* in Betracht kamen, Wetten abzuschließen. Um das Interesse an dem Vorgang aufrechtzuerhalten, wetteten die Männer wie bei vorangegangenen Wetten um Chivas Regal-Flaschen.

Bei ihrer Fahrt zum Meeresboden hätte die *Scorpion* Geschwindigkeiten zwischen 30 und 60 Knoten erreichen können. Cravens Experten maßen mit ihren Wetten einer Abwärtsgeschwindigkeit zwischen 40 und 45 Knoten die größte Wahrscheinlichkeit bei.

Als Nächstes wurden die Experten aufgefordert, darauf zu wetten, ob die *Scorpion* versucht hatte, einen Hot Run zu bekämpfen, und daher in östlicher Richtung unterwegs gewesen war. Etwa 60 Prozent der Wetten begünstigten die Torpedotheorie. Craven, so schien es, hatte offenbar doch den einen oder anderen bekehren können.

In der dritten Wettrunde ging es um den Gleitweg der *Scorpion*. Im besten Fall war sie für jeden Meter, den sie an Tiefe gewonnen hatte, sieben Meter in der Horizontalen vorangekommen; im schlechtesten Fall war sie senkrecht mit dem Bug voraus auf den Meeresgrund gestürzt. Die Wettabschlüsse legten einen Gleitweg von drei oder vier Metern in der Horizontalen für jeden Meter in der Vertikalen nahe. Das bedeutete, dass die *Scorpion* nach der ersten Explosion noch zehn bis zwölf Kilometer zurückgelegt hatte.

Als schließlich alle Wetten abgeschlossen waren und Craven sich hinsetzte, um den wahrscheinlichsten Ablauf der Tragödie in eine Karte einzutragen, waren die Berechnungen so kompliziert geworden, dass er gezwungen war, erneut die Mathematiker hinzuzuziehen, die ihm bereits bei der Wasserstoffbombe geholfen hatten. Sie kamen zu dem Schluss, dass sich die *Scorpion* östlich von »Punkt Oscar« befinden musste, etwa

650 Kilometer entfernt von den Azoren, am Rande der Sargassosee.

Jahre später veröffentlichten die Mathematiker, auf der Grundlage ihrer Zusammenarbeit mit Craven, ein Buch mit dem Titel *Theory of Optimal Search* (Theorie der optimalen Suche). Die US-Küstenwache übernahm bald die darin dargestellte Such- und Rettungsmethode, und auch die Navy stützte sich auf Cravens Interpretation von Bayes, um den Ägyptern beim Säubern des Suezkanals von Waffenschrott zu helfen. Bei der *Scorpion*-Suche jedoch schüttelten die Offiziere noch die Köpfe angesichts von Cravens auf akustischen Messungen beruhender Beweisführung und seiner per Wahrscheinlichkeitsrechnung erstellten Karte. Schon möglich, dass der Wissenschaftler Gründe für seine Überzeugung hatte, der zufolge sich die *Scorpion* weiter östlich befand. Doch die *Mizar* hatte drei Trümmerstücke im Westen gefunden, und dort wollte die Navy die Suche fortsetzen.

Wochen vergingen. Craven wartete, tauschte fast jeden Abend Neuigkeiten mit Buchanan aus. Bis Ende August waren keine neuen Fundstücke hinzugekommen, und der Jubel angesichts des vermeintlichen Damenschirms und des Wurfleinenknotens ließ nach. Im September waren fast alle denkbaren Stellen zwischen »Punkt Oscar« und Norfolk ausgeschieden. Im Oktober schließlich wurde das Wetter so schlecht, dass die Navy den Beschluss fasste, die Suche Ende des Monats einzustellen.

Doch die *Mizar* hatte noch immer nicht in östlicher Richtung gesucht. Und die Stelle, die Craven als Grab der *Scorpion* errechnet hatte, war ebenfalls noch nicht überprüft worden. Inzwischen hatte Buchanan einen dichten Bart nach Van Dyckscher Manier und war bereit, die *Mizar* in einem letzten Versuch nach Osten zu lenken.

Sobald die *Mizar* »Punkt Oscar« in östlicher Richtung passierte, registrierte ihr Langstreckensonar Eisen in großen Mengen. Die *Mizar* dampfte volle Fahrt voraus, direkt über den von Craven ermittelten Punkt größter Wahrscheinlichkeit hinweg, und ließ dann ihre Kameras hinunter, um einen Blick in die Tiefe zu werfen. Doch dort gab es nichts zu sehen als erzhaltiges Gestein.

Das war's. Das Ende. Mehr Enttäuschungen konnten Schade und Clarey nicht verkraften. Die Entscheidung war getroffen. Es war an der Zeit, die Suche einzustellen und Buck Buchanan und die *Mizar* zurückzubeordern.

Doch Buchanan, kämpferisch und dickköpfig wie immer, weigerte sich, ihre Entscheidung zu akzeptieren. Er funkte Craven eine Nachricht.

»Können Sie nicht dafür sorgen, dass die Navy uns noch einen Monat oder eine Woche oder zwei Wochen weitermachen lässt? Sagen Sie denen doch, dass ich die Gegend für weitere Operationen kalibrieren muss.«

Craven wusste, dass es da nichts mehr zu »kalibrieren« gab. Doch Craven wusste auch, dass es nur eines bedeuten konnte, wenn Buck Buchanan die Suche fortsetzen wollte: Der Ozeanograph würde die *Mizar* an die Stelle führen, die Craven und sein Team ermittelt hatten. Craven ging zu den Admiralen und offerierte ihnen einen Cocktail aus Schnellfeuergewehrlogik und inständigen Bitten. Als er ihr Büro verließ, hatte er zwei Wochen Zeit gewonnen.

Genau eine Woche später erhielt Craven einen lapidaren Funkspruch von dem Vermessungsschiff: »Buchanan hat sich den Bart abgenommen.«

Craven brauchte keine Übersetzung. Sie hatten die *Scorpion* gefunden. Es war der 29. Oktober. Fast auf den Tag genau fünf Monate waren vergangen, seit sie vermisst gemeldet worden war.

Die *Mizar* fand die *Scorpion* 200 Meter entfernt von der Stelle, an der Craven, seine Mathematiker und eine Gruppe auf Scotch wettender Experten sie vermutet hatten. Das Schiff befand sich 3300 Meter tief auf dem Grund des Meeres.

Mit herabhängenden Kameras machte die *Mizar* Fotos, auf denen die *Scorpion*, halb vergraben im Schlick und zerbrochen in zwei Teile, die lediglich von einem kleinen Stück Metall zusammengehalten wurden, zu sehen war. Der vordere Teil des Maschinenraums war implodiert und hatte sich innerhalb eines Sekundenbruchteils wie ein Teleskop in den Hilfsmaschinenraum geschoben.

Der Propeller und die Propellerwelle hatten sich vollständig vom Bootskörper gelöst. Gleiches galt für den Turm des U-Boots. Neben dem Schiff lag der Sextant der *Scorpion* – ein uraltes Navigationssymbol. Kein Navigationsoffizier, Offizier oder Seemann war zu sehen. Es war unmöglich, ins Innere des Schiffs zu blicken oder auch nur den Schiffskörper in allen Einzelheiten zu betrachten. Obgleich die Kameras der *Mizar* in einer Entfernung von nur drei bis fünfzehn Metern über der *Scorpion* baumelten, sahen die Bilder so aus, als seien sie in dichtem Nebel gemacht worden.

Ein Untersuchungsausschuss, der das Unglück unter die Lupe nehmen sollte, wurde gebildet, bestehend aus sieben Marineoffizieren unter dem Vorsitz des pensionierten Vizeadmirals Bernard L. »Count« Austin, der auch schon die *Thresher*-Untersuchung geleitet hatte. Im Januar 1969 erfuhr die Öffentlichkeit durch eine Pressemitteilung der US-Marine von den Ergebnissen der sechsmonatigen Ermittlungen des Untersuchungsausschusses. Er war zu dem Schluss gekommen, dass das *Scorpion*-Unglück für alle Zeiten ein Rätsel bleiben würde, dass sich die Ursache »anhand des nun vorliegenden Beweismaterials nicht feststellen lässt« und dass »kein unstreitiger Beweis für die genaue Ursache« ermittelt werden konnte.

Tatsächlich schien die US-Marine jeglichen Torpedounfall auszuschließen, indem sie betonte, dass die »Verfahren beim Umgang mit Waffentechnik an Bord in Übereinstimmung mit den geltenden Sicherheitsvorkehrungen erfolgten«. Prahlerisch fügte sie hinzu, dass außerdem »eine langwährende Tradition sicher konstruierter U-Boot-Torpedos« bezeugt sei.

Genau genommen sagte die Marine damit zwar die Wahrheit, doch geizte sie derart mit Einzelheiten, dass das Resultat einer Unterschlagung glich und einer glatten Lüge nahe kam. Als die detaillierteren Feststellungen des Ausschusses schließlich 1993 veröffentlicht wurden, stellte sich heraus, dass die drei wahrscheinlichsten der zehn denkbaren Ursachen für den Verlust der *Scorpion* allesamt Torpedounfälle einschlossen.

An oberster Stelle der Liste befand sich Cravens Theorie, dass es an Bord der *Scorpion* zum Hot Run eines Torpedos gekommen war, möglicherweise als die Mannschaft in Vorbereitung auf ihre Rückkehr nach Hause die Torpedos testete. Doch dann wich der Ausschuss von Cravens Theorie von der Explosion des Torpedos an Bord der *Scorpion* ab. Stattdessen spekulierte er, dass die Mannschaft, »aus einem Impuls heraus und weil bereits im Dezember 1967 der Ausstoß eines Mk-37-Torpedos, der sich im Rohr selbstständig aktiviert hatte, gelungen war, auch diesmal den Torpedo ausstieß, dass er sich selbsttätig scharf machte und sein nächstes Ziel suchte, die *Scorpion*«.

Der Ausschuss musste zugeben, dass es keine Hinweise auf einen äußeren Aufschlag eines Torpedos gab, argumentierte jedoch, dass in der näheren Umgebung des Wracks Trümmerteile aus dem Torpedoraum der *Scorpion*, die auf eine Explosion im Inneren des U-Boots hätten schließen lassen, ebenfalls fehlten.

Ehemalige U-Boot-Fahrer, die für die an Bord befindlichen Torpedos verantwortlich waren, hielten die Möglichkeit jedoch für fast undenkbar, dass die *Scorpion*-Mannschaft in Panik geraten sei und einen mit Gefechtskopf versehenen Torpedo abgeworfen habe. In dem Vorfall von 1967 ging es lediglich um einen Torpedo mit Übungskopf und ohne Sprengladung.

Offenbar hatte sich der Ausschuss einen Kompromiss für seine als geheim eingestuften Ergebnisse zurechtgezimmert. Craven und seine akustische Beweisführung zitierend, kam der Ausschuss zu dem Schluss, dass ein Torpedo fehlerhaft gewesen war. Doch die Behauptung, dass eine Explosion außerhalb des U-Boots stattgefunden hatte, schien sich an dem Beharren des Kommandos für Waffentechnik zu orientieren, demzufolge ein Hot Run unmöglich zu einer Detonation im Inneren des U-Boots führen konnte.

Ebenfalls in dem Bericht enthalten war eine Liste möglicher U-Boot-Unfälle, welche die Hauptverwaltung der Seestreitkräfte vorbereitet hatte. Die Liste beinhaltete Gaslecks, schadhafte Hydraulikleitungen, Feuer und vieles andere. Doch nur ein Punkt auf der Liste wurde mit katastrophalen Folgen in Verbindung gebracht: ein waffentechnischer Unfall. Ein solcher, so die Hauptverwaltung, musste zum »Verlust des U-Boots« führen.

Mitte 1969 unternahm die Navy unter strengster Geheimhaltung den Versuch, das Wrack des U-Boots näher zu untersuchen und das Rätsel zu lösen. Sie interessierte sich insbesondere für den Torpedoraum und die Torpedoluken. Die *Trieste II* wurde hinabgeschickt, um genauer nachzusehen. Der erste Tauchgang erfolgte am 16. Juli, nur wenige Tage bevor den Astronauten der Apollo 11 die erste bemannte Landung auf dem Mond gelang.

»Mein Gott, wie verrückt die Welt doch ist, in der wir leben«, murmelte Craven vor sich hin, als er auf dem Schwimmdock stand, von dem aus die *Trieste II* zu Wasser gelassen worden war. »Wir vollbringen wohl eine technische Leistung, die kein bisschen weniger schwierig und für die Menschheit kein bisschen weniger bedeutend ist als dieses Mann-auf-dem-Mond-Ding, und trotzdem haben wir, die wir daran teilnehmen, als Einzige die Gelegenheit, die Operation voll mitzuerleben.«

Die *Trieste* absolvierte in diesem Jahr sieben Tauchgänge. Den ersten beobachteten Craven und Kapitän zur See Harry Jackson, der Ingenieur, der an den Tests der *Thresher* beteiligt gewesen war und der sich nie von dem Gedanken hatte befreien können, wie knapp er dem *Thresher*-Unglück entgangen war. Auf ihren Monitoren konnten sie sehen, dass es keinerlei Anzeichen für einen Angriff von außen gab, nicht den geringsten Hinweis auf einen äußerlichen Torpedotreffer. Doch auch überzeugende Beweise dafür, was die *Scorpion* letztlich auf den Grund des Meeres befördert hatte, fehlten.

Craven würde für alle Zeiten mit dem letzten Stück des Puzzles ringen. Er war sich fast sicher, dass ein Torpedo die *Scorpion* von innen in die Luft gejagt hatte. Aber wie?

Bei dieser unbeantworteten Frage schien alles zusammenzulaufen, und zurück blieben die Familien der *Scorpion*-Mannschaft, die sich auch fürderhin in Alpträumen von Explosionen und Phantomgefechten und in Fassungslosigkeit wieder finden würden.

»Wir wollten nie etwas anderes als einfach nur eine Erklärung«, sagte Barbara Baar Gillum, die ihren 21-jährigen Bruder Joseph Anthony Baar jr. verloren hatte. »Doch nach dem Unfall wurde alles vertuscht.«

Die *Scorpion*-Katastrophe verblasste rasch im Gedächtnis der Öffentlichkeit, die bereits von den nächtlichen Bildern fliegender Geschosse, blutender Soldaten und scheinbar endloser Reihen aufgebahrter Leiber in Vietnam heimgesucht wurde. Die Angehörigen der *Scorpion*-Crew wären vielleicht für alle Zeiten mit den Anstrengungen ihrer privaten Nachforschungen allein geblieben, hätte sich die Navy nicht entschlossen, des traurigen 25. Geburtstags des *Scorpion*-Unglücks mit der Freigabe des Abschlussberichts des Untersuchungsausschusses und einiger Videoaufzeichnungen von ihrem Wrack zu gedenken.

Inzwischen war Craven 69 Jahre alt und längst schon aus der US-Marine ausgeschieden. Er engagierte sich stattdessen auf Hawaii für die Entwicklung einer neuen Form von Landwirtschaft. Die *Chicago Tribune* druckte eine Geschichte über die Dokumente und über Cravens Rolle beim Auffinden der *Scorpion* unter Verwendung seiner Torpedotheorie. Erst durch die Veröffentlichung dieses Beitrags bekam Craven, wie er meint, das letzte Stück des Puzzles in die Hände.

Das Ende wurde in einer Szene ausgespielt, die an das Schlusskapitel eines Kriminalromans erinnert. Der *Tribune*-Artikel gelangte auf den Tisch von Charles M. Thorne, der technischer Direktor am Zentrum für waffentechnische Qualitätskontrolle (Weapons Quality Engineering Center) im Torpedolabor der Marine (Naval Torpedo Station) in Keyport, Washington, gewesen war. Als er Cravens Namen las, nahm er den Telefonhörer ab und wählte.

Die beiden Männer waren einander nie begegnet. Keiner

hatte während der langen *Scorpion*-Suche und all der Jahre danach etwas vom anderen gewusst. Dennoch hatten sie vieles gemeinsam. Thorne hatte ebenfalls seit langem Grund zu der Befürchtung gehabt, dass ein Torpedo die Ursache für den Tod der Männer an Bord der *Scorpion* gewesen war. Damals, im Sommer 1968, war er einer der führenden Ingenieure und im Keyport-Labor für das Testen von Torpedos und ihrer Bestandteile verantwortlich gewesen. Er hatte dort 25 Jahre lang gearbeitet und war zum Zeitpunkt seines Anrufs bei Craven seit zwölf Jahren pensioniert. Die ganze Zeit hatte er über Informationen zur *Scorpion* verfügt, über die er mit niemandem sprechen durfte, weil sie als geheim eingestuft wurden. Nun suchte der Ingenieur den Kontakt zu dem Wissenschaftler.

Thorne wollte von Craven wissen, ob er eine als geheim eingestufte Warnung zu Gesicht bekommen hatte, die Mitte Mai 1968 in die Abteilung geschickt worden war, die man inzwischen in Kommando für Marinewaffen (Naval Ordnance Command) umbenannt hatte. In diesem Brief war die Rede vom Testversagen einer Mk-46-Batterie gewesen, die entworfen worden war, um den Mk-37-Torpedo, ein schnell laufendes Geschoss, das als vorrangige Waffe gegen sowjetische U-Boote erachtet wurde, mit Strom zu versorgen. Thorne sprach von einer diesbezüglichen Warnung, die das Testlabor an Konteradmiral Arthur Gralla geschickt hatte, der damals dem Kommando für Marinewaffen vorgestanden hatte. Dann ging Thorne näher auf den Inhalt der Warnung ein. Er kannte ihn gut, da er sie selbst geschrieben hatte, wenn sie auch von Kapitän zur See James L. Hunnicutt, dem Kommandeur des Stützpunktes und einem für seine Leistungen im Zweiten Weltkrieg ausgezeichneten U-Boot-Skipper, der inzwischen gestorben war, gegengelesen und unterschrieben worden war.

In diesem Schreiben berichtete das Labor von einer Torpedobatterie, die während eines Vibrationstests in Flammen aufgegangen war, weil eine winzige Folienmembran, ein Bauteil, das nur Pfennigbeträge kostete, versagt hatte. Was Thorne Craven erzählte, schien vergleichbar mit der Feststellung, dass das Versagen eines billigen Gummi-O-Rings zur Explosion der *Challenger* geführt hatte. Die etwa einen Meter langen und einen halben Meter breiten Batterien waren im Inneren der Mk-37-Torpedos etwa zwei bis drei Zentimeter direkt hinter dem Gefechtskopf montiert. Und jeder Gefechtskopf enthielt 150 Kilogramm HBX-Strengstoff.

In dem warnenden Brief aus dem Labor wurde dazu geraten, alle Batterien aus dieser Produktionscharge »bei frühestmöglicher Gelegenheit außer Dienst zu stellen«, und darauf hingewiesen, dass das Testmuster ausreichend Hitze erzeugt hatte, »um den Gefechtskopf zu aktivieren und den Verlust eines Unterseeboots zu riskieren«.

Diese Warnung war die nachdrücklichste, die je durch das Testlabor ausgesprochen worden war. Während seines zwölfjährigen Bestehens hatte das Labor nur dieses einzige Mal vor der Möglichkeit eines Ausfalls gewarnt, der vielleicht lebensbedrohliche Folgen haben würde. Nur weil die Ingenieure so tief besorgt waren, hatten sie ihren Kommandeur veranlasst, die Warnung zu unterzeichnen. Sie wollten ihr damit zusätzliches Gewicht verleihen.

Die *Scorpion* hatte 14 dieser Mk-37-Torpedos an Bord, und sie ging nur wenige Tage nachdem die Warnung losgeschickt worden war, unter. Entsetzt ob der möglichen Zusammenhänge fragten die Ingenieure des Labors im Kommando für Waffentechnik ausdrücklich nach den Torpedos, die sich an Bord der *Scorpion* befunden hatten. Die Navy führt genau Buch über die Seriennummern der Komponenten und auch darüber, wo sie eingebaut wurden. Einem der Ingenieure des Labors – so erinnerte er sich später – war mündlich mitgeteilt worden, dass eine der Batterien, die aus derselben Produktion stammte wie jene Batterie, die in Keyport explodiert war, sich tatsächlich in einem Torpedo an Bord der *Scorpion* befunden hatte. (Andere, früher im Zentrum für waffentechnische Qualitätskontrolle beschäftigte Ingenieure konnten sich nicht daran erinnern, dies gehört zu haben.)

Vor einigen Jahren beantragte einer der Ingenieure unter Berufung auf das Gesetz für die Freiheit der Information (Freedom of Information Act, 1966), in die Batterieprotokolle Einblick nehmen zu dürfen in der Hoffnung, dass sie die Frage ein für alle Male beantworten würden. Doch bei beiden Anfragen erhielt er jeweils die Antwort, dass solche Protokolle nicht auffindbar waren.

Dennoch war Thorne überzeugt, dass die Aktivierung eines Gefechtskopfes durch eine brennende Batterie die wahrscheinlichste Ursache für den Verlust der *Scorpion* war, und seine Überzeugung verstärkte sich noch, als er von Cravens Vermutung las, dass die *Scorpion* das Opfer eines in ihrem Inneren explodierten Torpedos geworden war. Er war überrascht, dass Craven die Warnung seines Labors nie zu Gesicht bekommen hatte. Thorne war immer davon ausgegangen, dass der Brief allen bekannt war, deren Aufgabe es war, Licht in die *Scorpion*-Katastrophe zu bringen. Nun musste er feststellen, dass man Craven und dem Untersuchungsausschuss offenbar entscheidende Informationen vorenthalten hatte.

Thorne bat Craven um eine Kopie der Videoaufnahmen vom Wrack der *Scorpion* und um ein Exemplar des Abschlussberichts des Untersuchungsausschusses. Nachdem er beides angesehen hatte, schickte er Craven einen Brief sowie seine Analyse.

»Ich habe mir jahrelang den Kopf darüber zermartert, was wir noch hätten tun können, um diese Tragödie abzuwenden«, schrieb er. »Die Leute, die für die Tests zuständig waren, die Arbeiter und Ingenieure, wir alle machten uns darüber Gedanken. Wir stellten Fragen.«

Thorne teilte Craven des weiteren mit, dass seine schlimmsten Befürchtungen durch das Wrack der *Scorpion* bestätigt worden waren. Das Video zeigte deutlich, dass die Außendeckel der Torpedoladeluke und der Notausstiegsluke verschwunden waren. Beide, so schrieb Thorne, waren möglicherweise als Folge einer heftigen Explosion im Inneren des Torpedoraums abgesprengt worden und hatten eine massive und unkontrollierbare Flutung des U-Boots herbeigeführt.

Der Zwischenfall im Zusammenhang mit dem Batterieversagen, der Thorne veranlasst hatte, seine Warnung zu Papier zu bringen, war mit Abstand der schlimmste, der im Labor passiert war. Das Testversagen ereignete sich eines Samstagnachmittags, als drei Ingenieure – John Holman, John Grobler und Robert Trieschel – eine der 120 Kilogramm schweren Batterien starken Vibrationen aussetzten. Sie hatten gerade den Raum verlassen, in dem die Tests durchgeführt wurden, als eine gewaltige Explosion die fünf Zentimeter dicke solide Holztür erschütterte. Holman riss die Tür auf und rannte hinein. Die Vorrichtung, die die Batterie schütteln und zum Vibrieren bringen sollte, war in den blaugrünen Flammen, die drei Meter hoch an die Decke schossen, nicht mehr auszumachen.

»Feuer!«, brüllte er und packte den Feuerlöscher. Der Raum füllte sich mit schwarzem Rauch und Flammen. Zwei Techniker fehlten. Holman ließ sich auf Hände und Knie fallen und fing an, nach ihnen zu tasten, während sich Löschfahrzeuge mit Getöse dem Labor näherten.

Es gelang nicht, das Feuer mit chemischen Löschmitteln zu ersticken. Die Männer pressten sich Kleidungsstücke auf die Gesichter und versuchten, die noch immer brennende Batterie von der Rüttelvorrichtung zu schrauben. Sie explodierte ein zweites Mal und bespritzte sie mit Kalilauge, die der Batterie als Elektrolyt diente. Schrapnells setzten sich an der Decke und an den Wänden fest.

Die Ingenieure schafften eilends die brennende Batterie aus dem Gebäude. Ihr 16 Gauge dicker Stahlbehälter war aufgerissen wie eine Plastikfolie, und die Silberlegierung der Rüttelvorrichtung war teilweise geschmolzen. So rasch wie möglich liefen die Ingenieure wieder ins Gebäude zurück, um sich unter die Notduschen des Labors zu stellen. Dann wurden die drei Laborangestellten und drei Feuerwehrleute eilends ins Krankenhaus gefahren, um dort gegen Rauchvergiftung und chemische Verbrennungen behandelt zu werden. Das Labor gab die Warnung und den Rückruf der Batterien zwei oder drei Tage nach dem Vorfall heraus.

Ein vergleichbares Batterieversagen auf der *Scorpion* hätte möglicherweise ausgereicht, um die Explosion eines Gefechtskopfes zu verursachen. Doch die Warnung des Labors kam zu spät, um U-Boot und Mannschaft zu retten. Die Aufforderung »bei frühestmöglicher Gelegenheit außer Dienst zu stellen« wurde in der Regel so aufgefasst, dass die Außerdienststellung zu erfolgen hatte, sobald ein U-Boot seinen Hafen anlief. Als der Brief das Kommando für Waffentechnik erreichte, war die *Scorpion* entweder bereits verloren oder befand sich auf dem Rückweg nach Norfolk, wo dem Rückruf Folge geleistet worden wäre.

Hätte man Craven die Warnung sofort nach dem Unfall zugänglich gemacht, wäre die Suche nach der *Scorpion* um Monate verkürzt worden. Doch statt sie weiterzugeben, beharrte das Kommando für Waffentechnik weiter darauf, dass derartige Explosionen unmöglich waren. Hätte dem Untersuchungsausschuss die Information zur Verfügung gestanden, wäre er bei der Enträtselung des Geheimnisses um einiges weitergekommen. Stattdessen stützte sich der Ausschuss massiv auf die Auffassung des Kommandos, das eine Detonation an Bord kategorisch ausschloss.

Es stand außer Frage, dass die Warnung des Labors das Kommando für Waffentechnik erreicht hatte. Sie war so kodiert, dass sie vom Posteingangszimmer direkt auf den Schreibtisch des Kommandochefs gelangen musste. Auffallend war auch, dass einige Wochen nach dem *Scorpion*-Unglück ein Beauftragter des Kommandos für Waffentechnik im Labor von Keyport erschien, Thorne in ein abgelegenes Büro in einem anderen Gebäude kommen ließ und ihm den Kopf wusch, weil er in seinem Brief vor Gefechtskopfzündung bzw. -defekt und U-Boot-Verlust gewarnt hatte.

Das Kommando für Waffentechnik hatte einen Grund, sich ernstlich Sorgen über Thornes Mitteilung zu machen – weil es die eigenen Sicherheitsbestimmungen umging, war es selbst für das Zustandekommen einer solchen Katastrophe verantwortlich. Aus dem Bemühen heraus, mit dem Torpedobedarf der U-Boot-Flotte Schritt zu halten, waren die Waffen übereilt in Produktion gegangen. Die Flotte benötigte dringend Torpedos, die schnell genug waren, um sowjetische U-Boote der Golf- und anderer neuer Klassen zu erreichen. Doch die Hersteller hatten äußerst große Probleme, Komponenten zu produzieren, denen die strengen Sicherheitstests nicht zum Verhängnis wurden. Der Rückstand aufgrund fehlerhafter Batterien war so groß, dass das Labor in Keyport mit seinen Qualitätskontrollen wenigstens zwei Monate zurücklag. Statt die Produktion zu bremsen, hatte das Kommando für Waffentechnik lieber Torpedos herausgegeben, deren Komponenten aus Produktionen stammten, die gar nicht erst auf ihre Sicherheit hin überprüft worden waren. Das war ein eindeutiger Verstoß gegen die Vorschriften, die verlangten, dass jeweils drei von hundert Batterien einer Produktion getestet wurden, bevor auch nur eine von ihnen an die Flotte ausgegeben werden durfte. Die drei Exemplare sollten zwei bis drei Wochen dauernden Tests unterzogen werden, bei denen ihre Tauglichkeit im Hinblick auf Erschütterung, Hitze, Vibration und andere auf einem U-Boot zu erwartende Bedingungen festzustellen war. Erst nachdem die drei Batterien diese Prüfung bestanden hatten, durfte das Kommando für Waffentechnik auch die übrigen 97 Exemplare aus dieser Produktion freigeben.

Ursprünglich waren es zwei Hersteller, die Verträge zur Produktion der Batterien abgeschlossen hatten. Dann holte die Navy einen dritten hinzu, um die Produktionsengpässe auf diesem Weg auszugleichen. Dieser dritten Firma gelang es zu keinem Zeitpunkt, Batterien herzustellen, die die Qualitätstests bestanden, doch weil der Komponentenmangel so gravierend war, wurde es diesem Vertragspartner dennoch gestattet, 250 seiner Batterien an die Flotte auszuliefern. Bei der Batterie, die im Labor explodiert war, hatte es sich um ein Produkt dieser Firma gehandelt.

Alle drei Hersteller hatten Schwierigkeiten, weil ihr zugrunde liegender Entwurf von Anfang an auf gefährliche Weise fehlerhaft war. Ingenieure hatten dies bereits 1966 erkannt und davor gewarnt – über ein Jahr vor der katastrophalen Explosion im Labor, die schließlich Anlass der letzten und nachdrücklichsten Warnung gewesen war. Immer wieder hatten die Wissenschaftler darauf hingewiesen, dass die Batterien über keinen Sicherheitsspielraum verfügten, und zu einer Neuentwicklung geraten. Das Kommando für Waffentechnik scheute jedoch diesen Schritt.

Die Probleme kamen zu Stande durch die Art, wie die Batterien aktiviert wurden. Die Folienmembran, die den Fluss des Elektrolyts in die Energiezellen kontrollierte, war lediglich 0,18 Millimeter dünn. Dies war erforderlich, da sie bei Aktivierung der Waffe unter Druck nachgeben sollte, um den Antriebsmotor des Torpedos mit Strom zu versorgen.

Bei einem typischen Hot Run, der nach Cravens Vorstellung stattgefunden hatte, erhält ein Torpedo einen unbeabsichtigten, ihn in Betrieb setzenden Impuls, welcher die Batterie vollständig aktiviert und auch den Motor einschaltet. Dieser Zustand ist leicht auszumachen, da der sich drehende Propeller des Torpedos die Mannschaft auf die Notwendigkeit einer sofortigen 180-Grad-Wende aufmerksam macht.

Die Art von Batterieversagen, die sich im Labor ereignete, war weit heimtückischer, denn die Batterie war nicht ausreichend aufgeladen, um einen Motor anzuwerfen oder das Drehen eines Torpedopropellers auszulösen. Was sich in den Batterien im Testlabor ereignete und die Explosion des Testexemplars verursachte, war weit schwieriger zu ermitteln. In einer Batterie, die Vibrationen ausgesetzt war – so stellte das Labor fest –, wurde das Elektrolyt mit ausreichend Kraft gegen die dünne Folienmembran gedrückt, um sie teilweise einzureißen. Dies ermöglichte es einer ausreichend hohen Menge Elektrolyt, langsam in die Energiezellen der Batterie zu sickern und dort Funkenbildung und Überhitzung zu verursachen. Eben diese Tatsache, dass die Folienmembranen so leicht rissen und dass die Überhitzung unentdeckt blieb, bis es zu einem Feuer oder einer Explosion kam, veranlasste das Labor, der Konstruktion einen ausreichenden Sicherheitsspielraum abzusprechen.

Während des Vibrationstests, den Thorne in seinem Brief beschrieb, gab es keinerlei Anzeichen für irgendwelche Probleme, bis die Batterie explodierte und Feuer fing. Falls sich Ähnliches auf einem U-Boot ereignete, dann konnte es durchaus sein, dass niemand das Problem bemerkte, es sei denn, jemand roch zufällig schwelendes Isoliermaterial oder berührte den Torpedo und fühlte die Überhitzung. Doch dann war die Batterie nur mehr Minuten von einer Explosion entfernt.

»Sollte der heiße Torpedostahlzylinder nicht entdeckt werden, bevor die Farbe Blasen bildet oder verkohlt«, schrieb Thorne an Craven, »dann bleibt vielleicht nicht genug Zeit, um den Torpedo aus dem Lagergestell zu holen und in eines der Ausstoßrohre zu laden, bevor der Gefechtskopf sich aktiviert.«

Ein solcher Torpedounfall hätte sich bei jedem der 14 Mk-37-Torpedos an Bord der *Scorpion* oder an Bord jedes anderen mit solchen Torpedos bestückten U-Boots ereignen können. Batterien, die aus der fehlerhaften Produktion stammten, hätten das Risiko erhöht, doch das eigentliche Risiko war bereits die Konstruktion der Batterie selbst. Die Folienmembranen in einer oder in mehreren Batterien hätte reißen können, während sich die Waffen in den Torpedorohren oder auf ihren Lagergestellen befanden. Es wäre gar nicht erforderlich gewesen, dass die Männer sie testeten oder irgendwie handhaben. Die normale Schiffsvibration hätte bereits ausgereicht.

Die *Scorpion* war möglicherweise gefährdeter als andere U-Boote. Die Vibrationstests im Labor, die zu der Explosion geführt hatten, sollten die Vibrationen simulieren, die normalerweise in einem U-Boot und beim Verladen ins Schiffsinnere zu erwarten waren – Vibrationen, die weit geringer waren als jenes Durchschütteln, dem die *Scorpion* während des Vorfalls von 1967 ausgesetzt war, als sie in einer Spiralbahn dem Meeresboden entgegentrudelte. Eine Wiederholung dieses Vorfalls hätte zum Versagen jeder der Batterien führen können. Ausgehend von den Schilderungen der Mannschaft sagen Waffeningenieure, dass die Vibrationen während des Missgeschicks von 1967 weit über die militärischen Spezifikationen für Batteriesicherheit hinausgingen. Tatsächlich war die *Scorpion* zweifach im Stich gelassen worden. Eine Wiederholung des Vibrationszwischenfalls war potenziell möglich, weil sie nie der Generalüberholung unterzogen worden war, für die sie fällig war. Und sie war mit Waffen auf See geschickt worden, von denen das Kommando für Waffentechnik wusste, dass sie einen entscheidenden Defekt aufwiesen.

Dennoch hat das Kommando für Waffentechnik nie zugegeben, dass die *Scorpion* durch eine Torpedodetonation gefährdet war, oder auch nur, dass ihre Torpedos von Batterien mit Strom versorgt wurden, die schon in ihrem Entwurf fehlerhaft waren. Vielmehr widersprach das Zentrum für Marine-Unterwassersysteme (Naval Underwater Systems Center) in Newport, Rhode Island, vehement den Schlussfolgerungen des Testlabors in Keyport.

Das Kommando für Waffentechnik hielt sogar auch dann noch die Informationen über den fehlerhaften Batterieentwurf zurück, als Monate nach dem Verlust der *Scorpion* die Torpedobatterie an Bord eines anderen U-Boots mitten im Westpazifik zu überhitzen begann. Die Mannschaft dieses Unterseeboots berichtete, dass die hohen Temperaturen, die ihre Torpedobatterie erreichte, es erforderlich machten, sie ununterbrochen mit Wasser zu kühlen. Sobald das Wasser den Torpedo berührte, verdampfte es. Doch sie hatten keine andere Wahl und mussten die Kühlung auf diese Weise fortsetzen, bis die Waffe in ein Torpedorohr geladen und ausgestoßen werden konnte.

Endlich, ungefähr ein Jahr nachdem die *Scorpion* untergegangen war, veranlasste das Kommando für Waffentechnik eine Neukonstruktion der Batterien. In dem neuen System wurde die dünne Folienmembran durch zwei stärkere ersetzt. Diese konnten nicht beschädigt, sondern lediglich mechanisch mit einer Art Ausstechform durchstoßen werden. Damit war die Gefahr, dass schiffseigene Vibrationen ein Feuer in der Batterie und damit eine Explosion auslösten, gebannt.

Jegliche schriftlichen Aufzeichnungen zu dem Warnhinweis aus dem Testlabor von Keyport und der Hinweis selbst scheinen verschwunden zu sein. Eine Kopie des Schreibens der Ingenieure sollte sowohl in der Hauptverwaltung des marinetechnischen Zentrums für Unterwasserkriegsführung (Naval Undersea Warfare Engineering Center), dem früheren Torpedolabor der Marine in Keyport, als auch im Kommando für Waffentechnik vorliegen. Doch eine weitere, vor kurzem getätigte Anfrage unter Berufung auf das Gesetz für die Freiheit der Information wurde dahingehend beantwortet, dass es keine entsprechenden Aufzeichnungen über das Schreiben oder über seine Vernichtung gab – wenn der Brief aus den Akten entfernt worden wäre, dann hätte dieser Umstand ebenfalls festgehalten werden müssen.

Nachdem Craven sowie einige andere U-Boot-Kommandeure und Waffenexperten von Thornes Geschichte erfahren haben, blicken sie mit anderen Augen zurück auf die *Scorpion*-Katastrophe. Craven ist wütend, weil das Kommando für Waffentechnik es versäumt hat, die Explosionen selbst bekannt zu geben. »Die Öffentlichkeit und die Presse und eine Menge anderer Leute haben das Gefühl, dass eine Behörde damit beschäftigt ist, die Wahrheit zu vertuschen, die sie vorher so steif und fest geleugnet hat«, so sein Kommentar.

Die neuen Anhaltspunkte einbeziehend, spekuliert Craven, dass der Schrei, der den Skipper der *Scorpion* dazu veranlasst haben könnte, die letzte Wende einzuleiten, vielleicht »Hot torpedo!« statt »Hot-running torpedo!« gelautet haben könnte.

Chester M. Mack, der Kapitän der *Lapon* zu der Zeit, als sie nach der gesunkenen *Scorpion* forschte, schwört Stein und Bein, dass kein Skipper sich je die Zeit nehmen würde, weitere Informationen einzuholen, bevor er in einer solchen Situation die 180-Grad-Wende befahl. »›Hot torpedo‹ – das kann nur eines bedeuten: Das verdammte Ding hat sich im Torpedoraum selbsttätig aktiviert«, erklärt Mack.

Nachdem man Craven wieder und wieder erklärt hatte, dass er sich irrte und dass ein Torpedo unmöglich an Bord der *Scorpion* detoniert sein konnte, ist er nun überzeugt, dass er schließlich, nach mehr als einem Vierteljahrhundert, das letzte Puzzlestück zur Lösung des Rätsels in Händen hält.

Es handelt sich um ein Geheimnis, das weiter nach und nach

gelüftet wird. Im Jahr 1998, fast fünf Jahre nachdem die Navy den Bericht des Untersuchungsausschusses freigegeben, fast fünf Jahre nachdem Craven erstmals mit Thorne gesprochen hatte, veröffentlichte die US-Marine den Bericht einer weiteren, 1970 zusammengestellten technischen Beratergruppe – man hatte sie kurz nach Cravens Abschied von der Navy einberufen. Sie wurde gebildet, um Fotos und Daten zu überprüfen, die von der *Trieste* während ihrer neun Tauchgänge zur *Scorpion* gesammelt worden waren. Der Bericht dieser Beratergruppe war bereits ein Jahr nachdem der Untersuchungsausschuss seine Tätigkeit abgeschlossen hatte, fertig gestellt. Doch das Dokument wurde auch dann noch vor der Öffentlichkeit und vor den Familienangehörigen der *Scorpion*-Crew geheim gehalten, nachdem der Bericht des Untersuchungsausschusses veröffentlicht worden war – obwohl es ausdrücklich zahlreiche Schlussfolgerungen des Ausschusses in Zweifel zog.[*]

Die Beratergruppe verwirft die Schlussfolgerung des Untersuchungsausschusses, dass die *Scorpion* vermutlich durch die externe Explosion eines ausgestoßenen Torpedos vernichtet wurde, der sich gegen das eigene Mutterschiff gerichtet hatte. Auch die Möglichkeit, die *Scorpion* könnte durch eine Torpedodetonation im Inneren zerstört worden sein, weist sie zurück. Doch muss angemerkt werden, dass auch die Autoren dieses zweiten Berichts eindeutig nicht über die Informationen bezüglich der defekten Torpedobatterien aus dem Testlabor in Keyport verfügten. Tatsächlich sind Craven, Thorne und einige U-Boot-Kapitäne der Auffassung, dass ein Großteil der Anhaltspunkte, die zur Widerlegung der Torpedotheorie herangezogen worden waren, diese in Wahrheit stützen.

Der Bericht der technischen Beratergruppe unterlässt den Ver-

---

[*] Der Bericht der technischen Beratergruppe stimmt mit den Ergebnissen des Untersuchungsausschusses in einem wesentlichen Punkt überein – beide weisen ausdrücklich darauf hin, dass es für einen gegen die *Scorpion* gerichteten Angriff kein Beweismaterial gibt. Dennoch machen hartnäckige Gerüchte und gelegentlich Zeitungsartikel noch immer die Sowjets für den Verlust der *Scorpion* verantwortlich.

such zu erklären, warum die *Scorpion*, wenn ihr Kapitän in Reaktion auf einen Hot Run gehandelt hat, genau an der von Craven ermittelten Stelle gefunden wurde. Stattdessen kehrte die Navy dazu zurück, die Bedeutung der akustischen Spur, der Craven und sein Team zum Grab der *Scorpion* gefolgt waren, erneut zu debattieren. Obwohl die Einzelheiten der *Scorpion*-Suche und der entscheidenden Rolle, die Craven dabei gespielt hatte, in einem zweiten Bericht wiederholt wurden, den die Navy zugleich mit dem ersten freigab, stützt sich die Analyse von 1970 wiederum maßgeblich auf die Versicherung des Kommandos für Waffentechnik, dass es auf der *Scorpion* nicht zu einem Torpedounfall gekommen sein konnte. Die Beratergruppe berief sich in ihren Schlussfolgerungen auf die gleiche Marinebehörde, die ihr ebenso wie dem Untersuchungsausschuss und den Suchteams entscheidende Informationen vorenthielt.

Zum Zeitpunkt der Veröffentlichung des zweiten Berichts hatte sich die Argumentationsweise des Kommandos für Waffentechnik gewandelt. Statt weiter darauf zu beharren, dass ein Torpedo niemals an Bord eines Schiffs explodieren konnte, konzentrierte sich das Kommando nun auf die von der *Trieste* gesammelten sichtbaren Beweise: Von außen betrachtet sah der Torpedoraum im Großen und Ganzen intakt aus, während die Batteriezellen des Schiffs weitgehend zerstört waren. Die *Trieste*-Fotos zeigen jedoch auch, dass die Außendeckel aller drei Luken, die durch den Druckkörper in den Torpedoraum führen – der vordere Notausstieg, die Notluke und die Torpedoladeluke –, abgesprengt waren. (Die *Trieste* war nicht dazu in der Lage, Kameras ins Innere des Torpedoraums hinabzulassen, um dort mögliche Schäden festzustellen.*)

---

* 1986 wurde ein weiterer Versuch unternommen, das Wrack zu inspizieren. Diesmal wurde Woods Holes Tauchboot *Alvin* mit der *Jason jr.*, einer ferngesteuerten Schwimmkamera, im Schlepptau hinabgeschickt. Der Bericht dieser Expedition unterliegt noch der Geheimhaltung, doch laut Aussage von Personen, die Zugang zu den Ergebnissen haben, war es nicht gelungen, die Kamera in den Torpedoraum zu führen. Ein Team, dessen Aufgabe es war, die Ergebnisse dieser Expedition zu analysieren, kommt in einem Brief vom 14. Januar 1987, der gemeinsam mit dem Bericht der technischen Beratergruppe freigegeben wurde, zu dem gleichen Schluss.

Der Bericht legt dar:

> Der logischste Ort für eine interne Explosion, die zum Verlust des Unterseeboots führen würde, ist der Torpedoraum. Das Beweismaterial legt jedoch nahe, dass der Torpedoraum im Wesentlichen intakt ist. ... Es ist denkbar, dass die Explosion einer einzelnen Waffe den Schiffskörper im Kielbereich aufreißen und so den Verlust des Unterseeboots verursachen kann – folglich muss diese Möglichkeit in Betracht gezogen werden. Doch die Experten des Kommandos für Waffentechnik verweisen darauf, dass die Explosion einer Waffe Explosionen anderer Waffen nach sich ziehen würde. Wäre mehr als eine Waffe detoniert, so müsste der Bugbereich eine erhebliche Deformierung aufweisen, die wie eine Beschädigung von außen aussehen würde. Doch weist keine der sichtbaren Strukturen eine Deformierung dieser Art auf, und auch eine Beschädigung, die als Hinweis auf eine Explosion im Inneren des Torpedorohrs gedeutet werden könnte, fehlt. Eine interne Explosion in der Bugzelle wird als unwahrscheinlich erachtet.

Auf der Basis dieser Diskussion ließ die technische Beratergruppe die Simulierung der *Scorpion*-Katastrophe, wie sie von Craven und Fountain arrangiert worden war, unberücksichtigt.

Und trotzdem: Craven und mehrere Munitionsexperten kommen zu dem Schluss, dass die Beweisführung des Kommandos für Waffentechnik voller Fehler steckt und dass die Analyse eine ganz andere hätte sein können, wenn die Behörde die Untersuchungsbeamten über das Versagen der Batterien in den Mk-37-Torpedos aufgeklärt hätte.

Die Art von äußerer Rumpfbeschädigung, die nach Auffassung des Kommandos für Waffentechnik einer Torpedoexplosion folgen muss, ist Waffenexperten zufolge keinesfalls zwingend, wenn die Torpedoexplosion durch Feuer ausgelöst wurde. Der Schaden, von dem die Behörde ausging, würde vielmehr wohl nur dann entstehen, wenn es zu einer vollständig ausgelösten Explosion käme, bei der der Torpedo so losgeht, wie er losgehen soll, wenn sich die Kraft von 150 Kilogramm HBX-Sprengstoff in einem einzigen gewaltigen und direkten Vorwärtsstoß entfaltet. Diese Art von Detonation, darin stimmen die Experten überein, würde mit großer Wahrscheinlichkeit eine Folgeexplosion auch der übrigen Torpedos nach sich ziehen. Und eine Mehrfachexplosion müsste, wie es das Kommando für Waffentechnik behauptet, vermutlich den Schiffskörper aufreißen oder wenigstens auf eine Weise beschädigen, die von außen sichtbar ist.

Doch die Tatsache, dass die Torpedodetonation mit großer Wahrscheinlichkeit durch das Feuer in einer der Torpedobatterien ausgelöst wurde, verändert die Gleichung erheblich. Die Explosion einer Waffe, die durch Feuer verursacht wird, kann mit an Sicherheit grenzender Wahrscheinlichkeit nicht die gleiche Gewalt entwickeln wie eine ordnungsgemäß ausgelöste Detonation. Tatsächlich ist es unmöglich, Ausmaße, Form und Eigenschaften einer Sprengung vorherzusagen, die auf Feuer zurückzuführen ist. Solche Detonationen sind einfach nicht auf die übliche Weise berechenbar. Nach Auffassung von Waffenexperten ist es durchaus möglich und sogar wahrscheinlich, dass ein durch Feuer gezündeter Torpedogefechtskopf lediglich mit einer so genannten »trägen Detonation« losgeht.

Eine träge Detonation könnte sehr wohl stark genug sein, um jeden, der sich in der Nähe aufhält, zu töten und die Außendeckel der Luken, die in den Torpedoraum führen, abzusprengen. Doch würde sie nicht ausreichen, um die übrigen Torpedos zu zünden, vor allem dann nicht, wenn diese den explodierenden Torpedo nicht direkt berühren. Unterseeboote legten häufig ab, ohne dass ihre Torpedogestelle voll geladen waren. (Aus diesem Grund werden Mannschaftsmitglieder oft im Torpedoraum untergebracht. Jedes Torpedogestell, in dem sich kein Torpedo befindet, ermöglichte zusätzliche, leidliche Schlafplätze.) Eine einzelne träge Detonation, die keine weiteren Explosionen anderer in der Nähe befindlicher Torpedos nach sich zog, hätte leicht stattfinden können, ohne die Beschädigungen an der Außenhaut des U-Boots zu bewirken, nach denen zu suchen die Männer in der *Trieste* angehalten worden waren. In ihrem Abschlussbericht zum *Scorpion*-Unglück, den der Untersuchungsausschuss 1969 vorlegte, erkannte die Navy diese Möglichkeit ausdrücklich an. Der Bericht beruft sich dabei auf einen Vorfall auf der USS *Sargo (SSN-583)*, der sich 1960 ereignete. Hierbei breitete sich ein Sauerstofffeuer im Maschinenraum aus und verursachte die träge Detonation zweier Mk-37-Torpedogefechtsköpfe. Der Bericht gibt an: »Der Druckkörper der *Sargo* wurde nicht aufgebrochen.« Die *Sargo* lag zum Zeitpunkt der Detonation in aufgetauchtem Zustand am Pier in Pearl Harbor.

Tatsächlich erhöht die Tatsache, dass der Torpedoraum der *Scorpion* intakt geblieben ist, nach Auffassung von Craven und U-Boot-Kommandeuren die Wahrscheinlichkeit, dass sie einem ihrer eigenen Torpedos zum Opfer gefallen ist. Der Torpedoraum der *Scorpion* implodierte nicht, was die Vermutung zulässt, dass er geflutet war, bevor das Schiff seine Zerstörungstiefe erreichte. Da ein gefluteter Raum innen wie außen dem gleichen Wasserdruck ausgesetzt ist, kollabiert und implodiert er bei Erreichen der Zerstörungstiefe nicht – er bleibt intakt.

Die technische Beratergruppe gibt an, dass die Außendeckel des Torpedoraums »vermutlich versagten«, als »der Druck im Torpedoraum zunahm« oder als die Bordwand, die ihn von der Operationszentrale trennt, nachgab. Man geht offenbar davon aus, dass die Außendeckel durch die gewaltige Implosion in der an den Torpedoraum angrenzenden Zelle abgesprengt wurden. Die Beratergruppe bietet jedoch keine Erklärung dafür an, warum der Torpedoraum lediglich seine Außendeckel einbüßte, obwohl doch die eigenen Experten behaupten, dass die an den Torpedoraum angrenzenden Zellen im gleichen Augenblick vollkommen zerstört wurden. Auf den von der *Trieste* gemachten Fotos von der *Scorpion* kann man die vollkommen platt gedrückte Operationszentrale, die sich direkt hinter dem Torpedoraum befindet, erkennen. Man sieht außerdem, dass sich jenseits der Operationszentrale die Heckzelle des Schiffs komplett in den Hilfsmaschinenraum geschoben hat.

Die *Trieste*-Fotos lassen zudem erkennen, dass die riesige Batterie der *Scorpion* vollkommen auseinander gerissen ist. Nach Auffassung der technischen Beratergruppe ist sie die Ursache für die Zerstörung der *Scorpion* – womit sie die Erklärung für den Untergang des sowjetischen U-Boots der Golf-Klasse aufgreift. Es ist denkbar, dass die Batterie während des Ladevorgangs explodierte, vorausgesetzt die Ventilatoren versagten und gestatteten somit eine hohe Konzentration von hochexplosivem Wasserstoff. Ebenso gut könnte die Batterie jedoch auch von den gleichen Kräften auseinander gerissen worden sein, die auch das übrige Schiff zerstörten.

Admiral Schade, Fountain und andere haben in Erwägung gezogen, ob vielleicht die Müllbeseitigungsanlage der *Scorpion* versagt und damit tonnenweise Seewasser in das U-Boot und den Batterieschacht eindringen lassen haben könnte. Seewasser kann in einer Batterie eine Reihe von Gasen freisetzen, darunter auch Wasserstoff. Doch dieser Ansatz basiert auf dem Fehlen einer anderen einleuchtenden Theorie sowie auf der Tatsache, dass auf einem Schwesterschiff der *Scorpion*, der USS *Shark (SSN-591)*, die Müllbeseitigungsanlage tatsächlich ausfiel. (Die *Shark* überstand den Vorfall.) Auch bei dieser Theorie hatten etliche Beobachter ausgeschlossen, dass die ursprüngliche Flutung durch einen Torpedo verursacht worden sein könnte, weil ihnen mitgeteilt worden war, dass eine Torpedoexplosion an Bord der *Scorpion* nicht vorstellbar war, ohne dass dabei auch alle übrigen Waffen detonierten.

»Ich glaube, wir alle raten nur«, sagt Ross E. Saxon, der mit der *Trieste* hinabgefahren ist und einige der Fotos gemacht hat, welche die technische Beratergruppe später analysierte. »Wir, die wir da draußen waren, die wir zu dem Ding hinuntergefahren sind, wir raten nur.« *

Nachdem sie Zugang zu den neuen Informationen über die fehlerhaften Torpedobatterien erhalten hatten, gehen einige, die in die Untersuchung involviert waren und aufgrund des Berichts von 1970 eine Torpedoexplosion ausgeschlossen hatten, nun davon aus, dass eine Torpedoexplosion jetzt wieder als mögliche Ursache für den Verlust der *Scorpion* in Frage kommt.

»Wenn ein Raum in die Luft fliegt, in dem sich eine Handgranate befindet, und sich dann plötzlich jemand meldet und zugibt, dass er die Handgranate vorher aus dem Raum entfernt hat, dann müsste man die Handgranate unberücksichtigt lassen«, erklärt ein Offizier, der sich im aktiven Dienst der Marine befindet und mit dem Fall bis hin zu seiner neuesten Entwicklung vertraut ist. »Wenn diese Person jedoch verschweigt, dass sich dort zwei Handgranaten befunden haben, wenn sie also nicht ganz die Wahrheit sagt, einige Informationen verschweigt, dann könnte das ein Grund sein, sich die Sache noch einmal genauer anzusehen. Basierend auf den derzeit aktenkundigen Informationen sind die beiden wahrscheinlichsten Ursachen eine Explosion in der Batterie des U-Boots und eine Gefechtskopfzündung. Ausgehend von den zur Verfügung stehenden Informationen sage ich, es war die explodierende Batterie. Doch es gibt auch schlüssige Argumente für eine Gefechtskopfzündung. Alle Informationen über spezifische Konstruktionsprobleme bei einer Waffe sollten ebenfalls ins Blickfeld gerückt und erörtert werden.«

* Saxon und zwei weitere Männer von der *Trieste* glauben außerdem, neben dem Wrack der *Scorpion* ein Objekt gesehen zu haben, das wie ein in eine orangefarbene Schwimmweste gekleideter Körper aussah. Sie sahen es im Vorbeifahren, konnten jedoch, weil die *Trieste* nicht sehr manövrierfähig war, nicht sogleich zurückkehren. Später konnte niemand auch nur mehr eine Spur von dem vermeintlichen Körper finden. Craven meint, es sei durchaus denkbar, dass jemand versucht haben könnte, sich im letzten Augenblick durch den Notausstiegsschacht zu retten. Wenn es tatsächlich zu einer Torpedoexplosion gekommen war, dann musste sie sich relativ dicht unter der Wasseroberfläche ereignet haben, denn sonst hätten sich die dazugehörigen Schallwellen verloren. Craven weist jedoch auch darauf hin, dass man andauernd irgendwelche Gegenstände auf dem Meeresboden sieht, die dann aber doch nicht das sind, als was sie zunächst erschienen sind. Saxon stellt fest, dass er weder das eine noch das andere mit Sicherheit behaupten kann, stimmt jedoch zu, dass tatsächlich Grund zu der Annahme besteht, die *Scorpion* könnte sich in der Nähe der Wasseroberfläche befunden haben, als ihr das tödliche Missgeschick zustieß – ihre Masten befanden sich in ausgefahrener Position, als habe ihr Kommandant versucht, noch im letzten Augenblick einen Funkspruch zu senden. Es ist jedoch auch denkbar, dass die Masten durch mechanische Erschütterung oder durch die explosiven Kräfte, die auch das Schiff zerrissen, nach oben geschossen waren.

Dieser Offizier ist ebenso wie Craven und einige andere der Meinung, dass der Fall einer weiteren Untersuchung und vielleicht eines neuerlichen Versuchs bedarf, einen Blick in den Torpedoraum der *Scorpion* zu werfen. Bis auf weiteres ist Craven überzeugt davon, dass ein Torpedo die wahrscheinlichste Ursache für den Verlust des Unterseeboots ist. Mit dieser Überzeugung steht er nicht allein. Im Juni 1998 stand Craven vor einer Schar Marineoffiziere, als ihm vom Marine-U-Boot-Verband (Naval Submarine League) für seine Arbeit im Zusammenhang mit der *Scorpion*, den Polaris- und anderen Projekten als Erstem der angesehene Civilian Service Award überreicht wurde. Als die Zeremonie vorüber war, trat ein Offizier an ihn heran. Er senkte seine Stimme, damit er in dem überfüllten Raum nicht gehört werden konnte, und begann über die *Scorpion* zu sprechen. Seit Jahren, so teilte er Craven mit, war er davon überzeugt, dass ihr Verlust auf einen Torpedounfall zurückzuführen sei.

Ohne etwas von der aus Keyport geschickten Warnung zu wissen, ohne über die Information zu verfügen, dass es bekanntermaßen Probleme mit der den Mk-37-Torpedo antreibenden Batterie gab, teilte dieser Offizier Craven mit: »Ich weiß, dass es ein Torpedo war, denn ich habe selbst einen solchen Gefechtskopfdefekt durch eine fehlerhafte Batterie miterlebt.«

»Die Ballade von Whitey Mack«

Fregattenkapitän Chester M. Mack, ein zwei Meter großer Einzelgänger, der wegen seiner weißblonden Mähne auf den Spitznamen »Whitey« hörte, blickte durch sein Sehrohr auf die Barentssee hinaus. Er war hier, um nach einem neuen und tödlichen sowjetischen kernkraftgetriebenen Raketen-U-Boot zu suchen, dem die NATO – keineswegs zum Spaß – den Namen »Yankee« verpasst hatte.

Es war März 1969, und in einem beängstigenden technologischen Sprung waren die Sowjets schließlich mit einem kernkraftgetriebenen Raketen-U-Boot herausgekommen, das in seinem Entwurf den Polaris-U-Booten ähnelte und fähig zu sein schien, das Weiße Haus oder das Pentagon aus einer Entfernung von 1500 Kilometern anzugreifen. Es war Macks Aufgabe, mehr darüber in Erfahrung zu bringen.

Mack hatte sein U-Boot geradewegs durch die Barentssee gesteuert, das emsig bewachte Übungsgebiet der Nordflotte, die in der sowjetischen Marine die fortschrittlichste und schlagkräftigste war. Er war mit der Arroganz eines Seemanns unterwegs, der weiß, dass er am Ruder eines der neuesten Schiffe der Navy stand, eines Angriffs-U-Boots der Sturgeon-Klasse, das mit der neuesten Sonar- und Lauschtechnik ausgerüstet war. Er war außerdem mit sehr viel mehr Glück unterwegs als die meisten seiner Kollegen, denn in diesem Spiel von Begegnen und Verpassen hatte er soeben das gefunden, wonach er suchte.

Dort, direkt vor seinem Periskop, lag eine Yankee, 130 Meter lang, zwölf Meter breit und 9600 Tonnen schwer. Mack schlich sich mit der *Lapon* auf knapp 300 Meter heran und beobachtete.

»Verdammt noch mal, der Mistkerl sieht aus wie ein Modell von Mattel«, platzte er heraus. Das Unterseeboot sah tatsächlich wie die Kopie eines Polaris-U-Boots aus, angefangen bei der Rumpfform bis hin zu dem am Turm angebrachten Tiefenruder. Das Bild wurde vom Periskop auf einen Monitor im Aufenthaltsraum übertragen. Später würde Mack sogar Wiederholungen abspielen, so überwältigend war der Anblick.

Mack hakte eine Hasselblad-Spiegelreflexkamera mit nur einer Linse am Okular des Sehrohrs ein und betätigte den Auslöser. Ein Motor beförderte den Film nach jedem Auslösen automatisch weiter, während sich die *Lapon* langsam vorwärts bewegte und Mack das Periskop nur jeweils für sieben Sekunden am Stück aus dem Wasser blitzen ließ, um nicht entdeckt zu werden. Bei jedem verstohlenen Auftauchen des Periskops machte Mack ein paar Fotos, wobei er jedes Mal einen anderen Bereich des riesigen Boots ins Visier nahm. Schließlich zeigten sieben aneinander gelegte Fotos die ganze Yankee.

Während der Bauphase der Yankees hatte der US-Geheimdienst mit seinen Spionagesatelliten nur unscharfe Fotos zu Wege gebracht, auf denen man erkennen konnte, dass die Sowjets sich auf eine Massenproduktion der neuen Waffe vorbereiteten. Doch in den letzten paar Jahren, als die Yankees die ersten Probeläufe auf offener See absolvierten, hatten sich US-amerikanische Überwachungs-U-Boote näher herangeschlichen, um diese mit 16 Schachtdeckeln, unter denen sich 16 herausnehmbare Flugkörperschächte befanden, versehenen nuklearen Monster genauer zu betrachten. Die Yankees schienen im Vergleich zu den anderen mit ballistischen Raketen bestückten sowjetischen U-Booten, den dieselelektrischen Zulus und Golfs, und den ersten kernkraftgetriebenen Raketen-U-Booten, den Hotels, eine bedeutende Weiterentwicklung zu sein. Keiner dieser Vorläufer hatten ähnlich viel Angst geschürt wie die Yankees jetzt. Frühere U-Boote waren laut gewesen, und es war ein Leichtes für das SOSUS-Netz und die Sonarsysteme, sie zu orten. Nun war die US-amerikanische U-Boot-Flotte mit einer entscheidenden Frage konfrontiert: Waren die Yankees mehr als nur eine äußerliche Nachahmung der Polaris-U-Boote? Konnte es möglich sein, dass die Sowjets, nur sechs Jahre nach der Kubakrise, in der Position waren, einen Erstschlag zu führen? Falls die neuen Schiffe tatsächlich so leise und tödlich waren, wie es den Anschein hatte, dann hatten die Sowjets jetzt mindestens mit den Vereinigten Staaten gleichgezogen und verfügten über die Fähigkeit zum Zweitschlag, konnten zurückschlagen, wenn all ihre landgestützten Raketen und Bomber zerstört waren.

Kapitän zur See James Bradley wusste, dass sein Spionageprogramm bereits eine Menge wichtiger Informationen über die Entwicklung sowjetischer U-Boote und Raketen geliefert hatte. Das gesunkene Golf-Boot zu fotografieren, war ein technischer Coup gewesen. Doch die Golfs stellten im Vergleich zu den Yankees keine große Bedrohung dar, und nichts war nun von größerer Wichtigkeit, als das Aufspüren dieser neuen U-Boote zu erlernen und herauszufinden, wie man sie am besten zerstören konnte.

Fotos von Yankees waren nur bis zu einem gewissen Grad hilfreich. Die US-Marine und ihre NATO-Partner mussten diese Schiffe in Aktion sehen und ihre akustischen Signaturen sammeln, um dafür zu sorgen, dass sie niemals unerkannt durch das SOSUS-Überwachungsnetz schlüpfen konnten und dass Überwachungs-U-Boote und Sonarbojen, die aus den P-3-Orion-U-Jagdflugzeugen abgeworfen wurden, die von den Yankees dargestellte Bedrohung rechtzeitig erkennen würden.

Irgendjemand musste sich nah genug an eine in Aktion befindliche Yankee heranschleichen und ihr lang genug auf den Fersen bleiben, um den Vereinigten Staaten die Munition im Kampf gegen die neue Bedrohung zu liefern. Um dies zu erreichen, war fast jedes Risiko gerechtfertigt.

Sosehr sich Mack auch wegen seiner fotografischen Leistung brüstete, ihm war klar, der wirkliche Star der U-Boot-Flotte würde derjenige sein, dem es gelang, eine Yankee so lange wie möglich zu verfolgen. Andere Kommandeure wussten dies ebenfalls, und selbst der Verlust der *Scorpion* reichte nicht aus, um das wilde Draufgängertum abzuwürgen, das die neue Mission in den Mannschaften weckte. Doch Mack hatte nun das Gefühl, dass die Yankees in seinen Besitz übergegangen waren, und er war sich sicher, dass er der Kerl war, der sich nah genug heranschleichen und dranbleiben würde. Er war absolut überzeugt davon, obwohl niemandem sonst bisher dieses Kunststück gelungen war. So groß war sein Selbstbewusstsein!

Tatsächlich war alles an diesem 37jährigen Fregattenkapitän groß. Mit seinem hoch gewachsenen 110 Kilogramm schweren Körper passte er kaum durch die Schotten und engen Durchgänge der *Lapon*, und in der Operationszentrale stand er fast immer vornübergebeugt, um sich unter das über seinem Kopf entlangführende Labyrinth aus Kabeln und Rohren zu ducken. Unterseeboote waren einfach zu klein, um Whitey Mack zu fassen. Er war ein überlebensgroßer Renegat, vergleichbar den Helden in den Romanen, die er körbeweise verschlang. Er empfand sich selbst als den Held seiner Geschichte, die er durchs Leben voranschreitend schrieb, eine Geschichte, die von seinen Taktiken und manchmal von seinen Regeln bestimmt war.

Er war nie auf der Marineakademie gewesen. Stattdessen wurde er an der Pennsylvania State University von einem aufdringlichen Ersten Offizier, der damit angab, dass er seine Frau in einem Pokerspiel gewonnen hatte, für die Offiziersanwärterschule rekrutiert. Mack selbst war der Sohn eines Kohlebergwerkarbeiters, und er stellte seinen fehlenden Schliff zur Schau wie ein Ehrenabzeichen. Mack bezeichnete sich selbst als »eine Art Klugscheißer«, und er blickte auf seine Vorgesetzten mit durchdringenden blauen Augen und einer gewissen Impertinenz herab, die in keinerlei Zusammenhang mit den Sternen auf seinen Schulterstücken stand. Als Ausdruck seines trockenen Humors hatte er sich ein Paar selbst gemachter russischer Delphine neben den üblichen amerikanischen Delphinen – dem Emblem der amerikanischen U-Boot-Flotte – auf der Uniform angesteckt und hatte an nichts mehr Spaß, als durch sein U-Boot zu laufen und dabei irgendwelche Obszönitäten auf Russisch zu brüllen.

»Ein Hasenfuß hat es noch nie einem Schwein besorgt.« So lautete das Motto der *Lapon*, und es lautete so seit Macks erster Fahrt auf dem Schiff, bei der er die Ankündigung seiner Entscheidung, einem neuen sowjetischen U-Boot bis an den Rand sowjetischer Hoheitsgewässer zu folgen, mit diesem Satz bekräftigt hatte. (Er wurde auf dem Endlosband, das in der Operationszentrale der *Lapon* mitlief, festgehalten.) Als jedoch im Gespräch mit einem Admiral einmal die Sprache darauf kam, änderte Mack den Spruch gefühlvoll zu »Ein Hasenfuß hat noch nie ein hübsches Mädchen erobert« ab.

Mack hatte Ende 1967 das Kommando über die *Lapon* erhalten und sich in die Arbeit gestürzt, indem er zuerst mit anderen Kommandanten um die Männer geschachert hatte, von denen er überzeugt war, dass sie eine Starbesetzung abgeben würden. Dann hatte er alle mögliche experimentelle und häufig unautorisierte Ausrüstung auf seinem U-Boot installiert. Er inspirierte und schikanierte seine Männer im Wechsel. Er beeindruckte die Admirale und ließ ihnen zugleich keine Ruhe, bis sie schließlich einwilligten, ihm die üblichen monatelangen Lehrgänge und Übungen an Land zu erlassen, und er direkt zur Tat schreiten konnte.

Im weitesten Sinne war Mack ein Sinnbild für seine Ära. In der U-Boot-Flotte war es üblich, Kapitäne, die Risiken aus dem Weg gingen, mit Spitznamen wie »Charlie Tuna« und »Meerhase« zu brandmarken. Doch Mack veranlasste seine Vorgesetzten – und andere Kommandanten, die ihr eigener Wagemut mit Stolz erfüllte –, sich darüber zu streiten, ob er nicht auf gefährliche Weise die Grenze zwischen Tapferkeit und Leichtsinn überschritt. Keine Frage, die Fotos, die er von der Yankee gemacht hatte, waren wertvoller als alle übrigen Informationen, die bisher herbeigeschafft worden waren. Doch Mack ging auch für weniger wertvolle Informationen immense Risiken ein.

Bereits einmal war die *Lapon* unter Macks Kommando in der Barentssee aufgespürt worden. Es mag das im Sonnenlicht glitzernde Periskop gewesen sein, das sie verriet – niemand wusste es genau –, jedenfalls hörten die Männer in der Funkerkabine plötzlich einen sowjetischen Piloten, der eine Warnung auf Russisch auf den Weg brachte: »Ich sehe ein Unterseeboot.«

Als der Wachhabende der *Lapon* sein Sehrohr in den Himmel richtete, sah er einen Hubschrauberpiloten, der ihm direkt ins Gesicht zu blicken schien. »Verdammt, er hat den größten roten Schnurrbart, den ich je gesehen habe!«, schrie der Offizier überrascht.

»Den haben Sie nun lang genug bewundert«, sagte Mack außer Atem, als er, noch in Unterwäsche, aus der Kommandantenkabine in die Operationszentrale gelaufen kam. »Wir machen besser, dass wir hier fortkommen.« Und damit tauchte er mit seinem Schiff ab, noch bevor die Sowjets eine Chance hatten, mit der Suche zu beginnen.

Mack war außerdem so dicht an zwei sowjetische U-Boote herangefahren, die Abfang- und Angriffsanläufe übten, dass die *Lapon* schließlich in die Schussbahn eines ihrer Torpedos geriet. Mack wusste, dass die Sowjets bei solchen Übungen nur Torpedos mit Übungsköpfen verwendeten. Aber er hatte keineswegs vor, sein Wissen unter Beweis zu stellen, indem er sich von dem Torpedo treffen ließ. Stattdessen befahl er dem Maschinenraum, der *Lapon* ihre Höchstgeschwindigkeit abzuverlangen. Und tatsächlich gelang es ihm, der Waffe zu entkommen. (Dieser Vorfall ereignete sich kurz nachdem er mit der *Lapon* nach der *Scorpion* gesucht hatte, doch lange bevor irgendjemand erkannte, dass ein Torpedo das Schiff versenkt haben könnte.)

Zwei Nachrichtendienstler an Bord, George T. »Tommy« Cox und Joseph »Jesse« James, hatte das Ereignis so erschüttert, dass keiner von beiden, als sie später in der Funkerkabine eine rauchen wollten, die Hand lange genug stillhalten konnte, um die Zigarette anzuzünden. Cox hatte Country & Western-

Sänger werden wollen, einmal den ersten Platz beim Gene Hooper County Western Show Talent Contest in Caribou, Maine, gewonnen und sich durch die High-School gebracht, indem er als Background-Musiker in Cindy's Bar gespielt hatte. Nach seinem Törn auf der *Lapon* nahm er eine Ballade mit dem Titel »Torpedo im Wasser« für seine erste und einzige Sammlung von U-Boot-Hits, *Take Her Deep*, auf. Der Song war eine Ode auf ein knappes Entkommen:

> Schon ist ein 400-Pfünder TNT im Begriff,
> Uns in die Ewigkeit zu befördern.
> Ich kann's nicht leiden, wenn erwachs'ne Männer weinen,
> Doch Gott weiß, ich bin zu jung zum Sterben.
> Ein Torpedo ist im Wasser und kommt rasch näher.

Von ihrer Begegnung mit dem Torpedo brachte die *Lapon* Protokolle und Fotos mit nach Hause, wie auch zahlreiche Filmrollen, auf denen andere Aktivitäten der sowjetischen Atlantikflotte festgehalten waren – allesamt interessant, doch nichts davon von so gravierender Bedeutung, um Whitey zum Star, zu *dem* Star zu machen.

Tatsächlich war es ein anderer Mann, dem diese Ehre zufiel: Kinnaird R. McKee, ein geschmeidiger Südstaaten-Gentleman mit buschigen Augenbrauen und dem Flair eines Showmans. Als er die USS *Dace (SSN-607)* kommandierte, setzte er neue Maßstäbe für Überwachungsoperationen, und auch wenn das herausragende Kommando von McKee schon fast abgelaufen war, als Mack im März 1969 die Yankee fotografierte, blieb McKee doch eine Ikone der U-Boot-Flotte. 1967 hatte McKee nicht nur einen sowjetischen Atom-Eisbrecher im Schlepptau fotografiert, er schnappte sich auch radioaktive Luftproben, die bewiesen, dass das Schiff einen Reaktorunfall erlitten hatte. Im folgenden Jahr sammelte McKee während einer einzigen atemberaubenden Mission aus nächster Nähe Fotos samt akustischer Signaturen nicht nur von einem, sondern von zwei U-Booten der zweiten Generation sowjetischer Atom-U-Boote:

einem Angriffs-U-Boot und einem Raketen-U-Boot, denen die NATO die Klassenbezeichnungen »Victor« und »Charlie« zugeordnet hatte. Auf eines der neuen Schiffe war er bei Nowaja Semlja gestoßen, einer großen Insel zwischen der Barents- und der Karasee, auf der die Sowjets ihre Atomtests durchführten.

Wie Mack war auch McKee entdeckt worden. Ja er hatte sogar einen Schnappschuss von einem sowjetischen Seemann zu Wege gebracht, der auf dem Deck eines der U-Boote stand und direkt auf das Periskop der *Dace* zeigte. Dann begannen die Sowjets mit der Jagd. McKee musste einen Verband sowjetischer Patrouillenboote abschütteln, die mit ihren Aktivsonars wild in der Gegend umherpingten. Ihm gelang schließlich die Flucht, indem er die *Dace* geradewegs unter die gefährlichen Randgebiete arktischen Eises steuerte. Als die Gefahr vorüber war und er sich wieder hervorwagen konnte, lokalisierte McKee innerhalb einer Woche ein zweites der neuen sowjetischen U-Boote.

»Meine Herren, der Einsatz in der Barentssee ist erhöht worden«, kündigte er an, als er nach seiner Rückkehr den Vereinigten Stabschefs (Joint Chiefs of Staff) und Beamten des Verteidigungsministeriums Bericht erstattete. Mit dem ihm eigenen Talent schlug er seine Zuhörer mit einer Geschichte in Bann, die auch ohne die Schilderung seiner Entdeckung und ohne das Bild von dem sowjetischen Seemann, der auf die *Dace* zeigte, noch dramatisch genug war. McKees Präsentation und seine Diashow kamen so gut an, dass seine unmittelbaren Vorgesetzten gar nicht auf den Gedanken kamen, ihm Vorhaltungen zu machen, weil sein U-Boot entdeckt worden war. Für McKee fiel lediglich durch die Tatsache, dass die Navy ihm nicht gestattete, den von ihm aufgespürten sowjetischen U-Booten Namen zu geben, ein Schatten auf seine erfolgreiche Mission.

Sein Benehmen vor allem war es, was McKee von Gestalten wie Whitey Mack unterschied. McKee erfüllte jedermanns Vorstellung von einem Helden. Während Mack sich seinen Weg durch das System mit Rüpeleien erzwang, war McKee einer jener Offiziere, die auf dem Weg nach oben schon früh auf die Überholspur wechselten. Er war die Art Mann, der seinen

Schatz Betty Ann den Hof machte, indem er sie in einem offenen Jaguar durch die Winternacht fuhr und ihr dann 13 Tage später einen Heiratsantrag machte. Auf der *Dace* warb er um die Wachsamkeit seiner Offiziere, indem er jedem, der ihm half, die neuen sowjetischen U-Boote auszumachen, Kisten mit Dewar's Scotch und Jack Daniels versprach. Mit dem gleichen Flair nahm er Admirale für sich ein, zauberte derart erstaunliche Geschichten über seine Abenteuer hervor, dass die Männer, die in der amerikanischen U-Boot-Flotte etwas zu sagen hatten, gar nicht auf den Gedanken kamen, die Risiken, die er einging, in Frage zu stellen.

Mack hatte noch andere Konkurrenten in der Atlantikflotte. Da war Alfred L. Kelln, der Kommandant der USS *Ray (SSN-653)*, der das allererste Foto von einer Yankee geschossen hatte. Dann gab es noch Fregattenkapitän Guy H. B. Shaffer von der USS *Greenling (SSN-614)*, der mit seinem U-Boot direkt sowohl unter einer Charlie wie auch unter einer Yankee hindurchgetaucht war, nur ein paar Monate bevor Mack seine Yankee entdeckte. Auf diese Weise erhielt die Mannschaft der *Greenling* die Gelegenheit, die Geräuschpegel und Obertöne aufzuzeichnen, die diese sowjetischen Schiffe im Wasser erzeugten, und konnten Rumpf und Propeller unter Wasser durch das Sehrohr mit einer neuen, restlichtverstärkten Videokamera filmen. Tatsächlich kam die *Greenling* der Unterseite der Yankee so nahe, dass den Sowjets, wenn sie ihr Tiefenmeter überprüft hätten, das Meer sehr flach, vielleicht nur dreieinhalb Meter tief, vorgekommen wäre.

Diese Vorgehensweise, die als »Unterm-Rumpf-Tauchen« bezeichnet wird, war äußerst gefährlich. Jederzeit hätte eines der sowjetischen U-Boote abtauchen und damit direkt mit der *Greenling* kollidieren können, doch der Lohn war immens. Die Vereinigten Staaten verfügten damit über den ersten akustischen Fingerabdruck einer Yankee, und die auf der *Greenling* aufgezeichneten Geräuschmuster wurden umgehend in den SOSUS-Computer eingegeben.

Nur eine Frage blieb noch offen: Würden die von der *Green-*

ling gesammelten Daten ausreichen, damit die Yankees, wenn sie ins offene Meer hinausfuhren, sich von dem Lärm all der Fischerboote, Meereslebewesen und Strömungsgeräusche abhoben? Niemand würde diese Frage beantworten können, bis es jemandem gelang, eine Yankee während eines längeren Einsatzes zu verfolgen.

Der Wettlauf begann. Mack und die übrigen Kommandanten wechselten sich ab, überschritten 50 Grad nördlicher Breite, ließen die amerikanischen Küstengewässer hinter sich und damit auch den Kontakt zu ihren Flottenkommandanten, dampften in Richtung Barentssee und Heimathäfen der Yankees.*

Mack erhielt seine Chance im September 1969. Als die *Lapon* aus Norfolk auslief, hatte sie Berge von Eiern und Fleisch sowie kanisterweise einen als »Bug Juice« bezeichneten Sirup gefasst – die übliche Kost bei langen Einsätzen. Eins hatte sie noch zusätzlich an Bord: tiefgefrorene Heidelbeeren für drei Monate. Mack hatte einen wölfischen Appetit auf Heidelbeeren und Heidelbeermuffins, und er teilte diese Leidenschaft mit seiner Crew. In der Kombüse gab es außerdem ausreichend Zutaten für wöchentliche Pizzaorgien und in der Messe einen einarmigen Banditen, um die Langeweile zu vertreiben.

Auf der *Gudgeon* und jedem der anderen Diesel-U-Boote, die die ersten Spionagemissionen übernahmen, wäre nie ge-

---

* Ihre eigenen Bemühungen auf das Engste mit US-amerikanischen U-Booten abstimmend, halfen britische U-Boote manchmal aus, die Lücken bei der schließlich fast ununterbrochenen Überwachung der sowjetischen Häfen in der Barentssee zu schließen. Nur ein paar britische Unterseeboote waren für diese Aufgabe vorgesehen, und sie näherten sich der sowjetischen Küste nur im Frühling und Herbst. Doch hatten sich diese wenigen U-Boote mit Leib und Seele ihrer Spionagemission verschrieben. Sie war das Spezialgebiet ihrer Kommandanten und Mannschaften. Sie erfüllten ihre Aufgabe gut und aggressiv. Die britische Royal Navy hatte nichts gegen eine Konfrontation mit den Sowjets.
Einmal hatte ein sowjetisches Überwasserschiff versucht, die Straße von Sizilien mit Doppelzylinderbojen zu markieren, und der US-Geheimdienst interpretierte dies als Versuch, eine akustische Barriere zu schaffen – eine Art schwimmendes SOSUS-Netz. In den US-Regierungsbehörden vom Außenministerium bis hin zur Marine rang man die Hände und debattierte darüber, ob die Vereinigten Staaten nicht einfach vorbeischauen und die Bojen verschwinden lassen sollten. Dann bemerkte plötzlich jemand, dass sie bereits entfernt worden waren. Es stellte sich heraus, dass die Briten ein Geschwader Zerstörer in Malta liegen hatten und ausgezogen waren, um jede einzelne dieser merkwürdigen Bojen mit ihren Geschützen zu versenken.

nug Platz für einen Spielautomaten gewesen. Damit soll nicht zum Ausdruck gebracht werden, dass die *Lapon* etwa nicht bis in die letzte Ecke hinein voll gestopft war, doch wenigstens hatte jeder Mann seine eigene Koje – kein Bettenteilen mit anderen mehr. Die Kojen waren noch immer übereinander angeordnet – wie Regale, in denen Matratzen lagen –, und einige der Seeleute schlugen noch immer ihr Lager zwischen den Torpedos auf, aber wenigstens war es eine Erleichterung, anderthalb Quadratmeter Privatsphäre zu haben, in die man sich, indem man den Vorhang zuzog, vor den Kameraden zurückziehen konnte. Die kleineren Mannschaftsmitglieder hatten sogar Platz, um am Fußende ihrer Kojen ein paar Bücher unterzubringen. Und fast jeder verfügte über eine eigene Schublade – auch wenn dies alles an Platz war, der ihnen zum Verstauen ihrer Unterwäsche, Uniformen und anderer Dinge, auf die sie nicht verzichten wollten, zur Verfügung stand.

Den Dieselgestank früherer Zeiten gab es in diesen Atom-U-Booten nicht mehr, und auch mit der Kondensation, die Diesel-U-Boot-Fahrer geplagt hatte, war es nun vorbei. Die *Lapon* war geradezu komfortabel, sozusagen vollständig klimatisiert. Nur an den Wolken aus Zigarettenrauch, die sich trotz der modernen Luftfilteranlage sammelten, durfte man sich nicht stören. Niemand erwartete mehr vom Leben in einem solchen »verschlossenen Abwasserrohr«. Für die meisten der Jungs war der Kontakt mit der Außenwelt mehr oder weniger beschränkt auf den gelegentlichen Blick durchs Periskop und die »Familientelegramme«: die Drei- oder Vierzeiler, die Ehefrauen und Eltern ein paar Mal während jedes Einsatzes senden durften.

Darüber hinaus war das Leben der Männer bestimmt von einem Rhythmus, der geprägt war von sechs Stunden Wache und zwölf Stunden Wartungs- und Reparaturarbeiten, endlosem Schreibkram und den Prüfungen für die Fachdiplome. Niemand erhielt seine Delphine, das offizielle Wappen der Unterseeboot-Streitkräfte, bevor er sich nicht in mehr oder weniger jedem System an Bord qualifiziert hatte.

Doch gesunder Menschenverstand findet immer einen Weg,

sich durchzusetzen, und auf seinem U-Boot war Mack entschlossen, entsprechend nachzuhelfen. Mack organisierte abendliches Beisammensein und gemeinsames Singen, nachdem er in seiner handverlesenen Mannschaft ungefähr ein Dutzend Gitarrenspieler ausfindig gemacht hatte. Tommy Cox war unter ihnen, wieder an Bord, seine Gitarre im Gepäck und für drei Monate Ersatzsaiten und Plektren. Cox, der sich als erster Nachrichtendienstler in der Marine die Mühe gemacht hatte, all die üblichen Fachdiplome zu erwerben und sich seine Delphine zu verdienen, unterhielt die Männer, die nun erst wirklich seine Mannschaftskameraden waren, mit »Torpedo in the Water« und einem neuen Song über die *Scorpion* wie auch mit Standards von Johnny Cash, Ricky Nelson, Jerry Lee Lewis und Elvis Presley.

Es war kein Zufall, dass Cox erneut auf der *Lapon* angeheuert hatte. Obwohl die meisten Spitzel den einzelnen U-Booten vom Marineabschirmdienst (Naval Security Group) zugewiesen wurden und so gut wie nie zweimal auf ein und demselben Boot fuhren, hatte Mack es irgendwie hinbekommen, außer seiner Mannschaft auch seine Jungs vom Geheimdienst selbst auszuwählen. Er kämpfte darum, seine Favoriten, sein Kernteam, zusammenzuhalten. Neben Cox war das Leutnant zur See Donald R. Fallon, der Gruppenführer der Männer vom Nachrichtendienst. Mack hatte etwa zehn Sekunden nachdem Fallon das erste Mal an Bord der *Lapon* gekommen war, entschieden, dass er ein dauerhaftes Mitglied seiner Crew sein würde. Die ersten neun Sekunden hatte Fallon damit zugebracht, Mack niederzustarren. Die zehnte Sekunde brachte den Kick. Die nutzte Fallon für eine Beschreibung von Mack, die niemals überboten wurde. Entsprechend der Vorliebe der U-Boot-Fahrer für Akronyme verpasste er Mack das Kürzel »NOMFWIC« oder, im normalen Sprachgebrauch: »Number One Mother Fucker What's In Charge«.

Mack mochte Männer, die intelligent, erfindungsreich und eigenartig genug waren, um für seine eigenen Exzentrizitäten Verständnis zu haben und darüber hinaus bereit zu sein, wie er die Regeln weniger streng auszulegen. Einer von Macks Lieblingsneuzugängen war ein Erster Antriebsobermaat mit dem unglaublichen Namen Donald Duck. Er war ein selbst ernannter Hinterwäldler, aufgewachsen in einer Blockhütte im Shelby County, Alabama. Mechaniker war der Familienberuf. Ducks Vater arbeitete an Bussen, Duck selbst an Unterseebooten. Er brachte nie die Grundschule zu Ende, ja, er hatte sich im Rahmen eines Analphabetenprogramms zur Marine gemeldet. Doch gab es nichts auf der *Lapon*, was er nicht reparieren konnte, und er war ein sogar noch besserer Schnorrer als Mack. Seit Beginn des Vietnamkriegs, der Materiallager schrumpfen ließ, war vor allem Letzteres eine nützliche Eigenschaft. Duck suchte sich zusammen oder stahl, was er für die *Lapon* nur brauchen konnte, und verbarg seine Beute an einem Ort, den nur er für geheim hielt.

Ducks Mangel an formaler Ausbildung spielte auf der *Lapon* keine Rolle. Ohnehin hatten nur wenige der Unteroffiziere und Mannschaftsgrade mehr vorzuweisen als einen High-School-Abschluss. Die Crew setzte sich aus einem Haufen Arbeiter zusammen. Doch alles in allem war jeder von ihnen ein bisschen schlauer, ein wenig einfallsreicher und in jeder Hinsicht bereitwilliger, sich mit langen Monaten des Eingesperrtseins abzufinden, als irgendwer sonst in der regulären Marine. Die meisten Offiziere waren auf der Marineakademie gewesen. Doch letztendlich verwischten sich diese Unterschiede. Rang, Stationierungsorte, Herkunft – auf den besten U-Booten spielte all dies kaum eine Rolle. Vielleicht lag es an dem Eingesperrtsein; möglicherweise war es aber anders auch gar nicht möglich, ein Unterseeboot gut zu führen. Schließlich lernte ein Leutnant mit College-Ausbildung schon am ersten Tag, dass er es ohne die Unterstützung seiner graubärtigen Unteroffiziere und eines Haufens einfacher Seeleute, die bereit waren, sich für all die unvorstellbaren Probleme, die Monat für Monat auf See zu Tage treten würden, Lösungen einfallen zu lassen, nicht weit bringen konnte.

Nun war die Mannschaft, die Mack zusammengestellt hatte,

drauf und dran, auf die Probe gestellt zu werden. Nachdem sie eine Woche unterwegs gewesen war, erhielt die *Lapon* die Meldung, auf die Mack gehofft hatte: Am 16. September hatte das SOSUS-Netz eine Yankee nördlich von Norwegen registriert. Sie befand sich auf dem Weg hinaus aus der Barentssee und hatte scheinbar Kurs auf die GIUK-Lücke genommen. Dann wurde die Yankee von einer zweiten SOSUS-Station gemeldet, als sie gerade nördlich an der norwegischen Jan-Mayen-Insel vorbei- und in die Dänemarkstraße einfuhr, die sich zwischen Grönland und Island befindet. Wenn es Mack gelang, die Yankee abzupassen, bevor sie die Durchfahrt hinter sich und das offene Meer erreicht hatte, dann könnte die *Lapon* versuchen, ihr zu folgen.

Als Mack mit der *Lapon* auf die Dänemarkstraße zuraste, bestätigte ein alliiertes U-Jagdflugzeug, eine P-3-Orion, die Reiseroute der Yankee. Die *Lapon* traf am folgenden Tag ein und begann am südlichsten Ende der Dänemarkstraße, südwestlich von Island, zu patrouillieren.

Donnie Ray Bolling, der Steuer-Vize der *Lapon*, hängte eine Karte in der Mannschaftsmesse auf. Von jetzt an würde der Obersteuermann regelmäßig nach unten kommen, um der Mannschaft Auskunft über die Position der *Lapon* zu geben. Falls es ihnen gelingen sollte, sich an die Yankee dranzuhängen, dann würde er ihre Position ebenfalls einzeichnen. Es verstieß gegen die Regel, die Mannschaft in solche Einzelheiten nicht einzuweihen. Aber Mack wollte seine Männer begeistern. Er war der Meinung, dass die Kenntnis dessen, was sie versuchten, für den Schlafmangel, der auf seinem Schiff noch zum Dauerzustand werden würde, entschädigte.

Mack rief eine abgewandelte Personalzusammensetzung der Gefechtsstation aus. Um ihn herum war die Operationszentrale mit Männern voll gestopft, die sich zwischen die Kartentische, Computeranlagen, Waffenleitbedienpulte und all die dazugehörigen Oszilloskope, Skalen, Messgeräte und Plottervorrichtungen drängten. Die Rohre, die praktisch jeden Quadratzentimeter der Decke beanspruchten, steigerten den Eindruck von

Enge noch. In der Mitte all dessen befand sich das Periskop-podest. Zwei Periskope erhoben sich aus dem 30 Zentimeter hohen Sockel. Unmittelbar vor dem Podest standen der Tauch-offizier und zwei Rudergänger, dabei eine Pyramide bildend, und starrten auf ihre Tiefenmesser. Von jetzt an würden die Waffenleitmänner, die Sonarmannschaft, die Navigatoren und die Tauchwache nur noch zwei Befehle haben: die Yankee zu finden und sie davon abzuhalten, die *Lapon* zu entdecken.

Nur ein Tag verstrich, bevor die Yankee östlich an der *Lapon* vorbeischwamm. Die Geräusche des sowjetischen Unter-seeboots waren so schwach, dass es den Sonarmännern fast nicht gelang, sie in dem Lärm der in der Nähe befindlichen Trawler und Meerestiere auszumachen. Doch da war es, ein schwaches Flackern auf dem Oszilloskop, das elektronische Bild des sowjetischen U-Boots. Es würde nicht leicht sein. In den geräuschvollen Gewässern vor Grönland war die Yankee in dem Lärm nur dann zu hören, wenn sie nicht weiter als 1200 Meter von der *Lapon* entfernt war.

Mack gab Befehl, die *Lapon* nach Südosten zu richten. Er würde es mit der Taktik des »Sprintens und Driftens« ver-suchen. Der Plan war, die *Lapon* mit 20 Knoten etwa eine halbe Stunde lang bis zu einem Punkt zu jagen, an dem die Yankee bei ihrem gegenwärtigen Kurs bald vorbeikommen musste. Dann würde die *Lapon* auf drei bis fünf Knoten heruntergehen, sich vor und zurück treiben lassen und horchen.

Die Yankee kam tatsächlich, doch dann verschwand sie wie-der von der Bildfläche. Mack machte sich Sorgen. Die Sowjets hielten sich nicht an den Kurs, den die Amerikaner von ihnen erwarteten. Jedes Mal, wenn die akustische Signatur der Yan-kee durchkam, ging sie fast sogleich wieder verloren, übertönt vom lebhaften Atlantik, der jetzt aufgrund gewaltiger, von einem Sturm an der Oberfläche verursachter Strömungen sogar noch lauter war. Mack ging in der Operationszentrale auf und ab, war frustriert, weil er wie blind im Ozean umherkriechen musste, obwohl das sowjetische U-Boot doch so nah war.

Im Verlauf der folgenden Tage fand und verlor die *Lapon* die

Yankee mehrmals. Am vierten Tag ließ sich der Russe erneut blicken. Diesmal heftete sich die *Lapon* an seine Fersen, zunächst eine, dann zwei, dann drei Stunden lang. Die Propeller der Yankee klopften einen stetigen Rhythmus in die Kopfhörer der Sonarmänner. Sechs Stunden, zwölf Stunden, die Yankee hielt noch immer einen gleich bleibenden Kurs vor der *Lapon*. Doch nach 18 Stunden verschwand das sowjetische Schiff von den Sonarbildschirmen. Macks sich entfaltendes Unterwasserdrama fiel flach.

Inzwischen hatten die meisten der Offiziere und einige der Mannschaftsränge ein paar Tage mit wenig Schlaf auskommen müssen. Mack hatte nur gedöst, ein paar Minuten am Stück, meist während er in der Operationszentrale stand. Für diese Männer trat nun tiefe Enttäuschung an die Stelle des hohen Adrenalinpegels, den sie bereits über einen viel zu langen Zeitraum aufrechterhalten hatten.

Keiner sprach das Offensichtliche aus. Keiner wollte zugeben, dass es vielleicht einfach unmöglich war, diese neue, stillere Generation sowjetischer U-Boote durch die Kakophonie des Ozeans zu verfolgen. Keiner wollte aufgeben.

Daheim in Norfolk und Washington teilten Bradley, Vizeadmiral Arnold Schade, der noch immer die U-Boot-Flotte im Atlantik kommandierte, und Admiral Moorer, der Chef der Seekriegsleitung, Macks Enttäuschung. Mack hatte die ganze Zeit über die Verbindung aufrechterhalten, indem er dem über ihnen fliegenden US-Flugzeug Nachrichten über UHF (Ultra High Frequency; Ultrahochfrequenz) hatte zukommen lassen. Daraufhin hatte die Navy die Berater des Präsidenten auf dem Laufenden gehalten. Nixon konnte so die Verfolgung in Echtzeit miterleben.

Die Admirale gaben allen SOSUS-Stationen in der Region den Befehl, nach der Yankee »Ausschau zu halten«. Flugzeuge vom Typ P-3-Orion waren ebenfalls auf Beobachtungsposten. Doch erwiesen sich die Bemühungen in beiden Fällen als fruchtlos.

Mack entschloss sich zu einem gefährlichen Spiel. Er rief

seine Navigatoren und Offiziere in die Offiziersmesse und teilte ihnen mit, dass sie den Versuch aufgeben würden, die Yankee in der Nähe der Dänemarkstraße abzupassen. Stattdessen würde Mack versuchen, das Ziel des Russen zu erraten und ihn auf dem Weg dorthin zu überholen. Nun beugten sich Mack, sein Erster Offizier Charles H. Brickell jr., der wachführende Erste Ingenieur Ralph L. Tindal und andere über die Karten und vertieften sich in ein Was-wäre-wenn-Spiel, indem sie sich in den Kommandanten der Yankee hineinzuversetzen versuchten. Verzweiflung spielte dann schließlich eine ebenso große Rolle wie Logik, als sie sich zu dem Versuch entschlossen, die Fährte des sowjetischen U-Boots ein paar hundert Kilometer weiter südlich in der Nähe der portugiesischen Azoren wieder aufzunehmen.

Die *Lapon* raste nach Süden und legte sich an der ausgewählten Stelle drei Tage lang auf die Lauer. Es dauerte zu lange, sorgte sich Mack. Er riet erneut und verschob sein Schiff in westliche Richtung. Kaum war die *Lapon* wieder auf Patrouille gegangen, da hallte ihr Rumpf wider vom Knirschen, wie es üblich ist, wenn Metall auf Metall stößt. Mack kam in die Operationszentrale gelaufen. Der Tauchoffizier berichtete, dass die *Lapon* an Tiefe verlor.

Die 4800 Tonnen schwere *Lapon* war einem Tiefseefischer ins Netz gegangen, hatte sich in den Eisengewichten und in der dicken Stahltrosse des Netzes verfangen. Die Yankee konnte jeden Augenblick vorbeikommen, und nun hing die *Lapon* zusammen mit dem Sonntagsbrunch im Netz fest.

Die Fischer brauchten nicht lange, um aufzugeben, oder vielleicht kappten sie auch einfach die Trossen ihres Netzes. Wie auch immer, jedenfalls verließen sie die Region mit der großartigsten Noch-einmal-davongekommen-Geschichte ihres Lebens. Ein Stück Trosse hatte sich jedoch in einer der Sonarvorrichtungen am Bug des U-Boots verfangen. Auf gar keinen Fall konnte die *Lapon* eine heimliche Verfolgungsjagd aufnehmen, wenn eine Trosse auf ihren Bug schlug.

Mack hatte keine Wahl. Er wartete, bis es Nacht war, dann

gab er den Befehl zum Auftauchen. Er schickte einen Mann mit einem großen Bolzenschneider auf das Deck und betete, dass die Yankee nicht gerade jetzt vorbeifahren möge. Er hatte Glück – die Trosse war weg und die *Lapon* bereit, als die Yankee zwölf Stunden später aufkreuzte.

Mack war entschlossen, das sowjetische U-Boot nicht noch einmal zu verlieren. Der Südatlantik war nicht so laut wie die fischreichen Gewässer um Grönland, doch die Yankee war erheblich leiser als jedes andere Unterseeboot, dem ein US-amerikanisches U-Boot jemals zu folgen versucht hatte. Es war an der Zeit, eine neue Taktik auszuprobieren. Mack gab ihr den Namen »Verfolgung auf Tuchfühlung«. Die *Lapon* würde dicht an den Russen heranfahren, sich nicht weiter als etwa 2700 Meter von ihm entfernen. Vergrößerte sich der Abstand auf mehr als 3500 bis 4500 Meter, schon hätten sie die Yankee wieder verloren.

Macks Strategie war riskant. Mit 4800 Tonnen so dicht hinter der massigen Yankee herzurasen, war gefährlich. Normalerweise halten selbst Überwasserschiffe aus Angst vor möglichen Kollisionen einen Abstand von 3500 Metern ein. Und die *Lapon* musste noch zusätzlich fürchten, bei ihrem Tun erwischt zu werden. Mack hoffte nur, dass dieses neue Unterseeboot kein besseres Sonar hatte als seine Vorgänger. Die *Lapon* war nun so nah, dass es ausreichte gehört zu werden, wenn jemand einen Gegenstand fallen ließ oder eine der wasserdichten Schotten im falschen Augenblick zuwarf – selbst die veralteten Geräte der Sowjets hätten den amerikanischen Schatten registriert.

Jedem an Bord war das Risiko klar, das sie eingingen, doch niemand wagte, Macks Entscheidung in Zweifel zu ziehen. Dazu war auch gar keine Zeit. Absolute Priorität hatte es nun herauszufinden, wie sich das sowjetische Schiff anhörte, wenn es die Fahrt verlangsamte oder zu einer Wende ansetzte. Bis die Sonarmänner der *Lapon* herausfinden konnten, welche Kombinationen von Klicks oder Geräuschen zu welchen Manövern gehörten, bestand für beide U-Boote die ernste Gefahr einer Kollision.

Mack gab Befehl, die *Lapon* hinter der Yankee hin und her

pendeln zu lassen, während seine Männer Antworten auf eine ganze Reihe von Fragen suchten. Noch einmal vertiefte sich Mack in ein Was-wäre-wenn-Spiel und versuchte, sich in den sowjetischen Kapitän hineinzuversetzen, sich vorzustellen, was er wann tun würde. Es war so, als arbeitete man an einem gigantischen, sehr schweren Kreuzworträtsel. Eine Antwort führte zur nächsten. Eine Lücke zog gleich mehrere unbeantwortete Fragen nach sich. Die Crew der *Lapon* konnte nichts weiter tun, als Informationen zu sammeln. Das Sonarteam lauschte nun darauf, ob es irgendwelche Konstruktionsmängel an der Yankee feststellen konnte, die sich akustisch auswirkten, suchte irgendetwas, das ihm helfen würde, das andere U-Boot bei seinen Manövern zu »sehen«.

Ein normales Sonar hätte diese Aufgabe niemals ausreichend erfüllen können. Das sowjetische Schiff der Yankee–Klasse war einfach zu leise. Doch der *Lapon* stand nicht nur das Standardsonar zur Verfügung. Mack hatte zusätzliches Potenzial an Bord geschmuggelt: eine experimentelle Sonarvorrichtung, die entwickelt wurde, um Kapital aus einigen der Entdeckungen von Kellns USS *Ray* in den Jahren 1967 und 1968 zu schlagen, als sie ein Angriffs-U-Boot der November-Klasse bis ins Mittelmeer verfolgt und sich dann im Nordatlantik einer Charlie an die Fersen geheftet hatte. Die Vorrichtung funktionierte durch eine Optimierung der Art und Weise, wie das Standardsystem Lärmpegel im Ozean registrierte. Sie griff sich aus den Hintergrundgeräuschen des Meeres die Töne heraus, welche die Yankee auf ihrem Weg durchs Wasser erzeugte und die sich fast anhörten wie das Geräusch einer Flasche, über deren Öffnung man gerade bläst. Nachdem sie eine ganze Zeit lang herumprobiert hatte, stellte die *Lapon*-Mannschaft fest, dass sich jedes Mal eine bestimmte Frequenz änderte, wenn die Yankee den Kurs wechselte. Eine Wende nach Steuerbord, und das Summen klang ein wenig höher. Wenn die Yankee sich weiter entfernte, dann wurde der Ton tiefer. Veränderte sich die Tonlage rasch, dann hieß dies, dass die Yankee einen jähen Kurswechsel vornahm.

Es hatte wenig Sinn, wenn sich die *Lapon* direkt hinter die Yankee hängte. Anders als andere sowjetische Unterseeboote, deren Propeller einen leicht zu verfolgenden Lärm erzeugt hatten, war die Yankee hinten so leise, dass sie praktisch »unsichtbar« war. Tatsächlich hätte der Russe sich wohl trotz der zusätzlichen Sonarvorrichtung auf der *Lapon* davonstehlen können, wenn er nicht einen Konstruktionsfehler gehabt hätte. An Backbord machten die Maschinen der Yankee mehr Lärm als an irgendeinem anderen Teil des U-Boots.

Von jetzt an würde die *Lapon* diesem Maschinengeräusch folgen. Wenn es an Lautstärke zunahm, dann wusste Mack, dass die Yankee eine Wende nach Backbord eingeleitet hatte. Schien der Russe aber zu verschwinden, so war er vermutlich nach Steuerbord unterwegs.

Letztendlich erwies sich ein etwas seitlich verschobener Punkt hinter der Yankee – in beiden Richtungen, wobei das Maschinengeräusch auf Backbordseite wie gesagt etwas lauter war – als die günstigste Lauschposition. Hier empfing die neue Sonarvorrichtung starke Impulse, und das Standardsonar registrierte die Dampfgeräusche, die von den Turbinen der Yankee kamen, sowie die Klickgeräusche, welche die Propeller bei jeder Umdrehung erzeugten. Indem Mack und seine Mannschaft diese Klicks zählten und die Zahl der Wenden eintrugen, konnten sie die Geschwindigkeit der Yankee ermitteln.

All dies herauszufinden dauerte vier oder fünf Tage – länger als die meisten bisherigen Versuche, den lauten sowjetischen Hotel-, Echo- und November-U-Booten, den HENs, zu folgen. Doch Mack würde noch nicht abbrechen. Stattdessen würde er den Russen weiter verfolgen und dabei seine Mechanismen begreifen. Die Phase der Erkenntnisgewinnung aufgrund empirischer Methoden erstreckte sich über mehrere aufeinander folgende Wachen, wobei es Mack und seinem wachführenden Ersten Offizier überlassen blieb, das nachfolgende Team darüber aufzuklären, was in den vorangegangenen zwölf Stunden dazugelernt worden war.

Mack war entschlossen, die Yankee nicht noch einmal zu

verlieren. Dieser Entschluss wurde noch verstärkt durch die Erkenntnis, dass sie auf dem Weg zur amerikanischen Atlantikküste war. Er begann erneut, auf Schlaf zu verzichten, und beschränkte sich auf kurzes 15-minütiges Dösen, ein Trick, den er sich während seiner College-Zeit aus einem *Reader's Digest*-Artikel angeeignet hatte.

Tage später klebte die *Lapon* noch immer an der Yankee. Mack begann, das Operationsgebiet des Russen zu vermessen – eine der wichtigsten Informationen, die er überhaupt mit nach Hause bringen konnte. Die Sowjets konzentrierten sich auf eine Patrouillenzone, die über 600 000 Quadratkilometer umfasste. Darin fuhren sie auf und ab, wobei sie eine Entfernung von 2800 bis 3700 Kilometern zur amerikanischen Küste einhielten.

Bisher war die Navy davon ausgegangen, dass die Sowjetunion ihre Yankees bis zu 1300 Kilometer vor die amerikanische Küste schickten. Doch dank Macks Entdeckung konnte der Marinenachrichtendienst nun feststellen, dass die neuen SS-N-6-Flugkörper der Yankees in Wahrheit eine Reichweite von 1900 bis 2100 Kilometern hatten.

Wäre die *Lapon* der Yankee nicht so weit gefolgt, dann hätten die Vereinigten Staaten Schwierigkeiten damit gehabt, ihr Wissen über die neue sowjetische nukleare Bedrohung auf dem aktuellsten Stand zu halten, auch wenn die Yankee offenbar ein genau definiertes Feld durchpflügte. Die Vereinigten Staaten hätten 1500 Kilometer zu dicht vor ihrer Küste gesucht.

Nun konnte Mack den genauen Kurs der Yankee in seiner Karte einzeichnen. Das sowjetische Schiff suchte sich ein Gebiet und fuhr darin in Schlangenlinien mit einer Geschwindigkeit von ungefähr sechs Knoten umher. Dann raste es mit zwölf bis 16 Knoten in ein neues Planquadrat. Dort angekommen, drosselte es wieder das Tempo. Alle 90 Minuten, fast auf die Sekunde genau, veränderte die Yankee ihren Kurs. Manchmal um 60 Grad, manchmal um erheblich mehr.

Ein paar Mal im Laufe eines Tages begab sich die Yankee auf Kommunikationstiefe, vermutlich um Funksprüche zu empfangen, und jede Nacht genau um Mitternacht ging sie zur Belüftung auf Periskoptiefe. Zehn- bis 16mal am Tag vollzog sie eine vollständige Wende, um zu horchen, ob ihr irgendjemand in ihrem Fahrwasser folgte. Jedes Mal, wenn die Yankee wendete, vollzog die *Lapon* die Bewegung mit ihr, versuchte leicht versetzt im Schutz der Rückströmung des Lärms der Yankee hinter ihr zu bleiben. (Amerikanische Unterseeschiffe halten sich auf die gleiche Weise den Rücken frei, doch fühlen sie sich dabei nicht an einen festen Zeitplan gebunden. Die wichtige Wahl des richtigen Zeitpunkts für dieses Manöver überließ man einem Paar Würfel, die genau für diesen Zweck in der Operationszentrale der *Lapon* aufbewahrt wurden.)

Eines Tages schlug die Yankee mit einer wilden Bewegung in höchster Geschwindigkeit nach hinten aus. Die *Lapon*-Mannschaft nannte das Manöver »Yankee Doodle« (Yankee-Gekritzel), weil es sozusagen die verschlungenen Kritzeleien nachzeichnete, die man beim Telefonieren gerne auf Schreibunterlagen hinterlässt. Die Yankee schlängelte sich dahin, gewöhnlich in der Form einer Acht oder in entsprechenden Varianten, und befand sich schließlich um 180 Grad gedreht wieder auf ihrer eigenen Spur. Dem schloss sich erst eine, dann eine zweite Wende von 180 Grad nach Backbord an, dann eine Wende von 90 Grad, eine von 270 Grad und schließlich zwei von je 90 Grad.

Die erste Serie von Wenden schien dazu zu dienen, einen dicht aufgeschlossenen möglichen Verfolger zu erwischen, die zweite dazu, einen weiter entfernten abzufangen. All diese Kurswechsel wurde für gewöhnlich bei hoher Geschwindigkeit vollzogen, gelegentlich zweimal unmittelbar hintereinander. Das gesamte Manöver dauerte etwa eine Stunde.

Wäre das Sonar der Yankee nur etwas besser gewesen, dann hätte sie mit ihrer Prozedur durchaus Erfolg haben können. Doch den Sowjets war offenbar eine entscheidende Fehlkalkulation unterlaufen. Die *Lapon* bekam die eingeleitete Wende anhand des Geräuschprofils mit, lange bevor die Sowjets die *Lapon* hören konnten. Die Sonartechniker der *Lapon* stellten sogar fest, dass die Reichweite ihres Sonars mehr als zweimal so groß sein musste wie jene des sowjetischen. Unter guten Bedingungen vermochte die *Lapon* ein Überwasserschiff aus einer Entfernung von über 20 Kilometern auszumachen. Doch die Yankee würde bis auf zehn Kilometer an das gleiche Schiff herankommen, bevor ihr Sonar irgendwelche Reaktionen zeigte.

Als die Verfolgung der Yankee für die *Lapon* zur Routine wurde, konnte Mack schließlich seine Schläfchen im Stehen aufgeben. Er ging tatsächlich in seine Kabine, um sich schlafen zu legen, auch wenn er sich nie mehr als 90 Minuten am Stück gönnte. Er verpasste keinen einzigen Kurswechsel und nicht einen »Yankee Doodle«. Dennoch unterlief Mack während einer dieser Pausen der größte Fehler während der ganzen Mission, vielleicht der größte seiner gesamten Laufbahn. Auf Anraten eines der jüngeren Offiziere, der annahm, dass Mack lieber auf Schlaf als auf seine Ration Heidelbeermuffins verzichten würde, weckte der Smutje den Kapitän. Aus dem Schlaf aufgeschreckt, brüllte Mack den Koch an. Der ergriff die Flucht, Kaffee und Muffins flogen durch die Luft. Mack hatte sich damit um die vermutlich köstlichste Leckerei, die je einem U-Boot-Kapitän angeboten worden war, gebracht: seine geliebten frischen Heidelbeermuffins, aufgeschnitten und mit flüssiger Butter übergossen. Niemand wagte es je wieder, ihm welche zu bringen: nicht danach, nicht, als nach drei Wochen Verfolgungsjagd die vierte anbrach, und auch nicht dann, als es bereits fünf Wochen wurden – was ein Rekord war.

Inzwischen hatten die drei sich abwechselnden Wachoffiziere der *Lapon* herausgefunden, dass sie synchron mit ihrem jeweiligen sowjetischen Gegenstück agierten. Tatsächlich gelang es jedem der Amerikaner, seinen sowjetischen »Partner« durch kleine stilistische Unterschiede bei den »Yankee Doodles« und anderen Kurswechseln zu identifizieren. Sie gaben diesen Sowjets Namen – »Terrible Terence« und »Wild Willy« waren die beiden denkwürdigsten –, und sie nahmen Wetten darauf an, wie gut sie die nächste Bewegung der Yankee vorhersagen konnten. Tindal gewann die meisten. Die Sonarmannschaft spielte sich ebenfalls ein und interpretierte die Geräusche, die sie aus dem Inneren der Yankee empfing. Bohrgeräusche, der Lärm der Pumpen und anderer Krach gaben Anlass zu den üblichen derben Witzen, die meist unter die Gürtellinie zielten. Ein knappes Klirren wurde automatisch als Zuklappen des Klodeckels interpretiert, und jedes Mal, wenn die Sonarmänner der *Lapon* einen Luftstrom in ihren Kopfhörern vernahmen, dann konnte das nur bedeuten, dass die Tanks der Sanitäranlagen mit Druckluft geleert worden waren, und sie berichteten, durchaus förmlich: »An alle Stellen von Sonar: Wir haben gerade Scheiße abgekriegt.«

Jedes Mitglied der Mannschaft bis hinunter zum jüngsten Seemann und dem geringsten Smut war mit von der Partie. Mack ließ jeden von ihnen einmal manuell den sich abzeichnenden Kurs eintragen. Das war ein berauschender Augenblick für die jungen Crewmitglieder. Da waren sie nun, mitten in einer Verfolgungsjagd, die länger dauerte als je eine zuvor, waren vielleicht dem wichtigsten militärischem Gerät auf der Spur, das die Sowjets je in Dienst gestellt hatten, und jeder Einzelne von ihnen war vollständig in die Aktion eingebunden. Die Aufregung übertrug sich vom U-Boot auf den Stützpunkt an Land. Mack hatte die Gewohnheiten des sowjetischen Kapitäns gründlich genug erfasst, um vorhersagen zu können, wann die Sowjets tief tauchen würden, und er nutzte diese Augenblicke für gewöhnlich, um die *Lapon* auf Periskoptiefe zu bringen und den P-3-Orions, die den Luftraum hoch über dem Patrouillengebiet der Yankee observierten, eine kurze Botschaft zukommen zu lassen.

Alles ging gut, bis eine der Orions die Bemühungen der *Lapon* fast zunichte machte. Der Pilot musste wohl tiefer geflogen sein, als der Sache dienlich war, denn als die Yankee auf Periskoptiefe ging, machte sie das Flugzeug aus und tauchte sofort ab. Die Orion flog davon. Die Männer auf der *Lapon* wurden Zeugen des Dramas, ohne jedoch selbst entdeckt zu werden. Sie erkannten, dass zwar die Orion ausgemacht worden war, dass die Sowjets aber offenbar nichts von der gleichzeitigen Verfolgung im Wasser wussten. Das schien zuzutreffen, bis jemand daheim in Washington einen großen Fehler machte.

Gerüchte in der U-Boot-Flotte besagen, dass es ein Admiral der Seeluftwaffe war, der einer Zeitung Informationen zugespielt hatte, die möglicherweise das Ende der Mission bedeuteten. Die undichte Stelle machte keine Angaben darüber, dass es die *Lapon* war, die da draußen eine Yankee verfolgte, und offenbarte nicht einmal, dass es sich um ein sowjetisches Raketen-U-Boot handelte, das zu diesem Zeitpunkt 2800 bis 3700 Kilometer von der amerikanischen Küste entfernt patrouillierte. Doch am 9. Oktober 1969 druckte die *New York Times* eine Titelgeschichte mit der Schlagzeile »Neue sowjetische U-Boote lauter als erwartet«.

Wer immer auch die Presse informiert hatte, wusste entweder nichts Genaues über die von der *Lapon* gewonnenen Erkenntnisse oder verzerrte sie absichtlich, denn was die *Times* berichtete, war weit beruhigender als die Wahrheit. Wie Mack hatte feststellen müssen, waren die Yankees bei weitem die leisesten Unterseeboote, die die Sowjets bisher in Dienst gestellt hatten – auch wenn US-amerikanische U-Boote noch leiser waren.

Bei der sowjetischen Marine – und damit auch auf der Yankee – muss man von dem Zeitungsbericht erfahren haben. Oder aber der Kapitän der Yankee hatte plötzlich hellseherische Fähigkeiten entwickelt. Wenige Stunden nach der Veröffentlichung des Berichts, nur Augenblicke nachdem das sowjetische Schiff auf die gewohnte Kommunikationstiefe gegangen war, brach es mit all seinen schematisierten Abläufen. Mit einem Wort, die Yankee geriet außer Rand und Band. Sie machte eine plötzliche 180-Grad-Wende und kam mit ihrer Höchstgeschwindigkeit von 20 Knoten auf ihrer ursprünglichen Bahn zurück, hielt fast direkt auf die *Lapon* zu. Diese Kehre ähnelte in keiner Weise den berechenbaren Bewegungsabläufen, aus denen sich der »Yankee Doodle« zusammensetzte. Auch hatte sie nichts mit den gewöhnlich langsamen Wenden gemein, mit denen die Yankee sich im Rahmen ihrer Routinemanöver den Rücken freihielt.

Es handelte sich eindeutig um einen verzweifelten Trick, eine Suche nach möglichen Verfolgern mit allen Mitteln. Es war die ultimative Mutprobe, ein Manöver, das in der amerikanischen U-Boot-Flotte den Namen »Crazy Iwan« erhielt.

Die Yankee schoss durch das Wasser auf die *Lapon* zu, ihr Bild füllte die Monitore in der Operationszentrale aus, und der Lärm ihrer rasenden Fahrt kreischte in den Kopfhörern der Sonarmänner. Das Unterseeschiff hörte sich an wie ein endloser Güterzug, der durch einen langen Tunnel fährt: »Kertschutka, kertschutka, kertschutka ...«

»Das Miststück kommt auf uns zu!«, platzte jemand in der Operationszentrale heraus. Die Anspannung wuchs, obwohl die Männer wussten, dass die *Lapon* sich 90 Meter unterhalb der Yankee befand, als diese blindlings an Steuerbord vorbeifuhr. Niemand entging die Ironie der Geschichte, dass die Yankee durch ihre lärmende, hastige Flucht die Chance vertat, die *Lapon* zu orten. Die Yankee setzte ihre Suche fort, zog stundenlang einen Kreis nach dem anderen. Doch Mack konterte mit seinen Ausweichmanövern, die von einer Crew umgesetzt wurde, deren Mitglieder seit Beginn des Dramas auf Gefechtsstation standen. Mack weigerte sich, die Jagd abzubrechen. Stattdessen wartete er darauf, dass die Yankee sich beruhigte. Dann setzte er seine Mission fort.

Am 13. Oktober, fast einen Monat nach Beginn der Verfolgungsjagd, schickte Admiral Schade eine streng geheime Nachricht an die *Lapon*: »ADMIRAL MOORER SAGT, DASS SECDEF [Verteidigungsministerium] UND ALLE IN WASHINGTON DIE OPERATION MIT BESONDEREM INTERESSE VERFOLGEN, UND NIMMT MIT GROSSER FREUDE UND MIT STOLZ DIE HERVORRAGENDE LEISTUNG ALLER BETEILIGTEN ZUR KENNTNIS. ICH TEILE SEINE EINSCHÄTZUNG.«

Die *Lapon* setzte die Verfolgung fort, bis die Yankee ihre Patrouille abbrach und auf direktem Weg nach Hause zurückkehrte. Es gab keine »Yankee Doodles« und keine »Crazy

Iwans« mehr. Die Yankee hastete auf die »GIUK-Lücke« zu, wo die *Lapon* sie am 9. November verließ.

Die *Lapon* war dem sowjetischen Unterseeboot der Yankee-Klasse unglaubliche 47 Tage lang auf den Fersen geblieben.

Tommy Cox fühlte sich erneut veranlasst zu schreiben, diesmal die »Ballade von Whitey Mack«:

> Whitey gehört das Deck und die Kontrolle,
> Und damit hat er keine leichte Rolle.
> Und wenn's auch mal ums Ganze ging,
> War jedem von der Mannschaft klar,
> Was beim Blindekuhspiel stets vom Kapitän abhing
> Und was für'n toller Prachtkerl er doch war.

Cox traf mit seinem Songtext den Nagel auf den Kopf. Es war tatsächlich ein Blindekuhspiel, weit gefährlicher als Operationen, bei denen es lediglich um Verstecken und Beobachten ging. Macks Erfolg markierte den Beginn einer neuen Aufgabenstellung für die U-Boot-Flotte. Von jetzt an würde sich die Flotte darauf konzentrieren, sowjetische Raketen-U-Boote auf See zu verfolgen. Amerikanische Angriffs-U-Boote hatten plötzlich eine zentrale Rolle im Rahmen der nuklearen Abschreckungsstrategie der Vereinigten Staaten. Und sie würden die größte Seejagd in der Geschichte der Marine anführen. Doch zunächst einmal sonnte Mack sich auf der Heimfahrt nach Norfolk in dem Ruhm, den er sich doch noch erworben hatte. Zahllose Glückwunschbotschaften belegten die Funkkanäle.

Monate später erhielt die *Lapon* die höchste Auszeichnung, die an U-Boote überhaupt verliehen wird: die Presidential Unit Citation. Whitey Mack erhielt die Distinguished Service Medal, den höchsten Orden, den die Marine Offizieren in Friedenszeiten vergibt.

Doch es war ein Funkspruch, der durchkam, als sie sich noch auf der Heimreise befanden, der Mack mehr freute als jedes Lob. Er richtete sich weder an Mack noch an seine Mannschaft. Stattdessen ging der Funkspruch an alle anderen U-Boote, die im Atlantik operierten: »Aus dem Weg. Whitey ist im Anmarsch.« Der Befehl war eindeutig. Jeder sollte Platz machen und der *Lapon* die freie Fahrt nach Hause ermöglichen.

Als Mack davon erfuhr, schlug er mit der Faust in seine offene Hand, schüttelte den Kopf und sagte: »Macht euch ruhig in die Hosen, ihr Schwächlinge. Whitey ist im Anmarsch.«

»Sie kommt und geht, kommt und...«

Whitey Mack hatte einen neuen Maßstab gesetzt. Die anderen Kommandanten wollten um jeden Preis gleichziehen, ja, es galt ihn zu übertreffen. Die Verfolgung sowjetischer Raketen-U-Boote wurde rasch zur entscheidenden Mission, auch wenn nicht alle Männer, die diese gefährlichen Jagden leiteten, ebenso geschickt waren oder so viel Glück hatten wie Mack.

Wenigstens zwei Unterseeboote brachten die Vereinigten Staaten beinahe dazu, Atomalarm auszulösen, als sie durchgaben, dass die sowjetischen Unterseeboote der Yankee-Klasse, denen sie folgten, ihre Raketenaußenluken geöffnet hatten und sich auf einen Abschuss vorbereiteten. In beiden Fällen meldeten sich die beiden US-amerikanischen U-Boote rasch ein zweites Mal, um mitzuteilen, dass es sich lediglich um eine Übung der Sowjets handelte.

Wenige Monate nach der Heldentat der *Lapon* kam es außerdem zu mehreren Kollisionen zwischen US-amerikanischen und sowjetischen U-Booten, Unfälle, die die amerikanisch-sowjetischen Bemühungen um eine Verständigung bedrohten. Als die USS *Gato (SSN-615)* im November 1969 in ein altes sowjetisches U-Boot der Hotel-Klasse lief, schickte Sergeij Georgewitsch Gorschkow, der langjährige Flottenkommandant der sowjetischen Marine, Kriegsschiffe in die Barentssee, um dort nach dem Eindringling zu suchen. Er hoffte Beweise dafür zu finden, dass die *Gato* gesunken war. Gorschkow war kein blutrünstiger Mensch, doch die Kollision ereignete sich nur zwei Tage bevor im finnischen Helsinki Abrüstungsgespräche stattfinden sollten. Es verblüffte ihn, dass Präsident Richard

Nixon und sein Sicherheitsberater Henry Kissinger Abrüstungsgespräche vereinbaren konnten, als ob es sich nur um Shakehands handeln würde, während sie es zugleich ihren Unterseebooten gestatteten, in sowjetische Hoheitsgewässer einzudringen.

Anhaltspunkte für das stählerne Grab der *Gato* hätten Gorschkow die Gelegenheit zu einem ähnlich kraftvollen Shakehands gegeben. Doch seine Streitkräfte hatten keine Aussicht, die *Gato* zu finden, da sie vom Ort des Geschehens verduftet war, in voller Kampfbereitschaft. Auf Befehl des Kommandanten der Atlantikflotte fälschte der Kapitän der *Gato* seine Einsatzprotokolle, die nun auswiesen, dass das Boot seine Patrouille zwei Tage vor dem Unfall abgebrochen hatte.

Knappes Entkommen, vor allem wenn es sich dabei nicht um einen größeren Zwischenfall handelte, wurde fast immer unterschlagen, wenn der Marinenachrichtendienst Nixon und seine Berater informierte. Auf diese Weise war die U-Boot-Flotte selbst nach zwei kleineren Kollisionen im Jahr 1970 – die eine in der Barentssee, die andere im Mittelmeer – nicht gezwungen, ihre unverschämten Operationen zu reduzieren.

Es gab in diesem Jahr jedoch noch einen dritten Unfall, der so gewaltig und schlimm war, dass die Marine keine andere Wahl hatte und Pentagon und Präsident sofort informieren musste.

Er ereignete sich in der zweiten Junihälfte. Die USS *Tautog (SSN-639)* war auf dem Weg in die stark von sowjetischen Schiffen befahrenen Gewässer vor Petropawlowsk, der großen Basis für Raketen-U-Boote auf der Kamtschatka-Halbinsel im Nordpazifik. Wenig konnte den 39-jährigen Kommandeur der *Tautog* erschüttern. Fregattenkapitän Buele G. Balderston hatte in der Kindheit bereits die Folgen eines rheumatischen Fiebers überwunden und war zu einem 1,90-Meter-Mann herangewachsen, der sich in nationalen Wettkämpfen als Schwimmer und Läufer hervortat. An der University of Nebraska hatte er Wüstenskorpione studiert und sich dann während des Koreakriegs zur Navy gemeldet, wo ihm prompt die Verantwortung für die Beseitigung von nicht explodiertem Militärmaterial aus dem Zweiten Weltkrieg übertragen wurde. Letztendlich wechselte er zu den Diesel-U-Booten, weil sowohl er als auch seine Frau Irene meinten, dass sie sicherer seien. Später dachte er darüber nach, ob er das dreckige, enge Leben als U-Boot-Fahrer vielleicht gegen ein Medizinstudium eintauschen sollte, doch noch bevor er sich um einen Studienplatz bewerben konnte, griff Rickover ihn sich für seine Atom-U-Boote. Balderston nahm es als Zeichen der Vorsehung. Vielleicht war er ja dafür geschaffen, auch weiterhin auf U-Booten zu fahren. Er glaubte daran, auch nachdem sich mit dem Verlust der *Scorpion* all seine Illusionen über die Sicherheit von Unterseebooten zerschlagen hatten. Er war bei ihrer Konstruktion der wachführende Erste Ingenieur gewesen, und nachdem sie öffentlich als vermisst erklärt worden war, hatten ihn die Männer der Untersuchungskommission mehrfach von der *Tautog* geholt, um das Rätsel zu lösen.

Auf der *Tautog* war Balderston für seine Eigenarten bekannt. Dieser Mann, der bei einem gelegentlichen Landgang jeden seiner Männer unter den Tisch trinken konnte, war zugleich eine Art Gesundheitsapostel. Er bestand auf einem reichlichen Vorrat gehackter Walnüsse, die er wegen ihres Lezithingehalts nach jeder Mahlzeit – außer dem Frühstück – aß. Balderston verfügte außerdem über eine eigentümliche Fertigkeit: Er konnte seine großen, grauen, buschigen Augenbrauen einzeln heben. Rechts oder links, es schien egal zu sein, mit jeder Augenbraue konnte er einzeln ein Monokelauge ziehen. Er nutzte dieses Talent, um Dinge zu betonen. Wenn Mannschaftsmitglieder Antworten bei Prüfungen durcheinander brachten, dann hob sich eine Augenbraue. Wenn ein Fehler besonders dumm war, dann rutschte ebenfalls eine dieser großen Brauen nach oben. Ein junger Seemann fühlte sich von dieser Mimik besonders entnervt und konnte seinem Kapitän, wenn dieser mit seinem Augenbrauenspiel loslegte, keine Botschaft übermitteln, ohne ins Stottern zu geraten.

Für die Mannschaft waren diese Augenbrauen fast ebenso denkwürdig wie die Brillanz, die Balderston während ihrer ersten gemeinsamen Mission im Sommer 1969 bewiesen hatte und die ihrem U-Boot den Spitznamen »The Terrible T« eingebracht hatte.

Sie waren ausgeschickt worden, um die Erprobung eines neuen sowjetischen Marschflugkörpers von Anfang bis Ende zu überwachen. Anders als die ballistischen Raketen der Yankees stellten Marschflugkörper für die Küsten der Vereinigten Staaten keine große Bedrohung dar. Doch vermochten diese kleineren Waffen ausgewachsene Flugzeugträger aus einer Entfernung von 450 Kilometern zu zerstören, und Flugzeugträger waren im Vietnamkrieg noch immer die entscheidende Plattform. Und tatsächlich waren sowjetische U-Boote der Echo-II-Klasse, von denen ein jedes acht Marschflugkörper mit nuklearen oder konventionellen Sprengköpfen aufnehmen konnte, in südostasiatischen Gewässern bereits bei der Verfolgung von Flugzeugträgern gesichtet worden. Wenn die Sowjets sich dort direkt in den Krieg einmischten, dann musste der Marinenachrichtendienst so viel wie möglich über ihre Marschflugkörper und die U-Boote, auf denen sie sich befanden, in Erfahrung bringen. Und es war Balderstons Aufgabe herauszufinden, wie viele Flugkörper die Sowjets in rascher Folge abfeuern konnten, ferner die elektronischen Impulse einzufangen, die auf ihre Flugbahnen schließen lassen würden, und Funksignale aufzuzeichnen, mit deren Hilfe es möglich sein würde, ihre Schwächen zu erkennen. Er sollte außerdem versuchen, Fotos von den Abschüssen zu machen, damit die Analytiker zu Hause den Strahl der in den Himmel schießenden Raketen messen und vielleicht herausfinden konnten, welche Art Treibstoff die Sowjets verwendeten.

Unverfroren führte Balderston sein U-Boot durch das sowjetische Sonarnetz und direkt unter eine Gruppe sowjetischer Schiffe und U-Boote. Dabei hielt er die *Tautog* versteckt, gerade einmal 20 Meter unter der Wasseroberfläche. Die meiste Zeit durchstießen die Horchantennen und das Periskop der *Tautog* kaum die Wasseroberfläche. Das kleine, wie eine Tasse geformte Auge des Sehrohrs befand sich so knapp über dem Wasserspiegel, dass jede dritte Welle darüber hinwegspülte. Balderston zählte mit: »Eins, zwei, unter – eins, zwei, unter – eins, zwei, unter ...«

Am schwierigsten war es vielleicht, die 4800 Tonnen schwere *Tautog* waagerecht und auf gleicher Höhe zu halten, obwohl sie ja ständig Wasser aufnahm und immer schwerer wurde. U-Boote nehmen Seewasser auf, um ihre Reaktoren zu kühlen. Normalerweise wird es von Pumpen wieder zurück ins Meer befördert, aber die Pumpen machten zu viel Krach, als dass man sie in so unmittelbarer Nähe zu den Russen hätte laufen lassen können. Michael J. Coy, einer der wachhabenden Tauchoffiziere, musste auch ohne die Pumpen das Periskop der *Tautog* auf genau der richtigen Höhe halten.

Dabei handelte es sich um eine nervenaufreibende Angelegenheit. Coy war erst seit drei Monaten auf der *Tautog* und wusste, dass er nicht zu Balderstons Lieblingen gehörte. Es ärgerte den Kapitän, dass Coy sich nur deshalb zur U-Boot-Flotte gemeldet hatte, weil er sie als ehrenhafte Alternative zu Kampfeinsätzen in Vietnam betrachtete. Und Coy ging auf die Nerven, dass Balderston andauernd über die Vorteile eines Lebens in militärischen Diensten redete. Doch nun arbeiteten beide zusammen, und Balderston löste ihr Problem auf eine Weise, die genial und zugleich erstaunlich simpel war. Er rief sich einen alten U-Boot-Fahrertrick in Erinnerung, zitierte alle Männer, die gerade keinen Dienst hatten, aus ihren Kojen und der Messe herbei und setzte sie in Marsch: erst in die vordere Hälfte des Bootes, dann in den Maschinenraum und ins Achterschiff. Stundenlang marschierten sie als lebender Ballast vor und zurück, sorgten dafür, dass die *Tautog* ihre Nase oben behielt und dass das U-Boot in der Waage blieb. Es gab keine Pausen für Coy, nicht einmal, um auf die Toilette zu gehen. Als für Coy der Augenblick kam, da er selbst Ballast abwerfen musste, ließ Balderston ihm eine leere Kaffeedose bringen.

Schließlich beobachtete die *Tautog* die Sowjets zwei Tage

lang – zeichnete den Flugkörpertest vollständig von Anfang bis Ende auf. Balderston brachte Daten in so großen Mengen nach Hause, dass die Navy ihm einen ihrer höchsten Orden ans Revers heftete, den Legion of Merit. Nun, im Sommer 1970, als Balderston mit der *Tautog* auf Petropawlowsk zuhielt, waren Kapitän und Mannschaft geradezu überzeugt, dass ihnen keine Grenzen gesetzt waren. Vor allem ging es ihnen jetzt darum, ein U-Boot der Echo-II-Klasse zu beschleichen. Diese Art Verfolgung würde sich für den Schutz der US-amerikanischen Flugzeugträger vor Vietnam möglicherweise als äußerst wichtig erweisen, und die Rolle des Beschützers war mit die entscheidendste, die ein U-Boot während eines Krieges überhaupt übernehmen konnte.

Das Glück wollte es, dass ausgerechnet eine Echo II sich auf dem Sonar der *Tautog* zeigte, sobald sie in sowjetisches Hoheitsgewässer gelangte. Es konnte kein Irrtum vorliegen – das Sonar wies die bekannten zwei vierblättrigen Propeller aus. Das sowjetische U-Boot war von Petropawlowsk aus in südlicher Richtung unterwegs, und die Besatzung der *Tautog* stellte sich vor, dem Russen für den Verlauf einer ganzen Patrouillenfahrt zu folgen.

Die Echo war laut und schien ein leichtes Ziel zu sein, doch keine Verfolgungsjagd war je wirklich einfach. Sich auf ihr Passivsonar verlassend, konnten die Männer der *Tautog* kaum mehr tun, als den strukturellen Aufbau der atmosphärischen Störungen (das durch sie gedämpfte Brummen war alles, was die Verfolger von dem sowjetischen Unterseeboot erkennen konnten) und das Flackern des Oszilloskops, das einen Teil der atmosphärischen Störungen in ein Lichtbild umwandelte, zu interpretieren.

Es war hilfreich, dass der sowjetische Kommandant Vorsichtsmaßnahmen gegen mögliche Jäger scheinbar nicht für erforderlich hielt. Stattdessen lärmte er vor der *Tautog* her und verbrachte fünf Stunden mit einem Manöver, das U-Boot-Fahrer »Angles and Dangles« (Hakenschlagen und Baumelnlassen) nennen. Der »Tanz« glich fast einem unterseeischen Kasatschok.

U-Boot-Fahrer auf beiden Seiten vollführen diesen ungelenken Tanz, eine Serie zufälliger Achter, enger Wenden und Höhenveränderungen, um das Schiff durchzuschütteln und festzustellen, welche Art Lärm es macht und ob vielleicht irgendetwas so untergebracht ist, wie es nicht der Fall sein sollte. Der »Tanz« hat wenig gemein mit der offensiven Wut eines »Crazy Iwan«, aber die Schritte haben doch immerhin etwas Stürmisches. Und es ist unmöglich zu erraten, für welche Abfolge sich ein Kommandant entscheidet, der sein U-Boot auf und ab, hin und her, vor und zurück befehlen mag, wie ihm gerade der Sinn steht.

Der Trick bei der Verfolgung eines U-Boots, das gerade »Angles and Dangles« vollführt, besteht darin, sich aus der Schusslinie zu halten. Doch an Bord der *Tautog* wurde der Befehl zum Zurückbleiben nie gegeben. Tatsächlich waren die »Angles and Dangles« der Sowjets Balderston und seinen Offizieren als Routineangelegenheit vorgekommen, und sie hatten ihre Stationen ihren Stellvertretern überlassen. Der Kapitän begab sich in seine Kabine, um ein bisschen Schlaf nachzuholen, ganz im Unterschied zu der Flugkörpertest-Mission im vorangegangenen Jahr, bei der er fast 48 Stunden ununterbrochen das Kommando geführt hatte.

Bei diesem Einsatz verfügte die *Tautog* über die ungewöhnliche Konstellation gleich zweier Sonarchefs. Doch es ergab sich, dass keiner der beiden sich im Sonarraum aufhielt, als der Kapitän in seiner Kabine war. Einer von ihnen war zum Wachführer bestellt worden und beaufsichtigte Mannschaft und Unteroffiziere in der Operationszentrale. Der andere hatte frei. Damit waren die Sonaroperationen der Aufsicht eines jüngeren Mannes unterstellt, des Sonar-Bootsmanns David T. Lindsay.

Vor dieser Mission bestand Lindsays berühmteste Tat darin, dass er auf einem Foto zufällig gemeinsamen mit Pat Nixon abgebildet war. Die First Lady hatte verwundete Vietnamveteranen im Militärkrankenhaus von Honolulu besucht. Lindsay befand sich dort, weil er einen Unfall mit seinem Motorrad gehabt hatte, einer frisierten Maschine, die er liebevoll »Betsy« nannte. Als die First Lady an das Bett des U-Boot-Fahrers trat, hatte niemand den Mut aufgebracht, ihr zu erklären, wobei er sich seine Verletzungen zugezogen hatte. Das Foto von ihnen beiden schaffte es in die örtlichen Zeitungen.

Lindsay hatte bei dem Unfall zweieinhalb Zentimeter seines Beins verloren, und auf der *Tautog* war ihm deshalb der Spitzname »Anderthalb Schritte« verpasst worden. Nun lauschte »Anderthalb Schritte« auf die Echos, gab seine Informationen an den Ersten Offizier am Ruder weiter, der die *Tautog* auf einem vom Kapitän vorgegebenen Kurs hielt. Bei einer Tauchtiefe von 35 bis 60 Metern und einer moderaten Geschwindigkeit von zwölf bis dreizehn Knoten geriet die *Tautog* der Echo gefährlich nahe. Schließlich ließ der Erste Offizier Balderston rufen.

Balderston tauchte in einem dunkelblau und rötlich-braun gestreiften Bademantel und mit Pantoffeln in der Operationszentrale auf. Er ging direkt zu Scott A. Van Hoften, dem Diensthabenden des Bootes, der es an Bord zu einer gewissen Berühmtheit gebracht hatte, weil er das U-Boot am geschicktesten führte und außerdem den Rekord im Coca-Cola-Trinken hielt. Nun brachte Van Hoften den Kapitän auf den neuesten Stand der Dinge.

Inzwischen kehrte Paul S. Waters, einer der beiden Sonarchefs, in den Sonarraum zurück, und übernahm dort wieder die Kontrolle. Waters setzte sich einen Kopfhörer auf und lauschte auf die russische Echo.

»Mist, wir sind verdammt dicht dran«, murmelte er und ging, um den Kapitän zu informieren.

»Kapitän, so weit ich weiß, handelt es sich um eine Echo II. Wir sind ihr sehr nahe.«

Balderston blickte auf den kleineren Sonarchef herunter, starrte ihn unter seinen legendären Augenbrauen heraus an. Während sie miteinander sprachen, ließ Balderston sich auf einem kleinen Klappstuhl direkt hinter dem Periskoppodest nieder. Mit dieser einen Geste übernahm er das Kommando. Dramatische Ankündigungen waren nicht erforderlich.

Van Hoften blieb Diensthabender des Unterseeboots und brüllte die Befehle, aber jedermann wusste, dass sie von Balderston kamen. Er würde die Brücke nicht wieder verlassen – nicht, um in seine Kabine zurückzukehren, und auch nicht, um sich umzuziehen. An seiner Seite stand Michael Coy. Inzwischen hatten der Marinekapitän mit Leib und Seele und der entschieden unmilitärische Coy zu einem lauen Frieden miteinander gefunden. Coy hatte gelernt, sich Äußerungen über seine Abneigung gegen die Marine zu verkneifen, und Balderston hatte es aufgegeben, die Vorteile des Lebens beim Militär aufzuzählen. Nebenbei bemerkt war Coy außerdem der Versorgungsoffizier und deshalb verantwortlich dafür, dass der gesundheitsbewusste Kommandeur seine Vitamine und genug Walnüsse erhielt, um seinen Körper ausreichend mit Lezithinen füttern zu können.

Balderston wandte sich dem Oszilloskop zu. Auf dem Neun-Zoll-Monitor bot ein einzelner elekronischer bernsteinfarbener Bogen ein sonarerzeugtes Bild der Echo dar. Normalerweise flackerten zehn oder mehr solcher schwachen Bögen auf dem Bildschirm, Computerdarstellungen des Lärms, den Schiffe, Landmassen und sogar Wale in der Entfernung erzeugten. Doch das Bild, welches das sowjetische U-Boot generierte, war groß und klar, und es sprang auf dem Monitor hin und her. Da kam nur eine Interpretation in Frage. Die Echo war sehr, sehr nahe.

»Sie kommt… und geht… kommt… und geht«, kommentierte der Kapitän, während er den Sprüngen der Echo zusah, und zog den Satz in die Länge, um ihn zu betonen, ohne ihn jedoch an irgendjemanden im Besonderen zu richten. Ein paar Minuten später würde er die Bemerkung noch einmal wiederholen, und danach noch ein drittes Mal.

Der Erste Offizier zu Balderstons Linken studierte die Eintragungen des Navigationsoffiziers. Ungefähr anderthalb Meter entfernt beugte Van Hoften seine zwei Meter große Gestalt über das Waffenleitbedienpult, überwachte die Waffencomputer, die ebenfalls Richtung, Geschwindigkeit und Entfernung der Echo von der *Tautog* aufzeichneten. Direkt vor der Operationszentrale, im Sonarraum, drängten sich Männer Schulter an Schulter um die Geräte und ließen die Echo nicht aus den Augen.

Im Geiste trennten sie die weichen, rhythmischen Wuschwusch-wusch-Geräusche der Propeller von dem Hintergrundlärm des Ozeans, der durch ihre Kopfhörer zu ihnen drang. Doch nichts, was sie hörten oder auf ihren Bildschirmen sahen, ließ auf die Tauchtiefe der Echo schließen. Um Aufschluss hierüber zu gewinnen, konnten die Männer nur lauschen und raten. Alle paar Augenblicke betrug die Entfernung zwischen den beiden U-Booten null. Irgendwann vermuteten die Sonarmänner, dass die Echo an die Oberfläche aufgestiegen war, womit sie sich unmittelbar über der *Tautog* befinden würde. Dann schien die Echo wieder abzufallen.

All dies hätte weit einfacher sein können. Die *Tautog* war eigentlich für den Einbau eines neu entwickelten Geräts vorgesehen gewesen, mit dessen Hilfe die Tauchtiefe eines anderen U-Boots anhand des von ihm aufgewirbelten Wassers berechnet werden konnte. Das Gerät bestand aus vier Unterwasserhorchvorrichtungen, die am Turm der *Tautog* hätten befestigt werden müssen. Doch die Werft war mit ihrem Soll im Rückstand gewesen, und das Unterseeboot hatte den Hafen verlassen, während die neuen Geräte in Pearl Harbor zurückgeblieben waren.

Ein Offizier sagte etwas darüber, wie bedauerlich es sei, dass sie nicht über die vier Unterwasserhorchgeräte verfügten, und andere überlegten laut, ob es nicht vielleicht besser sei, die Entfernung zwischen den beiden U-Booten zu vergrößern. Genau in diesem Augenblick hüpfte das Bild auf dem Oszillographen erneut, diesmal heftig.

»Sie kommt...«, begann der Kapitän, brachte den Satz jedoch nicht zu Ende.

Das Bild auf dem Oszillographen verschwand. Im gleichen Augenblick verlor der Sonarmann jede Spur von der Echo. Keiner wusste, ob die Echo nach Steuerbord oder nach Backbord ausgewichen war. Sie war einfach verschwunden.

Dann brachte sich die Echo auf die schlimmstmögliche Weise

in Erinnerung. Das 6000 Tonnen schwere Unterseeschiff lief mit dem Bauch auf den Turm der *Tautog* auf mit einer Wucht, die an den Zusammenprall zweier Autos mit etwa 60 Stundenkilometern erinnerte. Mit entsetzlichem Kreischen wühlten sich die Propeller der Echo durch das Metall der *Tautog* und erzeugten einen Lärm, der Sonarchef Waters zwang, sich die Kopfhörer abzureißen.

Die *Tautog* rollte nach Steuerbord, kippte fast um 30 Grad, bis sie wieder in ihre Ausgangsposition und nach unten gezwungen wurde. Männer hielten sich an Handläufen und Tischen fest. Kaffeebecher, Schreibgerät, Lineale, Karten und Radiergummis flogen durch die Operationszentrale. Maraschino-Kirschen und eingelegte Gurken rollten im Maschinenraum über den Boden. Anderthalb-Schritte-Lindsay wurde eine Leiter hinuntergeworfen. Unten im Torpedoraum klammerten sich drei Männer, die geschlafen hatten, an den langen, grünen Waffen fest, wurden dennoch aus ihren matratzengepolsterten Torpedogestellen geworfen. Um sie herum zerrten die gewaltigen Waffen an ihren Spanngurten.

Ein Mann sprang auf, um die Schotte im Torpedoraum dicht zu machen. Er sah nicht nach, ob sich jemand darin befand, bemerkte nicht, dass er soeben Greg Greeley dort eingesperrt hatte – einen 18-jährigen Rekruten, der drei Wochen vor Beginn der Mission an Bord der *Tautog* gekommen war. Der Mann wusste nur, dass die vordere Zelle mit zu den ersten gehören würde, die möglicherweise geflutet würden, und dass es, da er sich in der Nähe der Schotte befand, zu seinen Aufgaben gehörte, sie fest zu verschließen. Dann drehte er, wie man es ihm beigebracht hatte, der Schotte den Rücken zu, und sah folglich durch das kleine eingelassene Fenster nicht das ängstliche Gesicht von Greg Greeley. Es sollte mehrere Minuten dauern, bevor man sicher sein konnte, dass der Rumpf nicht beschädigt war, und noch ein paar weitere Minuten, bis schließlich jemand Greeley befreite.

Inzwischen sprangen Offiziere aus ihren Kojen, rannten aus der Offiziersmesse herbei in die Operationszentrale, um ihre vor der Kollision zugewiesenen Gefechtsstationen einzunehmen. Coy übernahm die Tauchstation und versuchte das Unterseeboot zu stabilisieren. Van Hoften gab seinen letzten Befehl als Diensthabender, bevor er das Kommando an den Kapitän übergab.

»Keinen Kollisionsalarm geben.«

Es war auf entsetzliche Weise zu spät, um leise zu sein und eine Entdeckung zu vermeiden, und außerdem vollkommen überflüssig, eine Kollision überhaupt bekannt zu geben. Trotzdem gab die Mannschaft den Kollisionsalarm automatisch und leise von Mann zu Mann und von Zelle zu Zelle weiter. Zelle um Zelle meldete, dass die *Tautog* im Wesentlichen intakt geblieben war. Die wasserdichten Schotten wurden wieder geöffnet.

»Sie haben sie ordentlich gebaut, bei Ingalls«, kommentierte Waters schließlich, und bezog sich damit auf die Werft, die das U-Boot in Mississippi gebaut hatte. Seine Bemerkung wurde auf einem Tonband im Sonarraum aufgezeichnet, das das Drama dokumentierte.

Anderthalb-Schritte-Lindsay hetzte zurück in den Sonarraum, packte ein Kopfhörerpaar und brüllte: »Zum Teufel mit euch, nichts kommt durch HY-80 durch.« HY-80 war der Stahl, aus dem die Außenhülle der *Tautog* bestand, und hatte seinen Namen erhalten, weil er 80 000 Pfund Wasserdruck pro Quadratinch standhalten konnte (knapp 6000 Kilogramm pro Quadratzentimeter).

Die beiden Männer setzten sich zurück, um zu lauschen. Was sie hörten und was auf dem mitlaufenden Band festgehalten wurde, schien ihre schlimmsten Ahnungen zu bestätigen. Es hörte sich so an, als ob einer der beiden Propeller der Echo abgerissen war. Da der Widerstand des Wassers fehlte, drehte sich die Turbine wie rasend. Wenn das zutraf und der Druckkörper der Echo tatsächlich beschädigt war, dann würde sie wahrscheinlich in den Ozean hinabsinken. Sobald sie eine Tauchtiefe von 600 Metern erreicht hätte, würde sie implodieren. Es würde keine Überlebenden geben.

Dann hörten die Männer Geräusche, die einem startenden, spuckenden Motor glichen, gefolgt von einem Knallen, das möglicherweise darauf hindeutete, dass man in der Echo die wasserdichten Schotten zuschlug. Schließlich empfing das Sonar ein Geräusch, das sich wie platzendes Popcorn anhörte und von Lindsay als auseinander brechender Stahl interpretiert wurde.

Danach wurde es irgendwie still im Ozean. Durch den Kopfhörer des Sonarmanns drangen nur mehr die gewohnten kontinuierlichen atmosphärischen Störungen. Sie horchten auf irgendetwas, was sich wie die Flucht der Echo anhören würde oder wie ein Anblasen der Tauchzellen vor dem Auftauchen. Doch alles, die Motorenumdrehungen, das Knallen, das Platzen, hatte einfach aufgehört.

Jemand im Sonarraum sprang auf und stellte das Tonbandgerät ab. Bei dem Band handelte es sich für gewöhnlich um ein Endlosband, und der Lärm der Kollision wäre verloren gegangen, wenn das Gerät weiterhin ungehindert aufgezeichnet hätte.

Fassungslos suchten die Sonarmänner weiter, forschten nach irgendwelchen Anzeichen dafür, dass sich das sowjetische U-Boot erholte. Die Stille hingegen konnte nur eines bedeuten: dass in diesem Augenblick wenigstens 90 U-Boot-Fahrer hilflos in die zerstörerische Tiefe des Meeres hinabsanken. Es schien keine Rolle mehr zu spielen, dass es sich um sowjetische U-Boot-Fahrer handelte.

Minuten nach der Kollision gab Balderston den Befehl, mit voller Kraft voraus das Weite zu suchen. Es gab keinen Gedanken daran, aufzutauchen oder auch nur auf Periskoptiefe zu gehen. Tatsächlich handelte es sich um unterseeische Fahrerflucht. Die Mannschaft der *Tautog* würde keine Suche nach Überlebenden oder Wrackteilen anstrengen, die normale Verfahrensweise nach einer Kollision auf See. Balderstons Hauptanweisung verlangte, jedes weitere Zusammentreffen mit den Sowjets unbedingt zu vermeiden.

Die *Tautog* lief nach Osten, kam nur mit ungefähr zwölf

Knoten voran und lehnte sich wenigstens zehn Grad nach Steuerbord. Jedes Mal, wenn Balderston dem U-Boot mehr Fahrt abverlangte, kippte sie weiter ab. Eine nach der anderen wurden Eisenplatten, die an den Kommandoturm der *Tautog* geschweißt worden waren, durch die Gewalt des Wassers abgerissen. Jede schlug mit durchdringendem Knall auf dem Rumpf des U-Boots auf. Die Crew richtete eine Kasse ein und schloss Wetten darüber ab, wie viel vom Turm noch übrig sein würde, wenn sie Pearl Harbor erreichten.

Wasser drang durch die vom Propeller der Echo geschlagene Kerbe in die Operationszentrale ein, aber es dauerte noch Stunden, bis die *Tautog* endlich auftauchte, damit eine kleine Gruppe von Offizieren im Schutze der Dunkelheit die Schäden inspizieren konnte.

Männer liefen umher und versuchten die Spuren des Debakels zu beseitigen. Die »Zuckerdose« sah aus, als ob sie explodiert sei. Kapitän und Offiziere trafen nach und nach in der Offiziersmesse ein und versuchten, die Abläufe zu rekonstruieren. Scott Laidig, einer der Nachrichtendienstler an Bord der *Tautog*, begrüßte die Offiziere, als sie den Raum betraten. Laidig war Marineinfanterist. Er war dem Marineabschirmdienst zugewiesen worden, weil er fließend Rusisch sprach und jener die Auffassung vertrat, dass ihn dies zum U-Boot-Fahrer qualifizierte. In den vorangegangenen Stunden war Laidig jedoch klar gewesen, dass er bei einer Kollision keine Hilfe sein konnte. Also hatte er das Zweitbeste getan. Er hatte sich in die Offiziersmesse zurückgezogen und einfach gewartet, bis das Abenteuer zu Ende war.

»Ich habe keine Ahnung, wie ihr Jungs das macht«, sagte er jetzt. »Ihr seid hier draußen mitten im Nirgendwo und lasst euch überfahren.«

»Haha, ich hoffe, wir haben Ihnen nicht die Kaffeepause ruiniert«, konterte Balderston.

Laidig war zweimal in Vietnam gewesen und an Bord der *Tautog* bekannt für das Garn, das er zu spinnen verstand. Nun schien es so, als ob er und Balderston konspirierten, um die übrigen Offiziere abzulenken, wenigstens für ein paar Augenblicke.

Balderston wollte von Laidig wissen, ob er jemals Angst, wirklich Angst gehabt hatte. Das war Laidigs Stichwort. Er stürzte sich in eine grauenhafte Geschichte über jene Episode, als er einen Zug Soldaten gegen einen Heckenschützen geführt hatte, der über die Reisfelder hinweg auf GIs schoss. Als die Amerikaner von einem zweiten Schützen überrascht wurden, suchte Laidig Schutz hinter dem einzig vorhandenen schmalen Baum. Als er sich an ihn drückte, trennte ihm das Sperrfeuer der Gegner den Rucksack von seinem Rücken ab.

Die Offiziere hörten zu. Ihre Hände zitterten noch nach der Kollision. Jetzt meinten sie aber, dass sie zwar einen schlechten Tag gehabt hatten, dass jedoch Laidig noch schlimmer dran gewesen war. Dieser entgegnete, er sei sich da nicht so sicher. Die Männer kamen zu dem Schluss, dass sie sich vermutlich alle wohler fühlten, wenn sie es mit einem Feind zu tun hatten, den sie kannten. Und damit wandten die Offiziere ihre Aufmerksamkeit wieder dem aktuellen Feind zu.

Mehr als zwei Stunden lang versuchten sie den Unfall zu rekonstruieren und kamen zu einem einzigen Schluss. Die *Tautog* hätte eine andere Tauchtiefe wählen sollen. Keiner sprach darüber, was womöglich aus dem sowjetischen U-Boot und seiner Besatzung geworden war.

Zum ersten Mal erlebten Balderstons Offiziere ihn nahezu demütig. Einmal schüttelte er den Kopf und meinte: »Da kümmert man sich um alles, was beachtet werden muss, um die Sicherheit des Boots, die Sicherheit der Mannschaft zu gewährleisten, und natürlich darum, nicht entdeckt zu werden...«

Balderston beendete seinen Satz nicht. Er musste es nicht. Seine Männer verstanden, was er sagen wollte. Später würde er zum Ausdruck bringen, was alle dachten, aber erst nach mehreren Stunden. Erst nachdem die *Tautog* aufgetaucht war und seine Offiziere die Schäden begutachtet hatten. Erst als er sicher war, dass sein U-Boot es nach Pearl Harbor schaffen würde.

»So, das war's wohl mit meiner Karriere«, sagte Balderston schließlich. »Die Sterne kann ich wohl vergessen.« Er hatte die Chance eingebüßt, es zum Admiral zu bringen.

Als sie 250 bis 300 Kilometer von der sowjetischen Küste entfernt waren, gab er den Befehl zum Auftauchen. Mehrere Offiziere kletterten durch die vordere Ausstiegsluke in die Dunkelheit hinaus. Die übliche Route über den Kommandoturm auf die Brücke war ihnen natürlich verwehrt. Die Luke, die auf die Brücke führte, war beschädigt und der Kommandoturm selbst geflutet.

Als sie auf Deck kletterten, stellten die Offiziere fest, dass ihr Turm im hinteren Drittel stark eingedrückt war. Es sah fast so aus, als habe die massive Struktur nur aus Pappkarton bestanden. Ein faustgroßes Stück vom Propeller der Echo hatte sich in die Ausstiegsluke des Turms hineingefressen, die selbst verbogen und zusammengedrückt war. Eines der zwei Periskope war hoffnungslos verbogen. Die überwiegende Zahl der Antennen und elektronischen Masten war im Inneren des beschädigten Turms verklemmt und nutzlos. Damit würde es schwer sein, einen entsprechenden Funkspruch nach Hause abzusetzen, aber es war eindeutig an der Zeit, das Kommando der Pazifikflotte darüber in Kenntnis zu setzen, was geschehen war.

Die Mannschaft installierte eine Notantenne, die wenig mehr war als ein einfacher Draht, auf dem Deck des U-Boots. Dann übermittelten sie die schlechte Nachricht: Es war zu einer ernsten Kollision gekommen, ein sowjetisches U-Boot war beteiligt gewesen, und die *Tautog* musste ihre Mission zwei Monate vor der Zeit abbrechen.

Von Land erhielt die *Tautog* den Befehl, alle nahe gelegenen Häfen zu umgehen und direkt Kurs auf Pearl Harbor zu nehmen. Später kamen detaillierte Anweisungen hinzu. Das Unterseeboot sollte nicht in den Hafen einlaufen, bis es vollkommen dunkel war. Dann sollte es sich hineinschleichen, mit ausgeschalteten Positionsleuchten.

Auf dem Weg nach Pearl Harbor ließ Balderston die Mannschaft in Schichten in die Messe kommen. Als ob irgendjemand daran erinnert werden musste, befahl er ihnen, jegliche Meinungsäußerung zum Hergang der Kollision, die nicht im Rahmen eines offiziellen Untersuchungsausschusses stattfand, ein und für alle Mal zu unterlassen.

Die Ankunft der *Tautog* in Pearl Harbor fand in der Nacht des 1. Juli statt. Sie wurde in ein Trockendock geschleppt, wo man eine riesige Plane über ihren Turm breitete. Niemandem war es gestattet, ohne besondere Genehmigung den Turm zu besichtigen, nicht einmal der eigenen Mannschaft. Die Männer mussten weitere 24 Stunden an Bord bleiben, bis die Schäden gut verborgen waren und sie eine formale Geheimhaltungsverpflichtung unterschrieben hatten. Ein Mann versuchte, ein Stück vom Rumpf der Echo als Souvenir zu behalten, und verbarg es an Bord in einem Spind hinter Reinigungsmitteln und Alkohol. Ein paar Monate später wurde es entdeckt, und der Sicherheitsdienst bestand darauf, dass er das Stück Metall aushändigte.

Konteradmiral Walter Small, Kommandant der U-Boot-Flotte im Pazifik, erwartete die *Tautog* am Pier und war unter den Ersten, die Einzelheiten erfuhren. Ebenfalls eingeweiht wurde Admiral Moorer, der gerade vom Chef der Seekriegsleitung zum Mitglied der Vereinigten Stabschefs befördert worden war. Es war entweder Moorer selbst oder ein ranghoher Geheimdienstmitarbeiter des Pentagon, der Melvin Laird, Nixons Verteidigungsminister, die schlechte Nachricht überbrachte. Solche Meldungen wurden mündlich gemacht. Niemand wollte Beweismittel in Papierform hinterlassen.

Laird ging selbst zu Nixon, teilte dem Präsidenten mit, dass es zu einer Kollision gekommen war und dass es so aussah, als sei das sowjetische Boot gesunken. Nixons Reaktion, so erinnert sich Laird, war unergründlich.

Es war klar, dass die Vereinigten Staaten der Sowjetunion nichts von dem unmarkierten Unterwassergrab sagen würden, von dem Regierungsmitarbeiter meinten, dass es sich nur 80 Kilometer vor der Kamtschatka-Halbinsel befand. In Anbetracht der Geheimhaltung, die für alle Unterseebootoperationen galt, kam ein Eingeständnis des Weißen Hauses, dass zwei kernkraftgetriebene Unterseeboote, beide mit Atomwaffen an Bord, in einer zerstörerischen, möglicherweise tödlichen Begegnung aufeinander getroffen waren, nicht in Frage. Außerdem verzeichneten die Sowjets damals so viele Unfälle auf See, dass Nixon und seine Berater zu dem Schluss kamen, sie würden den Verlust eines weiteren ihrer U-Boote ihrer verhexten Technologie zuschreiben.

Man berief eine Untersuchungskommission ein, obgleich jeder, der etwas mit dem Unglück zu tun gehabt hatte, bereits vom Sinken des sowjetischen U-Boots überzeugt war. Tatsächlich erinnerten sich Small, Moorer und Laird daran, dass man ihnen ausdrücklich das Sinken der Echo mitgeteilt hatte. Andere ehemalige ranghohe Marineoffiziere, darunter einer, der die Tonbandaufzeichnungen aus dem Sonarraum angehört hatte, meinten, dass diese Schlussfolgerung weitgehend auf den aufgenommenen schrecklichen Geräuschen basierte. Doch Regierungsmitarbeiter äußerten auch, dass eine formale Erklärung, die das Sinken des sowjetischen U-Boots konstatierte, ohne eindeutigere Beweise nicht in die offiziellen Marineaufzeichnungen eingegangen sei.

Kurz nach dem Unfall eilte James Bradley nach Pearl Harbor, um die Ursachen zu ermitteln. Man konnte nur vermuten, dass der Kapitän der Echo ein fatales und plötzliches Manöver befohlen hatte. Damit kam ein anderes Problem zur Sprache. Bradley schlussfolgerte, dass US-amerikanische U-Boot-Kapitäne ihre Techniken verändern mussten. Wie die Dinge jetzt standen, war die Gefahr zu groß, dass zwei Unterseeboote unter Wasser zusammenstießen. Bei ernsten Fällen war durchaus denkbar, dass beide Beteiligten verloren gehen würden.

Also legte Bradley einige neue Regeln für das Verfolgen feindlicher U-Boote fest, wobei er eine der von Whitey Mack favorisierten Techniken festschrieb: US-amerikanische U-Boote würden nun den sowjetischen leicht nach Steuerbord oder Backbord versetzt folgen. Damit gewannen die Verfolger Raum zum Manövrieren und waren dennoch geschützt durch den

1 Im Jahr 1900 erwarb die US-Marine ihr erstes Unterseeboot.
Die USS *Holland* konnte sechs Männer aufnehmen.

2 Fast 100 Jahre später ließ die Navy den neuen Prototyp USS *Seawolf
(SSN-21)* vom Stapel laufen, das größte jemals gebaute Angriffs-U-Boot.

3 Dieses letzte Foto der *Cochino* entstand, als sie 1949 England verließ, um die erste amerikanische U-Boot-Spionagemission in der Barentssee durchzuführen. Fregattenkapitän Rafael Benitez, der Kapitän der *Cochino*, musste die schlimmsten Worte aussprechen, die ein Kapitän überhaupt von sich geben kann: »Ich gebe mein Schiff auf.«

4 Die *Tusk* war mit der *Cochino* unterwegs und rettete fast deren gesamte Besatzung. Sieben Männer wurden jedoch vom Deck der *Tusk* gespült und kamen während der Rettungsaktion ums Leben.

5–7 Die Männer der *Cochino* (hier in Norwegen nach deren Untergang) überlebten Explosionen, Gasvergiftungen und stürmische See. »Red« Austin (rechts), der mit 19 Jahren zur Marine kam, verfasste die Grabinschrift der *Cochino* auf der Rückseite des Fotos. (Wie kommt es, dass ich nicht mit auf dem Bild bin? Es bestand die Befürchtung, dass die Russen mich erkennen und dass sich damit die *Cochino* auf Spionagemission befand. Ohnehin ist nur die halbe Mannschaft abgebildet.)

TROMSÖE, NORWAY

How did I miss getting in
the picture of the survivors?
It was feared the Russian might
somehow have recognized me and
thus proven that the Cochino was
not on a "routine mission" but
was in reality on a spy mission.
J. M. Austin

Only about 1/2 the crew here anyway

8, 9 Die *Gudgeon* und ähnliche Diesel-U-Boote trugen das U-Boot-Spionageprogramm, bis die Sowjets eindeutig unter Beweis stellten, dass diese U-Boote zu verletzbar waren.

10 Überzeugt, dass sich mit Atomkraft auch U-Boote antreiben ließen, sollte Admiral Hyman Rickover U-Boot-Flotte und Marine und damit den Verlauf des Kalten Kriegs nachhaltig verändern.

11 Die *Nautilus* war das erste amerikanische Atom-U-Boot und außerdem das erste U-Boot, das unter der Polkappe hinweg bis zum Nordpol vordrang.

12 Wenn der Präsident seine eigene *Air Force One* haben durfte, dann sollte Rickover seine NR-1 haben, das einzige von einem Kernreaktor angetriebene Mini-U-Boot.

13 John Craven träumte in phantastischen Visionen von der Erforschung der Tiefsee und von einer neuen Art Kriegsführung. Auf diesem Foto ist er mit seiner Frau Dorothy, seinem Sohn David und Marineminister John H. Chafee (rechts) abgebildet.

14 Noch bevor ein Tieftauchboot das Wrack der *Thresher* auf dem Grund des Meeres fotografieren sollte, veranlasste ihr Verlust die Navy, eine neue Ära für U-Boote zu verkünden, in der Sicherheit über alles ging. Das Ergebnis hatte jedoch eher James Bond denn Jacques Cousteau als Vorbild.

15, 16 Die Halibut hatte eine Luke wie ein riesiges Haifischmaul, die bei den meisten jedoch nur Befürchtungen ob eines ungewollten Flutens auslöste.

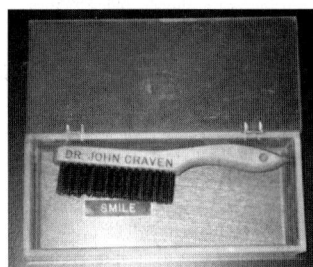

17 Als Craven die Ingenieure von Westinghouse veranlasste, mit Kameras bestückte »Fische« zu konstruieren, die in der Tiefsee gesunkenes sowjetisches Militärgerät aufspüren sollten, begrüßte er die Ingenieure täglich mit der Ankündigung, erst mal »mit der Drahtbürste auszukehren«. Die Westinghouse-Ingenieure nahmen dies wörtlich und revanchierten sich mit einem entsprechenden Geschenk.

18 Fregattenkapitän C. Edward Moore kommandierte die *Halibut* auf See, fand ein gesunkenes sowjetisches U-Boot in der Tiefsee und kehrte zurück, um von Admiral John Hyland (links) die höchste Auszeichnung entgegenzunehmen, die es für U-Boote gab: die Presidential Unit Citation.

19 Die *Scorpion* befand sich vor Neapel, als ein Fotograf die vermutlich letzte Aufnahme von ihr machte. Sie ging nur wenige Wochen später verloren.

20 Craven (links), Harry Jackson und Projektkoordinator Robert H. Gautier standen auf einem schwimmenden Trockendock, während tief unter ihnen drei Männer in der *Trieste II* das Wrack der *Scorpion* untersuchten und fotografierten.

21, 22 Der zertrümmerte Rumpf der *Scorpion* ließ keine endgültigen Schlussfolgerungen zu. Inzwischen gibt es Anhaltspunkte, dass die Torpedos möglicherweise bereits heiß gelaufen waren, bevor sie den Hafen verließ.

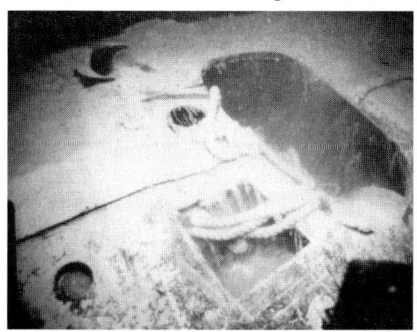

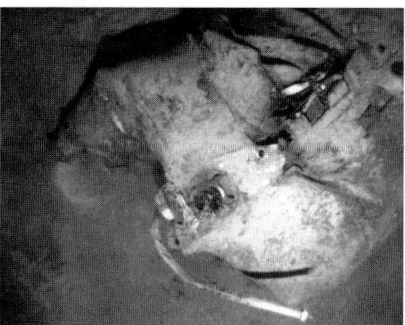

23 Fregattenkapitän Whitey Mack war überzeugt davon, dass er mit der *Lapon* einem sowjetischen U-Boot der Yankee-Klasse eine ganze Patrouillenfahrt auf den Fersen bleiben könnte.

24 Als sich die Männer nach ihrem Coup auf den Heimweg machten, setzten sie ihre eigene Flagge: Snoopy hat seine Hundehütte gegen ein U-Boot eingetauscht.

25 Die *Lapon* und Mack wurden durch Tommy Cox auf seinem Album mit den größten Hits der U-Boot-Fahrer unsterblich gemacht.

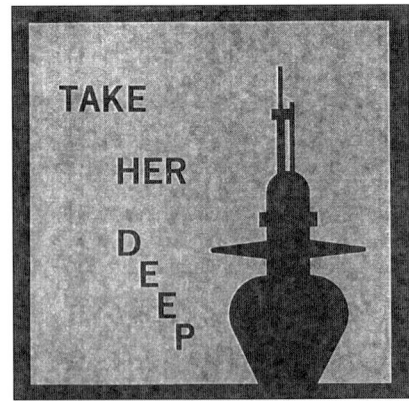

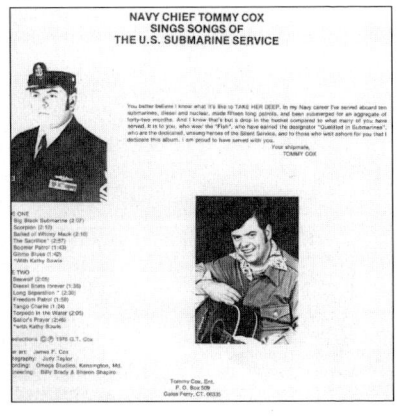

26 Nachdem die *Tautog* in ein sowjetisches U-Boot der Echo-II-Klasse gelaufen war, machte sie sich davon und ließ ihre Männer und die amerikanische Regierung in dem Glauben, dass mindestens 90 sowjetische U-Boot-Fahrer den Tod gefunden hatten.

27 Fregattenkapitän Buele Balderston mußte schmerzlich realisieren, dass die Unterwasserkarambolage auch das Ende seiner Karriere bedeutete.

28 Boris Bagdasarian war der Kommandeur des sowjetischen U-Boots *Schwarze Lila*, das mit der *Tautog* zusammengestoßen war.

To Capt Jim Bradley —
A celebrated sub-mariner who made his mark in Naval history —
June 1973
Secretary of Navy

29 Kapitän James Bradley brachten Erinnerungen an Fahrten auf dem Mississippi während seiner Kindheit darauf, wie sich das Telefonkabel tief auf dem Grund des sowjetischen Ochotskischen Meers lokalisieren ließ. Hier gratuliert ihm Marineminister John Warner (rechts).

30 Laut Navy war die *Halibut* mit dem ersten Rettungs-U-Boot für havarierte Unterseeboote bestückt – tatsächlich aber mit einer unkenntlich gemachten Druckausgleichskammer für Tiefseetaucher.

31 Fritz Harlfinger, Chef des Marinenachrichtendiensts, wusste, dass das Plazet von Henry Kissinger und Alexander Haig für die Suche der *Halibut* nach dem Kabel ausreichte.

32–34 Vollgestopft mit gestohlenen U-Boot-Wimpeln etc. war »Horse & Cow« das Lokal, wo man sich auf einige der waghalsigsten Operationen im Kalten Krieg vorbereitete.

The New York Times

LATE CITY EDITION

VOL. CXXIV...No. 42,788   NEW YORK, WEDNESDAY, MARCH 19, 1975

Vietnam Refugees Stream From Highlands to Coast

Scores of Thousands Are Also Leaving Throughout the North of Country—Military Facilities Are Blown Up

By MALCOLM W. BROWNE

NEW OFFER MADE IN DOCTOR STRIKE; REJECTION IS SEEN

C.I.A. SALVAGE SHIP BROUGHT UP PART OF SOVIET SUB LOST IN 1968; FAILED TO RAISE ATOM MISSILES

HUGHES BUILT SHIP

Bodies of 70 Russians Were Found in Craft and Buried at Sea

By SEYMOUR HERSH

The Glomar Explorer, which was used in 1974 to salvage part of a Soviet submarine from the Pacific Ocean

HANOI DRIVE SEEN TO BISECT SOUTH

OIL DEPLETION AID IS VOTED FOR MANY

F. B. I. HARASSED A LEFTIST PARTY

Documents Show 10-Year Campaign of Disruption of Socialist Workers

By NICHOLAS M. HORROCK

A Soviet missile submarine similar to the one that sank in the Pacific in 1968

Portuguese Regime Bans 3 Parties From Elections

By HENRY GINGER

BRITISH YES VOTE ON MARKET URGED

Cabinet Splits on the Issue but Recommends Staying

House Again Votes Strip Mining Curb

By BEN A. FRANKLIN

ONASSIS IS BURIED ON SKORPIOS: Jacqueline Kennedy Onassis and her son, John F. Kennedy Jr., at the service conducted by the Rev. Zariitonos Agrafiotos, the Greek

35–37 Die gewaltige *Glomar Explorer* sollte im Auftrag der CIA eine Operation durchführen, von der hochrangige Marinemitarbeiter überzeugt waren, dass sie zu schwierig und vollkommen überflüssig war: nämlich ein komplettes sowjetisches Unterseeboot vom Meeresboden zu heben.

38 Eines der ältesten und marodesten Unterseeboote der Flotte, die *Seawolf*, übernahm das Anzapfen des Kabels im Ochotskischen Meer. Einmal sah es fast so aus, als sollte sie dort auf dem Meeresboden für immer festmachen.

39 Als die Sowjets Abhörvorrichtungen an dem Kabel im Ochotskischen Meer entdeckten, war die Autorschaft klar. Im Inneren des sechs Meter langen Geräts war zu lesen: »Eigentum der Regierung der Vereinigten Staaten von Amerika«. Eine der Abhöranlagen befindet sich nun in einem Museum in Moskau.

40 Die Navy befürchtete nach der Entdeckung der Abhöranlagen im Ochotskischen Meer, dass die Sowjets auch von der noch kühneren Operation Wind bekämen, die die *Parche* in einem anderen Meer durchführte.

41 Richard Buchanan, erfolgreicher Kommandeur der *Parche*, wurde von Präsident Ronald Reagan mit dem legendären John Wayne verglichen.

42 Waldo Lyons jahrzehntelange Studien über das arktische Eis führten ihn schon bald mit Fregattenkapitän William Anderson (rechts) auf der *Nautilus* zum Nordpol. 25 Jahre später studierte Lyon noch immer, wie US-U-Boote unter dem Eis am besten ihre Kampfkraft entfalten.

43 Die Sowjets fuhren schon seit Jahrzehnten unter das arktische Eis. In den 80er Jahren sah es so aus, als ob es ihnen gelungen sei, sich unter dem Eis einen entscheidenden nuklearen Vorteil zu verschaffen.

44, 45 Amerikanische U-Boote durchkreuzten die Arktis seit der Fahrt der *Nautilus* jedes Jahr allein oder in Geschwadern. Doch das gefrorene Wasser bewahrte sein Geheimnis und war der einzige Ort, an dem der Gejagte einen Vorteil gegenüber dem Jäger besaß.

46 Danielle Petersen-Dixon umarmt ihre Tante Gerry, während sie ihres Vaters Daniel Petersen gedenken, der als Oberstabsbootsmann auf der *Scorpion* den Tod fand.

47 Susan Nesbitt mit ihrem Mann Bob in Norfolk, Virginia, bei der Gedenkfeier zum 30. Todestag der Männer, die beim Untergang der *Scorpion* ihr Leben verloren haben. Sie betrauert den Verlust ihres Bruders, des Stabsbootsmannes Richard Shaffer.

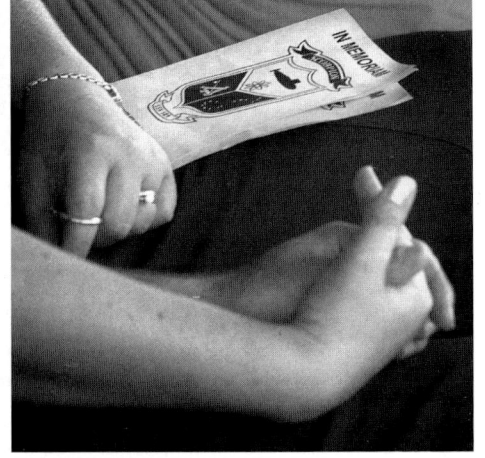

48 Überall in den Vereinigten Staaten und in Russland fragen sich Familien: War der geheime U-Boot-Spionagekrieg das Risiko wert? War er die Kosten wert?

Lärm des Gejagten. Eine weitere Regel jedoch lief Macks Stil zuwider: Jäger würden die Gejagten nur noch aus einer sicheren Entfernung verfolgen.

Bradley machte Balderston wegen des Vorfalls keine Vorwürfe, und Balderston, der bereits vor Antritt der fatalen Fahrt für eine neue Aufgabe vorgesehen gewesen war, erhielt nun das Kommando über einen Verband von vier U-Booten, zu dem auch die *Tautog* gehörte. Doch hatte er Recht, was die Beförderung zum Admiral betraf: Er würde sie nie erhalten. Er ließ sich sieben Jahre später pensionieren und wurde baptistischer Prediger. Da er, verursacht durch seine rheumatische Erkrankung in der Kindheit, ein schwaches Herz hatte, starb er bereits 1984. Seiner Frau und seinen Kindern hatte er nie etwas von der Kollision gesagt.

Balderstons Schweigen war typisch. An ihre Schweigepflicht gebunden, erhalten U-Boot-Fahrer nicht die Art von emotionalem Trost, die die meisten Männer von ihren Frauen und Kindern bekommen, wenn bei der Arbeit etwas schief geht. »Er durfte es mir nicht sagen«, meint Irene L. Balderston. »Und ich wäre nie auf den Gedanken gekommen, ihm Fragen zu stellen oder ihn irgendwie auszuhorchen.«

Der einzige fortgesetzte Diskurs über den Vorfall fand unter den Mitgliedern der *Tautog*-Crew statt, die die Geschichte an die neu an Bord Gekommenen weitergaben. Sie flüsterten einander zu, wie eingedrückt ihr Turm gewesen war, und die Sonarmänner reichten von einer Mannschaft zur nächsten ein schwarz mitgeschnittenes Band weiter – die Sonaraufzeichnungen, die während der Kollision gemacht worden waren! Außerhalb des Boots wurde der Mitschnitt in Sonarschulen als anonymes Beispiel für ein sinkendes sowjetisches Unterseeboot vorgespielt. Dann, zwei Jahrzehnte später, wurde die vergebliche Gewissheit bezüglich des Schicksales des Echo-II-Boots überraschenderweise erschüttert.

Nach dem Zusammenbruch der Sowjetunion meldete sich Boris Bagdasarian zu Wort, ein früherer sowjetischer U-Boot-Kommandant, und offenbarte, dass er der Kapitän der mit der

Tautog kollidierten Echo II gewesen und sehr wohl am Leben sei. Da so wenige Menschen sowohl in der Sowjetunion wie auch in den Vereinigten Staaten wussten, dass ihre Regierungen seit langem einen schrecklichen Unfall verheimlichten, wurde seinem Bericht wenig Aufmerksamkeit geschenkt. Doch wird Bagdasarians Geschichte durch hohe Beamte der russischen Marine gestützt, und sie lässt sich trotz einiger kleinerer Diskrepanzen auch vereinen mit vielen der Einzelheiten, welche die Mitglieder der *Tautog*-Crew beigesteuert haben.

Wenn Bagdasarian so mit der Zigarette in der Hand in seiner Moskauer Wohnung sitzt, sieht der zierlich gebaute Mann mit ergrauendem Haar eher wie ein alternder Professor als wie ein sowjetischer Kapitän zur See aus. Doch er war bereits mehr als ein Jahrzehnt Kommandant gewesen, bevor er mit dem U-Boot der Echo-II-Klasse, das den Namen *Schwarze Lila* trug, im Juni 1970 für ein dreitägiges Training auslief.

Bagdasarian hatte frühe Experimente auf sowjetischen Diesel-U-Booten überstanden. Auf einem der Schiffe, das zu der von den Amerikanern so bezeichneten Whiskey-Klasse zählte, hatte er trotz erheblicher Konstruktionsmängel, aufgrund derer Auspuffgase durch den Schnorchel zurück ins Schiff gesaugt wurden, dreißig Tage unter Wasser ausgehalten. Nach Ablauf des Monats war die Mannschaft so vergiftet, dass Arme und Beine der Crew auf nahezu den doppelten Umfang angeschwollen waren. Die Sowjetunion verbuchte den Törn als Beweis für die Überlegenheit sowjetischer Männlichkeit.

Kein Wunder, dass Bagdasarian einen so gut entwickelten Sinn für politischen Zynismus hatte und so bereitwillig war, aus dem Nähkästchen zu plaudern. Insbesondere verabscheute er die *Zampolits*, die Politkommissare des Kreml, die jedem Unterseeboot zugeteilt wurden. Eigentlich waren sie dazu da, bei der Mannschaft für das richtige ideologische Bewusstsein zu sorgen, doch Bagdasarian empfand sie als Trunkenbolde, Nervensägen und plumpe Nörgler und ließ sie das auch wissen. »Sie sind auf meinem Schiff zwei Monate lang so nützlich wie ein Koffer gewesen!«, brüllte er einen dieser Männer an, nachdem dieser ihn beschuldigt hatte, »Banditenmusik« zu spielen, weil Bagdasarian nur mal zur Aufmunterung seiner Männer eine Kassette von einem neuen populären Sänger aufgelegt hatte.

Bagdasarian hatte auch vor den Amerikanern keine Angst. So wie er es ausdrückte, hatte er einmal das amerikanische Schlachtschiff USS *New Jersey* »angegriffen«, sie verfolgt, als sie mit Höchstgeschwindigkeit unterwegs nach Vietnam in den Golf von Tonkin war. Wenn man ihm einen entsprechenden Befehl gegeben hätte, wäre er dazu in der Lage gewesen, das Boot zu versenken. Er war auch in amerikanische Hoheitsgewässer hineingefahren, um ein amerikanisches mit ballistischen Raketen bestücktes U-Boot zu verfolgen, das gerade aus Guam auslief. Wie einige amerikanische Kommandanten fälschte auch er später seine Patrouillenberichte. Es gelang ihm nie, einem amerikanischen U-Boot länger als 18 Stunden auf den Fersen zu bleiben – nur ein Wimpernschlag im Vergleich zu den Leistungen des Whitey Mack –, doch das war lang genug, um ihm den Ruf eines der mutigsten Kommandanten in der sowjetischen Flotte einzubringen.

Trotz allem blieb Bagdasarian immer abergläubisch und fürchtete sich vor einer möglichen Katastrophe. Einmal zog er es vor, einen Einsatz zu verzögern, statt ohne das Maskottchen der Crew, Maschka, die Ratte, in See zu stechen. Um Zeit zu gewinnen, erklärte er einem der Admirale, dass ein Großteil des Fleisches in der Tiefkühltruhe des U-Boots noch von 1939 war. »Rattenflucht ist ein altbekanntes Vorzeichen«, erklärt Bagdasarian. »Es war absolut erforderlich, unsere Abfahrt zu verzögern.« Die *Schwarze Lila* hatte an jenem schicksalhaften Tag im Jahr 1970 jedoch keinen solchen Glücksbringer. Vielleicht hätte sie ihn haben sollen.

Bagdasarian erläutert, dass er die *Schwarze Lila*, formal als *K-108* bezeichnet, durch eine Serie von Übungen führte, mit ihr eine Reihe zuvor festgelegter Kreisbewegungen im Wasser vollzog, die, wie es die Mannschaft der *Tautog* vermutet hatte, den »Angles and Dangles« der Amerikaner vergleichbar waren. Am frühen Morgen des 24. Juni zog das sowjetische U-Boot seine

Kreise bei einer Tauchtiefe von 40 Metern und einer gleich bleibenden Geschwindigkeit von fünf Knoten.

Sie ging auf Sehrohrtiefe, um mögliche Funksprüche vom Festland abzupassen. Danach tauchte sie wieder auf 40 Meter und begann, eine 90-Grad-Wende nach Steuerbord einzuleiten. Ziel dieses Manövers war es, den Bereich im Fahrwasser der *Schwarzen Lila* auf Geräusche zu überprüfen – genau so, wie die Amerikaner es angenommen hatten.

Bagdasarian berichtet, dass seine Sonarmänner schon bald Geräusche hörten, die sie aber nicht als amerikanisches U-Boot identifizierten, sondern als »U-Boot-Nachahmer«, ein Übungsgerät, das wie ein Torpedo aussieht und die gleiche Art Lärm erzeugt wie ein auf Verfolgungsjagd befindliches U-Boot. Vier Minuten später ging die Verbindung verloren. Nach weiteren zwei Minuten kam es zur Kollision.

Was sich dann im Inneren der *Schwarzen Lila* ereignete, entsprach in hohem Maße dem, was die *Tautog*-Seemänner gehört und was sie sich vorgestellt hatten.

Die *Schwarze Lila* kippte über den Bug. Erst um 20 Grad, dann um 30. Das Unterseeboot war im Begriff, außer Kontrolle zu geraten.

»Wir hatten 2500 Meter unter uns«, erzählt Bagdasarian. »Ich alarmierte die Besatzung. Ließ die Tauchzellen im Bug ausblasen. Keine Veränderung. Wir fingen an, alle übrigen Bunker und Zellen zu lenzen. Wieder nutzlos. Das U-Boot sank weiter. Dann gab ich den Befehl: ›Schotten dicht!‹« Die Antwort war Stille. Seine Mannschaft stand offenbar unter Schock.

»Um die Wahrheit zu sagen, in diesem Augenblick begann ich selbst, an der Möglichkeit eines erfolgreichen Auftauchens zu zweifeln«, fährt Bagdasarian fort.

Er brüllte seine fassungslosen Männer an. Schließlich machten sie wieder Meldung. »Ich höre Anblasgeräusche«, meldete der Sonarraum.

Inzwischen hatte der Kommandant erkannt, dass sie mit einem anderen U-Boot zusammengestoßen waren. Das Geräusch ausgeblasener Luft konnte bedeuten, dass das andere

U-Boot gemeinsam mit den Sowjets sank oder aber dass es auftauchte.

Bagdasarians Erster Schiffstechnischer Offizier, Volodia Dybsky, kam in die Operationszentrale geklettert, zog sich im wahrsten Sinne des Wortes mit der Kraft seiner Arme voran, denn seine Beine waren vor Angst und Schock gelähmt. Der Offizier gab seine Befehle im Liegen.

Mittlerweile sackte die *Schwarze Lila* weiter ab. Bagdasarian brüllte das, was er für seinen letzten Befehl hielt: »Zurück!«

Es war eine Maßnahme der Verzweiflung. Wenn es seiner Mannschaft gelang, die Maschinen rückwärts laufen zu lassen, dann würde sich das U-Boot vielleicht selbst zurück an die Wasseroberfläche ziehen. Doch bei so steilem Absacken, das wusste Bagdasarian, konnte es geschehen, dass die Kupplung bei Rückwärtsbetrieb versagte.

Die *Schwarze Lila* fing an zu vibrieren. Im Inneren des Schiffes »erzitterte der Zeiger des Tiefenmessers, dann blieb er stehen, näherte sich 70 Metern, ging weiter zurück auf 50 Meter, dann auf 25 Meter. Aus etwa 25 Meter Tauchtiefe rasten wir wie ein Geschoss aus einem Gewehr an die Oberfläche«, berichtet Bagdasarian. »Plötzlich durchstießen wir die Oberfläche, wie der Korken einer Champagnerflasche.« Nach diesem Tauchvorgang, ergänzt er und bezieht sich dabei auf seine Männer, »ließen sie die Maschinen hochleben.«

Sobald die *Schwarze Lila* auf dem Wasser schwamm, öffnete ihre Mannschaft eine Ausstiegsluke. Die Sonne schien. Sie konnten meilenweit kein anderes Schiff sehen, und sie hatten bezüglich des amerikanischen U-Boots die schlimmsten Befürchtungen. »Einen Moment dachte ich: ›Mein Gott, ich habe ein Bruder-U-Boot versenkt‹«, fährt Bagdasarian fort. »Es fiel schwer, sich das einzugestehen.«

Die Sowjets erstatteten gerade ihrem Küstenkommando über den Vorfall Bericht, als sie Geräusche einfingen, die Bagdasarian heute der mit einer Geschwindigkeit von zwölf Knoten vom Ort des Geschehens sich entfernenden *Tautog* zuordnet.

Bagdasarian erzählt, dass sich sein U-Boot mit nur einem Propeller zurück zum Hafen schleppte. Ihr Propellerschaft an Steuerbord war hoffnungslos verbogen, und ihre Außenhaut wies ein riesiges Loch auf. Die Geräusche dieser aufbrechenden äußeren Hülle hatten vielleicht den platzendem Popcorn ähnlichen Lärm verursacht, der im Sonarraum der *Tautog* aufgezeichnet worden war.

Doch die Echo verfügte über eine zweite, verstärkte innere Hülle. US-amerikanische U-Boot-Fahrer witzelten darüber, dass die Sowjets ein Zweihüllensystem verwendeten – was sie taten, weil ihre Metallurgie eben sowjetische Metallurgie war. Doch mit großer Wahrscheinlichkeit hatte diese weitere Stahlhaut den alles zerdrückenden Ozean zurückgehalten und den Männern der *Schwarzen Lila* das Leben gerettet.

Das Loch in der äußeren Hülle war so groß, »dass ein Trolleybus mit ausgefahrenen Kontaktarmen hätte hineinfahren können«, erinnert sich Bagdasarian. »Die Wahrheit ist, wenn die *Tautog* ein paar Meter näher zur Mitte in unser U-Boot hineingerast wäre, dann hätten wir Pech gehabt. Die Geschwindigkeit des US-amerikanischen U-Boots muss recht hoch gewesen sein. Und es hätte mit Sicherheit sowohl die äußere Hülle wie den Druckkörper aufgerissen.«

Im Loch zwischen der inneren und der äußeren Hülle eingeklemmt waren, so Bagdasarian, Teile der *Tautog*. Bagdasarian meint, er sei sicher gewesen, dass die Kollision den Kommandoturm der *Tautog* vollständig abgerissen haben musste. Wie die Männer auf der *Tautog*, die versucht hatten, Teile von der Echo für sich zu behalten, wollten auch die Mitglieder der *Schwarze Lila*-Crew Stücke von dem amerikanischen U-Boot als Andenken behalten. Doch der KGB konfiszierte die HY-80-Brocken. Nur Bagdasarian, der sich weigerte, den seinen auszuhändigen, besitzt das Andenken noch immer.

Danach weicht Bagdasarian von der Geschichte, wie sie die *Tautog*-Mannschaft erzählt hat, ab. Er besteht darauf, dass es die *Tautog* war, die die *Schwarze Lila* gerammt hat, und nicht umgekehrt. Und er sagt, dass die Sowjets die *Tautog* bis zurück nach Japan verfolgt haben. Er behauptet außerdem, dass sowjetische Geheimdienstquellen berichteten, die *Tautog* sei zur Überholung lange dort geblieben. Doch die *Tautog* nahm nie Kurs auf Japan – sie kehrte direkt nach Pearl Harbor zurück.

Als Bagdasarian in die Sowjetunion zurückkehrte, musste er sich einer quälenden Anhörung vor einer Kommission der Kommunistischen Partei stellen. Er erzählt, sein Geschwaderkommandeur habe ihm den Rat gegeben: »Bekommen Sie keinen Wutanfall. Lassen Sie ein paar Tränen auf staubige Stiefel fallen.«

Ein strenger Tadel wurde in seine Dienstkartei eingetragen. Der Verstoß bedeutete, dass er nicht mehr länger an der Marineakademie lehren durfte. Stattdessen wurde sein Schiff überholt und dann ausgeschickt, um sich zweieinhalb Monate vor San Francisco auf die Lauer zu legen. Dieser »Gefechtsauftrag«, sagt Bagdasarian, sollte sein »Versagen mit Blut rein waschen«.

Nach der Kollision machte ein neuer Witz die Runde unter den sowjetischen U-Boot-Fahrern, obwohl die Fakten, auf denen er beruhte, ein wenig verändert werden mussten, da niemand dabei erwischt werden wollte, wie man direkt auf einen geheimen Vorfall anspielte. Bei solchen Beschränkungen ist es kein Wunder, dass der Humor dabei ein wenig auf der Strecke bleibt.

Der Witz ging folgendermaßen: »Ein amerikanisches Atom-U-Boot kollidiert mit einem Eisberg im Meer. Die Mannschaft des Eisbergs hatte keine Verluste.«

Nach ungefähr sechs Monaten entschieden Bagdasarians Vorgesetzte, dass es an der Zeit war, den Tadel wieder zu streichen. Irgendwie kam es jedoch erst viele Jahre später dazu, dass er aus den Parteiunterlagen gestrichen werden sollte, und dann wollte Bagdasarian seinen einzigartigen Makel lieber behalten.

Seine Begründung: »Es wäre schwer gefallen, einen Kommunisten zu finden, in dessen Dienstkartei es heißt: ›Streng getadelt durch die Partei für die Kollision mit einem amerikanischen Atom-U-Boot in Unterwasserposition.‹«

Mitten im Erzählen hält Bagdasarian inne und fragt sich laut, ob er Fregattenkapitän Balderston wohl kennen lernen könnte, »um bei einem Bier gemeinsam darüber nachzudenken, wie ähnliche Kollisionen in Zukunft zu vermeiden sind«. Als er erfährt, dass Balderston schon gestorben ist, wirkt der ehemalige sowjetische Kommandeur niedergeschlagen.

»Das ist wirklich schade«, antwortet er. »Ich nehme an, dass der Kapitän den Vorfall nicht leicht weggesteckt hat.«

»Oshkosh b'Gosh«

Es war nach drei Uhr morgens, und selbst im Pentagon herrschte fast schon Ruhe. Erst wenn die Sonne den aus Asphalt und Beton bestehenden Burggraben aufheizte, der das knapp 14 Hektar einnehmende Gebäude umschloss, würde das offizielle Washington zum Leben erwachen.

James Bradley saß jenseits dieses Burggrabens, am Ende eines cremefarbenen Korridors, noch immer im vierten Stock des E-Rings hinter drei aufeinander folgenden verschlossenen Türen. Außer ihm selbst befand sich niemand in seinen Büroräumen. Es war Ende 1970. Seit vier Jahren war Bradley Direktor des Büros für Unterwasserkriegsführung im Marinenachrichtendienst, und in diesen frühen Morgenstunden, eingetaucht in die Stille seines Büros und in die tiefen Ozeane da draußen, konnte er am besten träumen.

Er war mit Vorstellungen beschäftigt, die an Tollkühnheit grenzten, mit Plänen für eine neue Mission für die *Halibut*, die den Nachrichtendienst sogar noch mehr aufrütteln würden als die Fotos von der sowjetischen Golf, die die Phantasie von Präsident Nixon und, zum Nachteil der Navy, auch der CIA angeregt hatten.

Bradley wollte die *Halibut* ins Herz eines von den Sowjets beanspruchten Meers schicken, zu einer geradezu sprudelnden Quelle, die praktisch alles überbot, was der US-Geheimdienst sich jemals unter den Nagel zu reißen versucht hatte. Wenn er die Augen für einen Moment schloss, konnte er sein Ziel fast sehen. Es war ein Kabel, ein Bündel Drähte, nicht dicker als zwölf, dreizehn Zentimeter.

Doch was für ein Bündel Drähte! Bradley stellte sich das Kabel vor, das ausgehend von der sowjetischen Raketen-U-Boot-Basis in Petropawlowsk unter dem Ochotskischen Meer hindurch verlief und dort auf die anderen Erdkabel traf, die ebenfalls zum Hauptquartier der Pazifikflotte bei Wladiwostok und dann weiter nach Moskau führten. Wenn die »Fische« der *Halibut* das Kabel fänden, wenn es ihrer Mannschaft gelänge, es anzuzapfen, dann würden die Vereinigten Staaten die auf Geheimhaltung bedachte Sowjetunion direkt ins Mark treffen. Die USA würden ihr Ohr ans Kabel legen und direkt die Pläne und Frustrationen sowjetischer Militärführer mitbekommen. Informationen wären ihr zugänglich, die durch keinen Spion oder selbst nicht durch den neuesten, hoch über dem Kreml schwebenden Überwachungssatelliten zu übertreffen wären.

Bradley konnte die Worte fast hören, die durch die Telefonleitungen gingen: technische Analyse, frei von Propaganda; Vorgaben für die Fähigkeiten und Probleme sowjetischer Unterseeboote; Informationen, die ihre Verfolgung erleichtern würden; taktische Pläne für Patrouillen, die diese U-Boote mit ihren Raketen vor amerikanische Küsten führten. Wenn er Recht hatte, dann konnten die Amerikaner auf diesem Weg möglicherweise sogar in Erfahrung bringen, wie die Sowjets selbst ihre eigenen Tests der mit Atomsprengköpfen bestückten ballistischen Interkontinentalraketen und der seegestützten Flugkörper bewerteten, wenn diese auf der Kamtschatka-Halbinsel und im Nordpazifik einschlugen. Das Kabel vermochte vielleicht sogar einen Zugang zu den Gedanken der sowjetischen Kommandanten selbst zu schaffen.

Natürlich würden die Sowjets das Eindringen der *Halibut* in das Ochotskische Meer als Akt der Piraterie werten. Würde sie entdeckt, dann versuchten die Sowjets bestimmt, an Bord zu kommen oder das U-Boot zu zerstören. Damit wäre ein internationaler Zwischenfall provoziert, der möglicherweise das Ende des fein ausbalancierten Drahtseilakts auf dem Weg zur Entspannung bedeutete.

Und die Sache hatte einen weiteren Haken, einen beträchtlichen: Bradley verfügte über keinerlei Beweise dafür, dass dieses Kabel überhaupt existierte. Selbst wenn es so war, konnte man unmöglich wissen, wo es sich unter den fast zwei Millionen Quadratkilometern des Ochotskischen Meeres befand. Selbst Bradley konnte das Komische an seiner Zwangslage sehen. Wie sollte er diese Idee dem aus Beamten des Weißen Hauses, Militärs, Geheimdienstmitarbeitern und Beamten des Außenministeriums bestehenden Stab präsentieren, dessen Mitglieder das letzte Wort bei einer Operation hatten, die so gefährlich war wie diese? Wie sollte er ihnen klarmachen, dass er die *Halibut* nur aufgrund einer Ahnung auf die Suche nach einem vielleicht gar nicht existenten Bündel Telefonleitungen schicken wollte?

Und dennoch, so weit es Bradley betraf, handelte es sich um eine gut fundierte Ahnung. Nach all den Jahren, in denen die Amerikaner den Sowjets nun auf die Finger geschaut hatten, wussten sie, dass die Beamten des sowjetischen Verteidigungsministeriums auf den regelmäßigen Berichten der Männer da draußen bestanden und dass die Sowjets gewissenhaft alle gefunkten Mitteilungen verschlüsselten, um ihr Abfangen zu vereiteln. Wenn Bradley mit seiner Intuition Recht hatte, dann waren sowjetische Admirale und Generale viel zu herrisch und ungeduldig, um auf einen Haufen Kryptographen zu warten, die ohnehin schon von der unglaublichen Masse ihrer Arbeit überlastet waren. Ranghohe sowjetische Beamte würden auf einer direkten und einfachen Kommunikationsmethode bestehen, und einfach und sicher genug war allein ein festverdrahtetes Telefonsystem.

Jede Telefonverbindung, die die Sowjets zwischen dem Festland und der U-Boot-Basis in Petropawlowsk einrichteten, musste durch das Ochotskische Meer verlaufen. Schließlich war Petropawlowsk nichts als ein kleiner, trostloser Hafen auf der anderen Seite des Meeres. Sogar auf der Kamtschatka-Halbinsel war er isoliert und hinter alten Vulkanen und urzeitlichen Birkenwäldern versteckt. Das Ochotskische Meer selbst war, abgesehen von ein paar Fischerbooten und gelegentlichen U-Booten, die dort Raketentests durchführten, völlig leer.

Bestimmt hielten die Sowjets das Meer für sicher, schmiegt es sich doch an die von der Kamtschatka-Halbinsel und der Ostküste der Sowjetunion gebildete Beuge ähnlich wie die Chesapeake Bay an die Ostküste der Vereinigten Staaten. Der Zugang für feindliche U-Boote oder Schiffe war außerordentlich eng und bestand nur aus schmalen Kanälen, die sich zwischen den von der Sowjetunion kontrollierten Kurilen hindurchschlängelten. Bei Alarm waren diese Kanäle leicht zu blockieren.

Doch selbst wenn das Kabel wirklich da draußen war, wo genau war es? Wo in all diesen endlosen Quadratkilometern Wasser lag dieses Bündel Leitungen, die kaum dicker als zwölf oder dreizehn Zentimeter sein konnten?

Bradley räumte seinen Kopf leer von See- und Landkarten, befreite sich von offiziellen Gutachten, von Konferenzen, Memos und Einsatzbesprechungen, die den Geheimdienst in Washington schier erstickten. Er schloss seine Augen, ließ seine Gedanken zurückwandern zu einfacheren Abenteuern, die er in einfacheren Zeiten unternommen hatte, vor dem Kalten Krieg, vor dem Zweiten Weltkrieg, in den Gewässern seiner Kindheit.

Dort fand er die Antwort, die betörend einfach und gerade noch nicht zu abwegig war, um wahr zu sein. Sie war vergraben unter seinen Erinnerungen an St. Louis in den 30er Jahren als er noch ein Junge war und seine Mutter ihn herrichtete, damit er der Sommerhitze auf langen Flussschifffahrten auf dem Mississippi entkommen konnte. Von dort, wo der Mississippi auf den Missouri trifft, bis jenseits von Alton, Illinois, dampfte das Schiff durch von Schlick braun gefärbtes Wasser, vorbei an einer Schwämmlandschaft, die mit wilden Gräsern bestanden war, bis das Grün schließlich jäh hoch aufragenden grauen Felsvorsprüngen wich. Adler zogen am Himmel ihre Kreise, während Kraniche im Uferschlick ihre Spuren hinterließen. Diese Landschaft war es, die fast jeden, der den Fluss befuhr, gefangen nahm – sie und das Schiffsorchester und die Gesellschaft an Bord.

Doch für einen Jungen gab es andere Dinge zu sehen, die weitaus eindrucksvoller waren. Der junge Bradley hatte Gefallen daran entwickelt, seine Zeit mit den Dampfschiffkapitänen im Ruderhaus zu verbringen, und von dort aus konnte er eine Reihe schwarzweißer Schilder sehen, die diskret entlang des Flussufers verteilt waren. Die meisten der Schilder bezeichneten Entfernungen und Positionen. Doch es gab auch ein paar, so erinnerte er sich jetzt, auf denen es hieß: »Kabel quert. Nicht ankern.« Diese Schilder sollten irgendwelche Idioten in Booten davon abhalten, sich in Telefon- oder anderen Kabeln zu verfangen oder sie zu beschädigen.

Bradley riss die Augen auf, als ihm klar wurde, dass was für den Mississippi galt, vielleicht auch für das Ochotskische Meer gelten mochte. So würden sie das Kabel finden, dachte er. So würden sie diesen kühnsten Akt der Telepiraterie im Kalten Krieg umsetzen. Die *Halibut* würde durch Schilder, die irgendwo an einem einsamen Strand in der Sowjetunion standen und auf denen es hieß, »Achtung! Kabel quert!«, direkt zu ihrer Fundgrube geführt werden.

Das war nicht die Art, wie in Washington normalerweise Geheimdienstoperationen zustande kamen, doch Bradleys Phantasie war schon immer groß gewesen, manchmal zu groß für die Steifheit, die für einen Großteil der Militärs kennzeichnend war. Er hatte vom Anzapfen eines solchen Kabels geträumt fast seit dem Tag, da er den Job und die Verantwortung für die *Halibut* erhalten hatte. Er und seine Mitarbeiter hatten Stunden damit zugebracht, über die *Halibut* und ihre Möglichkeiten hinsichtlich dieses mythischen Kommunikationsstrangs zu sprechen. Sie ließen ihre Augen über Landkarten wandern, grübelten über Seekarten von sowjetischen Meeren und Militärbasen und stellten schon bald fest, dass es drei Stellen gab, die viel versprechend waren, drei sowjetische Seebasen, die von Moskau durch große Wasserflächen getrennt waren: die Ostsee, die Barentssee und das Ochotskische Meer.

Von diesen war allein das Ochotskische Meer wirklich abgelegen. Neun Monate im Jahr mit Eis bedeckt, war das Meer ebenso trübe wie Petropawlowsk, wo Atom-U-Boote und Raketenarsenale sich zwischen Gebäuden verbargen, die seit einem Jahrhundert oder noch länger verfielen. Sowjetische Marineoffiziere schlugen ein schmuddeliges Lager auf in den billigen Betonklötzen, die zwischen zivilen Schutzräumen und Radaranlagen errichtet waren.

Je länger Bradley über das Ochotskische Meer und die U-Boot-Basis auf der Kamtschatka-Halbinsel nachdachte, desto mehr wuchs seine feste Überzeugung, dass es der *Halibut* geradezu vorbestimmt war, dorthin zu fahren. Doch in seinen ersten drei, ja vier Jahren als Leiter ihrer Missionen hatte es für Männer noch keine sichere Möglichkeit gegeben, ein U-Boot zu verlassen, in einer Tiefe von 100 bis 120 Meter auf dem sandigen Meeresboden umherzulaufen und ein Kabel anzuzapfen. Bradley musste sich gedulden, bis die Technik zu seinen Visionen aufschloss.

Die gleiche Panik, die nach dem *Thresher*-Unglück die Navy veranlasst hatte, Geld in die Unterwasserforschung zu stecken, und die Auslöser für die Wiedergeburt einer umgebauten *Halibut* gewesen war, ließ die Navy außerdem ein Programm finanzieren, durch das neue Techniken entwickelt werden sollten, wie Taucher in der Tiefsee überleben könnten. Bradleys alter Freund John Craven war für einen Großteil dieser Arbeit verantwortlich gewesen, bevor er sich pensionieren ließ. Unter seiner Leitung war es möglich geworden, die Optionen für Taucher, auch in die Tiefsee vorzustoßen, innerhalb kürzester Zeit erheblich zu verbessern.

Anfangs schien es, als seien die Schwierigkeiten nicht zu bewältigen. Was an der Oberfläche Leben spendende Luft ist, kann einen Taucher in der Tiefsee töten. In einer Wassertiefe von 100 Metern wird Luft bereits so sehr komprimiert, dass ein einziger Atemzug zehnmal so viel Sauerstoff und Stickstoff enthält wie an der Wasseroberfläche. Bei solchen Konzentrationen wird Sauerstoff giftig, und Stickstoff wirkt wie eine Droge (Stickstoffnarkose), die Taucher zappelig macht.

Eigens ausgebildete Marinetaucher und Wissenschaftler hatten mit Rezepturen für eine neue Unterwasseratmosphäre experimentiert, bei der ein Großteil des Sauerstoffs und Stickstoffs durch das ungiftige Helium ersetzt wurde. Auf dem Weg nach oben konnte das Atemgas der Taucher so gemischt werden, dass es ihren steigenden Bedarf an Sauerstoff in flacheren Gewässern erfüllte. Tierversuchen folgten von Menschen bewohnte Unterwasserhabitate namens »SeaLabs«. 60 Meter unter dem Meeresspiegel vor La Jolla, Kalifornien, war das Leben gefährlich und unbequem. Einmal versagten die Installationen eines der SeaLabs, und das Habitat kippte um, doch vier Taucher im Inneren überlebten aufgrund des neuen Gasgemischs.

Alles ging gut voran, bis sich bei einem der SeaLabs 1969 ein Leck entwickelte. Ein Taucher kam bei dem Versuch, es zu reparieren, ums Leben – keineswegs die Art von Publicity, die sich die Navy nur ein Jahr nach dem Verlust der *Scorpion* wünschte. Das SeaLab-Projekt wurde unspektakulär zu den Akten gelegt, und von außen sah es so aus, als habe die Navy ihre Bemühungen in dieser Hinsicht vollständig aufgegeben. Doch im Stillen wurde weiterentwickelt, und Bradley und Craven trafen Vorbereitungen, um die neue Gasmischung und das neue »Sättigungstauchen« für die Taucher auf der *Halibut* anwendbar zu machen.

Das U-Boot befand sich nun in der Marinewerft auf Mare Island vor San Francisco und wurde mit der transportablen Version eines SeaLabs ausgerüstet, mit einer Druckkammer, die es den Tauchern ermöglichen sollte, sich an den jeweiligen Wasserdruck zu gewöhnen, bevor sie auf dem Meeresboden umhergingen und das sowjetische Kabel anzapften. Doch bevor die *Halibut* auf dem Grund des Ochotskischen Meeres navigieren durfte, musste Bradley die Finanzierung und die politische Unterstützung bewerkstelligen, die Voraussetzung für die Mission waren.

Bradleys Büro war noch immer die Abrechnungsinstanz für alle U-Boot-Spionagemissionen. Er und seine Mitarbeiter sammelten Wunschlisten hochrangiger Politiker aus der Nationalen Sicherheitsagentur, dem Pentagon und dem Weißen Haus. Es war Bradleys Aufgabe, sich Operationen auszudenken, um diese Anfragen zu erfüllen – U-Boot-Jagd, Beobachtung von

Raketentests, Aufzeichnen elektronischer Signale.* Dann musste er sie bei den Flottenkommandanten durchsetzen, die noch immer das letzte Wort hatten, wann und wohin eines ihrer U-Boote auslief. Bradley war bereits Dutzende Male in Pearl Harbor, Norfolk und Yokosuka gewesen, um U-Boot-Kapitäne zu instruieren oder zurückzupfeifen, und er hatte sich ihren Respekt und ihr Vertrauen erworben. Außerdem würde die Kühnheit der »Kabelanzapfmission« es ihm leicht machen, diesen Männern den Auftrag zu verkaufen.

Das Navigieren in Washington bedurfte größeren Geschicks. Doch Bradley wusste, wie man die Leute beschwatzen konnte in dieser Stadt, wo gängiges Zahlungsmittel Informationen waren, die nur nach Gutdünken gewährt wurden und die gleichzeitig alle Welt in einem diffusen Drang nach »Bescheidwissenwollen« gierig zu erheischen trachtete. Hier wurde Macht gemessen an dem Informationszugang, den man hatte, und Bradley tauschte seine Informationen gegen politische Zustimmung, indem er Fakten mit einem romantischen Schleier von Tiefseewundern umgab. In seinen Erläuterungen bediente er sich der Kunst des Geschichtenerzählens, die er sich vor Jahrzehnten angeeignet hatte, als er dem wundersamen Garn zuhörte, das sein Vater aus Geschichten um Wein, Weib und Meer spann.

Tatsächlich war Bradleys Idee, nach einem sowjetischen

---

* Einige dieser Einsätze waren fast so abwegig wie Bradleys phantasiertes Unterwasserkabelprojekt, und sie waren keineswegs immer erfolgreich. Anfang der 70er Jahre hatte man mehrere U-Boote in die Straße von Sizilien geschickt, um zu untersuchen, was der amerikanische Geheimdienst für den sowjetischen Versuch hielt, dort ein Unterwassersystem zu installieren, das wie das SOSUS-Netz funktionieren würde – eines, das sogar noch ausgefeilter war als die Sonarbojen, die die Briten ein paar Jahre zuvor zerstört hatten. Als Erstes kreuzte die USS *Tullibee (SSN-597)* auf und entdeckte ein verdächtiges Kabel, das hoch über dem Meeresboden im Wasser hing. Dann wurde die *Lapon* ausgeschickt, damit sie das Kabel herauszog, was ihr jedoch nicht gelang. Danach waren die USS *Seahorse (SSN-669)* und Rickovers NR-1 an der Reihe. Die *Seahorse* setzte ihr Sonar ein, um das Kabel zu finden, und führte dann die zwei Mann starke Besatzung der NR-1 an die Stelle, damit sie dort ihren wohl ersten Geheimdienstauftrag erfüllen konnte. Schließlich kam die NR-1 dicht genug heran, um festzustellen, dass die Navy unter Wasser Rückwärtssaltos schlug, um ein italienisches Telefonkabel zu finden, das aus dem Zweiten Weltkrieg übrig geblieben war.

Kabel zu suchen, fast ebenso sehr von ihrer dramatischen Wirkung inspiriert wie durch ihren potenziellen nachrichtendienstlichen Wert. Wenn es dieses Kabel wirklich gab, dann würde es, wenn er es finden und anzapfen konnte, seiner Behörde mehr Publicity und mehr Geld einbringen als irgendeine andere Mission, die ihm einfiel. Bradley zählte seine Erfolge bereits in Dollar und Feinden, die sie ihm einbrachten. Die großzügigen Gaben, die er erhielt, stammten in der Regel aus den fest zugehaltenen Taschen anderer Marineabteilungen. Nachdem er einmal ein Projekt, das von einem Marineflieger betreut wurde, fast zu Tode gerechnet hatte, war der Mann bereit, Bradley hier im Pentagon eins auf die Nase zu geben. »Verdammter Hurensohn!«, fluchte der gewichtige Flieger, als er dem Kapitän zur See auf dem Flur in die Arme lief. Bradley nahm es ihm nicht übel, nicht im Geringsten. Aber er war auch unverfroren. Er war sich absolut sicher, dass seine Gruppe bessere Arbeit leistete als irgendjemand sonst.

Solange Bradley Geld hatte, verfügte er auch über Macht, über mehr Macht, als ein Kapitän zur See mit vier Streifen erwarten durfte. Er erstattete noch immer Konteradmiral Fritz Harflinger, dem Direktor des Marinenachrichtendienstes, Bericht und durch ihn auch Admiral Elmo R. Zumwalt jr., der jetzt der Chef der Seekriegsleitung war. Doch mächtig oder nicht – Bradley war noch immer nur ein Kapitän zur See in einer Stadt, in der sich Admirale nur so tummelten, und ein einfacher Mitarbeiter des Marinenachrichtendienstes an einem Ort, an dem »Topspione« direkt dem Präsidenten berichteten. Darüber hinaus gab es mehr als nur einen Admiral, der sich darüber ärgerte, dass Bradley sich weigerte, ihn einzuweihen. Einer von ihnen, der im Pentagon besonders viel Macht auf sich vereinte, verlangte, dass Bradley kein Spionage-U-Boot ausschickte, bevor er die Operation nicht abgesegnet hatte. Das war eine Direktive, mit der sich Bradley nicht abfinden konnte. »Sie haben mir einen Befehl gegeben, der nicht rechtens war«, antwortete Bradley, als der zornige Admiral ihn zur Rede stellte. Dann fügte er hinzu: »Außerdem arbeite ich nicht für Sie.«

Der Admiral starrte Bradley, so schien es, minutenlang an. Dann entgegnete er: »Also gut. Sie haben gewonnen, diesmal. Aber ich sage Ihnen eins, Bradley: Sie werden es nie zum Admiral bringen.«

»Meinetwegen«, beharrte Bradley. »Meinetwegen.« Dann machte er mit der eleganten Bewegung eines Soldaten kehrt und ging davon, wobei ihn die Dramatik seines Abgangs mit Befriedigung erfüllte. Später würde noch genug Zeit bleiben, um darüber nachzudenken, dass der Admiral seine Drohung durchaus wahr machen könnte.

Im Augenblick war Bradley mehr mit seinem Kampf gegen die CIA beschäftigt, die versuchte, die Kontrolle über die *Halibut* an sich zu reißen. Die CIA hatte sich bereits das Kommando über alle Bergungsaktionen im Zusammenhang mit der gesunkenen sowjetischen Golf unter den Nagel gerissen und wartete noch darauf, dass Howard Hughes den Bau des gigantischen Bergungsschiffs zum Abschluss brachte, das versuchen würde, das gesamte U-Boot seinem Ozeangrab zu entreißen. Ein Großteil dessen wurde noch immer vom Nationalen Büro für Unterwasseraufklärung (National Underwater Reconnaissance Office) in die Wege geleitet, dem streng geheimen Navy-CIA-Büro, das noch immer im Wesentlichen von der CIA bestimmt war. Noch schlimmer war, dass die CIA darauf versessen zu sein schien, Informationen über die besten U-Boot-Missionen der Marine zu verbreiten und das Lob dafür selbst einzuheimsen.

Als diese Einsätze noch allein unter Bradleys Aufsicht abliefen, wussten weniger als ein Dutzend hochrangiger Beamter in Washington etwas über das von den Sowjets verlorene U-Boot und den Fund der *Halibut*. Nun musste Bradley feststellen, dass CIA-Beamte, die dem Nationalen Büro für Unterwasseraufklärung überstellt worden waren, Bestätigungen für Details ausgaben wie Bonbons zu Weihnachten. Die »Samtene Faust«-Fotos, die Fähigkeiten der *Halibut* und sogar die Spionagemissionen anderer U-Boote wurden rasch zur Hauptattraktion in einem Zirkus, in dem es wichtiger war, eine Eintrittskarte zu besitzen als die Show zu sehen, in dem die Bezeichnung »top secret« und das »Auch-dabei-sein« das Spektakel unwiderstehlich machten.

Bradley sah jedes Briefing als potenzielle undichte Stelle. Er wollte selbst derjenige sein, der zu Kissinger oder zu seinem Stellvertreter General Alexander Haig (Kissingers Verbindungsoffizier zum Militär) ging, und dann auch nur, wenn der richtige Zeitpunkt gekommen war. Bradley hatte hart daran gearbeitet, Zutritt zu diesen zwei mächtigen Männern zu erhalten. Der Kapitän zur See spielte seine Erkenntnis aus, dass Kissinger der ultimative bürokratische Nahkämpfer war, jemand, der alles in der Außenpolitik und auch geheime Aktionen, die Auswirkungen auf die Außenpolitik haben würden, kontrollieren wollte. Bradley wusste, dass Kissinger mehr als an allem anderen daran lag, zu entscheiden, was Nixon präsentiert werden würde, und er wollte diese Präsentationen persönlich erledigen. Solange Bradleys Missionen Informationen von essenzieller Bedeutung einbrachten, wusste er, dass Kissingers und Haigs Türen für ihn offen standen. Das war Bradley klar geworden, als er das letzte Mal wegen der *Halibut* bei Kissinger angeklopft hatte.

Kissinger kam eine halbe Stunde zu spät. Er spazierte herein, lehnte sich in einem Stuhl zurück, legte einen Fuß auf den Tisch vor ihm und wies mit dem anderen auf Bradley. »Well«, begann er mit seinem typischen deutschen Akzent, der bei jedem einzelnen Wort herauszuhören war, »Sie haben zehn Minuten Zeit. Legen Sie los.«

Bradley hatte Besseres vor, als klein beizugeben.

»Dr. Kissinger, ich kann das nicht in zehn Minuten. Wenn Sie nur zehn Minuten übrig haben, dann sollten wir das jetzt abblasen und uns ein andermal zusammensetzen. Denn mit zehn Minuten werden wir nur Ihre und meine Zeit verschwenden.«

»Well, well. Fangen Sie erst einmal an, und ich sage Ihnen dann, wann Sie aufhören sollen.«

Über eine Dreiviertelstunde später redeten sie noch immer miteinander. Dieser Umstand war Bradley wie ein entscheidender Sieg vorgekommen.

Der Kapitän wusste, dass die Neuigkeit von der Jagd nach einem sowjetischen Kommunikationskabel genau die Art Exklusivität besaß, die Haig gerne Kissinger und die der Nationale Sicherheitsberater mit größtem Vergnügen Nixon überbringen würde. Bradley hatte nicht vor, sich aushorchen zu lassen, bevor er wirklich bereit war, seinen Plan zu präsentieren. Also sprach er nur mit den Leuten, die es unbedingt wissen mussten: mit dem Kommandanten der U-Boot-Flotte im Pazifik und mit Harlfinger.

Normalerweise hätte Bradley seinen Plan auch einem nationalen Kontrollgremium präsentieren müssen, das unter dem Namen »40er Ausschuss« bekannt war. Unter dem Vorsitz von Kissinger kamen in diesem Gremium die höchsten Sicherheitsbeamten des Landes zusammen, unter ihnen auch der Vorsitzende der Vereinigten Stabschefs und der Direktor der CIA. Es war die Aufgabe dieses Ausschusses, alle internationalen verdeckten Operationen zu bewerten, angefangen bei CIA-Interventionen in Dritte-Welt-Ländern bis hin zu Lauschvorhaben im Kreml. Andere Präsidenten hatten über ähnliche Kontrollgremien verfügt, und seit dem *Pueblo*-Vorfall fanden Routineaufträge wie das übliche Eindringen von U-Booten in sowjetische Hoheitsgewässer oder die von Spionageflugzeugen geflogenen Einsätze Eingang in eine monatliche Überprüfungsliste. Die Ausschussmitglieder warfen für gewöhnlich nur einen abschließenden Blick auf die zur Diskussion stehenden Angelegenheiten und hakten sie dann unter der Rubrik »genehmigt« ab.

Gefährlichere Operationen – insbesondere solche, die ähnlich viele Risiken bargen wie der Plan, einen zentralen sowjetischen Kommunikationsstrang anzuzapfen – wurden, theoretisch, noch weit detaillierteren Anhörungen unterworfen, die das Ziel verfolgten, die grundlegendste aller Fragen zu beantworten: Ist der potenzielle Lohn das Risiko wert? Die riskantesten Einsätze sollten dann dem Präsidenten zur endgültigen Entscheidung vorgelegt werden. Die vorrangige Aufgabe des »40er Ausschusses« war es, gesunden Menschenverstand einzubringen und leidenschaftslos zu analysieren, was sonst zur unkontrollierten Informationsbeschaffung ausufern könnte. Der Ausschuss war also eine neutrale Kontrollinstanz, die über den Lobbyinteressen und Rivalitäten zwischen den einzelnen Behörden stehen sollte, erhoben über individuellen Männlichkeitswahn und die immer gegenwärtige Versuchung, die Grenze zwischen Kühnheit und Dummheit zu überschreiten.

Doch dieses Ideal blieb oft nur Wunschtraum. Der Ausschuss versah fast nie eine Mission mit dem Stempel »abgelehnt«, und die Angehörigen der Geheimdienste und des Militärs wussten, dass sie den Rest des Gremiums umgehen konnten, solange sie nur Kissinger nicht außen vor ließen. Dieser behandelte den Ausschuss so, als könnte man es nach Belieben hinzuziehen oder ignorieren. Manchmal, wenn er Einsätzen sein Okay gegeben hatte, befragte er einzelne Ausschussmitglieder am Telefon, um ihre Zustimmung noch durch die Hintertür zu bekommen. Oft machte er sich nicht mal diese Mühe.

Die Botschaft, die Kissinger damit vermittelte, war klar: Die einzige Überwachung, die zählte, war die seine. Das kam Bradley und Harlfinger zupass, die im Frühjahr 1971 gerne auf die formale Anhörung durch den Ausschuss verzichteten. Es fiel ihnen nicht schwer, sich vorzustellen, wie eine solche Anhörung verlaufen mochte.

»Wo standen diese Schilder? Ach, entlang des Mississippi?«

»So, Kapitän Bradley, Sie sagen also, dass Sie diese Idee hatten, als sie morgens um drei Uhr allein in Ihrem Büro saßen?«

Nein, nein, nein! Es wäre so viel sinnvoller, eine stille Zustimmung von ganz oben zu erhalten und dem Ausschuss erst dann etwas von dem Plan zu erzählen, wenn er sicher sein konnte, dass das Kabel tatsächlich vorhanden war. Dann würde er sagen: »Seht mal, was wir hier haben.«

Vom sowjetischen Standpunkt aus betrachtet war jedes Vordringen ins Ochotskische Meer offenkundig illegal, auch wenn die Vereinigten Staaten die Auffassung vertraten, dass ein Großteil des Meeres für internationalen Verkehr offen sein müsste. Und eine Suche nach Schildern an einem sowjetischen Strand würde wenigstens teilweise innerhalb der sowjetischen

Drei-Meilen-Zone stattfinden müssen, die auf internationaler Ebene als sowjetisches Territorium anerkannt war. Niemand könnte den Ausflug der *Halibut* dorthin irgendwie anders werten denn als unbefugtes Eindringen.

Bradley hoffte, Kissinger würde darüber hinwegsehen. Gleichfalls wünschte er sich, der Sicherheitsberater des Präsidenten möge die Tatsache ignorieren, dass der Zeitpunkt für das Eingehen eines solchen Risikos ziemlich ungünstig gewählt war. Die *Halibut* würde unbefugt in das Territorium der Sowjetunion eindringen, während Nixon sich in der Öffentlichkeit den Anstrich eines Friedensstifters und Staatsmannes gab. Der Präsident hatte gerade landesweit im Fernsehen seinen persönlichen Einsatz für die Wiederbelebung der zum Stillstand gekommenen Verhandlungen zur Rüstungskontrolle verkündet. Er und der sowjetische Generalsekretär Leonid Breschnew hatten Geheimverhandlungen geführt.

Über all diese Dinge machte Bradley sich Sorgen, als er sich nun auf den Weg zu Haig machte. Mit so wenigen Details, wie es nur möglich war, legte Bradley seinen Plan für die Suche nach dem Kabel dar. »Wenn wir es erst gefunden haben, so werden wir es auch anzapfen können«, teilte er Haig mit. Mit dem ersten Vorhaben verknüpfte Bradley bewusst eine zweite, von der ersten unabhängige Mission – eine Unterwassersuche nach Bruchstücken einer neuen Art Marschflugkörper, mit denen die Sowjets U-Boote ausrüsteten, die US-amerikanischen Flugzeugträgern nachstellten.

Haig stellte keine Fragen, gemahnte nicht zur Vorsicht. Er machte sich nicht einmal die Mühe, Bradley zu Kissinger zu bringen. Stattdessen sagte er: »Sorgen Sie dafür, dass wir informiert sind.«

Bradley wurde klar, er hatte soeben all die offizielle Zustimmung erhalten, die er brauchte. Haig würde sicherlich Kissinger informieren, dennoch war der riskanteste Plan, den die Navy bisher entwickelt hatte, mit Hilfe des denkbar einfachsten Bewilligungsprozesses durchgekommen. Die *Halibut* würde ins Ochotskische Meer fahren.

Bis zum Ende des Sommers 1971 war die Umrüstung der *Halibut* fast abgeschlossen. Zusätzlich zu dem großen Buckel – der »Fledermaushöhle« –, der eine entscheidende Voraussetzung für ihren Umbau zu einem U-Boot mit »Sonderaufgaben« gewesen war, besaß sie nun noch einen weiteren Höcker. Dieser war ein geheimer und wichtiger Bestandteil ihrer Ausrüstung, aber so geschickt oben auf ihrem Deck integriert, dass die Marine ihn stolz und ohne Angst, gegen die Sicherheitsbestimmungen zu verstoßen, präsentieren konnte.

Schlagzeilen in örtlichen Zeitungen priesen die Vollkommenheit dieser Ergänzung und erweckten zugleich den Anschein, dass die Navy von ihrer Geheimniskrämerei bezüglich der *Halibut* schon etwas abgegangen war. Die *Halibut*, so ließ das Blatt verlauten, sollte nach der *Thresher*-Katastrophe das erste Mutterschiff der Navy mit einem Rettungs-U-Boot für havarierte Unterseeboote (DSRV) sein. In Wahrheit war der neue Höcker gar kein DSRV, sondern eine Druckausgleichs- und Ausstiegskammer für Taucher. Bei dem an Ort und Stelle festgeschweißten Aufsatz handelte es sich um den Raum, in dem die Taucher die neuen Mischgase aus dem SeaLab-Projekt atmen würden und von wo aus sie dann zu ihrer Arbeit unter Wasser aufbrechen würden.

In diesen letzten Wochen vor dem Auslaufen stattete Bradleys Team der *Halibut* auf Mare Island häufige anonyme Besuche ab. Die meisten Offiziere und die Mannschaften des U-Boots kannten das Team nur als »die Männer aus Washington«. Der Kapitän der *Halibut*, Fregattenkapitän John E. McNish, war nicht bereit, sich näher in die Karten schauen zu lassen.

Selbst während der letzten Tage vor Reiseantritt im Oktober wusste die Mannschaft noch immer nicht, dass das Ochotskische Meer ihr Ziel sein würde. Man hatte ihnen lediglich gesagt, dass sie drei Monate von zu Hause fort sein würden. Das allein schon veranlasste die Unteroffiziere und Mannschaften, die U-Boot-Bars in der Umgebung von San Francisco zu bevölkern. Bei einigen der Jüngeren lag der High-School-Abschluss gerade erst wenige Monate zurück. Andere waren sturmerprobte Seebären, die ihre ersten Erfahrungen auf stinkenden Diesel-U-Booten gemacht hatten oder auf den ersten Atom-U-Booten mitgefahren waren. Gemeinsam verbrachten sie ihren letzten Abend vor dem Auslaufen an Land, in einer Zeit, in der es noch kein Anachronismus war, ein trinkfester, kettenrauchender Seemann zu sein.

Während ihre Freundinnen und Frauen zusahen, tranken sich die Seemänner bei »Helen's« gegenseitig unter den Tisch. Sie tranken, bis sie im »Horse & Cow« nackt auf den Tischen tanzten. Das war ihre Lieblingskneipe, und sie hieß bei den Eingeweihten nur das »Whinny & Moo«. Dort waren die Räume verdunkelt, die Wände mit Fotos von U-Booten geschmückt, dröhnte das Tuten des Horns durch den Raum, um eine neue Runde anzukündigen, war jede freie Ecke mit entwendeten Ausrüstungsgegenständen vollgestellt: mit U-Boot-Waschtischen, Plaketten jeglicher Art, Geschirr, Wimpeln, einem Torpedogehäuse, einem Anker – genug Schmuggelware, um die Ermittler von der Marinepolizei um den Verstand zu bringen.

Wahrscheinlich würde die »Schnorchel-Patty« da sein: An den Abenden, bevor die Jungs in See stachen, war sie fast immer da. Seit einem Jahrzehnt war sie für Hunderte von U-Boot-Fahrern Mutter, große Schwester und Bettgefährtin gewesen. Sie war die Frau, die wusste, was ihnen auf Patrouille bevorstand, ohne dass man es ihr erst erklären musste, und sie brachte anderen jungen Frauen, die sich in die laute Bar trauten, bei, diese Männer nicht nach dem Wohin oder Wie oder Warum ihrer Mission zu fragen. Sie war die Frau, die den Männern helfen würde, sich wieder sicher zu fühlen, wenn sie nach Hause zurückkehrten. Eine zärtliche Mae West – die Maria Magdalena der U-Boot-Fahrer!

Im Gegenzug schenkten ihr diese Männer und Jungen ihre hart verdienten Silberdelphine, Hunderte im Laufe der Jahre. Sie gaben ihr eine Unmenge mit den Insignien ihrer U-Boote geschmückter Feuerzeuge, die zusammen ein riesiges Lichtermeer ergeben hätten. Und sie schenkten ihr ihre unvergängliche Bewunderung!

Das Horn tutete, ein Heulen erfüllte die Luft – das Lied eines Wolfs, das sich mit dem Schreien eines siechen Maultiers vereinte. Die Männer tranken noch mehr und johlten. Noch lauter johlten sie, wenn ein armer Wicht den Raum betrat und noch seine Unterwäsche am Leib trug – jeder wurde genau überprüft, und jeder, der sie noch anhatte, wurde unsanft davon befreit.

Dazu angestachelt ließen die Veteranen ihre Hosen herunter, stellten sich auf die Bar und drehten sich um, um mit ihren Pobacken anzugeben, auf denen sie Tätowierungen in Form zweier Propeller trugen und die somit ein Achterschiff darstellen sollten. Die Legende besagt, dass diese tintenblauen Propeller für eine sichere und rasche Überfahrt sorgen. Die besonders dreisten von ihnen versahen ihre Propeller mit Klopapier, das das Fahrwasser symbolisieren sollte und das sie an der einzig möglichen Stelle zwischen ihren nackten Pobacken festklemmten. Den Papierstreifen angesteckt, rannten sie im Kreis in der Bar herum und vollführten den Tanz, der zu ihrer rituellen Zeremonie des »Feuer-unter-dem-Hintern-Machens« geworden war.

So feierten sie, dass sie nun endlich aus der Werft herauskamen. Es war eine Nachtwache, die sie für ihre verlorene Freiheit abhielten. Auf diese Weise läuteten die Männer der *Halibut* eine der heikelsten U-Boot-Spionageoperationen während des Kalten Kriegs ein.

Die Party sollte zu Ende sein erst ein paar Stunden bevor »Smiling Jack« McNish den Befehl zum Einschiffen gab. »Smiling Jack« war der Spitzname, den die Männer ihrem massigen Kommandanten verpasst hatten, eine Umschreibung für das verkniffene Grinsen, das sich auf seinem Gesicht breit machte, wenn er nicht brummte oder mit den Zähnen knirschte. Je größer die Schwierigkeiten waren, desto breiter wurde sein Grinsen. Nur wenige Mannschaftsmitglieder konnten sich daran erinnern, ihren 38-jährigen rothaarigen Kapitän je wirklich lachen gesehen zu haben – weder jetzt auf der *Halibut* noch fünf Jahre zuvor, als er auf demselben Schiff als Erster Offizier gedient hatte.

Das Grinsen würde da sein, unveränderlich, den größten Teil des Monats, den die *Halibut* für die Fahrt ins Ochotskische Meer benötigen würde. Jedes andere Angriffs-U-Boot hätte die Distanz in weniger als zwei Wochen zurückgelegt. Doch die *Halibut* mit ihrem aus den 50er Jahren stammenden alten Reaktor brachte nicht mehr als 13 Knoten zu Stande, und sie wurde noch zusätzlich gebremst durch das falsche DSRV auf ihrem Rücken. Ein Großteil des Törns, den die *Halibut* in einem langen Bogen, der Erdkrümmung entsprechend, absolvierte, wurde in einer ärgerlichen Bummelfahrt von zehn Knoten zurückgelegt. Erst in nördlicher Richtung und vorbei an den Aleuten, dann unterhalb der eisigen Beringstraße fahrend, hinweg unter sowjetischen Überwasserschiffen, erreichte sie schließlich das Ochotskische Meer.

Überhaupt in dieses ferne Meer hineinzugelangen war eine knifflige Angelegenheit. Die Mannschaft brauchte mehrere Stunden, um durch einen flachen Kanal, vermutlich zwischen dem nordöstlichsten Zipfel der Kurilen und der südlichsten Spitze der Kamtschatka-Halbinsel, ihr Ziel zu erreichen. Von hier aus hatten die Männer durch das Sehrohr den freien Blick auf einen aktiven Vulkan, doch Sonnenlicht war für sie weit beängstigender. Ein einziges Glitzern ihres Periskops, und ein in der Nähe befindliches U-Boote jagendes Flugzeug oder Schiff würde sie entdecken.

Inzwischen wusste jeder, wo sie waren. McNish hatte sie wenigstens so weit aufgeklärt. Und er hatte ihnen gesagt, dass die Taucher bei dieser Mission zum Einsatz kommen würden. Doch unterließ er es, sowjetische Telefonleitungen zu erwähnen. Stattdessen erklärte der Kommandeur, dass die *Halibut* hier war, um Bruchstücke der neuen und tödlichen sowjetischen Schiff-Schiff-Rakete zu finden. Nur McNish, seine Offiziere, die Taucher und ein paar jener als Team für »Sonderaufgaben« geadelten Männer wussten, worauf sie aus waren, als der Kapitän die *Halibut* langsam mit ausgefahrenem Periskop an der sowjetischen Küste patrouillieren ließ.

Alle drei Stunden fuhr die *Halibut* ein »S« oder eine Acht, pendelte nach Steuerbord oder Backbord oder zog einen Kreis. Dies waren Manöver, die ihr einen Blick in den toten Winkel in ihrem Fahrwasser gestatteten und ihr Aufschluss darüber gaben, ob sie möglicherweise von einem anderen U-Boot verfolgt wurde.

Die Suche dauerte länger als eine Woche. Die Männer fanden nichts, suchten weiter, hoffnungslos. Dann sahen sie es, aufgestellt auf dem Strand, weit oben in der nördlichen Hälfte des Ochotskischen Meers: eines von Bradleys Schildern, das die Unachtsamen warnen sollte – »Nicht ankern. Kabel quert!« oder ein ähnlicher russischer Text.

Auf McNishs Befehl wurde ein »Fisch« aus der »Fledermaushöhle« ausgesetzt. Inzwischen waren die Probleme mit der Videokamera behoben. Die Bilder, die der »Fisch« direkt auf die Monitore des U-Boots übertrug, waren noch immer körnig und überwiegend grau, doch konnte man auf ihnen weit mehr erkennen als noch auf den Sonarbildern, mit denen sich die Männer bei der Suche nach der Golf hatten zufrieden geben müssen. Nun waren die Techniker, die auf die Bildschirme starrten, sogar dazu in der Lage, die verschwommenen Gestalten der riesigen ochotskischen Krebse zu erkennen. Doch erst die Fotos würden auch die anderen Meeresbewohner sichtbar machen: die kleineren Fische, die Wolken lumineszierenden Planktons, die winzigen Quallen, die wie Diamanten tanzten, wenn das grelle Licht des mechanischen »Fischs« sie traf. Alles Übrige, was mehr als ein paar Meter von der Kamera und dem Scheinwerfer des »Fischs« entfernt war, verlor sich, egal wie groß es auch sein mochte, vor dem Hintergrund des trüben Wassers. Dieses war aufgrund aufgewühlten Schlicks von einem dunklen, grünlichen Braun, das auf den Videomonitoren dunkelgrau erschien. Nur ein paar Männer wurden freigestellt, um all dies anzusehen, doch der Reiz des Neuen verblasste rasch, und die Schichten verlängerten sich schier ins Endlose, wenn die Männer Stunde um Stunde auf den vor ihnen stehenden Bildschirm starrten.

Dann schien der Sandboden plötzlich eine kleine Erhebung

zu bilden, einen Huckel auf dem Meeresboden von etwa 30 bis 50 Zentimetern Länge. Die Erhebung verschwand, und die nächste tauchte auf – ein Gedankenstrich im Sand. Anfangs fragten sich die Männer, ob sie sich die durchbrochene Linie auf dem Grau ihrer Monitore nur einbildeten. Doch da war sie wieder und wieder, erhob sich periodisch in Grau und gelegentlich auch in Schwarz. Da war tatsächlich etwas, das fast vollständig unter dem sandigen Schlick begraben lag.

Die *Halibut* folgte der Linie. Während die Videobilder über die Bildschirme flimmerten, machte die Kamera im »Fisch« 24 Aufnahmen pro Sekunde. Später dann würde man den »Fisch« an Bord holen, ihn ausnehmen, neu laden und erneut ausschicken. Die Filme versprachen, weitaus schärfere Aufnahmen zu liefern, als es die körnigen Videobilder vermochten. Doch der Schiffsfotograf würde die Filmrollen erst später entwickeln können, wenn die *Halibut* zum Schnorcheln auftauchen konnte, um die giftigen Dunkelkammerdämpfe sofort abzulassen.

Endlich gab McNish den entsprechenden Befehl, und die *Halibut* tauchte in der Abgeschiedenheit einer schwarzen Nacht auf. Der Schiffsfotograf machte sich daran, die Filmrollen gemeinsam mit dem für diese »Sonderaufgabe« zuständigen Offizier zu entwickeln. In der engen Dunkelkammer beobachteten die beiden Männer gespannt, wie sich die Bilder abzeichneten. Da, auf den Farbfotos war das sowjetische Kabel deutlich zu erkennen!

Nun musste die *Halibut*-Crew einen möglichst ebenen Platz auf dem Meeresboden finden, um ihre beiden pilzförmigen Anker an Bug und Heck auszubringen. McNish suchte eine Stelle, die sich weit genug außerhalb der Drei-Meilen-Zone befand. Jetzt war nichts mehr zu gewinnen, indem man das Schicksal herausforderte. Zuletzt wählte er einen Platz im nördlichen Teil des Ochotskischen Meers aus, ungefähr 60 Kilometer von der Westküste der Kamtschatka-Halbinsel entfernt. Seine Männer manövrierten das Schiff vorsichtig an eine Stelle genau über dem Kabel. Es dauerte fast einen Tag, bis sie die gewünschte Position erreicht hatten und endlich ankern konnten.

Die Taucher warteten schon seit einiger Zeit in dem falschen DSRV. Sie atmeten das Sauerstoff-Helium-Gemisch, und ihre Körper hatten sich an die gesteigerten Druckverhältnisse gewöhnt. Nun kletterten sie in ihre Taucheranzüge aus Gummi, die weit genug waren, um Platz für Schläuche zu lassen, die entlang ihrer Beine, ihrer Arme bis zu den Handflächen und um ihren Körper herum liefen. Eine Pumpe im U-Boot würde heißes Wasser in die Schläuche pressen, sobald die Taucher die Druckkammer verließen, und die Taucheranzüge somit in eine Art gummierte, nasse Wärmedecken verwandeln. Das Wasser würde durch winzige Löcher in den Schläuchen in den Taucheranzug fließen, um die Taucher gegen die Kälte des Ochotskischen Meers zu schützen. Es war November, und die Wassertemperatur lag nahe dem Gefrierpunkt.

Die Taucher sorgten außerdem dafür, dass ihre Gasflaschen gut isoliert waren; es hatte keinen Sinn, ihre Körper zu wärmen, wenn sie zugleich eiskaltes Gas einatmeten. Mehrmals überprüften sie ihre »Lebensleinen«, ein fünf Zentimeter dickes Bündel aus Schläuchen und Kabeln, das die Gasmischung für die Atmung zuführte, die Warmwasserschleusen enthielt, die Kommunikation ermöglichte und außerdem für Strom und Licht sorgte.

Mitten in diesem Bündel war ein Drahtseil, das nichts mit Atmen, Sprechen oder Sehen zu tun hatte. Es war die Notleine, mit der die Männer zurück in die *Halibut* geholt würden, falls irgendetwas schief ging. Eine weitere Vorkehrung für den Notfall war an ihren Gürteln befestigt – kleine Flaschen, die Atemluft für drei oder vier Minuten enthielten, ihre »Notfallflaschen«.

Schließlich waren die Männer bereit, aus der Außenluke zu klettern. In der Operationszentrale konnte McNish sie bei ihrem Einsatz auf dem Grund des Meeres beobachten, der ihm wie ein Mondspaziergang vorkam. Beleuchtet lediglich durch das schwache Licht ihrer Stablampen, bewegten sie sich wie Geister durch das trübe Wasser zu dem Kommunikationskabel. Sobald sie es erreicht hatten, benutzten sie eine Art pneumati-

scher Luftgewehre, um das Kabel unter Schutt und Sand frei-
zulegen. Sobald dies geschehen war, brachten die Männer die
Abhöranlage an, ein Gerät, das etwa einen Meter lang war und
einen Recorder enthielt, der mit großen Bandrollen bestückt
war. Am eigentlichen Gehäuse war ein Zylinder montiert, der
Lithiumbatterien enthielt. Ein eigener Verbinder schloss sich
um das Kabel und würde ihm die Worte und Daten entlocken,
die darin übermittelt wurden. Die Abhöranlage funktionierte
durch Induktion. Es würde nicht erforderlich sein, das Kabel
anzuschneiden und das Risiko einzugehen, dass eindringendes
Seewasser Kurzschlüsse hervorrief.

Im Inneren der *Halibut* überwachten Männer die Meeresströmung, lasen ihre Instrumente etwa alle 15 Minuten ab. Die
Halibut zerrte an ihren Ankern, obwohl sich die Tiefenrudergänger darum bemühten, das U-Boot während der Stunden, die
die Taucher benötigten, um die Abhöranlage zu installieren,
möglichst ruhig zu halten. Nachdem die Taucher fertig waren,
zeichneten die Männer vom Nachrichtendienst ein adäquates
Muster der Stimmen und Daten auf, die durch das Kabel übermittelt wurden.

Nichts in der Geschichte der *Halibut* hätte je jemanden zu
der Vermutung veranlasst, dass dies so einfach zu bewerkstelligen sein würde. Das Kabel war gefunden worden, ohne dass
die Stahltrosse, an der der »Fisch« hing, auch nur einmal irgendwelche Schwierigkeiten bereitet hätte. Die Mission verlief
alles in allem so glatt, dass ein Großteil der Mannschaft sich die
feste Überzeugung zu Eigen machen konnte, das U-Boot sei nur
zufällig auf das Kabel gestoßen. Schließlich hatte man ihnen
ja gesagt, es gehe bei diesem Törn ins Ochotskische Meer um
sowjetische Raketentrümmer. Seine Ankündigung einlösend,
nahm McNish nun Kurs auf das sowjetische Raketentest-
areal.

Das Wasser dort war etwas tiefer als direkt über dem Kabel.
Dennoch fand der »Fisch« der *Halibut* rasch eine Stelle, wo die
weiß-gräuliche Körnung des Meeresbodens gesprenkelt war
mit stahlgrauen und schwarzen Elektronikbruchstücken und

kleinen Scherben, die aus der äußeren Hülle und dem Inneren von Raketen stammten. Die *Halibut* hatte einen sowjetischen Raketenfriedhof entdeckt.

Auch diese Mission war von großer Bedeutung, denn die neuen Marschflugkörper stellten eine ernste Bedrohung für US-amerikanische Flugzeugträger dar. Die Waffen verfügten über ein neues Infrarotlenksystem, dem die US-Marine noch nichts entgegenzusetzen hatte. Bradley hatte bereits drei gewöhnliche amerikanische Angriffs-U-Boote mit dem Auftrag ins Ochotskische Meer geschickt, sich nahe genug an die Raketentests heranzuschleichen und die Frequenzen der Infrarotvorrichtungen sowie neu entwickelter Radarhöhenmesser aufzuzeichnen, welche die Raketen außerhalb der Reichweite der üblichen US-Gegenmaßnahmen dicht über der Wasseroberfläche fliegen ließen. Dabei hatten diese Standard-U-Boote sperrige Vorrichtungen an ihren Periskopen benutzt, um die Raketen mit Lasern zu beschießen und so ihre Frequenzen zu messen. Die Aufgabe erwies sich als unerfüllbar. (Inzwischen musste die Navy so dringlich etwas über jede Art sowjetischer Marschflugkörper herausfinden, dass sie die *Swordfish* mit einem für die *Halibut* entwickelten Sonar losgeschickt hatte. Es war außen an ihren Rumpf montiert worden und ermöglichte das Absuchen des Meeresbodens in flachen Gewässern. Es funktionierte so gut, dass die *Swordfish* in einer Tiefe von nicht mehr als sieben bis acht Metern praktisch mit Schleichgeschwindigkeit [Flossenanschlaggeschwindigkeit] umherstreifen konnte.)

Nur die *Halibut* war dazu in der Lage, unter Wasser Männer auszuschicken, um tatsächlich etwas zu bergen. Und diesmal waren die Taucher wieder unterwegs und hoben Stück um Stück vom Meeresboden auf. Sie hofften, eines von den Infrarotlenksystemen oder einen Radarhöhenmesser zu finden. Die Taucher verstauten ihre Fundstücke in einem riesigen gondelähnlichen Korb, der an der stählernen Unterseite der *Halibut* befestigt war. Als die Gondel mit Hunderten von Raketenbruchstücken angefüllt war, kletterten die Taucher zurück in das falsche DSRV, um dort den langen Dekompressionsprozess abzuwarten.

Dort verbrachten sie einen Großteil der Zeit, die die *Halibut* für die Strecke zurück nach Mare Island benötigte. Etwa einen Monat nachdem sie das Ochotskische Meer verlassen hatte, legte sie wieder in ihrem Heimathafen an.

Noch bevor die Mannschaft sich ausschiffte, waren bereits Kopien der von der Abhöranlage aufgezeichneten Bänder unterwegs in den riesigen Komplex der Nationalen Sicherheitsagentur in Fort George G. Meade. Zu dieser Behörde, die sich auf halbem Weg zwischen Washington und Baltimore befand, schickte das Verteidigungsministerium die überwiegende Mehrheit der elektronischen Informationen, die von U-Booten und anderen Spionagefahrzeugen gewonnen worden waren, um sie dort entschlüsseln und analysieren zu lassen. Geschützt durch drei Schichten Stacheldraht und Zäune, von denen einer elektrisch geladen war, stand hier in einem unterirdischen Gebäude, auf einer Bürofläche von über zwei Hektar, ein Computer neben dem anderen. Sie wurden von einigen der besten Mathematiker und Wissenschaftler des Landes benutzt, um sowjetische Kodes zu knacken. Neben ihnen arbeiteten Tausende von Russischexperten und Analytiker an den zuvor dechiffrierten Mitteilungen. Das riesige Gebäude trug den Spitznamen »Anagramm Inn«. Hinter über 6000 Quadratmetern versiegelter Fensterfläche würden die Bänder der *Halibut* nun unzählige Male abgespielt und auf ihren Inhalt überprüft werden.

Inzwischen hatte man die Raketenbruchstücke in das Labor des Energieministeriums geschickt. Dieses war an der Nordwestküste des Pazifiks in einer so genannten »schwarzen Anlage« versteckt, die keinerlei äußere Hinweise dafür lieferte, welcher Art Arbeit die Menschen in ihrem Inneren nachgingen. Dort, in einem großen leeren Raum, standen die Körbe voller Raketenfragmente. Techniker sortierten den Inhalt der Körbe Stück für Stück und legten die Teile auf einem langen Tisch aus. Sie waren Monate damit beschäftigt, doch schließlich war der Tisch voll. Der einstige Abfall hatte sich in ein sechs Meter langes, ausgebreitetes, zertrümmertes, fast vollständiges Exemplar einer sowjetischen Rakete verwandelt. Ein sechs Meter langes Puzzle, dessen Teile in der Regel kaum größer waren als 15 Zentimeter.

Trotz all des Materials fanden die Techniker jedoch nie das Infrarotlenksystem, das die Navy so sehnlichst analysieren wollte. (Man ging davon aus, dass dieser Baustein in Tausende Einzelteile zersprang, wenn die Rakete mit der Spitze voraus und einer Geschwindigkeit von ein bis anderthalb Mach in ihr Ziel schoss.) Doch der Radarhöhenmesser und andere wichtige Teile dieser Vorrichtung konnten gefunden werden, womit US-amerikanische Techniker nun die Möglichkeit hatten, Gegenmaßnahmen zu entwickeln, die das sowjetische Geschoss hoffentlich harmlos in den Ozean plumpsen lassen würden.

Inzwischen bekam Bradley von der Nationalen Sicherheitsagentur die ersten Rückmeldungen zu den über das angezapfte Kabel vermittelten Daten. Er hatte Recht behalten: Was durch dieses Bündel Telefonleitungen floss, war für das US-Militär pures Gold: zahlreiche Gespräche zwischen dem U-Boot-Stützpunkt und hochrangigen sowjetischen Marineangehörigen, viele von ihnen unverschlüsselt oder nur sehr oberflächlich chiffriert.

Der Fund hob das angezapfte Kabel vom größten Teil aller übrigen nachrichtendienstlichen Quellen ab, die den Vereinigten Staaten zugänglich waren. Das wachsende Netz von Spionagesatelliten, ebensolchen Flugzeugen, Horchstationen und U-Booten war Zeuge, wie die Sowjets Truppen bewegten, militärische Stützpunkte errichteten und ihre Flotten auf Übungsfahrten schickten. Doch selbst das fortschrittlichste Lauschsystem, der Prototyp des Rhyolite-Satelliten, der 1970 in Betrieb genommen worden war, vermochte sich keinen Zugang zu festverdrahteten Telefonen zu verschaffen. Und die paar Spionagesatelliten, über die die USA verfügten, waren auf Moskau und die Nordküste der Sowjetunion gerichtet. Keiner von ihnen hatte die Stützpunkte am Pazifik zum Ziel, die durch das

Kabel im Ochotskischen Meer miteinander verbunden wurden.

Natürlich hatten sowjetische Agenten für gelegentliche Einblicke in die sowjetische Psyche gesorgt. Seit Jahrzehnten hatte die Vereinigten Staaten nach einer Möglichkeit gesucht, die Gespräche zwischen sowjetischen militärischen Führern regelmäßig abzufangen – allerdings trotz der Dramatik von Verfolgungsjagden und nächtlichen Streifzügen durch die dunklen Straßen Moskaus nur mit äußerst geringem Erfolg. Die Antennen auf dem Dach der US-amerikanischen Botschaft in Moskau hatten zwar eingefangen, wie Breschnew über seine Gesundheit klagte und andere Politbüromitglieder sich über ihre galanten Abenteuer unterhielten, doch kein sowjetischer Politiker machte es sich zur Gewohnheit, ausgerechnet am Autotelefon über Staatsgeheimnisse zu plaudern.

Nun bot die Kabelabhöranlage die ersten Einblicke in die Ängste und Frustrationen der sowjetischen Marine, in die sowjetische Bewertung eigener Erfolge und Niederlagen und in ihre Intentionen. Und das Potenzial der Abhöraktion im Ochotskischen Meer war noch gar nicht vollständig zu ermessen. Diese ersten Aufnahmen waren nur Muster, ein Mithören von Gesprächen und Meldungen innerhalb von nur ein paar Tagen, auf lediglich einigen wenigen Leitungen von den Dutzenden, die in dem Unterwasserkabel gebündelt waren.

Bradley sah den nächsten Schritt bereits vor sich, und er sah ihn klar und deutlich. Er wollte so viele Leitungen wie irgend möglich anzapfen, und er wollte ein Gerät ausbringen, das mehrere Monate oder sogar ein Jahr am Stück aufzeichnen konnte, das im Ochotskischen Meer seine Arbeit tun würde, während die *Halibut* auf Mare Island an ihrem Pier lag. Seine Mitarbeiter setzten sich mit den Bell Laboratories in Verbindung, deren Ingenieure mit kommerziellen, auf dem Meeresboden verlegten Telefonkabeln vertraut waren, und die Firma begann sofort, eine erheblich größere Abhöranlage zu entwickeln. Genauso wie der kleinere Recorder, den die *Halibut* bei ihrem ersten Törn dabei gehabt hatte, funktionierte auch das neue Gerät mit Induktion, doch war die Anlage diesmal von geradezu riesigen Dimensionen. Fast sechs Meter lang und mehr als einen Meter breit, wog sie etwa sechs Tonnen und nutzte eine Art Atomstrom. Sie würde dazu in der Lage sein, über Monate hinweg die elektronischen Frequenzen Dutzender Leitungen gleichzeitig einzufangen. Die *Halibut* konnte die Anlage im einen Jahr ausbringen und im darauf folgenden wieder abholen.

Beweise für ein gesetzwidriges Eindringen zu hinterlassen war riskant, aber Bradleys Stab argumentierte, dass die Vereinigten Staaten für den Fall, dass die Sowjets die Anlage entdeckten, sich auf die Legitimität von Induktionsgeräten berufen konnten. US-amerikanisches Recht hatte bereits festgelegt, dass das in der Verfassung erlassene Verbot illegaler Nachforschungen und Beschlagnahme sich nicht auf Strom bzw. Datenströme bezog, die Gebäude und Häuser versorgten oder in Kabeln flossen.

Marineanwälte erstellten im Hinblick auf diesen Sachverhalt hochgeheime Abhandlungen. Diese juristischen Verrenkungen mochten wohl unaufrichtig erscheinen, doch sie waren eine typische Begleiterscheinung fast aller verdeckten Operationen. Schließlich waren es die Vereinigten Staaten, die darauf beharrten, dass andere Länder innerhalb der Grenzen internationalen Rechts auf der Basis hoher moralischer Prinzipien operierten.

Als die neue Abhöranlage fertig gestellt war, sah sie wie eine riesige Röhre aus, die ein wenig zusammengedrückt und an den Enden zugeschweißt worden war. Das Gerät war voll gestopft mit winzigen elektronischen Schaltungen und konnte über mehrere Wochen ununterbrochen Daten aufzeichnen.

Schließlich war es für Bradley an der Zeit, nun das formale Genehmigungsverfahren hinter sich zu bringen, das er vermieden hatte, als das Kabel lediglich eine von den Schildern am Ufer des Mississippi inspirierte Ahnung gewesen war. Wenn die *Halibut* Beweise für ihr Eindringen ins Ochotskische Meer zurücklassen würde, dann bedurfte das Projekt mehr als eines wortlosen Nickens von Haig und Kissinger. Trotz der Spannungen, die zwischen Bradley und der CIA bestanden, war es leicht gewesen, die CIA-Mitarbeiter, mit denen er zusammenarbeitete, zum Mitmachen zu überreden. Sie waren so sehr mit dem Bau der *Glomar Explorer* beschäftigt, dass es ihnen nichts ausmachte, ihm das Abhören des Kabels zu überlassen. Also stellte Bradley das *Halibut*-Projekt im Frühjahr 1972 dem »40er Ausschuss« vor, während der US-amerikanischen Öffentlichkeit gerade Einzelheiten über Nixons und Kissingers Friedensinitiative zu Vietnam und deren historische Reise nach China präsentiert wurden.

In Anbetracht des zeitlichen Zusammentreffens dieser Umstände war eine Zustimmung zu der Abhörmission alles andere als sicher. Zum einen befanden sich die Verhandlungen über die Begrenzung und den Abbau von strategischen Offensivwaffen (Strategic Arms Limitation Talks, SALT) gerade in ihrer kritischen Phase. Zum anderen trugen Kissinger und Zumwalt, der Chef der Seekriegsleitung, gerade eine offene Fehde miteinander aus. Kissinger hatte während der Abrüstungsverhandlungen einen eklatanten Fehler begangen, der den Sowjets einen Vorsprung im Hinblick auf unter Wasser zu startende ballistische Lenkraketen zu überlassen drohte. In geheimen Verhandlungen ohne seine Militärberater hatte er lässig zugestimmt, den Sowjets beim Bau der neuen U-Boote der Delta-Klasse keine Beschränkungen abzuverlangen. Doch diese neue U-Boot-Klasse übertraf die Yankees bei weitem und hatte Raketen mit einer Reichweite von 6500 Kilometern an Bord. Zumwalt war wütend und überzeugt, dass Kissinger und Nixon in ihrem Eifer, den SALT-Vertrag noch vor den anstehenden Wahlen zum Abschluss zu bringen, unnötig Terrain verschenkt hatten. Zumwalt, der die warnenden Worte von Mitarbeitern des Außenministeriums brüsk vom Tisch wischte – er bezeichnete sie als »Bettnässer« –, versuchte zu erzwingen, dass Kissinger für sein mangelndes Verhandlungsgeschick bezahlte, indem er der Indienststellung einer Klasse noch gewaltigerer Raketen-U-Boote zustimmte: einer U-Boot-Klasse, die als Abschussbasis für Trident-Flugkörper dienen sollte. Eine Schlacht, die er schließlich gewann.*

Nun, da sich der Chef der Seekriegsleitung hinter die *Halibut* und ihre Mission im Ochotskischen Meer stellte – Zum Teufel mit dem Risiko! –, schien es möglich, dass die Operation leicht zu einer Schachfigur im Krieg zwischen dem Weißen Haus und der Marine werden konnte. Bradley tat, was er konnte, um die Risiken herunterzuspielen. Er präsentierte sein Vorhaben, ohne darauf einzugehen, was passieren könnte, wenn die *Halibut* erwischt würde. Darüber hinaus war ein Großteil dessen, was er dem »40er Ausschuss« zu bieten hatte, vor allem pure Dramatik. Der Kapitän zur See holte eine Karte des Ochotskischen Meers hervor. Er zeigte, wo die Schilder am Strand gefunden worden waren, und zog eine Linie durch das Meer, um zu demonstrieren, wo das Kabel verlief. Dann behauptete er kühn, was er einst nur geraten hatte: dass in diesem Kabel wichtige Informationen über die Operationen und die Entwicklung sowjetischer Raketen-U-Boote übermittelt würden. Sein Hinweis auf die Gefahren beschränkte sich auf die äußerst beschwerlichen Unterwasserspaziergänge, die den Tauchern der *Halibut* bevorstanden.

Bradley sagte dem Ausschuss jedoch nicht, woher er überhaupt wusste, dass dort ein Kabel verlief. Er verschwieg die Tatsache, dass die *Halibut*, genehmigt durch ein Nicken Haigs, bereits vor Ort gewesen war. Er versicherte dem Ausschuss lediglich, dass die Navy keine Operationsbefehle ausgeben werde, bevor sie nicht sicher war, eine geeignete Abhöranlage entwickeln zu können.

---

* Zumwalt verfügte noch über ein weiteres Druckmittel. In den Augen Kissingers und Nixons hatte die U-Boot-Spionage Mitte 1972 noch einmal zusätzlich an Schwung gewonnen, als US-amerikanische Überwachungs-U-Boote einen der seltenen sowjetischen Versuche, in den Vietnamkrieg einzugreifen, aufdeckten. Kurz nachdem Nixon die Verminung des Hafens von Haiphong verkündet hatte, waren die Sowjets mit U-Booten der Echo-II-Klasse nach Vietnam aufgebrochen. Nachdem sie von amerikanischen Unterseebooten entdeckt worden waren, hatte Washington eine Note nach Moskau geschickt, in der verlangt wurde: Holt eure Schiffe heim, oder sie sind Geschichte. Die Sowjets zogen ihre U-Boote ab.

Als er mit seinem Vortrag zum Abschluss kam, hatte Bradley seine Zuhörer für sich gewonnen. Falls die Abrüstungsgespräche oder andere politische Machenschaften diese Beamten zögern ließen, so zeigten sie es jedenfalls nicht. Das Anzapfen des Kabels wurde genehmigt, und am 4. August 1972 brach die *Halibut* zu ihrem zweiten Törn in das Ochotskische Meer auf. Zwei Monate nach dem Einbruch in die Parteizentrale der Demokratischen Partei im Watergate-Komplex befand sich die *Halibut* auf dem Weg, um die ultimative Abhöraktion für eine Regierung durchzuführen, die im Begriff war, über Tonbandaufnahmen und ihre eigenen verdeckten Operationen zu stolpern.

Diesmal entschloss sich McNish, seine Mannschaft über ihre wahre Mission und über die Gefahren, die sie barg, in Kenntnis zu setzen. Er rief sie im Mannschaftsaufenthaltsraum zusammen, jeweils immer ein Drittel der Männer. Ein breites Grinsen legte sich auf sein von Natur aus ernstes Gesicht, als er sich gegen die Bordwand lehnte und ihnen mitteilte, wohin sie unterwegs waren, was es mit dem Kabel und mit der Abhöranlage auf sich hatte. Dann erklärte er seinen Männern, was die schwarzen Kisten zu bedeuten hatten, die achtern, mittschiffs und vorn strategisch platziert waren. Sie waren mit Sprengstoff gefüllt und zum Zweck der Selbstzerstörung miteinander verkabelt. Solche Kisten gab es auf regulären Angriffs-U-Booten nicht, doch auf der *Halibut* war jeder Torpedomaat eigens dafür ausgebildet, die Zerstörungsladung mit Zündern zu versehen und die Sprengladungen für die Detonation vorzubereiten. Sollte die *Halibut* im Ochotskischen Meer festgehalten werden, erklärte McNish seinen Männern, dann würde man die Sowjets nicht an Bord lassen und auch die Mannschaft würde nicht lebend gefangen genommen.

Seine Instruktionen entsprachen wohl nicht den allgemeinen Sicherheitsbestimmungen der Navy. Für den Großteil seiner Mannschaft war es »nicht erforderlich zu wissen«, wohin und warum sie unterwegs waren. Doch McNish verlangte von seinen Männern, sechs Monate auf See zu sein und ein Risiko auf sich zu nehmen, das für Friedenszeiten ungewöhnlich hoch war. Ob dieses Wissen nun erforderlich war oder nicht, seine Leute hatten ein Recht darauf, Bescheid zu wissen.

Auf dem Weg zu dem Ort, den die Männer nun »Oshkosh« nannten, wurde die *Halibut* aufgehalten – ihre Kupplung versagte, wodurch die Propellerwellen außer Kontrolle gerieten. Ein Neuling auf der *Halibut* improvisierte einen Notbehelf, für den ein paar Hosenträger und eine hydraulische Hebevorrichtung erforderlich waren. Und das Provisorium hielt.

Die Männer sprachen nun von ihrem regelmäßig kränkelnden, sich jedoch meist fortbewegenden kernkraftgetriebenen Unterwasserhabitat liebevoll als von ihrem »Fledermausboot«. Der Spitzname blieb auch hängen, als jemand bemerkte, dass der riesige Huckel der »Fledermaushöhle« das U-Boot wie eine übergroße Kopie des Superautos aus den Bruce Wayne-Comics aussehen ließ.

Wieder im Ochotskischen Meer angelangt, fand die *Halibut* das Kabel ohne Mühe. McNish gab den Befehl, und die beiden monströsen Anker wurden an Bug und Heck heruntergelassen. Die Taucher kletterten aus der »DSRV«-Druckkammer. Nach wenigen Stunden konnten die Nachrichtendienstler an Bord die Stimmen hören, die durch das Kabel erschollen.

»Kommt her, dass müsst ihr euch anhören«, rief einer der Spitzel einigen Unteroffizieren zu.

Einer der Bootsmänner riss die Augen weit auf, als er das russische Wort »njet« verstand.

»Wahnsinn, das ist ja irre!«, rief er erstaunt und schüttelte den Kopf. »Meine Güte!« Dann musste er lachen, ein tiefes, aus der Kehle kommendes, zwerchfellerschütterndes Lachen, das sich zugleich aus Draufgängertum und der Erkenntnis speiste, dass sie erwischt werden konnten, weil sie Gespräche belauschten, die nicht für ihre Ohren bestimmt waren. Mit dem Sinn eines Teenagers für das Verschwörerische an dieser Situation nahm der Bootsmann den Kopfhörer ab und reichte ihn an den Nächsten weiter, der an der Reihe war.

Sie waren die Auserwählten, diese Männer vom Innentrakt

des U-Boots, die das Glück hatten, mit den Männern vom Nachrichtendienst befreundet zu sein. Einer nach dem anderen traten sie vor, um den Feind kennen zu lernen, den sie verfolgt, beschimpft, mit ihren Waffen bedroht und um dessentwillen sie ihre Familien zurückgelassen hatten. Sie waren am Puls der Geschichte. Sie begegneten den Sowjets »von Ohr zu Ohr«, wobei die andere Seite jedoch von dem Vorgang nichts wusste.

Nichts davon interessierte die beiden Russen, die einander am Telefon in nicht chiffriertem, unkodiertem Russisch vorjammerten. Sie ahnten nicht, dass sich mehr als 120 Männer zusammengetan hatten, eingeschlossen in 3800 Tonnen Stahl, um ihrem Gespräch zuzuhören, und dass es in Washington schon bald entsprechend seines Informationswertes unter höchster Geheimhaltung stehen würde.

Es war an der Zeit, dies gebührend zu feiern, und die Taucher kümmerten sich darum. Sie pflückten eine gigantische Spinnenkrabbe vom Meeresboden und beförderten sie durch die DSRV-Schleuse in die *Halibut*. Ein Bootsmann packte eines der haarigen Beine und zog den massigen Körper hinterher. Jemand brachte eine große Platte, die größte, die an Bord aufzutreiben war. Doch sie war nicht groß genug. Die langen Beine der Spinnenkrabbe baumelten über den Rand der Platte, als sie im Maschinenraum präsentiert und dann zu einem mit kochendem Wasser gefüllten Topf gebracht wurde, in dem sie – das einzige Opfer des Törns – schließlich landete.

Die *Halibut* schwebte noch wenigstens eine Woche lang über dem Kabel. Dann schlich sie sich aus dem Ochotskischen Meer fort und ließ die Abhöranlage mit laufendem Band vor Ort zurück. Das U-Boot sollte in etwa einem Monat zurückkommen, um die Aufnahmen abzuholen. Inzwischen waren die Männer erst einmal auf dem Weg nach Guam. Sie würden dort lange genug bleiben, damit sich auf den Bändern genug ansammelte und damit sie reparieren konnten, was immer an ihrem Fledermausboot auch zu Schaden gekommen war.

Es war ein ganz normaler Hafenaufenthalt, jedenfalls bis zum letzten Abend. Die Offiziere, die Mannschaften, die Bootsmänner, eigentlich fast jeder, der nicht für die Wache eingeteilt war, ging aus, um etwas zu trinken. Dann kam das Gespräch der Bootsmänner im Unteroffiziersklub auf die Abhöraktion.

Keiner konnte sich daran erinnern, wer zuerst aussprach, was vermutlich den meisten im Kopf umherschwirrte. Irgendjemand jedenfalls, ob aus Angst oder ermutigt durch diverse Biere, zerstörte den schönen Schein und stellte die entscheidenden Fragen: Hatten sie eine maßgebliche Grenze überschritten? Was sie jetzt taten, hatte nichts mehr mit der Jagd auf ein anderes U-Boot und dem üblichen Observieren aus der Ferne zu tun. Diesmal handelte es sich um eine wahrhaftige Abhöraktion. Was zum Teufel gab ihnen das Recht, sich in Friedenszeiten heimlich in den Hinterhof der Sowjetunion zu schleichen, um dort ein Bündel militärischer Telefonleitungen anzuzapfen? Warum riskierten sie ihr Leben für eine Mission, von der sie alle wussten, dass die Vereinigten Staaten sie niemals offen zugeben würde? Warum befanden sie sich an Bord eines U-Boots, dessen Kapitän klargestellt hatte, dass seine Hand auf dem Selbstzerstörungsknopf lag? Warum hielten sie sich auf einem U-Boot auf, das jederzeit von der Bildfläche verschwinden konnte, ohne dass ihre Familien je vom Warum und Wie erfuhren?

Nachdem die Seemänner ihren Gefühlen erst einmal Luft gemacht hatten, gab es nichts mehr, was sie noch hätte zurückhalten können. Angst, Wut und Besorgnis brachen aus ihnen heraus. Diese Gefühle hatten sich aufgebaut und angestaut, nachdem die Männer vom Nachrichtendienst die Bootsmänner in die Funkerkabine geholt und ihnen die Kopfhörer in die Hand gedrückt hatten. Diese Gespräche anzuhören, die sie nicht verstanden und die von einem Aufnahmegerät stammten, das sie nicht hätten installieren dürfen, fanden sie mit einem Mal nicht mehr komisch. Was ihnen zunächst aufregend und verwegen vorgekommen war, erschien ihnen nun plötzlich illegal und gefährlich.

Nur wenige der Männer litten allgemein unter moralischen oder politischen Skrupeln. So weit es sie betraf, waren Entspannungspolitik und diplomatische Schachzüge eine Show für die Öffentlichkeit, die beide Seiten aufführten, um ihre wahren Absichten zu verschleiern. Dennoch, so sagten sich die Männer jetzt, konnte das, was sie taten, sehr wohl als kriegerischer Akt ausgelegt werden. Schlimmer noch, was sie taten, konnte genau den Krieg auslösen, den sie am meisten fürchteten.

Vielleicht zum ersten Mal, seit sie sich der U-Boot-Flotte angeschlossen und sich den Gewalten der Ozeane und der Bedrohung durch sowjetische Wasserbomben und Torpedos ausgesetzt hatten, verspürten einige dieser Männer plötzlich die absolute Gewissheit, dass das, was sie taten, sie möglicherweise umbringen würde.

Dann sprach es einer von ihnen aus, schlug vor, dass sie zum Alten gehen sollten. Sie mussten ihm klar machen, dass er sie mal konnte und dass sie nicht ins »Oshkosh« zurückfahren wollten. Andere brachten die gleiche Meinung auf andere Art zum Ausdruck.

Bier um Bier wurde bestellt und getrunken. Schließlich gingen sie gemeinsam zurück zum Dock. Zusammen standen sie vor ihrem U-Boot. Dann kletterten sie einer nach dem anderen durch die Einstiegsluke an Bord und erkannten, dass sie McNish wohl doch nicht ihre Meinung sagen würden. Sie würden in ihre Kojen und auf ihre Stationen gehen, und sie würden sich erneut auf den Weg ins Ochotskische Meer machen.

Bald schon war jedermann an Bord, mit Ausnahme des Ersten Versorgungsmeisters John White. Er stand auf dem Pier und kündigte an, dass er nicht mitkommen werde. Seiner Meinung nach war der U-Boot-Dienst ein freiwilliger Dienst, und seine Bereitwilligkeit hatte nun ein Ende.

Niemand hatte das erwartet. White war seit mehr als 19 Jahren bei der Marine. Er gehörte zu der Art von Männern, die immer härter arbeiten als ihre Mannschaft und die harte Arbeit belohnen, indem sie ihre Leute in der Kneipe freihalten. White schien nicht betrunken genug gewesen zu sein, um auf diese Weise seine Karriere zu ruinieren, hatte er doch nur noch ein Jahr bis zu seiner Pensionierung mit vollem Rentenanspruch.

Und trotzdem, irgendetwas hatte White veranlasst, genau das zu tun – etwas, worüber zu sprechen er sich in jener Nacht auf dem Pier und auch seither weigerte. Er beschränkte sich auf die Erklärung, dass es nicht die Mission war und auch nicht die Sprengladungen für die Selbstzerstörung, was ihn zu seinem Entschluss veranlasst hatte – das sei alles »viel persönlicher«. Wie auch immer – die *Halibut* legte ohne ihn ab. White wurde von Guam zurück nach Kalifornien geflogen, wo er einen ehrenhaften Abschied und eine Teilrente erhielt.

Den Rest des Törns sprachen die Bootsmänner über nichts anderes als über White. Schon bald standen sie wieder in der Funkerkabine und belauschten die Russen. Diesmal verstanden sie sogar ein wenig von dem, was geredet wurde. Ein russischer Seemann benutzte die Leitung, um sich darin zu üben, seiner Freundin auf Englisch den Hof zu machen. Die Bootsmänner hörten zu und lachten, doch die diebische Freude sollte sich seit dem Abgang von John White nicht mehr einstellen.

Damit erreichten sie den letzten Abschnitt ihrer Mission. Ihr Befehl lautete, so viele Informationen wie möglich mitzubringen und dann das Abhörgerät zurückzulassen, damit es in den Monaten bis zur Rückkehr der *Halibut* ins Ochotskische Meer weiterhin die Gespräche der Russen aufzeichnete. Sie schwebten noch eine weitere Woche über dem Kabel, vielleicht auch länger, jedenfalls lange genug, um Whites dramatischen Abgang in der allgemeinen Monotonie von Wache, Mahlzeiten, Pokerspielen, Schlafen, Wache, Mahlzeiten, Pokerspielen, Schlafen verblassen zu lassen. Inzwischen war das U-Boot seit fast fünf Monaten unterwegs, und die meisten der Männer wollten nun nichts anderes, als einfach ihre Schleichfahrt nach Hause anzutreten.

Dann, mit einem Mal, war es vorbei mit der Routine. Ein Sturm an der Oberfläche wurde auch unten spürbar. Die Taucher waren ausgesperrt, konnten nicht in die DSRV-Druckausgleichskammer zurückklettern, da die *Halibut* einen Moment lang an ihren Ankerketten zerrte und dann urplötzlich mit Gewalt auf dem Meeresboden aufschlug. Den Männern blieb nichts weiter übrig, als einen Sicherheitsabstand einzuhalten und zuzusehen.

Die Offiziere und Mannschaften, die für die Tiefenruder zuständig waren, hatten keine Chance, das U-Boot in der Waagerechten zu halten. Das Messgerät, mit dessen Hilfe die Ankerkettenspannung überprüft wurde, schlug aus auf 5000 Kilogramm, sprang dann hintereinander auf 25 000, dann null, 10 000, wieder 25 000, und schließlich auf null zurück. Eine Stunde verging, dann noch eine. Dann gab es ein lautes Knirschen. Beide Anker rissen gleichzeitig ab. Ihre Ketten gaben so leicht nach, als handelte es sich um nichts als Gummibänder.

Von draußen mussten die Taucher zusehen, wie die *Halibut* langsam nach oben trieb. Die Männer waren über ihre »Nabelschnur« noch immer mit dem U-Boot verbunden. Sie wussten, dass sie sterben würden, wenn die *Halibut* sie hinaufzog, bevor sie den Dekompressionsvorgang einleiten konnten. Schnitten sie sich jedoch los, so würden sie ersticken. Im Inneren des U-Boots war sich der Diensthabende des U-Boots der Gefahr vollauf bewusst und brüllte verzweifelt den Befehl: »Fluten!«

Er wiederholte ihn ein zweites Mal. Die Ventile wurden ganz geöffnet, und die *Halibut* nahm tonnenweise Wasser auf, füllte ihre Tauchzellen innerhalb von Sekunden. Mit dem Bauch krachte sie in den Sand. Die Taucher kletterten in die DSRV-Druckausgleichskammer.

Der Grauen erregende Ritt war vorüber. Doch gab es keine Garantie dafür, dass sich das U-Boot jemals wieder aus dem schlammigen Sand würde losreißen können. Felsen kratzten am Rumpf, und ein fortgesetztes Knirschen war zu hören, von dem die Männer meinten, dass seine Ursache ihr Boot schließlich zum Wrack machen würde. Sie sahen sich schon für alle Zeiten im Ochotskischen Meer festsitzen.

»O Gott, wir kommen hier nicht mehr weg«, murmelte ein Mechaniker mit zusammengebissenen Zähnen.

»Was willst du«, stimmte ein Zweiter ein, »wir hatten hier ja auch nie etwas zu suchen.«

Die *Halibut* saß fest. Ein Tag nach dem anderen verstrich.

Der Sturm ging vorüber, doch McNish wollte sein U-Boot nicht in Bewegung setzen, bevor er das Kabel nicht zu seiner Zufriedenheit »gemolken« hatte. Er und seine Mannschaft würden mit vollen Bändern nach Hause fahren oder gar nicht. Als McNish schließlich den Befehl gab, genügte ein einziges Notanblasen, um die *Halibut* freizubekommen.

Ihre Rückfahrt durch den Pazifik verlief vollkommen unspektakulär. Die Reaktion auf ihre Rückkehr jedoch war alles andere als ereignislos. Bradley erhielt die Nachricht von der Nationalen Sicherheitsagentur. Die Abhöranlage hatte nicht weniger als zwanzig Leitungen gleichzeitig angezapft. Den Mitarbeitern der Nationalen Sicherheitsagentur war es gelungen, die Aufzeichnungen elektronisch voneinander zu trennen. Die *Halibut* hatte eine Hauptader getroffen. Die Aufzeichnungen enthielten Gespräche zwischen sowjetischen Feldkommandanten, die sich über operative Taktiken und Pläne sowie über Wartungsprobleme unterhielten, darunter auch über lärmverursachende Defekte bei Raketen-U-Booten wie etwa den Yankees, die jetzt ihre Patrouillen im Pazifik aufnahmen. Solche Informationen würden den US-amerikanischen U-Booten die Verfolgung des Feindes erheblich erleichtern. Über eine der Leitungen wurden logistische Angelegenheiten besprochen, Berichte darüber weitergegeben, dass Schiffe nicht auslaufen konnten, weil die richtigen Ersatzteile fehlten. Ferner waren zu hören: Stellungnahmen hochrangiger Offiziere zu Führungs- und Kontrollangelegenheiten, Entscheidungen darüber, wann und ob Patrouillen durchgeführt werden sollten und welche U-Boote ausgeschickt würden, um vor der US-Küste zu spionieren.

Es gab Diskussionen über Personalprobleme, Ausbildungsschwierigkeiten, das Ersuchen um mehr Männer und Beschwerden, wenn diese Männer in Petropawlowsk nicht eintrafen. Dann waren da die weniger greifbaren Gespräche der gefürchteten politischen Offiziere auf sowjetischen U-Booten, die ihre privaten Ansichten über Parteifunktionäre offenbarten. Der Kommandobereich gestattete außerdem jungen U-Boot-Fahrern die Benutzung der Leitungen, stellte ihre Anrufe durch zu örtlichen Stationen, damit sie Mama alles Gute zum Geburtstag wünschen oder die Liebste bitten konnten, auf sie zu warten. All dies verlieh dem Feind jenseits des Ozeans ein menschliches Antlitz.

Dieser zweite Versuch, das Kabel anzuzapfen, bestätigte jedoch auch eine enttäuschende Erfahrung. Nur selten oder fast nie wurden Informationen über Raketentests auf diesen Leitungen weitergegeben. Bradley hatte sehr gehofft, dass die US-Armee durch das Kabel Zugang zu Berichten über die Wasserung von land- oder seegestützten ballistischen Interkontinentalraketen haben würde. Alles in allem waren die Tonbänder dennoch eine Goldgrube.

Nichtsdestoweniger waren einige Änderungen erforderlich. Die Bell Laboratories wurden aufgefordert, die nächste Abhöranlage so zu programmieren, dass sie lediglich die wichtigsten Leitungen anzapfen und sich automatisch an- beziehungsweise abstellen würde, um Aufnahmezeit zu gewinnen. Die zu Grunde liegende Idee lief darauf hinaus, das Gerät auf Stoßzeiten zu programmieren, auch wenn sich zu diesem Zeitpunkt niemand bei der Nationalen Sicherheitsagentur sicher war, wann genau die Stoßzeiten und was die ergiebigsten Leitungen waren.

Bradleys Büro musste außerdem Rickover, trotz dessen Gehässigkeit gegenüber der *Halibut* und ihrem vorherigen Kommandanten, einen wenigstens begrenzten Einblick in das Programm gewähren. Bradley benötigte Rickovers Genehmigung, um einige wichtige strukturelle Veränderungen vorzunehmen. Der Kapitän zur See wollte keinen weiteren Vorfall riskieren, der die Taucher der *Halibut* wie diesmal fast das Leben gekostet hätte. Das U-Boot sollte ein Paar kufenähnliche Füße erhalten. Von jetzt an würde es nicht mehr über dem angezapften Kabel ankern. Bei seinen nachfolgenden Fahrten ins Ochotskische Meer in den Jahren 1974 und 1975 war es schließlich so ausgerüstet, dass sein Kapitän es direkt auf dem Meeresboden aufsetzen konnte.

Die baulichen Einzelheiten der *Halibut* interessierten die Geheimdienstangehörigen nicht weiter, für ihre Aufzeichnungen hingegen waren sie Feuer und Flamme. Die Marine hatte es endgültig geschafft, den anderen Geheimdiensten um eine Nasenlänge voraus zu sein. Kein Agent, kein auf Lauschposten befindliches Spionageschiff hätte ähnlich wertvolle Informationen beschaffen können wie die *Halibut*.

Die Nationale Sicherheitsagentur gab der fortgesetzten Operation den Kodenamen »Ivy Bells«. Bradley würde weitere ähnliche Missionen planen, und andere U-Boote würden umgerüstet, um nach dem Vorbild der *Halibut* ebenfalls ins Ochotskische Meer fahren zu können.

Doch Bradley sollte niemals aus erster Hand erfahren, was seine Bemühungen eingebracht hatten. Die Nationale Sicherheitsagentur überließ dem Marinenachrichtendienst zwar detaillierte Zusammenfassungen der Ergebnisse, doch anders als die Bootsmänner der *Halibut* sollte Bradley nie selbst eine einzige Minute der Originalbänder zu hören bekommen. Die Nationale Sicherheitsagentur war zu dem Schluss gekommen, dass Bradley, der das Kabel phantasiert, sich die Schilder am Strand vorgestellt und sich engagiert hatte, um Gelder und Genehmigungen für die Mission zu besorgen, diese Belohnung nicht verdiente. Bradley, so meinte man, brauche nichts davon zu wissen, müsse die Originalbänder nicht hören.

Das 500-Millionen-Dollar-Luftschloss

Es war der 22. Oktober 1973, und der Journalist Seymour M. Hersh machte sich im Stakkato der Reporter Notizen, hielt Bruchstücke von Sätzen, von Geheimnissen fest, nahm sie mit seinem Abendbrot in sich auf. Mit einem Informanten, dessen Namen er aus ethischen Gründen und auch deshalb, weil es Bestandteil des von ihnen abgeschlossenen Handels war, nicht preisgeben durfte, saß er in einem Vorstadtrestaurant.

Zu diesem Zeitpunkt hätte jeder erwartet, dass der 36-jährigen Pulitzer-Preisträger ganz und gar mit der Watergate-Affäre beschäftigt wäre. Er war schließlich der angesehenste Enthüllungsjournalist bei der *New York Times*, obgleich er zerzaust aussah, dickköpfig war und sich gelegentlichen Ausbrüchen von Vulgarität hingab. Und in diesem Wettbewerb um die beste Story, die aus unbekannten, abgerissenen Reportern Legenden und aus ihren ruhmvollen und mächtigen Protagonisten Verbrecher machen würde, arbeitete er an einer frustrierenden, zweitklassigen Geschichte, die auf dem aufbaute, was Bob Woodward und Carl Bernstein, die Enthüller des Watergate-Skandals von der *Washington Post*, herausgefunden hatten.

Doch für Fischzüge im Watergate-Sumpf war Hersh nicht zu dieser Verabredung erschienen, und der Mann, mit dem er zu Abend aß, gehörte auch nicht zu der Gruppe, die schon bald als »die Männer des Präsidenten« gebrandmarkt werden würde. Dieser Mann war in einer anderen »Firma« beschäftigt, vielleicht in »der Firma«, wie die CIA gelegentlich bezeichnet wurde. Er war erst kürzlich von seinem Posten als hochrangiger nationaler Sicherheitsbeamter zurückgetreten. Er war, wie Hersh es ausdrückte, »jemand, der lange Zeit an der Seite der Spottdrossel zugebracht hatte«, jemand, der »alles wusste«.

Mehr würde Hersh nie über seine Quelle offenbaren. Ja, er nahm beträchtliche Mühen auf sich, um diesen Mann heimlich zu treffen, verließ Washington, D. C., und das Büro der *Times*, um sich in einer anderen Stadt mit ihm zu treffen.

Hersh betrieb diesen Aufwand, weil er eine Geschichte roch, an der ihm fast ebenso viel lag wie an dem Drama um die stürzende Regierung. Er hatte jahrelang Tipps erhalten über kostspielige Verschwendung und maßlos gefährliche Geheimdienstoperationen, darunter auch über einige der geheimsten U-Boot-Spionagemissionen. Nun wollte er ein Licht auf diese verborgene Welt werfen, in der immer unter dem Schutzmantel einer eigenartigen politischen Immunität operiert wurde, die sich stets mit den Attributen »top secret« und »höchste Geheimhaltungsstufe« versah.

Diese Begriffe waren einmal von Journalisten und Abgeordneten als Aufforderung begriffen worden, sich zurückzuziehen und keine weiteren Fragen mehr zu stellen. Doch dieser Tage machte die Watergate-Saga der Presse und dem Kongress Mut, forderte sie auf, skeptischer zu sein. Und Hersh wurde beflügelt von dem drängenden Wunsch, die Geheimdienste für das zur Verantwortung zu ziehen, was sie unter dem Schleier der Geheimhaltung angerichtet hatten.

Ein Großteil dessen, was er in Erfahrung brachte, hatte mit überzogenen Kosten von Spionagesatelliten und Risiken bei Unterwasserspionageprogrammen zu tun. Er hörte auch etwas über die »Holystone«-Überwachungs-U-Boote, die in sowjetische Hoheitsgewässer vorpreschten. Und erst vor kurzem hatte er angefangen, verstreute Gerüchte über CIA-Operationen zu sammeln, denen zufolge die CIA etwas entwenden wollte, was die Sowjets verloren oder auf dem Grund eines Ozeans ausrangiert hatten. Dreimal war ihm gesagt worden, dass die CIA einen riesigen Frachtkahn bauen ließ, der mehrere Kilometer tief durch tobende Strömungen, zerquetschenden Wasserdruck und endlose Dunkelheit hindurch auf den Grund des Meeres greifen konnte. Hersh kannte lediglich den Kodenamen des Plans: »Projekt Jennifer«.

Die Anspielungen waren verführerisch, aber versteckt. Keine seiner Quellen war in der Lage oder bereit gewesen, ihm zu verraten, welches Ziel die CIA wirklich verfolgte. Ein Regierungsbeamter hatte angedeutet, dass der Geheimdienst nach Bruchstücken abgeschossener ballistischer Raketen suchte, die angeblich bei Tests in Tyuratam tief im Inneren der Sowjetunion abgefeuert worden und im Pazifik gelandet waren. Doch Hersh traute der Information nicht. Er befürchtete, dass der Beamte entweder selbst nur darauflosriet oder aber ihn absichtlich falsch informierte.

Nun jedoch saß Hersh mit einem Mann beisammen, bei dem er sicher war, dass er ihm vertrauen konnte.

Die Vorspeisen kamen auf den Tisch, als erste Andeutungen gemacht wurden. Doch erst als das Mahl fast schon beendet war, warf Hersh zwei Worte in den Raum. Als wolle er die Nachspeise servieren, wiederholte er den Kodenamen, den zu entziffern ihm bisher nicht gelungen war: »Projekt Jennifer«.

Hersh wartete, einen Herzschlag lang, vielleicht zehn, und versuchte gelassen auszusehen. Dann plötzlich fing er an, aufzuschreiben, Tatsachen, Bedenken, Kritik zu protokollieren, alles, was der Mann ihm gegenüber sich vom Herzen redete.

»Russisches U-Boot im Atlantik untergegangen«, schrieb Hersh. »Jennifer soll es finden. Wir wissen, wo es ist.« Was als Nächstes kam, war vielleicht der Grund, warum seine Quelle ihm überhaupt etwas erzählte. »Meinen Sie denn, die Russen wüssten nicht, warum sich da ein amerikanischer Frachter mit exotischer Ausrüstung mitten im Ozean aufhält?«

Hersh machte sich Notizen und war sich sicher, dass er nun das zentrale Dokument über das vielleicht exotischste Unternehmen im Verlauf des Kalten Kriegs in Händen hielt, eine Operation, von der in der Regierung möglicherweise nur ein paar Dutzend Leute wussten. Die Quelle machte keine Mitteilung darüber, auf welche Weise das U-Boot von der CIA gefunden worden war. Auch erkannte Hersh erst sehr viel später, dass sein Gewährsmann das sowjetische U-Boot im falschen Ozean lokalisiert hatte. Doch vor ihm lag in Umrissen, was für Hersh die vollkommene Allegorie dafür zu sein schien, was mit den US-Geheimdiensten nicht in Ordnung war. Hier war ein Geheimdienst am Werk, der einen scheinbar unmöglichen Traum verfolgte und damit die Sowjets möglicherweise gerade in dem Augenblick verärgerte, in dem die offizielle Entspannungspolitik die schlimmsten Verkrampfungen des Kalten Kriegs zu lindern begann. Ja, gerade an diesem Tag hatten die Vereinigten Staaten und die Sowjetunion gemeinsam einen Waffenstillstand in diesem Krieg gefordert, der an Jom Kippur im Nahen Osten ausgebrochen war.

Hersh versuchte es noch einmal bei seinen anderen Quellen, drängte und flehte. Doch seine Bemühungen erbrachten noch immer nicht genug Informationen. Dann, vier Monate nach dem konspirativen Abendessen, an einem Samstagabend Ende Januar 1974, landete Hersh einen Treffer. Er war auf einer Dinnerparty in Washington, einer jener Veranstaltungen, bei denen Beamte und Journalisten einander scheinbar näher kommen, dabei jedoch aufdringliche Fragen und Ausflüchte nur notdürftig mit Smalltalk kaschieren. In dieser Nacht plänkelte Hersh mit einem erst kürzlich pensionierten CIA-Mitarbeiter, als dessen Neigung zur Großtuerei die Oberhand gewann.

Ironisch lächelnd, seiner Stimme die angemessene Portion Spott beimischend, fragte Hersh mit der Attitüde eines Insiders, warum sich irgendjemand die Mühe machen wollte, irgendein altes U-Boot vom Grund des Meeres zu bergen. Er achtete darauf, dass er auch den Namen »Jennifer« in seinem Satz unterbrachte. Später sollte er gestehen, dass er nur großtat.

Der frühere Beamte ließ sich nichts anmerken, zeigte weder Verärgerung noch Besorgnis noch bekundete er Anerkennung. Doch Hersh hatte einen Nerv getroffen. Es konnte nicht anders sein, denn sobald die Party vorüber war, rief der Beamte bei William E. Colby an, der nur fünf Monate lang Direktor der CIA gewesen war.

Die Neuigkeit, dass Hersh etwas über »Projekt Jennifer« wusste, schlug in der CIA wie eine Bombe ein. Colby wusste, dass Hersh den Pulitzer-Preis für die Geschichte erhalten hatte, in der er das Massaker von My Lai in Vietnam ans Tageslicht gebracht hatte, und der Direktor hielt ihn für ein »gutes Fährtenfrettchen«. Colby war außerdem klar, dass nach sechs Jahren Planung und Vorbereitung ihm sein Geheimnis entrissen zu werden drohte.

Anders als Hershs Informant ihm mitgeteilt hatte, befand sich das riesige Schiff, das für das Projekt in Auftrag gegeben worden war, noch nicht auf See. Doch war es inzwischen von Howard Hughes' Summa Corporation fertig gestellt worden. Getauft auf den Namen *Glomar Explorer* hatte es eine Länge von drei Fußballfeldern, und seine Decks waren vollgestopft mit computergesteuerten Geräten, Flaschenzügen und Kränen, deren ausschließliche Aufgabe es war, gigantische, mit Greifern versehene Ausleger über 5000 Meter tief bis hinunter auf den Meeresboden auszufahren, um dort das verlorene sowjetische U-Boot zu packen und an die Oberfläche zu holen. Nur ein paar abschließende Tests mussten noch durchgeführt werden, bevor die *Glomar Explorer* bereit war, »Projekt Jennifer« in Angriff zu nehmen. Noch fünf Monate, und die CIA würde den ersten Bergungsversuch unternehmen können.

Die Idee von der Bergung hatte sich durchgesetzt trotz des Widerstandes der beiden Männer, denen das Auffinden der Golf in erster Linie zu verdanken war: Kapitän zur See James Bradley, der in einem Monat in den Ruhestand gehen würde, und John Craven, der bereits pensioniert war. Bradley und Craven vertraten noch immer die Auffassung, dass das sowjetische 50er-Jahre-Boot unter militärtechnischen Gesichtspunkten nur wenig Relevantes zu bieten hatte. Schon gar nichts rechtfertigte die immensen Kosten und die zweifelhaften Aussichten auf eine erfolgreiche Bergung. Stattdessen hatten die beiden Männer einen weit einfacheren und weniger riskanten Plan vorgelegt, um die wertvollsten Schätze aus der Golf zu holen: die Entwicklung unbemannter Tieftauchgeräte, mit deren Hilfe man

Löcher in die Außenhülle des U-Boots sprengen und dann die Gefechtsköpfe, Fernmeldeeinrichtungen und Chiffrieranlagen herausholen würde, die einzigen Gegenstände an Bord der Golf, die wirklich von Belang waren.

Inzwischen schien immer deutlicher zu Tage zu treten, dass ihr behutsamerer Vorschlag sehr weise war. Die Sowjets nutzten die U-Boote der Golf-Klasse kaum noch. Vielmehr hatten sie den Aufbau einer Flotte, bestehend aus 34 U-Booten der Yankee-Klasse, fast zum Abschluss gebracht, und die Einführung der sogar noch todbringenderen Delta-Klasse stand unmittelbar bevor. Die ersten Deltas hatten bereits das Erprobungsstadium auf See erreicht und sollten 1974 für Patrouillenzwecke in Dienst gestellt werden. Der Bau weiterer zwei oder drei Dutzend dieser U-Boote war geplant. Die Deltas hatten Raketen an Bord, die fast 8000 Kilometer zurücklegen konnten und damit die fast sechsfache Distanz der antiquierten Flugkörper, die sich noch auf der Golf befanden.

Bradley und andere Mitarbeiter des Marinenachrichtendienstes waren außerdem der Auffassung, dass die US-amerikanische U-Boot-Flotte langsam begriffen hatte, wie man sowjetische U-Boote auf See verfolgt, und sie hielten eine derartige Verzweiflungstat wie die Bergung der Golf für überflüssig. Inzwischen befanden sich fast immer zwei oder drei Yankees im Atlantik, und das SOSUS-Netz war gut genug kalibriert, um sie ausfindig zu machen, sobald sie sich in dem Wettkampf jeder gegen jeden durch ihre Patrouillenzonen bewegten, die auch »Yankee-Planquadrate« genannt wurden und sich südöstlich der Bermuda-Inseln und westlich der Azoren befanden. Ja, inzwischen waren noch weitere SOSUS-Stationen eingerichtet worden, und US-Kriegsschiffe zogen in Gebieten, in denen SOSUS taub war, Schleppsonare hinter sich her. Der Marinenachrichtendienst hatte außerdem »operative Nachrichtenzentralen« an beiden Küsten, in Europa und Japan, ins Leben gerufen, die alle hereinkommenden Daten von sowjetischen U-Boot-Bewegungen zueinander in Beziehung setzten und täglich auf den neuesten Stand brachten. Während des Jom-Kippur-Kriegs war es den Vereinigten Staaten gelungen, 26 sowjetischen Raketen- und Angriffs-U-Booten im Mittelmeer auf den Fersen zu bleiben, wobei ein US-Angriffs-U-Boot die Verantwortung für die Verfolgung ans nächste weitergab und auf diese Weise dafür sorgte, dass jedes einzelne sowjetische U-Boot des Verbands ständig unter Beobachtung stand.

Doch der elaborierte Plan der CIA für die Bergung der Golf gefiel Nixon und Kissinger, der inzwischen Außenminister war, noch immer. Sie standen so fest zu der Entscheidung, das gesamte U-Boot zu heben, dass ihre letzten Genehmigungen pünktlich zum gewünschten Zeitpunkt eintrafen. Mehrere wichtige Kongressmitglieder waren ebenfalls gebrieft worden.

Es war sehr bemerkenswert, dass das Geheimnis über die gesamte Bauzeit der gewaltigen *Glomar Explorer* hinweg gewahrt werden konnte. Nun war das Schiff offensichtlich gut getarnt durch eine Vertuschungsgeschichte, die die CIA für genial hielt: Der berühmteste und reichste Exzentriker des Landes hatte die *Glomar Explorer* gebaut, um sich das Monopol beim Abbau von Manganklümpchen zu sichern, Mineralbrocken von der Größe eines Golfballs, die auf dem Meeresboden lagen. Das Unterfangen, so hieß es, war teuer, und es gab weit einfachere Möglichkeiten, um Mangan abzubauen. Doch niemand wunderte sich darüber, dass Hughes bereit war, so große Risiken einzugehen, um den neuen Markt unter seine Kontrolle zu bringen. Auch die Geheimniskrämerei, die das Projekt umgab, überraschte niemanden. Hughes war ein bekannter Paranoiker, und Geheimhaltung machte seine Luftfahrt-, Öl- und Hotelimperien zu dem, was sie waren.

Doch Hersh war die Vertuschungsgeschichte gar nicht erst zu Ohren gekommen. Mit einem einzigen entscheidenden Interview hatte er sie hinter sich gelassen. Colby, der, wenn er unter Druck stand, an sich für seine geradezu sprichwörtliche Ruhe bekannt war, wurde sehr nervös. Wenn in den Zeitungen jetzt eine Geschichte auftauchte, dann konnte sie das Ende der ganzen Mission bedeuten, noch bevor die *Glomar Explorer* überhaupt in See gestochen war.

CIA-Juristen hatten selbstverständlich Gutachten erstellt, die den Versuch der Vereinigten Staaten, sowjetischen Besitz mitten aus dem Ozean zu bergen, auf rechtlich tragfähige Fundamente stellten. Doch diese Gutachten – die im Zusammenhang mit jeder verdeckten Aktion angefertigt wurden – dienten nur dem Zweck, das Vorhaben vor der Öffentlichkeit zu leugnen. Ob mit oder ohne rechtliche Legitimation, Colby wusste sehr wohl, dass ein gesunkenes Kriegsschiff nach internationalem Recht immer dem Land gehörte, unter dessen Flagge es gefahren war.

Colby konnte Hersh keinen Maulkorb anlegen, nicht auf legalem Weg. Doch er konnte ihn beschwatzen. Und genau das wollte er tun, als er Hersh im Washingtoner Büro der *Times* aufsuchte.

Zwischen Hersh und Colby lagen eine Generation und ein Weltkrieg, und beides stellte damals eine Kluft dar, in der man ganze Galaxien hätte verschwinden lassen können. Der 54-jährige Colby war während des Zweiten Weltkriegs zum Geheimdienst gekommen, in einer Zeit, als Journalisten und Romanschriftsteller noch die romantischsten Bilder von den Spionen einer Nation, von ihrem Wagemut und ihrem Elan zeichneten. Hersh hingegen war als Reporter der Associated Press, einer US-amerikanischen Nachrichtenagentur, praktisch aus dem Pentagon geworfen worden, als er während des Vietnamkriegs ohne Unterlass und mit feindseliger Haltung das Vorgehen der Militärs in Frage gestellt hatte.

Nun stand Colby vor Hersh und hoffte, mit ihm handelseinig zu werden. Er sei zu dem Schluss gekommen, so erklärte er, dass nur dann die öffentliche Unterstützung für die Geheimdienstarbeit aufrechterhalten werden könne, wenn man sie, wie er es ausdrückte, »aus dem Schatten holte«. Was seine Person betraf, so hielt Hersh Colby »im Wesentlichen für ehrlich«. Er war außerdem der Auffassung, dass sich dies für einen CIA-Direktor, der es unter den CIA-Veteranen auch mit Vertretern der harten Linie zu tun hatte, vermutlich ungünstig auswirkte.

Also setzten sich die beiden Männer hin, um miteinander zu

sprechen. Der Direktor wollte, dass Hersh seine Geschichte zurückhielt und aufhörte zu wühlen, ja überhaupt von jeglicher Erwähnung von »Projekt Jennifer« absah. Hersh hörte Colby zu in dem Wissen, dass er längst noch nicht genug Material hatte, um es zu veröffentlichen. Dennoch bot sich hier eine Gelegenheit. Also sagte Hersh, dass Watergate ihn in nächster Zeit wohl zu sehr beschäftigen würde, als dass er sich, wenigstens in den nächsten paar Monaten, weiter »Projekt Jennifer« widmen konnte. Nachdem er ein wenig vorgetäuscht hatte, weit mehr über die Angelegenheit zu wissen, als tatsächlich der Fall war, gab Hersh dem Gespräch eine neue Richtung. Hersh wollte Einzelheiten über die Rolle wissen, die die CIA im Zusammenhang mit Watergate gespielt hatte.

Colby beantwortete Hershs Fragen bereitwillig und verließ die *Times* in der Überzeugung, dass er wenigstens zwei oder drei Monate Stillschweigen erkauft hatte. In der Tat war Hersh noch immer ganz und gar von dem Präsidentenskandal in Anspruch genommen, als die *Glomar* fünf Monate später auslief, und der Reporter schrieb noch immer über Watergate, als sie in diesem Juli über dem sowjetischen U-Boot schwebte, das sich auf dem Grund des Meeres an einer Stelle 2700 Kilometer nordwestlich von Hawaii befand.

Für Colby schien es offensichtlich, dass Hersh sein Geheimnis bewahrt hatte. Im Verlauf der nächsten paar Wochen erhielt er Berichte, dass es lediglich sowjetische Handelsschiffe waren, die in einiger Entfernung an der *Glomar* vorbeifuhren. Trotzdem fürchtete ein Großteil der *Glomar*-Besatzung, dass die Sowjets herausfinden könnten, was sich hier tatsächlich abspielte. Die meisten Crewmitglieder waren raue Gesellen, die man von amerikanischen Ölfeldern abgeworben hatte, weil sie allein mit den riesigen Kränen und der übrigen Bergungsmaschinerie der *Glomar* umgehen konnten. Keiner der Männer sehnte sich nach einem Zusammenstoß mit den Russen. Die Männer wollten ihre Arbeit tun und dann wieder nach Hause fahren.

Neue Fotos, die von der *Glomar* herabgelassene Kameras schossen, zeigten, dass sich die Golf noch immer mehr oder weniger im gleichen Zustand befand wie damals, als die *Halibut* sie sechs Jahre zuvor gefunden hatte. Das sowjetische U-Boot neigte sich nach Steuerbord. Aufnahmen, die durch offene oder beschädigte Klappen hindurch gemacht worden waren, verdeutlichten, dass noch ein intakter Atomsprengkopf vorhanden war. Die anderen beiden waren beim Sinken des U-Boots beschädigt worden.

Mit Ausnahme eines Lochs, das einen Durchmesser von fast drei Metern hatte, sich direkt hinter dem Kommandoturm befand und wahrscheinlich von der Explosion herrührte, die zum Sinken des Schiffs geführt hatte, schien die Golf intakt zu sein. Dennoch, mit großer Wahrscheinlichkeit war das U-Boot äußerst zerbrechlich. Die Navy hatte errechnet, dass die Golf mit einer Geschwindigkeit von etwa 200 Knoten auf den Meeresboden aufgelaufen war. Ein solcher Aufprall konnte leicht dazu führen, dass sie innerhalb der äußeren Stahlplatten ganz und gar zerbrochen war. Diese Möglichkeit stellte einen der Hauptgründe dar, der Bradley und Craven veranlasst hatte, auf eine nur begrenzte Bergungsaktion zu drängen.

Doch im Augenblick bestand die größte Hürde zunächst darin, das U-Boot überhaupt zu erreichen. Dies war eine Aufgabe, die der Mann, der die Mannschaft der *Glomar* angeworben hatte, mit dem Aufheben eines 7,50 Meter langen Stahlrohrs mittels einer Trosse verglich, die vom Dach des 110 Stockwerke hohen World Trade Center bei stockdunkler Nacht und bei anhaltendem Wirbelsturm herabgelassen wird.

Die Computer in der Operationszentrale der *Glomar* lieferten ununterbrochen Informationen, als die riesigen Greifer in die Tiefe hinabgesenkt wurden. Die Greifer und ihr stählerner Arm hatten nach einem klassischen Grubenarbeiterlied den Spitznamen »Clementine« erhalten. Tatsächlich glaubten ja wenigstens die Russen, dass ihr U-Boot »verloren und für immer dahingeschieden« (wie in dem Lied) war.

Der Arm glich einer gewaltigen Krake, die schließlich an einem kilometerlangen Ausleger hängen würde. Er verfügte über acht zupackende Greifer, von denen drei ein großes Stahlnetz steuerten. Der Ausleger bestand aus jeweils 20 Meter langen Rohren, die von den Männern der *Glomar* Stück für Stück zusammengesetzt wurden. Ein Ausleger aus dem Baukasten eines Riesen, der immer weiter in den Ozean hinabreichte! Später, wenn es so weit war, das U-Boot zu heben, würde die Crew die Greifer und das U-Boot hochholen, indem sie den Ausleger Stück für Stück wieder auseinander nahm.

Es dauerte Tage, »Clementine« auf den Meeresboden hinabzulassen, und noch einmal weitere Tage, bis die Greifer endlich direkt über dem U-Boot schwebten. Dann, als der Ausleger eine Länge von knapp 5000 Metern erreicht hatte, mühte sich die Mannschaft der *Glomar* mit Hilfe ihrer Computer ab, die Strömungen auszugleichen, damit das Stahlnetz, gehalten von drei der Greifer, direkt über dem Kommandoturm der Golf ausgebreitet werden konnte. Schließlich, als auf den Bildschirmen zu erkennen war, dass einer der Greifer das U-Boot berührte, versuchten die Männer den Arm näher heranzubringen, damit sich auch die übrigen Greifer um den Schiffsrumpf schließen konnten.

Doch die Männer hatten sich verrechnet, und »Clementine« landete krachend auf dem Meeresboden. Sie holten den Arm ein ganzes Stück weit wieder nach oben und studierten die Bilder, die nach oben ins Schiff übertragen wurden. Im trüben, nur teilweise erleuchteten Ozean sah der Arm erstaunlich unversehrt aus, so, als könne er noch immer greifen. Die Männer entschieden, »Clementine« für einen weiteren Versuch in die Tiefe zu schicken.

Wieder zielten sie und wieder breiteten sie zunächst das Stahlnetz über dem Kommandoturm aus. Diesmal gelangten auch die fünf übrigen Greifer in die richtige Position. Es sah alles so aus, als ob es der *Glomar Explorer* doch noch gelingen würde, ihren Fang einzuholen.

Zwei Meter pro Minute. In diesem Tempo wurde die Golf, 5000 Tonnen Stahl mit Wasser gefüllt, zur Meeresoberfläche hochgezogen. Die *Glomar* tauchte durch den Zug tiefer ins Wasser ein und fing an, unter der Belastung zu bocken. Die Besatzung wechselte das Gesprächsthema und unterhielt sich nicht mehr über den erhofften Fang, sondern über ein mögliches bevorstehendes Kentern.

Neun Stunden vergingen, und die Golf schwebte 1000 Meter über dem Meeresgrund. Weitere Zeit verstrich, und sie war 1500 Meter angehoben und noch immer rund 3500 Meter von der Oberfläche entfernt. Die nächste Minute versprach zwei weitere Meter Höhengewinn. Stattdessen brachte sie jedoch die schmerzliche Erkenntnis, dass die Golf niemals weiter nach oben gelangen würde.

Mit einem Ruck gaben drei der Greifer nach und brachen ab. Vermutlich waren sie doch bei dem Aufprall auf den Meeresboden, der schon viele Stunden zurücklag, beschädigt worden. Nun waren nur mehr zwei Greifer übrig und das Netz, die den vorderen Teil der Golf hielten. Der Rest des U-Boots hing frei mitten im Ozean und erwies sich innerhalb weniger Augenblicke als genauso zerbrechlich, wie Bradley und Craven es sechs Jahre zuvor vorhergesagt hatten. Der Stahl der Golf riss an den Nähten auf, bis sich der größere Teil des Schiffskörpers vom Rest, den Clementine noch im Griff hatte, völlig abtrennte und zurück ins Meer fiel. Mit hinab auf den Meeresboden glitten der intakte Atomsprengkopf, die Chiffrierbücher, die Chiffrieranlagen und die Fernmeldeeinrichtungen. All die Dinge, an denen der CIA am meisten gelegen war.

Es gab keine Feiern auf dem Rückweg nach Hause, kein Triumphgefühl, weil die *Glomar* ungefähr zehn Prozent eines sowjetischen U-Boots geborgen hatte. Der überwiegende Teil dieses Wrackteils war nach geheimdienstlichen Kriterien wertlos.

Die *Glomar* befand sich noch immer auf See, als am 8. August die Meldung kam, dass Präsident Nixon hatte zurücktreten müssen. Die *Air Force One* brachte Nixon zum letzten Mal zurück nach San Clemente, Kalifornien, und der überwiegende Teil der Mannschaft, die an dieser, vielleicht der letzten von ihm genehmigten geheimen Mission beteiligt war, machte für seine Demission die »verdammte Presse« verantwortlich.

In Washington ließ das politische Gewitter, das Hersh mit Arbeit überhäuft hatte, mit Nixons Rücktritt nach. Hersh hatte nichts von dem Bergungsversuch der *Glomar* und auch nichts von seinem Scheitern gehört. Und er wurde auch nicht gewarnt, dass die Unterwasserexperten der CIA Pläne für einen zweiten Versuch, die gesunkene Golf zu heben, aushecken wollten. Doch kaum hatte Nixon das Weiße Haus verlassen, arbeitete Hersh schon wieder an seiner Geheimdienststory weiter. Noch im Dezember dieses Jahres veröffentlichte er eine umfangreiche Enthüllungsgeschichte auf der Titelseite der *Times*, in der er die CIA anklagte, eine »gewaltige illegale Geheimdienstoperation im eigenen Land« durchgeführt zu haben, bei der sie Dossiers von über 10 000 oder mehr US-Bürger zusammengetragen hatte. CIA-Agenten, so hieß es in dem Artikel, hatten Kriegsgegner beschattet und Friedensinitiativen infiltriert.

Die CIA sollte sich nie mehr richtig von diesen Anklagen erholen. Hershs Story setzte eine Welle von Verurteilungen und Untersuchungen durch die Öffentlichkeit und den Kongress in Gang. Bei dem Versuch, mit den unvermeidlichen Nachforschungen der CIA freundlich gesinnte Politiker zu betrauen, stellte der neue Präsident, Gerald Ford, eine Kommission aus gemäßigten Persönlichkeiten zusammen, um Hershs Anklagen zu überprüfen. Diesmal jedoch drängten sich die jüngeren Kongressmitglieder an der alten Garde vorbei, die die CIA immer geschützt und darauf bestanden hatte, dass Parlament und Senat ihre eigenen Untersuchungen durchführen würden.

Colby und Hersh waren noch immer in die Folgen der inneramerikanischen Spionageaffäre verstrickt, als das »Projekt Jennifer« noch einmal mit einem Knall aus dem Dunkel auftauchte. Es geschah an einem Freitagnachmittag, am 7. Februar 1975. Die Frühausgabe der *Los Angeles Times* vom Folgetag schlug mit der sensationellen Nachricht vom Bergungsversuch, deren Schlagzeile die Titelseite füllte, ein wie eine Bombe: »USA hinter russischem U-Boot her / Verwicklung der CIA in Geschichte mit gesunkenem Schiff, Hughes packt aus.« Nachdem Hersh die Geschichte fast ein Jahr lang zurückgehalten hatte, kam ihm nun ein anderer Journalist zuvor. Die Story in der *Los Angeles Times* wies Fehler auf – sie behauptete, das gesunkene U-Boot befinde sich im Atlantik – und konnte nur mit wenigen Details aufwarten. Trotzdem, was Hersh betraf, so war seine Geschichte nun gedruckt, und er sah keinen Grund mehr, sich zurückzuhalten und auf die Veröffentlichung des vollständigen Berichts zu verzichten. Colby war gleichermaßen entschlossen, ihn genau davon abzuhalten.

Für Colby stand noch immer viel auf dem Spiel. Hersh wusste nicht, dass »Projekt Jennifer« alles andere als abgeschlossen war. Die CIA war im Begriff, einen zweiten Bergungsversuch zu wagen. Nach dem ersten kolossalen Scheitern ließ sich Colby von den technischen Experten der CIA überzeugen, dass die *Glomar Explorer* noch immer auf den Meeresboden greifen und dort wichtige Bestandteile der Golf ergattern konnte. Das Hughes-Schiff wurde bereits zu diesem Zweck umgerüstet und repariert, und der zweite Versuch sollte diesen Sommer stattfinden. Colby kam es so vor, als ob er mit Hersh genau da wieder anfangen musste, wo er bereits im Jahr zuvor schon einmal begonnen hatte.

Colby war davon überzeugt, dass die Sowjets die Geschichte in der *Los Angeles Times* vielleicht übersehen würden, wenn die ganze Angelegenheit von der Bildfläche verschwand. Doch wenn man sich der Story jetzt wieder zuwandte und Hersh sich mit einer besser recherchierten Wiedergabe der Fakten in die Bresche warf, möglicherweise auch noch mit einer genauen Lokalisierung der Golf, dann würde Colby die Operation abbrechen und die CIA ein weiteres Fiasko auf sich nehmen müssen, noch dazu eines mit gewaltigen Kosten.

Die CIA schickte sogleich zwei Agenten zum Herausgeber der *Los Angeles Times*. Ihre Botschaft war einfach: »Jennifer« war noch nicht vorbei, und zu viel Publicity würde die CIA daran hindern, den großen Fang tatsächlich einzufahren. Die Agenten erwähnten weder, dass es bereits einen gescheiterten Versuch gegeben hatte, noch wiesen sie darauf hin, dass Vorbereitungen für einen zweiten Versuch bereits im Gange waren.

Doch der Herausgeber stellte nicht zu viele Fragen – er versprach lediglich, die *Glomar*-Story auf Seite 18 der Hauptausgabe seiner Zeitung zu verbannen und keine Folgegeschichten zu veröffentlichen, jedenfalls nicht in nächster Zeit.

Dann rief Colby den Herausgeber der *New York Times* an und bat ihn, Hersh in Sachen »Projekt Jennifer« ein wenig zu bremsen. Außerdem erwiderte er einen Anruf von Hersh und sagte ihm: »Sie sind erstklassig in dieser Angelegenheit, seit langem schon.«

Doch Schmeicheleien hielten Hersh nicht davon ab, nun tiefer in die Geschichte einzusteigen, und andere Reporter warfen sich ebenfalls darauf. Also entschloss sich Colby zu einem verzweifelten Schritt, der in den Annalen der CIA seinesgleichen sucht. Er entschloss sich, Dutzenden von Redakteuren und Verlegern, Rundfunk- und Fernsehmoderatoren und -produzenten Informationen über »Projekt Jennifer« zu geben und sie ein paar Details wissen zu lassen. Doch sein Opfer hatte einen Preis. Die Redakteure wurden gebeten, die Geschichte zurückzuhalten. Colby machte ein letztes Zugeständnis: Falls es so aussah, dass einer von ihnen sich nicht an das Embargo hielt, dann würde er all die anderen anrufen und ihnen grünes Licht geben.

Er wusste ganz genau, dass es fast so schwer sein würde, »Jennifer« aus den Zeitungen herauszuhalten wie einen Deckel auf einen Topf mit kochendem Wasser zu pressen. Er begann, von sich als von jemandem zu sprechen, der sich »im Mittelpunkt der seltsamsten Verschwörung der Stadt« befand.

Das bedeutete nicht, dass Colby seinen Mitverschwörern traute. Die CIA fing an, einige der Reporter zu überwachen, die an der Geschichte arbeiteten. Agenten zeichneten insgeheim die Gespräche der Journalisten auf, stellten Nachforschungen über ihre Herkunft an und bewerteten ihre Leistungen. Es wurden Dutzende geheimer Akten angelegt. Ein unidentifizierter Reporter von der Westküste etwa – Kodename E-14 –, wurde als »journalistischer Prostituierter« und als »schwerer Trinker« gebrandmarkt.

Doch vor allen anderen beobachteten Colby und seine Mannschaft Hersh. Sie verfolgten, mit wem er bei einer Reise an die Westküste sprach, wobei ihnen der Umstand zu Hilfe kam, dass die meisten Personen, die Hersh zu interviewen versuchte, Colby umgehend Bericht darüber erstatteten. Unter den Personen, zu denen Hersh Kontakt aufnahm, war auch John Craven, der inzwischen an der Universität von Hawaii lehrte. Obwohl sich Cravens Traum von einer Flotte kleiner Tiefseesuchboote durch die enormen Kosten der *Glomar Explorer* in Luft aufgelöst hatte, ging er nicht so weit, das Geheimnis zu verraten. »Was für ein Projekt?«, antwortete Craven, als Hersh ihm erklärte, wonach er auf der Suche war.

Dennoch stimmte Craven zu, sich in der darauf folgenden Woche mit Hersh im prunkvollen »Cosmos Club« in Washington, D. C., zu treffen. Der stellvertretende Marineminister drängte Craven herauszufinden, wer Hershs andere Quellen waren. Doch als sie dann zusammentrafen und bei mehreren Cocktails miteinander fochten und polternd ihre Meinungen austauschten, ließ keiner den anderen besonders tief in seine Karten blicken. Es wurde klar, dass Hersh die Geschichte bereits beisammen hatte, egal ob Craven ihm nun half oder nicht.

Dann schließlich, am 18. März, erklärte der für eine Presseagentur arbeitende Enthüllungsjournalist Jack Anderson, dass er sich nicht mehr an die Absprache halten und die Veröffentlichung der Geschichte in seiner Sendung im »Mutual Radio Network« vorbereiten würde. Colby stürzte herbei, doch Anderson weigerte sich, es sich noch einmal anders zu überlegen.

»Ich glaube nicht, dass die Regierung das Recht hat, eine solche Geldverschwendung zu decken«, sagte er später. »Ich habe andere Geschichten auf Geheiß der CIA zurückgehalten, doch diesmal handelte es sich einfach um die Vertuschung eines 350 Millionen Dollar teuren Misserfolgs – 350 Millionen Dollar, die im wahrsten Sinne des Wortes im Ozean verschwunden sind.« (Regierungsbeamte schätzten später die Gesamtkosten auf mehr als 500 Millionen Dollar.)

Die Story war veröffentlicht, und Hersh erhielt schließlich

doch noch die Gelegenheit, seinen sehr viel umfassenderen Bericht über »Projekt Jennifer« am folgenden Tag in der *New York Times* zu publizieren. Seine Schlagzeile lief über fünf Spalten und drei Zeilen: »CIA-Bergungsschiff hob Teil eines 1968 gesunkenen sowjetischen U-Boots, scheiterte mit der Bergung von Atom-Flugkörpern.« Das Wort »scheiterte« in der Schlagzeile reichte aus, um Colby schaudern zu lassen, und auch der weitere Verlauf der Story sorgte wohl kaum dafür, dass er sich besonders gut fühlte: »Die CIA hat nach Aussagen hoher Regierungsbeamter den Bau eines mehrere Millionen Dollar teuren Tiefseebergungsschiffes finanziert und es letzten Sommer bei einem erfolglosen Versuch eingesetzt, Wasserstoffsprengköpfe und Kodes aus einem im Pazifik gesunkenen sowjetischen U-Boot zu bergen.« Hersh stellte weiter fest, dass die CIA lediglich den unbedeutenden vorderen Teil der Golf gehoben hatte, und er führte die Einschätzungen zahlloser namentlich nicht genannter Kritiker auf, die allesamt die Auffassung vertraten, dass die Gelegenheit, »veraltete Chiffrierbücher und Flugkörper zu bergen, weder die hohen Kosten der Operation rechtfertige noch die potenzielle Gefährdung der amerikanisch-sowjetischen Entspannung«.

Alles in allem zeichnete die Geschichte ein nüchternes Bild der Verschwendung, was etliche Marineoffiziere stillschweigend begrüßten. Schließlich hatte die CIA versucht, in ihren angestammten Gewässern zu schwimmen, hatte ihnen ihren hoch geschätzten Fund gestohlen und dabei Hunderte Millionen Dollar aus dem Fenster geworfen. »Projekt Jennifer« war ein Reinfall, und in den Augen der Marine war es außerdem von Anfang an ein törichtes Vorhaben gewesen.

Hersh behauptete fälschlicherweise, dass siebzig Leichen mit dem Wrack gehoben worden waren, obwohl es sich tatsächlich nur um sechs handelte. Doch er gab auch einen Sachverhalt wieder, auf den Colby besonderen Wert gelegt hatte: Die CIA hatte eine Trauerfeier für die sowjetischen Toten abgehalten und sie auf Video gefilmt, für den Fall, dass die Sowjetunion jemals herausfand, dass es den Bergungsversuch gegeben hatte, und Informationen forderte.

Colby selbst hatte ganz und gar aufgehört, über die Angelegenheit zu sprechen, und rationalisierte sein verspätetes Schweigen als die einzige Möglichkeit zu verhindern, dass die Sowjets sich zu einer öffentlichen Stellungnahme veranlasst sahen. Diesen Punkt brachte er bei einem Besuch im Weißen Haus zur Sprache. In einem Exemplar der Memoiren von Nikita Chruschtschow zeigte er Präsident Ford die Stelle, wo Chruschtschow schrieb, dass er sich gezwungen sah, öffentlich Empörung zu zeigen und das Gipfeltreffen von 1960 abzusagen, als Eisenhower zugab, dass es sich bei den über der Sowjetunion kreisenden U-2-Jets um Spionageflugzeuge gehandelt hatte und nicht einfach um Wetterflugzeuge, die vom Kurs abgekommen waren.

Da die Ford-Administration Eisenhowers »Fehler« nicht wiederholen wollte, begegnete sie allen Anfragen über die *Glomar* mit einem strengen »Kein Kommentar«. Das war genau das, was die Sowjets wollten. Sie fingen an, aufgeregt Botschaften durch alle ihnen zur Verfügung stehenden Kanäle zu lancieren und die Vereinigten Staaten um Stillschweigen zu ersuchen – ihnen war alles recht, wenn nur die sowjetischen Bürger im Dunkeln gehalten wurden.* Ein sowjetischer Marineattaché

---

* Die Sowjets hatten tatsächlich gute Gründe, die Geschichte vertuschen zu wollen. Es war schon schlimm genug, ein U-Boot zu verlieren und es dann nicht wieder zu finden. Noch schlimmer war, dass die Amerikaner es entdeckt hatten und versuchten, es dem Ozean zu entreißen, und dass nicht einmal die besten sowjetischen Geheimdienstmitarbeiter davon in US-Zeitungen gelesen hatten. Die Tatsache, dass die Sowjets vor »Projekt Jennifer« gewarnt worden waren – und die Warnung ignoriert hatten –, machte die Angelegenheit noch beschämender. Als die *Glomar* Anfang 1974 zu ersten Tests auslief, hatte Anatolij Schturow, ein junger sowjetischer Offizier, seinen Chef Admiral N. Smirnow, den Kommandanten der Pazifikflotte, zu warnen versucht. Nach Schturows Auffassung war das verlorene sowjetische U-Boot der einzige wertvolle Gegenstand in dem Gebiet, in dem man die *Glomar Explorer* hatte operieren sehen. Inzwischen hatten sich die Sowjets ausgerechnet, wo ungefähr sich ihr vermisstes U-Boot befand.

Auch wenn Colbys Informationen besagten, dass keine feindlichen Fahrzeuge der *Glomar* nahe gekommen waren, Smirnow hatte sofort reagiert. Er schickte ein Hochgeschwindigkeitsüberwachungsschiff in das Gebiet. Es traf dort Monate zu früh, Monate vor dem tatsächlichen Bergungsversuch ein. Die Überwachungsmannschaft meldete nach Moskau, dass sie dort lediglich ein US-amerikanisches Schiff von »nicht nachvollziehbarer Beschaffenheit und der Größe eines Fußballfelds« und mit »Aufbauten, die an Bohrtürme erinnerten« gesehen hatte. Drei Tage später brach die *Glomar* nach Hawaii auf, und das Überwachungsschiff machte sich auf den Heimweg. (Fortsetzung nächste Seite)

trat auf einer Party an einen US-amerikanischen Kapitän zur See heran und bot ihm einen Handel an: Wenn die Vereinigten Staaten die Angelegenheit nicht mehr öffentlich zur Sprache brachten, würden die Sowjets es ebenfalls nicht tun. Kissinger führte ähnliche Gespräche, sorgte im Stillen für Schadensbegrenzung, als er dem sowjetischen Botschafter Anatolij Dobrynin unter anderem versprach, dass die CIA ihre Pläne für einen zweiten Bergungsversuch aufgeben würde. Kissinger nannte Dobrynin außerdem die Namen dreier junger U-Boot-Fahrer, deren Erkennungsmarken zusammen mit Teilen von sechs Leichen bei dem Bergungsversuch hochgeholt worden waren.

Damit schienen die Sowjets die Sache auf sich beruhen lassen zu wollen, und am Ende umgab Colbys Schweigen »Projekt Jennifer« mit so viel Rätselhaftigkeit, dass Mythos und Wirklichkeit sich kaum mehr voneinander trennen ließen. Die US-Regierung gab den Sowjets mehr detaillierte Informationen als der amerikanischen Öffentlichkeit und überließ es der Presse,

(Fortsetzung) Als die *Glomar* für einen weiteren Testlauf im März 1974 an den gleichen Ort zurückkehrte, überredete Schturow seine Vorgesetzten, ein weiteres Schiff zu schicken. Doch diesmal weigerten sich die Admirale, eines ihrer bestausgerüsteten Schiffe in den sturmumtosten winterlichen Nordpazifik zu entsenden, und stimmten lediglich zu, ein auf einer hydrographischen Expedition befindliches Schiff zu schicken, das bereits in See gestochen war. Dessen Kapitän kam zu dem Schluss, dass die *Glomar* nach Öl suchte, und verließ die Stelle bald wieder. Ein alter Schlepper übernahm die Bewachung, blieb jedoch nur zehn Tage. Als die *Glomar* schließlich im Juli mit der Bergung begann, bat Schturow erneut um ein Überwachungsschiff. Doch inzwischen interessierte sich niemand mehr für die Angelegenheit. Außerdem mochte sein Chef einfach nicht glauben, dass die Amerikaner über die Technologie für die Bergung eines U-Boots verfügten. Smirnow weigerte sich, das Thema noch einmal aufzugreifen, und behauptete, er habe kein Schiff übrig. Schturow, der versuchte, sich über den Dienstweg hinwegzusetzen, wurde mit einem Satz abgefertigt: »Ich weise Sie an, Ihre Aufmerksamkeit auf die qualitativ bessere Erfüllung planmäßiger Aufgaben zu richten.«

Schturow erfuhr nie, dass sein Boss einen entscheidenden, nachhaltigen Beweis in seinem Büro hatte. Eine Notiz war unter der Tür der sowjetischen Botschaft in Washington hindurchgeschoben worden. Auf ihr hieß es: »Bestimmte Dienste ergreifen Maßnahmen, um ein sowjetisches U-Boot zu heben, das im Pazifik gesunken ist.« Unterschrieben war sie mit: »Ein Wohlmeinender.« Die Botschaft schickte eine chiffrierte Kopie der Notiz nach Moskau, wo Beamte sie an niemanden anderen weiterreichten als an Admiral Smirnow, der sie unbeachtet in seinen Safe legte.

Die Geschichte blieb verborgen, bis die russische Zeitung *Iswestija* sie am 6. Juli 1992 in einem Bericht veröffentlichte.

die Lücke mit zum Teil äußerst ungenauen Berichten über die Expedition der *Glomar* zu füllen.

Fast alle Zeitungen und Zeitschriften berichteten, dass die Vereinigten Staaten das vordere Drittel des hundert Meter langen U-Boots erbeutet hatten. Ehemalige Marineangehörige sagen jedoch, dass lediglich ein elf Meter langes Stück an die Oberfläche gebracht wurde. Unter den als Erste berichtenden Zeitungen herrschte außerdem Verwirrung darüber, welcher Klasse das verlorene U-Boot angehörte. Die CIA und andere Regierungsquellen gaben nur widerwillig zu, dass das Objekt der ganzen Unternehmung ein antiquiertes Diesel-U-Boot war. Außerdem ließ die CIA eindeutig Falschinformationen bezüglich des Ortes, an dem die Golf gesunken war, durchsickern und erklärte Reportern, dass der Bergungsversuch 1200 Kilometer statt wie tatsächlich 2700 Kilometer nordwestlich von Hawaii stattgefunden hatte. Dies geschah vermutlich mit dem Ziel, die Russen auf eine falsche Spur zu locken.

Zuletzt, so schien es, gelang es der CIA sogar, einige Reporter davon zu überzeugen, dass »Projekt Jennifer« doch wenigstens teilweise erfolgreich war. Diesen Eindruck gewinnt man jedenfalls in Anbetracht der jüngeren Artikel.

Die Episode setzte unter Journalisten eine gewaltige Debatte darüber in Gang, ob Colbys Bemühungen, die Geschichte zu vertuschen, eine jener Situationen darstellten, bei der der Ausdruck »nationale Sicherheit« nicht verwendet wurde, um Geheimnisse von nationalem Belang zu bewahren, sondern um eine nationale Blamage zu verhindern. Wenn überhaupt, dann bewirkte Colbys Schachzug bei den meisten Journalisten lediglich, künftig Bitten von Geheimdienstmitarbeitern, solche Geschichten zurückzuhalten, mit wachsender Skepsis zu begegnen. Tatsächlich schrieben die meisten Reporter, dass »Projekt Jennifer« ein totaler Misserfolg war und dass die CIA sich große Mühe gegeben hatte, diesen Misserfolg zu kaschieren.

Hätte die Presse die ganze Wahrheit gekannt, sie hätte die CIA noch viel mehr fertiggemacht. In kürzlichen Interviews mit ehemaligen hochrangigen Marineangehörigen wurde deutlich, dass die CIA mit ihrer eklatantesten Unterschlagung ungeschoren davongekommen war: der Tatsache, dass Colbys hoch favorisierter Plan für einen zweiten Versuch von Anbeginn einfach haarsträubend war.

Ende 1974, mehrere Monate bevor Colby sich mühte, das *Glomar*-Geheimnis um eines zweiten Versuchs willen zu bewahren, hatte die Navy die USS *Seawolf* zum Grab der Golf geschickt. Die *Seawolf* war eben erst umgerüstet worden, damit die Navy neben der *Halibut* ein zweites U-Boot für »Sonderaufgaben« zur Verfügung hatte. Mit Unterstützung elektronischer »Fische«, die Kameras zu dem verlorenen U-Boot führten, sammelte die *Seawolf* Fotos, die zeigten, dass die Golf vollständig auseinander gebrochen war, nachdem die *Glomar* sie hatte fallen lassen. Nun bestand sie aus nichts als winzigen unidentifizierbaren Bruchstücken, ein ausgedehntes Mosaik, das den Meeresboden schmückte.

»Sie hat sich einfach aufgelöst, wie eine Alka-Seltzer im Wasser«, sagt ein ehemaliger hochrangiger Marineoffizier. »Sie hat sich quadratkilometerweit auf dem Meeresboden ausgebreitet.« Und ein anderer ehemaliger Marineoffizier ergänzt: »Sie war völlig zerschmettert. Die Meinung setzte sich durch, dass es keinen Sinn hatte, noch irgendetwas bergen zu wollen.«

Diese Männer behaupten, dass kaum noch Aussichten bestanden, relativ kleine Gegenstände wie Gefechtsköpfe, Chiffrieranlagen und Antennen zu finden. Und die Offiziere wunderten sich, dass die CIA diese Tatsache offenbar nicht akzeptieren wollte. Unter den Marineangehörigen, die mit ihrer Kritik an dem zweiten Bergungsversuch hervortraten, war auch Kapitän zur See Bradley, der, obwohl pensioniert, noch immer als Berater des Nationalen Büros für Unterwasseraufklärung und von Konteradmiral Bobby Ray Inman fungierte. Inman war seit September 1974 der neue Direktor des Marinenachrichtendiensts.

Doch die CIA verfolgte ihr Projekt dennoch weiter. Die einzige Konzession, die sie im Hinblick auf den offensichtlichen Zustand der Golf machte, war die Umrüstung der *Glomar-*

Greifer zu einer riesigen Schaufel. Die CIA hoffte, mehr oder weniger blind wichtige Teile aus den Bruchstücken zusammenzukehren.

Colby ließ die Herausgeber der Zeitungen nichts davon wissen. Er sagte lediglich, dass die CIA, wenn sie eine zweite Chance erhalten hätte, das U-Boot, wenigstens aber wichtige Bestandteile des Kommandoturms oder des Flugkörperschachts hätte bergen können. Später erklärte Colby, dass er sich nicht erinnerte, die *Seawolf*-Fotos überhaupt je zu Gesicht bekommen zu haben, und dass er sich stattdessen auf die Analysen seiner technischen Experten gestützt habe.

»Wir alle waren zutiefst davon überzeugt, wenn wir noch einmal zurückkehrten, dann würden wir auch etwas finden«, erklärte Colby. »Warum hätten wir es denn sonst versuchen sollen? Sonst wäre das ganze Unternehmen doch vollkommen sinnlos gewesen.«

Möglicherweise hat er die Tatsache, dass seine Experten alles andere als objektiv waren, nicht ausreichend in Betracht gezogen. Sie hatten Jahre lang mit »Projekt Jennifer« verbracht, waren für unglaubliche Kosten verantwortlich und am Ende vielleicht doch mehr um ihre persönliche Karriere besorgt als um das Leben der *Glomar*-Mannschaft. Colby selbst war sich darüber im Klaren, dass die CIA sich keine weitere Blöße leisten konnte, jedenfalls nicht, während sie politisch zugleich unter weiteren Enthüllungen zu leiden hatte.

Carl Duckett, der CIA-Leiter des *Glomar*-Projekts, ist gestorben, ohne noch einmal seine Meinung zu den Erfolgsaussichten der zweiten Phase von »Projekt Jennifer« kundzutun. Die CIA-Akten von »Projekt Jennifer« sind noch immer unter Verschluss. Und Ducketts Stellvertreter Zeke Zelmer hat sich geweigert, die Angelegenheit zu besprechen. Colby starb 1996, beharrte jedoch bis zum Schluss darauf, dass ein zweiter Bergungsversuch Gewinn bringend gewesen wäre.

Doch die ehemaligen Marineoffiziere sind davon überzeugt, dass die CIA mit verzweifelter Anstrengung an ihren eigenen Mythos sowie daran glauben wollte, dass der Sieg noch immer möglich gewesen wäre und dass sie das viele Geld doch nicht umsonst ausgegeben hatte.

Cravens Theorie ist noch unverblümter. »Es war einfach eine große, dicke Pflaume, die saftig aussah«, meint er. »Und sie ließen ein paar Kerle von der Leine, die, was den Ozean betraf, ein Haufen Amateure waren.«

In dieser Hinsicht stimmt Hersh mit Craven überein. Sein bereits geschliffener Zynismus nahm noch an Schärfe zu. Hersh beschäftigte sich in der Folge mit den regulären U-Boot-Operationen der Marine und veröffentlichte im Mai 1975 einen Bericht über »Holystone«, U-Boot-Verfolgungs- und Überwachungsmissionen in der Nähe sowjetischer Hoheitsgewässer.

Hersh enthüllte außerdem, dass zwischen US-amerikanischen und sowjetischen U-Booten eine Reihe von Kollisionen stattgefunden hatten und dass ein amerikanisches Spionage-U-Boot einmal kurz aufgelaufen war, als es sich dem Hafen von Wladiwostok näherte. Er zitierte darüber hinaus einige Beamte des Weißen Hauses und der CIA, die sich fragten, ob in Zeiten der Entspannung diese Flut US-amerikanischer U-Boote in sowjetischen Gewässern überhaupt sinnvoll sei. Nachdem seine Geschichte erschienen war, erhielt Hersh einen Anruf von einem Mann, der sich auf der *Gato* befunden hatte, als sie 1969 mit dem sowjetischen U-Boot der Hotel-Klasse zusammengestoßen war, und Hersh verfasste auch hierüber einen Artikel, der Anfang Juli erschien. Mittlerweile beschäftigte sich der Kongress mit Missständen beim Geheimdienst. Der Senat untersuchte unter der Führung von Frank Church, einem Demokraten aus Idaho, Vorfälle, die in einem CIA-Dokument enthalten waren, worin die CIA ihre eigenen Missstände katalogisiert hatte – angefangen bei der Inlandsspionage bis hin zu gescheiterten Mordanschlägen. Church hatte die einst stolze und unantastbare CIA bereits schwer getroffen, indem er sie als »wild gewordenen Elefanten« bezeichnete.

Doch die Geheimdienste machten sich mehr Sorgen über eine Überprüfung durch das Repräsentantenhaus, wo ein New Yorker Demokrat namens Otis G. Pike seine eigenen umfassenderen Nachforschungen anstellte und sich Kissinger, die Nationale Sicherheitsagentur, die CIA, das Bundeskriminalamt (FBI) und die Marine vornahm. Er machte sich außerdem daran, die U-Boot-Spionageoperationen der Marine genauer auszuwerten – etwas, was bisher, seit Beginn des Kalten Kriegs dreißig Jahre zuvor, kein Kongressmann versucht hatte.

Der 53jährige Pike war ein Einzelgänger und Spaßmacher, doch vor allem war er ordinär. Er trug immer nur alte Anzüge, die sich in unterschiedlich schlechtem, meist in sehr schlechtem Zustand befanden. Und er war ein Mann, der schon vor Jahren die Marine wegen ihrer extrem hohen Kosten aufgespießt hatte – mit karikierenden Beschreibungen von Admiralen, die Gefahrenzulage kassierten für die Risiken, denen sie sich an ihren Schreibtischen stellen müssen. Es war Pikes Untersuchung gewesen, die den Witz über Toilettenbrillen und Schraubenschlüssel, die das Militär Hunderte von Dollar kosten, in Umlauf gebracht hatte. Als er die parlamentarische Untersuchungskommission für Geheimdienstaktivitäten übernahm, setzte die Presse trotz der Tatsache, dass er in Princeton und an der Columbia University Jura studiert hatte, seit vielen Jahren dem Streitkräfteausschuss des Repräsentantenhauses angehörte und ein Marinekriegsheld war, auf ihn als einen totalen Außenseiter.

Pike versprach nun, dass er innerhalb von nur sechs Monaten die im Verlauf des Kalten Kriegs angestellten Spionageaktivitäten genau prüfen würde. Für die U-Boot-Flotte bedeutete dies, dass Pike drohte, seine Nase in alle möglichen Missionen zu stecken: U-Boot-Verfolgungsjagden, Eindringen in fremde Hoheitsgewässer, Kollisionen. Die Marine machte sich Sorgen, dass er ihre höchster Geheimhaltung unterworfenen Missionen an die Öffentlichkeit zerren könnte. Schließlich war es Pike gewesen, der die parlamentarische Untersuchungskommission zum *Pueblo*-Fiasko geleitet und festgestellt hatte, dass es bedeutende Mängel in Analyse und Planung waren, die das Spionageschiff vor der Küste von Nordkorea ins Unheil laufen ließen.

Ein anderer Kongressabgeordneter hätte eine derart ambitionierte Untersuchung vermutlich in eichengetäfelten Konferenzräumen geplant oder über einem Glas Scotch in einem jener Washingtons Privatklubs, die es nicht für nötig erachten, Preise auf ihren Getränkekarten abzudrucken. Doch Pike saß in Unterwäsche über einer Büchse Bier aus dem Supermarkt zusammen mit Aaron B. Donner, seinem langjährigen Kampagnenmanager, in der kleinen Wohnung in der Nähe des Capitol Hill, die sie in Washington, D. C., miteinander teilten, da ihre Familien noch immer auf Long Island wohnten. Sie heckten Strategien aus mit der Begeisterung von Studenten, die ihre erste Campusdemonstration planen. Pikes Charakter entsprechend kamen sie zu dem Schluss, dass sie den mächtigsten Geheimdienst der Nation mit einer Kosten-Nutzen-Analyse angreifen würden.

Pikes Kongresskommission setzte sich zusammen aus jungen Leuten, die zum Teil gerade frisch aus der Watergate-Untersuchungskommission kamen. Diese Männer brachten ein tiefes Misstrauen mit gegenüber dem politischen Establishment, Autoritäten und allem, was die Aufschrift »Geheim« trug. Sie waren absolut respektlos. Sie waren unverschämt. Sie waren Pikes Marodeure.

Sie fingen an, Fragen zu stellen: Was tun die Geheimdienste? Was kosten sie den Steuerzahler? Wie viel Nutzen ziehen sie aus der riesigen Menge Informationen, die sie sammeln? Und war nicht ein Großteil ihrer riskanten und teuren Unternehmungen einfach nur überflüssig?

Es lag nahe, mit dem »Projekt Jennifer« den Anfang zu machen. Pike schien es im besten Fall ein vollkommener Misserfolg zu sein oder absolute Zeit- und Geldverschwendung auf Staatskosten, ein Blankoscheck, ausgestellt für Howard Hughes' Firmen, vielleicht sogar ein politisches Geschäft. Wäre Craven in Pikes Ahnungen eingeweiht gewesen, er hätte sich gefreut. Als Pike anfing zu graben, griff Colby auf die Methoden zurück, die bei den Zeitungsherausgebern so gut funktioniert hatten und auch im Senat erfolgreich zu sein schienen. Er ließ sich ein wenig in die Karten sehen, genug, so hoffte er, um seine Kritiker für sich zu gewinnen. Für die von Pike anberaumte Voruntersuchung zum »Projekt Jennifer« planten Colby & Co. einen großen Auftritt und bestanden für die Verhandlung dessen, was man sehr wohl als das am schlechtesten gehütete Geheimnis des Landes hätte bezeichnen können, auf einem geschlossenen Raum.

Die Kongressabgeordneten hatten im Verhandlungsraum des Streitkräfteausschusses bereits mit ihrer Sitzung begonnen, als das CIA-Kontingent eintraf. Als Erstes trat eine kleine Abteilung sauertöpfisch blickender junger Männer ein, die alle dunkle Anzüge und etwas wie einen Knopf im Ohr trugen – die Kopfhörer ihrer Walkie-Talkies. Sie suchten den Raum mit elektronischen Geräten nach Wanzen in allen Ecken und unter Tischen und Stühlen ab. Pike und die übrigen Kongressabgeordneten sahen der lebhaften Theateraufführung wie gebannt zu.

Dann kam ein zweites, kleineres Kontingent von Agenten herein. Die Männer trugen große schwarze Koffer von der Art, wie Museen sie nutzen, um wertvolle Figurinen zu transportieren. Diese Herren überprüften den Raum ein zweites Mal, doch konnte sich keiner der Abgeordneten einen Reim darauf machen, was sie eigentlich suchten. Es war, als seien zwei Akte aufgeführt worden, damit die Kommission die Bedeutung des Augenblicks spürte. Das Theater zeigte Wirkung.

Schließlich betraten Colby und seine Adjutanten die Bühne und brachten den dritten Akt ins Rollen. Die Schnappverschlüsse der Koffer öffneten sich, CIA-Männer hoben behutsam große Plastiktüten heraus und breiteten sie auf einem langen Tisch vor den Kongressmännern aus. Die Kommissionsmitglieder beugten sich vor und blickten durch die durchsichtige Plastikfolie auf diese Gegenstände, die strengster Geheimhaltung unterlagen und unter Bewachung hierher gebracht worden waren.

Vielleicht ließ sich hier und da ein Räuspern vernehmen, doch die meisten Kommissionsmitglieder waren still. Tatsächlich wusste niemand so recht, was er sagen sollte. Die Gegenstände, die da so zeremoniell vor ihnen ausgebreitet worden waren, hätten ebenso nur eine gewöhnliche Sammlung von Metallbrocken sein können, die verdächtig nach rostigem Eisen aussahen.

Die Abgeordneten untersuchten die Brocken, täuschten Ehrfurcht vor. Ohne es zu wollen, hatten sie das überwältigende Gefühl, dass etwas Bedeutungsvolles geschah, als Colby feierlich verkündete, dass sie gerade Stücke eines sowjetischen U-Boots betrachteten. Erst später gestanden sie einander ein, dass das alles Mögliche hätte sein können, selbst beliebiger Schrott von einer Baustelle am Ende der Straße. Und auch was die CIA ihnen an Diagrammen und Karten präsentierte, war von keiner größeren Bedeutung. Was die Fragen nach Kosten und Nutzen betraf, wich ihnen Colby geschickt mit der vagen Erklärung aus, dass Gesamtsummen meist nicht bekannt waren, da die Finanzierung der einzelnen Projekte zur besseren Tarnung meist über andere, allgemeinere Budgets lief. Colby bot eine vollendete Vorstellung. Als die Show schließlich vorüber war, hatte nicht einer der Abgeordneten daran gedacht, Howard Hughes zur Sprache zu bringen.

Doch die Darbietung der CIA hatte bei den Kommissionsmitgliedern das bohrende Gefühl hinterlassen, dass sie hinters Licht geführt worden waren. Das Gefühl verschwand auch dann nicht, als Colby sie später mit einer Präsentation von Ausrüstungsgegenständen für Geheimagenten zu beeindrucken versuchte. Pikes rebellische Mitarbeiter waren entrüstet über die Eskapaden der CIA. Wenn Colby mit seiner Show zur Rechtfertigung der *Glomar Explorer* überhaupt etwas erreichte, dann lediglich, dass die Abgeordneten noch entschlossener waren als je zuvor, U-Boot-Spionagemissionen auf breiter Front zu untersuchen. Und Pikes Marodeure fingen an, sich mit denjenigen Themen zu beschäftigen, die Hersh bereits in seinen Berichten über »Holystone« und die *Gato*-Kollision aufgegriffen hatte.

In der Navy sprach es sich bald herum, dass Pike sich nicht an die alten Regeln, ja an gar keine Regeln hielt – er versuchte einen genauen Einblick in die geheimsten Operationen zu bekommen. Einige Admirale empfahlen, einfach zu mauern. Doch ein paar U-Boot-Fahrer, altgediente Angehörige der Mannschafts- und Unteroffiziersgrade, riefen die Kommission an und erzählten Geschichten über auflaufende U-Boote, gefälschte Patrouillenprotokolle und eine weitere Kollision, bei der ein sowjetisches U-Boot getroffen und vermutlich zum Sinken gebracht worden war.

Enthüllungen dieser Art hatte es noch nie gegeben. Nichts während Pikes Amtszeit im Streitkräfteausschuss hatte ihn auf so etwas vorbereitet. Die meisten Mitglieder dieses Ausschusses erfuhren wenig über U-Boote, wussten kaum etwas über die grundlegendsten Überwachungsoperationen. Bevor Watergate das alte Senioritätssystem des Kongresses zerschlagen hatte und einige der jüngeren Unruhestifter wie Pike aufgestiegen waren, war es der U-Boot-Flotte mehr oder weniger gestattet gewesen, ihre Operationen am Kongress »vorbeizusteuern«. Wenn wirklich einmal ein Nicken erforderlich gewesen war, wenn ein Programm durchgepeitscht werden sollte, gab es immer einen oder zwei Senatoren, auf die man zählen konnte – insbesondere den inzwischen verstorbenen Senator Richard B. Russell aus Georgia, der die meisten Geheimdienstprogramme in den 60er Jahren im Alleingang überwachte. (Oder wie Admiral Moorer, der die *Glomar*-Expedition als Chef der Seekriegsleitung und dann von 1967 bis 1974 als Vorsitzender der Vereinigten Stabschefs befürwortete, es ausdrückte: »Allgemein könnte man sagen, dass es in den 60er Jahren ausreichte, Senator Russell und sonst niemandem mitzuteilen, dass man etwas vorhatte, und es sickerte nie durch.«)

Wirklich interessant wurden die Dinge, als sich jemand mit der Beschreibung eines U-Boots meldete, das angeblich fähig war, Suchaktionen in der Tiefsee durchzuführen und sich auf dem Meeresboden niederzulassen. Danach dauerte es nicht mehr lange, bis Pikes Gremium von der Abhöranlage erfuhr, die auf dem Grund des Ochotskischen Meers Aufzeichnungen machte.

Der Informant gehörte zur handverlesenen Elite der Marine, war einer der Männer von der *Halibut* und hatte Angst. Er befand sich noch immer in der Marine und war noch immer an seine Geheimhaltungsverpflichtung gebunden. Er hätte mit niemandem sprechen dürfen, schon gar nicht mit einem Kongressabgeordneten, von dem bekannt war, dass er erst auf einen Gegenstand einschlug, dann genau den Preis nachrechnete und sich schließlich lautstark und öffentlich beschwerte, wenn er feststellte, dass er kaputt war. Die Bereitschaft zu reden war für jeden U-Boot-Fahrer ein riskantes Verhalten, das die Karriere zunichte machen konnte.

Pikes Leute taten, was sie konnten, um den Mann in Sicherheit zu wiegen. Sie baten ihn nur, auf das hinzuweisen, was sie untersuchen sollten. Die Untersuchung selbst, so versprachen sie, würde durch andere Mittel erfolgen. Sie würden das Pentagon direkt konfrontieren. Es erschien ihnen unsinnig, einen Mann niederen Ranges vor eine öffentliche Kommission zu zerren und einen wertvollen Informanten zu opfern.

Also redete der U-Boot-Fahrer – von der »Fledermaushöhle« und vom Ochotskischen Meer. Dann rief noch jemand an, der etwas mit »Sonderaufgaben« zu tun hatte. Letztlich zeigte sich, dass beide U-Boot-Fahrer in Wahrheit nach Antworten suchten, ähnlich wie die Besatzungsmitglieder der *Halibut*, als White sich auf Guam geweigert hatte, auf das U-Boot zurückzukehren. Sie wollten wissen, wozu das Eindringen in sowjetische Hoheitsgewässer und das Abhören von Telefonleitungen angesichts der gleichzeitig stattfindenden Abrüstungsgespräche, die ja genau solche Aktionen verhindern sollten, gut waren. Sie wollten wissen, warum man von ihnen verlangte, mitten in sowjetischen Meeren ein Ziel abzugeben. Sie wollten wissen, ob das U-Boot-Hauptquartier übereifrig und leichtsinnig war, ob ihr Leben für teilweise illegale Operationen aufs Spiel gesetzt wurde. Sie hatten sich einverstanden erklärt, sich dem Übel in den Weg zu stellen. Das akzeptierten sie. Aber sie wollten wissen, warum diese Risiken, warum solche Einsätze notwendig waren. Vor allem wollten sie wissen, warum sie in zwei der ältesten und lautesten U-Booten der Flotte in sowjetische Hoheitsgewässer geschickt wurden. Mittlerweile, um das Jahr 1975, hatte die *Halibut* ihre letzte Mission zum Abschluss gebracht und sollte nun außer Dienst gestellt werden. Die *Seawolf*, das U-Boot, das an die Stelle der *Halibut* treten sollte, erwies sich als noch schlimmere Kiste.

Pikes Team griff die besorgten Fragen der beiden U-Boot-Fahrer auf. Einem besonders engagierten von Pikes Mitarbeitern, Edward Roeder III., wurde die Führung übertragen. Admiral James L. Holloway III., der nun Chef der Seekriegsleitung war, kam mit Inman, dem Direktor des Marinenachrichtendienstes, über Kreuz.

Roeder war gerade 25 Jahre alt, ein ehemaliger freier Journalist, den die übrigen Mitglieder von Pikes Mannschaft als anstrengend, mürrisch und etwas übereifrig in seinem Bemühen empfanden, an Informationen heranzukommen. Die meisten Mitarbeiter fühlten sich abgestoßen, als er versuchte, mit einer Sekretärin auszugehen, die in der Nationalen Sicherheitsagentur arbeitete. Roeder machte sich Hoffnungen, dass sie ihn bei einem guten Abendessen oder einem Kaffee in Geheimsachen einweihen würde – ein Manöver, das sich als absoluter Fehlschlag erwies.

Doch gelang es Roeder immerhin, all der Geheimniskrämerei, die den hoch technisierten Unterwasserspionagekrieg umgab, ein menschliches Antlitz zu verleihen, und selbst seine Kritiker mussten zugeben, dass er eine schlaue Erklärung dafür gefunden hatte, wie die Geheimsachen von Jahrzehnten auch nach all jenen Vorfällen nicht an die Öffentlichkeit gelangen konnten, bei denen sich die Vereinigten Staaten und die Sowjetunion gegenseitig auf frischer Tat ertappt hatten. Roeder meinte, die Vereinigten Staaten und die Sowjetunion verhielten sich ähnlich wie zwei Männer, die in einem verräucherten Raum endlos Karten spielen. Beide betrügen, doch keiner darf den anderen offen bezichtigen, denn dann ist das Spiel vorbei.

Nun musste Roeder einen Weg finden, in eine Welt einzudringen, in der die US-Marine nicht nur ihre eigenen Methoden, sondern mit diesen auch die ihrer Feinde schützte. Worauf sich Roeder jedoch keinen Reim machen konnte, war Bobby Inman. Inman hatte sich bereits entschieden, Pike und seine Leute mit Fakten zu schockieren.

Inman ignorierte die eindeutigen Anspielungen innerhalb der Navy, dass er den Mund halten sollte, weil er vom Scheitern einer solchen Strategie überzeugt war. Erst ein paar Jahre zuvor hatte er Holloway als leitender Assistent gedient, als dieser noch stellvertretender Chef der Seekriegsleitung war. Es war Inmans Aufgabe gewesen, den Kongress und die Presse zu überwachen. Auch wenn in jenen Tagen die Unantastbarkeit von Marinegeheimsachen nur selten in Frage gestellt wurde, so musste doch auch die Navy Budgetanhörungen über sich ergehen lassen. Inman hatte miterlebt, wie Budgets in der Luft zerrissen wurden, wenn gut aussehende, schneidige Admirale, die sich mit ganzen Stäben von Adjutanten umgaben, jedoch über nur wenige Antworten verfügten, in die Anhörung hineinmarschiert waren. Andererseits hatte er beobachtet, wie Programme durchgebracht wurden, wenn sie dem Kongress von übergewichtigen, etwas ungepflegt erscheinenden und schroffen Offizieren ohne Entourage präsentiert worden waren, die jedoch wirkliche Informationen beisteuerten und sich einer angemessenen Höflichkeit befleißigten.

Nun trat Inman Roeder und dem Rest des Teams entgegen, ohne den üblichen auftrumpfenden Schneid des Marinesoldaten zur Schau zu stellen. Inman sah weder aus noch sprach er wie die übrigen Admirale. Stattdessen hatte er ein alltägliches Gesicht, war mager, geschmückt mit einer Hornbrille und gekleidet in eine Uniform mit abgetragenem Kragen, die ihm in solchem Maße zu groß war, dass die Sterne auf den Schultern des Admirals an die falsche Stelle rutschten. Pikes Mitarbeiter empfanden ihn als »auf Furcht erregende Weise gewitzt«. Doch am meisten erstaunte sie, dass der Chef des Marinenachrichtendienstes offenbar kooperationsbereit war. Inman hatte sich entschieden, jeglicher Kritik und ungewollten Aufmerksamkeit die Spitze zu nehmen, indem er Pike gab, was dieser wollte, jedenfalls einen großen Teil davon. Inman war bereit, Pike ausreichend Informationen zuzugestehen, um ihn für die grundlegende Sichtweise der Marine zu gewinnen: dass nämlich U-Boot-Operationen entscheidende Informationen lieferten, die auf keine andere Weise beschafft werden konnten, und dass sie in Wahrheit dazu beitrugen, eine Menge Geld zu sparen, indem sie die Marine bei der Entwicklung eines auf die genau definierte Bedrohung durch die Sowjets abgestimmten Bauprogramms unterstützten.

Mit dem Segen des Chefs der Seekriegsleitung kam Inman mit dem Versprechen zu Roeder, Nachforschungen über U-Boot-Kollisionen und Strandungen anzustellen. Inman versprach außerdem, sich mit dem Anzapfen des Kabels zu befassen. Er stellte jedoch eine Bedingung: Inman wollte Garantien dafür, dass keine der Informationen, die er lieferte, nach außen getragen wurde. Er bestand darauf, dass die wichtigsten Dokumente in einem so genannten 20-Minuten-Safe aufbewahrt werden mussten, der sich mit Hilfe eines Acetylenbrenners erst nach 20 Minuten gewaltsam öffnen ließ. Roeder versprach, den verlangten Safe zu benutzen, und auch, dass nur er die Kombination haben würde. Doch als er diese Forderung seinen Vorgesetzten in Pikes Mannschaft präsentierte, erklärten sie ihm, dass es einen solchen Safe gar nicht gab. Sie kamen außerdem rasch zu dem Schluss, dass Roeder sich selbst ein bisschen zu wichtig nahm. Mit großem Aplomb, vielleicht aus einem Ehrgefühl heraus, vielleicht aber auch nur aus Aufgeblasenheit trat Roeder über diesen Unstimmigkeiten zurück. Er war sich sicher, Inman würde wissen, dass er seinen Job im Namen der nationalen Sicherheit an den Nagel gehängt hatte.

Die Geste beeindruckte den Admiral tatsächlich, aber nicht genug, als dass er seine Bemühungen eingestellt hätte, Pike und seine Leute doch noch für sich zu gewinnen. Stattdessen ließ er seinen offenen und ehrlichen Charme einfach gegenüber Pike und dem Rest von dessen Leuten spielen. Sie trafen sich mehrmals im Allerheiligsten des Streitkräfteausschusses, einem Raum ohne Fenster, der so klein war, dass um den einen halben Meter breiten Konferenztisch kaum noch die Stühle passten. In dem Raum hing außerdem ständig eine Wolke abgestandenen Rauchs. Inman ignorierte die schmuddelige Umgebung und redete einfach. Er gestand, dass es zu wenig Koordination zwischen U-Boot-Operationen und der offiziellen politischen Mission der Entspannung gab. Indem er all dies ohne doppeldeutiges Gerede und Ausflüchte offenbarte, hob er sich ab von den üblichen Geheimdienstleuten und machte sich bei Pike und seiner Truppe beliebt.

Mit der Zeit versorgten Inman und seine Adjutanten Pike mit einer detaillierten Studie über die Missgeschicke von U-Booten. Es zeigte sich, dass es in den vorangegangenen zehn Jahren wenigstens zu neun Kollisionen mit feindlichen Fahrzeugen gekommen war und dass amerikanische Überwachungs-U-Boote möglicherweise mehr als 110mal entdeckt worden waren. Inman gab zu, dass ein paar U-Boot-Kapitäne ihre Patrouillenberichte fälschten, um die eingegangenen Risiken und die Entdeckung durch die Russen zu verbergen. Er setzte sogar ein paar Leute des Marinenachrichtendiensts auf die Vorfälle an, bei denen entweder die Berichte der an Bord befindlichen Spitzel oder abgefangene sowjetische Funksprüche den offiziellen Berichten der amerikanischen U-Boot-Kapitäne widersprachen. Inman persönlich weihte Pike in die Anzapfoperation im Ochotskischen Meer ein.

Am Ende sorgte dieser offene, magere Intellektuelle mit dem schiefen Lächeln dafür, dass er als Ziel nicht halb so attraktiv war wie Colby, Kissinger und ähnliche. Pikes Marodeure wandten sich vom Marinenachrichtendienst ab und den Methoden von Kissinger zu, um herauszufinden, wie herrisch dieser mit dem »40er Ausschuss« umgesprungen war und Außenpolitik betrieben hatte. Doch als Pike seinen Bericht Anfang 1976 zum Abschluss gebracht hatte, überzeugten die Ford-Administration und die Geheimdienste den Kongress davon, gegen seine Veröffentlichung zu stimmen. Eine Kopie kam dennoch in die Hände der Presse, und die *Village Voice* druckte den langen Bericht vollständig ab. Es zeigte sich jedoch, dass sich nur acht Absätze direkt mit der Marinespionage befassten und dass kein Wort über das Anzapfen des Kabels enthalten war. Stattdessen wurde allgemein auf die grundlegenden U-Boot-Überwachungsprogramme Bezug genommen, die Pike nun wichtig erschienen, und die Marine kam mit sanfter Schelte davon: »Die Einstufungen der Programme seitens der Navy als Unternehmungen mit ›geringem Risiko‹ sind unzutreffend«, schrieb Pikes Mannschaft. Weiter stellte sie fest, dass sich die Kommission Sorgen über die Risikobewertungen machte, die »ritualisiert und pro forma« seien und die Einstufung »gering« niemals überschritten. Die Kommission beklagte sich außerdem, dass man die Kapitäne der U-Boote, die in Kollisionen verwickelt gewesen waren, nie zur Verantwortung gezogen hatte.

Die Öffentlichkeit hatte ihre erste wirkliche Gelegenheit verpasst, die fortgesetzten Unterwasser-Geheimdienstoperationen zu evaluieren. Die Meisterspione der Marine machten so weiter wie bisher. Und für die U-Boot-Fahrer selbst hieß es auch weiterhin: Dienst und Stillschweigen, wie immer. Alle Operationen würden weitergehen. Die »Holystone«-Überwachungsoperationen würden in Zukunft unter dem Kodenamen »Navy Specials« laufen, das Kürzel für »Special Navy Control Program«. Und Inman und Vizeadmiral Robert L. J. Long, der oberste U-Boot-Fahrer der Marine, entschieden, dass sie sogar noch mehr Geld in das Anzapfen von Kabeln investieren würden. Sie wollten sich die Zustimmung Rickovers holen, um endlich ein modernes U-Boot der Spitzenklasse für diesen Job umzurüsten. Das Nationale Büro für Unterwasseraufklärung (NURO) – eine Verbindung aus CIA und Marinegeheimdienst – hatte das *Glomar*-Fiasko überstanden. Doch würde die CIA nie wieder diese Art alltäglicher Kontrolle über alle Marinespionagemissionen haben. Stattdessen würde das Nationale Büro für Unterwasseraufklärung in eine für die U-Boote, die »Sonderaufgaben« übernehmen sollten, zuständige Instanz umgewandelt. Der Kongress bewilligte rasch das Geld für den neuesten Umbau. Allerdings sollte es ein paar Jahre dauern, das neue U-Boot fertig zu stellen.

Bis dahin war es die Aufgabe der armen und fast schrottreifen *Seawolf*, die Kabelanzapfoperation fortzusetzen. Obgleich ein paar U-Boot-Fahrer alles riskiert hatten, indem sie zu Pike gegangen waren, änderte sich wenig. Nichts würde diesen Missionen ein Ende setzen, auch der Umstand nicht, dass sie nun von einem U-Boot durchgeführt werden mussten, dass lauter war als alle anderen und von Anfang an vom Unglück verfolgt zu sein schien.*

Schon die Taufe der *Seawolf* war buchstäblich danebengegangen, als die Frau eines Kongressabgeordneten mit der Champagnerflasche das Schiff verfehlte. Es handelte sich um das gleiche Schiff, dem Craven Mitte der 60er Jahre schon einmal die Eignung für »Sonderaufgaben« abgesprochen hatte. Schließlich wurde es dennoch umgerüstet, weil Rickover keine rechte Verwendung für das U-Boot hatte, vor allem nicht, nachdem es bei einer Übungsfahrt 1968 auf einen unterseeischen Berg aufgelaufen war. Selbst nachdem die Marine die *Seawolf* mit entsprechenden Hightech-Tiefseevorrichtungen ausgerüstet hatte, machte sie dennoch vor allem aufgrund ihrer 50er-Jahre-Technik Aufhebens. Ihr kaum funktionstüchtiger Reaktor war so antiquiert, dass die Mannschaft Witze darüber riss. Falls die Sowjets das U-Boot jemals aufbringen sollten, würden sie ihr Atomprogramm in der Folge um 50 Jahre zurückfahren müssen, um mit den Amerikanern Schritt zu halten. Ebenso bemerkenswert war das Alarmsystem, das von den Männern den Namen »Bitch in the Box« (»Hure im Kasten«) erhalten hatte, weil es mit einer Frauenstimme sprach – der Stimme einer Telefonistin aus den 50er Jahren, die ausgewählt worden war, weil jemand in der Marine befunden hatte, dass sie beruhigend klang. Sie kündigte Feuer, eindringendes Wasser und andere Katastrophen an und redete, jedenfalls nach Auffassung der *Seawolf*-Crew, viel zu viel.

---

* Die *Seawolf* machte solchen Lärm, dass die Marine dazu überging, ihr ein zweites U-Boot ins Ochotskische Meer folgen zu lassen. Das andere Schiff sollte dafür sorgen, dass niemand die *Seawolf* verfolgte und noch lautere Ablenkmanöver einleiten, falls dies einmal erforderlich wurde.

Die Missgeschicke und die Missionen der *Seawolf* bewirkten, dass ihre Mannschaft sich hin und her gerissen fühlte zwischen äußerster Desillusionierung und höchstem Stolz. Die Eintragungen in einem der seltenen Tagebücher, das ein junges Besatzungsmitglied der *Seawolf* führte, lesen sich oft eher wie ein Beschwerdekatalog. Der junge Mann war sich dessen bewusst, dass es offensichtlich jedem in der Mannschaft verboten war, Aufzeichnungen über diese geheimste Missionen der Navy zu machen. Doch immerhin schrieb die *Seawolf* ja schließlich Geschichte, die Geschichte seines Landes und seine eigene, und er war entschlossen, dies festzuhalten.

Er beschreibt erfolgreiche Anzapfeinsätze in den Jahren 1976 und 1977. Ja, das Tagebuch fängt tatsächlich an wie ein Techno-Thriller: »20. Juni 1976 – Irgendwo vor San Francisco, Bestimmungsort: Russland. Kein Zweifel, auch wenn wir es eigentlich nicht wissen sollen – sonderbare Dinge haben sich ereignet und noch sonderbarere Dinge habe ich gesehen – dieses Buch gleich neben der Wachstation des Obersteuermanns – russische Küstenkarten mit Tiefenangaben und für den Lotsen eingezeichneten Bojen...«

In mancherlei Hinsicht war die *Seawolf* genauso wie jedes andere U-Boot. Ihre Crewmitglieder spielten ebenso boshaft »Pingen« wie die der übrigen Flotte, und sie hatten Spaß daran, sich gegenseitig mit ordinären Sätzen aufzuspießen, wie etwa: »Ich würde dir auch dann nicht ins Maul pissen, wenn deine Zähne brennen.« Und viele Eintragungen des Tagebuchschreibers legen Zeugnis ab über die Langeweile und die Einsamkeit des Lebens an Bord eines U-Boots, in dem die Außenwelt repräsentiert wurde vor allem durch stapelweise an Bord geschmuggelte Herrenmagazine und Sexromane, die Titel hatten wie *Mädchen, die wissen, was sie wollen*. Auf der *Seawolf* hatten die hochgeheimen kamerabestückten »Fische« die Spitznamen »Happy« und »Linda« erhalten, benannt nach *Happy Hooker*, einem US-Sexbuch, und Linda Lovelace, der Pornokönigin.

Die Monotonie wurde durch technische Pannen unterbrochen, die durch die Tatsache, dass es dazu meist mitten in sowjetischen Gewässern kam, noch gefährlicher wurden. Es gab Brände und Reaktorausfälle. Die Reaktortechniker waren wegen des fehlerhaften Reaktors so erschöpft, dass sie Aufputschmittel einnahmen, um überhaupt durchzuhalten. Die Schwierigkeiten mit dem Belüftungssystem der *Seawolf* nahmen einmal, als sie sich gerade vor Ort bei der Abhöranlage befand, solche Dimensionen an, dass die Mannschaft sich in die Zeit der *Gudgeon* zurückversetzt fühlte – es wurde sogar notwendig, Sauerstoff erzeugende Kerzen abzubrennen und dann zum Luftaustausch zu schnorcheln, während sie sich noch im sowjetischen Ochotskischen Meer befanden.

Bald nach diesem Vorfall tauschte der Tagebuchschreiber seine Sexromane gegen *Alive, The Story of the Andes Plane Crash Survivors* von Pears P. Read, einen Bericht der Überlebenden eines Flugzeugabsturzes, die zu Kannibalen geworden waren, um die schrecklichen Monate in den eiskalten Anden zu überleben. Er schwelgte in »Träumen von Rum und frischen Früchten«, als er weiter in sein Tagebuch kritzelte und sich dabei hinter dem Vorhang seiner Koje verbarg, dem einzigen Ort, der die Andeutung eines Privatlebens zuließ. Trotz der Publicity, die dem *Glomar*-Fiasko zuteil geworden war, trotz der Anhörungen durch den Kongress herrschte noch immer Geheimniskrämerei in der U-Boot-Flotte und insbesondere an Bord der *Seawolf*.

Also sorgte er dafür, dass sein Tagebuch gut versteckt blieb vor seinen Offizieren und vor den meisten seiner Mannschaftskameraden. Und am Ende zeigte er, dass er trotz der Brände und Reaktorausfälle von den Heldentaten seines U-Boots ebenso beeindruckt war wie Pike: »Habe rausgefunden, was wir hier tun – die Mission des Boots – unglaublich – wir sind vor Ort, endlich – muss es den USA wirklich lassen – sind doch nicht so dumm, wie man meint – das Land hat doch noch Mumm.«

10

Triumph und Niederlage

Richard L. Haver konnte besser als irgendjemand sonst in der Stadt eine Geschichte erzählen und eine Einsatzbesprechung leiten. Er war erst 33 Jahre alt, einer von vielen Abteilungsleitern beim Marinenachrichtendienst und noch dazu ein Zivilist, doch er war auch der hoch geschätzte Schützling von Bobby Inman, des Mannes, der im Alleingang seine schützende Hand über die U-Boot-Flotte gehalten hatte bei ihrer ersten Konfrontation mit Kritikern aus dem Kongress. Haver verfügte über die gleichen Fähigkeiten wie Inman, sein Publikum zu fesseln.

Admiral Stansfield Turner, der Direktor der CIA, wusste dies. Gleiches galt für Harold Brown, den Verteidigungsminister. Havers Begabung war schließlich der Grund, warum sie ihn an diesem Frühlingstag im Jahr 1978 zu dieser Einsatzbesprechung mit Präsident Jimmy Carter im »Situation Room« des Weißen Hauses mitgebracht hatten.

Turner machte die Einführung, während Haver sich die versammelten Männer ansah: den Präsidenten, Außenminister Cyrus Vance und Stabschef Hamilton Jordan. Vizepräsident Walter Mondale war ebenfalls zugegen, jedoch hatte er eben erst eine zwölftägige Reise nach Südostasien zu Ende gebracht und schien entsprechend müde. Haver machte sich keine Sorgen.

Er wusste, dass es Carters Aufmerksamkeit war, die er gewinnen musste, und dass Carter ein ehemaliger Atomtechniker und ein Gefolgsmann Rickovers war. Carter war Anfang der 50-er Jahre für das Atom-U-Boot-Programm ausgewählt worden, doch noch bevor die ersten Atom-U-Boote überhaupt in See stachen, starb Carters Vater, und er wurde nach Hause gerufen, um die Erdnussfarm der Familie zu übernehmen. Trotzdem hatte Carter nie aufgehört, Rickover als Mentor zu betrachten. Sogar der Titel seiner für die Präsidentschaftskampagne verfassten Biografie, *Warum nicht der Beste?*, leitete sich von einem Ausspruch ab, mit dem Rickover ihn und andere Offiziere ins Verhör genommen hatte. Was Haver betraf, so war er Nachrichtendienstoffizier gewesen, der an Luftaufklärungsflügen der Marine während des Vietnamkriegs teilgenommen hatte. In diesem Umfeld war ihm Inman, der die geheimdienstlichen Bemühungen der Navy zu Kriegszeiten beaufsichtigt hatte, zum ersten Mal begegnet.

Als Haver sich entschloss, seinen Abschied zu nehmen, war es Inman, der ihn zu überreden half, doch lieber ziviler Nachrichtendienstanalytiker zu werden als Jura zu studieren.

Jetzt war es Havers Aufgabe, Carter hinsichtlich der nuklearen Bedrohung durch die Sowjetunion auf den neuesten Stand zu bringen und außerdem eine Basis zu schaffen, um Carters Einverständnis für die Planung einer neuen Mission zu gewinnen, die waghalsiger war als alles, was jemals zuvor versucht worden war. Der Marinenachrichtendienst hatte herausgefunden, dass die Sowjets sich die knapp 8000 Kilometer Reichweite ihrer neuen Raketen an Bord der U-Boote der Delta-Klasse zu Nutze machten und Letztere außer Reichweite des amerikanischen SOSUS-Netzes unterhalb der Azoren im Südatlantik patrouillieren ließen oder sie in der Barentssee zurückhielten. Die Raketen-U-Boote in der Barentssee wurden ihrerseits wieder von Überwasserschiffen und von Angriffs-U-Booten geschützt – und sie waren über die Arktis hinweg nur einen Schuss weit von Washington, D. C., und anderen Zielen entfernt, die sich in einem Bogen von etwa South Carolina über Oklahoma nach Oregon erstreckten.

Haver versicherte Carter, dass die Geheimdienste und die Spionage-U-Boote sich bemühten, weitere Informationen zu sammeln und zu analysieren. Innerhalb des Marinenachrichtendienstes jedoch wurde ernsthaft darüber diskutiert, ob die

Entscheidung der Sowjets, ihre Unterseeboote in der Barentssee zurückzuhalten, einem tatsächlichen Strategiewechsel gleichkam oder ob es sich nur um eine vorübergehende Angelegenheit handelte. Haver gehörte zu jenen, die es für wahrscheinlich hielten, dass die Sowjets drauf und dran waren, den Vereinigten Staaten eine entscheidende nukleare Option zu entreißen.

Als die Yankee-U-Boote noch das Beste waren, was die Sowjetunion besaß, hatte sich nahezu jedes von ihnen, das in Reichweite der Vereinigten Staaten unterwegs war, auch in der Schusslinie eines verfolgenden US-amerikanischen U-Boots befunden. Wenn ein Krieg ausgebrochen wäre, dann hätten diese Überwachungs-U-Boote die sowjetischen Raketen-U-Boote versenkt, noch bevor sie einen einzigen Schuss hätten abgeben können. Wäre es dann dazu gekommen, dass beide Seiten ihre landgestützten Interkontinentalraketen abfeuerten, hätten nur die Vereinigten Staaten über eine in den Ozeanen verborgene Zweitschlagkapazität verfügt. Das war die Situation, auf die sich die Navy von Anbeginn vorbereitet hatte. Doch stützte sich diese Strategie auf drei Dinge: dass sowjetische Unterseeboote relativ laut blieben, dass sie nicht bemerkten, wie oft sie verfolgt wurden, und dass sie auch weiterhin in der offenen See patrouillierten, wo es überhaupt erst möglich war, sie zu verfolgen.

Doch als die Sowjets ihre Deltas in die Barentssee zurückholten, fingen Haver und einige andere an, die grundlegenden Annahmen, die hinter der US-amerikanischen Strategie standen, ernsthaft zu hinterfragen. Schließlich waren die Planer praktisch seit Beginn des Kalten Kriegs davon ausgegangen, dass die sowjetische Marine darauf aus war, die Vereinigten Staaten auf hoher See herauszufordern, dass sowjetische Angriffs-U-Boote in einem Krieg, so wie die Deutschen im Zweiten Weltkrieg, hauptsächlich versuchen würden, die US-amerikanischen Schiffe zu versenken, deren Aufgabe die Versorgung Europas war. Nun schien es plötzlich möglich, dass die Sowjets eine strategische Kehrtwendung vollziehen und dabei einen

Eckpfeiler der US-amerikanischen Nuklearstrategie kippen könnten.

Nachdem Haver den Präsidenten in diese Besorgnis erregenden Überlegungen eingeführt hatte, erinnerte er ihn daran, dass die Marine noch über eine andere außergewöhnliche Möglichkeit verfügte, die Sowjets genau im Auge zu behalten – das prekäre Anzapfen des Kabels im Ochotskischen Meer, dem Carter erst vor einem Jahr selbst zugestimmt hatte. Dann erläuterte Haver, welchen kühnen Schritt der Marinenachrichtendienst als nächsten in Erwägung zog.

Was wäre, wenn es den Vereinigten Staaten gelänge, ein Kabel im Atlantik anzuzapfen? Was wäre, wenn ein Unterseeboot ausgeschickt werden könnte, um eine Abhöranlage in der Barentssee zu installieren, mithin also genau dort, wo sich die neuen Bastionen sowjetischer Raketen-U-Boote befanden?

Der *Halibut* wäre eine derart gefährliche Operation niemals zuzumuten und auch der *Seawolf* nicht. Beide U-Boote waren bereits ausrangiert worden, bevor sie für Abhöroperationen überhaupt umgerüstet worden waren, und sie waren zu alt und zu laut, um sich in diese stark befahrenen Gewässer hineinzuschleichen. (In dem Augenblick, da diese Besprechung stattfand, hielt sich die *Seawolf* gerade im Pazifik auf und suchte nach Raketenfragmenten und damit nach einer Gelegenheit, um einen speziellen Bergungsgreifarm auszuprobieren, der neu an ihrem kamerabestückten »Fisch« montiert worden war.) Doch die Navy hatte nun endlich ein Boot, das solchen Aufgaben gewachsen war, ein neues U-Boot, das man eben erst umgebaut hatte, um Tiefseetaucher und die Ausrüstung aufzunehmen, mit deren Hilfe die Jungs vom Nachrichtendienst Leitungen abzuhören im Stande waren. Es handelte sich um die USS *Parche (SSN-683)*, das U-Boot, auf das Inman und Vizeadmiral Bob Long nach der Pike-Untersuchung gedrängt hatten. Sie war ein vier Jahre altes Angriffs-U-Boot der Sturgeon-Klasse, und sie war leiser, schneller und moderner als irgendein anderes Boot, das man bisher für »Sonderaufgaben« bereitgestellt hatte.* Die *Parche* verfügte über ein neues Lauschsystem, das moderne Abhöranlagen mit weit größerer Aufnahmekapazität zu unterstützten vermochte, und sie war leise genug, um sich direkt unter der mächtigen sowjetischen Nordflotte hindurch zu einem Kabel in der Barentssee zu schleichen und dort eine Abhöranlage zu installieren.

Während Haver sprach, verwandelte sich, was zuvor eine typische Einsatzbesprechung gewesen war, in einen Dialog zwischen Marineveteranen. Carter lehnte sich in seinem Stuhl so weit vor, dass einige der Männer im Raum sich schon fragten, ob er auf Havers Schoß enden würde. Es war offensichtlich, Carter war fasziniert, und fürs Erste war das genug. Haver und seine Vorgesetzten waren noch nicht auf eine formale Zustimmung für die Mission aus. Sie wollten nur wissen, ob Carter interessiert war, damit sie weiter planen konnten.

Sich so früh schon Stellungnahmen einzuholen, war im Umgang mit jedem Präsidenten eine gute Taktik. Aber in Carters Fall sprach sogar noch mehr dafür, langsam vorzugehen und gründlich auszuloten. Trotz seines Marinehintergrunds hatte Carter nach Möglichkeiten gesucht, Verteidigungsprogramme zu stutzen. Er war gegen ein neues Waffensystem eingestellt, das vom Pentagon vorangetrieben wurde, und er sprach sich so entschieden dafür aus, Frieden mit den Sowjets zu schließen, dass einige Militärs schon fürchteten, er könnte dem Kommunismus gegenüber vielleicht zu nachgiebig sein.

Jeder im Raum wusste, dass es mit sehr hohen Risiken verbunden war, die *Parche* in derart stark befahrene Gewässer zu schicken. In der Barentssee war die Wahrscheinlichkeit, dass sie

* Die *Parche* war eines der letzten neun gebauten U-Boote der Sturgeon-Klasse – diese neun Exemplare waren alle drei Meter länger als ihre Vorläufer und voll gestopft mit zusätzlichem Lauschgerät. Diese kleine Gruppe von U-Booten wurde als das Beste erachtet, was die Navy für Spionageoperationen je in Dienst gestellt hatte. Unter diesen legendären Überwachungs-U-Booten waren die USS *Archerfish (SSN-678)*, die USS *William H. Bates (SSN-680)* und die USS *Batfish (SSN-681)*. Die *Parche* zapfte Kabel an, doch die Übrigen zeichneten sich bei gewöhnlicheren Spionageoperationen aus und gewannen dort entscheidende Erkenntnisse, indem sie sich mit ausgefahrenen Antennen und Periskopen vor sowjetische Küsten schlichen.

entdeckt wurde und die Sowjetunion provozierte, weit größer als im trostlosen Ochotskischen Meer. Die *Parche* würden sich den Dutzenden sowjetischer Kriegsschiffe und U-Booten entziehen müssen, die sich unablässig durch die Barentssee wälzten. Aber das war noch nicht alles. Weil hier aus geografischen Gründen jedes Kabel parallel zur Küste verlaufen musste, würde die *Parche* die Abhöranlage auch mit großer Wahrscheinlichkeit innerhalb der sowjetischen Zwölf-Meilen-Zone und möglicherweise sogar innerhalb der international anerkannten Drei-Meilen-Zone installieren müssen.

Doch Haver hatte Carters Faszination stärker beschworen als dessen Vorsicht. Turner war hoch erfreut, als sich der Präsident schließlich bei ihnen für die Besprechung bedankte und darum bat, auf dem Laufenden gehalten zu werden. Es schien so, als habe Haver Carter nicht nur für die neue Mission gewonnen, sondern zugleich auch den Erfolg des Anzapfprogramms für die nächsten zehn Jahre gesichert.

Und dennoch, trotz der Freude, die alle verspürten, gab es da noch einen Grund zur Besorgnis, den Haver Carter gegenüber nicht erwähnt hatte. Haver konnte das nagende Gefühl nicht unterdrücken, dass die Strategieänderung und andere neuere Maßnahmen der Sowjets etwas Unheimliches an sich hatten. Es war fast so, als ob die Russen einen Weg gefunden hätten, die Gedanken der Amerikaner zu lesen. Nur gab es nicht hinreichend Beweise, um sicher sein zu können, keine klar erkennbaren Muster, nur Anzeichen in einer Serie von merkwürdigen Veränderungen sowjetischer Taktik und Strategie.

Zuerst ließen die Sowjets ihre Yankees und Deltas, die noch immer im Atlantik patrouillierten, in zunehmendem Maße von Angriffs-U-Booten eskortieren. Auf dem Weg in den Atlantik umkreisten die Angriffs-U-Boote die mächtigen Raketenunterseeschiffe, als ob sie nach NATO-U-Booten suchten, die vielleicht die Verfolgung aufgenommen hatten. Dann schienen plötzlich sowjetische U-Boote schon dort an Ort und Stelle zu warten, wo US-amerikanische Marineübungen anberaumt waren. Gelegentlich tauchten sowjetische U-Boote in Gewässern auf, wo US-amerikanische Übungen geplant gewesen, aber dann doch abgesagt worden waren. Ein andermal liefen sowjetische U-Boote mitten in US-amerikanische Übungen hinein, fast so als wollten sie herausfinden, wie die US-Streitkräfte reagieren würden. Und schließlich hatten sich auch die neueren sowjetischen Angriffs-U-Boote der Victor-III-Klasse, die gerade die ersten Testläufe absolvierten, als sehr leise erwiesen. Sie waren ihren Vorläufern vor allem in dieser Hinsicht weit überlegen und fast so gut wie US-amerikanische U-Boote. Es schien so, als hätten die Sowjets endlich begriffen, dass ein geringstmöglicher Geräuschpegel entscheidend sein konnte. Zuvor hatten sie sich scheinbar immer mehr auf die pure Quantität verlassen.

War all das Zufall? Oder litt das US-amerikanische Kommunikationssystem unter einer Funktionsstörung? Konnte es sein, dass da ein Spion war? Inman hatte Haver und einen weiteren Nachrichtenoffizier namens William O. Studeman zu den Flottenadmiralen geschickt, um sie um ihre Unterstützung bei der Suche nach einer möglichen undichten Stelle zu bitten. Doch die Admirale wollten nichts von einer solchen Möglichkeit hören. Es war undenkbar, dass ihre chiffrierten Informationen, kodiert vom besten System der Welt, in irgendeiner Weise kompromittiert waren.

Haver konnte nichts anderes tun, als seine Nachforschungen weiter voranzutreiben. Vielleicht würde die *Parche* etwas herausfinden, wenn es ihr tatsächlich gelang, ein Kabel in der Barentssee anzuzapfen. Haver würde warten müssen. Die Navy schickte, auf Drängen der Nationalen Sicherheitsagentur, die *Parche* zunächst einmal ins Ochotskische Meer, um dort direkt neben der ersten Abhörvorrichtung eine zweite anzubringen und so die Kapazität der Anlage erheblich zu erhöhen. Dieser Auftrag sollte zum Teil auch der Bewährung der *Parche* dienen, bevor sie in das andere, weit gefährlichere Meer aufbrach.

Die *Parche* erfüllte ihre Mission auf fast vollkommene Weise, und ihre Mannschaft war nicht wenig stolz. Die 140 Männer des neuen Boots zogen die Crew der *Seawolf* auf, die auseinander genommen im Trockendock lag. Sie gaben ihr den Spitznamen »Pierwelpe« und witzelten, dass ihre Männer, abgeleitet von ihrer Kennnummer, »Gebäude 575« zugewiesen waren. Doch die Mannschaft der *Seawolf* hatte jener der *Parche* den Spott bereits heimgezahlt: 1977 waren die Taucher der *Seawolf* auf den Gedanken gekommen, einen Rinderschädel neben der Abhöranlage zu befestigen, um den Tauchern der *Parche* einen gehörigen Schrecken einzujagen.

Beide U-Boote waren auf Mare Island stationiert, und ihre Mannschaften lebten abgeschieden auf der Ostseite eines alten Munitionsdepots in benachbarten Kasernen, die in Holzrahmenbauweise errichtet worden waren. Weder ihre unmittelbare Nähe zueinander noch ihr gemeinsamer Status verhinderte jedoch die ausgeprägte Rivalität zwischen den beiden Mannschaften, schon gar nicht jetzt, da die *Parche* vorankam und auf See hinausfuhr, während die Männer der *Seawolf* mit der undankbarsten Aufgabe betraut waren, die einer Mannschaft überhaupt nur abverlangt werden kann: der Schiffsüberholung. Ihre Arbeitszeiten waren fast ebenso lang wie auf See, und sie saßen schwitzend und verklebt in einer Werft fest, übernahmen Aufgaben, die eher Metallarbeitern anstanden als U-Boot-Fahrern. Ihre Frauen, Kinder und Freundinnen waren vor Ort, aber die Zeit, die sie mit ihnen verbringen konnten, war ärgerlich knapp bemessen. Stattdessen schufteten die Männer unermüdlich nach dem Motto der Werftarbeiter: »Abschrauben, reparieren, wieder anschrauben.«

Die Reaktorspezialisten hatte es am schwersten getroffen. In ihren kanarienvogelgelben Strahlenschutzanzügen war es ihre Aufgabe, ihr Boot in der Mitte auseinander zu schneiden, um den verbrauchten Reaktorkern zu entfernen und zu ersetzen. Die Aufgabe beinhaltete darüber hinaus so viel Schreibarbeit, dass sie ihr Tun mit der sarkastischen Bemerkung kommentierten: »Und wieder ein Baum, der um der Atomenergie willen gefällt werden muss.«

Rickovers Reaktorinspektoren, jene Männer, die von der Crew als »Schlangen« bezeichnet wurden, waren überall, und das Aufblitzen ihrer unverwechselbaren Helme reichte aus, um einen von Mann zu Mann weitergegebenen Alarm auszulösen. Dass sich »Schlangen an Bord« befanden, wurde rasch durch zwei wie ein V in die Höhe gehaltene Finger mitgeteilt.

Die Schiffsüberholung brachte einfach keinen Ruhm ein. Ja, da das Land so sehr gegen den Vietnamkrieg eingenommen war, wurde es immer schwerer, überhaupt noch stolz auf das Militär zu sein. Scheinbar hatte nicht einmal mehr die Regierung Respekt vor ihren Streitkräften. Der Marinesold hielt nicht Schritt mit der unaufhaltsamen Inflation, und die Zinsen für Kredite waren in den zweistelligen Bereich emporgeschnellt. Altgediente U-Boot-Fahrer verdienten ungefähr 15 000 Dollar im Jahr, Grundgehalt und Zuschläge zusammengenommen. In der Presse gab es Meldungen über Marineangehörige, die Lebensmittelmarken erhielten.* Es gab scheinbar nichts, wohin man sich flüchten konnte. Selbst das altehrwürdige »Horse & Cow« war inzwischen in eine Biker-Bar umgewandelt worden.

Die Mannschaft der *Seawolf* sah neidisch zu, als die *Parche* sich 1979 vorbereitete, erneut zu einer von Geheimniskrämerei

---

* Die schlechte Moral, die all dies verursachte, zeigte Auswirkungen auch auf die U-Boot-Flotte. Männer schieden in Rekordzahlen aus dem aktiven Dienst aus, was dazu führte, dass viele Mannschaften einen viel zu großen Rekrutenanteil aufwiesen. Dies und die Etatkürzungen, welche die Wartungsintervalle auf gefährliche Weise verlängerten, führten zu einer noch nie dagewesenen Serie von Unfällen. Fregattenkapitän E. J. »Buzz« Galbraith von der USS *Ray (SSN-653)* war sich dessen bewusst, dass er im September 1977 unter ungünstigen Bedingungen operierte. Seine Navigationsausrüstung bedurfte dringend der Überholung, seine Mannschaft war grün hinter den Ohren, und die *Ray* war unterwegs ins Mittelmeer, wo flache Gewässer, heikle Strömungen und sich ändernde Temperaturschichten selbst erfahrenen Männern das Navigieren schwer machten. Trotzdem glaubte Galbraith, als sie aus dem Hafen ausliefen, dass er die Verantwortung für seine Crew würde tragen können. Ihm wurde seine Fehleinschätzung am 20. September bewusst, als sein U-Boot über zwanzig Kilometer vom Kurs abkam und vor der Straße von Sizilien auf einen Korallenberg auflief. Der Zusammenprall war so heftig, dass seine Männer an die Bordwände geschleudert, das Hilfsdieselaggregat aus seiner Verankerung gerissen und der Stahlkegel, unter dem sich das Sonarsystem der *Ray* befand, zerdrückt wurden. Alles in allem führten Ende der 70er Jahre seemännische Fehler in der Atlantik-U-Boot-Flotte zu 14 größeren Zwischenfällen oder Unfällen – genug, dass sich der oberste Admiral der U-Boot-Flotten veranlasst fühlte, eine allgemeine Warnung auszusprechen.

umgebenen Mission aufzubrechen, zu jenem Einsatz, der Präsident Carter so sehr fasziniert hatte. Diesmal war sie endlich auf dem Weg in die Barentssee.

Sie würde eine Route befahren, die vermutlich niemals zuvor gewählt worden war, einen Weg, der all die sowjetischen Engpässe umging und dennoch der schwierigste und gefährlichste war, den es gab. Die *Parche* würde von San Francisco aus nach Norden fahren, vorbei an Alaska und durch die enge und flache Beringstraße, in der sich die amerikanische und die sowjetische Grenze fast berührten und wo das Eis ein U-Boot schneller zum Sinken bringen konnte als der Feind. Von dort aus würde sie unter der Eiskappe des Nordpols hindurchtauchen und dann wieder nach Süden in die Barentssee fahren. Alles in allem sollte die *Parche* mehr als 10 000 Kilometer zurücklegen, einen großen Teil davon im Verborgenen. Es gab gute Gründe anzunehmen, dass die Sowjets nicht auf den Gedanken kommen würden, die *Parche* könnte sich auf dieser Route in die Barentssee schleichen.

Eine weitere Vorsichtsmaßnahme wurde getroffen. Die *Parche* würde erst im Spätsommer aufbrechen, nachdem das Gipfeltreffen zwischen Carter und Breschnew schon lange vorüber war. Die beiden Politiker trafen sich am 18. Juni und unterschrieben den SALT-II-Vertrag, in dem sich beide Seiten einverstanden erklärten, die Zahl ihrer Raketenabschussanlagen zu begrenzen.

Zwei Wochen nach dem Gipfeltreffen hielt der Kommandant der *Parche*, John H. Maurer jr., seine eigene Konferenz ab – mit den Frauen seiner Mannschaftsmitglieder. Der Kapitän sorgte für Babysitter, Erfrischungsgetränke und eine Beschreibung des »erweiterten Einsatzes« der Männer, die sich im Wesentlichen auf die Termine für Abfahrt und Rückkehr beschränkte. Er gab an die Frauen Formulare für Familientelegramme aus, mit denen sie ihren Männern ein paar Mal während der drei Monate, die die *Parche* auf See zubringen würde, kurze Mitteilungen machen konnten, und eine zweiseitige Liste mit Telefonnummern für den Notfall, angefangen mit jener seiner Frau Carol bis hin zu denjenigen der Ärzte, Zahnärzte, der Feuerwehr und Polizei auf Mare Island. Er händigte den Frauen außerdem eine Checkliste aus mit all den Aufgaben, die ihnen nach Auffassung der Marine zufielen. Sie sollten wissen, wann das Auto in den Kundendienst musste, die Telefonnummern von Klempner und Elektriker ausfindig machen, dafür sorgen, dass ihre Männer nicht aufbrachen, ohne zuvor ein Testament gemacht zu haben. Als Gegenleistung wurde von den Frauen erwartet, dass sie ihre Männer für die erforderliche Zeit ziehen ließen.

Es gab die üblichen Tränen am Kai, als die *Parche* dann im August ablegte. Die magnetischen weißen Kennziffern, die sie als U-Boot Nummer 683 kennzeichneten, waren entfernt worden. Anonym fuhr die *Parche* unter der Golden-Gate-Brücke hindurch und tauchte.

Die Mannschaft befand sich nun in den Händen des Mannes, den sie »Kapitän Jack« nannten. Er hatte einen schweren, kräftigen Körper, und seine Crew verglich ihn mit einer Bulldogge, zugleich entschlossen und verspielt. Dieser Kapitän, der in den Torpedoraum hineinmarschierte und sich mit seinen Leuten im Armdrücken maß, hatte etwas an sich. Es gab einige, vor allem unter den Torpedoleuten, die verrückt genug waren, ihren Kapitän jedes Mal zu besiegen. Die Wettkämpfe im Armdrücken entwickelten sich rasch zu einem Ritual.

Maurer war für die Navy geboren, sein Vater ein Admiral. John H. Maurer sen. war Ende der 60er Jahre U-Boot-Kommandant im Pazifik gewesen, als die *Halibut* noch nach Raketenbruchstücken suchte und bevor sie am Meeresboden nach einem Kabel stocherte. Nun führte sein Sohn eine Mannschaft, die eine Spitzenbesetzung war mit lauter Oberbootsmännern, Obergefreiten und Top-Nachrichtendienstlern, an die bisher gefährlichste »Sonderaufgabe« heran.

Mit der Geheimhaltung hatte man es auf der *Seawolf* genau genommen, genauer noch als jemals auf der *Halibut*. Doch auf der *Parche* gewann die Geheimhaltung fast paranoide Züge. Die Mannschaft selbst hatte keine Ahnung, wohin sie unterwegs war. Den Männern war lediglich mitgeteilt worden, dass sie ausgeschickt wurden, um festzustellen, ob die *Parche* ihren Weg unter dem Eis hindurch und wieder zurück finden und dabei vielleicht auch ein paar Russen entdecken würde.

Als die *Parche* sich Alaska näherte, begann Maurer mit den Vorbereitungen, um die enge Beringstraße getaucht zu passieren. Hier war das Wasser nur 50 Meter tief und das Vorankommen riskant. In wenigen Monaten würde die Passage ohne die Unterstützung eines Eisbrechers unmöglich sein. Die Navigationsoffiziere und der Kapitän bestimmten den Kurs der *Parche* hinter zugezogenen Vorhängen.

Nachdem die *Parche* mit zwei bis drei Knoten durch die Meerenge geschlichen war, setzte sie ihren Weg nach Norden durch die Tschuktschensee fort. Hier war das Wasser ebenso flach, und das Eis schmolz nicht einmal im Sommer. Aus dem Weltall sahen dieses und andere Meere um den Nordpol aus wie ein Kaleidoskop, da Temperaturen und Salzgehalt die Wasserfarbe von einem Kilometer zum nächsten veränderten. Die Impulse, die das Sonar der *Parche* aussandte, prallten an den einzelnen Schichten ähnlich wie an festen Gegenständen ab, was dafür sorgte, dass Maurer und seine Crew sich fast blind vorkamen, wie in einem Flugzeug in dichtem Nebel.

Die Mannschaft manövrierte die *Parche* langsam vorwärts, fluchte bei dem Versuch, die Sonarimpulse zu entziffern, wobei sie nie ganz sicher sein konnte, ob etwas, das sich anhörte, als sei es direkt voraus, sich auf gleicher Höhe mit ihnen befand oder nicht doch ein paar Meter über ihnen war. Es gab keine Möglichkeit, dies aus sicherer Entfernung eindeutig festzustellen. Erst wenn sie sich dem Hindernis so weit genähert hatten, dass sie fast schon eine Kollision riskierten, war eine eindeutige Bestimmung möglich. Dennoch war die *Parche* nicht völlig hilflos. Die Navy hatte seit den 50er Jahren wenigstens einmal im Jahr ein U-Boot unter das Eis des Nordpols geschickt. Ein eigenes Labor war eingerichtet worden, um Meereis zu erforschen und Möglichkeiten zu finden, das Operieren in dieser fremden und schwierigen Umgebung zu erleichtern. Und die gesamte Sturgeon-Klasse war »eisfähig« gemacht worden; sie hatte nach vorn und nach oben gerichtete Sonaranlagen erhalten, um Kollisionen mit dem Eis zu vermeiden, war mit besonderen Auftriebsteueranlagen ausgerüstet und mit einer modifizierten Außenhülle versehen, die es den U-Booten gestattete, für ein Notauftauchen dünnes Eis zu durchbrechen.

Während dieser ersten Versuche in der Arktis musste die US-Marine feststellen, dass Sonarpings und der Paarungsruf einer dort heimischen Seehundart sich sehr stark ähnelten. Wenn die Seehunde das Pingen vernahmen – ein süßer Ton, der sich anhörte, als springe ein Sänger nur so über die Oktaven –, dann antworteten sie: ein Seehund dem U-Boot, ein zweiter Seehund dem ersten, ein dritter dem zweiten und so fort. Das Meer mit ihren Schreien aufwühlend, veranlassten die Seehunde Walrösser, ebenfalls einzustimmen, und diese wiederum bewirkten, dass weitere Walrösser ihren Beitrag zu dem Konzert leisteten. Nun bediente sich die *Parche* eines Sonars, dessen Pings sich für die einheimischen Säugetiere nicht mehr wie ein dringlicher Paarungswunsch anhörten.

Dennoch war die Passage laut. An allen Seiten war das U-Boot von schwimmenden Eisbrocken umgeben, die von größeren Eisflächen weiter oben im Norden abgebrochen waren. Diese Brocken hatten die unangenehme Neigung, sich mit anderen zu größeren Verbänden zusammenzuschließen oder an Küsten hängen zu bleiben und somit unter starkem Druck stehende Keile zu bilden, die weit hinab in die Tiefe reichten. Die *Parche* konnte leicht in Gegenden geraten, in dem zwischen diesen Druckkeilen und dem Meeresboden nicht mehr als anderthalb Meter Zwischenraum übrig blieb. Es war fast vollkommen unmöglich, durch das Packeis hindurch zu manövrieren, ohne hier und dort an Eisbrocken entlangzuschaben und damit ein Quietschen zu verursachen, das sich anhörte wie Fingernägel, die über eine Tafel kratzen. Die Eisbrocken waren schwer genug, um Propeller abzureißen und ein Schiff manövrierunfähig zu machen.

Die Mannschaft musste außerdem auf größere Eisberge achten, die häufig in südliche Richtung drifteten und riesige Hindernisse zwischen Grönland und Kanada wie auch auf der anderen Seite des Pols zwischen Grönland und Island darstellten. Es war ein Eisberg gewesen, der im Juni 1958 dem Versuch der USS *Nautilus*, die Eiskappe des Nordpols zu unterqueren, ein Ende bereitet hatte. (Doch war die *Nautilus* mit diesem Vorhaben ein paar Monate später dann doch erfolgreich gewesen.)

Als die *Parche* schließlich die Tiefsee erreichte, war ihr Weg nicht mehr von Hindernissen verstellt. Die nun vor ihr liegenden 2500 Kilometer unter dem Eis der Arktis hindurch waren leicht zu bewältigen – Tiefen von 300 bis 4000 Meter ließen genug Raum, um selbst unter den größten Eisbergen hindurchzutauchen. Danach musste die *Parche* sich erneut durch ein Mosaik aus Packeis schlängeln, bevor sie schließlich die Barentssee erreichte.

Nun war es an der Zeit für die Mannschaft, den »Fisch« fertig zu machen, damit er den Meeresboden nach dem erhofften Fernmeldekabel absuchen konnte. In Anbetracht der Umgebung und des Standorts sowjetischer Militärstützpunkte war es nahe liegend, dass jedes Unterwassertelefonkabel von Murmansk kommend zunächst die 400 Kilometer in östlicher Richtung entlang der Küste der Kola-Halbinsel verlaufen musste. Dann würde das Kabel rund 60 Kilometer das Weiße Meer überqueren und sich dann wiederum entlang der Küste bis nach Sewerodwinsk und in die dortige Werft erstrecken.

Es schien wenig sinnvoll, die Abhöranlage an jenem Abschnitt im Weißen Meer zu installieren, wo ununterbrochen Schiffe aus der Werft in die Barentssee fuhren. Stattdessen würde die *Parche* in einem Gebiet nach dem Kabel suchen, wo man sich ein wenig leichter eine Zeit lang aufhalten könnte, ohne entdeckt zu werden. Am besten schien sich für diesen Zweck der nördliche Abschnitt der 400 Kilometer langen Murmanischen Küste direkt im Anschluss an Murmansk zu eignen. Unvermeidlich würde die Suche das U-Boot jedoch in das Gebiet innerhalb der sowjetischen Zwölf-Meilen-Zone und vermutlich auch in jenes innerhalb der von den Vereinigten Staaten anerkannten Drei-Meilen-Zone bringen.

Während die *Parche* sich langsam vorwärts bewegte, suchten die Männer auf den Bildschirmen die Videobilder, die der »Fisch« lieferte, nach einer verschwommenen Linie im Sand ab, die vielleicht das Fernmeldekabel sein konnte. Sie fanden es ziemlich genau dort, wo die Planer der Operation es angenommen hatten – gelegentlich verlief es außerhalb der Zwölf-Meilen-Zone, doch in anderen Gebieten kam es der Küste erheblich näher. Es war klar, dass dieses Kabel von Sewerodwinsk zur Hauptbasis der Nordflotte und von dort zum Flottenhauptquartier bei Murmansk führen musste.

Schließlich wählte Maurer einen geeigneten Platz für die Installation der Abhöranlage aus. Im Ochotskischen Meer durchquerte das Kabel ein ganzes Meer, und der *Halibut* war es deshalb möglich gewesen, die Abhöranlage gut 60 Kilometer entfernt von der Küste zu platzieren. Es ist nicht genau bekannt, wie groß in der Barentssee die Entfernung zwischen Küste und Abhöranlage war, doch war sie mit Sicherheit erheblich geringer als im Ochotskischen Meer.

Niemand musste erwähnen, dass das Risiko, entdeckt zu werden, umso größer wurde, je näher die *Parche* dem Ufer kam. Die Sonarmannschaft beobachtete unablässig den Verkehr auf der Wasseroberfläche, während die Taucher der *Parche* an die Arbeit gingen. Nur Glück konnte verhindern, dass das US-amerikanische U-Boot direkt von einem sowjetischen Sonar angepingt wurde. Falls dies geschah, so hatte auch die *Parche* wie die *Halibut* und die *Seawolf* knapp 70 Kilogramm HBX-Sprengstoff an Bord.

Die Männer vom Nachrichtendienst drängten sich in dem nun abgeschlossenen Torpedoraum zusammen, wo sie ihre Lauschausrüstung auf den Torpedolagergestellen einrichteten. Während die *Halibut* über eine »Fledermaushöhle« verfügte, hatte die *Parche* nicht mehr Platz als irgendein anderes der zuletzt gebauten U-Boote der Sturgeon-Klasse. Um also Platz für die Spitzel zu schaffen, hatte die *Parche* auf einen Großteil ihrer Torpedos verzichtet. Nun verfügte sie lediglich über vier scharfe Topedos, das Minimum dessen, was jedes Angriffs-U-Boot bei einer Mission dabei haben musste.

Die Männer vom Nachrichtendienst würden wenigstens zwei Wochen dafür brauchen, um Hunderte von Leitungen elektronisch zu überprüfen und zu entscheiden, bei welchen sich im Verlauf des folgenden Jahres zu welchen Zeiten eine Aufzeichnung lohnen würde. Der Entscheidungsprozess beruhte auf fundierten Vermutungen und auch Zufall. Bestimmte Telefonleitungen würden wahrscheinlich in den Sommermonaten am ergiebigsten sein, wenn das Eis auf der Barentssee geschmolzen war und die Sowjets Marineübungen durchführten. Raketentests waren in der Regel ebenfalls jahreszeitlich bedingt. Doch die Leitungen, die direkt zum Hauptquartier führten, konnten vermutlich das ganze Jahr hindurch Gewinn bringend angezapft werden.

Einige der Leitungen waren nicht chiffriert, viele von ihnen jedoch immerhin bis zu einem bestimmten Grad. Die Nachrichtendienstler hofften Leitungen zu erwischen, bei denen es später für die Nationale Sicherheitsagentur gute Aussichten gab, sie zu dechiffrieren. Es erwies sich als nützlich, dass die Abhöranlage mit den Jahren weiterentwickelt worden war. Sie wog noch immer mehrere Tonnen, doch die Miniaturisierung der elektronischen Bausteine und der Fortschritt in der Aufnahmetechnik ermöglichten nun eine größere Aufnahmekapazität und ließen auch ein wenig mehr Fehlerspielraum.*

Während all dies geschah, füllte ein steter Strom sowjetischer Schiffe und U-Boote die Sonarbildschirme der *Parche*. Diese Aktivität machte die Mannschaft nachdenklich. Ein Mann flüsterte, dass sich die *Parche* »sehr nah an Murmansk« befand und vielleicht sogar »unmittelbar vor der sowjetischen Küste«. Ein Oberstabsbootsmann fand für einen jungen Matrosen eine dramatischere Beschreibung: »Wir sind so dicht dran, dass du durch das Periskop die Gesichter der Leute am Strand erkennen kannst.«

---

* Die CIA machte sich die Miniaturisierung in der Aufnahmetechnik auch in normalen, an Land einsetzbaren Abhörgeräten zu Nutze und bestach einen sowjetischen Fernmeldetechniker, ein solches Gerät an einer wichtigen Telefonleitung mitten in Moskau zu installieren. Geheimdienstmitarbeiter behaupten, dies sei Mitte der 80er Jahre den Sowjets von Aldrich Ames, dem schlimmsten Überläufer der CIA, verraten worden.

Als sie so beisammen saßen, wurde den Männern plötzlich klar, dass niemand mit ihnen über die Gefahren der Operation gesprochen hatte. Ein Seemann fasste ihre Gefühle in Worte: »Da sind nun hundert und ein paar Jungs bereit zu sterben, und sie wissen nicht einmal, dass sie sich in einer Situation befinden, in der es tatsächlich geschehen könnte.«

Schließlich war der Auftrag erledigt. Maurer musste seine Männer nur noch heil nach Hause bringen. Der Plan sah vor, die unmittelbare Umgebung der Anzapfstelle zu verlassen und einem zweiten U-Boot, das sich für die Dauer der Operation in der Nähe herumgedrückt hatte, »Mission beendet« zu signalisieren. Dieses zweite U-Boot hätte für den Fall, dass die *Parche* entdeckt worden wäre, ein Ablenkungsmanöver gestartet und die Aufmerksamkeit auf sich gezogen.

Die *Parche* hielt selbstverständlich strikte Funkstille ein, doch war sie für ihr Signal mit einem speziellen Horn ausgerüstet. US-amerikanische U-Boote bedienten sich in der Regel einer Frequenz von 60 Megahertz, doch würde die *Parche* ihr Signal mit 50 Megahertz senden, dem sowjetischen Standard. Man hoffte, das Signal würde sich für die Sowjets wie eines ihrer eigenen anhören. Den Männern an Bord kam ihr eigenes Tuten wie der Klang von Bongos vor. Ein rascher Trommelwirbel, und die Nachricht war unterwegs. Die *Parche* wartete noch auf eine Antwort und machte sich dann auf den Heimweg.

Für ihre Leistung erhielt die *Parche* eine Presidential Unit Citation, die höchstmögliche Auszeichnung. Jeder Mann bekam außerdem eine Bescheinigung mit dem Präsidentensiegel und Jimmy Carters Unterschrift. Es war eine Auszeichnung, welche die *Halibut* bereits zweimal und die *Seawolf* noch nie erhalten hatte.

»Kraft meines Amtes als Präsident der Vereinigten Staaten und als Oberkommandierender der Streitkräfte der Vereinigten Staaten habe ich heute der USS *Parche (SSN-683)* die Presidential Unit Citation (Marine) für außergewöhnliches Heldentum verliehen. Sie erhält die Auszeichnung für außergewöhnliches Heldentum und herausragende Leistungen bei der Durchführung einer Mission von größter Wichtigkeit für die nationale Sicherheit der Vereinigten Staaten in ihrer Funktion als Einheit der amerikanischen Pazifikflotte im Jahr 1979«, hieß es in dem Dokument.

Versteckt zwischen bürokratisch formulierten Sätzen war eine aufschlussreiche Zeile. Sie pries die *Parche* dafür, dass sie »in einer feindlichen Umgebung und in schlecht vermessenen Meeren« operiert hatte.

1980 sollten die *Parche* zur Abhöranlage in die Barentssee und die *Seawolf* zu jener im Ochotskischen Meer zurückkehren. Doch im Februar brach auf der *Seawolf* während einer Versuchsfahrt Feuer aus. Ein Turbinengenerator flog in die Luft und löste Feuer im Maschinenraum aus, während das U-Boot getaucht fuhr. Bis die Mannschaft der *Seawolf* ein Notanblasen durchführen konnte und die *Seawolf* zum Auftauchen brachte, hatte der dicke schwarze Rauch bereits zehn Männer bezwungen. Sie wurden auf Deck und an die frische Luft getragen. In dieser Situation wurde von einem vorüberfahrenden Schiff aus ein Foto von den Männern gemacht. Statt also nun ebenfalls eine Presidential Unit Citation zu erlangen und den Jungs auf der *Parche* zu zeigen, dass die Männer der *Seawolf* ebenso gut waren, fanden sie sich in einem Foto auf der ersten Seite einer örtlichen Zeitung mit der Bildunterschrift wieder: »Die Söhne der *Seawolf* nehmen nach anstrengenden Übungen ein Sonnenbad.«

Die *Seawolf* kehrte für ein weiteres Jahr ins Trockendock zurück, und wieder übernahm die *Parche* ihre Fahrt ins Ochotskische Meer. Im Herbst dieses Jahres legte sie außerdem die Strecke in die Barentssee zurück, um eine neue Abhöranlage auszubringen und die Aufnahmen des vergangenen Jahres abzuholen.

Inzwischen machte Ronald Reagan Punkte im Präsidentschaftswahlkampf. Carter hatte sich mit dem Geiseldrama im Iran herumschlagen müssen. Sein Ansehen war zudem durch die sowjetische Invasion in Afghanistan zu Schaden gekommen, die alle Aussichten auf die Ratifizierung des Abrüstungsvertrags, den er eben erst mit Breschnew ausgehandelt hatte, zunichte machte. (Beide Ereignisse sorgten außerdem dafür, dass die US-amerikanische U-Boot-Flotte die Überwachung sowjetischer Marinestreitkräfte im Indischen Ozean verstärkte.) Reagan versprach, dass er's den Russen zeigen würde. In diesem Sinne sicherte er zu, Milliarden Dollar in die Modernisierung des Militärs zu investieren, und in seinen Plänen hatte die Marine absolute Priorität. Indem er das übliche Bild von einer Sowjetunion zeichnete, die darauf aus war, den Westen auf See herauszufordern – also ziemlich genau das Gegenteil dessen, was Haver in seiner Einsatzbesprechung mit Carter für wahrscheinlich gehalten hatte –, sagte Reagan zu, die US-Marine von 450 Schiffen auf 600 aufzustocken, um zu verhindern, dass die Sowjets die Überlegenheit auf See an sich rissen.

Tatsächlich traf es zu, dass die sowjetische Flotte wuchs. Im November machte ein US-amerikanischer Satellit Fotos von einer riesigen Menge bereitliegenden Stahls und einem neuerlich vergrößerten Dock in einer sowjetischen Werft. Dies und andere Beweise ließen darauf schließen, dass die Sowjets wohl im Begriff waren, ihren ersten Flugzeugträger zu bauen. Für viele Marineangehörige waren diese Satellitenfotos der Beweis, dass Rich Haver und andere junge Analytiker sich irrten, was den Rückzug der sowjetischen Marine betraf, und dass die Sowjets sich in Wahrheit noch immer auf eine Schlacht auf dem offenen Meer vorbereiteten. Nun schienen sie bereit zu sein, Geld in riesige Überwasserschiffe und Versorgungsschiffe zu stecken, die sie benötigten, um eine wirklich hochseetaugliche Flotte zu schaffen. Schließlich hatten Flugzeugträger schon immer die Aufgabe gehabt, Machtbereiche auszudehnen, an entlegene Orte zu fahren und dort Flugzeuge einzusetzen.

Nach seiner Wahl ernannte Reagan John F. Lehman jr., den Berater für seine Präsidentschaftskampangne, der den Plan für die 600-Schiffe-Flotte entwickelt hatte, zu seinem Marineminister. Mit seinen nur 38 Jahren war Lehman der jüngste Mann, der jemals diesen Posten innegehabt hatte. Er war clever, flink und nahm kein Blatt vor den Mund, was die Verfolgung seiner harten Linie betraf.

»Ich bin der Auffassung, dass wir unseren einstigen geringen Vorsprung eingebüßt haben«, warnte Lehman den Kongress am 6. Februar 1981, nur einen Tag nachdem er vereidigt worden war. Als er die Kontrolle über die Marine auf eine Weise an sich riss, wie es vor ihm seit Jahrzehnten kein anderer Minister getan hatte, erwarb er sich rasch den Ruf eines Enfant terrible. Lehmans Pläne beinhalteten eine radikal neue und aggressive Strategie für die Marine. Er redete nicht viel darüber, was er von den Sowjets im Falle eines Kriegs erwartete. Stattdessen wollte er, dass US-amerikanische U-Boote, Schlachtschiffe, Kreuzer und Flugzeugträger in Massen in die Barentssee fuhren und dort die sowjetische Überwasser- und Unterseeflotte in ihren eigenen Gewässern verfolgten. Er gehe, so sagte er, die »feste Verpflichtung ein, mitten in die gefährlichsten Gebiete hineinzufahren und dort vor Ort die sowjetische Bedrohung zu vernichten«. Lehman gefiel es, Murmansk und den Rest der Kola-Halbinsel als »die wertvollste Liegenschaft der ganzen Welt« zu beschreiben.

Schon bald murmelten Spitzenadmirale vor sich hin, dass Lehman einem Torpedo ohne Lenksystem glich. Den meisten kam eine aggressivere Strategie durchaus gelegen, doch Lehman wischte das Argument einiger Admirale, dass es einem Selbstmord gleichkam, mit Flugzeugträgern in die Barentssee zu fahren, wo die Sowjets sie ohne weiteres mit Marschflugkörpern versenken konnten, glatt vom Tisch. Auch Kritik von außen – unter anderem von Professoren und Kongressmitarbeitern – tat er mit einem Achselzucken ab. Er ließ den Einwand nicht gelten, dass der Schuss nach hinten losgehen könne, wenn man sowjetische seegestützte Raketen in einem Krieg schon vorzeitig bedrohte und die Sowjets damit praktisch zwang, ihre Raketen lieber einzusetzen als sie zu verlieren.

Das war der Hintergrund, als Beamte des Pentagon sich darauf vorbereiteten, mit Reagan eine erste Einsatzbesprechung über U-Boot-Spionageoperationen abzuhalten. Sie war geplant für Freitag, den 6. März, um 9.15 Uhr, und sollte 20 Minuten dauern. Zu den Koryphäen, die sich im holzgetäfelten »Situation Room« im Westflügel des Weißen Hauses versammelten, gehörten der Vizepräsident George Bush, Stabschef James A. Baker III., der Berater Edwin Meese II. und Richard V. Allen, der neue Nationale Sicherheitsberater. Aus dem Pentagon waren anwesend Verteidigungsminister Caspar Weinberger, Admiral James D. Watkins, der stellvertretende Chef der Seekriegsleitung, Lehman, Haver und Konteradmiral John L. Butts, inzwischen Direktor des Marinenachrichtendienstes.

Weinberger und Watkins brachten den Stein ins Rollen, indem sie die Grundlagen der Überwachungsmissionen umrissen, die von gewöhnlichen Angriffs-U-Booten ausgeführt wurden. Dann übernahm Butts, um Reagan die Missionen von *Seawolf* und *Parche* sowie ihre Anzapfaktionen zu erklären. Er unterstützte seine Präsentation durch ein dramatisches Video und eine Diaserie, von der Lehman ihm vorhergesagt hatte, dass sie bei Reagan gut ankommen würde.

Der Präsident war fasziniert. Schließlich beugte er sich vor und fragte seinen Vizepräsidenten, einen früheren Direktor der CIA: »Hatten Sie etwas damit zu tun, George?«

Bush antwortete, dass einige dieser Programme tatsächlich während seiner Amtszeit bei der CIA gelaufen waren.

Dann trat Rich Haver vor, um, wie bei Carter, zu beschreiben, was der Marinenachrichtendienst mit diesen von den Spionage-U-Booten beigebrachten Informationen anfing. Haver hatte ebenfalls Dias, aber inzwischen brannte Reagan darauf, Antworten zu hören. Er wollte von Haver wissen, ob er der Meinung war, dass die Sowjets jetzt weniger bereitwillig einen Atomkrieg in Betracht zogen, da sie nun mit ihm und seiner harten Linie im Weißen Haus konfrontiert waren. Er stellte außerdem auch einige der Fragen, mit denen sich der Analytiker selbst herumschlug: Wie planen die Sowjets den Atomkrieg? Wie üben sie dafür? Wie wollen sie ihn durchführen? Würde ein Krieg auf See von Anfang an mit Nuklearsprengköpfen geführt werden, und würden die Sowjets ihre Marschflugkörper gegen US-amerikanische Flugzeugträger einsetzten? Und wenn dies geschah, wäre es dann möglich, den Krieg auf die See zu beschränken und zu verhindern, dass strategische ballistische Raketen auf die Vereinigten Staaten abgefeuert werden?

Wieder gelang es Haver, den Präsidenten in einen Dialog zu ziehen. In einer Frage-und-Antwort-Sitzung, die fast eine Viertelstunde dauerte und während der auch Bush und Watkins gelegentlich Fragen einwarfen, erläuterte Haver die herkömmliche Vorstellung vom Krieg auf hoher See und die seit langem bestehende Vermutung, dass die Sowjets wahrscheinlich zu einem frühen Zeitpunkt in einer derartigen Auseinandersetzung taktische Kurzstreckenraketen einsetzen würden. Er fügte hinzu, dass ein solcher Schachzug mit großer Wahrscheinlichkeit einen umfassenderen Atomkrieg auslösen würde.

Dann trug er einige der Schlussfolgerungen vor, die seine Analytiker erarbeitet hatten – nämlich dass die Sowjets sich anscheinend von der konventionellen Strategie abwandten und die Mehrheit ihrer Schiffe, Angriffs-U-Boote und Flugzeuge nun einsetzten, um ihre Raketen-U-Boote in sicheren Bastionen nahe der Heimat zu beschützen.

Im Anschluss machte Haver sich daran, Lehmans aggressivem Plan, eine Konfrontation mit diesen Streitkräften in sowjetischen Gewässern herbeizuführen, einen Riegel vorzuschieben. Als Reagan befriedigt schien, packte Haver seinen Projektor ein, während Weinberger dem Präsidenten nun sorgsam erklärte, welche Rolle er in diesem Prozess spielen würde – nämlich dass er all die delikaten Spionageoperationen im Voraus abzeichnen müsse. Weinberger nahm sich Zeit, sprach langsam und sehr bedächtig. Er wollte sicher sein, dass Reagan sich dessen bewusst war, was von ihm verlangt wurde.

Weinberger hätte sich keine Sorgen machen müssen. Reagan war bereits gewonnen. Niemand hatte ihm etwas von diesen Dingen erzählt, als er noch Gouverneur von Kalifornien gewesen war, wo sich immerhin der Heimathafen der wichtigsten Spionage-U-Boote befand. Er war nach Washington gekommen noch immer mit einer Vorstellung von der Marine, die sich gleichermaßen aus Fakten und Mythen des Zweiten Weltkriegs speiste, mit dem Bild von heldenhaften Männern im Kampf mit japanischen Kriegsschiffen, deren Torpedos feindliche Schiffe versenkten, während sie zugleich Wasserbomben ausweichen mussten. Das war eine Vorstellung, die Reagan viel bedeutete, und er erzählte gerne, wie er einen U-Boot-Kommandanten in dem 1958 gedrehten Film *Die Höllenhunde des Pazifik* gespielt hatte.

Reagan hatte eine Lieblingsgeschichte aus jenen Tagen, und die erzählte er jetzt – allerdings nur mit den Details, die seiner Sache dienlich waren. Nach seiner Version gab er mühelos die Kommandos wieder, die ein Marineoffizier ihm bei laufender Kamera zugeflüstert hatte, und führte ein U-Boot aus dem Hafen von San Diego hinaus in einen Sonnenuntergang im Pazifik.*

Als Bush und Baker versuchten, den Präsidenten zur Eile zu mahnen, berichtete dieser noch immer von seinen Erfahrungen auf dem *Höllenhunde*-Set und von seiner Bewunderung für die U-Boot-Fahrer, die er dort kennen gelernt hatte. Die Einsatzbesprechung dauerte bereits 45 Minuten, mehr als das Doppelte der Zeit, die ursprünglich eingeplant gewesen war. Reagan jedoch hatte es nicht eilig. Indem er sich an Haver wandte, wollte der Präsident wissen: »Woher bekommt man nur solch tolle Kerle?«

* Reagan unterschlug in seiner Geschichte einige ziemlich viel sagende Fakten. Mit seinem Film landete Reagan tatsächlich einen großen Erfolg, allerdings nicht aufgrund seiner Schauspielkunst. Die Mannschaft des U-Boots, die aufgefordert worden war, die Befehle Reagans so zu befolgen, wie sie dies gegenüber ihrem Kapitän getan hätte, überhörte aus Versehen, dass der Schauspieler seinen Text lediglich einübte, und reagierte postwendend. »Auf Manöverstation!«, sagte Reagan, um den genau richtigen Tonfall einzuüben, und gab damit den Befehl zum Ablegen.
»Zurück volle Kraft!«
»Voraus zwei Drittel!«
»Steuerbord stopp!«
»Steuerbord voraus Standard!«
»Hart Backbord!«
Das U-Boot begann in jede Richtung zu zucken, zurück, vorwärts, stopp, vorwärts, nach backbord. Die Bugfestmacherleinen begannen, sich zu strecken und dann zu ziehen, bis die morsche Pier, an der das U-Boot festgemacht worden war, in Tausend Stücke aus Holz und Eisen zersprang, eben als der wirkliche U-Boot-Kapitän auf die Brücke gerannt kam und brüllte: »Alle Maschinen stopp, um Gottes Willen, alle Maschinen stopp!«

»Sir, sie sind einfach nur Amerikaner«, entgegnete Haver in seiner einnehmenden Art.

Nach dieser Bemerkung schien Reagan schließlich bereit aufzubrechen. Es war klar, er wollte, dass Haver weiterhin versuchte, sich die Strategien der Sowjets zusammenzureimen, und er hatte sein stillschweigendes Einverständnis für die nächste Runde in Sachen U-Boot-Spionage gegeben.

All dies ereignete sich, als die *Seawolf* wieder bereit war auszulaufen. Zum ersten Mal konnte die Navy die beiden für »Sonderaufgaben« vorgesehenen U-Boote gleichzeitig in entgegengesetzte Richtungen und in unterschiedliche Meere schicken.

Bevor die *Parche* jedoch ihren für 1981 geplanten Törn antreten konnte, gab Fregattenkapitän Peter John Graef, ihr neuer Kommandant, Befehl, eine, wie er meinte, routinemäßige Drogenkontrolle durchzuführen. Nichts erwartete er weniger, als dass er fast 15 Prozent seiner Mannschaft wegen Marihuanamissbrauchs drankriegen würde – 22 Crewmitglieder, darunter drei Offiziere. Es gab keine Diskussion. Sie mussten von Bord, und Ersatz wurde so rasch wie möglich herbeigeschafft.

Das war es gewiss nicht gewesen, woran Reagan während der Einsatzbesprechung gedacht hatte, als er Rich Haver fragte, wo die Navy »solche tollen Kerle« fand, diese Superhelden des Kalten Kriegs. Rückblickend erschien Havers Antwort weit weniger kitschig. Sie waren tatsächlich »einfach nur Amerikaner«.

Die beiden für »Sonderaufgaben« vorgesehenen U-Boote zu bemannen war nie einfach. Werbeoffiziere der Marine nahmen bizarre Verrenkungen auf sich, um keine Geheimnisse auszuplaudern und zugleich Männer zu finden, die nichts dagegen haben würden, in sowjetische Hoheitsgewässer einzudringen und dort Kabel anzuzapfen. Ein junger U-Boot-Fahrer bemerkte ganz richtig, dass der Rekrutierungsvorgang mehr mit einem Verhör gemein hatte. Männer in Freizeitanzügen brachten Kandidaten für »Sonderaufgaben« in rauchgeschwängerte Räume und wollten wissen: Nahm der Rekrut Drogen? War er je mit den Gesetzen in Konflikt geraten? Die Fragen waren gespickt mit Drohungen, dass die Regierung über Möglichkeiten verfügte, nach eigenem Ermessen jedes schmutzige Detail in Erfahrung zu bringen. »Wenn Sie je hinter den Stall gepisst haben, wir werden es rausfinden«, wurde einem jungen Mann gedroht.

Die *Parche* stand mit ihren Personalproblemen nicht alleine, und die Drogenfunde erfüllten Geheimdienstmitarbeiter mit Besorgnis. Die Mannschaft der *Seawolf* fiel unter der wachsenden Frustration über den Dienst auf einem kaputten, verdammten U-Boot auseinander. Der Druck veranlasste einige Mitglieder ihrer Mannschaft, sich im Marihuanadampf zu verlieren. Dann waren da noch die Isolationisten der *Seawolf*, die sich auf den Tag vorbereiteten, an dem sie allein und für sich den Kampf gegen den Kommunismus in irgendeiner in ein Fort verwandelten Berghütte aufnehmen würden. Diese Männer hatten sich angewöhnt, hinaus in die Wattenlandschaft in der Nähe des Stützpunkts zu gehen und dort mit ihren Gewehren zu üben, Konserven zu durchlöchern und in mindestens einem Fall auch ein Fahrzeug. Ein Mann schoss ein Magazin leer, indem er auf seinen Fernseher zielte. Der Rest der Mannschaft, misstrauisch, verschwitzt und erschöpft, sah den Kiffern und Waffenfanatikern einfach nur zu.

Diese Spannungen bestanden fort, als die *Seawolf* nun endlich ins Ochotskische Meer aufbrach. Inzwischen war Michael C. Tiernan während der vergangenen drei Jahre Kommandant gewesen, als die *Seawolf* überholt und erprobt wurde. Nun sollte er das U-Boot zum ersten Mal auch während einer regulären Operation auf See kommandieren. Eine *Seawolf*-Mannschaft, die einmal seinen Vorgänger Charles R. MacVean mit Captain James T. Kirk von *Raumschiff Enterprise* verglichen hatte, verpasste Tiernan nun den Spitznamen »Milquetoast«. Die Männer hatten versucht, ihn in das »Horse & Cow« auszuführen, um ihn ein bisschen aufzulockern, doch hatten sie damit anscheinend nichts bewirken können.

Tatsächlich war Tiernan nur wenig beliebter als sein neuer

Stellvertreter J. Ashton Dare, dem die Mannschaft den Namen »Jashton« gegeben hatte. Wenn die Männer Tiernan als unnahbar empfanden, dann kam ihnen Dare regelrecht lästig vor. Sein Vater war Admiral, und den Seemännern schien es, als würde er nie aufhören, sie ständig daran zu erinnern. Noch schlimmer war für Jashton, dass er als Ersatz für einen Liebling der Mannschaft gekommen war, für Robert S. Holbrook, einen Offizier, der einen Mann morgens schelten und abends zu einem Bier einladen konnte, um die Sache wieder gutzumachen. Holbrook war außerdem der Glücksbringer der Crew gewesen. Er hatte bereits einen 85-Grad-Sturzflug auf dem Diesel-U-Boot USS *Chopper (SS-342)* überstanden – nur weil ein besonnener Angehöriger der Mannschaftsgrade auf den Gedanken gekommen war, auf Fahrt achteraus zu gehen und damit dafür zu sorgen, dass sich das Schiff sozusagen an den eigenen Haaren aus dem Sumpf zog. Seitdem trug Holbrook immer eine Messinggürtelschnalle mit dem Bild der *Chopper* und war überzeugt, dass dies ihn unsinkbar machen würde. Es gelang ihm, seine Männer gleichermaßen zu überzeugen.

Nach Auffassung der Mannschaft konnte sich Dare weder mit einem solchen Mythos umgeben noch hatte er den Charme, um irgendetwas wettzumachen. Er war für sie das Lieblingsziel, wenn sie versuchten, die Langeweile zu bekämpfen. Bei einem Testlauf stahlen ein paar Männer Dares Matratze und spülten sie durch die Abfallschleuse aus dem Boot. Die Pointe dieser Aktion entging dem Ersten Offizier jedoch.

Auf diesem Schiff voller Männer, die das Gefühl hatten, im Gegenstück eines Model T in sowjetische Gewässer geschickt zu werden, kam tatsächlich kaum Humor auf. Als sich auf dem Deck der *Seawolf* Eis bildete, erreichte die Moral an Bord ihren Tiefpunkt.

Die Dinge verschlechterten sich noch, als sie ihr Operationsgebiet erreichte. Tiernan wies seine Mannschaft an, das U-Boot direkt neben dem sowjetischen Kabel aufzusetzen. Die *Seawolf* sollte sicher auf dem Meeresboden aufsitzen, wobei ihr Gewicht auf den beiden kufenförmigen Beinen lagern würde. Die

Kufen waren ein Produkt der Vorstellungskraft und der Technologie, eine Sicherheitsmaßnahme, die nach jenem ersten schrecklichen Sturm konzipiert worden war, der die *Halibut* von ihren Ankern gerissen hatte. Doch als die *Seawolf* nun auf ihren beiden Kufen landen wollte, setzte sie sich ungewollt direkt auf das sowjetische Kabel.

Die Wahrscheinlichkeit war groß, dass diese Fehlplatzierung die laufenden Gespräche in den sowjetischen Telefonleitungen unterbrochen oder zumindest Störungen verursacht hatte. Nun war also zu erwarten, dass die Russen Überwasserschiffe losschicken würden, um die Region mit ihren Sonarpings abzusuchen, oder aber Wartungsmannschaften, die die Ursache der Störung feststellen sollten. Doch gab es keinerlei Anzeichen für eine sowjetische Suche. Als die Anzapfoperation abgeschlossen war, entschied Tiernan, im Anschluss eine zweite Aufgabe zu erledigen. Die *Seawolf* würde tiefer in das Ochotskische Meer eindringen, um dort nach Bruchstücken von verschossenen sowjetischen Raketen zu suchen. Doch so, wie es nun sicher schien, dass die Amerikaner ihren Fehler ungestraft überstehen würden, so wurden sie entgegen aller Erwartung attackiert – nicht von den Russen, sondern vom Meer selbst.

Zwei Stürme, die sich Hunderte Kilometer entfernt zusammenbrauten, näherten sich dem Ochotskischen Meer. Die *Seawolf* befand sich zu tief unter der Meeresoberfläche, um ihre Antennen ausfahren und Wettermeldungen empfangen zu können. Ihre Mannschaft wusste also nicht, dass Meldungen über zwei Zyklone abgesetzt worden waren, die sich auf die Kurilen zu bewegten. Die Männer konnten nicht wissen, dass Marinestützpunkte vor Winden mit rund 100 Stundenkilometern und vor schwerer See gewarnt hatten. Sie konnten nicht ahnen, dass sich die beiden Stürme miteinander zu einem einzigen, Tod bringenden Taifun verbunden hatten.

Es dauerte nicht lange, bis sich nach diesen Sturmwarnungen heulende Winde, peitschender Regen und turmhohe Wellen vereinten, um ihren Furor auch unter der Wasseroberfläche, in der Tiefe spüren zu lassen, bis die *Seawolf* erzitterte. Zuerst glaubten die Männer, sie könnten den Sturm unter Wasser leicht aussitzen. Anders als die Seeleute auf Überwasserschiffen lernen U-Boot-Fahrer, Entdeckung, Wasserbomben und Torpedos zu fürchten, doch Stürme stellen normalerweise keine große Bedrohung dar. Kommt ein Sturm auf, dann geht man eben einfach tiefer. Das war das Standardverfahren. U-Boot-Fahrern wird von Anfang an das unerschütterliche Vertrauen eingeimpft, dass die Schleusen des Himmels sich so weit öffnen mögen, wie sie wollen, dass peitschende Winde vielleicht jene bedrohen, die sich auf der Oberfläche befinden, darunter jedoch, wo Dunkelheit und Stille herrschen, regiert unangefochten von alledem der U-Boot-Fahrer.

Tatsächlich wären die 120 Meter über ihnen, obzwar nach den Standards der U-Boot-Fahrer nicht allzu viel, unter normalen Umständen ausreichend gewesen. Doch dieser Taifun war gewaltig genug, dass seine Auswirkungen bis in die Tiefe vordrangen, in der sie sich aufhielten. Und die *Seawolf* konnte nicht tiefer tauchen, sie würde das Unwetter tatsächlich auf dem Meeresboden aussitzen müssen.

Die *Seawolf* fing an, hin und her zu schaukeln. Drei Taucher waren draußen und wurden umhergeworfen. Die übrige Mannschaft, die sicher drinnen saß, versuchte sich gelassen zu geben. Sich aneinander in den engen Gängen der *Seawolf* vorbeidrängend, gaben die Crewmitglieder ihre Kommentare zu dem Sturm ab, als unterhielten sie sich über das Wetter daheim an der Westküste. Doch die Strömungen, die das U-Boot alle 20 bis 30 Sekunden erfassten, waren so heftig, dass seine Kufen vom Meeresboden abhoben. Zunächst rutschte das Schiff nur um ein paar Grad herum, dann jedoch erheblich mehr. Gegenstände im Inneren flogen umher – als das U-Boot sicher auf dem Meeresboden saß, hatte niemand daran gedacht, für einen möglicherweise bevorstehenden stärkeren Seegang alles gut zu verstauen. Unter den Opfern war Beauregard, der von seinem Hochsitz im Torpedoraum abstürzte und mit lautem Knall auf dem Boden zerschellte. Sein »Tod« war ein Schlag für alle Torpedomänner, die zusehen mussten, wie ihr »Kamerad«, ihr

Maskottchen, ihr Lieblingskeramikfrosch von einem Augenblick zum nächsten nicht mehr da war.

Außerhalb des U-Boots drohten die Taucher ihren Kampf gegen den Sog der Strömung zu verlieren. Einer von ihnen wurde auf das schaukelnde U-Boot zugetrieben und fand sich unter einer der Kufen wieder. Einen Augenblick später schien ihn etwas am Genick zu packen. Einer der anderen Taucher? Die gleichsam zu einem Schlag ausholende Strömung? Gerade als der Mann schier festgenagelt zu werden drohte, wurde er befreit.

Schließlich gelang es den Tauchern, sich ins Unterseeboot zu retten und dort provisorisch Schutz zu finden. Das war es, worauf Tiernan gewartet hatte. Er gab das Signal, das die Operation für beendet erklärte. Tiernan wollte sein U-Boot in tiefere Gewässer dirigieren, fort aus dem Ochotskischen Meer.

Doch das Ochotskische Meer hielt das Unterseeboot fest. »Buddha«, ein Reaktortechniker, der diesen Spitznamen trotz seines dichten schwarzen Haars wegen seiner Leibesfülle erhalten hatte, schlug als Erster Alarm. Er stand vor dem Temperaturanzeiger des Wärmetauschers, der das Kühlwasser zirkulieren ließ, bevor er es dem Atomreaktor des U-Boots zuführte. Das Gerät zeigte nicht annähernd die gewünschte Temperatur an. Irgendetwas verstopfte den Kreislauf.

Buddha überprüfte Ventile, verrückte diverse Geräte und rief schließlich: »Mein Gott, ich hab' hier drin alles voller Sand!«

Die Reaktortechniker kamen angelaufen, gefolgt von Dare und Tiernan, und blickten auf einen Haufen Sand herab. Der Seekühlwassereintritt der *Seawolf* saugte Schlamm, Salz, Meerwasser und den Meeresboden ins Kühlsystem. Der Sturm bekam plötzlich eine ganz neue und entsetzliche Bedeutung, als ihnen klar wurde, dass die Gefahr eines Reaktorausfalls gegeben war. Es bestand die Gefahr, dass es auf der *Seawolf* zu einem totalen Stromausfall kam.

Die Mannschaftsmitglieder machten sich daran, andere Bereiche zu überprüfen, die ebenfalls Seewasser benutzten, um es durch verschiedene Kreisläufe zu führen. Sand, Kleintiere,

Schnecken, Korallen und anderes Meeresgetier war in die Generatoren gelangt, in den Hauptantrieb, die Turbinen und in ein halbes Dutzend anderer kritischer Systeme an Bord. Überall im U-Boot türmten sich nun kleine nasse, zum Teil lebendige Sandhaufen auf. Niemand wusste genau, wie viel Gewicht die *Seawolf* zusätzlich aufgenommen hatte, als die nasse Masse vom Boden des Ochotskischen Meers angesaugt worden war. Schlimmer noch, der Sand kam überhaupt nur rein, weil die Seewasserventile, die sich mehrere Meter über dem Meeresboden hätten befinden sollen, nun praktisch unmittelbar darüber waren. Jedes Mal, wenn der Sturm die *Seawolf* hin und her schaukelte, verschwanden die Kufen ein Stück tiefer im Schlick. Die Strömungen brachten das U-Boot dazu, dass es sich immer tiefer eingrub. Irgendwie hatten die Ingenieure, die diese Beine als Sicherheitsmaßnahme konstruiert hatten, die Eigenschaften von Strömungen ignoriert, die jedes Kind beobachten kann, wenn es am Strand steht. Nun waren die Kufen der *Seawolf* fast gänzlich im Sand begraben. Sie saß fest.

Zelle um Zelle fingen die Männer an, sich Sorgen zu machen. Die Antriebsmaate wussten, wenn die Dampfturbine den Betrieb einstellte, dann konnte es eine Woche dauern, sie wieder zum Laufen zu bringen – falls das Vorhaben überhaupt gelang. Die Reaktortechniker machten sich ihrerseits Sorgen, dass bei all dem Sand der Reaktor nicht wieder anspringen würde. Die *Seawolf* war solchen Herausforderungen einfach nicht gewachsen.

Keiner, so schien es, war gefeit gegen die wachsende Anspannung. Ein Elektrikermaat verlor die Kontrolle über sich und fing an zu brüllen, schreien und weinen. Ein Sanitäter wurde herbeigeholt, um ihn ruhig zu stellen und in seine Koje zu schaffen. Andere entwickelten schaurige Phantasievorstellungen von leeren Grabsteinen: Irgendwo liegt dieser Seemann, ausgesandt, um etwas an einem unbekannten Ort zu verrichten, gefallen in einem nicht erklärten Krieg.

Die *Seawolf* saß schon zwei Tage fest, als die Oberstabsbootsmänner, die alte Garde, die seit 20 Jahren auf U-Booten fuhr, sich mit den jungen Offizieren zusammentaten. Mit Tiernans Einverständnis probierten sie alles aus, was ihnen nur in den Sinn kam. Als Erstes jagten sie die Maschinen der *Seawolf* hoch, um festzustellen, ob sich das Schiff auf diese Weise aus dem Dreck ziehen ließ. Der Versuch schlug fehl. Als Nächstes probierten sie es mit einem kontrollierten Notanblasen, in der Hoffnung, der plötzliche Gewichtsverlust würde sie aus der Umklammerung des Meeresbodens reißen. Dieser Vorgang war mit Gefahren verbunden, denn der *Seawolf* gelang es zwar vielleicht, sich zu befreien, doch dann könnte sie auch die Meeresoberfläche durchstoßen. Das aber würde die Entdeckung bedeuten und Entdeckung wiederum möglicherweise eine Konfrontation. Das betagte U-Boot verfügte nur über wenige Mittel, sich selbst zu schützen. Die meisten seiner Torpedorohre waren genutzt worden, um Kartoffeln darin zu lagern. Zwar befanden sich ein paar Torpedos an Bord, aber kürzlich durchgeführte Tests hatten gezeigt, dass sie sich allesamt in unbrauchbarem Zustand befanden. Die *Seawolf* war weit und breit das lauteste Ding im Wasser. Wann immer sie einen Dummytorpedo abgeschossen hatte, lenkte dessen Sonarlenksystem ihn um und direkt auf das eigene Mutterschiff.

Die *Seawolf* hatte nur eine Chance, wenn sie bei ihren Selbstbefreiungsmanövern im Verborgenen blieb. Vorsichtig fing die Mannschaft an, die Tauchzellen anzublasen, langsam, gleichmäßig und sorgsam, erst am Bug und dann am Heck. Nichts. Noch einmal, befahl jemand nervös. Etwas mehr Wasser diesmal, mit gesetzten Ankern, um das unerwünschte Durchstoßen der Oberfläche zu vermeiden. Wieder nichts.

Ein weiterer Versuch, und das Schiff schien sich ein wenig zu bewegen, doch nur ein winziges bisschen. Es war so, als versuchte man einen festgefahrenen Laster frei zu bekommen, indem man ihn hin und her schaukelte, in der Hoffnung, dass man ihn früher oder später herausschieben könnte. Doch da auch weiterhin Sand angesaugt wurde, befanden sich die Manner in einem Wettlauf mit der Zeit: Würden sie herauskommen, bevor ihre Systeme den Betrieb einstellten? Die Seeleute versuchten, ihr U-Boot vom Sand zu reinigen, doch es saugte mehr an, als sie nach draußen expedieren konnten. Ein zentrales Reaktorsystem hatte seine Leistungsfähigkeit bereits auf 50, vielleicht sogar auf 35 Prozent reduziert.

Jemand hatte die Idee, die Anker abzuwerfen, die der *Seawolf* auf ihren Kufen zusätzliche Stabilität verleihen sollten. Die Anker bewahrten das Schiff vielleicht davor, die Wasseroberfläche zu durchstoßen, aber im Augenblick bedeuteten die beiden schweren pilzförmigen Betonanker auch ein zusätzliches Gewicht. Der Befehl wurde gegeben, sie loszumachen.

Die *Seawolf* begann aufzusteigen. Ihre Hauptmaschinen wurden dabei stark überlastet, hörten sich an wie ein Bohrer, der durch das ganze Schiff dröhnte. Dann gab es ein kratzendes Geräusch, eigentlich mehr ein Kreischen, laut genug, dass einige der Männer sich sorgten, ob ihr Gehör nicht für immer geschädigt war.

Die Kufen blieben zurück, zum Teil im Sand vergraben. Die Gondel unter dem Bauch der Seawolf, der große »Kängurubeutel«, der die eingesammelten Raketenbruchstücke aufnehmen musste, wurde teilweise abgerissen. Aber die *Seawolf* war frei.

Als sie nach Hause stotterte, war sie gefährlich laut im Wasser, lauter als je zuvor. Irgendetwas hing an ihr herunter, ein Stück Kufe vielleicht oder die Gondel. Was immer es war, es machte entsetzlichen Krach, als die *Seawolf* nun langsam auf die Kurilen und damit aufs offene Meer zufuhr. Wichtige Systeme kämpften mit dem Sand, der in ihnen knirschte. Mit ihrem Zusammenbruch musste jederzeit gerechnet werden.

Dann, irgendwo im Pazifik, nicht weit vom Ochotskischen Meer entfernt, wurde die *Seawolf* entdeckt. Ein sowjetisches Schiff, vermutlich ein Trawler, begann sie mit seinem Aktivsonar anzupingen. Es war unmöglich, dem Trawler davonzueilen – das U-Boot war zu stark beschädigt – oder sich zu verstecken, denn was immer der Gegenstand war, den die *Seawolf* hinter sich her schleppte, er knallte auch dann an ihren Rumpf, wenn sie sich gar nicht vorwärts bewegte. Jede Geschwindigkeit über sechs Knoten bewirkte die reinste Kakophonie, ein wild gewordenes Schlagzeug.

Die sowjetischen Pings waren im gesamten U-Boot zu hören, eine weitere Lärmquelle. Das Pingen wollte nicht aufhören. Die Russen jagten das U-Boot, gaben die Verfolgung jedoch plötzlich nach 24 Stunden auf – aus welchem Grund auch immer, vielleicht einfach nur aus einer Laune des Trawlerkapitäns heraus.

Als die *Seawolf* schließlich in ein Trockendock einlief, konnten die Männer zum ersten Mal die Schäden begutachten. Sie hatte Beulen und Löcher in ihrer Außenhaut, als sei sie mit Wasserbomben beschossen worden. Die Bilgen waren noch immer voller Sand, Hunderte Kilogramm davon, gleichwohl ein nicht unerheblicher Bestandteil in Gläsern und Büchsen als graues, körniges Souvenir im Gepäck der Männer verschwunden war.

Für die Mission wurden keine Orden verliehen. Die Männer, die dem Tod so hautnah begegnet waren, erhielten keine formale Anerkennung. Ein Fahrtenbuch, das in der Art College-Jahrbuchs zusammengestellt worden war, erwähnte die Tortur lediglich in einem verschlüsselten Cartoon, der an den ersten und letzten Sprung von Beauregard, dem Frosch, erinnerte.

Die Männer, die im Hafen die *Seawolf* zu reparieren hatten, erfuhren nicht, wie der Sand in die Dieselmotoren und das Schmiersystem hatte gelangen und sämtliche Lager ruinieren können. Die Beamten in Washington hatten weit ernstere Befürchtungen. Kurz nach dem verpatzten Abenteuer der *Seawolf* erbrachten Satellitenbilder den Beweis dafür, dass die Sowjets die Abhöranlage im Ochotskischen Meer gefunden hatten. Niemand vermochte sich zu erklären, wie dies möglich war – ob die Operation durch den Absturz der *Seawolf* direkt auf das Kabel aufgeflogen war, durch einen Maulwurf in der Mannschaft oder, so undenkbar dies auch schien, durch einen der wenigen Nachrichtenoffiziere, die überhaupt über die Abhöraktion Bescheid wussten.

Eines war klar: Nun musste jemand unter allen Umständen herausfinden, wie die Sowjets einer der geheimsten Operationen der Amerikaner auf die Spur kommen konnten.

11

Die Kronjuwelen

Es musste ungläubiges Erstaunen gewesen sein: Rich Haver sah auf den letzten Patrouillenbericht der *Seawolf*, dann auf seine anderen Geheimdienstberichte. Die Fakten ließen sich anders einfach nicht unter einen Hut bringen.

Es war ein Leichtes, die *Seawolf* und ihre Mannschaft für das Auffliegen einer der wichtigsten Geheimdienstoperationen der letzten zehn Jahre verantwortlich zu machen. Diesen Anschein jedenfalls hatte die Situation damals. Schließlich hatte die *Seawolf* tonnenweise Stahl auf das sowjetische Kabel aufschlagen lassen. Das musste eine Kommunikationsunterbrechung oder wenigstens eine Störung verursacht haben. Warum sonst hätten die Sowjets ein Schiff des hydrographischen Dienstes in das Ochotskische Meer schicken sollen? Wie sonst hätten sie die Abhöranlage dort finden können?

In Wahrheit war den Sowjets mehr gelungen, als nur die Anzapfstelle zu finden. Sie langten hinunter und hoben die beiden großen Abhöranlagen aus dem Wasser. Es konnte ihnen nicht verborgen bleiben, worum es sich handelte und wer die Geräte installiert hatte. Im Inneren einer der Abhöranlagen befand sich ein Bauteil, auf dem die Worte »Eigentum der Regierung der Vereinigten Staaten von Amerika« prangten.

Haver hatte seine Zeitpläne wieder und wieder überprüft. Es gab keinen Irrtum. Nichts davon war der *Seawolf* anzulasten. Das sowjetische Vermessungsschiff war bereits auf dem Weg in das Gebiet gewesen, als die *Seawolf* unsanft auf dem Kabel landete. Es war in einer Schlangenlinie ins Ochotskische Meer gefahren, den ganzen Weg von der Ostsee aus, was auf ein Tarnmanöver schließen ließ. Es war jedoch fast ausgeschlossen, dass dem US-amerikanischen Geheimdienst ein Schiff entging, das sich der Anzapfstelle näherte. Die Vereinigten Staaten überwachten sowohl die Barentssee als auch das Ochotskische Meer 24 Stunden am Tag über Satelliten und landgestützte Lauschstationen, also mit allen ihnen zur Verfügung stehenden Mitteln. Insbesondere im Ochotskischen Meer war dies leicht. Das Meer war so leer, dass jedes hineinfahrende und sich dort längere Zeit aufhaltende Schiff auffallen musste. Nun hatte sich diese Überwachung mit einer allerdings schmerzlichen Erkenntnis bezahlt gemacht: Die Suche nach den Abhöranlagen musste gezielt erfolgt sein. Und wenn dies der Fall war, dann, so wusste Haver, gab es nur eine Möglichkeit, die fatalste und schlimmste, die man sich vorstellen konnte – dass nämlich die *Seawolf* mit der ganzen Sache gar nichts zu tun hatte. Vielleicht hatten die Sowjets einen Tipp bekommen. Oder aber es gab einen Spion.

Diese Vermutung würde weder bei der Marine noch bei der Nationalen Sicherheitsagentur ankommen. Das war Haver durchaus klar, als er in seinem Bericht vom 30. Januar 1982 – der zufällig auch sein 37. Geburtstag war – unter den möglichen Gründen für das Auffliegen der Abhöraktion im Ochotskischen Meer auch Spionage aufführte. Haver war auf Besorgnis gefasst gewesen. Stattdessen schlug ihm unumwundene Skepsis entgegen. Hochrangige Admirale kamen zu dem Schluss, dass er wieder Gespenster sah. Auf die gleiche Weise hatten sie auch schon reagiert, als Haver vor ein paar Jahren bereits einmal vor einem Spion oder einer undichten Stelle in der Atlantikflotte gewarnt hatte. Nun sah er wohl Spione im Pazifik.

Was Haver sagte, schien unglaublich. Wenn er Recht hatte, dann gab es nicht nur einen, sondern zwei Spione. Es konnte nicht ein Mann für die Probleme in beiden Regionen verantwortlich sein. Jeder, der operative Kenntnisse von der U-Boot-Überwachung im Atlantik Ende der 70er Jahre hatte, konnte unmöglich zugleich etwas über die Abhöroperationen im Pazifik wissen. Außerdem waren die angezapften Kabel ungefähr das bestgehütete Geheimnis des Kalten Kriegs. Das konnte nicht sein, entschieden hochrangige Admirale – Haver ließ sich von Zufällen hinters Licht führen. Die Sowjets, vermuteten sie, mussten die Abhöranlage im Ochotskischen Meer zufällig bei Wartungsarbeiten an dem Kabel entdeckt haben.

Nur wenige in der Marine bekamen Havers Bericht zu Gesicht, und sie verschwendeten nur wenige Gedanken an seine Warnung. Dies war ein Zeitpunkt, zu dem die Vereinigten Staaten mit einer unmittelbareren und greifbareren Bedrohung konfrontiert waren. Die Sowjets schienen im Begriff zu sein, eine weitere tief greifende Veränderung ihrer Raketen-U-Boot-Strategie vorzunehmen, die gefährlicher war als ihr Rückzug in die Bastionen der Barentssee Ende der 70er Jahre. Sie stationierten nun einige ihrer Raketen-U-Boote sogar noch dichter an ihrer Küste in so genannten »tiefen Bastionen« wie etwa dem Weißen Meer und dem einst fast verlassenen Ochotskischen Meer. Andere verbargen sie unter der nahezu undurchdringlichen Hülle des arktischen Eises.

Haver und andere kluge junge Analytiker waren sich noch immer sicher, dass die Sowjets im Wesentlichen versuchten, ihre Raketen-U-Boote vor Angriffen in einem frühen Stadium eines möglichen Kriegs zu beschützen, und die ersten Auswertungen der Abhöranlage in der Barentssee schienen diese Hypothese zu stützen. Doch wenn die Sowjets es wollten, konnten sie die Arktis auch nutzen, um einen beabsichtigten Erstschlag geheim zu halten, und die Vereinigten Staaten wären mit einer kürzeren Warnfrist als jemals zuvor konfrontiert. Eine Rakete, die von einer Delta in einer sowjetischen Bastion in der Barentssee abgeschossen wurde, brauchte weniger als 30 Minuten, um die 6500 Kilometer nach Washington, D. C., zurückzulegen. Doch eine Rakete, die nördlich der Baffin Bay, unmittelbar nördlich von Kanada, abgeschossen wurde, reduzierte diese Zeit auf nur noch 20 Minuten.*

Tatsächlich war die Verlagerung von U-Booten unter die Arktis ein brillanter Schachzug der Sowjets. Schließlich hatte keine der beiden Seiten übersehen, dass die kürzeste Strecke zwischen den Vereinigten Staaten und der Sowjetunion über den Nordpol führte. Beide Nationen hatten bereits ihre gewaltigen Arsenale landgestützter Flugkörper über den Nordpol hinweg aufeinander gerichtet. Doch obgleich beide seit Jahrzehnten mit U-Booten die Arktis erforschten, waren weder die Vereinigten Staaten noch die Sowjetunion dazu in der Lage gewesen, eine Technologie zu entwickeln, die ihnen ermöglichte, die exotische arktische Umgebung als militärisches Aufmarsch- oder Kampfgebiet zu nutzen.

Die Arktis ist außerdem die einzige Region der Erde, wo das Opfer einen klaren Vorteil gegenüber dem Jäger hat, da es für amerikanische Streitkräfte unheimlich schwer wäre, sowjetische Raketen-U-Boote ausfindig zu machen und zu zerstören. Denn zum einen erstrecken sich dort Zigtausende Quadratkilometer große, mit Packeis gefüllte Flachgewässer, in denen die Sowjets ihre U-Boote positionieren. Selbst die größten U-Boote konnten leicht in diesen seichten Gewässern versteckt werden und sich lautlos mit dem Eis von der jeweiligen Strömung vorantreiben lassen. Und wenn ein sowjetisches U-Boot die flache Route durch die Karasee, die Laptewsee und die Beaufortsee nahm, befand es sich schließlich zwischen den Eisbergen der Baffin Bay nördlich von Kanada, in den Fjorden an der Westküste Grönlands oder sogar in den Meerengen, die hinunter in die Hudson Bay, ins Innere Kanadas führten.

Ein U-Boot, das sich bewegungslos verbarg, würde fast geräuschlos sein, während ein Angriffs-U-Boot, das es suchte, das lauteste und beste Ziel in der Umgebung abgeben würde.

---

* 1979 fiel dem Marinenachrichtendienst erstmals auf, dass die Sowjets offenbar mit der Idee experimentierten, ihre Raketen-U-Boote unter dem Eis zu verbergen. Für die Sowjets war es ein entscheidender Augenblick, als im Sommer 1981 Kapitän zur See Leonid Kuverskij seine Delta in das verlassene Nordpolarmeer steuerte, um festzustellen, ob es ihm gelingen würde, das Eis zu durchbrechen und eine vernünftige Flugbahn für die 16 ballistischen Raketen seines U-Boots zu berechnen. Kuverskij war über alle Erwartungen hinaus erfolgreich. Für seine Entschlusskraft und seinen Mut wurde er zum »Helden der Sowjetunion« gekürt, die höchste Auszeichnung seines Landes. Es regnete Orden und Medaillen auf seine Mannschaft. Die Wissenschaftler und Waffentechniker, die mitgefahren waren, erhielten in einer Zeremonie im Oktober diverse Staatspreise.

Amerikanische Wissenschaftler versuchten seit Jahren mit wenig Erfolg, Sonarsysteme zu entwickeln, die unterschiedliche Temperatur- und Salzschichten, den Lärm fast ununterbrochener Stürme, das Aneinanderreiben von Eisbrocken und -bergen und das Bellen von Seehunden und Walrössern jeweils identifizieren und ausblenden konnten. All diese schwierigen Bedingungen in den Randeisgebieten machten es fast unmöglich, ein anderes U-Boot zu verfolgen.

Kein Wunder, dass in der US-Marine die Alarmglocken schrillten und bis hinüber ins Pentagon und ins Oval Office zu hören waren, als sowjetische Raketen-U-Boote unter dem Eis der Arktis zu verschwinden begannen. Auf dem Spiel stand nichts weniger als die letztendliche atomare Überlegenheit. Und nun galt es für die amerikanische Regierung schnellstens herauszufinden: Handelte es sich um einen defensiven Schachzug oder um eine sowjetische Finte im Rahmen des Abschreckungsspiels? Oder positionierten sich die Sowjets für einen möglichen Erstschlag? Waren die sowjetischen Führer so verrückte und böse Wesen, wie Präsident Ronald Reagan und seine Anhänger es verkündeten? Oder hatten die Russen einfach Angst, dass Reagan so feindselig war wie seine Rhetorik?

Zu diesen Ängsten kam die Tatsache hinzu, dass die Sowjetunion angefangen hatte, eine neue Generation mächtiger Raketen-U-Boote zu bauen: die Typhoon-Klasse. Das Erste von ihnen absolvierte bereits die ersten Erprobungsfahrten, und Satelliten hatten wenigstens drei weitere dieser U-Boote in der Werft 402 in Sewerodwinsk ausgemacht. Sie waren nukleare Monster, gedrungen und knollenförmig und mit großem Abstand die gewaltigsten Unterwasserfahrzeuge, die je von einer Nation gebaut wurden – sie hatten das anderthalbfache Volumen der neuen, als Basis für die Trident-Flugkörper entwickelten Raketen-U-Boote der Ohio-Klasse, welche die Vereinigten Staaten Ende 1981 in Dienst gestellt hatten. Während beide U-Boot-Typen fast so lang waren wie zwei Fußballfelder (170 Meter), hatten die Typhoons fast die doppelt Breite der Ohios.

Außerdem bauten die Sowjets vier große »Unterwassertunnels« in einem neuen U-Boot-Stützpunkt in Gremikcha an der nördlichen Spitze der Kola-Halbinsel, ungefähr 250 Kilometer von Murmansk entfernt. Aus der Steilküste herausgesprengt, waren die Granitbunker groß genug, um die Typhoons aufzunehmen, und schienen so beschaffen, um diese vor einem Nuklearangriff zu schützen.

Dass die Typhoons eisfähig waren, schien offensichtlich. Sie bestanden aus zwei parallelen Druckzylindern innerhalb einer Außenverkleidung, und sie verfügten über flache, einziehbare Bugtiefenruder, gepanzerte Propellerwellen und einen verstärkten Turmaufbau. Versteckt in der Arktis auf der Lauer liegend, wäre es für eine Typhoon ein Leichtes, ihren mächtigen Rumpf zum Zweck eines Raketenangriffs auf die Vereinigten Staaten durch meterdickes Eis nach oben zu schieben. Eine Typhoon vermochte zwanzig SS-N-20-Raketen von jeweils 15 Metern Länge mit bis zu zehn Atomsprengköpfen aufzunehmen, von denen ein jeder auf ein anderes Ziel in einer Entfernung von bis zu 8500 Kilometern programmiert werden konnte. Dieses Unterseeschiff war gebaut mit der Zielvorgabe zu überleben und dafür zu sorgen, dass amerikanische Militärstützpunkte und Städte im Fall eines Atomkriegs ausradiert würden.

Für die Vereinigten Staaten war es mehr denn je erforderlich, die Intentionen der Sowjets auszuloten, ja möglichst direkt in ihre Köpfe zu blicken. Und das bedeutete, die Abhöraktion musste fortgesetzt werden, obwohl die Russen die Abhöranlagen im Ochotskischen Meer entdeckt hatten. Die *Seawolf* war zu alt und zu ramponiert, um auch nur vor die Küsten der Sowjetunion geschickt zu werden. Zukünftige Missionen würden der *Parche* überlassen bleiben.

Inzwischen wurden die übrigen U-Boote mit der Aufgabe betraut, mehr über die technischen Fähigkeiten der Deltas und Typhoons herauszufinden, das alles entscheidende Verfolgungsspiel in die Arktis zu verlagern und etwas in Angriff zu nehmen, dem sich die US-Navy seit mehr als 40 Jahren entzog – ein wirkliches Potenzial für die Arktis zu entwickeln. Und so wandten sich die Admirale erneut einem zivilen Wissenschaftler zu, der schon seit langem darauf bestand, sich mit jenen eisigen Gewässern zu beschäftigen, als nur wenige andere in der Navy Interesse daran zeigten: Waldo K. Lyon, der Direktor des U-Boot-/Arktis-Labors der Marine (Arctic Submarine Laboratory) in San Diego.

Die Marine stellte schon früh fest, dass Lyons koboldhafte physische Statur gewaltig täuschte. Aufgrund seines ausgeprägten Willens wie auch seiner Fähigkeit, jedes Jahr die Unterstützung wenigstens eines hochgestellten Admirals oder des Chefs der Seekriegsleitung zu gewinnen, war es Lyon seit dem Ende des Zweiten Weltkriegs gelungen, sein Labor am Leben zu erhalten und den Geheimnissen des arktischen Eises auf der Spur zu bleiben. Seit jener Zeit war er davon überzeugt, dass die Sowjets früher oder später die Lektion der Nazi-Kapitäne lernen würden, die mit ihren U-Booten unter das Eis gefahren waren, um von dort aus die Tender der Alliierten aufs Korn zu nehmen. Lyon hatte sein Labor retten können – trotz schwer wiegender Skepsis in der Marine, die den Chef der Seekriegsleitung schon in den 50er Jahren dazu veranlasste, den nachfolgenden Satz in sein Handbuch aufzunehmen: »Sich die Arktis als Operationsgebiet vorzustellen ist reine Phantasie.«

Und doch hatte Lyon genug Rückhalt gewonnen, um die U-Boot-Flotte davon zu überzeugen, wenigstens einmal im Jahr, seit die Nautilus Ende der 50er Jahre unter der Eiskappe des Nordpols hindurchgefahren war, ein U-Boot in die Arktis zu schicken. Lyon selbst war mehr als zwanzig Mal dort gewesen, und er oder ein anderer Mitarbeiter seines Labors waren auf diesen Törns immer dabei, um bei der Festlegung von Routen unter dem Eis zu assistieren und mit neuen Sonartypen zu experimentieren.

Doch erst jetzt, mit 67 Jahren, wurde Lyon von ein paar Admiralen, die sich plötzlich furchtbar für die Arktis interessierten, ins Rampenlicht gezerrt. Jemand schlug vor, ein paar der älteren amerikanischen Raketen-U-Boote unter das Eis zu schicken – ein großartiger Schachzug auf der Basis von »Wie du mir, so ich dir«.

Rickover, der kurz vor seiner Zwangspensionierung durch Marineminister Lehman stand, kam mit dem Vorschlag, ein experimentelles Arktis-U-Boot zu bauen, eines mit einer extra harten Außenhaut und einem etwas größeren Buckel statt des klassischen Turms. Mit der für ihn typischen Taktik, indem er die Marine und das Pentagon umging und Lyon mit dem Vorschlag direkt zum parlamentarischen Streitkräfteausschuss schickte, versuchte er das Projekt durchzudrücken. Doch mehr als ein an Lehman gerichteter Brief der betroffenen Abgeordneten, die sich darüber wunderten, dass fast ein Vierteljahrhundert arktischer U-Boot-Expeditionen nicht dazu geführt hatte, die Vereinigten Staaten unter dem Eis einsatz- und kampffähig zu machen, kam nicht dabei heraus. Rickover musste seinen Kampf für das Projekt einstellen, als Lehman ihn schließlich zwang, im Alter von 82 Jahren im Januar 1982 in Pension zu gehen.*

Später vertraute ein Admiral Lyon an, dass die Marine niemals ein experimentelles Arktis-U-Boot bauen würde, weil sie damit den Sowjets nur offenbarte, dass die US-Marine unter dem Eis nicht zu Kriegseinsätzen fähig war. Außerdem würde der Plan, ein Arktis-U-Boot zu entwickeln, mit einem anderen Vorschlag konkurrieren, der dem Kongress bereits vorgelegt worden war: Die Marine wollte die finanziellen Mittel, um eine neue Klasse von Super-U-Booten zu bauen, von denen behauptet wurde, dass man mit ihnen fast alles machen konnte. Einige Marineangehörige bezeichneten das neue U-Boot als »Fat Albert«. Tatsächlich jedoch handelte es sich um die höchst umstrittenen Angriffs-U-Boote der Seawolf-Klasse (SSN-21), die den U-Booten der Los Angeles-Klasse nachfolgen sollten, welche ihrerseits bereits jene der Sturgeon-Klasse ersetzt hatten.

* Mehrere vorangegangene Verteidigungs- und Marineminister hätten Rickover gerne an die Luft gesetzt, doch seine Anhänger im Kongress und Präsidenten wie Jimmy Carter schoben dem immer einen Riegel vor. Reagan jedoch stand fest hinter seinem Marineminister, obwohl Rickover bei einer Begegnung im Oval Office Lehman als »pissende Ameise« beschimpfte und von Reagan wissen wollte: »Sind Sie ein Mann? Können Sie Ihre Entscheidungen nicht selbst treffen?« Rickover rächte sich, indem er in seinem Büro nach der Pensionierung ein Bild von Benedict Arnold [Held des Amerikanischen Unabhängigkeitskrieges, der zu den Briten überlief; Anm. d. Ü.] neben jenes von Lehman hängte.

Bei näherer Betrachtung gefiel dem Marinenachrichtendienst die Idee einer neuen U-Boot-Klasse. Angehörige des Nachrichtendienstes rechneten sich aus, dass jegliche neue Technologie ein Problem für die Sowjets darstellen würde, mit dem sie sich beschäftigen müssten und das sie ablenken würde. Außerdem glaubten sie, dass die Vereinigten Staaten mit der Ankündigung von Plänen zum Bau eines neuen und besseren U-Boots den Sowjets klar machen würden, dass Letztere niemals die Oberhand gewinnen könnten, egal was sie auch taten.

All dies laute Nachdenken über neue Operationen im Eis und über neue U-Boote führte dazu, die Aufmerksamkeit von der *Parche* abzulenken, die eigentlich wieder in die Barentssee hätte geschickt werden müssen. Dieser Törn bereitete den Planern größere Sorgen als die Rückkehr ins Ochotskische Meer. Das Kabel in der Barentssee beförderte die allerheikelsten Informationen, und selbst wenn die Sowjets die Abhöranlagen im Ochotskischen Meer nur zufällig entdeckt hatten, könnte die Vernunft sie veranlasst haben, in der Barentssee besser aufzupassen. Dies galt vor allem für den Fall, dass sie eine Abhöranlage vermuteten, sie aber noch nicht gefunden hatten. Die Rund-um-die-Uhr-Überwachung der Anzapfstelle hatte nichts Außergewöhnliches ergeben, doch konnte man keineswegs sicher sein. Das Ochotskische Meer war abgelegen; jede sowjetische Aktivität dort wäre sofort registriert worden. Die Gewässer der Barentssee hingegen waren so stark befahren, dass eine eventuelle Suche der Sowjets nach einer Abhöranlage angesichts der vielen Schiffe und U-Boote nicht auffallen musste.

Dann war da noch die Möglichkeit – auch wenn die meisten Mitarbeiter des Marinenachrichtendiensts sie für weit hergeholt hielten –, dass Haver Recht hatte und tatsächlich ein Spion existierte. Wenn dies zutraf, dann verfolgten die Sowjets möglicherweise sorgfältig alle Bewegungen der *Parche*. Unter diesen Umständen wussten sie vielleicht sogar, dass die *Parche* auf dem Weg über die Arktis in die Barentssee eingedrungen war.

Doch was wäre, wenn man die *Parche* auf einer anderen Route schickte, einer ganz und gar anderen, die eine Überwachung erheblich erschweren würde? Die Mannschaft wurde informiert: Die *Parche* sollte früher als gewöhnlich aufbrechen, bereits im April statt wie bisher im Spätsommer. Und diesmal würde sie weg von der Arktis, weg von der Sowjetunion zu einer »Ausdauermission« aufbrechen und nach Süden laufen, um den Äquator zu überqueren. Sie würde an der US-amerikanischen Pazifikküste, an Mittelamerika und Südamerika entlang bis nach Kap Hoorn fahren.

Geheim gehalten wurde allerdings der Plan, dass die *Parche* schließlich um Kap Hoorn herumfahren und durch den Atlantik doch zurück in die Barentssee gelangen würde. Sie würde außerdem die Falkland-Inseln, wo sich gerade England mit Argentinien im Krieg befand, in einem großen Bogen umfahren müssen. Es war die umständlichste Route, die man sich hätte einfallen lassen können. Nur durch die Antarktis wäre der Weg noch weiter gewesen. Damit hatte man eine meisterhafte Finte ausgetüftelt, die die Russen irreleitete und es zudem der *Parche* auch noch gestattete, das schwere Eis zu vermeiden, mit dem sie sonst so früh im Jahr hätte rechnen müssen. Die *Parche* würde auf dem Hinweg und auf dem Rückweg jeweils 28 000 Kilometer zurücklegen, eine Rundfahrt, die die Mission fast fünf Monate dauern lassen würde. Sie sollte die gesamte Strecke unter Wasser zurücklegen.

»Sie wollen herausfinden, wie lange wir es aushalten«, erzählten die Männer einander und trugen somit, ohne es zu wissen, dazu bei, die ganze Inszenierung noch glaubwürdiger erscheinen zu lassen. »Wir sollen versuchen, einen Rekord aufzustellen.«

Als die *Parche* für mögliche 150 Tage auf See beladen wurde, mussten so viele Nahrungskonserven gebunkert werden, dass die Männer eine der Toiletten mit einem Brett abdeckten, um den Raum in eine Vorratskammer zu verwandeln. Dort wurden dann bis unter die Decke Konservendosen gestapelt. Weitere Nahrungsmittel wurde im oberen Durchgang durch die Offiziersmesse aufgetürmt. Wer also jetzt in die Offiziersmesse gelangen wollte, musste durch die Kajüte des Kapitäns, dann durch sein Badezimmer in jenes des Ersten Offiziers und schließlich aus dessen Kabine gehen, um rechts wieder in den Gang einzubiegen.

Fregattenkapitän Peter J. Graef hatte auf diesem Törn das Kommando. Graef, der selbst sechs Kinder hatte, passte auf seine Crew auf, und sie wusste das. Wenn er sich nicht gerade in der Operationszentrale befand, spielte er vermutlich Cribbage in der Offiziersmesse, hielt sich auf einem Trainingsrad fit, das er im Maschinenraum untergebracht hatte, oder saß mit einem seiner Unteroffiziere beisammen. Rang spielte für ihn keine Rolle, nur die *Parche* war ihm wichtig. Er empfand sich jede Minute, die er an Bord verbrachte, auf dem Höhepunkt seiner Karriere. Was danach kam, erklärte er einmal seinen Männern, »spielt einfach keine Rolle, führt alles nur bergab.«

Als er seine Mannschaft anführte zu ihrer »Odyssee 82«, genossen einige seiner Männer ihren seemännischen Ruhm. Andere genossen's einfach so. »Animal« war an Bord, der diesen Spitznamen trug, weil er Spaß daran hatte, sich möglichst lange nicht zu duschen und darin immer wieder neue Rekorde aufzustellen, wobei er seine Kameraden mit seinen »Gestanksorgien« bald amüsierte, bald quälte. Dann war da noch »Bumper Car«, der deshalb so hieß, weil er sich auf seinem Weg durch das Schiff wie ein Pogo-Tänzer von den Wänden abstieß und dabei immer sagte: »Sieh mich an, ich bin ein Bumper Car.« Außerdem gab's den Steuermann namens »Big Bird«. Er wog runde 140 Kilogramm und konnte nicht durch eine der Schotten an Bord klettern, ohne dass jemand brüllte: »Auf, zu.«

Was die Mannschaft betraf, so war es Leutnant Timothy R. Fain, der jüngste Offizier an Bord, der die beste Unterhaltung bot. Die Crew betrachtete ihn als einen der ihren. Er ließ sich einen Spitzbart wachsen so wie sie und teilte ihre Verachtung für Offiziersetikette. Fains Gutmütigkeit war Ziel ihrer gewagtesten Streiche. Am meisten Spaß machte es ihnen, Fain zu »grünen« – ihn zu packen und mit dem blattgrünen Rohrklebeband zu mumifizieren, das die Electric Boat Company verwendete, weil es den Druck des Meeres aushielt. Es war entwickelt worden, um kleine Lecks der Ausrüstung abzudichten, doch auf der *Parche* wurde es primär verwendet, um Fain zu binden und zu knebeln. Auf diesem Törn etwa wurde er auf diese Weise eingepackt und für Graef auf dem Tisch in der Offiziersmesse deponiert. Oder aber die Crew ließ ihn als grün verpacktes Überraschungspaket für den wachführenden Ersten Ingenieur in dem Tunnel zurück, der zum Antriebsbereich des U-Boots führte.

Der Erste Offizier, Timothy W. Oliver, hatte weniger Geduld für die Eskapaden der Mannschaft, vor allem nachdem seine Kabinentür erst in den Maschinenraum, dann in den »Weinkeller«, einen Raum zwischen den Bilgen, und in eine Reihe anderer Verstecke im Boot verschleppt worden war. »Kein Kino heute Abend!«, brüllte Oliver dann, wobei er, ohne sich dessen bewusst zu sein, James Cagneys Darstellung eines prahlerischen Tenderkapitäns in dem Film *Keine Zeit für Heldentum* wiedergab.

Es mochte schon stimmen, dass die *Parche* unterwegs war zu einer Mission, die noch waghalsiger war als jene, die ein paar Jahre später in *Jagd auf Roter Oktober* beschrieben werden sollte, doch inspirieren ließ sich die Besatzung ohne Zweifel von *M*A*S*H*.

Nur einmal waren sich alle an Bord ihrer Position absolut sicher: bei der Überquerung des Äquators. In einer Zeremonie, die auf unzähligen U-Booten viele Male vollzogen worden war, wurden die Neulinge initiiert und gedemütigt, als sie ihren Tribut an »König Neptun« entrichteten. Sie wurden gezwungen, ein gallehaltiges Gebräu aus dem »Bauch des Königs« zu essen, im wörtlichen Sinn den Mageninhalt eines ihrer erfahreneren Kameraden.

Solche Feiern gab es nicht, als die *Parche* schließlich in die Barentssee gelangte. Diesmal installierten ihre Taucher einen neuen Typ Abhöranlage. Dort fehlten jetzt die Verbinder, das heißt, die Abhöranlage würde abfallen und auf dem Meeresboden liegen bleiben, falls die Sowjets aus irgendeinem Grund versuchen sollten, das Kabel heraufzuholen.

Andere Verfahren waren ebenfalls verändert worden, seit die Sowjets die Anlage im Ochotskischen Meer entdeckt hatten. Nachdem die Taucher der *Parche* die Anlage angeschlossen und ihre Spitzel etwa eine Woche lang gelauscht hatten, verlegte das U-Boot seine Position in relativ sichere Gewässer, bevor es eine Woche später die Anlage erneut anlief, um die Telefonleitungen noch einmal direkt abzuhören. Möglicherweise wollte Graef die Recorder zusätzliches Material für eine gründliche Überprüfung aufnehmen lassen. Wahrscheinlicher ist jedoch, dass die *Parche* zurückkam, um einen zweiten Recorder oder an einer anderen Stelle ein weiteres Abhörgerät zu installieren. So war man auch im Ochotskischen Meer vorgegangen. Davon abgesehen war die zusätzliche Aufnahmekapazität unbedingt erforderlich: Die *Parche* war für die Zeit nach dieser Mission für eine gründliche Überholung vorgesehen und würde zwei Jahre lang nicht in die Barentssee zurückkommen.

Die *Parche* kehrte schließlich nach Hause zurück, nachdem sie 137 Tage auf See zugebracht hatte. Für diese »Ausdaueroperation« erhielt sie eine weitere Presidential Unit Citation, womit die Mannschaft ihr selbst gestelltes Ziel erreichte, sich für jede Fahrt in die Barentssee mit einer solchen Auszeichnung belohnen zu lassen. Diese Presidential Unit Citation, ihre vierte in vier Jahren, war von Ronald Reagan unterzeichnet, der Graef außerdem eine Schachtel Zigarren schickte. Die Urkunde bediente sich der standardisierten Sprache über »außergewöhnliches Heldentum«, doch dann fuhr sie fort und pries, dass die *Parche* einen »neuen Maßstab für Ausdauer und Vorzüglichkeit bei Unterwasseroperationen gesetzt« hatte. Der Präsident hatte somit die offizielle Version der Marine, die das wahre Ziel verschleiern sollte, verewigt.

Da die *Parche* das ganze Jahr 1983 auf dem Trockendock liegen würde, gab es kein anderes U-Boot, dem die Aufgabe übertragen werden konnte, die Abhöranlage in der Barentssee zu bedienen. Die *Seawolf* befand sich in der Werft und erholte sich von den Sturmschäden. Außerdem war für sie die Ära, in der sie sowjetische Kabel angezapft hatte, eindeutig vorbei. Der

Marinenachrichtendienst war nie auf den Gedanken gekommen, die *Seawolf* durch die Barentssee scheppern zu lassen, und die Tatsache, dass die Sowjets die Abhöranlage im Ochotskischen Meer gefunden hatten, machte alle dortigen Abhöraktionen überflüssig. Als die *Seawolf* die Werft also schließlich wieder verließ, wurde sie hauptsächlich verwendet, um nach den Bruchstücken sowjetischer Testraketen und anderem militärischen Gerät im offenen Meer zu suchen.* Darüber hinaus schmiedete der Marinenachrichtendienst Pläne, die USS *Richard B. Russell (SSN-687)* zu ihrem vierten und letzten U-Boot für »Sonderaufgaben« umzubauen.

Gerade in einem der schwierigsten Jahre des Kalten Kriegs seit dem Beginn der Entspannungspolitik musste der Marinenachrichtendienst also auf seine beste Informationsquelle verzichten. Die Marine versuchte zu lernen, wie man die Sowjets unter dem Eis verfolgen konnte, indem sie sich den U-Booten der Russen nach Verlassen der Häfen an die Fersen heftete. Doch nahm die Zahl der Plänkeleien mit den Sowjets zu, je mehr Angriffs-U-Boote die Navy in die Arktis schickte. Das war aber noch nicht alles. Die Verfolgung sowjetischer Unterseeboote unter dem Eis erwies sich als außerordentlich schwierig. Am erfolgreichsten war die US-Marine in den zentralen Polargebieten, wo das Geräuschbild des Wassers jenem der offenen See glich. In den Randbereichen war dies allerdings nicht der Fall.

Doch die Navy hatte keine andere Wahl und musste es weiter versuchen. Die zahlreichen sowjetischen Aktivitäten in der

---

* Inzwischen hatte die Marine ihre beiden neuesten Mini-U-Boote, *Turtle* und *Sea Cliff*, modifiziert, um größere Tauchtiefen als die ursprünglich maximal möglichen 2000 Meter zu erreichen. Unter anderem war es deren Aufgabe, die von der *Seawolf* gefundenen und von Air-Force- und Marine-Radaranlagen ermittelten Bruchstücke von Testraketen einzusammeln. Die *Turtle* war 1979 umgebaut worden, um nun bis auf 3000 Meter tauchen zu können. Die *Sea Cliff* hatte Anfang der 80-er Jahre eine Titankapsel erhalten, damit sie 6000 Meter erreichte. Sie war somit das erste Marinefahrzeug seit der *Trieste I*, das so tief zu tauchen vermochte, wie John Craven es vorschwebte, als er in den 60er Jahren von seiner Tieftauchsuchboot-Flotte geträumt hatte. Doch mussten die beiden Mini-U-Boote abweichend von Cravens Planungen nach wie vor auf Überwasserschiffen zu den Tauchstellen gebracht werden.

Arktis veranlassten Admiral James Watkins, der Hayward als Chef der Seekriegsleitung nachgefolgt war, der amerikanischen Öffentlichkeit schließlich zu verkünden, dass sich die neueste Front im Kalten Krieg weit in den Norden verlagert hatte. Und er bemerkte: »Wenn es Streitkräfte in diesem Gebiet gibt, dann sollten wir besser rasch herausfinden, wie wir sie bekämpfen können.« Er fügte hinzu: »Das Eis ist ein großartiges Versteck.«

Für den Marinenachrichtendienst war es nun wichtiger als jemals zuvor, alles, was man bisher über sowjetische Taktik und Strategie gelernt hatte, in der gesamten U-Boot-Flotte zu verbreiten. Die Kapitäne und Spitzel auf den regulären Überwachungs-U-Booten schrieben umfangreichere Patrouillenprotokolle als je zuvor, und sogar ein Großteil der durch die Abhöranlagen gewonnenen Informationen, die einmal streng geheim gewesen waren, wurde nun an die U-Boot-Offiziere weitergegeben – allerdings in gereinigter Form, damit ihr Ursprung nicht ersichtlich wurde. Der Marinenachrichtendienst war so verzweifelt darum bemüht, hinter die Absichten der Sowjets zu kommen, dass er bereit war, sich zum Teil lediglich auf Vermutungen zu verlassen. Eine Gruppe von U-Boot-Fahrern und Analytikern wurde zusammengestellt und aufgefordert, die Dinge aufzuschreiben, von denen sie meinten, dass sie im operativen Handbuch eines sowjetischen U-Boots zu finden seien. Anschließend wurden sie ausgeschickt, um Kommandanten von Angriffs-U-Booten darin einzuweisen, was sie auf See zu erwarten haben würden.

Inzwischen war deutlich geworden, dass sich niemand für Rickovers Idee von einer eigens für die Arktis entwickelten U-Boot-Klasse einsetzen würde. Stattdessen hatte die US-Marine sich entschlossen, fast zwei Dutzend genehmigte, aber noch nicht fertig gestellte U-Boote der Los Angeles-Klasse eistauglich zu machen. Konzipiert als Begleitschutz für Flugzeugträger auf dem offenen Meer, fehlten den ersten Los Angeles-Unterseebooten ein Teil der ausgefeilten elektronischen Überwachungsausrüstung sowie die eisfähigen Sonarsysteme, die man bei der *Parche* und anderen U-Booten der Sturgeon-

Klasse bereits eingebaut hatte. Damit waren die neuesten U-Boote der Vereinigten Staaten, anders als diejenigen der Sturgeon-Klasse, die sie eigentlich ersetzen sollten, nicht in der Lage, die entscheidenden Spionageaufträge zu erfüllen.

Lyon war gebeten worden, mit seinen Forschungsarbeiten die U-Boote der Los Angeles-Klasse eistauglich zu machen helfen, doch wurden die Gelder, die er hierzu benötigte, nie genehmigt. Die Unter-Eis-Operationen konzentrierten sich im Wesentlichen auf den Versuch, Torpedos und Sonarsysteme zu entwickeln, die besser zwischen Eisriffen und Raketen-U-Booten in den tiefen Polarregionen unterscheiden konnten. Doch Lyon warnte, dass die Flottenkommandanten das größte Problem ignorierten: Kein amerikanisches U-Boot vermochte in den Eisrandgebieten gut genug zu manövrieren oder zu jagen, um dort auch im Ernstfall kampfbereit zu sein. Lyon jedoch war davon überzeugt, dass sich die Sowjets genau dort verbargen. Keiner der hohen Offiziere, so schien es, wollte davon etwas hören.

In dem Augenblick, als die Bedrohung durch die Sowjets auf See wuchs, zerbröckelten die Beziehungen zwischen den beiden Supermächten. Juri Wladimirowitsch Andropow, ein früherer KGB-Direktor, der Leonid Breschnew 1982 als sowjetischer Staatschef gefolgt war, entwickelte apokalyptische Visionen von einem amerikanischen Erstschlag, die selbst viele KGB-Experten als Unheilsprophezeihung empfanden.

Dann fing Reagan an, sowjetische Ängste zu schüren. Mit seiner Predigt vom 8. März 1983 übertraf er noch die Prediger auf der Versammlung des Nationalen Evangelischen Verbands (National Association of Evangelicals), die in diesem Jahr in Orlando, Florida, abgehalten wurde. Er präsentierte seinen Zuhörern eine Liste nationaler und internationaler Übel, die er beseitigen wolle: Abtreibung, Schwangerschaften von Teenagern, Kliniken, die Empfängnisverhütung bei Teenagern unterstützten. Nach einem leidenschaftlichen Plädoyer für das Schulgebet richtete er seine Aufmerksamkeit auf die Sowjetunion.

»Ja, lasst uns beten für das Heil all jener, die in dieser Finsternis des Totalitarismus leben, beten, dass sie die Freude entdecken, die darin liegt, Gott zu kennen«, intonierte Reagan. »Doch bis sie es tun, wollen wir uns dessen bewusst sein, dass sie, während sie zwar die Überlegenheit des Staates predigen, seine Allmacht über das Individuum erklären und seine letztendliche Vorherrschaft über alle Völker der Erde vorhersagen, das Zentrum des Bösen in der modernen Welt sind.«

Wenig später beendete er seine Predigt mit den Worten: »Wenn ihr also die Vorschläge zum Einfrieren des Atompotenzials diskutiert, dann bitte ich euch eindringlich, euch vor den Versuchungen des Stolzes in Acht zu nehmen, vor der Versuchung, ungeniert zu erklären, dass ihr über allem steht und beide Seiten gleichermaßen verantwortlich macht, vor der Versuchung, die Fakten der Geschichte zu ignorieren und die aggressiven Impulse eines Reichs des Bösen, vor der Versuchung, das Wettrüsten einfach als riesiges Missverständnis zu bezeichnen und euch damit das Ringen um Recht und Unrecht, um Gut und Böse zu ersparen.«

Reagan hatte schon bei früherer Gelegenheit den Kampf gegen den Kommunismus mit dem Kampf von Gut und Böse gleichgesetzt. Doch der Ausdruck »Reich des Bösen« wurde zu einem Schlagwort, das wieder und wieder in den Medien auftauchte. Ohne Zweifel erregte es die Aufmerksamkeit der eingeschüchterten Sowjets. Ihre Sorge, dass Reagan möglicherweise einen Erstschlag in Betracht zog, wurde gestützt, als der Präsident am 23. März, weniger als zwei Wochen nach seiner »Reich des Bösen«-Rede, der Welt im Fernsehen sein »Star Wars«-Programm vorstellte – die Strategische Verteidigungsinitiative (SDI), die weltraumgestützte Raketenabwehr.

Anfangs betrachteten die Sowjets diesen Plan, Laser in eine Umlaufbahn zu schießen und vom Himmel herab sowjetische Raketen zu zerstören, als unbrauchbar. Doch Reagans Rhetorik und ihre Interpretation durch den KGB überzeugten einige sowjetische Politiker und Militärs davon, dass der Präsident vielleicht doch fähig sein könnte, den Erstschlag zu befehlen.

Es beruhigte die Sowjets auch nicht, dass die amerikanische Pazifikflotte kurz nach der »Reich des Bösen«- und der »Star

Wars«-Rede mit ihrem größten Manöver seit dem Zweiten Weltkrieg begann. Marineflugzeuge von den Flugzeugträgern *Midway* und *Enterprise* überflogen die sowjetischen Militärinstallationen auf den Kurilen, die den Zugang zum Ochotskischen Meer markieren. Diese Machtdemonstration war ein weiterer Schritt in Lehmans Bemühungen, die Russen auf die Stärke der Amerikaner aufmerksam zu machen.

Danach verzögerten sich entscheidende Abrüstungsverhandlungen, während die Russen zugleich gegen das amerikanische Vorhaben protestierten, tief fliegende Marschflugkörper und Pershing II-Mittelstreckenraketen in England, Westdeutschland und Italien zu stationieren. Dann, am 31. August, schossen die Sowjets ein koreanisches Passagierflugzeug (KAL 007) ab, weil es über einen sowjetischen Militärstützpunkt am Ochotskischen Meer geflogen war. Alle 269 Personen an Bord wurden getötet.

Reagan beschuldigte die Sowjets des vorsätzlichen Mordes, wissentlich ein ziviles Flugzeug abgeschossen zu haben. Statt zuzugeben, dass sie einen tödlichen Irrtum begangen hatten, behaupteten die Sowjets, dass das Passagierflugzeug in Wahrheit ein CIA-Aufklärungsflugzeug war. Nach diesem Vorfall wurden sowjetische Studenten, die an amerikanischen Universitäten studierten, unter dem Vorwand heimgeholt, dass die antisowjetischen Gefühle in den USA sie physisch gefährdeten. Als Lech Walesa am 6. Oktober der Friedensnobelpreis zugesprochen wurde, war der KGB überzeugt, dass der Preis Bestandteil eines westlich-zionistischen Komplotts sei, um Osteuropa zu destabilisieren.

Die Spannungen wuchsen weiter, als Reagan am 26. Oktober die Invasion in Grenada befahl. Die Vereinigten Staaten behaupteten, dass sie damit nur amerikanische Medizinstudenten retten wollten. Doch zugleich stürzten sie die neue kommunistische Regierung.

Während sich all dies ereignete, suchte der KGB aktiv nach Anzeichen dafür, dass die NATO und die Vereinigten Staaten einen Erstschlag planten. Die Suche, nun mit höchster Priorität vorangetrieben, war von Andropow eingeleitet worden, als er noch Direktor des KGB war. Ihr Kodename lautete »Operation RYAN«, wobei RYAN das Akronym für »Raketno Yadernoye Napadenie« war, die russische Bezeichnung (englische Transkribierung) für »atomarer Raketenangriff«. Den Aussagen von Oleg Gordiewsky zufolge, eines hochrangigen KGB-Offiziers, der sich später nach England absetzte, übte der KGB während des gesamten Jahres 1983 auf seine Agenten überall auf der Welt Druck aus, Material für RYAN zu sammeln und alarmierende Informationen selbst dann weiterzugeben, wenn sie selbst ihnen misstrauten.

Nach dem Abschuss des koreanischen Passagierflugzeugs bedrängte der KGB die RYAN-Agenten sogar noch härter. Inzwischen war Andropow schwer krank geworden, und eine seiner Nieren hatte entfernt werden müssen. Seit Mitte August war er nicht mehr in der Öffentlichkeit gesehen worden. Doch er hatte noch immer die Verantwortung, und er glaubte noch immer, dass sich die Welt auf ein nukleares Armageddon zu bewegte.*

Gordiewsky sagt, dass die Operation RYAN außer Kontrolle geriet und die Gefahr eines katastrophalen Fehlers wuchs. Dies galt seiner Meinung insbesondere für die Zeit, als die NATO unter dem Decknamen »Able Archer« ihr Herbstmanöver abhielt. Vom 2. bis 11. November übten die NATO-Streitkräfte Abschussverfahren für taktische Atomwaffen für alle Alarmstu-

---

* Gerade als die Anspannung am größten war, schickte die Sowjetunion ein Victor-III-U-Boot in die Gewässer irgendwo zwischen den Carolina- und den Bermuda-Inseln. Die Amerikaner konterten, indem sie eine Fregatte, die USS *McCloy*, und ein U-Boot, die USS *Philadelphia (SSN-690)*, entsandten, um die Victor zu verfolgen. Bevor noch jemand begriff, was da geschah, waren die drei Schiffe in ein Tauziehen miteinander verwickelt, oder war es ein anderes Spiel? Es geschah am 31. Oktober 1983, und der Preis war ein Stück bester amerikanischer Sonartechnik. Die Victor kam dicht an die Fregatte heran, verfing sich in dem amerikanischen Schleppsonar und riss es los. Doch nur Augenblicke später musste die Victor auftauchen und zappelte sich ab – ihr Fang hatte sich um ihre Propeller gewickelt. Sie war durch ihren eigenen Coup bewegungsunfähig geworden. So weit kam die Geschichte in die amerikanischen Zeitungen. Was jedoch danach geschah, wurde nie veröffentlicht. Die Mannschaft der *Philadelphia* manövrierte ihr Schiff neben das sowjetische U-Boot, um es sich genau anzusehen. Im nächsten Augenblick wickelte sich das Schleppsonar um die *Philadelphia*. Die Amerikaner hatten es sich unbeabsichtigt zurückgeholt.

fen von der bloßen Bereitschaft bis hin zur allgemeinen Alarmbereitschaft. Weil die Pläne der Sowjets für den Ernstfall vorsa-
hen, dass entsprechende Vorbereitungen als Übung getarnt werden sollten, glaubten Unheilspropheten im KGB, dass die NATO-
Streitkräfte wirklich in Bereitschaft versetzt worden seien.

RYAN-Teams wurden dazu angehalten, nach Anzeichen
dafür zu suchen, dass die NATO im Begriff war, den Count-
down zum Atomkrieg zu starten: letzte Krisengespräche zwischen Großbritannien und den Vereinigten Staaten; Anstrengungen der Nahrungsmittelindustrie, Vorräte etwa durch
Massenschlachtungen anzulegen; die Evakuierung von politischen, Wirtschafts- und militärischen Führern und ihren Familien. Die sowjetische Alarmbereitschaft ließ am 11. November nach, als »Able Archer« zum Abschluss kam.

Doch der Verfolgungswahn nahm nur wenig ab. Diesen
Dezember gab Marschall Nikolaj W. Ogarkow, der Stabschef
der sowjetischen Streitkräfte, eine verblüffende öffentliche Erklärung ab. Er sagte, die Sowjets glaubten, dass die Vereinigten
Staaten »immer noch am liebsten einen Enthauptungserst-
schlag mit Atomwaffen führen würden«.

Reagans Außenminister George P. Shultz begegnete Ogar-
kows Ankündigung mit unumwundenen Zweifeln. Shultz war
sicher, dass es sich hierbei nur um ein weiteres Sprücheklopfen
handeln konnte. Doch im Januar 1984 zogen die Sowjets einen
Plan durch, mit dem sie während der Auseinandersetzung über
die Pershing II-Raketen gedroht hatten. Im Zuge einer eigenen Machtdemonstration schickten sie einige ihrer Raketen-
U-Boote der Delta-Klasse zurück in den Atlantik, damit diese
dort gemeinsam mit den Yankees, die diese Aufgabe seit langem routinemäßig erfüllten, vor der Küste der USA patrouillierten. Damit sollte demonstriert werden, dass die Deltas
ebenso leicht Ziele in den Vereinigten Staaten aufs Korn nehmen konnten wie die in Deutschland stationierten Pershings
Ziele in der Sowjetunion. Ironischerweise beförderte der
Schachzug der Russen die Deltas genau dorthin, wo die Amerikaner sie am leichtesten im Auge behalten konnte. Doch die

implizierte Drohung wurde dennoch verstanden. Beide Seiten verschärften das übliche Katz-und-Maus-Spiel, blieben einander aggressiver als jemals zuvor auf den Fersen.

Die Reagan-Administration erkannte nun endlich, dass sie versuchen musste, die Dinge wieder etwas zu beruhigen. Die aufhetzerische Rhetorik in Washington wurde abrupt eingestellt. Shultz begann privat mit sowjetischen Diplomaten zu reden, um die Spannungen möglichst aufzulösen und die Abrüstungsgespräche wieder in Gang zu bringen. Reagan machte die neue Linie in einer Rede am 16. Januar 1984 öffentlich, indem er sagte: »Wir sind entschlossen, mit unseren Differenzen friedlich, im Rahmen von Verhandlungen fertig zu werden.« Dann kehrte er wieder zu der Vision zurück, die er bereits bei der Vorstellung des »Star Wars«-Programms heraufbeschworen hatte. »Wie ich bereits früher gesagt habe, ist es mein Traum, den Tag zu erleben, da Atomwaffen vom Angesicht der Erde verbannt sind.«

Nach einer Weile beruhigten sich die Sowjets ebenfalls. Andropow starb diesen Februar, und sein Nachfolger Konstantin Tschernenko signalisierte, dass er bereit sein könnte, über Abrüstung zu sprechen. Er stellte jedoch eine Bedingung, die Reagan nicht akzeptieren würde. Tschernenko wollte, dass Reagan »Star Wars« aufgab. Die Sowjets fürchteten, die Technologie könnte die Vereinigten Staaten zum Erstschlag befähigen, ohne einen Gegenschlag fürchten zu müssen.

Die ganze Zeit über bemühten sich die Geheimdienste, mit den Ereignissen Schritt zu halten. Die CIA begann mit einer Studie, mit deren Hilfe sie herausfinden wollte, was die Sowjets mit einem Mal so nervös gemacht hatte. Amerikanische Satelliten lieferten die ersten Bilder von sowjetischen Raketentests in der Arktis, und Marinegeheimdienst wie Nationale Sicherheitsagentur planten zielstrebig die Rückkehr der *Parche* in die Barentssee.

Die *Parche* machte sich auf den Weg in die Barentssee, als es gerade zu weiteren diplomatischen Händeln gekommen war, in deren Folge die Sowjets die Olympischen Spiele in Los Angeles boykottierten, als Antwort auf den US-Boykott der Spiele in Moskau vier Jahre davor. Als das Spionageunterseeboot zurückkehrte, war klar, dass es weit mehr mitbrachte, als selbst die optimistischsten Geheimdienstmitarbeiter gehofft hatten. Die Abhöranlagen hatten vollständig den durch »Able Archer« ausgelösten Bereitschaftszustand der Sowjets aufgezeichnet und damit einen detaillierten Einblick gewährt in die atomare Strategie der sowjetischen Marine. Damit hatten die USA die Führungs- und Leitungsstruktur mitbekommen, wie die sowjetischen Raketen-U-Boote in höchste Alarmbereitschaft versetzt worden waren und für einen Kriegsausbruch probten. Einige ehemalige Geheimdienstmitarbeiter meinen, dass diese Informationen lediglich bestätigten, was sich bereits durch die vorangegangenen Aufnahmen der Abhöranlagen abgezeichnet hatte darüber, wie die Sowjets ihre Raketen-U-Boote im Kriegsfall einsetzen würden. Doch andere ehemalige Mitarbeiter der CIA, der Nationalen Sicherheitsagentur und der Marine sind der Auffassung, dass die Beute, die die *Parche* von dieser Mission mitbrachte, entscheidend für ihr Verständnis der sowjetischen Strategie war, und dass sie in ihrer Bedeutung sehr wohl dem »Raub der Kronjuwelen« gleichkam.

Basierend auf diesen Aufzeichnungen, so ihr Kommentar, erkannten amerikanische Geheimdienste, dass ein Teil der Informationen, die einzelne Agenten beigebracht hatten, total falsch war. Die Aufnahmen der Abhöranlagen lieferten in der richtigen zeitlichen Abfolge die Aufstellung der bedeutendsten sowjetischen Überwasserschiffe und Unterseeboote und ein neues Bild vom Bereitschaftszustand der Sowjets. So, wie es einige der jüngeren Marineanalytiker ein paar Jahre zuvor postuliert hatten, würde die Betonung auf dem Schutz der Raketen-U-Boote liegen. In den Anfangstagen einer Krise wollten die Sowjets ein paar ihrer Typhoons und Deltas in sichere Bastionen zurückführen. Diese würden durch die Mehrheit sowjetischer Angriffs-U-Boote und Kriegsschiffe geschützt. Angriffs-U-Boote sollten außerdem jenen Raketen-U-Booten, die sich unter arktischem Eis versteckten, den Rücken freihalten.

Das war die Strategie, die dem Pentagon solches Kopfzerbrechen bereitet hatte. Die Sowjets hatten sich eine Möglichkeit erarbeitet, den NATO-Streitkräften, die am Eingang zur GIUK-Lücke darauf warteten, angegriffen zu werden, wie auch den NATO-U-Booten, die versuchten, sowjetischen Schiffen in die Barentssee zu folgen, aus dem Weg zu gehen. Die *Parche* brachte außerdem die Bestätigung einer weiteren entscheidenden Tatsache nach Hause, die den schlimmsten Ängsten des Pentagon die Spitze nahm: Die Sowjetunion bereitete sich nicht auf einen seegestützten Erstschlag vor. Ein früherer Geheimdienstmitarbeiter kommentiert die den Abhöraktionen zu verdankenden Daten: »Sie vermittelten den Eindruck, dass die sowjetischen Streitkräfte, auch wenn ein Präventivkrieg für sie eine Option darstellte, nicht so beschaffen waren, einen Erstschlag anzustreben.«

Unter dem Strich lautete die Schlussfolgerung: Das Mächtegleichgewicht verschob sich. Die Fortschritte sowjetischer Technologie – die größere Raketenreichweite, die Turm- und Rumpfversteifung der U-Boote, um dem Eis besser widerstehen zu können – hatten der Sowjetunion fast die atomare Parität mit den Vereinigten Staaten auch in dem letzten entscheidenden Bereich beschert, in dem sie bisher hinterhergehinkt war. Nun, da die Sowjetunion ihre Raketen-U-Boote besser zu schützen vermochte, verfügte sie über eine außerordentlich wichtige »strategische Reserve«, eine fast unverwundbare Zweitschlag-Streitkraft. Aus der Perspektive der Sowjets sorgte dies dafür, die Wahrscheinlichkeit noch zu verringern, dass die Vereinigten Staaten jemals einen Erstschlag gegen sie führen würden.

Präsident Reagan wurden diese Ergebnisse bei einer Einsatzbesprechung vorgestellt, doch er überließ es weitgehend der Marine und dem Verteidigungsminister Weinberger, sich mit den strategischen militärischen Implikationen auseinander zu setzen. Lehman und Watkins hatten seit Jahren die Auffassung vertreten, dass die Marine im Falle eines Kriegs die sowjetischen Raketen-U-Boote unter dem Eis aufspüren müsse, und sie kamen nun zu dem Schluss, genau das zur offiziellen Strategie der Marine zu machen. Ihre Entscheidung beruhte auf ausführlichen Kriegsspielen, bei denen US-amerikanische Mitarbeiter aufgefordert worden waren, so zu handeln, wie sie glaubten, dass sowjetische Kommandanten es tun würden. Man ging davon aus, dass es Monate dauern würde, bis eine größere Krise sich entwickelte. Damit hätte die Navy genug Zeit, um massenweise Angriffs-U-Boote in die Barentssee zu schicken, wo sie sich an sowjetische Raketen-U-Boote beim Verlassen ihrer Häfen hängen und sie sozusagen als »Anhänger« bis in ihre Patrouillengebiete verfolgen würden.

Begeistert von ihrem Erfolg bei der U-Boot-Jagd in den tiefsten Gewässern der Arktis, wollten die meisten Admirale nichts von Lyons fortgesetzten Warnungen hören, dass es leichter war, sich an U-Boote anzuhängen, als mit ihnen Verstecken zu spielen. Lyon war überzeugt davon, dass die Sowjets einen Verfolger leicht dort abschütteln würden, wo es amerikanischen U-Booten nicht mehr gelänge, sie wieder zu finden: in den Flachgewässern der Eisrandgebiete. Noch weniger interessierten sich die Admirale jener Tage für Lyons Kritik an den Konstruktionsveränderungen der U-Boote der modifizierten Los Angeles-Klasse. In der Tat wurde Lyon nach vierzig Jahren Tätigkeit als Arktisexperte der Marine aus unerklärlichen Gründen unmissverständlich klargemacht, sich aus der Konzipierung der Los Angeles-Klasse herauszuhalten.

Marineoffiziere geben zu, dass die U-Boot-Flotte große Verluste hätte hinnehmen müssen bei dem Versuch, sowjetische Bastionen zu zerstören oder sowjetische Raketen-U-Boote unter dem Eis aufzuspüren und zu erledigen. Doch sind sie auch davon überzeugt, dass viele sowjetische Schiffe bereits auf ihrem Weg zum Kampfeinsatz von der US-Navy geschlagen würden. Um diese Annahme auf die Probe zu stellen, schickte die Navy eines Sonntags mehr als zwei Dutzend Angriffs-U-Boote aus ihren atlantischen Häfen in Richtung Sowjetunion. Alle Sensoren waren darauf ausgerichtet, die Reaktionen der Sowjets aufzuzeichnen, und nicht ein einziger fing einen Hinweis darauf auf, dass das Gerangel überhaupt bemerkt wurde. Darüber hinaus zählten Marineoffiziere auf die Tatsache, dass US-Mannschaften besser ausgebildet waren als ihre sowjetischen Gegenspieler und längere Zeit auf See zugebracht hatten. Schließlich war ein großer Prozentsatz sowjetischer Schiffe für gewöhnlich kaputt und außer Dienst gestellt. Und wenn die Sowjets schon bereit waren, sich auf die Arktis und ihre Heimatgewässer zu beschränken, dann würden amerikanische U-Boote wenigstens konkrete Anhaltspunkte dafür haben, wo sie ihre Beute suchen mussten. Außerdem wussten sie bereits durch die vorausgegangenen Überwachungsoperationen und die Sonarbojen, mit denen die vom SOSUS-Netz nicht mehr erreichten Eisrandgebiete übersät waren, welches die von den Sowjets favorisierten Patrouillengebiete waren.

Die Grenzen und die Vorzüge der amerikanischen Strategie wurden von Admiral Watkins, der von Mitte 1982 bis Mitte 1986 Chef der Seekriegsleitung war, am klarsten zum Ausdruck gebracht. Er erklärte, die sowjetische Strategie, die Raketen-U-Boote zurückzuziehen, sei »höchstwahrscheinlich ziemlich schlau« und mache es den Amerikanern erst einmal schwerer, sie zu zerstören. Doch er war auch überzeugt, dass die Vereinigten Staaten, falls die Sowjetunion einen Atomkrieg mit landgestützten Raketen begänne, »einen sehr großen Prozentsatz« der Raketen-U-Boote, die die Russen für einen Zweitschlag von See aus entsprechend positioniert hätten, eliminieren könnten.

Und doch fiel – verglichen mit jenen Tagen, als die meisten sowjetischen Yankees in den Meeren unterwegs waren, ohne es zu bemerken, dass sie beschattet wurden und im Ernstfall gar nicht erst zum Schuss kommen würden – ein Schatten auf jede Strategie, die es auch nur einigen wenigen feindlichen Raketen-U-Booten gestattete, amerikanische Ziele unter Beschuss zu nehmen. Und für die Geheimdienste war die Erleichterung groß, als sie erkannten, dass die Sowjets ihre verbesserte Situation nicht ausnutzten, um einen Krieg vom Zaun zu brechen.

Ironischerweise war der Törn von 1984 – jener, von dem die *Parche* die »Kronjuwelen« mitbrachte – die erste von fünf Missionen, die ihr keine Presidential Unit Citation einbrachte. (Stattdessen wurde ihr die Navy Unit Commendation, die zweithöchste Auszeichnung, zugesprochen.) Zwar hatte die *Parche* die Vereinigten Staaten mit einer unglaublichen Menge entscheidender Informationen versorgt, doch ihre Missionen in dem herrschenden Kalten Krieg wurden immer mehr zur Routine.

Tatsächlich heckte der Marinenachrichtendienst nun einen Plan aus, um das sowjetische Kabel in Echtzeit abzuhören. Die Idee wurde seit Mitte der 70er Jahre im Nationalen Büro für Unterwasseraufklärung (NURO) erwogen, als einige Mitarbeiter die Vision entwickelten, die Abhöranlage im Ochotskischen Meer über ein Kabel mit Japan zu verbinden. John Butts, der Direktor des Marinenachrichtendiensts, und sein Team trieben nun den ehrgeizigen Plan voran, 2000 Kilometer Kabel zwischen der Abhöranlage in der Barentssee und Grönland zu verlegen. Er stellte sich vor, dass diese Aufgabe von Frachtkähnen erledigt werden könnte, die so harmlos aussähen, dass niemand je auf den Gedanken kommen könnte, ihnen das Ausbringen eines solchen Kabels zuzutrauen. Und er sah ein Team, zusammengesetzt aus Russlandexperten und Kryptographen, rund um die Uhr am Werk, um das Material, so wie es hereinkäme, zu dechiffrieren und zu übersetzen.

Der Plan war großartig. Ja, er war grandios. Ein paar von Butts' Kollegen fingen an zu witzeln, dass er versuchte, die Welt zu übernehmen. Sie sahen dem Treiben zu und fragten sich, ob Butts und seine Mitarbeiter wohl erkennen würden, dass sie sich vielleicht etwas zu sehr hatten mitreißen lassen. Sie warteten ab, als Butts die Kosten auf eine Milliarde Dollar kalkulierte. Die für die Nachrichtendienste zuständigen Ausschüsse im Kongress jedoch warteten und zögerten nicht. Sie stellten einfach klar, dass sie Butts' Projekt samt Frachtkähnen und allem anderen abschmettern würden.

Während all dies passierte, sprachen die beiden Supermächte weiter darüber, ihre Atomwaffenarsenale abzuschaffen oder wenigstens zu reduzieren. Und als Tschernenko im März 1985 starb, starb die alte Garde mehr oder weniger mit ihm. Diesmal entschied sich das Politbüro bei der Suche nach einem neuen Staats- und Parteichef für einen Vertreter der jüngeren Generation und wählte den erst 54jährigen Michail Sergejewitsch Gorbatschow zum Generalsekretär. Er war seit der »Able Archer«-Panik davon überzeugt, dass die Sowjetunion unbedingt an den Verhandlungstisch zurückkehren musste. Als er nun seinen Posten als Generalsekretär antrat, schien er bereitwilliger als irgendeiner seiner unmittelbaren Vorgänger, über einschneidende Veränderungen in den amerikanisch-sowjetischen Beziehungen nachzudenken.

Tatsächlich tat er den ersten Schritt in diese Richtung bereits am Nachmittag von Tschernenkos Begräbnis. »Die UdSSR hatte nie vor, die Vereinigten Staaten anzugreifen, und sie hat auch heute keine solchen Intentionen«, erklärte Gorbatschow Bush und Shultz klipp und klar. »Solche Verrückten hat es in der sowjetischen Führung nie gegeben, und jetzt gibt es sie ebenfalls nicht.«

Während diese ersten Schritte in Richtung Versöhnung unternommen wurden, machten US-amerikanische Behörden bestürzende Entdeckungen, die die Nation daran erinnerten, dass die Tage vom Spion und kalten Krieger alten Stils noch nicht vorüber waren. Rich Haver, so schien es, hatte keineswegs Geister gesehen.

Anfang 1985 trat Bill Studeman, der im Begriff war, Butts als Direktor des Marinenachrichtendienstes abzulösen, in Havers Büro und legte ihm ein entscheidendes Dokument auf den Tisch. Haver, der inzwischen stellvertretender Direktor des Marinenachrichtendienstes war, nahm es in die Hand und las sich den Bericht durch, den das FBI auf der Basis eines Verhörs mit einer Frau namens Barbara Walker erstellt hatte. Sie war gekommen, um ihren Mann, einen früheren Oberstabsbootsmann der Marine, der Spionage für die Sowjets anzuklagen. Das FBI stellte fest, dass Walker ein gutes Leben geführt hatte, obgleich seine einzigen Einkünfte aus einer erfolglosen Detektei stammten.

Haver wusste sofort, dass er die Antwort vor sich hatte, die Studeman und er Ende der 70er Jahre suchten, als sie die Admirale überzeugen wollten, einer möglichen undichten Stelle in der Marine nachzugehen.

John A. Walker jr. war ein pensionierter U-Boot-Fahrer und Kommunikationsspezialist. 1967 befasste er sich in Norfolk als Fernmeldewachoffizier mit dem Funkkontakt zu amerikanischen U-Booten im Atlantik. Er hatte Zugang zu Berichten von U-Boot-Operationen, zu technischen Handbüchern und zu den täglich wechselnden Einstellungen für die Dechiffriermaschine. Letztere dienten dazu, all die Nachrichten zu entschlüsseln, die durch die im Militär am häufigsten verwendete Chiffriermaschine versandt worden waren. Falls die Sowjets irgendetwas davon in die Finger bekommen hatten, wussten sie nun, dass sie sozusagen nur über ihre Schultern zurückblicken mussten, um zu bemerken, dass ihre Raketen-U-Boote von sehr viel leiseren amerikanischen Unterseebooten verfolgt wurden. Sie würden außerdem registrieren, wie leise amerikanische U-Boote tatsächlich waren und welche entscheidende Rolle die Technologie der Geräuschdämmung für das Kräftegleichgewicht im Meer spielte.

Später erfuhren Haver und Studeman, dass Walker all dies und viel mehr tatsächlich an die Sowjets verraten hatte. Ja, als Walker 1976 in Pension ging, setzte er seine Spionagetätigkeit fort, indem er andere in seine Machenschaften mit hineinzog. Erst rekrutierte er einen anderen Kommunikationsspezialisten der Marine, Jerry A. Whitworth, der dafür sorgte, dass Walker auch weiterhin Zugang zu den entscheidenden Dechiffrierungsschlüsseln hatte. Anfang der 80er Jahre gewann Walker seinen Bruder Arthur, der für ein zulieferndes Rüstungsunternehmen arbeitete. Und schon bald danach bediente sich Walker seines Sohnes Michael, der Seemann auf der USS *Nimitz*, einem kernkraftgetriebenen Flugzeugträger, war. Walker wurde nur deshalb gefasst, weil seine Ex-Frau ihn daran hindern wollte, auch ihre Tochter in den Spionagering hineinzuziehen, in dem bereits ihr Sohn gefangen war.

Das waren ernüchternde Neuigkeiten. In all den Jahren, in denen die Vereinigten Staaten die Sowjets durch die angezapften Kabel belauscht hatten, waren diesen Informationen in die Hände gespielt worden, ohne dass sie dafür forschen, in komplizierte Technologien investieren oder das Leben von Menschen riskieren mussten. Walkers Spionagering hatte die Russen weniger als eine Million Dollar in 18 Jahren gekostet, und für dieses Geld hatte Walker, fast im Alleingang, den atomaren Vorsprung der Vereinigten Staaten verkauft.

Am 20. Mai wurde Walker verhaftet. Am folgenden Tag wurde Haver beauftragt, den Schadensbericht zu erstellen. Die Wahl fiel vor allem deshalb auf ihn, weil er das meiste bereits vor zehn Jahren in seinem Warnhinweis aufgelistet hatte. Doch der Schaden war schlimmer, als selbst er es sich vorgestellt hatte. Streng geheime amerikanische Geräuschdämmungstechnologien, wie etwa die Unterdrückung des Widerhalls der Maschinenvibrationen in U-Booten, waren ebenfalls durch Walker verraten worden. Tatsächlich berichteten amerikanische Sonartechniker etwa zum Zeitpunkt von Walkers Verhaftung, dass es ihnen nicht gelang, einige der neuesten sowjetischen Angriffs-U-Boote zu identifizieren oder zu klassifizieren, bis sie mit ihrem U-Boot praktisch direkt an den Sowjets dran waren oder, wie in einigen Fällen geschehen, von ihnen überrascht wurden. Einige der neuesten sowjetischen U-Boote, die Sierras und die Akulas, waren tatsächlich fast so leise wie die U-Boote der amerikanischen Sturgeon-Klasse. (Später stellte sich heraus, dass die Sowjets auch von japanischen und norwegischen Firmen unterstützt worden waren. So hatte eine Tochtergesellschaft von Toshiba ihnen heimlich eine riesige, computergesteuerte Fräsmaschine verkauft, die erforderlich war, um die Propeller von sowjetischen U-Booten glatter und leiser zu machen.)

Studeman sagte später vor einem Bundesrichter aus, dass Walkers Spionagering möglicherweise »von entscheidender, ja kriegsentscheidender Bedeutung für die sowjetische Seite« war. Und als sich Witali Jurtschenko, ein hochrangiger KGB-Offizier, im Juli 1985 absetzte, teilte er der CIA mit, dass der Walker-Whitworth-Ring der wichtigste Sieg des KGB im Krieg der Geheimdienste war.

Im Oktober erklärte Walker sich schuldig und versprach, den Behörden im Austausch für eine milde Behandlung seines Sohnes bei der Schadensabschätzung behilflich zu sein. Der ältere Walker erhielt einmal lebenslänglich, mit der Berechtigung, nach zehn Jahren auf Bewährung entlassen zu werden. Verteidigungsminister Weinberger stimmte dem Handel zu, doch Marineminister Lehman war wütend. In seinen Augen wurde Walkers Verrat wie »irgendein Wirtschaftsverbrechen« bestraft.

Wenn er etwas zu sagen gehabt hätte, so Lehman, dann hätte er eine der Strafen für Verräter aus der Zeit unmittelbar nach dem Amerikanischen Unabhängigkeitskrieg verhängt. Die nachfolgende, von ihm zitierte Beschreibung versetzte ihn besonders in Begeisterung:

> Dass du… am Hals aufgehangen wirst, jedoch nicht, bis du tot bist; dass du wieder abgenommen wirst, und während du noch am Leben bist, deine Gedärme herausgenommen und vor deinem Angesicht verbrannt werden; und dass danach dein Kopf von deinem Körper abgetrennt und dein Körper in vier Viertel geteilt wird. … Und möge Gott, der Allmächtige, mit deiner Seele Erbarmen haben.

Einen Monat nach Walkers Verurteilung hätte Lehman ein weiteres Opfer für seinen phantasierten Galgen gehabt, und Haver hatte abermals nicht nur Gespenster gesehen. Diesmal war es Jurtschenko, der den zweiten Spion der Marine überführte.

Im Januar 1980, als Jurtschenko in der sowjetischen Botschaft in Washington arbeitete, hatte er einen Anruf von einem Mann abgefangen, der lediglich sagte: »Ich verfüge über Informationen, die ich mit Ihnen besprechen und die ich Ihnen überlassen möchte.«

Der Anrufer kam in die Botschaft, doch Jurtschenko erfuhr nie seinen Namen oder seine Offerte. Andere sowjetische Agenten hatten den Fall übernommen. Das war keine gute Ausgangsbasis, doch erwies sie sich als ausreichend. Das FBI nahm sich alte Mitschnitte von Jurtschenkos Telefonaten vor. Die Ermittler fanden den Anruf und spielten ihn einigen Mitarbeitern der Nationalen Sicherheitsagentur vor. Sie erkannten die Stimme.

Jurtschenkos geheimnisvoller Anrufer entpuppte sich als Ronald W. Pelton, ein früherer Kryptograph der Nationalen Sicherheitsagentur. Er wurde am 25. November 1985 verhaftet. Bestandteil der »Informationen«, die er den Sowjets angeboten hatte, war die streng geheime Kabelanzapfoperation im Ochotskischen Meer. Pelton verkaufte die Aufzeichnungen aus dem Ochotskischen Meer für 35 000 Dollar. In dem Versuch, seinen eigenen Bankrott abzuwenden, offenbarte er die wichtigste U-Boot-Spionagemission der USA und brachte damit das Leben der Männer sowohl auf der *Seawolf* wie auf der *Parche* in Gefahr. Beide U-Boote waren während der zwei Jahre, bis die Sowjets die Abhöranlagen entfernten, ins Ochotskische Meer geschickt worden. Warum die Russen so lange brauchten, um Peltons Tipp nachzugehen, konnte bisher nicht geklärt werden.

Nachdem Pelton verhaftet worden war, reichte die Marine schließlich Havers alten Bericht, in dem er im Januar 1982 begründet hatte, warum er einen Spion für das Auffliegen der Abhöranlage im Ochotskischen Meer verantwortlich machen zu müssen glaubte, an den für die Nachrichtendienste zuständigen Ausschuss des Senats weiter. Die Senatoren waren wütend. Bei einer nicht öffentlichen Anhörung machten sie den Marinerepräsentanten schwere Vorwürfe, weil sie den Bericht drei Jahre lang zurückgehalten hatten. Und sie waren entrüstet, dass die Marine das Leben von 140 Männern aufs Spiel gesetzt hatte, als sie die *Parche* trotz Havers Vermutung, dass es einen Spion gab, zurück in die Barentssee schickte.

William Cohen, ein Republikaner aus Maine, war einer der zornigsten Parlamentarier im Raum. Cohen, der später unter Präsident Bill Clinton Verteidigungsminister werden sollte, verlangte zu erfahren, wer den Bericht verfasst habe.

Im hinteren Teil des Raums erhob sich Haver.

»Sir, ich habe den Bericht geschrieben.« Als einer der Senatoren wissen wollte, warum er sich seiner Urheberschaft so sicher war, nannte Haver das Datum des Berichts und erklärte, dass er ihn an seinem Geburtstag geschrieben habe.

Cohen wollte wissen, warum die Navy nicht auf Havers Vermutung, dass die Sowjetunion vom Anzapfen des Kabels wusste, reagiert hatte, warum niemand nach dem Spion gesucht hatte.

»Sie haben mir nicht geglaubt«, antwortete Haver.

Cohen bohrte tiefer. War es vernünftig, die Anzapfaktion fortzusetzen, sie mit ganzer Kraft voranzutreiben, wenn vielleicht ein Spion seine Finger im Spiel hatte?

Haver konnte nichts anderes tun, als zu wiederholen, dass ihm keiner Glauben geschenkt hatte und dass andere im Marinenachrichtendienst eben nicht die gleichen Schlussfolgerungen gezogen hatten wie er. Und zuletzt, in einer Geste der Loyalität, warf er noch ein, dass es Ungereimtheiten gegeben habe. Er verschwieg, dass er niemals auch nur den geringsten Zweifel gehabt hatte und dass er die ganze Zeit von seinen Schlussfolgerungen überzeugt gewesen war.

Peltons Verhaftung war eine gute Nachricht für die Navy und die Nationale Sicherheitsagentur: Nun wussten sie, wer der Spion war und dass die Abhöranlage in der Barentssee noch immer sicher war. Peltons Aufgaben und Zugangsbefugnisse hatten sich einfach nicht auf die Region erstreckt. Solange er im Dunkeln tappte, taten es auch die Sowjets.

Pelton bekannte sich nicht schuldig, und seine Verhandlung wurde für Mai 1986 angesetzt. Doch das verursachte ein weiteres Problem. Irgendwie mussten die US-Marine und die Nationale Sicherheitsagentur die durch den Prozess erzeugte Aufmerksamkeit von der *Parche* und der Barentssee und somit auch der nächsten Mission fern halten.

Es war nicht schwer, einen Richter davon zu überzeugen, dass das Verfahren frei von jeglichen Details des realen Geschehens gehalten werden musste. Doch Bob Woodward und andere Reporter der *Washington Post* stellten schon auf eigene Faust Nachforschungen an. Sie hatten bereits eine Story über die Kabelanzapfoperation für die Titelseite der *Washington Post* fertig.

Die Mitarbeiter der Marine und der Nationalen Sicherheitsagentur waren verzweifelt. Die *Seawolf* befand sich gerade im Mittelmeer und war im Begriff, ein von Westafrika nach Europa verlaufendes Kabel anzuzapfen als ihren Beitrag zum Showdown mit dem libyschen Staatschef Muammar El Gaddafi. Die *Seawolf* war dort im Einsatz Seite an Seite mit dem Miniunterseeboot *NR-1* (doch zeitigten ihre Bemühungen keine lohnenswerten Ergebnisse). Aber nicht nur das – zusätzlich sollte die *Parche* später im Jahr Richtung Barentssee auslaufen – ein dringender Einsatz. Die Sowjets verhielten sich im Atlantik aggressiver als jemals zuvor. Sie hatten eben einen Verband, bestehend aus fünf Angriffs-U-Booten der Victor-Klasse, ausgeschickt und ließen diese drei Wochen lang so dicht vor der amerikanischen Ostküste patrouillieren, dass die US-Atlantikflotte fast ihren gesamten Vorrat an Sonarbojen aufbrauchte, um ihnen auf den Fersen zu bleiben.

Ein Zeitungsbericht jetzt hätte vernichtend sein können. CIA-Direktor William Casey drohte, die *Post* für den Verrat sicherheitsrelevanter Geheimnisse anzuzeigen. Reagan telefonierte persönlich mit Katharine Graham, der Herausgeberin der *Post*, und flehte sie an, nicht zu veröffentlichen, da geheimste Informationen auf dem Spiel standen.

Schließlich druckte die *Post* am Tag vor Peltons Prozess eine abgespeckte Version. Der Artikel verriet wenig mehr, als dass Pelton eine technisch komplexe und und sich über längere Zeit erstreckende U-Boot-Operation zum Abfangen sowjetischer Kommunikation im Ochotskischen Meer verraten hatte. *Halibut*, *Seawolf* und *Parche* wurden nicht erwähnt. Über die Barentssee und Libyen war in dem Bericht ebenfalls nichts zu lesen. Auch die Gerichtsverhandlung offenbarte keine weiteren Details. Anfang Juni schließlich wurde Pelton zu dreimal lebenslänglich plus zehn Jahren Haft verurteilt.

Da ihr Geheimnis bewahrt blieb, stach die *Parche* Anfang September in See. Ihr Kapitän war Fregattenkapitän Richard A. Buchanan. Das Unterseeboot befand sich nun zum siebenten Mal auf dem Weg in die Barentssee, für Buchanan war es das zweite Mal. Es war ein Törn, der sich von allen Übrigen unterscheiden sollte.

Peltons Gerichtsverhandlung hatte die Crew nervös gemacht. Inzwischen hätten sie gehirnamputiert sein müssen, um nicht zu wissen, dass sie genau die Art Operation zu wiederholen im Begriff waren, die Pelton an die Sowjets verraten hatte.

Der Kodename »Ivy Bells« aus Peltons Tagen war tot. Nun gab es eine Reihe neuer Kodes, darunter »Manta« für die Operation in ihrer Gesamtheit und »Azeton« für die Anzapfstelle, aber selbst diese Kodenamen wurden regelmäßig ausgetauscht. Doch den Männern war klar, dass die Sowjets, egal wie die Nationale Sicherheitsagentur die Operation auch nannte, Einblick in ihre Strategien, ihre Pläne, ihre Arbeitsweise erhalten hatten.

Crewmitglieder redeten über Pelton und über den Mann, den sie inzwischen »Johnny Walker Red« nannten, oft bis spät in die Nacht. Sie dachten darüber nach, welch große Menge geheimer Informationen durch die Hände jedes Einzelnen an Bord der *Parche* gingen. Wie viele Papierstöße chiffrierten Materials hätten leicht den Weg zum Fotokopiergerät finden können, wenn es nur einen von ihnen in den Fingern juckte! Sie sprachen auch darüber, wie sehr die Navy sich bemüht hatte, die Einzelheiten ihrer eigenen Mission vor ihnen geheim zu halten. Es war eine Unverschämtheit. Geheimhaltung, da waren sich die Männer sicher, konnte nicht bewirkt werden, indem man großartige Sicherheitsmaßnahmen zur Anwendung brachte oder die Jungs an Bord des Schiffs im Dunkeln ließ. Sie konnte nur funktionieren, wenn den Männer selbst die Idee abwegig vorkam, sich an die Sowjets zu verkaufen. Und sie konnte scheitern, wenn nur einer von ihnen auf den Gedanken kam, dass es vielleicht doch nicht so abwegig war.

Doch fühlten sich die Männer in ihrem U-Boot auf dem Weg in die Barentssee auch erfüllt von einem Gefühl der Rache und der Kühnheit. Die Sowjets hatten vielleicht Pelton und Walker gehabt, aber die Vereinigten Staaten besaßen die *Parche*. Und mittlerweile hatte ihre Mannschaft den Bohrer sauber angesetzt.

Die Fahrt durch die Arktis verlief ruhig. Die *Parche* war nur mehr 30 bis 50 Kilometer von der Stelle entfernt, an der sie die Abhöranlagen einholen und neue installieren würde. Sie hatte bereits den Korridor festgelegt, die Route, die sie dichter an die sowjetische Küste führen würde. Im Laufe der Jahre hatten diverse amerikanische U-Boote ihr Mütchen an den Sonarbojen der Sowjets gekühlt, die aus dem Wasser an die Oberfläche stiegen und Funkverbindung aufnahmen, sobald ein U-Boot versuchte, an ihnen vorbeizukommen. Noch bevor die *Parche* in der Barentssee eintraf, waren die Bojen allesamt kartografiert – diejenigen, die wirklich funktionierten, und auch jene, die nur Blindgänger waren. Die *Parche* musste lediglich ihren Weg durch die Blindgänger suchen, ein bisschen näher herankommen, sich ein wenig nach Backbord wenden.

Dann kam die Meldung: Nicht angreifen. Warten. Keinen Meter weiter. Die *Parche* befand sich nun gerade eben noch außerhalb der Zwölf-Meilen-Zone. Doch ihr Weg nach vorn war nun blockiert – durch einen Befehl des Präsidenten. Am 19. September, während die *Parche* sich noch auf dem Weg befand, hatte der sowjetische Außenminister Eduard Schewardnadse einen Brief von Gorbatschow an Reagan übermittelt. Der Generalsekretär hatte geschrieben, dass er die Abrüstungsgespräche durch ein Treffen mit Reagan vorantreiben wolle. Er schlug zwei Orte für ein solches Treffen vor, und die Vereinigten Staaten entschieden sich für Reykjavík auf Island, ein ruhiger Fleck auf halbem Weg zwischen Washington und Moskau.

Das Treffen wurde für den 11. Oktober 1986 vereinbart, eine Fortsetzung des vorjährigen Gipfels. Bei diesem Zusammentreffen hatte es einen Punkt gegeben, an dem die Gespräche einfach nicht mehr vorangingen – »Star Wars«. Gorbatschow wollte das SDI-Projekt vom Tisch haben. Reagan insistierte leidenschaftlich, SDI sei die einzige Möglichkeit, dem prekären

Gleichgewicht zu entrinnen, das allein auf der Fähigkeit gegenseitiger Zerstörung beruhe. Seine Laser im All könnten für alle Zeiten den Zustand beseitigen, in dem der Frieden abhängig ist von der Drohung, dass die Vereinigten Staaten und die Sowjetunion sich gegenseitig auslöschen könnten.

Während dieser letzten Konferenz war die Diskussion oft lautstark ausgeartet, doch in der Hitze des Gefechts fingen Reagan und Gorbatschow an, einander zu mögen und zu respektieren. Das Ergebnis war eine gemeinsame Absichtserklärung darüber, dass sie auf eine 50-prozentige Reduzierung der strategischen Waffen und auf andere Abrüstungsvorhaben hinarbeiten wollten.

Dieser zweite Akt, der in Reykjavík veranstaltet wurde, versprach das unberechenbarste und bemerkenswerteste Gipfeltreffen aller Zeiten zu werden. Beide Seite hatten sich darauf geeinigt, statt alles schon im Vorhinein festzulegen, einfach nur die Atmosphäre und den Raum zu schaffen, dass die beiden Staatschefs miteinander sprechen konnten. Kein Wunder, dass diese Zusammenkunft so viele Hoffnungen weckte. Kein Wunder, dass Gorbatschow mit seinem Brief die *Parche*, ohne es zu wissen, mitten in ihrer Mission zum Stillstand gebracht hatte.

An Bord fehlte den Männern der Sinn für die Geschichtsträchtigkeit des Augenblicks. Sie waren sich sicher, dass man sie noch auffordern würde, ihre Aufgabe zum Abschluss zu bringen. Für sie bedeutete das Gipfeltreffen nur eine unangenehme und vielleicht gefährliche Verzögerung.

»Lasst und rein- und dann wieder rausfahren und fertig«, beklagte sich einer der Männer gegenüber jedem, der ihm zuzuhören bereit war. Nach einer Weile waren sie alle dieser Meinung, auf die eine oder andere Weise. Sie waren dem Ziel so nah, konnten es fast sehen, riechen, doch ihre Befehle verlangten von ihnen, sich zurückzuziehen, die Abhöranlagen nicht anzufassen.

Das war ärgerlich. Nein, das war sogar noch schlimmer. Es blieb zu viel Zeit zum Nachdenken, zu viel Zeit, um zu hören, wie ein Kriegsschiff nach dem anderen dicht an ihnen vorbeifuhr. Es blieb zu viel Zeit, um zu begreifen, dass der Präsident nicht in der Nähe würde sein wollen, wenn die *Parche* erwischt wurde. Die Männer hatten schon immer gewusst: Das, was sie taten, war illegal. Sollte die *Parche* jemals entdeckt oder zur Selbstzerstörung gezwungen werden, die Vereinigten Staaten würden alles leugnen, alles abstreiten. Sie hatten es schon immer gewusst, doch im Augenblick erscholl die Botschaft lauter in ihren Ohren, als es ihnen recht war.

Eine Woche verstrich. Dann eine zweite. Die *Parche* wartete und mit ihr der Rest der Welt. Der 11. Oktober kam. Männer drängten sich den ganzen Tag lang im Funkerraum der *Parche* zusammen, versuchten die Nachrichten auf verschiedenen Sendern reinzubekommen und dem zu folgen, was geschah. Doch weder ihnen noch irgend jemandem an Land war es vergönnt, die Einzelheiten zu erfahren. So waren die Abmachungen. Keine Reporter, keine Berichterstattung – so lange, bis alles vorüber war.

Reagan und Gorbatschow trafen sich im Hofdi-Haus, einem allein stehenden Gebäude an der trüben Nordatlantikküste. Shultz fand, dass es so aussah, als ob es dort spukte, und die Isländer waren davon überzeugt, dass dem so war. Sie saßen in einem kleinen Raum beieinander, Shultz und Schewardnadse, Reagan und Gorbatschow, zwei Übersetzer und zwei Protokollanten. Dort, unter einem einzelnen Fenster, durch das man hinausblickte auf tosendes und eisiges Wasser, das sich vielleicht einmal bis in die Barentssee ergießen würde, wo die *Parche* wartete, begann das Gipfeltreffen.

Kompromisse wurden angeboten, Konzessionen gemacht. Unterhändler kamen überein, dass man ballistische Flugkörper um die Hälfte reduzieren konnte, auf etwa 6000 Sprengköpfe und 1600 Trägersysteme pro Seite, und dass es auch möglich war, die Zahl der Flugkörper kürzerer Reichweite radikal herabzusetzen. Reagan und Gorbatschow sprachen miteinander darüber, dass man diese Verringerungen innerhalb der folgenden Jahre vornehmen würde und dass man dann im Laufe der nachfolgenden fünf Jahre die restlichen Atomwaffen eliminieren könnte. Nun lag es auf dem Tisch: zehn Jahre, und die Welt wäre frei von Atomwaffen. Tatsächlich sprachen sie über das Ende der Angst, die seit dem Manhattan-Projekt fortbestand, sprachen darüber, wie sie Robert J. Oppenheimers entsetzliche Prophezeiung von 1945: »Ich bin Tod geworden, Zerstörer von Welten«, ein Zitat aus der Bhagavadgita, das der Physiker angesichts des ersten Atombombentests wiedergegeben hatte, widerlegen würden.

Gorbatschow wollte noch immer, dass Reagan das SDI-Programm aufgab, oder »Star Wars« wenigstens auf Forschung im Labor beschränkte und zehn Jahre lang keine Tests im Weltraum durchführte. Reagan hingegen wollte nicht auf diese Tests verzichten und wenigstens so viele abhalten, dass SDI nach zehn Jahren einsatzbereit sein würde. Zu diesem Zeitpunkt, so versprach er, würden die Vereinigten Staaten das gesamte System, alle dahinter stehende Technologie an die Sowjets weiterreichen.

Gorbatschow nahm ihm das nicht ab, und Reagan sprach sich nachdrücklich dafür aus, zu einem Beschluss zu kommen. »Ich habe die Vorstellung, dass Sie und ich in zehn Jahren nach Island kommen und die letzten beiden Raketen der Welt mitbringen und dann die größte Party aller Zeiten feiern!« Er fuhr fort: »Ein Treffen in Island in zehn Jahren: Ich werde so alt sein, dass Sie mich gar nicht erkennen werden. Ich sage: ›Michail?‹ Sie werden sagen: ›Ron?‹ Und gemeinsam zerstören wir die letzten beiden.«

Sie fochten miteinander. Gorbatschow sagte, er würde in zehn Jahren vielleicht nicht mehr leben, dass er gerade in die »gefährliche Phase« eintrat, während Reagan die seine schon hinter sich hatte und nun darauf rechnen konnte, leicht hundert Jahre alt zu werden.

»Ich kann nicht hundert Jahre alt werden, wenn ich mir Sorgen machen muss, dass Sie eine dieser Raketen auf mich abschießen könnten«, antwortete Reagan.

Die Diskussion wurde fortgesetzt. Reagan beharrte darauf, dass er dem amerikanischen Volk versprochen hatte, SDI nicht aufzugeben; Gorbatschow bestand darauf, dass Reagan das SDI-Programm ja auch dann haben würde, wenn er sich auf Labortests beschränkte. Schließlich sprach Reagan die Worte aus, die sich in jedem anderen Zusammenhang wie hochtrabende Rhetorik angehört hätten: »Für mich wäre es in Ordnung, wenn wir alle Atomwaffen eliminierten.«

»Das können wir tun. Lassen Sie uns sie alle eliminieren. Wir können sie eliminieren«, schoss Gorbatschow zurück.

Das hätte der entscheidende Augenblick sein können. Vielleicht hätte er es sein sollen. Doch Hofdi-Haus machte seinem Ruf alle Ehre. Es war wie verhext: Die Männer konnten sich tatsächlich über diesen einen Punkt nicht einigen.

»Dazu muss nur ein Wort gesagt werden«, erwiderte Reagan und bat Gorbatschow damit, nicht weiter darauf zu beharren, dass SDI nur im Labor fortgesetzt werden dürfe.

»Es heißt ›Labor‹ oder Auf Wiedersehen«, beharrte Gorbatschow. Damit fand das Gipfeltreffen ein Ende.

Draußen erfuhr der Pulk der Journalisten aus aller Herren Länder, wie nah die beiden einer Einigung gewesen waren. Reporter eilten davon, um der Welt ihren »Obduktionsbericht« durchzugeben, der den Gipfel für gescheitert erklären würde.

Eine ganz andere Meldung erreichte die *Parche* unter dem Wasser.

Von Mann zu Mann wurde der eine Satz weitergegeben: »Es ist Ihnen gestattet, in die Zwölf-Meilen-Zone einzudringen.« Die *Parche* machte sich auf den Weg.

Nun war sie nur noch sechs oder sieben Stunden davon entfernt, ihre Mission zu erfüllen. Die Gespräche an Bord wandten sich anderen Einsätzen zu, zurückliegenden brisanten Situationen. Das war die Art, wie die Männer zugaben, ohne dies explizit zu tun, welche Ängste sie ausstanden. Sie redeten darüber, wie es ist, Yankees zu verfolgen und die unglaublich leisen Angriffs-U-Boote der Akula- und Sierra-Klasse, die in den vorangegangenen Jahren neu hinzugekommen waren. Sie nannten die Akulas das »Walker-U-Boot«, weil der Spion die Sowjets veranlasst hatte, diese unglaublich leisen Maschinen zu entwickeln. In der Tat kam sowjetische Technologie so rasch voran, dass inzwischen mehr amerikanische Angriffs-U-Boote von den sowjetischen U-Booten, denen sie zu folgen versuchten, entdeckt wurden. Amerikanische U-Boote mussten sich nun auch vor der sowjetischen Küste erwischen lassen. Dort hörten die Männer vom Nachrichtendienst, wie die Sowjets mit einer ganzen Litanei von Funkmeldungen reagierten. Die Nachrichtendienstler waren dazu übergegangen, den Kode der sowjetischen Aufspürwarnung als »Stottern neun« zu bezeichnen: achtmaliges Aufflackern bedeutete mutmaßliche Aufspürung, neunmaliges eine bestätigte. Das Stottern entstand durch die Wiederholungen. Die Männer redeten über all dies, während sie zugleich wussten, dass für die *Parche* ein Erwischtwerden vermutlich die Selbstzerstörung bedeuten würde.

Vielleicht geschah es, um die Angst zu bannen – jedenfalls wurde in diesen Tagen nahezu jeder »gegrünt«, mit blattgrünem Rohrklebeband an der Wand fixiert – Pharaos Grab unter der Barentssee! Doch der Einsatz verlief ohne Störungen. Die Taucher gingen hinaus, die Spitzel lauschten, die Taucher holten die Abhöranlagen ein und brachten neue aus, die weiter aufzeichnen würden.

Langsam und leise schlich die *Parche* sich von der Anzapfstelle fort, hin zu dem Punkt, an dem sie ihrem Begleiter, einem zweiten U-Boot, mitteilen konnte, dass alles in Ordnung war.

In dem Augenblick hörten sie das »Ping«, den schrecklichen Ton eines Aktivsonars, der durch den gesamten Schiffskörper schallte. Jemand da oben wusste, dass hier unten ein U-Boot war. Zum Glück waren sie zu zweit, die *Parche* und ihr Begleit-U-Boot – manche meinen, es sei die USS *Finback (SSN-670)* gewesen. Die *Finback* kam rasch herbei, zog die Aufmerksamkeit der Sowjets auf sich, tat so, als handle es sich nur um ein weiteres Verfolgungsspiel unter Wasser. Es klappte. Die *Parche* stahl sich davon.

Sie waren Hunderte von Kilometern von der Stelle entfernt, als sie schließlich die Antenne ausfuhren. Nachdem sie mit dem Sonar geprüft hatten, dass sich niemand sonst in der Nähe aufhielt, schickten sie eine rasche Meldung nach Washington: »Auftrag erledigt.«

Die *Parche* brauchte etwa einen Monat, um die Gewässer vor San Diego zu erreichen, wo sie auf ihrem Nachhauseweg einen Zwischenstopp einlegte. Bruce DeMars, der als Admiral nun den Oberbefehl über die U-Boote hatte, kam in einem kleinen Motorboot herbeigeeilt, um die *Parche* zu sehen und mit den Männern zurück nach Mare Island zu fahren. Er war außer sich vor Freude. Er selbst trug nur Straßenkleidung und machte so deutlich, dass niemand sich für ihn aufputzen und Eindruck schinden musste, jedenfalls nicht auf dieser Fahrt. DeMars übermittelte nicht nur seine Glückwünsche, sondern brachte auch die auf Video aufgezeichneten Spiele der »New York Mets« mit, die sich in sieben Spielen der World Series durchgebissen hatten. Baseball war somit auf dem Weg in den Hafen das bestimmende Thema. Wie immer warteten die Frauen und Freundinnen der Männer bereits am Pier, als sie eintrafen.

In Washington wartete jemand anderer auf Buchanan. Präsident Reagan wollte diesen Kapitän kennen lernen, wollte diesem Mann persönlich gratulieren, der für die *Parche* eine weitere Presidential Unit Citation errungen hatte – die fünfte neben drei Navy Unit Commendations. Wie die Crew erfuhr, war alles da, was Rang und Namen hatte, der Präsident, Vizepräsident Bush, der Chef der Seekriegsleitung, Mitglieder der Vereinigten Stabschefs.

Buchanan, der Kommandant des bedeutendsten amerikanischen Spionage-U-Boots, stand da und fühlte sich wie ein Seekadett, der unterste Dienstgrad an Bord eines U-Boots. Ohne Zweifel war er in diesem Raum der Mann mit dem niedrigsten militärischen Rang. Dann sah Reagan ihn an und bezeichnete ihn als modernen John Wayne. Das war der Teil der Geschichte, den Buchanans Männer am meisten mochten. Sie glaubten, Reagan müsse es ernst gemeint haben. Schließlich hatte er John Wayne gekannt.

»Vertrauen ist gut, Kontrolle ist besser«

Auch wenn der Kalte Krieg noch nicht gänzlich vorüber war, so verblasste er nun doch in zunehmendem Maße. Reykjavik war der Anfang gewesen, und beide Seiten schienen es zu spüren. Sogar während die US-Marine zu einer Jagd auf einen Verband sowjetischer Angriffs-U-Boote der Victor-III-Klasse vor der Ostküste blies und amerikanische U-Boote ihre Spionageaufträge weiterhin ausführten, veränderte sich etwas – etwas, das zuerst kaum greifbar war.

Natürlich sträubte sich Gorbatschow weiterhin gegen »Star Wars« und explodierte bei fast jedem Treffen mit Shultz vor lauter Frustration – bei mindestens einer Gelegenheit deshalb, weil er davon überzeugt war, dass das amerikanische Volk den Sowjets niemals ihre aggressiven Akte vergeben würde, die 1960 mit dem Abschuss von Gary Powers in seinem *U-2*-Spionageflugzeug ihren Anfang genommen hatten. Doch diese Tiraden hatten fast alle den Hintergrund, dass der Friede nicht schnell und nicht gründlich genug erreicht werden konnte. Nur zwei Jahre nach der paranoiden Regentschaft von Andropow machte die Sowjetunion klar, dass sie genug hatte.

Tatsächlich verkündeten die Sowjets im Mai 1987 eine formale Militärdoktrin, in der sie die Verteidigung ihrer Heimat zu ihrer einzigen militärischen Zielsetzung machten. Im Dezember des gleichen Jahres trafen sich Reagan und Gorbatschow in Washington, D. C., zum ersten Mal nach Reykjavík. Sie unterschrieben schließlich einen Vertrag, mit dem sie die ganze Klasse atomarer Mittelstreckenraketen abschafften. Es war die Sackgasse gewesen, in die man bei Verhandlungen

1983 über die gleichen nuklearen Mittelstreckensysteme geraten war, die sowjetische Politiker hatte fürchten lassen, die Vereinigten Staaten strebten einen Erstschlag an. Nun, da beide Seiten zugestimmt hatten zu unterschreiben, war nur mehr der Schatten einstiger Feindseligkeiten zu spüren.

»*Doweryai, no proweryai* – Vertrauen ist gut, Kontrolle ist besser«, sagte Reagan und brachte damit bei der Unterzeichnung ein altes russisches Sprichwort in Erinnerung.

»Sie wiederholen dieses Sprichwort bei jedem Zusammentreffen«, zog Gorbatschow ihn lächelnd auf.

»Nun, ich mag es«, stimmte Reagan zu.

Wer hätte sich je vorstellen können, dass Ronald Reagan jemals mit einem sowjetischen Staatsmann Späßchen austauschen würde? Diese beiden Männer waren so überschwänglich, dass Gorbatschow seine Wagenkolonne auf dem Weg zum Weißen Haus anhalten ließ, damit er in der Menge Hände schütteln konnte. Reagan antwortete beim nächsten Gipfeltreffen, indem er Gorbatschow gestattete, ihn auf den Roten Platz zu führen, damit er seinerseits dort den Menschen die Hände schütteln konnte. Georgij Arbatow, der Direktor des sowjetischen Instituts für Amerika- und Kanadastudien, brachte es in einem Satz auf den Punkt: »Wir werden Ihnen etwas Furchtbares antun. Wir werden Ihnen einen Feind nehmen.«

Doch auch wenn Gorbatschow und Reagan den Ton bestimmten, es würde noch eine Zeit lang dauern, bis beide Seiten das Ungeheuerliche, das passierte, akzeptierten und begriffen, dass diese Freundschaft von Dauer sein konnte und der Kalte Krieg wirklich seinem Ende entgegenging. So viel war klar, als die ranghöchsten Militärs nun ihre eigenen Gipfeltreffen abhielten.

Admiral William J. Crowe jr., Vorsitzender der Vereinigten Stabschefs, lernte Marschall Sergej Achromejew, den Stabschef der sowjetischen Streitkräfte, kennen. Der Marschall und die Vereinigten Stabschefs verkehrten auch privat miteinander. Crowe lud Achromejew zu einer Führung auf einen US-Flugzeugträger ein. Sie trafen sich sogar im »Tank« des Pentagon, dem Sicherheitsraum, in dem ranghohe amerikanische Militärs ihre Schachzüge gegen die Sowjets planen. Doch konnte Achromejew, als er mit den Amerikanern zusammensaß und mit ihnen über das neue freundschaftliche Verhältnis sprach, seine Frustration darüber nicht verbergen, dass es seitens der Amerikaner noch immer die gleichen U-Boot-Spionagemissionen und Verfolgungsjagden gab wie in den Tagen des Kalten Kriegs.

»Sie, Sie sind das Problem«, platzte Achromejew gegenüber Admiral Carlisle A. H. Trost heraus. Admiral Trost war inzwischen der neue Chef der Seekriegsleitung. Amerikanische U-Boote lauerten nicht nur nach wie vor in sowjetischen Gewässern, Achromejew war auch überzeugt, dass er die Position all seiner eigenen U-Boote feststellen konnte, indem er einfach die amerikanischen P-3-Orion U-Jagdflugzeuge in der Luft verfolgte. Dieses Geständnis war eine eindrucksvolle Offenbarung, wie wirkungsvoll amerikanische U-Boot-Abwehr noch immer war.

Trost versuchte Achromejew zu beruhigen und legte dar, dass amerikanische Strategie nicht mehr das Ziel hatte, irgendjemanden zu bedrohen. Doch als er dem Russen so gegenübersaß, wurde Trost klar, dass er soeben einen tiefen Einblick in die Psyche der Russen erhalten hatte und dass das, was er dort sah, anders war, als er lange Zeit angenommen hatte. Einst erschien es ihm so eindeutig, dass die sowjetischen Streitkräfte von ihrer Taktik und Strategie her ausschließlich aggressive Ziele verfolgten. Doch nun konnte Trost sehen, wie sehr Achromejew davon überzeugt war, lediglich sein Land zu verteidigen, ein Land, das von Feinden umgeben war, von NATO-Schiffen, U-Booten und von U-Boot-Jägern hoch in der Luft.

Nach und nach fanden diese Männer, die aus so unterschiedlichen Welten stammten, zueinander. Sie nahmen Kontakt miteinander auf und erkannten, auf wie ähnliche Weise sie den Kalten Krieg erlebt hatten. Es war ein aufschlussreicher Augenblick, als Admiral Kinnaird McKee – einer der erfolgreichsten amerikanischen U-Boot-Kapitäne und Whitey Macks Nemesis aus *Lapon*-Zeiten, der Mann, der später Rickovers Nachfolger als »Papst« der Atom-U-Boot-Flotte wurde – bei einem Mittagessen im Pentagon mit einem hochrangigen sowjetischen Admiral U-Boot-Fahrergeschichten austauschte. Ebenfalls anwesend war Rich Haver. Als man ihn als Analytiker des Marinenachrichtendienstes vorstellte, hörte Haver, wie der russische Übersetzer seinem Admiral K. A. Makarow etwas über die »CIA« zumurmelte.

Die Anspannung wich, als McKee mit seinem Ehrengast Tauchzellen anblies. McKee schwelgte in Erinnerungen an seine Zeit als Kapitän der USS *Dace*. Damals hatte Makarow selbst ein Kommando auf einem Projekt-671-U-Boot gehabt, eines von der Art, wie er hilfreich erklärte, das die Amerikaner »Victor-Klasse« nennen. Dann erwähnte Makarow, dass er selbst einmal auf einer seiner Patrouillen der *Dace* nahe gekommen war und auch damals schon wusste, dass es sich um die *Dace* handelte.

»Ich frage mich, wer hier wen verfolgt hat«, warf Haver ein, sehr wohl wissend, dass es McKee war, der die Victor bei ihrer ersten Versuchsfahrt 1968 ausgemacht und verfolgt hatte, und dass dieser Umstand dessen Karriere außerordentlich förderlich gewesen war. Makarow warf Haver einen eisigen Blick zu und starrte ihn weiterhin an, als der Übersetzer seine Antwort weitergab: »Jetzt ist nicht der richtige Zeitpunkt, um darüber zu sprechen.«

Doch der Blick sprach Bände. Er schien auszudrücken: »Ich weiß sehr wohl, wer hier wen verfolgt hat, und ich war nicht der Verfolger.« Es waren alte Wunden, und Haver hatte Salz in sie gestreut. Er hatte die Sowjets an die langen, langen Jahre erinnert, in denen sie weit abgeschlagen, ja man könnte fast sagen: vollkommen unfähig waren. Zwar hatten sie den Abstand in den letzten Jahren des Kalten Kriegs verringert, aber das konnte die einstige Beschämung nicht vergessen machen. Haver hatte eine Regel gebrochen bei dieser besonderen Begegnung im Zeichen von Glasnost, im Rahmen dieser noch neuen und unvertrauten Offenheit zwischen Militärs, und als das Mittagessen vorüber war, machte Makarow das deutlich. »Sagen Sie diesem jungen Mann«, ließ er seinen Übersetzer mitteilen, »wenn Veteranen zusammenkommen, dann spielt es keine Rolle, wer verloren oder wer gewonnen hat. Es reicht aus, dass beide überlebt haben.«

Auch wenn Makarows Verwendung der Vergangenheitsform vielleicht etwas verfrüht war, so spiegelte sie doch die Perspektive der Sowjets deutlich wider. Nach all den nervösen Aktivitäten vor der Küste der USA in den Jahren 1986 und 1987 hatten sich die sowjetischen U-Boote nach Hause zurückgezogen. Auf amerikanischer Seite hingegen ging nahezu alles weiter wie zuvor. Spionage-U-Boote waren vorsichtiger geworden. Die Verbesserung von Sonarsystemen und anderen elektronischen Lauschgeräten bedeutete, dass sie sowjetischen U-Booten oder den Küsten der Sowjetunion nicht mehr ganz so nahe kommen mussten, um Informationen zu erheischen. (Ohnehin waren die U-Boote der Los Angeles-Klasse auf engem Raum nicht so manövrierfähig.) Das Tempo der Operationen hatte nicht nachgelassen. Beispielsweise schickte allein das U-Boot-Geschwader 11 in San Diego acht seiner zehn kernkraftgetriebenen Angriffs-U-Boote 1988 auf Patrouillen und behielt damit das Maß bei, das auch in Hochzeiten des Kalten Kriegs geherrscht hatte. Die USS *Salt Lake City (SSN-716)* operierte fast sieben Monate lang im Nordpazifik, gefolgt von der USS *Portsmouth (SSN-707)*, der USS *Pintado (SSN-672)*, der USS *La Jolla (SSN-701)* und anderen.

Die Frequenz dieser Operationen wurde beschleunigt durch Anzeichen dafür, dass die Russen schließlich dazu in der Lage waren, Unterseeschiffe zu bauen, die ebenso wirkungsvoll und – was noch wichtiger war – fast ebenso leise wie amerikanische U-Boote waren. Die Situation war von einer ungeheuren Ironie: Nun, da die Sowjets endlich gelernt hatten, erstklassige U-Boote zu bauen, ging ihnen das Geld aus, um sie herzustellen und zu betreiben. Doch diese Erkenntnis musste sich erst noch quer durch alle Ränge auf beiden Seiten durchsetzen.

Und so nahmen die »Sondereinsätze«, die von Mare Island

ausgingen, in ihrer Zahl nicht wesentlich ab. Die *Seawolf* war 1987 außer Dienst gestellt worden, und die *Parche* wurde gerade überholt, damit sich das Spektrum ihrer Einsatzmöglichkeiten erweiterte. Man hatte sie in der Mitte auseinander geschnitten, um ein 30 Meter breites Segment einzusetzen, das voll gestopft war mit neuer, verbesserter Ausrüstung zum Anzapfen von Kabeln sowie für die Bergung von Gegenständen vom Meeresboden, ganz so, wie es die *Seawolf* getan hatte. Die Überholung sollte mehrere Jahre dauern. Dennoch setzten die Vereinigten Staaten ihre Anzapfoperationen ohne Unterbrechung fort. Als Ersatz für die *Parche* war die *Richard B. Russell (SSN-687)* vorbereitet worden. Sie war benannt nach jenem Senator, dessen Name einmal das Synonym für das Abnicken und die fast uneingeschränkte Akzeptanz aller Geheimdienstoperationen gewesen war.

Von 1987 bis einschließlich 1990 heimste die *Russell* eine Auszeichnung für jede Fahrt in die Barentssee ein – eine Presidential Unit Citation und drei Navy Unit Commendations. Ihre Einsätze gingen auch weiter, als Reagan Anfang 1989 das Weiße Haus verlassen musste und durch Bush abgelöst wurde, als Bush und Gorbatschow da weitermachten, wo Reagan und Gorbatschow aufgehört hatten, und sogar noch, nachdem Bush persönlich an Gorbatschow geschrieben und Hilfe bei der Suche nach einem U-Boot angeboten hatte, das die Sowjets im Europäischen Nordmeer verloren hatten.*

Später in diesem Jahr wurde Trost als Ehrengast der sowjetischen Marine nach Leningrad eingeladen. Auf dieser Reise, einen Monat vor dem Fall der Berliner Mauer, bekam er einen direkten Einblick in das rasche Schwinden des sowjetischen U-Boot-Potenzials. Die Sowjets hatten Schwierigkeiten damit,

---

* Das verloren gegangene Unterseeschiff, die *Komsomolez (K-278)*, war der 6400 Tonnen schwere Prototyp einer neuen Klasse namens Mike (Projekt 685), dessen Beschaffenheit es ihm erlaubte, weitaus tiefer zu tauchen als andere normale Angriffs-U-Boote. Die *Komsomolez* war das vierte sowjetische Atom-U-Boot, das im Verlauf des Kalten Kriegs sank. Zwar wurden weit mehr sowjetische Atom- und Diesel-U-Boote durch Reaktorunfälle, Brände oder andere Missgeschicke lahm gelegt, doch wenigstens sieben von ihnen gingen ganz und gar verloren.

ihre U-Boote auf See zu halten, die Wartungsarbeiten zu bezahlen und ausreichend Einsätze zu fahren, um die Mannschaften ordentlich auszubilden. Trost war überrascht von den Veränderungen, die stattgefunden hatten, seit er die Sowjetunion zuletzt im Jahr 1971 besucht hatte. Damals war ihm klar gewesen, dass sein Hotelzimmer abgehört und dass er und seine Leute beschattet wurden. Ja die Beschattung war so offensichtlich erfolgt, dass die Navy-Männer versucht gewesen waren anzuhalten, um ihren sowjetischen Verfolgern mitzuteilen, wohin sie unterwegs waren. Nun schien es keine Spitzel mehr zu geben. Stattdessen kam es zu offenen Gesprächen von Admiral zu Admiral, in denen man über die Schwierigkeiten redete, die Marine funktionsfähig zu halten, und über die Sinnlosigkeit atomarer Kriegskunst. Trost konnte sogar erstmals ein im Bau befindliches sowjetisches U-Boot inspizieren und Einblick in die Probleme gewinnen, mit denen sich sowjetische Kommandanten herumzuschlagen hatten: Sie besichtigten U-Boote, auf denen lediglich die Offiziere Russisch sprachen und die Wehrpflichtigen aus den einzelnen Republiken so schlecht ausgebildet waren, dass die Offiziere einen Großteil der wichtigen Instandhaltung selbst übernehmen mussten, um die U-Boote überhaupt seetauglich zu halten. Doch am bezeichnendsten war der Augenblick, als Trost und der ranghöchste sowjetische Admiral Wladimir N. Tschernawin darüber zu witzeln begannen – nur halb im Scherz –, dass ihre Schicksale untrennbar miteinander verknüpft waren. Wenn es einer der beiden Seiten nicht gelang, eine Marine angemessener Größe einsatzfähig zu halten, dann würde es der anderen Seite äußerst schwer fallen, ihren Verteidigungshaushalt zu rechtfertigen. Die Welt veränderte sich von unten fast so schnell, wie Ost- und Westberliner mit Hämmern, Steinen und ihren bloßen Händen die Mauer eingerissen hatten.

Inzwischen waren die Beamten im Außenministerium über alles beunruhigt, was Gorbatschows Politik der engeren Beziehungen zu den Vereinigten Staaten unterminieren könnte. Ihre Besorgnis richtete sich auf die Kabelanzapfmission der *Russell*, die zeitgleich mit einem neuen Gipfeltreffen zwischen Gorbatschow und Bush stattfinden sollte. Am Ende wurde der Einsatz der *Russell* verschoben.

Doch lediglich eine Verschiebung des Einsatzes würde wohl kaum ausreichen. Manche Diplomaten äußerten die Befürchtung, dass die Geheimdienste zu lange brauchten, um ihre bisherigen Einschätzungen der Sowjetunion zu revidieren. Kein Zweifel – die Spione der Nation ließen sich ihren Feind nach 40 Jahren nur unwillig nehmen. Was würde aus den Geheimdiensten werden, wenn sich niemand mehr um die Dimensionen von Waffen und Streitkräften kümmerte? Was sollte aus einer Welt werden, in der die entscheidenden Informationen nicht mehr durch geheime Aktionen gewonnen wurden, sondern aus dem Cable News Network (CNN) und seinen rund um die Uhr ausgestrahlten Berichten über die überwältigenden sozialen Veränderungen stammten?

Dass die U-Boot-Flotte diesen Fragen mit Besorgnis und auch mit Groll begegnete, wurde deutlich, als pensionierte und im Dienst befindliche Offiziere sich auf der jährlichen Versammlung des Marine-U-Boot-Verbands im Juni 1990 trafen. Überall auf der Welt wurden Brocken der Berliner Mauer als Souvenir zum Kauf angeboten, doch im Versammlungssaal in einem Radisson-Hotel außerhalb von Washington, D. C., sollte gewiss niemand nach einer »Friedensdividende« rufen, und nicht ein einziger Mann sollte sich skeptisch über die U-Boot-Flotte äußern oder mit dem Taschenrechner in der Hand nachrechnen, wie viele soziale Programme an Stelle eines einzigen U-Boots hätten finanziert werden können. Aber schon zeichneten sich die Umrisse einer erbitterten Schlacht um den Wehretat ab, bei der die Erbsenzähler das Sagen hatten.

Der Mann, der nun Marineminister war, H. Lawrence Garrett III., stand vor der Versammlung und warnte, dass »Budgetbeschneider bereits ihre Messer wetzen«. Er ließ die Tatsache unerwähnt, dass General Colin Powell, der Crowe als Vorsitzender der Vereinigten Stabschefs nachgefolgt war, das Messer am schärfsten angesetzt und soeben angekündigt hatte, dass der Verteidigungshaushalt in den nächsten Jahren vermutlich um 25 Prozent gekürzt werden müsse. Garrett, der eine weit härtere Linie fuhr, bestritt jeden Einfluss, den Perestroika und Glasnost auf die U-Boot-Spionage haben könnten. »Die Logik atomarer Abschreckung hat sich nicht geändert, nur weil der sowjetische Staatschef routinemäßig in der Pennsylvania Avenue Hände schüttelt«, polterte er los.

Andere Redner waren maßvoller, rieten jedoch trotzdem zu Vorsicht und Skepsis, wenn es um die Sowjetunion ging. William H. J. Manthorpe jr., damals stellvertretender Direktor des Marinenachrichtendiensts, stellte die Frage, die rasch zum Schlachtruf der U-Boot-Flotte wurde: »Welche Intentionen wird die sowjetische Staatsführung in der Zukunft haben? Können wir uns darauf verlassen, dass sie uns wohlgesonnen ist? Die Antwort lautet natürlich: Nein. Ich würde nicht die Sicherheit meines Landes darauf verwetten.«

Bald jedoch geschah etwas, das auch den unbeirrbarsten Skeptiker davon überzeugte, dass die Sowjetunion nicht mehr länger der wahrscheinlichste Kriegsgegner für die Vereinigten Staaten war. Als hätte er erkannt, dass nun auf der Bühne Platz für einen neuen Bösewicht war, trat Saddam Hussein aus dem Irak auf den Platz und annektierte über Nacht das benachbarte Kuwait. Die Vereinigten Staaten hatten einen neuen Grund zu kämpfen, und diesmal standen sie Seite an Seite mit der Sowjetunion, veröffentlichten eine gemeinsame Erklärung, in der sie »die eklatante Verletzung grundlegender Normen eines zivilisierten Benehmens« anprangerten, und forderten ein Waffenembargo gegen den Irak. Für Außenminister James A. Baker III. war später dieser Tag die Zäsur, die das Ende des Kalten Kriegs markierte.

Als schließlich im Januar 1991 der Krieg im Persischen Golf ausbrach, spielten U-Boote nur eine untergeordnete Rolle. Dennoch unterstrich der Krieg die Notwendigkeit, Verteidigungsanstrengungen neu auf regionale Konfliktherde zu konzentrieren, und die U-Boot-Flotte betonte ihre Rolle im Krieg gegen den Irak, sosehr sie nur konnte. Die USS *Louisville*

(SSN-724) und die USS *Pittsburgh (SSN-720)* hatten ein paar Dutzend Tomahawk-Marschflugkörper gegen Ziele im Irak abgefeuert. Andere Angriffs-U-Boote hatten im Mittelmeer die Bewachung von Frachtschiffen übernommen und damit den Nachschub an Kriegsmaterial gesichert. Eine Kette aus U-Booten der Vereinigten Staaten und seiner Alliierten – Türkei, Griechenland, Spanien, Großbritannien, Frankreich und Italien – war in Position gebracht worden von der Straße von Gibraltar bis hin zum Suezkanal.

Der Krieg verschaffte der U-Boot-Flotte die Gelegenheit, ihre Vielseitigkeit unter Beweis zu stellen und zu zeigen, dass sie mehr konnte, als nur sowjetische U-Boote zu jagen und sowjetische Häfen zu bewachen. Außerdem verschaffte er den U-Boot-Fahrern das Gefühl, dass sie neue Aufgaben finden würden – eine tröstliche Erkenntnis in Anbetracht der Tatsache, dass alle verbliebenen Zweifel bezüglich sowjetischer Intentionen schon bald durch ein dramatisches Ereignis nach dem anderen fortgewischt werden sollten. Bush und Gorbatschow verkündeten in einem neuen Vertrag die Verringerung strategischer Waffen um ein Drittel. Boris Nikolajewitsch Jelzin rettete Gorbatschow vor einem reaktionären Coup, der das letzte Gefecht der kommunistischen Hardliner war. Und in einem symbolträchtigen Schachzug zog Bush die Bomber des strategischen Bomberkommandos aus dem Verkehr, die seit 32 Jahren fast ohne Unterbrechung in Alarmbereitschaft gewesen waren.

Das Pentagon fing an, über die zukünftige Militärstrategie des Landes nachzudenken. Den Vertretern der U-Boot-Flotte war klar, dass sie sich selbst würden neu erschaffen müssen – genauso wie nach dem Zweiten Weltkrieg. Sie mussten sich neue Aufgabenfelder und neue Feinde suchen. Ohne Zweifel konnte von den meisten U-Booten des Kalten Krieges – Raketen- und Angriffs-U-Boote zusammengenommen – behauptet werden, dass sie die entscheidenden Marinewaffen des Landes waren. Das war einleuchtend, wenn der Feind über eine Flotte verfügte, die fast ebenso gefährlich war. Doch die 90er Jahre brachten grundlegende Veränderungen mit sich, und es war bereits offensichtlich, dass die U-Boot-Flotte aus dem Pantheon stürzen würde. Wie die Klipper im letzten Jahrhundert hatten auch die U-Boote die an sie gestellten Erfordernisse zu ihrer Zeit ideal erfüllt, und sie hatten eine derart dominierende Rolle gespielt, dass sie eine ganze Epoche definierten.

Was sie selbst betraf, so begann die Navy Mitte 1991 einfach damit, neue Regeln für sich aufzustellen, indem sie für amerikanische U-Boote größere Entfernungen und mehr Vorsicht bei der Verfolgung sowjetischer U-Boote festschrieb. Dann empfahl der Marinegeheimdienst, die Zahl der Einsätze vor den Küsten der Sowjetunion drastisch zu reduzieren. Die US-Marine würde die größten sowjetischen Militärbasen nicht mehr länger unerbittlich belauern. Überwachungs-U-Boote würden nicht mehr eines im Kielwasser des anderen in sowjetische Gewässer eindringen. Sie würden nicht mehr länger fortgesetzt auf der Lauer liegen und darauf warten, dass etwas – nur irgendetwas – Interessantes geschah.

Nicht einmal mehr die viel gepriesenen U-Boote für »Sonderaufgaben« waren noch heilig. In dem verzweifelten Bemühen, ihre Spionagesatelliten auf den neuesten Stand zu bringen, starrten die CIA und die Air Force auf die Hunderte Millionen Dollar, die noch immer in diese U-Boote investiert wurden. Weil sich sowohl die *Russell* als auch die *Parche* das ganze Jahr 1991 hindurch in der Werft befanden und weder die eine noch die andere eine Mission erfüllte, konnten die rivalisierenden Geheimdienste vorschlagen, dass zwei U-Boote für »Sonderaufgaben« vielleicht doch zu viel des Luxus seien.

Der Zermürbungsprozess kam unvermittelt mit der überraschenden Auflösung der Sowjetunion zum Stillstand. An Weihnachten 1991 ersetzte die Gemeinschaft Unabhängiger Staaten, eine lose Republikenföderation, formal die Sowjetunion. Schon bald drangen Einzelheiten aus einer Versammlung von 5000 russischen Offizieren an die Öffentlichkeit, die ein Bild der Verwirrung, der Wut und bitterer Frustration boten. Angehörige der nun zerschlagenen sowjetischen Marine rissen die alten Hammer-und-Sichel-Fahnen von ihren Schiffen und ließen nun das Andreaskreuz im Wind flattern, das russische Schiffe seit der Zeit Zar Peters des Großen gekennzeichnet hatte. Nun hatte der US-Marinenachrichtendienst ein großes Interesse daran zu erfahren, wer die Kontrolle über die ehemals sowjetischen Raketen-U-Boote erlangen und wie man sie unter der neuen Regierung zum Einsatz bringen würde.

Erneute Überwachung hatte ihren Preis. Am 11. Februar 1992 kollidierte die USS *Baton Rouge (SSN-689)* mit einem russischen U-Boot der Sierra-Klasse, einem der neuesten und leisesten U-Boote aus russischer Produktion. Die *Baton Rouge* schlich der Sierra in der Nähe der Zwölf-Meilen-Zone vor Murmansk hinterher, als der amerikanische Kommandeur plötzlich den Kontakt verlor. Dann lief das russische U-Boot von unten her auf die *Baton Rouge* auf. Keines der U-Boote war stark beschädigt, und niemand wurde verletzt. Doch der Vorfall war peinlich.

Jelzin beschwerte sich, und Baker fuhr nach Moskau, um ihn zu beschwichtigen. Am Folgetag ergriff das Pentagon eine noch nie da gewesene Maßnahme, indem es öffentlich verkündete, dass die Kollision stattgefunden hatte. Darauf beklagte sich die russische Marine gleichfalls öffentlich darüber, dass die Vereinigten Staaten noch immer so dicht vor ihren Hoheitsgewässern operierten.

Am Ende war es diese Beschämung, die die Verlegung der U-Boot-Überwachungsaktionen weg von Russland beschleunigte. Der Beratungsausschuss für Auslandsaufklärung des Präsidenten (Foreign Intelligence Advisory Board) unter Vorsitz des pensionierten Bobby Ray Inman überprüfte das »Sonderaufgaben«-Programm. Bald darauf wurde der Marinenachrichtendienst von der Entscheidung des Beratungsausschusses in Kenntnis gesetzt, dass mehr als ein U-Boot für »Sonderaufgaben« nicht mehr länger erforderlich sei und dass die Marine, wenn sie auch weiterhin Kabel unter Wasser anzuzapfen gedenke, dies in Zukunft doch bitte in anderen Gegenden der Welt tun sollte.

Amerikanische Angriffs-U-Boote hatten bereits Aufklärungsarbeit vor Ländern wie dem Libanon und Libyen geleistet, und

Mitte der 80er Jahre wurden zwei alte Raketen-U-Boote umgebaut, um SEALs zu transportieren. Die USS *John Marshall (SSN-611)* hatte sich 1989 während einer Krise im Libanon zwei Monate lang mit 50 SEALs an Bord im Mittelmeer aufgehalten und darauf gewartet, ob die Befreiung von Geiseln erforderlich sein würde oder ob ein Vergeltungsschlag geführt werden musste.

Als Bestandteil der neuen Marinestrategie, die »Operationen von See aus« vorsah, übernahmen U-Boote den Begleitschutz von Flugzeugträgern und Kreuzern und akzeptierten die Befehlsgewalt der Task-Force-Kommandanten, die auf diesen Fahrzeugen das Sagen hatten. Doch die U-Boot-Flotte lauerte auch weiterhin unbemerkt in der Nähe potenzieller Konfliktherde und lieferte die Informationen, »um das Schlachtfeld zu präparieren«, bevor dann die jeweilige Task Force hinzugeholt wurde. Der Ausdruck selbst stammte vom Heer, doch gemeint war damit, dass U-Boote zwei, drei, vier und noch mehr Jahre vor einem erwarteten Konflikt ausgeschickt wurden, um Informationen über die Länder zu sammeln, die sich als potenzielle Gegner abzeichneten, um deren Schwächen offenzulegen und den Weg für US-amerikanische Siege in Konfliktgebieten zu ebnen, wobei es dann aufgrund der Unterwasservorbereitung weniger Opfer geben würde.

Der Iran zum Beispiel hatte bereits das erste von drei Diesel-U-Booten der Kilo-Klasse erhalten – leise und äußerst fortschrittliche, in Russland gebaute Unterseeboote. Ein hoher iranischer Admiral hatte geprahlt, dass er diese U-Boote nutzen wollte, um die Kontrolle über die Straße von Hormus, über die Eingänge zu den Häfen im Persischen Golf und damit über das Herkunftsgebiet etwa eines Sechstels des Weltölbedarfs zu erlangen. Das reichte für die Amerikaner aus, um die USS *Topeka (SSN-754)* in den Persischen Golf zu senden und die Ankunft der Kilo im November 1992 zu beobachten. Ein solcher Einsatz war typisch für die neue Ära der Aufklärungsmissionen.

Die neuen Spionageeinsätze lösten keine qualvollen Debatten im Nationalen Sicherheitsrat oder im Weißen Haus aus.

Letzteres segnete noch immer alle Aufklärungsmissionen monatlich ab. Dennoch kamen Anschuldigungen vom Capitol Hill, dass die U-Boot-Flotte lediglich Feinde erfand, um nicht arbeitslos zu werden. Die Antwort der Marine hierauf war einfach: Einige dieser Ziele existierten seit Jahren, doch erst der Zusammenbruch der Sowjetunion setzte Zeit und Ressourcen frei, damit U-Boote die Arbeit leisten konnten, die sie schon lange hätten in Angriff nehmen sollen. Schon möglich, dass die Feinde relativ harmlos waren – eine dieselgetriebene iranische Kilo kann nicht wirklich mit den schnellen Akulas verglichen werden, die die Sowjets in den letzten Jahren des Kalten Kriegs aussandten. Doch die US-Marine würde dennoch wissen müssen, wie die Iraner mit den Kilos umging, würde dennoch ihre Schwachstellen finden müssen. »Können Sie sich vorstellen, wie peinlich es wäre, wenn diese Kilos die USS *America* versenkten?«, wollte ein ranghoher Marineoffizier wissen. Nach einer Pause fügte er hinzu: »Aber nicht, wenn ich auf Posten bin.«

Die Hinwendung zu diesen neuen Missionen war bereits weit fortgeschritten, als Präsident Bill Clinton Anfang 1993 die Regierungsgeschäfte übernahm. Doch als er und seine Administration gerade Pläne für das erste Gipfeltreffen mit Jelzin schmiedeten, das in der ersten Aprilwoche stattfinden sollte, wurden sie auf unangenehme Weise mit den Schatten der Vergangenheit konfrontiert – was jetzt anachronistisch anmutete.

Am 20. März kollidierte die USS *Grayling (SSN-646)* in der Barentssee mit einem sowjetischen Raketen-U-Boot. Die *Grayling* hatte den Russen 170 Kilometer nördlich von Murmansk beschattet, mitten im Übungsgebiet der russischen Nordflotte. Die Russen behaupteten, dass ihr U-Boot mehr als eine Stunde lang in gleich bleibender Geschwindigkeit, auf gleichem Kurs und bei gleicher Tiefe unterwegs gewesen war, als die *Grayling* eine große Delle in ihre Steuerbordseite bugwärts gefahren hatte. Niemand wurde verletzt.

Dies war genau ein Vorfall der Art, wie ihn das Außenministerium seit den letzten Tagen von Reagans Amtszeit immer befürchtet hatte. Jelzin befand sich in Moskau gerade mitten in einer politischen Krise. Die Nachricht, dass seine Freunde in den Vereinigten Staaten ihre U-Boote noch immer vor Russlands wichtigsten Häfen und Militärbasen umherbrausen ließen, würde nicht gerade zu seiner Popularität beitragen.

Anfangs behauptete das Pentagon, die *Grayling* habe eines der neuesten russischen Raketen-U-Boote, eine Delta IV, verfolgt. Doch die Russen stellten klar, dass es sich um eine Delta III gehandelt hatte, eine U-Boot-Klasse, die in den 70er Jahren gebaut worden war. Das veranlasste mehr als einen U-Boot-Fahrer zu beißenden Kommentaren, denn schließlich hatte die Navy bereits so viele Informationen über die Delta-III-Klasse, »dass wir eines von ihnen komplett selbst bauen könnten«.

Clinton war wütend, und seine Berater waren es ebenfalls. Verärgert beschwerte sich einer der höheren Beamten bei den Marinechefs: »Man fragt sich, ob Ihre Leute überhaupt Zeitung lesen.«

Das russische Verteidigungsministerium veröffentlichte eine wütende Erklärung, in der es seine »große Besorgnis« zum Ausdruck brachte. Während des Kalten Kriegs mochte es noch verständlich gewesen sein, solche Risiken einzugehen, aber jetzt? Konteradmiral Walerij Aleksin, der oberste Navigator, meinte dazu: »Wir balancieren auf der Schneide einer Rasierklinge. Irgendwann einmal wird diese Jagd mit einer Katastrophe enden. Ich bin mir heute außerdem sicher, dass die Katastrophe unvermeidbar ist, wenn diese Praxis nicht eingestellt wird.«

Clinton bot Jelzin eine formale Entschuldigung und glättete die Wogen bei Beginn des Gipfeltreffens in Vancouver, British Columbia, wo er außerdem versprach, Jelzins Reformen mit 1,6 Milliarden Dollar zu unterstützen. Clinton bezeichnete den Vorfall als »bedauerlich« und fügte hinzu: »Ich möchte nicht, dass so etwas je wieder geschieht.« Er ordnete eine Überprüfung sowohl des Vorfalls als auch der Praktiken an, »deren unbeabsichtigter Bestandteil der Vorfall war«.

Der letzte Teil von Clintons Versprechen bereitete der Navy Sorgen. Eine Schadensbegrenzung war dringend erforderlich.

Konteradmiral Edward D. Sheafer jr., der mittlerweile Chef des Marinenachrichtendienstes war, bereitete gemeinsam mit dem Kapitän zur See, der für die Koordination des U-Boot-Aufklärungsprogramms zuständig war, eine detaillierte Lagebesprechung mit hoch gestellten Regierungsmitgliedern vor. Zu ihnen gehörten unter anderem Clintons neuer Nationaler Sicherheitsberater Anthony Lake und dessen Stellvertreter Samuel Berger, ferner Strobe Talbott, der stellvertretende Außenminister, und, wie es schien, fast alle Mitarbeiter von Verteidigungsminister Les Aspin. Das Marine-Team betonte, dass sich die U-Boot-Spionage in der Tat mit der Zeit verändert habe. Inzwischen richteten sich nur mehr 25 Prozent der Operationen gegen russische Hoheitsgewässer. Die übrigen 75 Prozent verteilten sich auf die Gewässer des Nahen Ostens, um dort den Iran auszuspionieren und das Wirtschaftsembargo gegen den Irak zu überwachen, die Adria, um Bosnien gegen Waffenlieferungen aus dem Westen abzuriegeln, die Gewässer um Haiti, um dem Waffenembargo dort Geltung zu verschaffen, und auf die Beobachtung potenzieller Krisengebiete im Fernen Osten. Abschließend gaben die U-Boot-Fahrer ihren neuen Schlachtruf zum Besten, dem zufolge sie weltweit die »Präparierung der Schlachtfelder« übernehmen wollten.

Die Lagebesprechung war ebenso erfolgreich, wie sie oft während des Kalten Kriegs gewesen waren, und zeigte, wie schnell es der U-Boot-Flotte gelungen war, ihre Rolle neu zu definieren. Als Sheafer und seine Leute zum Ende kamen, waren sogar sie selbst erstaunt. Da hatten sie doch geglaubt, die *Grayling*-Kollision würde der Untergang ihres Programms sein – stattdessen freute sich das Team des Marinenachrichtendienstes am Ende darüber, dass die Kollision die Marine eigentlich gerettet hat. In ihrer Verzweiflung hatten sie die Operationen der U-Boot-Flotte so geschickt »verkauft«, dass einige Regierungsbeamte fast euphorisch wurden und Dinge sagten wie: »Verdammt, der Ozean ist frei« und »Es ist schließlich nicht verboten, sich vor den Hoheitsgewässern irgendeines Landes aufzuhalten.« Hohe Regierungsbeamte, die sich vielleicht nie näher mit U-Booten und U-Boot-Spionage beschäftigt hatten, waren beeindruckt, dass die Marine sich so rasch umgestellt hatte, ohne dass man sie von ihrem alten Feind mit Gewalt fortzerren musste. Die Navy erhielt sogar die Erlaubnis, die Russen weiter zu beobachten, wenn auch nur in verringertem Umfang und unter der Voraussetzung, dass die Aufklärung mit der gebotenen Vor- und Umsicht erfolgte.

Seither ist es der U-Boot-Flotte unter Clinton relativ gut ergangen. Wobei die größte Gunst ihr in Form der Beibehaltung des Seawolf-Programms zuteil wurde: Clinton stimmte dem Bau von drei dieser gewaltigen Angriffs-U-Boote zum Stückpreis von zweieinhalb Milliarden Dollar zu, statt es bei nur einem Exemplar der neuen Klasse zu belassen, wie es noch Bushs Vorstellung gewesen war. Clinton erklärte, er wolle vermeiden, dass die U-Boot-Industrie ganz und gar zusammenbrach und unterging. Natürlich gab es Widerspruch von den normalerweise als Falken bekannten Republikanern, die nun die Seawolf-Klasse als Relikt des Kalten Kriegs empfanden.

Clinton segnete außerdem den Plan ab, eine weitere Klasse neuer Angriffs-U-Boote zu entwickeln, kleiner und billiger als die Seawolf-Klasse. Diese neue U-Boot-Klasse, leiser und erheblich vielseitiger als die U-Boote der Los Angeles-Klasse, wird einfach als »das neue Angriffs-U-Boot« oder »NSSN« bezeichnet und ist bestimmt für neue Missionen in flachen, regionalen Gewässern. Die Unterstützung des NSSN durch die Clinton-Regierung basiert auf der Erkenntnis, dass die Navy nach der Jahrhundertwende neue U-Boote benötigen wird, um einige der dann veralteten Schiffe der Los Angeles-Klasse zu ersetzen. Diese Entscheidung hat der dramatischen Verkleinerung der Flotte ein wenig den Stachel genommen. Während Ende der 80er Jahre noch 98 Angriffs-U-Boote ihren Dienst taten, waren es 1998 nur mehr 66. Es wird davon ausgegangen, dass sich ihre Zahl zu Beginn des neuen Jahrtausends auf etwa 50 reduzieren und dann vielleicht noch weiter zurückgehen wird, wenn die Außerdienststellung weiterer U-Boote der Los Angeles-Klasse bevorsteht. Die Flotte der Raketen-U-Boote, die in den

Ozeanen noch immer still ihre Kreise ziehen, wird von einmal 41 Exemplaren auf zehn bis vierzehn zurückgehen.

Die Navy bittet den Kongress um die Finanzierung dieser neuen U-Boote mit dem Argument, dass sie nicht nur gegenüber Dritte-Welt-Ländern operieren können, sondern auch vor den Küsten Russlands. Von den Seawolf-Booten heißt es, dass sie bis zu dreißigmal leiser seien als die alten U-Boote der Los Angeles-Klasse, die in den 70er Jahren in Dienst gestellt wurden, und noch immer zehnmal leiser als selbst die neuesten von ihnen. Sowohl die Seawolf als auch das NSSN eignen sich besonders für Einsätze nahe der Küste und sind bei Konflikten in den betreffenden Ländern entsprechend hilfreich. Sie werden mit Tomahawk-Flugkörpern bestückt und mit einem Sonar, das insbesondere in Flachgewässern gute Dienste leistet. Außerdem sind sie so ausgelegt, dass sie Sonderkommandos der SEALs oder anderer Spezialeinheiten aufnehmen können. Die Marine hat zudem Geld in die Entwicklung von Unterwasserdrohnen gesteckt – und sogar in kleine unbemannte Flugzeuge –, die von den neuen U-Booten aus gesteuert werden und diesen vorausfahren könnten, um nach Minen zu suchen oder um Aufklärungsarbeit zu leisten.

Die derzeit in Dienst befindlichen U-Boote werden außerdem mit neuer Mikroprozessortechnolgie aufgerüstet, damit sie den Kommandanten von Task-Force-Einheiten auf unterschiedlichen Kommunikationswegen, wie etwa über E-Mail, alle möglichen Arten von Informationen – durch das Periskop aufgenommene Fotos oder sogar Videoaufnahmen – zukommen lassen können. Diese Technologie wird den U-Booten vermutlich auch bei der Erfüllung anderer neuer Aufgaben helfen, die die US-Marine seit dem Ende des Kalten Kriegs übernommen hat. U-Boote haben der Küstenwache gelegentlich Hinweise auf verdächtige Trawler in der Karibik gegeben, bei denen sich dann herausstellte, dass sie Drogen schmuggelten. Außerdem haben U-Boote Überwasserschiffe vor Frachtern gewarnt, die offenbar drauf und dran waren, illegal Waffen oder andere Güter in ein mit einem US-Embargo belegtes Land zu transportieren.

Dennoch bleibt es die Hauptaufgabe der amerikanischen U-Boot-Flotte, sich der Bedrohung durch andere U-Boote, darunter neue Diesel-U-Boote ebenso wie Atom-U-Boote, entgegenzustellen. Russland hat moderne Diesel-U-Boote der Kilo-Klasse sowohl an den Iran als auch an China geliefert. Auch einige westliche Länder, darunter Deutschland, haben moderne Diesel-U-Boote in Dritte-Welt-Länder exportiert. Außerdem betrachten die Russen das Unterseeboot auch weiterhin als wichtigstes Fahrzeug ihrer Marine, und sie haben die Akulas, ihre leisesten und besten kernkraftgetriebenen Angriffs-U-Boote, weiter verbessert. (Die russische Technologie weist noch immer erhebliche Mängel auf. Nach Aussagen des Marinenachrichtendienstes sind die neuesten Akulas unter zehn Knoten sehr leise, doch sie entwickeln ein hörbares Klopfen bei darüber liegenden Geschwindigkeiten und lassen sich dann leicht ausmachen.) Die Russen haben außerdem begonnen, eine noch fortgeschrittenere Version zu bauen, die Sewerodwinsk-Klasse, von der einige Mitarbeiter des Marinenachrichtendiensts fürchten, dass diese U-Boote noch leiser sein könnten als die verbesserten Los Angeles-U-Boote. Falls ein SALT-II-Vertrag schließlich von der russischen Duma ratifiziert werden sollte, dann verlagert sich der Großteil russischer nuklearer Kampfkraft auf das Meer. Solange Russland noch immer die weltweit zweitgrößte Marine besitzt – und solange der »Bär noch schwimmt«, wie Leute von der Marine es gerne ausdrücken –, muss es weiter observiert werden.

Clinton hat die beschränkten Überwachungsoperationen vor den Küsten Russlands gebilligt, und dies hat zur Folge, dass nun immer ein paar einsame Wächter vor den Häfen von Wladiwostok und Murmansk auf der Lauer liegen, wenigstens dann, wenn die Navy annehmen muss, dass die Russen Übungen abhalten oder neues Gerät testen wollen. Auch die Fortsetzung des Spionageprogramms hat Clintons Einverständnis, wenn es sich nun auch nicht mehr ausschließlich gegen Russland richtet. Regierungsbeamte sagen, dass eines der U-Boote für »Sonderaufgaben« – vermutlich die *Russell* 1992 – in die

Barentssee zurückgekehrt ist, um nach dem Zusammenbruch der Sowjetunion die Abhöranlage abzubauen. Die *Russell* hat seither in anderen Regionen der Welt Kabel angezapft, bis sie 1993 außer Dienst gestellt wurde. Danach kehrte die *Parche* von ihrem langen Werftaufenthalt zurück und verdiente sich 1993 und 1994 zwei weitere Presidential Unit Citations und eine ganze Reihe von Navy Unit Commendations. Alles in allem hat sich die *Parche* inzwischen wenigstens sieben Presidential Unit Citations erworben, mehr als jedes andere Schiff in der Geschichte der US-Marine. Einzelheiten darüber, welche Aufgaben die *Parche* derzeit erfüllt, werden streng unter Verschluss gehalten, sogar noch bedingungsloser als während des Kalten Kriegs. Doch diese Auszeichnungen wären ihr niemals verliehen worden, hätte sie nicht weiterhin eine Vorreiterrolle bei neuen und gefährlichen Einsätzen inne. Sie ist noch immer dazu in der Lage, Kabel anzuzapfen, und seit ihrem Umbau verfügt sie auch über die Mittel, um militärisches Gerät vom Meeresboden aufzusammeln.

Die US-Marine, das ist offensichtlich, will auch weiterhin an der *Parche* festhalten. Als im Zuge des militärischen Gesundschrumpfungsprozesses nach Ende des Kalten Kriegs 1994 auch das Ende der Marinewerft auf Mare Island bevorstand, wurde die *Parche* nach Bangor, Washington, verlegt, wo sie noch immer das einzige Angriffs-U-Boot ist, das in diesem für Trident-bestückte Raketen-U-Boote reservierten Marinestützpunkt anlegt. Anhand von Archivunterlagen lässt sich feststellen, dass die *Parche* in den Jahren 1995, 1996 und 1997 jeweils eine Navy Unit Commendation erhalten hat. Und die Marine hält das U-Boot weiterhin auf dem neuesten Stand der Technik: So stehen ihm nun sogar unbemannte Drohnen zur Verfügung. Diese können im Zuge einer Anzapfoperation zahlreiche Aufgaben bewältigen, ohne dass das Leben der Mannschaftsmitglieder gefährdet werden muss.

Die Ziele der *Parche* lassen sich leicht erraten und spiegeln ohne Zweifel die inzwischen breiter gefächerten nachrichtendienstlichen Interessen der Marine wider. Der Iran hat im Januar 1997 sein drittes U-Boot der Kilo-Klasse erworben. Auf dem Umschlag der *Worldwide Submarine Challenges*, einer jährlich erscheinenden Zeitschrift des Marinenachrichtendienstes, ist ein chinesisches U-Boot samt Mannschaft abgebildet. Im Inneren der Zeitschrift findet sich eine ganze Liste von Nationen, die eine potenzielle Bedrohung darstellen, darunter zwei Länder in Asien, nämlich China und Nordkorea. China setzte ein Kilo-U-Boot dazu ein, höchst bedrohliche Übungen vor der taiwanesischen Küste abzuhalten, und feuerte darüber hinaus 1996 zur Warnung sogar eine Rakete ab, die Clinton zwang, US-Flugzeugträger auffahren zu lassen, damit es nicht zu einem Angriff kommen würde. Die Chinesen bedienen sich außerdem russischer Technologie, um ihre eigene Flotte moderner Raketen-U-Boote zu entwickeln, und sie haben landgestützte ballistische Raketen getestet, deren Reichweite groß genug ist, um amerikanische Küsten zu treffen. Ins Meer gefeuerte chinesische Testraketen wären für die Vereinigten Staaten von unschätzbarem Wert, wenn sie geborgen werden könnten. Schließlich gibt auch Nordkorea verstärkt Anlass zur Besorgnis. Das Land hat wiederholt Diesel-U-Boote eingesetzt, um Sonderkommandos in Südkorea einzuschleusen.

Die *Parche* ist noch immer da draußen, ebenso wie andere auf Spionage spezialisierte Angriffs-U-Boote. Das Programm, das mit dem ersten Frost des Kalten Kriegs seinen Anfang genommen hatte, wird fortgesetzt.

Epilog

Ein U-Boot-Kommandant und seine Frau gaben sich einmal das folgende Versprechen: Wenn er sich auf See befindet, dann wollen sie beide zur selben nächtlichen Stunde den selben Stern ansehen. Sie weiß nie genau, wann er es wagen kann, mit seinem U-Boot auf Periskoptiefe zu tauchen, wann das Risiko eingehen, einen Blick in den Nachthimmel zu werfen. Also sucht sie getreu jeden Abend zur festgesetzten Zeit am Himmel ihren Stern, obwohl sie weiß, dass er sich wahrscheinlich still durch den dunklen Ozean schleicht. Sie tut dies in der Hoffnung, dass sie wenigstens einmal gemeinsam ihren Stern ansehen. Sie tut es jeden Abend, bis er nach Hause kommt.

Diese beiden gehörten zu den Glücklicheren. Der Stress, verursacht durch die langen Monate auf See und die strenge Geheimhaltung, auf die U-Boot-Fahrer eingeschworen wurden, rissen viele Paare auseinander. Eine umfassende Analyse des U-Boot-Kriegs darf nicht vernachlässigen, was dieser die beteiligten Menschen kostete. Die Männer gaben Monate, Jahre und mehr, um jahrzehntelang die beste Verteidigung des Landes gegen einen Atomangriff von See aus zu gewährleisten.

U-Boot-Fahrer blieben sowjetischen Raketen-U-Booten auf den Fersen so gut, wie es nur möglich war, Seemeile um Seemeile, mit immer weiter optimierter Technik. Nur ein weiteres U-Boot konnte die Verfolgung eines sowjetischen Raketen-U-Boots aufnehmen, konnte hören, was da rasselte, konnte »sehen«, wie die Mannschaft operierte, und herausfinden, wohin es sich zurückziehen würde, sollte jemals der Befehl für den Abschuss gegeben werden. Das alles waren Informationen, die im

Laufe der Zeit gesammelt werden mussten, einige wenige Fakten bei jedem Einsatz, manche von ihnen überflüssig, die meisten jedoch dazu beitragend, das Wissen zu vervollständigen. Jedes Mal, wenn die Sowjets eine neue U-Boot-Klasse in Dienst stellten oder eine neue Taktik erprobten, fing das Sammeln von Informationen wieder von vorn an.

Im besten Fall taten U-Boote noch mehr: Sie gewährten den Vereinigten Staaten einen Blick in die Gedankenwelt führender sowjetischer Militärs. Ein US-amerikanischer Kapitän mitten in einer Übung konnte sich selbst in den Entscheidungen eines sowjetischen Kommandanten wieder erkennen. Andererseits wurde ihm zugleich auch die Andersartigkeit seines Gegenübers offenbar.

Die U-Boote für »Sonderaufgaben«, die ausgerüstet waren, um Kabel anzuzapfen, ermöglichten es zuzuhören, wenn sowjetische Marinehauptquartiere sich über alltägliche Frustration ausließen, Einsätze kritisierten oder auf Ängste vor einem amerikanischen Atomschlag reagierten. Zu einem Zeitpunkt, da beide Supermächte den Atomkrieg mit einem einzigen Knopfdruck hätten auslösen können, eröffnete dies die rare und entscheidende Gelegenheit, das eigentliche Wesen des Gegners zu studieren.

Agenten, Satelliten und Spionageflugzeuge im Verein mit U-Booten waren sehr erfolgreich darin, Informationen über sowjetisches militärisches Gerät zu sammeln – die neuesten Modelle und die jeweiligen technischen Spezifikationen. Sehr viel schwieriger jedoch war es, einen Einblick in die russische Psyche zu gewinnen. Am Ende vermochten nicht einmal die angezapften Kabel zu offenbaren, was die oberste sowjetische Führung dachte, oder aufzuzeigen, welche politische und wirtschaftliche Krise sich in diesem so abgeschotteten Land anbahnte. Dennoch waren die Aufzeichnung häufig das beste Material, das zur Verfügung stand, auch wenn sie oft monatelang unzugänglich unter Wasser blieben, bis ein U-Boot ausgeschickt werden konnte, um sie abzuholen.

Die U-Boot-Fahrer, die diese Abhöranlagen auf dem Grund

der Barentssee und des Ochotskischen Meers bedienten, wussten, dass sie sich immensen Risiken aussetzten. Die der Selbstzerstörung dienenden Sprengladungen an Bord gemahnten unerbittlich an diese Tatsache. Selbst die Männer, die sich häufig als Rivalen des Marinenachrichtendiensts erwiesen, die Geheimdienstoffiziere der CIA, erkannten an, dass das Anzapfen von Kabeln die gefährlichste Aufgabe aller nachrichtendienstlichen Operationen während des Kalten Kriegs war. Es war diese Aura von Gefahr, weshalb diesen ganz besonderen Einsätzen Respekt gezollt wurde.

Während Satelliten viele der Spionageflugzeuge ersetzten und es ermöglichen sollten, dass Informationen insgesamt sicherer und auch nüchterner gewonnen werden konnten, stellten U-Boote sich auch weiterhin den Sowjets direkt entgegen. Diese Tatsache unterschied U-Boote nicht nur von allen übrigen geheimdienstlichen Bemühungen, sondern auch vom Rest des Militärs. U-Boot-Fahrer wussten: Sie waren die einzigen, die nicht nur in Kriegsspielen gegen Verbündete übten, sie stellten sich Tag für Tag dem Feind direkt entgegen.

Das Risiko, einen destabilisierenden Vorfall zu provozieren, war immer gegenwärtig, und selbst eine reale Konfrontation hätte durch ein U-Boot ausgelöst werden können. Gelegentlich mokierten sich Kritiker öffentlich, dass dies jedes Mal hätte geschehen können, wenn ein US-amerikanisches U-Boot in sowjetischen Gewässern erwischt wurde, jedes Mal, wenn die Amerikaner einen Vergeltungsschlag riskierten, jedes Mal, wenn sie eine Kollision verursachten. Es ist wahr, dass manch ein Skipper mit seinem Wunsch nach dem großen Fang zu weit ging. Doch wenn die Marine und die Nachrichtendienste den Nutzen gegen eine mögliche gewaltsame Reaktion abwogen, dann verließen sie sich auf eine einfache Tatsache: Auch die Sowjets schickten ihre Spione aus. Wie Admiral James D. Watkins, der frühere Chef der Seekriegsleitung und Energieminister, es einmal ausgedrückt hat: »Die Tatsache, dass man gelegentlich erwischt wird, ist historisch. Aber was soll's. Man weiß ja, dass alle anderen das gleiche Spiel treiben.« Und weiter sagte er:

»Solange wir es auf eine Weise tun, durch die wir nicht eindeutig gegen geschlossene Verträge oder von uns anerkanntes internationales Recht verstoßen, ist es ein faires Spiel. Wir sollten uns nie dafür entschuldigen. Wir müssten dabei bleiben. Und wenn wir es nicht tun, dann machen wir unsere Arbeit nicht richtig.«

Es fällt auf, wie gewunden Watkins hervorhebt, dass es sich um Spionage handelt, mit der »nicht eindeutig« gegen geschlossene Verträge und »von uns anerkanntes« internationales Recht verstoßen wird. Beim Blick zurück wird zudem deutlich, dass nicht einmal die gewaltsamsten Begegnungen feindlicher U-Boote je eine wirkliche Krise ausgelöst haben, wie auch, dass die Sowjets mehr oder weniger den gleichen Regeln folgten. Während die Amerikaner mit ihren Anzapfoperationen sowjetische Geheimhaltung durchbrachen, verschafften sich die Sowjets auf der anderen Seite ebenso ihre Informationen – indem sie durch John Walker und seinen Spionagering die Kodes knacken konnten, die den Blick direkt ins Innenleben der Navy freigaben.

Die Anstrengungen der Sowjetunion, militärisch mit den Vereinigten Staaten Schritt zu halten, insbesondere ihre Bemühungen, eine Flotte von Raketen-U-Booten aufzustellen, die zum Beginn eines Atomkriegs den Angriffs-U-Booten der Amerikaner würden ausweichen können, haben eindeutig zum Bankrott des Landes beigetragen. Der Wettkampf war auch für die Vereinigten Staaten kostspielig, da Hunderte Milliarden Dollar in den Bau und die Bemannung von fast 200 Atom-U-Booten und die Erweiterung des SOSUS-Netzes gesteckt wurden. Aber die gewonnenen Informationen trugen auch dazu bei, Geld einzusparen, indem sie dafür sorgten, dass die richtigen Entscheidungen darüber getroffen werden konnten, in welche Verteidigungssysteme die Vereinigten Staaten wirklich investieren mussten. Nun, da der russische Bär bankrott und ausgeweidet und der Kalte Krieg vorüber ist, sind die Pläne der Marine, neue U-Boote zu bauen, unter Beschuss geraten, und die Budgets für den U-Boot-Bau wurden deutlich reduziert. Auch weiterhin werden Männer zur See fahren, den Tiefen trotzen, um Informationen über die Feinde der Vereinigten Staaten zu gewinnen. Aber diese Feinde werden mit größerer Wahrscheinlichkeit in Dritte-Welt-Krisenherden zu finden sein. Doch im Augenblick stellt keine andere Nation mit ihrer Marine ein so großes und umfassendes Problem dar wie einst die Sowjetunion. Sobald der Kongress sich dazu entschließt, die Haushalte der Geheimdienste noch etwas mehr zu beschneiden – bisher befinden sie sich noch weitgehend auf dem gleichen Niveau wie zu Zeiten des Kalten Kriegs –, ist es wahrscheinlich, dass auch die U-Boot-Flotte den Gürtel noch etwas enger wird schnallen müssen.

Mittlerweile sind Russland und die Vereinigten Staaten noch mit anderen enormen Kosten konfrontiert, die durch die Außerdienststellung vieler ihrer Atom-U-Boote entstehen, und gezwungen, Wege für die Entsorgung der Reaktoren zu finden, die diese angetrieben haben. Russland muss hier die desillusionierendste Last tragen: Dem Land obliegt die unglaubliche und vielleicht nicht zu bewältigende Aufgabe, die Barentssee zu säubern und die Schäden rückgängig zu machen, die dadurch entstanden sind, dass ein Dutzend Atomreaktoren, verbrauchte Kernbrennstäbe und andere radioaktive Bestandteile aus alten Atom-U-Booten in den Gewässern nahe der nördlichen Insel Nowaja Semlja versenkt wurden.

Russland und die Vereinigten Staaten haben noch etwas anderes gemeinsam. Die Geheimniskrämerei, die beide Seiten bezüglich U-Boot-Operationen während des Kalten Kriegs betrieben, hat bleibendes Leid bewirkt, insbesondere bei den Familien der Männer, die in diesem Kalten Krieg unter Wasser umgekommen sind. Beispielsweise hat keine der beiden Marinen bisher abschließende Auskunft über ihre im Jahr 1968 verlorenen U-Boote gegeben: weder die Amerikaner über die *Scorpion* noch die Russen über die *K-129*, das gesunkene U-Boot der Golf-II-Klasse.

Die sowjetischen Behörden verzeichneten die Männer der Golf einfach als vermisst und waren so entschlossen, ihr peinliches Geheimnis zu wahren, dass sie sich weigerten, den Hinterbliebenen die entsprechende Anerkennung widerfahren zu lassen und ihnen die Pensionen zu gewähren, die ihnen normalerweise zustehen. Stattdessen erhielten die Frauen der »im Dienst für das Vaterland Gestorbenen« eine einmalige Zahlung von 1500 Rubel und eine jährliche Pension von 58 Rubel für jedes Kind und jeden behinderten Familienangehörigen der toten Männer.

Irina Zurawina, die auf der *K-129* ihren Mann verlor, weigerte sich, dieses Geld auszugeben, weil sie das Gefühl hatte, damit den Tod ihres Mannes nach den Bedingungen der Regierung zu akzeptieren. Nachdem die Golf gesunken war, arbeitete sie in der Zollbehörde eines Flughafens, wo ausländische Zeitungen und Zeitschriften eingesammelt, zensiert oder direkt konfisziert wurden, und sie fing an, die verbotenen Seiten zu lesen, obwohl sie damit ihre Verhaftung riskierte. Jahr um Jahr machte sie weiter in der Hoffnung, dass Nachrichten aus einem fremden Land ihr Aufschluss über den Tod ihres Mannes geben würden.

Erst sieben Jahre nachdem die *Halibut* die Golf gefunden hatte, stieß Zurawina in einer westlichen Zeitschrift auf einen Bericht über den Bergungsversuch der *Glomar Explorer*. So erfuhr sie, dass das U-Boot ihres Mannes gesunken war, dass Amerikaner es gefunden und zu heben versucht hatten, und dabei wenigstens die Leichen von sechs Männern geborgen worden waren, die nach Hause zu überführen die Politik unterband. Doch als sie Fragen stellte, weigerte sich ihre Regierung, irgendetwas davon anzuerkennen.

Andrei Kobsar erhielt die gleichen ausweichenden Antworten, als er wegen seines Vaters Wladimir Iwanowitsch Kobsar, der der Kommandeur der *K-129* gewesen war, an mehrere führende Stellen schrieb. Schließlich suchte er die amerikanische Botschaft in Moskau auf. Sicherlich würde man ihm dort Auskunft geben. Doch die amerikanischen Diplomaten hielten sich strikt an ihr Stillschweigeabkommen mit dem Kreml – hielten fest an ihrer Verschwörung des Schweigens.

Dann, zwei Jahre nachdem die Sowjetunion verschwunden war, entschloss sich Robert M. Gates, der als erster CIA-Direktor dem Kreml einen Besuch abstatten würde, zu einer »dramatischen Geste«. Jemand in der CIA hatte ihm gegenüber die Existenz eines Videos erwähnt, auf dem die Mannschaft der *Glomar* das Seebegräbnis der sechs aus der *K-129* heraufgeholten U-Boot-Fahrer festgehalten hatte. Gates setzte sich dafür ein und erhielt die Genehmigung, dieses Video zu seinem ersten Besuch bei Boris Jelzin mitzubringen. Zwei Wochen später wurde das Band im Fernsehen gezeigt. Die Familien der *K-129*-Mannschaft bekamen amerikanische Seeleute zu sehen, die in Habachtstellung verharrten, als beide Nationalhymnen gespielt wurden, und die Amerikaner sprachen russische Gebete für die Toten im Anschluss an das Marinebegräbnis. Kobsar, Zurawina und die Übrigen waren erstaunt und berührt, dass Amerikaner, ihre langjährigen Feinde, ihre Männer mit solchem Respekt behandelten. Und trotzdem reichte das Video nicht aus, genauso wenig wie die freigegebenen Fotos der *Scorpion*, um die Familien zu beschwichtigen, die Angehörige auf diesen U-Booten verloren hatten.

In den Vereinigten Staaten und in Russland wollen die Familien der Toten – und der Lebenden – mehr wissen. Sie verlangen, dass ihre Regierungen die verbliebenen Geheimnisse preisgeben. Einige von ihnen wollen einfach nur ihre Männer beerdigen; andere suchen Antworten auf all die Fragen, die so lange verboten waren. Sie möchten wissen: War es das wirklich wert?

Vielleicht war das gesamte atomare Wettrüsten verrückt, doch nachdem es erst einmal begonnen hatte, wurden Spionage-U-Boote zu einem entscheidenden Mittel, um diesen Wahnsinn unter Kontrolle zu halten. Dass U-Boote aufgrund technischer Fehler und übereilter Indienststellung verloren gingen, ist entsetzlich. Doch sobald Raketen mit Atomsprengköpfen auf U-Booten stationiert worden waren, mussten diese verfolgt werden, damit keines der beiden Länder sich sicher genug fühlte, um sie jemals abzuschießen. Für die Sowjetunion bedeutete dies, dafür zu sorgen, dass die Vereinigten Staaten niemals davon erfuhren, wie viele Fehlschläge ihre Atom-U-Boote erlitten. Und die Vereinigten Staaten mussten umgekehrt der Sowjetunion mit allen Mitteln vorenthalten, wie verwundbar ihre U-Boote in Wahrheit waren.

Weil derart viel auf dem Spiel stand, gab es gute Gründe für die Geheimhaltung. Doch obsessive Geheimhaltung neigt dazu, zum Selbstzweck zu verkommen, und verfälscht dabei die bitteren Lektionen der Vergangenheit – Lektionen, die für immer verloren sind, wenn die Generationen der Männer, die diese Vergangenheit gelebt haben, schließlich sterben. Nun, da der Kalte Krieg zu Ende ist und eine neue Phase der U-Boot-Spionage beginnt, ist es an der Zeit, zurückzublicken und das zu bewerten, was so lange versteckt gehalten wurde.

Anhang A

U-Boot-Kollisionen

Während des gesamten Verlaufs des Kalten Kriegs kam es zu Dutzenden von U-Boot-Unfällen, da die Fahrzeuge, die statt auf Sicht auf Gehör fuhren, ihren Feinden so nahe kamen, wie sie es nur wagten – manchmal zu nahe. Keine dieser Kollisionen war so gravierend wie jene der *Tautog* mit der *Schwarzen Lila*, doch selbst ein relativ kleiner Stoß durch ein 4000-Tonnen-Gefährt reicht aus, um Männer und ihr U-Boot zum Taumeln zu bringen. Nachfolgend nun einige der Vorfälle, die sich ereigneten, wenn U-Boote von den Vereinigten Staaten und Großbritannien auf Patrouillenfahrt geschickt wurden und dann mit sowjetischen U-Booten und Schiffen oder anderen Wasserfahrzeugen aufgrund eigenen oder fremden Verschuldens zusammenstießen.

Diese Liste enthält verbürgte Kollisionen und solche, die sich wahrscheinlich ereignet haben. Einige von ihnen wurden noch nie zuvor enthüllt.

1960–1961: USS *Swordfish*

Als sich die *Swordfish* (SSN-579) auf einer Überwachungsmission vor der sowjetischen Pazifikküste befand, versuchte offenbar ein sowjetisches U-Boot, direkt unter ihr aufzutauchen. Das amerikanische Schiff befand sich auf Periskoptiefe, als es plötzlich Erschütterungen aufgrund eines Aufpralls ausgesetzt war. Ein Mannschaftsmitglied erinnert sich, dass der Offizier am Periskop eine »Lichterkette« sah, wie sie an Backbord oder Steuerbord beim Auftauchen eines U-Boots angeschaltet werden kann. Bis die *Swordfish* selber vollständig aufgetaucht war, gab es auf der Meeresoberfläche nichts mehr zu sehen; die Crew ging davon aus, dass der Russe wieder getaucht war.

Anfang der 60er Jahre: Nichtidentifiziertes U-Boot, möglicherweise USS *Skipjack*

Nichtidentifiziertes U-Boot, möglicherweise USS *Skipjack*

Ein früherer Mitarbeiter des Marinegeheimdienstes erinnert sich deutlich an einen Vorfall, bei dem sich ein amerikanisches U-Boot in der Barentssee mit einem sowjetischen Zerstörer verhedderte. Er war sich nicht ganz sicher, meinte aber, es müsse sich um die *Skipjack (SSN-585)* gehandelt haben. Er war jedoch davon überzeugt, dass das amerikanische Schiff mit einer »Propellerfurche im Turm« nach Hause kam. Hierbei könnte es sich um einen der Vorfälle gehandelt haben, den Seymour M. Hersh im Mai 1975 in der *New York Times* ansprach, als er ein nicht näher bezeichnetes Holystone-U-Boot beschrieb, das zu Schaden gekommen war, als es direkt unter einem sowjetischen Schiff mitten in einer sowjetischen Flottenübung auftauchte. Auch Hersh erwähnte die Beschädigung des Kommandoturms. Das amerikanische U-Boot, so Hersh, sei entkommen, obwohl sowjetische Schiffe eine Suche angestrengt hatten.

Juli 1965: USS *Medregal*

Die *Medregal (SS-480)* raste in einen griechischen Frachter und beschädigte ihn erheblich. Er stand unter Beobachtung, weil man ihn verdächtigte, die feindlichen Streitkräfte in Vietnam mit Vorräten zu versorgen. Der Unfall ereignete sich im Golf von Tonkin, als das Diesel-U-Boot unter dem Befehl eines nur befristet eingesetzten Kommandeurs stand. Der eigentliche Skipper der *Medregal* hatte sich das Genick gebrochen, als er während eines Hafenaufenthalts auf den Philippinen mit dem Kopf voraus in einen Swimmingpool sprang.

Die *Barbel (SS-580)*, eines der letzten von der Navy gebauten Diesel-U-Boote, kollidierte mit einem Frachter, der verdächtigt wurde, Waffen aus einem Hafen auf der chinesischen Insel Hainan über den Golf von Tonkin nach Nordvietnam zu schaffen. Die Wucht des Aufpralls riss die Tiefenruder vom Kommandoturm ab, die sich vermutlich teilweise in den Rumpf des Frachters bohrten. Der Zusammenprall war stark genug, um die *Barbel* nach unten zu drücken, wo sie in etwa 30 Meter Tiefe auf den Meeresgrund auflief. Die Vietnamesen berichteten später, dass ein Frachter gesunken war, als er auf ein getauchtes Objekt auffuhr.

Die *Barbel*-Kollision war für Verteidigungsminister Robert McNamara besonders ärgerlich, da er erst kurz zuvor die US-Marine aufgefordert hatte, ihre U-Boote aus dem Gebiet herauszuhalten, um die Spannungen nicht noch weiter anzuheizen. Die *Barbel* blieb getaucht, entfernte sich von dem Frachter und aus dem Gebiet, ohne nachzuforschen, was aus den Seeleuten auf dem Schiff geworden war.

Dezember 1967: USS *George C. Marshall*

Die *Marshall (SSBN-654)*, ein mit Polaris-Flugkörpern bestücktes Raketen-U-Boot, wurde im Mittelmeer von einem sowjetischen U-Boot gerammt. Die Amerikaner wussten, dass das sowjetische U-Boot in der Nähe war, aber sie vermochten ihr riesiges U-Boot nicht schnell genug aus dem Weg zu schaffen. Mannschaftsmitglieder meinten, der Russe habe sie »nur gestreift«, fügten jedoch hinzu, dass die Kollision dennoch eine tiefe Kerbe in einer der vorderen Tauchzellen an Steuerbord hinterlassen habe.

9. Oktober 1968: Nichtidentifiziertes amerikanisches oder britisches Angriffs-U-Boot

Mitarbeiter der russischen Marine behaupten, dass es sich hierbei um die erste Kollision zwischen einem Überwachungs-U-Boot der NATO und einem sowjetischen Atom-U-Boot in der Barentssee handelte. Sie teilten unserem russischen Rechercheur Alexander Mosgovoj mit, dass das sowjetische U-Boot normal operierte, als es sich plötzlich nach Steuerbord neigte und der Rumpf erzitterte. Die Mannschaft sorgte für ein rasches Auftauchen und sichtete durch das Periskop die Silhouette eines anderen U-Boots. Da die Luke des Kommandoturms verklemmt war und sich nur unter Zuhilfenahme eines Vorschlaghammers öffnen ließ, dauerte es mehrere Minuten, bis der Kapitän auf die Brücke klettern konnte. Dann aber war im Wasser nichts mehr zu sehen. Als das sowjetische U-Boot in seinen Stützpunkt zurückkehrte, fanden die Reparaturmannschaften ein Loch in der Außenhaut, das so groß war, dass ein Drei-Tonnen-Laster leicht hätte hindurchfahren können. Ausgehend von den Bruchstücken roten und grünen Glases und von den Metallfragmenten, die an ihrem U-Boot hängen geblieben waren, vermuteten die Sowjets, dass sie von einem fremden U-Boot getroffen worden waren. Der sowjetische Geheimdienst erfuhr später von einem britischen Diesel-U-Boot, das etwa zu dieser Zeit in Norwegen gesichtet worden war. Doch hätte der Kollisionspartner nach sowjetischer Meinung ebenso gut ein Amerikaner sein können.

November 1969: USS *Gato*

Der Turm der *Gato (SSN-615)* wurde vom Rumpf eines unter dem Namen *Hiroshima* bekannten U-Boots der Hotel-Klasse gestreift, als das sowjetische Schiff über das amerikanische hinwegfuhr. Die Männer auf der *Gato* hörten ein dumpfes, mahlendes Geräusch, als die beiden U-Boote zusammenstießen. Obwohl sich der sowjetische Admiral Gorschkow gewünscht hatte, das Wrack der *Gato* möge gefunden werden, gelang dem U-Boot die Flucht. An Bord war niemand zu Schaden gekommen. (Siehe auch Kapitel 7.)

14. März 1970: USS *Sturgeon*

Als ein sowjetisches U-Boot in der Barentssee über die *Sturgeon (SSN-637)* hinwegfuhr, konnten die Männer an Bord ein Krachen hören. Das sowjetische Schiff war von oben backbord über die Außenhaut der *Sturgeon* geschrammt und hatte dabei Metallplatten am oberen Ende des Kommandoturms abgerissen.

Juni 1970: USS *Tautog*

In einer der schlimmsten Kollisionen während des Kalten Kriegs rammte ein sowjetisches U-Boot der Echo-II-Klasse namens *Schwarze Lila* die *Tautog (SSN-639)* vor Petropawlowsk. Präsident Nixon wurde in Kenntnis gesetzt, dass Sonaraufzeichnungen das Sinken des sowjetischen U-Boots nahe legten. Inzwischen hat sich jedoch der Kapitän der *Schwarzen Lila* gemeldet, um zu berichten, dass sein U-Boot den Zusammenstoß überstanden hatte. (Siehe auch Kapitel 7.)

1970: USS *Dace*

Nachdem die *Dace (SSN-607)* im Mittelmeer auf etwas aufgelaufen war und Schlagseite hatte, vermutete ihre Mannschaft, dass sie mit einem sowjetischen U-Boot zusammengestoßen war. Und tatsächlich fanden Mitarbeiter des Marinenachrichtendiensts später heraus, dass ein sowjetisches Schiff kurze Zeit später in einen Hafen einlief und Schäden aufwies, die für eine derartige Kollision typisch waren.

März 1971: Nichtidentifiziertes U-Boot

Wie Hersh in seiner Story im Mai 1975 in der *New York Times* berichtet, kollidierte am 31. März ein weiteres »Holystone«-U-Boot mit einem sowjetischen Schiff. Hersh zitierte aus einem Memo, das an CIA-Direktor Richard M. Helms gerichtet war und dem zufolge die Kollision 30 Kilometer vor der sowjetischen Küste stattfand.

Ende 1971 oder Anfang 1972: USS *Puffer*

Die *Puffer (SSN-652)* stieß in Gewässern in der Nähe von Petropawlowsk mit einem sowjetischen Diesel-U-Boot zusammen, als das sowjetische Schiff unerwartet zu tauchen begann, während die *Puffer* gerade zu einer letzten Runde ansetzte. Beide U-Boote waren ausgesprochen langsam, und Seeleute auf der *Puffer* behaupten, dass es sich fast so angefühlt hätte, als sei das sowjetische U-Boot in Zeitlupe auf sie aufgelaufen.

Mai 1974: USS *Pintado*

Laut einem Bericht in der *San Diego Evening Tribune* im Juli 1975 kollidierte die *Pintado (SSN-672)* mit einem sowjetischen U-Boot innerhalb sowjetischer Gewässer unweit von Petropawlowsk. Beide U-Boote befanden sich in ungefähr 60 Metern Tiefe, als sie zusammenstießen. Mitglieder der Besatzung berichteten, dass die Kollision einen Großteil des Sonars beschädigt, die Außenklappe eines Torpedorohrs verklemmt und eine Tauchstabilisierungsfläche zum Teil verbogen habe. Das sowjetische U-Boot, ein mit ballistischen Raketen bestücktes Schiff der Yankee-Klasse, tauchte bald nach dem Zusammenstoß auf. Die Mannschaft meinte, die *Pintado* habe sich in der Nähe eines sowjetischen Hafens befunden, um sich die Unterwasserverteidigungsanlagen der Sowjets dort näher anzusehen. Nach der Kollision habe die *Pintado* die Region so schnell wie möglich verlassen.

3. November 1974: USS *James Madison*

Die *Madison (SSBN-627)* verließ gerade den U-Boot-Stütz-punkt im schottischen Holy Loch, als sie in der Nordsee mit einem sowjetischen Angriffs-U-Boot zusammenstieß, berichtet der Journalist Jack Anderson 1975 im *Norwich Bulletin* (Connecticut). Die *Madison* tauchte praktisch in das sowjetische Boot hinein. Einem früheren Mannschaftsmitglied zufolge handelte es sich bei dem sowjetischen U-Boot vermutlich um eines der Victor-Klasse.

Ende 1981: HMS *Sceptre* der britischen Royal Navy

Dieses kernkraftgetriebene Angriffs-U-Boot der Briten kollidierte mit einem sowjetischen Atom-U-Boot, das es in nördlichen Gewässern in der Nähe der Arktis verfolgte. Hierüber tauchten erst zehn Jahre später Meldungen in den britischen Medien auf. Ein Offizier bemerkte hierzu, die *Sceptre* habe den Kontakt mit dem sowjetischen Schiff bereits 30 Minuten lang verloren gehabt, als das U-Boot plötzlich erzitterte. »Es war ein unglaublicher Krach«, berichtete er und fügte hinzu: »Alle sind bleich geworden.«

Oktober 1986: USS *Augusta*

Es war ein besonders peinlicher Vorfall, als die *Augusta (SSN-710)* im Atlantik – wo sie ein neues, hoch computerisiertes Sonarsystem testete, mit dem das Aufspüren anderer Fahrzeuge angeblich leichter fallen sollte – in ein sowjetisches Raketen-U-Boot hineinfuhr. Das Unglück ereignete sich ein paar Tage nachdem vor Bermuda ein anderes sowjetisches Raketen-U-Boot der Yankee-Klasse Feuer gefangen hatte und schließlich gesunken war. Es hatte dort Schwierigkeiten in einem seiner Raketenschächte gegeben. Doch anders als in einem 1997 nach dem Vorfall gedrehten Fernsehfilm namens *Hostile Waters* berichten Mannschaftsmitglieder der *Augusta* und Mitarbeiter des Marinegeheimdiensts, dass es nicht eine Yankee war, in die die *Augusta* hineingefahren war, sondern eine Delta I. Die bleibende Verwirrung über diesen Vorfall ist im Hinblick auf den Kapitän der *Augusta* der Gipfel der Ironie. Dieser hatte einmal so viel Vertrauen in seine Fähigkeiten gesetzt, dass er seine Kabinentür mit einer Plakette schmückte, auf der er sich selbst den hochtrabenden Titel »Augusta Caesar« verliehen hatte.

24. Dezember 1986: HMS *Splendid* von der britischen Royal Navy

Den Aussagen russischer Marineangehöriger zufolge bemerkte ein sowjetisches U-Boot im Übungsgebiet der Nordflotte in der Barentssee, dass es von der *Splendid* observiert wurde, und versuchte deshalb, sich davonzumachen. Die Russen behaupten, dass die Kommandanten beider U-Boote beim Manövrieren Fehler gemacht haben. Das sowjetische U-Boot streifte die *Splendid*, wobei es das Schleppsonar des Engländers abriss. Das sowjetische U-Boot, vermutlich eines von den riesigen Typhoon-Raketen-U-Booten, kehrte zu seinem Stützpunkt zurück, noch immer eingewickelt in das englische Schleppsonar.

11. Februar 1992: USS *Baton Rouge*

Die *Baton Rouge (SSN-689)* kollidierte in der Nähe von Murmansk mit einem russischen U-Boot der Sierra-Klasse. In einer beispiellosen Initiative und als Reaktion auf Jelzins Beschwerden gab das Pentagon öffentlich zu, dass es zu der Kollision gekommen war. (Siehe auch Kapitel 12.)

20. März 1993: USS *Grayling*

Die *Grayling (SSN-646)* stieß mit einem russischen Raketen-U-Boot der Delta-III-Klasse in der Barentssee zusammen. Niemand wurde verletzt, dennoch war Clinton wütend, dass die Navy noch immer solche Risiken einging. (Siehe auch Kapitel 12.)

Anhang B

Die sowjetische U-Boot-Flotte:
Unfälle und Katastrophen

Die US-Marine hat Jahrzehnte damit zugebracht, sowjetische U-Boote auszuspionieren, hat jedoch nie wirklich herausfinden können, was im Inneren dieser Schiffe geschah, wer ihre Männer waren oder was sie durchmachten. Immer wieder hörte man von entsetzlichen Strahlenunfällen. Das Pentagon informierte die amerikanische Öffentlichkeit über diese Vorfälle sehr bereitwillig. Zugleich warnte es ununterbrochen und scheinbar im Widerspruch mit den übrigen Angaben davor, wie groß und gefährlich die sowjetische U-Boot-Flotte wurde. Nun, nach dem Ende des Kalten Kriegs, hat sich die russische Marine geöffnet und ist bereit, Einzelheiten über diese Zeit der Anspannung mitzuteilen, in denen die sowjetische Marine darum kämpfte, den Vorsprung der amerikanischen einzuholen. Frühere sowjetische U-Boot-Fahrer fühlen sich nun frei, Dinge auszusprechen, die sie früher niemals hätten sagen dürfen – etwa dass ihre Kommandos mehr Wert auf Zahlen und das Einhalten von Terminen legten als auf die Sicherheit der U-Boote. In der Folge erlitten die Sowjets einige der grauenvollsten Unfälle während des Kalten Kriegs.

Tödlicher Beginn

In der Anfangsphase des Wettrüstens Mitte der 50er Jahre verlangte Chruschtschow, die Sowjetunion möge »die Amerikaner einholen und überholen«. Und folglich wurde in aller Eile und völlig planlos eine Flotte von Atom-U-Booten entworfen und gebaut. Das Ergebnis war so schlecht, dass sich Fregattenkapitän Wladimir N. Tschernawin (der schließlich Admiral Gorschkow als Flottenadmiral der sowjetischen Marine nachfolgte) 1959 weigerte, mit einem der ersten sowjetischen kernkraftgetriebenen Angriffs-U-Boote zu Übungsfahrten auszulaufen. Er blieb bei seiner Entscheidung, auch als man drohte, ihm das Kommando wegzunehmen, und er blieb beharrlich, bis sein Schiff sich in einem fahrtüchtigen Zustand befand.

Während Tschernawin noch damit beschäftigt war, sich mit seiner Meinung durchzusetzen, war ein anderes U-Boot, die *K-19*, bereits mit Champagner getauft worden und vom Stapel gelaufen. Dass die Flasche dabei nicht zerbrach, war ein für jeden U-Boot-Fahrer, welchen Ranges oder welcher Nationalität auch immer er war, verhängnisvolles Vorzeichen. Das war der Unheil verheißende Start des ersten sowjetischen kernkraftgetriebenen Raketen-U-Boots.

Im Sommer 1961 brach die *K-19* auf, um im Nordatlantik an Übungen teilzunehmen, deren Kodename »Nördlicher Polarkreis« lautete. Sie sollte die Rolle des amerikanischen U-Boots übernehmen, sich unter der Wasseroberfläche verstecken und sich durch die sowjetische U-Boot-Abwehr schleichen. Danach würde sie den Rest der Flotte zurücklassen und sich auf die Suche nach einem *Polynya*, einer Lücke im Eis machen. Sie würde am Rand der Arktis auftauchen und den Übungsabschuss eines ballistischen Flugkörpers durchführen.

Der Rest der Flotte blieb zurück, um die Übung fortzusetzen, als die *K-19* sich entfernte, um getaucht das Europäische Nordmeer zu durchqueren. Das Meer war ruhig. Es gab keine Stürme. Die Mannschaft der *K-19* zählte bereits die noch verbleibenden Tage des Törns.

Am 4. Juli um 4.15 Uhr morgens, als das U-Boot gerade einen Punkt ungefähr 150 Kilometer entfernt von Jan Mayen, der kleinen norwegischen Insel oberhalb von Island, erreicht hatte, reagierten die Strahlungsmesser der *K-19* ungewöhnlich lebhaft. Ein Reaktor fiel aus. Die Brennstäbe in seinem Kern erhitzten sich ungebremst. Der Primärkreislauf zur Reaktorkühlung brach zusammen. Ein Rohr war geplatzt, Pumpen hatten die Arbeit eingestellt, und es blieb keine Möglichkeit, um die Kettenreaktion zu unterbinden, die Kernstäbe vor der Überhitzung zu bewahren und sie daran zu hindern, so heiß zu werden, dass sie sich durch den Reaktor hindurchbrennen würden. Als die Temperatur der Brennstäbe 1000 Grad überschritt, begann der Farbanstrich an der äußeren Hülle des Reaktors Blasen zu bilden. Es hätte ein Entlastungskühlsystem geben sollen, irgendetwas, um die Katastrophe aufzuhalten. Doch die *K-19* war ein früher Entwurf, ein erster Versuch.

Kapitän Jurij Posetiew gab den Befehl zum Auftauchen. Er versuchte, um Hilfe zu funken, doch eine Verbindung kam nicht zu Stande. Inzwischen bemühten sich die Ingenieure an Bord, unter Zuhilfenahme des Trinkwasservorrats ein neues Kühlsystem zu improvisieren. Sie entwickelten einen verzweifelten Plan. Mehrere Männer würden in die nun hochgradig verstrahlte Reaktorabteilung und damit in »die Höhle des Löwen« hineinklettern müssen.

Leutnant Boris Kortschilow fuhr zum ersten Mal auf einem Unterseeschiff und war der erste Freiwillige. Andere vom Reaktorteam folgten. Diese Männer, die meisten von ihnen eigentlich noch Jungen, drangen nun in den Reaktorbereich vor. Da standen sie, acht Mann, schweißten Rohre, stellten Verbindungen zu Pumpen und Ventilen her. Sie blieben zwei Stunden lang in der Reaktorzelle, hielten die Hitze und die unsichtbaren Partikel aus, die ihre Körper durchdrangen. Jeder von ihnen bekam die hundertfache Menge der tödlichen Strahlungsdosis ab.

Iwan Kulakow, ein 21jähriger Oberstabsbootsmann, sah mit an, als sie die Reaktorabteilung verließen. Die Männer vermochten sich kaum noch zu bewegen, konnten nicht sprechen. Ihre Gesichter hatten sich bis zur Unkenntlichkeit verändert. Er sah mit Entsetzen, dass sich die Bemühungen des ersten Teams als nutzlos erwiesen hatten. Als die Kühlmittelpumpen zusammenbrachen, wurde deutlich, dass jemand den Notbehelf flicken musste. Kulakow meldete sich. Er war sich sicher, dass er die Arbeit schneller würde erledigen können. Und er war sich ebenso sicher, dass er bei dem Versuch ums Leben kommen würde.

Durch Kulakows Kopf gingen die Gesichter jener ersten acht Männer. Wie ein Endlosband spulten sich diese Bilder ab, als er knöcheltief durch Seen radioaktiven Wassers watete. Als das Leder seiner Schuhe dem Wasser nicht mehr standhalten konnte, verbrannte ihm die Strahlung die Füße. Er glaubte, die Wände und das Wasser strahlen, gar glühen zu sehen.

Er verbrühte sich die Hände, als er Ventile öffnete, um Dampf aus dem Reaktor abzulassen. Er konnte kaum etwas sehen, kaum atmen. Ihm blieb nichts anderes, als zu beten, dass er seine Aufgabe zum Abschluss bringen würde, dass er nicht in den entsetzlichen, quälenden, radioaktiven See fallen möge, der bereits seine Füße zerstörte.

Schließlich kam er heraus, nur um zu sehen, dass ein weiteres Ventil versagte, dass er wieder hineinmusste. Er hatte sich bereits der fünffachen tödlichen Dosis ausgesetzt. Vor der Reaktorzelle warteten die lebenden Toten. Wieder im Inneren des Reaktors, war er sich sicherer als jemals zuvor, dass er zu ihnen gehörte.

Dann, gerade als die Brennstäbe eine Temperatur von 1470 Grad erreichten, hielten die Rohre, die Ventile dicht. Das provisorische Kühlsystem fing an zu arbeiten. Kulakow stolperte aus dem Höllenschlund, und Kapitän Posetiew wendete die *K-19*, um auf dem schnellsten Weg zur Flotte zurückzukehren, die sie – es schien ihm ein ganzes Leben, ja die Lebenszeit von acht Männern zurückzuliegen – bei ihren Übungen zurückgelassen hatten. Er wusste, dass er es nicht bis nach Hause schaffen würde. Seine ganze Mannschaft wäre schon bald lebensgefährlich verstrahlt, wenn er sie nicht so schnell wie möglich von dem Schiff bekam.

Die Gruppe der acht, diese ersten Männer, die während der Katastrophe die Reaktorzelle betreten hatten, starben innerhalb einer Woche. Sie wurden in Bleisärgen beerdigt.

Posetiew hielt länger aus: drei Wochen. Andere Mitglieder der Mannschaft, die dem äußeren Schott zur Reaktorzelle zu nahe gekommen waren, überstanden einen Monat, manche ein wenig länger, bevor auch sie der Strahlenkrankheit erlagen. Kulakow, dessen Füße und Hände irreparabel verbrannt waren, überlebte mit Transfusionen und Rückenmarkstransplantationen. Er würde für immer ein Krüppel sein.

Trotz alledem war Moskau nicht bereit, eines seiner wenigen Atom-U-Boote aufzugeben. Chruschtschow gab die Verfolgung der Amerikaner nicht auf. Eines Tages würden wieder Männer in die *K-19*, in die Reaktorabteilung geschickt werden. Nur würde die *K-19* jetzt einen neuen Namen tragen. Sie würde als die *Hiroshima* bekannt sein.

Die Rakete, die nie abgeschossen wurde

Ein Jahr später, 1962, lag der sowjetischen Marine sehr daran, Chruschtschow zu beschwichtigen, der unbedingt den Unterwasserabschuss einer ballistischen Rakete von einem Atom-U-Boot sehen wollte. Seine obersten Marineoffiziere präsentierten ihm ein U-Boot, das ihm genau das verschaffen würde, was er sich wünschte: einen weiteren Erfolg, der in der Zeitung *Krasnaya Zvezda* gefeiert werden konnte.

Chruschtschow bekam genau einen solchen Testabschuss zu Gesicht und war so begeistert, dass er der Mannschaft der K-3, die kürzlich erst unter dem Eis bis zum Nordpol vorgedrungen war, eine Auszeichnung für ihren perfekten Raketenabschuss versprach. Niemand wagte ihm zu sagen, dass er soeben eine Auszeichnung für einen trickreichen Bluff ausgelobt hatte.

Die sowjetische Marine hatte noch immer zu viele Schwierigkeiten, ihre Atom-U-Boote überhaupt zum Abfeuern zu bringen, als dass sie so etwas unter den Augen Chruschtschows wagen konnte. Also positionierten die Befehlshaber, statt die *K-3* überhaupt den Versuch machen zu lassen, ein Diesel-U-Boot der Golf-Klasse neben das Atom-U-Boot. Es war dann dieses versteckte, anonyme Diesel-U-Boot, dem der perfekte Raketenabschuss gelang.

Und so ging es weiter mit der sowjetischen Marine, weiterhin vermischten sich Heroisches, Tragisches und Lächerliches.

Es war Juni 1967, der Ausbruch des »Sechstagekriegs« stand kurz bevor, und die *K-131* war in die Adria geschickt worden, um dort Befehle aus der U-Boot-Kommandozentrale abzuwarten. Diese Befehle trafen ein, als die ersten Schüsse abgefeuert wurden. Kapitän Wadim Kulintschenko wurden 15 Stunden zugestanden, um sein Schiff in Position zu bringen und seine mit Nuklearsprengköpfen ausgestatteten Raketen auf Tel Aviv zu richten.

Der Kapitän war verblüfft. Er wusste, dass er keine Atomraketen auf Israel abfeuern wollte, aber er wusste auch, dass dies gar nicht erforderlich werden würde. Um aus der Adria ins östliche Mittelmeer, vorbei an Griechenland und Kreta bis vor die israelische Küste zu rasen, würde die *K-131* Geschwindigkeiten von 57 Knoten erreichen müssen. Ihre normale Operationsgeschwindigkeit lag jedoch bei 20 Knoten.

Er musste es wenigstens versuchen, doch als der Krieg sechs Tage später sein Ende fand, waren Kulintschenko, die *K-131* und ihre Atomwaffen noch immer auf dem Weg zu ihrem Ziel.

Schließlich gelangte er zu seinem Einsatzverband im Mittelmeer, 40 Überwasserschiffe und zehn Diesel-U-Boote der Schwarzmeerflotte. Die *K-131* gehörte nicht zu dieser Gruppe, sie kam nicht aus dem Schwarzen Meer. Doch für ihre Machtdemonstration brauchten die Sowjets eines ihrer neuen, der Nordflotte angehörenden Atom-U-Boote. Das war nur der Anfang. Schon bald würde das Mittelmeer das neue Schlachtfeld in den U-Boot-Kriegen sein.

Zunächst einmal aber hatte der überwiegende Teil der sowjetischen Marine kaum eine Vorstellung davon, was Atom-U-Boote nicht leisten konnten beziehungsweise was zu leisten sie tatsächlich im Stande waren. Als die *K-131* vor Kriegsausbruch noch auf dem Weg in die Adria war, bot ihr ein Versorgungsschiff hilfsbereit Treibstoff und Trinkwasser an – obgleich das Versorgungsschiff selbst knapp dran war.

»Wir haben so viel frisches Wasser, wie ihr wollt«, wurde

ihnen vom U-Boot aus zugerufen. »Wir haben es gerade abgekocht und können euch welches abgeben.« Die Schwarzmeerflotte verfügte nicht über Atom-U-Boote, und die erstaunte Mannschaft des Versorgungsschiffs hatte keine Ahnung, dass Wasser und Treibstoff zwei der Dinge sind, die ein Atom-U-Boot selbst herstellen kann.

Ein neuerliches Desaster

Eines der nächsten sowjetischen U-Boote, das ins Mittelmeer fuhr, war die *K-3*, jenes Unterseeschiff, das Chruschtschow für einen perfekten Raketenabschuss ausgezeichnet hatte, der gar nicht erfolgt war. Nur hatte diesmal einer ihrer Offiziere, Lew Kamorkin, böse Vorahnungen.

Zwei Tage vor der Einschiffung in einem Hafen an der Barentssee ging er mit seiner fünfjährigen Tochter und einem Freund spazieren, der sich daran erinnert, dass Kamorkin ihm anvertraute: »Ich weiß nicht, warum, aber ich möchte diese Fahrt am liebsten nicht antreten.«

Das Gefühl war so stark, der Drang, zu Hause zu bleiben, so überwältigend, dass Kamorkin sich schwor, dass dies sein letzter Törn auf einem U-Boot sein würde. Es war bedauerlich für das kleine Mädchen, die dem zuhörte, was ihr Vater sagte, aber Kamorkin sollte Recht behalten.

Am 8. September 1967 um 1.52 Uhr brach ein Feuer in einem Sauerstoffgenerator der *K-3* aus. Das U-Boot war auf dem Rückweg aus dem Mittelmeer und fast schon zu Hause, unmittelbar oberhalb des norwegischen Nordkaps, ungefähr dort, wo sich die erste Explosion in der *Cochino* ereignet hatte.

Ebenso viel Ehrgefühl aufbringend wie seinerzeit Rafael C. Benitez auf der *Cochino* rannte Kamorkin los, um zu verhindern, dass das Feuer die Torpedos aktivierte und das Schiff versenkte. Er befahl allen Übrigen, den Torpedoraum zu verlassen, blieb selbst zurück und flutete ihn. Als er sah, wie das Wasser die Torpedos bedeckte, wusste er, dass er sein Todesurteil gesprochen hatte. Er ertrank neben den Waffen.

Er hat nie erfahren, dass 40 der Männer, die er so tapfer zu retten versucht hatte, nur Augenblicke nach seinem eigenen Tod einer Kohlenmonoxidvergiftung erlagen.

Die *Hiroshima* erscheint ein letztes Mal

Das U-Boot, das inzwischen unter dem Namen *Hiroshima* bekannt war, machte dem sowjetischen U-Boot-Kommando auch weiterhin Probleme. Im November 1969 lief sie mit solcher Wucht auf die USS *Gato* auf, dass sie mit dem Bug voran in die Tiefe stürzte. Dabei kippte der dicke Band über Navigationsastronomie aus dem Regal und traf Kapitän Walentin Anatoliewitsch Schabanow, der gedöst hatte. Die Kollision setzte außerdem das vordere Sonarsystem außer Funktion und drückte die Außenklappen der Torpedorohre ein.

Dennoch setzte die *Hiroshima* ihre Tätigkeit fort, wie um es auf eine finale Katastrophe ankommen zu lassen. 1972 brach ein Feuer in dem U-Boot aus, als es sich ungefähr 1000 Kilometer nordöstlich von Neufundland befand. Diesmal starben 26 Offiziere und Mannschaftsränge. Zwölf weitere waren darauf gefasst, dass sie ebenfalls bald sterben würden, da sie in der Achterzelle des Schiffs eingeschlossen waren und durch die vergasten Zellen nicht nach vorn gelangen konnten. Sie blieben dort 23 Tage lang, bis die *Hiroshima* endlich ihren Heimathafen erreichte.

Das Überleben dieser zwölf Männer ist das einzige Happyend in der ansonsten schrecklichen Geschichte der *Hiroshima*. Sie ist in Erinnerung als das U-Boot, dessen Name für Feuer, Verstrahlung und Tod schlechthin stand.

Trawler und Spione

Die Sowjets verliehen der Spionage auf See noch eine besondere Note, indem sie ihre Flotte von U-Booten durch (speziell mit Lauschgerät ausgerüstete) Trawler ergänzten, die auch als AGIs bezeichnet wurden. Der Schachzug hatte etwas durchaus

Geniales an sich, da dies die billigste wie auch bequemste Art für die Sowjetunion war, Wachposten vor den wichtigsten amerikanischen Militärstützpunkten sowohl in Amerika selbst wie auch weltweit zu positionieren. Amerikanische Raketen-U-Boote nahmen große Umwege in Kauf, um diesen Trawlern aus dem Weg zu gehen. Ein U-Boot lief Ende der 60er Jahre sogar auf Grund bei dem Versuch, der Entdeckung durch ein AGI zu entgehen, das vor dem schottischen Holy Loch auf der Lauer lag.

Meistenteils warteten die Trawler nur einfach ab, doch gelegentlich agierten sie auch geradewegs unverschämt. Dies war etwa der Fall, als die Mannschaft eines Trawlers, der in der Nähe von Guam operierte, sich einen Torpedo schnappte, der bei einer Übung durch ein amerikanisches Raketen-U-Boot abgefeuert worden war. Der Trawler eilte herbei, lud den Torpedo auf und begann langsam Richtung Sowjetunion zurückzutuckern. Die Einsatzkommandanten waren sprachlos. Außerdem wussten sie nicht, was sie jetzt tun sollten. Nachdem sie eine Weile darüber debattiert hatten, kamen sie zu dem Schluss, dass man manchmal keine andere Wahl hat, als eine eindeutige Botschaft zu schicken, eine Demonstration amerikanischer Militärmacht, um dafür zu sorgen, dass kein anderes sowjetisches Fahrzeug jemals wieder etwas derart Dreistes versuchen würde.

Innerhalb von zwölf Stunden wurden zwei Flugzeugträgerkampfeinheiten, die eine von Yokosuka und die andere von den Philippinen kommend, ausgeschickt, um den Trawler zu stellen. Einen Tag später saß der Trawler vor Okinawa in der Falle. Inzwischen hatte die Navy das Außenministerium eingeschaltet, und zwischen amerikanischen Diplomaten und hochrangigen sowjetischen Funktionären flogen die Funksprüche nur so hin und her. Schließlich ließ der Trawlerkapitän, der nur verächtliche Blicke für die amerikanischen Schiffe übrig hatte, den Torpedo wieder ins Wasser plumpsen. Daran befestigt war eine Mitteilung auf Englisch, gewandt und prägnant verfasst. Der Kapitän teilte einfach nur mit, dass der Torpedo längsseits seines Schiffs gekommen war. Für die Mitarbeiter des Marinenachrichtendiensts, die die Vorgänge miterlebt hatten, schien der Sowjet zu sagen: »Seht mal, was ich gefunden habe!« – als ob er soeben nur einen großen Fisch gefangen hätte und als ob dies die natürlichste und unschuldigste Angelegenheit der Welt wäre.

Tod im Europäischen Nordmeer

Im Spätsommer 1985 wurde die USS *Baltimore (SSN-704)* ausgeschickt, um eine sowjetische Zulu IV in den Gewässern nördlich von Norwegen zu observieren. Die amerikanische Marine wusste, dass das alte Diesel-U-Boot aus den 50er Jahren ein Forschungsschiff war, das bereits bei früheren Gelegenheiten in der Gegend gesichtet worden war. Die *Baltimore* war gerade dabei, unter der Zulu hindurchzutauchen, als die amerikanischen U-Boot-Fahrer ein Kabel ausmachten, das etwa den Umfang des Unterarms eines Mannes hatte und von dem sowjetischen U-Boot herabhing. Dann konnten sie anhand des trüben Bildes, das ihnen das Unterwasserperiskop bot, erkennen, dass die Sowjets an dem Kabel einen offenen Unterwasserschlitten mit Ballasttanks an beiden Seiten hinabließen. Auf dem Schlitten befanden sich ein oder mehrere Taucher in Anzügen, die entfernt an Raumfahreranzüge erinnerten. Sie waren durch Luftschläuche mit dem U-Boot verbunden. Absolute Stille wurde an Bord der *Baltimore* angeordnet, als der Schlitten sich auf den Meeresboden zu bewegte. Die Männer mussten ihre Gummischuhe tragen und durften die Schotte nicht zuschlagen. Die Küchengeräte wurden abgestellt. Lediglich die Kaffeemaschine in der Messe der *Baltimore* war noch in Betrieb.

Bald schon meldete der Sonarraum Geräusche, die sich wie Graben im Sand anhörten, 100 Meter unter der Meeresoberfläche. Als die Mannschaft der Baltimore auf der Gegensprechanlage der Zulu mithörte, wurde ihr klar, dass die Sowjets nach einem Unterwasserkabel suchten.

Der Marinenachrichtendienst wusste, dass es dort ein solches Kabel gab und dass es von Murmansk nach Nordengland verlief. Es war dort noch zur Zeit des Zaren verlegt worden. Seit langem war es nicht mehr in Gebrauch, und das mussten die Sowjets eigentlich wissen. Vielleicht handelte es sich nur um eine Übung. Möglicherweise versuchten sie, die amerikanische Anzapfaktion zu kopieren, die erst vor ein paar Jahren aufgeflogen war. Oder aber sie übten die Unterbrechung der Kabel, welche die einzelnen amerikanischen SOSUS-Stationen miteinander verbanden.

Das Meer war stürmisch, die Wellen türmten sich bis zu zehn Meter hoch auf. Doch die Zulu blieb an Ort und Stelle, und die *Baltimore* sah einen Tag um den andern zu. Am dritten Tag hörten alle Grabegeräusche, ja überhaupt alle Geräusche plötzlich auf. Die *Baltimore* schlich sich etwas näher heran, und ihre Crew erkannte, dass nur noch ein Kabel ohne Schlitten von der Zulu herabhing. Der Schlitten war wohl verloren gegangen, vermutlich mit den Tauchern.

Ein ehrfürchtiges Schweigen trat ein auf der *Baltimore*. »Ich erinnere mich daran, dass sich alle in der Operationszentrale umdrehten und sich gegenseitig ansahen«, erzählte ein Crewmitglied und fügte hinzu, dass es plötzlich keine Rolle mehr zu spielen schien, auf welcher Seite man war. »Es war eher so, als ob uns bewusst würde, dass ein U-Boot-Fahrer gestorben war.«

Anmerkungen

Dieses Buch beruht vor allem auf mehreren hundert Interviews, die wir mit Unterseebootfahrern, Regierungsbeamten und Mitarbeitern der Geheimdienste geführt haben, deren Namen wir meist nicht preisgeben können. Dort jedoch, wo es möglich ist, verwenden wir die korrekten Namen. Außerdem waren wir angewiesen auf zahlreiche öffentlich zugängliche Quellen, um unsere Fakten zu verifizieren und sie in den richtigen historischen Zusammenhang zu stellen. Unter anderem stützen wir uns auf die freigegebenen Patrouillenberichte der Unterseeboote in den Archiven der amerikanischen Marine, auf veröffentlichte Berichte des Marinenachrichtendiensts und auf zahlreiche Zeitungs- und Zeitschriftenbeiträge sowie auf Bücher.

Über das ganze Buch hinweg zogen wir mehrere Standardnachschlagewerke zu Rate, denen wir die grundlegenden Informationen über Geschichte, Abmessungen und Waffenpotenziale der verschiedenen U-Boot-Klassen entnommen haben. Darunter waren verschiedene Ausgaben von *Guide to the Soviet Navy* und *The Ships and Aircraft of the U.S. Fleet*, beide verfasst von dem bekannten Marinespezialisten Norman Polmar und veröffentlicht von der Naval Institute Press in Annapolis, Maryland. Wir stützten uns außerdem auf mehrere Ausgaben von *Jane's Fighting Ships* und andere Veröffentlichungen der hierfür maßgeblichen britischen Gesellschaft Jane's Information Group Limited.

Um einen tieferen Einblick in Taktik und Technologie von Unterseebooten zu erhalten, waren wir angewiesen auf Norman Friedmans, *Submarine Design and Development* (Annapolis, Md., Naval Institute Press, 1984), Richard Compton-Halls, *Sub Versus Sub: The Tactics and Technology of Unterwater Warefare* (New York, Orion Books, 1988), und auf Norman Polmars, *The American Submarine* (Annapolis, Md., Nautical and Aviation Publishing Company of America, 1983). Sinnvolle Quellen für die Kennnummern der Unterseeboote waren das *United States Submarine Data Book,* zusammengestellt vom Submarine Force Library and Museum in Groton, Connecticut, und eine Liste aller kernkraftgetriebenen Unterseeschiffe, herausgegeben von der Electric Boat Company, einer Unterabteilung der General Dynamics Corporation. Unterlagen über die Auszeichnungen, die einzelne U-Boot-Fahrer erhalten haben, bekamen wir vom offiziellen Navy Award Office im Navy Yard in Washigton, D.C.

Prolog

Einen Großteil der Geschichte von Unterseebooten haben wir *The Ultimate Naval Weapon. Its Past, Present and Future* von Drew Middleton (Chicago, Playboy Press, 1976) entnommen. Die Kapitel eins bis vier waren auf Grund ihrer Einblicke in die U-Boot-Geschichte von unschätzbarem Wert, ebenso wie Friedmans Buch und Polmars *The American Submarine.*

Kapitel 1: Tödlicher Beginn

Die wichtigsten Interviews wurden geführt mit Rafael C. Benitez, Harris M. »Red« Austin und anderen Mannschaftsmitgliedern der USS *Cochino.*

In einigen Passagen des Kapitels stützen wir uns auch auf die folgenden Regierungsdokumente, Artikel, Bücher und auf andere Quellen:

Jan Breemers *Soviet Submarines: Design, Development, and Tactics* (London, Jane's Information Group Limited, 1989) liefert eine gute Beschreibung der 1943 erstmals mit modernen

Schnorcheln ausgerüsteten deutschen U-Boote der Typen XXI und XXIII, die nach dem Zweiten Weltkrieg unter der Sowjetunion und den westlichen Alliierten aufgeteilt wurden. Die Veränderungen, die erforderlich wurden, um amerikanische Unterseeboote wie die *Cochino* und die *Tusk* zu Schnorchel-U-Booten umzubauen, werden beschrieben in Polmars *The American Submarine*, in der »Welcome-Aboard«-Broschüre der USS *Tusk* und in der *Tusk*-Akte in der Abteilung für Schiffsgeschichte (Ships' History Branch) im Naval Historical Center in Washington, D.C.

Die frühen Befürchtungen der US-Marine, dass die Sowjets eine große Flotte solcher hoch entwickelter Schnorchel-U-Boote aufbauen könnten, wird in einem Zeitschriftenbeitrag von Breemer mit dem Titel »The Submarine Gap: Intelligence Estimates 1945–1955« (in: *Navy International*, Februar 1986, 91, Nr. 2, S. 100–105) dokumentiert. Breemer legt dar, dass der amerikanische Geheimdienst schon 1948 Berichte darüber erhielt, dass die Sowjets Möglichkeiten untersuchten, um Raketen von ihren Unterseebooten aus abzuschießen (*Soviet Submarines*, S. 88–89). Ein Teil dieser Informationen entstammt den freigegebenen Ausgaben von *ONI Review*, einer faszinierenden, nicht für das allgemeine Publikum bestimmten Zeitschrift, die zwischen 1945 und 1962 monatlich vom Büro des Marinenachrichtendiensts herausgegeben wurde. Diese Veröffentlichungen sind in der Abteilung für operative Einsatzberichte (Operational Archives Branch) im Naval Historical Center erhältlich.

Informationen über die Operation »Kayo« entstammen »The Reminiscences of Rear Admiral Roy S. Benson«, einem mündlich überlieferten Bericht, der 1984 aufgezeichnet wurde und aus dem mit der Genehmigung von Paul Stillwell, dem Direktor für Geschichte (Dokumentation und Archivierung) am U.S. Naval Institute in Annapolis, Maryland, zitiert wurde. Der Bericht ist Teil einer umfassenden Sammlung mündlicher Überlieferungen früherer Marineoffiziere, die Stillwell und andere zusammengestellt haben. Der pensionierte Admiral Robert L.

J. Long, ein früherer stellvertretender Chef der Seekriegsleitung und Oberkommandierender der US-Streitkräfte im Pazifik, war der Erste, der uns gegenüber die Operation »Kayo« erwähnte. Als junger Offizier diente er auf der USS *Corsair*, wurde jedoch abkommandiert, ehe sie die *Cochino* auf ihrer unglückseligen Mission begleitete.

Die Logbücher der USS *Sea Dog* und der USS *Blackfin*, die im Nationalarchiv im Suitland Records Center in Suitland, Maryland, aufbewahrt werden, belegen, dass beide im Mai und Juni 1948 von Pearl Harbor aus im Gebiet vor den Aleuten Alaskas eingesetzt worden waren. Lawrence Savadkin, ein U-Boot-Held des Zweiten Weltkriegs, der auf der *Sea Dog* Erster Offizier war, beschrieb in einem Gespräch die geheimdienstlichen Ziele ihrer Mission.

Zusätzlich zu den ausführlichen Interviews mit Benitez und Austin beziehen wir uns in Teilen unseres Berichts über die letzte Mission der *Cochino* und ihr Sinken auf verschiedene Dokumente und Quellen. Am umfassendsten war die freigegebene Version des Patrouillenberichts der *Cochino*, den Kapitän Benitez am 8. September 1949 abgeliefert hat. Diese Version ist in der Abteilung für operative Einsatzberichte im Naval Historical Center zugänglich. Auszüge dieses Berichts sind außerdem enthalten in »The Loss of the *Cochino*«, *ONI Review*, Februar 1950, S. 57–66. Das Logbuch der *Cochino* ging verloren, als das U-Boot sank, doch die Logbücher der *Tusk*, der *Corsair* und der USS *Toro* können im Suitland Records Center eingesehen werden.

Der Verlust der *Cochino* 1949 machte in den meisten großen amerikanischen Zeitungen Schlagzeilen. Eine der ausführlichsten Schilderungen liefert James D. Cunningham in »Tears and Smiles Greet *Cochino* and *Tusk* Survivors at Sub Base; Officers Give Details on Tragedy«, *New London Day* (Connecticut), 8. September 1949. Außerdem interviewte ein Offizier der PR-Abteilung der Navy, Fregattenkapitän William J. Lederer, einige der überlebenden Mannschaftsmitglieder für einen dramatischen Artikel mit dem Titel »Miracle Under the Arctic

Sea«, *Saturday Evening Post*, 14. Januar 1950, und für ein Buch namens *The Last Cruise* (New York, William Sloane Associates, 1950). Wir haben nur im Zusammenhang mit wenigen Einzelheiten, die direkt auf die Erinnerungen der Überlebenden zurückzugehen scheinen, auf Lederers Buch Bezug genommen. Unser Kapitel unterscheidet sich von diesem in mehreren entscheidenden Punkten, da, wie sowohl Austin als auch Benitez betonten, Lederers Bericht dramatisch übertrieb und Informationen zu enthalten schien, die durch die Navy absichtlich verändert worden waren. Tatsächlich schrieb Austin einen Brief an die *Saturday Evening Post*, um sich wegen dieser Veränderungen zu beschweren, und er hat sowohl die Antwort von Benitez als auch die von Lederer aufgehoben. So schrieb Benitez am 3. Februar 1950 an Austin, dass Lederers »Geschichte zwar originell geschrieben, aber zugleich doch auch recht weit hergeholt war und wohl eher ein Kompromiss zu sein schien«. Lederer räumte in einem Brief vom 2. März 1950 an Austin ein, dass die Marine sein Manuskript durchgesehen habe, und dass es »bestimmte Dinge gab, die ich in Ordnung bringen musste. Zum Beispiel veränderte ich den zeitlichen Ablauf des Stücks, weil ich nicht wollte, dass es den Russen möglich wäre, zurückzurechnen und festzustellen, wo ungefähr die *Cochino* gesunken ist. Ich nahm außerdem kleine Änderungen an solchen Stellen vor, wo die Wahrheit den Verwandten der Männer vielleicht wehtun mochte; und ich ließ bestimmte Dinge weg, die möglicherweise ein Hinweis auf vertrauliche Mitteilungen hätten sein können.«

Eine Tatsache, die Lederer natürlich nicht offenbarte, war Austins wirkliche Mission. Lederer bezeichnete Austin lediglich als »Kommunikationstechniker«. Austins Hintergrund als Spezialist für elektronisches Abhören wurde erstmals in »USS *Cochino*«, *Cryptolog*, Herbst 1983, offenbart; *Cryptolog* ist eine Veröffentlichung der Naval Cryptologic Veterans Association, einer Vereinigung, der einige der Nachrichtendienstmänner angehören, die auf Unterseebooten gefahren sind. Doch in diesem Artikel ging es nicht darum, was Austin auf der

Cochino zu erreichen versucht hatte, und unser Bericht ist der erste, der die Rolle darlegt, welche das Unterseeboot *Cochino* bei der Einläutung eines neuen Zeitalters der U-Boot-Spionage gespielt hat.

Lederers Artikel und sein Buch ließen außerdem die fehlerhafte Schlechtwetterkleidung und die Stiefel unerwähnt, die einige Mittglieder der *Tusk*-Mannschaft in den Tod gezogen hatten. Dieses Problem war im Logbuch der *Tusk* am 25. August 1949 dokumentiert worden. Der pensionierte Konteradmiral Eugene B. Fluckey, der zum damaligen Zeitpunkt Offizier in der Rechtsabteilung der atlantischen Unterseebootflotte war, bestätigte ebenfalls in einem Gespräch, dass es sich bei der Schlechtwetterkleidung, die an die Männer der *Tusk* ausgehändigt worden war, um »Anzüge handelte, die sich noch im Versuchsstadium befanden, die niemand zuvor erprobt hatte. Aber sie haben lediglich bewirkt, dass die Männer mit dem Kopf nach unten im Wasser hingen. Sie wurden mit den Stiefeln nach oben ›aufgehängt‹.«

Was die sowjetische Seite betrifft, so bezogen wir unsere Beschreibung der sowjetischen Marinestützpunkte in der Nähe von Murmansk aus »Kola Inlet and Its Facilities«, *ONI Review*, September 1949. Und die sowjetische Mutmaßung, dass sich die *Cochino* auf einer Spionagemission befand, wurde in einem Artikel der Associated Press zitiert, der am 3. September 1949 in der *New London Day* und am 21. September 1949 in der *New York Herald* Tribune erschienen war.

Kapitel 2: Whiskey à gogo

Die wichtigsten Interviews wurden mit Mannschaftsangehörigen der USS *Gudgeon*, mit anderen Diesel-U-Boot-Fahrern und mit ehemaligen hochrangigen Mitarbeitern der Unterseebootflotte, des Marinenachrichtendienstes (Naval Intelligence) und des Marineabschirmdienstes (Naval Security Group) geführt, Letztere setzten die Russischspezialisten und andere Spitzel ein, die auf Unterseebooten mitfuhren.

Regierungsunterlagen, Artikel, Bücher und andere Quellen:
Die Einzelheiten des Einsatzes der *Gudgeon* im Sommer 1957
entstammen den Logbüchern, die sich im Nationalarchiv im
Suitland Records Center befinden. Die Logbücher weisen unter
anderem aus, wie viele Kilometer die *Gudgeon* täglich zurück-
legte, doch sie enthalten keine Hinweise darauf, dass es sich um
eine Spionagemission handelte.

Eine Auflistung aller Diesel-U-Boote, die während des
Koreakriegs Überwachungseinsätze absolvierten – sowie Beschreibungen der mit dem eisigen Wetter und dem primitiven
Aufklärungsgerät zusammenhängenden Schwierigkeiten –, enthalten die vorläufigen Auswertungen, die während des Koreakriegs vom Oberbefehlshaber der US-Pazifikflotte halbjährlich
abgefasst wurden. Sie befinden sich in den Akten der Abteilung
für operative Einsatzberichte im Naval Historical Center.

Nach den Informationen zweier früherer Nachrichtendienstmitarbeiter geht der amerikanische Nachrichtendienst seit
langem davon aus, dass 1951, zu Beginn des Koreakriegs, ein
amerikanisches Überwasserschiff ein sowjetisches U-Boot versenkte, das sich einem Flugzeugträger-Einsatzgeschwader zu
sehr genähert hatte. Die Vereinigten Staaten befürchteten massiv, dass die sowjetische Marine versuchen würde, die Nordkoreaner zu unterstützen. Deshalb erhielten Überwasserschiffe
den Befehl, amerikanische Kriegsschiffe zu schützen, indem sie
mögliche feindliche U-Boote mit Unterwasserbomben angriffen. In diesem Fall beschoss ein Kampfverband ein verdächtiges sowjetisches U-Boot und konnte später nicht feststellen,
ob es den Beschuss überstanden hatte. Hierzu befragte heutige
russische Marineangehörige äußerten, dass von einem U-Boot-
Verlust in jener Phase des Koreakriegs nichts bekannt sei,
fügten dann allerdings hinzu, dass es zu kompliziert sei, in Ma-
rinearchiven für eine relevante Antwort entsprechende Nachforschungen anzustellen.

Die US-Marine selbst sah während des Koreakonflikts ein
U-Boot für einen direkten Kampfeinsatz vor, indem sie das Diesel-U-Boot USS *Perch (SS-313)* 1950 an die Küste von Nord-

korea entsandte. An Bord befanden sich US-Truppen und 63 Angehörige der Königlichen Britischen Marineinfanterie. Obgleich die *Perch* entdeckt wurde, gelang es den Kommandos, auf Schlauchbooten an Land zu gelangen. Ein Bombenangriff durch US-Truppen in dieser Nacht band feindliche Kräfte, während die Männer landeten, einen unterirdischen Gang sprengten, einen Kanal verminten und einen Zug zerstörten. Ein britischer Marineinfanterist wurde von feindlichen Truppen getötet. Dieser Vorfall wird ausführlich wiedergegeben in *Submarines at War: The History of the American Silent Service* von Edwin P. Hoyt (New York, Stein and Day Publishers, 1983), S. 299–303.

Die monatlichen Ausgaben der *ONI Review* stellen eine ausgezeichnete Quelle dar, um das rasche Anwachsen der sowjetischen U-Boot-Flotte in den 50er Jahren zu verfolgen. Die Informationen über das sowjetische U-Boot der Whiskey-Klasse, deren Mannschaft während einer 30tägigen Testfahrt durch austretende Gase schwer in Mitleidenschaft gezogen wurde, kamen von dem pensionierten sowjetischen Kapitän Erster Klasse, Boris Bagdasarian, der auf diesem U-Boot gedient hatte. Er wurde von dem russischen Militärjournalisten Alexander Mozgovoy interviewt, der für uns vor Ort recherchierte. Die unbestätigten Geheimdienstinformationen, denen zufolge die Sowjets einige ihrer U-Boote der Zulu-Klasse umbauten, um sie mit Raketen zu bestücken, finden sich in »Developments and Trends in the Soviet Fleet During 1956« (*ONI Review*, Frühling/Sommer 1959 [geheimer Ergänzungsband], S. 9–10).

Die Aufforderung an reguläre Marineoffiziere, sich geheimdienstlich ausbilden zu lassen und sich so im »zweitältesten Gewerbe der Welt« zu engagieren, »das sogar noch weniger Moral kennt als das älteste«, wurde veröffentlicht in dem Artikel »Postgraduate Intelligence Training: An Avenue to Rewarding Service« (*ONI Review*, August 1957, S. 337).

Präsident Eisenhowers Zögern, Mitte der 50er Jahre den U-2-Flügen zuzustimmen, wird beschrieben im zweiten Kapitel von Graham Yosts *Spies in the Skies* (New York, Facts on File,

1989), einem Buch über die Entwicklung von amerikanischen Spionagesatelliten.

Einige Hintergrundinformationen über den Kapitän der *Gudgeon*, Norman G. Bessac, entnahmen wir seiner offiziellen Biografie in seiner Akte in der Abteilung für operative Einsatzberichte im Naval Historical Center.

Die sowjetische Version von »Hänsel und Gretel« wurde in »Trends in Communist Propaganda« (*ONI Review*, Mai 1955, S. 226) wiedergegeben. Das sowjetische Angebot an amerikanische Brieffreunde, Bilder auszutauschen, findet sich in »Security Control of Technical Data« (*ONI Review*, April 1951, S. 127).

Das erste kernkraftgetriebene Unterseeschiff, die USS *Nautilus*, wurde am 30. September 1954 in Dienst gestellt und setzte seinen historischen Funkspruch »In Fahrt mit Atomkraft« zu Beginn seines ersten Trainingseinsatzes am 17. Januar 1955 ab. Die USS *Seawolf* war, als sie am 30. März 1957 in Dienst gestellt wurde, das zweite amerikanische Atom-U-Boot. Der persönliche Hintergrund und das politische Geschick von Admiral Hyman Rickover werden in zwei herausragenden Büchern abgehandelt: *Rickover: Controversy and Genius*, eine umfassende Biografie, verfasst von Norman Polmar und Thomas B. Allen (New York: Simon and Schuster, 1982), und *The Rickover Effect: How One Man Made a Difference*, eine Kurzbiografie von Theodore Rockwell, einem von Rickovers früheren Kollegen (Annapolis, Md., Naval Institute Press, 1992). Die Abenteuer der *Nautilus*, die als erstes U-Boot den Nordpol erreichte, werden dokumentiert in *Nautilus 90 North*, einem Buch geschrieben von ihrem Ersten Offizier, Fregattenkapitän William R. Anderson, und Clay Blair jr. (New York, Harper & Row, 1959).

Middleton stellt in seinem Werk *The Ultimate Naval Weapon* fest, dass das Flotten-U-Boot aus dem Zweiten Weltkrieg namens USS *Gudgeon (SS-211)* ebenfalls einen bedeutenden Erfolg hatte feiern können: Ihm wurde das erste durch Amerikaner versenkte japanische U-Boot zugeschrieben.

Die Bekanntmachung des ersten erfolgreichen Tests von ballistischen Interkontinentalraketen durch die Sowjets am 26. August 1957 wird erwähnt in »Soviet Scientific and Technical Developments, 1957« (*ONI Review*, Mai 1958, S. 214). Der Sachverhalt wird auch besprochen in dem Buch von Peter Pringle und William Arkin, *SIOP: The Secret U.S. Plan for Nuclear War* (New York, W. W. Norton, 1983).

Eine Reihe von Pressemitteilungen der Marine über die Erdumrundung der *Gudgeon* und ihre Teilnahme an Eisenhowers »Menschen-für-Menschen«-Programm befinden sich in der Akte der *Gudgeon* im USS *Bowfin* Submarine Museum and Park in Honolulu.

Einer der jungen Offiziere auf der USS *Wahoo*, die 1958 in der Nähe eines sowjetischen Strandes erwischt wurde, war William J. Crowe jr., der es später zum Admiral und zum Vorsitzenden der Vereinigten Stabschefs unter den Präsidenten Ronald Reagan und George Bush brachte. Er beschreibt die gefährliche Begegnung der *Wahoo* mit den Sowjets in seinen Memoiren *The Line of Fire: From Washington to the Gulf, the Politics and Battles of the New Military* (New York, Simon and Schuster, 1993).

Heute geben russische Militärs mehrere Gründe für ihre – verglichen mit ihrer Haltung gegenüber Spionageflugzeugen – größere Zurückhaltung im Umgang mit Spionageunterseebooten an. Funktionäre teilten unserem Rechercheur Alexander Mosgovoj mit, dass sowjetische Kriegsschiffe deshalb »Übungsbomben« mit geringer Kapazität statt richtiger Wasserbomben abwarfen, weil es ja möglich war, dass amerikanische Unterseeboote wie die *Gudgeon* Navigationsfehler gemacht hatten und sich nur unabsichtlich in sowjetischen Hoheitsgewässern aufhielten. Die russischen Beamten meinten außerdem, dass die kleinen granatenähnlichen Sprengkörper in Übereinstimmung mit ihren Vorschriften verwendet wurden, um fremde Unterseeboote davor zu warnen, weiter in sowjetisches Hoheitsgebiet vorzudringen. Mit dieser Methode sollten sie aufgefordert werden, die Region zu verlassen.

Ein Teil der Hysterie in Bezug auf die Möglichkeit, dass sowjetische U-Boote Ende der 50er Jahre amerikanischen Küsten womöglich zu nahe kommen könnten, wurde durch den US-Abgeordneten Carl Durham geschürt, einen Demokraten aus North Carolina, der einem von Parlament und Senat gemeinsam gebildeten Atomkraft-Ausschuss vorstand. Er wurde am 14. April 1958 in einem Bericht der Associated Press mit der Aussage zitiert, dass allein 1957 184 sowjetische Unterseeboote vor der US-Atlantikküste gesichtet worden waren. Von Mrs. Gilkinsons Begegnung mit sowjetischen U-Booten ist zu lesen in »Monthly Box Score of Submarine Contacts« (*ONI Review*, Januar 1961, S. 38). Der Mann aus Texas wurde erwähnt in »Monthly Box Score of Submarine Contacts« (*ONI Review*, Januar 1962, S. 27).

Bei der Beschreibung der Erweiterung des SOSUS-Überwachungsnetzes in diesem und nachfolgenden Kapiteln stützen wir uns auf die ausgezeichnete, inzwischen freigegebene Geschichte der zahlreichen U-Boot-Abwehrprogramme, »Sea-Based Airborne Antisubmarine Warfare 1940–1977« (Bände 1–3, 1978 herausgegeben durch einen Marineberater, R. F. Cross Associates, Ltd., in Alexandria, Virginia). Das Werk ist zugänglich in der Abteilung für operative Einsatzberichte im Naval Historical Center.

Admiral Jerauld Wrights Aufruf, die Kiste Whiskey, die er als Preis ausschrieb, und das sowjetische U-Boot der Zulu-Klasse, das durch die USS *Grenadier* zum Auftauchen gezwungen wurde, beschreibt »The Wright Stuff« (*U.S. Naval Institute Proceedings*, Dezember 1984, S. 74–76). Der Beitrag wurde von dem pensionierten Kapitän zur See Theodore F. »Ted« Davis verfasst, der bei der Jagd auf das sowjetische U-Boot das Kommando auf der *Grenadier* führte. In einem Interview erzählte Davis, dass er eine Flasche Whiskey als Souvenir aufbewahrt und den Rest aus der Kiste unter der Mannschaft verteilt habe. Die versiegelte Flasche befand sich in einem Regal in seinem Büro, bis sich eines Tages Ende der 70er Jahre eine Haushälterin einen Schluck daraus genehmigte. Kurz darauf kam der inzwischen pensionierte ehemalige schiffstechnische Offizier der *Grenadier*, Kapitän zur See William L. »Bo« Bohannan, zu Besuch. Davis erinnerte sich: »Ich sagte: ›Nun, da sie offen ist, können wir das verdammte Ding genauso gut auch leer machen.‹ Also setzten wir uns hin und tranken die Flasche aus.«

Die Ausgabe der *ONI Review* vom Juli 1959 geht auf die Leistungen der *Grenadier* ein, und im Besonderen darauf, wie wichtig es war, dass sie die Berichte der Nachrichtendienste vom Umbau der Zulus zu Raketen-U-Booten bestätigte. Dieser Artikel, »Soviet Submarine Surfaced by U.S. Forces Off Iceland« (S. 292–295), wies außerdem vier Fotos von dem durch die *Grenadier* gestellten Zulu-U-Boot auf. Weiter legt er dar, dass sofort nach dem Auftauchen der Zulu Mitglieder der Mannschaft auf das Deck hasteten, um die Kennnummer (82) zu übermalen und Segeltuch über den oberen Bereich achteraus des Turms zu werfen. Der Marinenachrichtendienst nahm an, dass sich direkt hinter dem Kommandoturm zwei vertikale Raketenabschussrohre befanden. In dem Artikel heißt es weiter, eine Analyse der Fotos habe ergeben, dass die Rohre »möglicherweise größer waren, als ursprünglich angenommen«, was bedeutete, dass die Raketen ebenfalls etwas größer sein mussten, als die Vereinigten Staaten vermutet hatten.

Das Tagebuch von George B. Kistiakowsky wurde veröffentlicht unter dem Titel *A Scientist at the White House: The Private Diary of President Eisenhower's Special Assistant for Science and Technology* (Cambridge, Mass., Harvard University Press, 1976). Die von uns zitierte Eintragung (S. 153) beschreibt ein spezielles Briefing, das Kistiakowsky am 12. November 1959 vom Geheimdienst erhielt.

Die Daten zu allen 41 der Abschreckung dienenden Patrouillenfahrten, die von mit »Regulus«-Raketen bestückten U-Booten vom September 1959 bis einschließlich Juli 1964 unternommen wurden, sind in der Ausgabe der Submarine Review vom Juli 1997 aufgeführt, einem ausgezeichneten, vierteljährlich erscheinenden Periodikum, das vom Marine-U-Boot-Verband (Naval Submarine League) herausgegeben wird, einer nicht-kommerziellen Vereinigung, die sich aus heutigen und ehemaligen U-Boot-Fahrern und anderen Angehörigen der U-Boot-Flotte zusammensetzt. Bei den vier dieselelektrischen Unterseebooten, die mit Lenkraketen bestückt waren, handelte es sich um die USS *Grayback (SSG-574)*, die USS *Tunny (SSG-282)*, die USS *Growler (SSG-577)* und die USS *Barb*ero *(SSG-317)*. (Das G in der üblichen Ziffernkennzeichnung steht für »Guided Missile«, Lenkrakete.) Ein kernkraftgetriebenes U-Boot, die USS *Halibut (SSGN-587)*, absolvierte von Februar 1961 bis einschließlich Juli 1964 sieben »Regulus«-Patrouillenfahrten. Der pensionierte Fregattenkapitän Herbert E. Tibbets, der auf der USS *Growler* diente, zeigte uns die S-M-F-Nadel (»Scheiße! Mann! Fuck!«), die für die Mitglieder des »Northern Pacific Yacht Club« entworfen worden war.

Bei der Beschreibung der schweren Sicherheitsprobleme auf sowjetischen Atom-U-Booten haben wir uns gestützt auf die Nachforschungen unseres russischen Mitarbeiters Alexander Mosgovoj, auf Joshua Handler, einst Forschungskoordinator bei der internationalen Umweltvereinigung Greenpeace, sowie auf eine Vielzahl von Artikeln, die in der russischen Presse seit Ende des Kalten Kriegs veröffentlicht wurden. Im Anhang B nehmen wir detaillierter Bezug auf den Reaktorunfall auf der *Hiroshima* und auf vergleichbare Vorfälle.

Das Geplänkel der frühen »Polaris«-U-Boote während der Kubakrise wurde für uns beschrieben durch den pensionierten Vizeadmiral Philip A. Beshany sowie durch andere ehemalige U-Boot-Offiziere. Von Präsident Kennedys Angst vor einem Zusammenstoß mit sowjetischen U-Booten zu Beginn der Krise berichtete sein Bruder Robert F. Kennedy in seinem Buch *Thirteen Days* (New York, Signet Books, 1969, S. 70; dt. Ausgabe: *Dreizehn Tage.* Darmstadt, Darmstädter Blätter Schwarz & Co., 1987). Informationen über das Stellen sowjetischer Diesel-U-Boote durch die amerikanische Marine während der Krise bezogen wir aus »Cordon of Steel: The U.S. Navy and the Cuban Missile Crisis« von Curtiz A. Utz, einem Historiker der

Abteilung für Zeitgeschichte (Contemporary History Branch) am Naval Historical Center. Seine 48-seitige Studie wurde 1993 vom Naval Historical Center als ein erster Bericht in einer Serie mit dem Titel »The U.S. Navy in the Modern World« veröffentlicht.

Kapitel 3: Hinab in die Tiefe

Die wichtigsten Interviews wurden geführt mit John P. Craven, ehemaligen Angehörigen der U-Boot-Flotte, des Marinenachrichtendienstes und des Marineabschirmdienstes sowie einstigen Mannschaftsmitgliedern der USS *Halibut*.

Regierungsdokumente, Artikel, Bücher und andere Quellen: Auf die Darstellung der mangelnden Begeisterung der Marine für die Erforschung der Tiefsee sowie der Veränderung dieser Einstellung nach dem Untergang der *Thresher* stießen wir in mehreren Zeitungs- und Zeitschriftenartikeln. Die Juni-Ausgabe des *National Geographic* von 1964 war besonders faszinierend und enthielt Beiträge wie etwa »*Thresher*: Lesson and Challenge« von James H. Wakelin jr. und »Tomorrow on the Deep Frontier« von Edwin A. Link. Wir zogen für unsere Darstellung außerdem zwei Bücher heran: Das eine, *Mud, Muscle, and Miracles: Marine Salvage in the United States Navy* (Washington, D.C., Naval Historical Center/Naval Sea Systems Command, 1990), wurde von Kapitän zur See C. A. Bartholomew, einem maßgeblichen Ingenieur für Bergungstechniken bei der amerikanischen Marine, verfasst. Der Autor des anderen, *The Universe Below: Discovering the Secrets of the Deep Sea* (New York, Simon and Schuster, 1997), ist William J. Broad, ein Wissenschaftsjournalist, der bei der *New York Times* arbeitet.

Der vollständige Ablauf der Ereignisse, der zur *Thresher*-Katastrophe führte, konnte nie abschließend ermittelt werden. Nur wenige Minuten bevor die *Thresher* sank, empfing ein Bergungsschiff der Marine, das die Testfahrt überwachte, einen Funkspruch von dem U-Boot. Darin wurde mitgeteilt, dass es kleinere Probleme habe und versuche, die Tauchzellen anzublasen oder Druckluft freizusetzen, um das Wasser aus seinen Tauchzellen zu pressen und sich selbst an die Wasseroberfläche zu befördern. Die Offiziere auf dem Bergungsschiff hörten dann das Geräusch, das Luft unter hohem Druck macht, und als dieses Manöver fehlgeschlagen war, lediglich die Geräusche der auseinander brechenden *Thresher*. Ein Marineuntersuchungsgericht zog später daraus den Schluss, dass ein Rohrsystem im Maschinenraum versagt, einen gewaltigen Sprühnebel freigesetzt, damit die elektrischen Stromkreise beschädigt und einen Stromausfall verursacht haben musste.

Rickover wies es immer von sich, dass es möglicherweise seine Reaktorsteuerung und -abläufe waren, die den Unfall verursacht hatten. Doch in seinem Buch *Death of the Thresher* (Philadelphia, Chilton Books, 1964) erwog Norman Polmar, dass ein Reaktorausfall maßgeblichen Anteil am Untergang der *Thresher* hätte haben können. Polmar und sein Koautor Thomas B. Allen bringen dieses Argument auch in *Rickover: Controversy and Genius* vor, in dem Konteradmiral Ralph K. James – damals, als die *Thresher* gebaut wurde, Chef in der Hauptverwaltung der Seestreitkräfte – folgendermaßen zitiert wird: »Ausgehend von der Untersuchung, an der ich teilgenommen habe, und von meinem Wissen über das Schiff selbst wie auch über die Geschehnisse, die sich bis zu diesem Zeitpunkt ereignet hatten, habe ich das Gefühl, dass ein Versagen einer silbergelöteten Rohrverbindung irgendwo im Schiff eine Wasserentladung auf die Reaktorsteuerungsanlage verursacht und das Kraftwerk abschaltet haben muss.« Damit, so James weiter, »fiel aufgrund unzulänglicher Konstruktion der Kraftwerksteuerung der Strom auf dem Schiff zu einem Zeitpunkt aus, da die Wassertiefe, in der das U-Boot operierte, genug Wasser in den Schiffskörper presste, um es am Aufsteigen zu hindern, weil die Mannschaft den Reaktor im Schiff nicht mehr zum Laufen brachte.« (S. 433) Obwohl Rickover nie irgendwelche Schuld eingestand, verkürzte er dennoch die Wartezeit, die Techniker nach einem Reaktorausfall bis zu einem Neustart einhalten mussten – von zehn Sekunden auf sechs.

Die Pläne für die Entwicklung eines Tieftauchsuchboots beziehungsweise von Kleinst-U-Booten, die dazu in der Lage sein würden, Objekte vom Meeresboden aufzusammeln, werden in den Navy-Informationsblättern der 60er Jahre, von denen einige in den Akten im USS *Bowfin* Submarine Museum and Park in Honolulu vorhanden sind, detailliert dargelegt. Die Angaben zu jedem Stadium beim Umbau der *Halibut* zu einem U-Boot für »Sonderaufgaben« entstammen der offiziellen Geschichte des U-Boots, einer Reihe von Artikeln, die in der *Mare Island Grapevine* erschienen sind, einer Zeitschrift, die die Marinewerft und den Marinestützpunkt auf Mare Island in der Nähe von San Francisco zum Thema hat, und den Dossiers des *Vallejo Times-Herald* (Kalifornien).

Auf Rickovers Tatendrang bei der Entwicklung des kleinen, kernkraftgetriebenen *NR-1*-U-Boots wird ebenfalls bei Polmar und Allen, *Rickover: Controversy and Genius* (S. 435–443), Bezug genommen. Rickovers eigenwilligem Vorgehen bei Einstellungsgesprächen für sein Atom-U-Boot-Programm und den schlimmsten Horrorgeschichten, die dabei herauskamen, widmen die Autoren Polmar und Allen ein ganzes Kapitel ihres Buches (S. 269–293). Viele der Personen, mit denen wir Gespräche führten, wussten ähnliche Geschichten zu erzählen. Bartholomew in *Mud, Muscle, and Miracles* und Broad in *The Universe Below* beschreiben ebenfalls die Bemühungen zur Bergung der Atombombe vor Palomares, Spanien.

Die Tatsache, dass Rickover immer etwas darüber erfahren wollte, wie es um die Programme des Marinenachrichtendienstes stand – und sich durch die Vorstellung beleidigt fühlte, dass er, wie alle anderen, eine Geheimhaltungsverpflichtung unterschreiben sollte –, erfuhren wir aus Gesprächen mit zwei einstigen hochrangigen Mitarbeitern des Marinenachrichtendiensts. Einer von ihnen erzählte: »Rickover wollte alles über die Aufklärungsprogramme wissen, die wir erstellten, was sie erreichten und wo sie zur Durchführung kamen, und er weigerte sich, jemals eine Geheimhaltungsverpflichtung zu unterschreiben. Er wollte sie absolut nicht unterschreiben.« Unter

Anspielung auf mehrere Männer, die in den 60er Jahren als Direktoren des Marinenachrichtendiensts dienten, ergänzte dieser Interviewpartner: »Es gab legendäre Geschichten über Rickover, der brüllte und sie anschrie, sie wie Schuljungen herbeizitierte und von ihnen wissen wollte, was vor sich ging, und sich weigerte zu unterschreiben«, und ihnen allen widerstrebte es, ihn zu verärgern.

Kapitel 4: Die samtene Faust

Wichtigste Interviews wurden geführt mit einstigen hochrangigen Mitarbeitern des Pentagon, der U-Boot-Flotte, des Marinenachichtendiensts und der CIA, ferner mit John P. Craven und ehemaligen Mannschaftsmitgliedern der USS *Halibut*.

Regierungsdokumente, Artikel, Bücher und andere Quellen: Der Deckname »Operation Winterwind« wird in der offiziellen Geschichte der *Halibut* für 1967 genannt. Die Dokumente offenbaren nicht, dass die *Halibut* versuchte, Teile von sowjetischen ballistischen Raketen zu lokalisieren, und enthalten auch keinen Hinweis auf das Wesen der ihr zugewiesenen »Sonderaufgaben«. Sie nennen jedoch die Daten zweier Operationen, die von Crewmitgliedern als »Testsuchvorgänge« bezeichnet wurden – Übungsläufe vor Hawaii –, und des ersten Versuchs, eine sowjetische Raketenspitze zu lokalisieren. Der erste Test fand vom 16. März bis zum 4. April 1967 statt, und Mannschaftsmitglieder berichten, dass die *Halibut* während dieser Operation den in einer Kiste verborgenen Gegenstand fand, der schwamm, bevor die Crew des Überwasserschiffs ihn mit Ankerketten zum Sinken bringen konnte. Einen zweiten kurzen Testlauf führte die *Halibut* vom 10. bis 20. Juli 1967 durch, um die Kameras an ihrem »Fisch« zu überprüfen. Mannschaftsmitglieder geben an, dass der erste Versuch, sowjetische Raketenfragmente zu finden, vom 28. August bis einschließlich 24. Oktober 1967 stattfand. In der offiziellen Geschichte wird die Aktion als »57tägige Sondermission« bezeichnet. Crewmitglieder sagen weiter aus, dass von Mitte Januar bis 11. April 1968 zum zweiten Mal nach Raketenfragmenten gesucht wurde und dass bei diesem Mal Charlie Hammonds von Bord fiel.

Eine Serie von sechs Artikeln, verfasst von Christopher Drew, Michael L. Millenson und Robert Becker und vom 6. bis 11. Januar 1991 in der *Chicago Tribune* und der *Newport News Daily Press* veröffentlicht, enthüllt erstmals die Rolle, welche die *Halibut* bei der Lokalisierung des sowjetischen U-Boots der Golf-Klasse gespielt hat. Anfang 1994 beschrieb Craven in einem Brief an einen Unterausschuss des Senatsausschusses für Energie und natürliche Ressourcen ihre Suche nach der Golf in sehr allgemeinen Worten, und William J. Broad folgte am 7. Februar 1994 mit einem Artikel in der *New York Times*. Roger C. Dunham, der Ende der 60er Jahre Reaktoroffizier auf der *Halibut* war, veröffentlichte in *Spy Sub: A Top Secret Mission to the Bottom of the Pacific* (Annapolis, Md., Naval Institute Press, 1996) einen fiktionalisierten Bericht über die Suche nach dem Golf-Boot. Die Navy verlangte von Dunham, den Namen des Schiffs auszutauschen – der Protagonist seines Buches ist ein U-Boot namens USS *Viperfish* – und entscheidende technische Details abzuändern.

Die unterschiedlichen Auffassungen über den Plan der CIA, die *Glomar Explorer* zu bauen und das Golf-Boot zu bergen, wurden in mehreren Interviews mit hochrangigen Marine- und Pentagonmitarbeitern deutlich. Frederick J. »Fritz« Harlfinger II., der frühere Direktor des Marinenachrichtendiensts, sagte ein paar Monate bevor er 1993 starb, dass die CIA »die verrücktesten Dinge anstellte. Die CIA hat sich uns immer in den Weg gestellt.«

Doch Admiral Thomas H. Moorer, der Chef der Seekriegsleitung Ende der 60er Jahre, meinte, dass er sich außer an das Skelett des toten Seemanns am deutlichsten an ein »Samtene-Faust«-Foto erinnert, »auf dem die Golf intakt genug aussieht, um einen Bergungsversuch zu rechtfertigen«. Moorer tat Cravens und Bradleys Idee ab, die Golf teilweise aufzusprengen und mit einem Tauchboot die Gefechtsköpfe der Raketen und die Chiffriergeräte zu bergen. »Ja, mag schon sein, dass es funktioniert hätte, aber mit dieser Methode wäre es nicht sicher gewesen, ob man auch alle Chiffriergeräte erwischt – also ich meine, was haben sie sich denn vorgestellt, wie sie in den Kahn reinkommen würden, um eine gründliche Suche zu ermöglichen? Wenn wir überhaupt etwas unternehmen wollten, dann konnten wir genauso gut gleich aufs Ganze gehen«, sagte Moorer und fügte offensichtlich verärgert hinzu: »Es gibt immer irgendeinen Mistkerl, der meint, die bessere Lösung zu haben, aber der muss es ja auch nicht machen.«

Melvin Laird, Präsident Nixons Verteidigungsminister, gab in einem Interview zu, dass »ein paar Leute der Auffassung waren, man müsse nicht das ganze Ding heben, um die wichtigen Teile wie Raketen und Chiffrierausrüstung zu bergen«. Und in der Empfehlung, die er zum Bau der *Glomar Explorer* kaum ein Jahr nach dem Sinken der USS *Scorpion* abgab, fügte er hinzu: »Ich war der Meinung, dass diese Technologie wichtig sei, weil wir sie würden einsetzen können, wenn eines unserer eigenen Unterseeschiffe in Schwierigkeiten geriet. Das war es, was für mich eigentlich dahinter stand, weil ich mir immer Sorgen machte, dass Mannschaften in U-Booten festsitzen könnten. Diese Vorstellung spielte eine entscheidende Rolle. Die Russen allein hätten einen solchen Aufwand vielleicht nicht gerechtfertigt. Für mich stand ein anderer Ansatz im Vordergrund. Die Auffassung, dass die *Glomar Explorer* nur wegen dieses einen U-Boots gebaut wurde, ist falsch.«

Laird ergänzte seine Ausführungen außerdem um eine weitere interessante historische Anmerkung. Einige Kritiker haben in Zweifel gezogen, ob Howard Hughes, der paranoide und zurückgezogen lebende Milliardär, überhaupt wusste, dass seine Firmen an dem Versuch beteiligt waren, ein gesunkenes sowjetisches U-Boot zu heben. Doch Laird bestätigte: »Ich erinnere mich daran, dass ich selbst mit Howard Hughes darüber gesprochen habe.«

Die wichtigsten Interviews wurden geführt mit John P. Craven, einstigen hochrangigen U-Boot-Fahrern und Mitarbeitern des Marinenachrichtendients sowie mit Torpedoexperten, die nicht beim Namen genannt werden wollten.

Regierungsdokumente, Artikel und andere Quellen: Die Sicherheitsbedenken des früheren *Scorpion*-Crewmitglieds Dan Rogers wurden erstmals dargelegt und im Detail untersucht von Stephen Johnson in »A Long and Deep Mystery: *Scorpion* Crewman Says Sub's '68 Sinking Was Preventable« (in: *Houston Chronicle*, 23. Mai 1993). Auch wir haben mit Rogers gesprochen. Johnsons Artikel enthält das Zitat aus dem Brief, den der Maschinist David Burton Stone seinen Eltern schickte und in dem er den schlechten Zustand der U-Boot-Ausrüstung kommentiert. Johnson ließ uns auf großzügige Weise an vielen Aspekten seiner umfangreichen Recherche teilhaben.

Die Schwierigkeiten der Navy Ende der 60er Jahre, sowjetischen Unterseebooten im Mittelmeer zu folgen, werden von R. F. Cross Associates, Ltd., in *Sea-Based Airborne Antisubmarine Warfare 1940–1977*, Band 2, besprochen. Weitere Einzelheiten über die Kollision der USS *George C. Marshall* mit einem sowjetischen U-Boot befinden sich im Anhang A »U-Boot-Kollisionen«, S. 447. Der pensionierte Fregattenkapitän Herbert E. Tibbets, der frühere Skipper der USS *Cutlass*, beschrieb in einem Interview die Mutproben, an denen die *Scorpion* und ein sowjetischer Zerstörer beteiligt waren.

Die hauptsächlichen Verdachtsmomente, die der Vorstellung Vorschub leisteten, die *Scorpion* könnte durch sowjetische Streitkräfte zerstört worden sein, wurden durch den Artikel »Game of ›Chicken‹ Led to Loss of *Scorpion* 25 Years Ago« von Ed Offley enthüllt. Er wurde am 23. Mai 1993 im *New London Day* und am 30. Mai 1993 unter dem Titel »Remembering the *Scorpion* – Evidence Points to an Underwater Dogfight as the Sub's Demise« in *Virginian-Pilot* und *Ledger-Star* (beide Norfolk, Virginia) veröffentlicht. Offley zitiert Jerry

Hall, einen Unteroffizier, der 1968 als Adjutant bei der Atlantikflotte, U-Boot-Kommando, Dienst tat und behauptete, er habe Gespräche mehrerer dienstälterer Offiziere darüber mit angehört, dass die *Scorpion* auf dem Nachhauseweg vom Mittelmeer umgeleitet worden sei, um ein sowjetisches Jagd-U-Boot »abzuschütteln«. Dieses hatte sich einem »Polaris«-U-Boot an die Fersen geheftet, nachdem es aus seinem Hafen im spanischen Rota ausgelaufen war. Doch unsere Quellen, die damals höchste Positionen bei der Marine innehatten, wiesen diese Darstellung in Interviews kategorisch zurück. Sie gaben zu, dass man die *Scorpion* umgeleitet hatte, doch war ihre neue Mission – die Überprüfung der rätselhaften sowjetischen Ballonaktivitäten – weit weniger provokant. Und indem sie Einzelheiten über die letzten Funksprüche von der *Scorpion* wiedergaben, in denen lediglich davon die Rede gewesen war, dass man Fotos von den Ballonaktivitäten gemacht und dann das Weite gesucht hatte, stellten diese Mitarbeiter klar, dass es keinen Grund für die Annahme gibt, die *Scorpion* könnte infolge Kampfhandlungen mit einem sowjetischen Schiff gesunken sein.

In einem am 21. Mai 1998 im *Seattle Post-Intelligencer* erschienenen Artikel mit der Überschrift »Navy Says Sinking of the *Scorpion* Was an Accident, Revelations Suggest a Darker Scenario« legt Offley nahe, dass sich die *Scorpion* vielleicht dennoch in der Nähe sowjetischer Schiffe befand, als sie sank. Doch keiner, der das Wrack später untersuchte, konnte Hinweise auf einen Angriff entdecken, und auch den Suchteams von 1968 hatte man mitgeteilt, dass keine sowjetischen Schiffe in der Nähe gewesen waren.

Die Informationen, die wir an verschiedenen Stellen des Kapitels »freigegebenen Marinedokumenten« zuschreiben, stammen aus einer mehr als 70 Seiten umfassenden Veröffentlichung der Navy vom 25. Oktober 1993 in der *Chicago Tribune* und in anderen Presseorganen unter Bezugnahme auf das Gesetz für die Freiheit der Information. Das wichtigste Dokument war der Abschlussbericht des Marineuntersuchungsausschusses, der 1968 und 1969 in Sachen *Scorpion*-Katastrophe ermittelte. Aufgrund der im Kalten Krieg üblichen Heimlichtuerei veröffentlichte die Navy den Bericht damals nicht. Stattdessen gaben die Marine und das Verteidigungsministerium am 31. Januar 1969 lediglich Zusammenfassungen in Pressemitteilungen heraus, in denen es hieß, dass ein »eindeutiger Grund« für den Verlust der *Scorpion* nicht festgestellt werden konnte. Die Pressemitteilungen – die ein gutes Beispiel für eine gekonnte Vernebelung durch die Regierung sind – enthüllten nicht die Schlussfolgerung des Untersuchungsausschusses, dass die wahrscheinlichste Ursache für den Verlust der *Scorpion* eine Art Torpedounfall war; tatsächlich enthielten sie sogar einige irreführende Aussagen, die diese Möglichkeit als unwahrscheinlich erscheinen ließen. Die Navy gab den Bericht des Untersuchungsausschusses erst 1984 frei, als Ed Offley, damals Reporter für mehrere Tageszeitungen in Norfolk, um die Dokumente nachsuchte und den ersten umfassenden Bericht darüber schrieb, wie der Ausschuss zu der Auffassung gekommen war, dass der Hot Run eines Torpedos der wahrscheinlichste Grund war. Der Artikel »Mystery of Sub's Sinking Unravels« wurde am 16. Dezember 1984 als Titelgeschichte im *Virginian-Pilot* und im *Ledger-Star* veröffentlicht und beinhaltete das erste Interview mit John Craven über seine Rolle beim Auffinden des *Scorpion*-Wracks. Christopher Drew thematisierte in seinem Beitrag »How *Scorpion* Killed Itself: Navy Discloses Sub Sunk by Own Torpedo 25 Years Ago«, der am 26. Oktober 1993 in der *Chicago Tribune* erschien, ebenfalls die Hot-Run-Theorie.

Unsere eigenen Rekonstruktionen – und die beunruhigenden neuen Informationen darüber, wie Torpedos trotz überhand nehmender Sicherheitsmängel übereilt an die Flotte ausgegeben wurden – basieren im Wesentlichen auf ausführlichen Interviews mit John Craven sowie mit diversen Torpedoexperten und Waffentechnikern. Anfang Mai 1998 bemühten wir uns mehrmals darum, mit Konteradmiral Arthur Gralla Kontakt aufzunehmen. Gralla war zum Zeitpunkt, als die *Scorpion* verloren ging, Chef des Kommandos für Marinewaffen (Naval Ordnance Command), und an ihn hatte sich die Warnung des Sicherheitstechnikers bezüglich der mangelhaften Torpedobatterien gerichtet. Er befand sich im Ausland auf Reisen und reagierte nicht auf unsere Anfragen. Gralla starb wenige Wochen später.

Die 1970 erfolgte Auswertung der *Trieste*-Fotos des *Scorpion*-Wracks wurde von der *Scorpion*-Beratergruppe vorbereitet und 1998 unter dem Titel »Evaluation of Data and Artifacts Related to USS *Scorpion (SSN-589)*« veröffentlicht. Unter den Personen, die wir für die Bewertung dieses Berichts heranzogen, waren Ross E. Saxon, der in der *Trieste* zu dem Wrack hinabtauchte, Robert S. Price, der die akustischen Daten nach Cravens Pensionierung noch einmal neu analysierte, mehrere U-Boot-Offiziere, die zu Zeiten der *Scorpion* dienten, und eine Reihe von Waffensicherheitsexperten. Die überarbeitete Version des Berichts der ersten technischen Beratergruppe, die 1968 unter John Craven mit der Suche nach der *Scorpion* beauftragt worden war, wurde ebenfalls 1998 als »The *Scorpion* Search 1968, An Analysis of the Operation for the CNO Technical Advisory Group (TAG)« gedruckt. Der Brief von Peter M. Palermo, in dem er die Ergebnisse der Schwimmkamera Jason zusammenfasste, wurde in der gleichen Gruppe von Dokumenten, »*Scorpion* Artifacts«, am 14. Januar 1987 veröffentlicht.

Robert Price, Forschungsingenieur am Marineinstitut für Waffentechnik (Naval Ordnance Laboratory), das sich damals in White Oak, Maryland, befand und unabhängig vom Kommando für Marinewaffen arbeitete, teilte mit, dass er und sein Team, als sie 1969 oder 1970 die akustischen Daten noch einmal neu analysierten, zu völlig anderen Schlüssen kamen als Craven. Zum einen waren Price und sein Team der Meinung, dass es sich bei dem ersten, von den Unterwasserhorchgeräten auf den Kanaren aufgezeichneten Geräusch nicht um eine Explosion handelte, weder um die eines Torpedos noch um jene der Batterien der *Scorpion*. »Die akustischen Beweismittel, die wir untersucht haben, enthalten keinen Hinweis darauf, warum das U-Boot untergegangen ist«, erklärte Price. »Wir wissen lediglich, dass es nicht eine vollständige Explosion außerhalb des U-Boots war, die außerordentlich laut gewesen wäre.«

Stattdessen, so Price, handelte es sich bei dem ersten aufgezeichneten Geräusch um die Implosion. Die nachfolgenden Geräusche, die 91 Sekunden später einsetzten, wurden Price zufolge durch das Heck des U-Boots verursacht, das im Hilfsmaschinenraum umherratterte, nachdem die beiden Zellen sich ineinander geschoben hatten. Außerdem legte er dar, dass ein Modell-U-Boot, das in einem 30 Meter tiefen Tank nach unten geschickt wurde, auf dem Weg nach unten fast unverzüglich zu kreiseln begann, womit er darauf hinweisen wollte, dass die Fallrichtung der *Scorpion* unmöglich genau bestimmt werden konnte.

Prices Daten werfen kein Licht darauf, warum die *Scorpion* untergehen musste. Angesichts der völlig anderen Auswertungsergebnisse der akustischen Daten konnte er sich auch nicht erklären, warum die *Scorpion* genau an der Stelle gefunden wurde, die Craven vorhergesagt hatte. Doch da mochte es sich, so Price, um Zufall oder Glück gehandelt haben.

Obwohl Mark A. Bradley nichts über die defekten Torpedobatterien wusste, steuerte er die beste veröffentlichte Analyse der frisch freigegebenen Dokumente in »Why They Called the *Scorpion* ›Scrap Iron‹« (in: *U.S. Naval Institute Proceedings*, Juli 1998, S. 30–38) bei.

Für die Beschreibung der monatelangen Suche nach dem Wrack der *Scorpion* sind wir Jack W. Davis jr., dem Geschäftsführer und Verleger der *Newport News Daily Press* (Virginia), zu großem Dank verpflichtet, da er uns Zugang zu der umfangreichen, im Besitz seiner Zeitung befindlichen Sammlung von Beiträgen über die *Scorpion* verschaffte. Viele der Artikel waren uns für das Verständnis der Hintergründe nützlich. Einer von ihnen, auf den wir uns bei der Beschreibung der Rolle stützten, welche die *Mizar* bei der Suche spielte, war jener von Alexander C. Brown, »The Cruise of the *Mizar* in Quest of the

Scorpion« (in: *Newport News Daily Press*, 15. Dezember 1968). Die Akten der *Daily* Press enthalten auch Kopien der ursprünglichen Pressemitteilungen über die Ergebnisse des Untersuchungsausschusses, und wir haben aus jener zitiert, die am 31. Januar 1969 vom beigeordneten Verteidigungsminister (Öffentliche Angelegenheiten) unter dem Titel »Navy Reports Findings of the Court of Inquiry on the Loss of the USS *Scorpion*« (Nr. 80/69) herausgegeben wurde. Wir sprachen außerdem mit dem pensionierten Konteradmiral Robert R. Fountain, dem früheren Ersten Offizier der *Scorpion*, der bei Cravens Tests im U-Boot-Simulator half.

Die bitteren Gefühle der Angehörigen von in der *Scorpion* ums Leben gekommenen Mannschaftsmitgliedern wegen Unfähigkeit der Navy, ihnen die Wahrheit über die möglichen Ursachen für den Untergang des U-Boots zu nennen, kamen in mehreren Zeitungsartikeln deutlich zum Ausdruck. Barbara Baar Gillum brachte ihre Enttäuschung in dem Beitrag »The Explanation That Never Came« (in: *Houston Chronicle*, 23. Mai 1993) von Stephen Johnson zum Ausdruck; William H. McMichael in »What Happened on the *Scorpion*?« (in: *Newport News Daily Press*, 31. Oktober 1993) und Mike Knepler in »Families Mark 30th Anniversary of the Loss of Norfolk Sub *Scorpion*« (in: *Norfolk Virginian-Pilot*, 26. Mai 1998) riefen ebenfalls das bittere Leid in Erinnerung, das diese Familien erdulden mussten.

Kapitel 6: »Die Ballade von Whitey Mack«

Die wichtigsten Interviews wurden geführt mit früheren Mannschaftsmitgliedern der USS *Lapon*, der USS *Dace*, der USS *Ray* und der USS *Greenling* sowie mit einigen hochrangigen U-Boot-Fahrern und Mitarbeitern des Marinenachrichtendienstes.

Regierungsdokumente und andere Quellen: George T. »Tommy« Cox, der singende Geheimdienstmann, ließ 1978 3500 Exemplare seines Albums *Take Her Deep* mit 13 U-Boot-Songs pressen und verkaufte die gesamte Auflage ohne weiteres in Läden in der Nähe von Marinestützpunkten. Seine Songs hatten Titel wie »Big Black Submarine«, »Diesel Boats Forever« und »Sailor's Prayer«. Auch ein ergreifendes Stück über die *Scorpion* war auf der Platte zu finden.

Die Einzelheiten einiger der in diesem Kapitel erwähnten Einsätze stammen aus den Jahresführungsberichten der *Lapon*, *Dace*, *Ray* und *Greenling*, von denen sich einige in den jeweiligen Akten zu den einzelnen U-Booten im USS Bowfin Submarine Museum and Park in Honolulu und im Submarine Force Library and Museum im Marine-U-Boot-Stützpunkt in Groton, Connecticut, befinden. Ein freigegebener Auszug aus Vizeadmiral Arnold F. Schades Glückwunschnachricht an die *Lapon* vom 13. Oktober 1969 befindet sich in der *Lapon*-Akte im Museum in Groton. Diese Akte enthält außerdem den freigegebenen Auszug einer Botschaft, die Admiral Ephraim P. Holmes, der Kommandeur der Atlantikflotte, der *Lapon* hatte zukommen lassen: »FÜR DEN KOMMANDANTEN. ICH HABE DIE ERGEBNISSE ZWEIER VORANGEGANGENER MISSIONEN DER LAPON GESEHEN, DOCH DIESE MUSS DIE BESTE SEIN. IHRE LEISTUNGEN SOWIE DIE IHRER AUSGEZEICHNETEN MANNSCHAFT BEI DIESER HÖCHSTE ANFORDERUNGEN STELLENDEN AUFGABE WAREN GROSSARTIG.« Beide Nachrichten waren ursprünglich als Geheimsache klassifiziert. In einem Interview sagte Admiral Schade, dass die Bedeutung der Leistung der *Lapon* leicht zu erkennen sei: »Dass es uns gelungen ist, sie zu verfolgen, das war es. Mehr wollten wir eigentlich gar nicht wissen. Wo waren die Schwachpunkte? Wenn es erforderlich sein sollte, sie zu verfolgen, wie würden wir sie dann finden, aufspüren und vernichten?«

Kapitel 7: »Sie kommt und geht, kommt und …«

Die wichtigsten Interviews wurden geführt mit ehemaligen Mannschaftsmitgliedern der USS *Tautog*, einstigen hochgestellten Beamten des Pentagon und Marineangehörigen, dem pensionierten Kapitän Ersten Ranges Boris Bagdasarian und

Konteradmiral Waleri Aleksin, dem früheren Chefnavigator der russischen Marine.

Regierungsdokumente und andere Quellen: Die Tatsache, dass zwei amerikanische Angriffs-U-Boote sich in der Anfangszeit von sowjetischen U-Booten der Yankee-Klasse und ihren Raketenübungen hatten täuschen lassen und entsprechende Warnungen abgesetzt hatten, wurde uns in einem Gespräch mit einem einstigen hochrangigen Mitarbeiter der U-Boot-Flotte offenbart. Er sagte: »Unser U-Boot, das die Verfolgung aufgenommen hatte, achtete immer sorgsam auf jegliche Aktivität der Sowjets, die als Hinweis auf einen bevorstehenden Abschuss hätte gedeutet werden können. Wenn sich die Außenklappen der Raketenschächte öffnen, 14 oder 16 von ihnen mit einem Schlag, und die Rohre geflutet werden, dann ist das ein entscheidender Hinweis dafür, dass ein Abschuss bevorsteht. In einem solchen Fall lauteten unsere Befehle, zur Hölle mit der Sicherheit und so schnell wie möglich auftauchen, um so früh wie möglich warnen zu können.

Wir stellten ein paar Mal fest, dass sie nur Übungen abhielten. Statt 16 Klappen öffneten sie nur zwei. Statt 16 fluteten sie nur zwei. Dieses Vorgehen war natürlich für ihre Ausbildung entscheidend, und die ersten beiden Male geriet bei uns jedermann in Panik, doch mit der Zeit lernten wir dazu.« In diesen beiden Fällen, so berichtet er, tauchte das jeweils verfolgende amerikanische U-Boot rasch auf Periskoptiefe, fuhr die Antennen aus und übermittelte Warnungen an entsprechende militärische Dienststellen. »Zum Glück ging es nur darum, aufzutauchen, die Nachricht zu übermitteln, um dann bald danach sagen zu können, dass es sich nur um eine Übung handelte. Innerhalb von drei oder vier Minuten konnten wir der Sache nachgehen, und die Dringlichkeit löste sich Gott sei Dank in Luft auf.« Er berichtete, dass einige der ersten U-Boote, die Yankees verfolgten, versuchten, die Geräusche der sowjetischen Übungen aufzuzeichnen, damit Kapitäne von anderen Angriffs-U-Booten sich die Bänder anhören und dadurch in Erfahrung bringen konnten, worauf sie achten mussten.

Letztlich, so fasste er zusammen, »ging es darum zu warten. Lediglich zu Beginn rief die Situation bei jedermann eine Gänsehaut hervor.«

Dieser Angehörige der U-Boot-Flotte und mehrere andere einstige hochrangige Marineoffiziere behaupten, dass amerikanische Angriffs-U-Boote, die an derartigen Verfolgungen beteiligt waren, während des Kalten Kriegs gar nicht die Genehmigung hatten, sowjetische Raketen-U-Boote auf eigene Faust anzugreifen – vor allem deshalb, um Fehler zu vermeiden. Selbst wenn sie Meldung machten, dass das sowjetische U-Boot die Außenklappen seiner Raketensilos geöffnet hatte, mussten sie noch immer auf Befehle vom Festland warten, bevor sie weiter in Aktion treten durften. Wenn die Feindseligkeiten jedoch schon ausgebrochen waren, dann sah die Situation anders aus. »Die Befehle, die ein U-Boot-Kapitän erhielt, hingen davon ab, ob man sich im Frieden befand, bereits im Krieg oder in erhöhter Alarmbereitschaft wegen eines möglicherweise bevorstehenden Kriegsausbruchs war«, erklärte ein pensionierter Admiral. Er fügte hinzu, dass es normalerweise »eine ganze Befehlspalette gab, wobei die aggressivste Reaktion natürlich für den Kriegszustand reserviert war«.

Die Reaktion des sowjetischen Flottenadmirals Sergeij G. Gorschkow auf die Kollision zwischen der USS *Gato* und der sowjetischen *K-19*, einem U-Boot der Hotel-Klasse, wurde unserem Rechercheur Alexander Mosgovoj von zwei russischen Marineoffizieren beschrieben. Bei ihnen handelt es sich um Konteradmiral Wladimir Georgiewitsch Lebedko und den Kapitän zur See Zweiten Ranges Walentin Anatoliewitsch Schabanow. Schabanow war im November 1969 der Kapitän der *K-19* gewesen und Lebedko der stellvertretende Kommandant eines U-Boot-Verbands. Beide befanden sich an Bord der *K-19*, als sich der Zusammenstoß ereignete.

Die Information, dass die *Gato* nach der Kollision in voller Kampfbereitschaft war und dass der Kapitän sein Einsatzprotokoll fälschte, das nun auswies, dass er die Patrouille zwei Tage vor dem Unfall abgebrochen hatte, entstammt einem Titelaufmacher in der *New York Times* vom 6. Juli 1975 von Seymour M. Hersh. Ehemalige *Gato*-Crewmitglieder hatten Hersh mitgeteilt, dass der Waffenoffizier nach dem Zusammenstoß zwei Stockwerke hinuntergelaufen sei und sich auf den Befehl vorbereitete, die Torpedos des U-Boots scharf zu machen, darunter auch solche mit Atomsprengköpfen. »Lediglich eine Authentisierung – entweder vom Kapitän des U-Boots oder vom Ersten Offizier – war erforderlich, um Torpedos für den Abschuss vorzubereiten«, schrieb Hersh. »Der Befehl vom Kapitän der *Gato* blieb aus, weil das sowjetische U-Boot, das offenbar den Überblick verloren hatte, keinen Versuch unternahm, die Verfolgung der *Gato* aufzunehmen.« Hersh zitiert außerdem Mannschaftsmitglieder mit der Behauptung, dass der Kommandant der amerikanischen Atlantikflotte den Kapitän der *Gato* anwies, 25 Kopien eines Berichts höchster Geheimhaltungsstufe vorzubereiten, in dem es heißen sollte, dass das U-Boot seine Patrouille zwei Tage vor dem Datum der Kollision aufgrund einer Propellerstörung abgebrochen hatte. Er sollte außerdem sechs genau zutreffende Berichte vorbereiten, in denen er die Kollision und die Ereignisse unmittelbar danach beschrieb, und sie einem dem Befehl des Kommandanten der Atlantikflotte unterstehenden Truppenteil überreichen. Marinebeamte gaben sowohl die Kollision als auch die Existenz gefälschter Berichte zu.

Die Beschreibung des Werdegangs des verstorbenen *Tautog*-Kapitäns Buele G. Balderston wurde teilweise seiner offiziellen Marinebiografie entnommen. Andere Informationen stammen aus dem Interview mit seiner Frau Irene Balderston. Der Zeitraum für den Einsatz der *Tautog* im Westpazifik – vom 8. Juni bis einschließlich 1. Juli 1970 – wurde dem offiziellen Führungsbericht des U-Boots für dieses Jahr entnommen. Darin wird der Einsatz von Balderston lediglich als »Übungstörn« bezeichnet. Ebenso wie im Atlantik existierte auch im Pazifik zwischen den U-Boot-Kapitänen ein Wettbewerb. Und als Balderston die *Tautog* Mitte 1970 in den Atlantik führte, hatte die USS *Flasher (SSN-613)* unter dem Kommando von Emsley

Cobb gerade eine Presidential Unit Citation für die längste Verfolgung eines sowjetischen Raketen-U-Boots der Hotel-II-Klasse im Pazifik erhalten – sie hatte länger als 20 Tage angedauert.

Bei der Beschreibung der Bedrohung, die sowjetische U-Boote der Echo-II-Klasse für die vor Vietnam operierenden amerikanischen Flugzeugträger darstellten, stützen wir uns auf die freigegebene Studie von R. F. Cross Associates, Ltd., mit dem Titel *Sea-Based Airborne Antisubmarine Warfare 1940–1977*, Band 2, S. 68–70.

Nun, da die Russen über so viele Atom-U-Boote verfügten, machte es die Pazifikflotte der Atlantikflotte nach und hörte auf, Diesel-U-Boote zum Spionieren vor die sowjetische Küste zu schicken. Es war das Ende einer verwegenen Ära, und Diesel-Veteranen prägten den romantischen Ausspruch »Diesel-Boote bis in alle Ewigkeit«, um sie wenigstens in ihrer Erinnerung am Leben zu erhalten. Ein paar Diesel-U-Boote übernahmen noch immer Überwachungsaufgaben in weniger gefährlichen Gegenden, wie etwa im Mittelmeerraum und vor Kuba. Dort befanden sich 1969 und 1970 Spanisch sprechende Spitzel an Bord der Diesel-U-Boote, um es den Sowjets zu erschweren, einen Hafen für russische U-Boote auf Kuba zu errichten. Die Navy überließ später viele der Diesel-U-Boote den kleineren Marinen verschiedener Verbündeter und zog die noch verbleibenden aus dem Verkehr.

Die Kollision der *Tautog* mit dem U-Boot der Echo-II-Klasse wurde der amerikanischen Öffentlichkeit erstmals am 6. Januar 1991 in einer von Drew, Millenson und Becker verfassten U-Boot-Serie offenbart, welche die *Chicago Tribune* und die *Newport News Daily Press* vom 6. bis 11. Januar 1991 abdruckten. Basierend auf den Interviews mit Admiral Thomas H. Moorer, der zum Zeitpunkt der Kollision kurz vor seiner Beförderung vom Chef der Seekriegsleitung zum Vorsitzenden der Vereinigten Stabschefs stand, Konteradmiral Walter L. Small jr., der 1970 Kommandant der U-Boot-Flotte im Pazifik war, und verschiedenen *Tautog*-Crewmitgliedern gibt die Serie die Schlussfolgerung der amerikanischen Behörden wieder, dass die Echo II gesunken war. Sowohl Moorer als auch Small erklärten in ihren Interviews, dass man sie mündlich vom Sinken der Echo II in Kenntnis gesetzt hatte. In einem Interview für das vorliegende Buch behauptete der frühere Verteidigungsminister Melvin Laird, dass er die gleiche tragische Neuigkeit erfahren und sogleich an Präsident Nixon weitergeleitet habe. »Ich habe den Präsidenten informiert. Der Präsident wusste Bescheid.« Danach gefragt, ob er sich an Nixons Reaktion erinnern könne, antwortete Laird: »Nein, er gab nie wirklich preis, was er dachte. Er war jedoch dankbar, die Information erhalten zu haben.«

Auf wiederholte Anfragen der *Tribune* und der *Daily Press* um eine Stellungnahme zu dem Vorfall reagierte die russische Marine nicht. Doch im Frühjahr 1992 gelang es Alexander Mosgovoj, Boris Bagdasarian ausfindig zu machen, den einstigen sowjetischen U-Boot-Kommandanten, der auf der Echo II das Kommando führte, als sie mit der *Tautog* kollidierte. Mosgovoj veröffentlichte Bagdasarians Erklärungen 1992 in einer russischen Zeitung. Er hat sich seither in unserem Interesse mit zahlreichen Fragen an Bagdasarian gewandt. Obgleich ein paar Diskrepanzen zwischen den Erinnerungen Bagdasarians und denen der Mannschaftsmitglieder der *Tautog* bestehen, gibt es keinen Grund anzuzweifeln, dass beide Seiten tatsächlich über ein und denselben Vorfall sprechen.

Kapitel 8: »Oshkosh b'Gosh«

Die wichtigsten Interviews wurden geführt mit einstigen hochrangigen Angehörigen der Marine, des Marinenachrichtendiensts, der CIA und der Nationalen Sicherheitsagentur sowie mit Crewmitgliedern der USS *Halibut*.

Regierungsdokumente, Artikel, Bücher und andere Quellen: Unsere Beschreibung von Petropawlowsk und der Kamtschatka-Halbinsel basiert auf Informationen und Fotos, die uns nach einer Reise von Joshua Handler zur Verfügung gestellt wurden.

Die umfassendste Geschichte der von der Marine entwickelten Sättigungstauchtechniken ist enthalten in *Papa Topside: The SeaLab Chronicles of Captain George F. Bond, USN*, herausgegeben von Helen A. Siiteri (Annapolis, Md., Naval Institute Press, 1993). Bond, der 1983 verstarb, war ein Marinearzt, der Techniken für Taucher entwickelte, die es ihnen gestatten sollten, sich in sehr viel größerer Tiefe aufzuhalten und dort zu arbeiten. Er erstattete John Craven Bericht und beaufsichtigte in den 60er Jahren die Experimente in den SeaLab-Habitaten der Navy. Technische Informationen bezogen wir aus *NOAA Diving Manual: Diving for Science and Technology* (Washington, D. C., U.S. Department of Commerce/National Oceanic and Atmospheric Administration, 2. Auflage, Dezember 1979); wir stießen auf das Buch in der Bibliothek des Navy Yard in Washington, D. C. Bei den Tauchern, die am Anzapfen des Kabels beteiligt waren, handelte es sich weder um SEALs noch um reguläre Marinetaucher, die bei Wartungsarbeiten an Schiffen und U-Booten helfen. Vielmehr waren sie eine besondere Gruppe von Sättigungstauchern, die für die U-Boot-Entwicklungsgruppe 1 arbeiteten, eine Marineabteilung, zu der auch die *Halibut* gehörte. Die Entwicklungsgruppe wurde im August 1967 ins Leben gerufen, um, wie es in einer Marinebroschüre heißt, »als permanentes Marinekommando mit Kapazitäten zur Tiefseesuche, Lokalisierung, Bergung und Rettung« zur Verfügung zu stehen. Anfang der 70er Jahre gehörten zu der Abteilung die *Halibut*, *Trieste II*, *Turtle* und *Sea Cliff* – die beiden Letztgenannten zwei neue Kleinst-U-Boote, die für Bergungen oder die Ozeanerforschung 2000 Meter tief tauchen konnten –, Überwasserschiffe, die ausgerüstet waren, um die U-Boot-Rettungsaktionen zu unterstützen, und ein Rettungs-U-Boot für havarierte Unterseeboote (DSRV). Die Entwicklungsgruppe hatte ihren Hauptsitz in San Diego und verfügte über ein Büro in der Marinewerft auf Mare Island, dem Heimathafen der *Halibut*.

Unsere Informationen über den »40er Ausschuss« basieren vor allem auf zwei Quellen: Seymour M. Hersh, *The Price of*

Power: Kissinger in the Nixon White House (New York, Summit Books, 1983) und dem Abschlussbericht einer parlamentarischen Untersuchungskommission zu den Nachrichtendiensten unter dem Vorsitz des Republikaners Otis G. Pike, der als Abdruck in der *Village Voice* vom 16. Februar 1976 vorliegt.

Ein Beispiel für eine Schlagzeile, die auf die Verschleierungstaktik der Marine im Hinblick auf die *Halibut* hinweist, fand sich in einer örtlichen Zeitung: »Navy offenbart die geheime Rolle eines M.I.[Mare Island]-U-Boots« (*Vallejo Times-Herald*, 25. September 1969). In dem Artikel heißt es, dass die *Halibut* »das Mutter-U-Boot sein wird für die Entwicklung, Installierung und Auswertung eines Rettungssystems, das als notwendig erachtet wurde, um möglichen U-Boot-Verlusten über dem Kontinentalsockel zu begegnen. Zum System gehören eine unabhängige Navigation, Such-, Lokalisierungs- und Personenrettungskapazität mittels eines Rettungs-U-Bootes für havarierte Unterseeboote (DSRV), welches sich an Bord der *Halibut* befinden wird.«

Bei der Beschreibung des Hauptquartiers der Nationalen Sicherheitsagentur stützen wir uns überwiegend auf James Bamfords grundlegende Studie *The Puzzle Palace: A Report on NSA, America's Most Secret Agency* (Boston, Houghton Mifflin, 1982). Frühere CIA-Mitarbeiter behaupten, dass der Versuch, Telefongespräche in den Autos sowjetischer Führer anzuzapfen, endete, nachdem der Washingtoner Kolumnist Jack Anderson darüber in einem Bericht Anfang der 70er Jahre geschrieben hatte. Anderson sagte, dass seine Quelle aus Regierungskreisen ihm mitgeteilt habe, die Operation sei abgeschlossen gewesen, bevor er darüber schrieb. Ein weiteres Abkommen, das 1972 mit den Sowjets erreicht wurde, war das Vorfälle-auf-See-Abkommen, das Mutproben und anderen Schikanen zwischen amerikanischen und sowjetischen Überwasserschiffen ein Ende setzen sollte. Auf Beharren der US-Marine erlegte das Abkommen U-Booten, die unter Wasser operierten, keinerlei Beschränkungen auf.

Das Material unserer Berichte über Abrüstungsverhandlungen entstammt im Wesentlichen drei Büchern: Gerald Smiths *Doubletalk: The Story of SALT 1* (Garden City, N. Y., Doubleday, 1980), Paul H. Nitzes *From Hiroshima to Glasnost: At the Center of Decision – A Memoir* (New York, Grove Weidenfeld, 1989) und Hershs *The Price of Power*. Hershs Werk und Elmo R. Zumwalts jr. *On Watch: A Memoir* (New York, Quadrangle/New York Times Book Co., 1976) enthalten detaillierte Berichte über die Spannungen zwischen Kissinger und Zumwalt.

Der frühere *Halibut*-Oberstabsbootsmann John White kommentierte uns gegenüber die Tatsache, dass er das U-Boot verließ: »Es gibt nicht zu viele Leute, die mit dem, was ich getan habe, durchgekommen sind, ohne degradiert zu werden.« Er gab zu, dass er und die übrigen Oberstabsbootsmänner in der Nacht, in der er sich entschloss, nicht auf die *Halibut* zurückzukehren, Bier getrunken hatten, doch stritt er ab, dass irgendwer betrunken war. »Ich würde allerdings nicht behaupten, so nüchtern gewesen zu sein, wie es ein Richter sein muss«, fügte er hinzu. Er beharrte darauf, dass sein Verlassen des U-Boots während des Einsatzes »überhaupt nichts« mit der Art seiner Mission zu tun hatte und auch keinen Protest zum Ausdruck bringen sollte. Doch weigerte er sich, seine wahren Beweggründe zu nennen.

Kapitel 9: Das 500-Millionen-Dollar-Luftschloss

Die wichtigsten Interviews wurden geführt mit Seymour M. Hersh, William E. Colby, Otis Pike, Aaron Donner, Edward Roeder III. und anderen einstigen Mitgliedern der Pike-Kommission, John P. Craven, ehemaligen Crewmitgliedern der *Glomar Explorer* und einstigen hochrangigen Angehörigen der Marine, der CIA und des Marinenachrichtendiensts.

Regierungsdokumente, Artikel, Bücher und andere Quellen: Einige der Schwierigkeiten, mit denen Hersh bei der Recherche für die *Glomar*-Story konfrontiert war, werden beschrieben von Harrison E. Salisbury in *Without Fear or Favor*: *The New*

York Times and Its Times (New York, Times Books, 1980). William Colbys Memoiren *Honorable Men: My Life in the CIA* (New York, Simon and Schuster, 1978) liefern ebenfalls einen anschaulichen Hintergrund, insbesondere was sein Ringen mit Hersh wegen dessen Artikel über das Ausspionieren im eigenen Land betrifft.

Wir sprachen mehrmals mit Hersh und interviewten Colby einmal, bevor er 1996 starb. Colby räumte ein, als er hörte, dass Hersh einen Tipp über die *Glomar*-Operation erhalten hatte, »jagte [dies] mir einen entsetzlichen Schrecken ein. Mehr brauchte ich nicht zu wissen. Mir war klar, wir hatten ein Problem.« Danach befragt, ob er sich Sorgen gemacht habe, dass die *Glomar*-Operation die Entspannungspolitik bedrohen könnte, antwortete Colby: »Wir wussten immer, dass wir eine heiße Kartoffel in den Händen hielten.« Dennoch, gab er zu, habe Kissinger die Angelegenheit immer »voll unterstützt. Kissinger hatte die Vorstellung, dass es meine Angelegenheit war … mein Problem und mein Geld.« Und Colby blieb hartnäckig dabei, dass der Versuch, die Golf zu heben, das Risiko sehr wohl wert war: »Die Antwort, die ich darauf gebe, ist die Frage: Was hätten die Russen dafür gegeben, wenn sie ein vollständiges amerikanisches U-Boot hätten bekommen können? Die Atomwaffen. Das Führungs- und Leitungssystem. Das Kommunikationssystem. Die Kriegsplanung. All das.« Er wies auch Cravens und Bradleys Idee zurück, einen kleiner dimensionierten Bergungsversuch mit einem tieftauchfähigen Kleinst-U-Boot zu unternehmen. Seine Begründung lautete: »Für jede technische Problemstellung gibt es immer mehrere, unterschiedliche Lösungswege.«

Unsere Beschreibungen der Patrouillengebiete der sowjetischen Yankees und die fortgesetzte Erweiterung des SOSUS-Netzes haben wir entnommen aus *Sea-Based Airborne Antisubmarine Warfare 1940–1977*, Band 2, von R. F. Cross Associates, Ltd. Mehrere Angehörige der U-Boot-Flotte beschrieben in Interviews, wie sie während des Jom-Kippur-Kriegs sowjetischen U-Booten auf den Fersen blieben.

In seinem Interview mit uns gestand Colby, »wirklich genial« bei der Planung der *Glomar*-Operation fand er die Entscheidung, den geheimniskrämerischen Howard Hughes und die Manganförderung zur Grundlage der Vertuschungsgeschichte zu machen. Colby gab außerdem geradeheraus zu, dass trotz der von CIA-Anwälten zusammengestellten juristischen Rechtfertigungen »kein Zweifel an der Tatsache bestand, dass dieses U-Boot entwendet werden sollte. Wenn die Russen gewusst hätten, hinter was wir her waren, dann wäre es für sie legitim gewesen, uns davon abzuhalten.« Colby meinte außerdem, es sei offensichtlich gewesen, dass die CIA die *Glomar* in eine Situation schickte, die potenziell derjenigen der *Pueblo* glich. Danach befragt, was die Mannschaft der *Glomar* getan hätte, wenn die Sowjets versucht hätten, an Bord zu kommen, sagte er: »Vermutlich ausweichen und flüchten.« Er fügte hinzu: »Wir hatten ein gewisses Maß an Schutz. ...Wir hatten eine Abmachung mit der Marine. Sie war nicht weit entfernt in Pearl Harbor«, wo der Marinegeheimdienst gewissenhaft jede nur denkbare sowjetische Funkfrequenz überwachte, während die *Glomar* sich auf See befand.

Einen Großteil unserer technischen Beschreibung der *Glomar*, vor allem, wie sie »Clementine«, ihren stählernen Arm mit den Greifern, beim Bergungsversuch der Golf einsetzte, verdanken wir Roy Varner und Wayne Collier: *A Matter of Risk: The Incredible Inside Story of the CIA's Hughes Glomar Explorer Mission to Raise a Russian Submarine* (New York, Random House, 1978). Collier hatte viele der Ölfeldarbeiter vermittelt, die die riesigen Maschinen der *Glomar* bedienten, und er und Varner interviewten sie und einige Regierungsangestellte später, um einen detaillierten Bericht darüber zusammenzustellen, was sich auf dem Schiff ereignet hatte. Ein weiteres Buch, Clyde Burlesons *The Jennifer Project* (Englewood Cliffs, N. J., Prentice-Hall, 1977), lieferte ebenfalls wertvolle Hintergrundinformationen, insbesondere über die Konstruktion und die technischen Möglichkeiten der *Glomar*. Da fast alles, was über die äußerst geheime *Glomar*-Mission geschrieben wurde,

Fehler enthält, haben wir beide Bücher mit Hilfe unserer Nachrichtendienstquellen sorgfältig überprüft, um keine Irrtümer zu übernehmen.

Hershs Geschichte über die CIA-Inlandsspionage brachte die *New York Times* am 22. Dezember 1974 ganz oben auf ihrer Titelseite mit der über drei Spalten laufenden Schlagzeile »Groß angelegte CIA-Operation in den USA gegen Kriegsgegner und andere Dissidenten während der Nixon-Jahre«. Die CIA der »Überschreitung ihrer Kompetenzen« anklagend, schrieb Hersh, dass sie »eine umfangreiche illegale innerstaatliche Nachrichtendienstoperation« durchgeführt und Dossiers über 10 000 und mehr amerikanische Bürger zusammengestellt habe. CIA-Agenten, so hieß es weiter in dem Bericht, hätten Kriegsgegner beschattet und Antikriegsorganisationen infiltriert. Colby bestand immer darauf – und tat dies auch in unserem Gespräch mit ihm –, dass Hersh das rechte Maß verloren habe, indem er das Wort »umfangreich« verwendete. Colby ergänzte in unserem Interview: »Wir haben uns mit ein paar Dingen beschäftigt, von denen wir besser die Finger gelassen hätten.« Doch sagte er auch: »Wenn er auf das Wort ›umfangreich‹ verzichtet hätte, dann hätten wir seine Aussagen nur sehr schwer anfechten können.« Colby fügte hinzu, dass er Hershs Geschichte damals öffentlich angriff, weil es »gut hätte sein können, dass die CIA über ihr zerbrach. Ich habe um das Überleben der CIA gekämpft.«

Colbys Methoden, die Nachrichtenagenturen von einer Veröffentlichung der *Glomar*-Geschichte abzuhalten, wurden beschrieben von Salisbury in *Without Fear or Favor* und in zwei Zeitungsberichten, die sich auf freigegebene CIA-Dokumente stützten: George Lardner jr. und William Claibornes »CIA's *Glomar* ›Game Plan‹« in der *Washington Post* vom 23. Oktober 1977 sowie von demselben Autor »Colby Called *Glomar* Case ›Weirdest Conspiracy‹« in der *Washington Post* vom 5. November 1977. Jack Andersons Gründe dafür, dass er die *Glomar*-Geschichte in seiner Radio-Show brachte, sind nachzulesen in dem Artikel von Martin Arnold »CIA Tried to Get

Press to Hold up Salvage Story« in der *New York Times* vom 20. März 1975.

Die beste Analyse des Scheiterns der *Glomar*-Operation ist noch immer Hershs erster Bericht, der erste ausführliche Artikel vom 19. März 1975 auf der ersten Seite der *New York Times*: »CIA Salvage Ship Brought up Part of Soviet Sub Lost in 1968, Failed to Raise Atom Missiles«. Hersh interviewte außerdem Wayne Collier ausführlich für einen Nachfolgebericht: »Human Error Is Cited in '74 *Glomar* Failure« (*New York Times*, 9. Dezember 1976). Hersh unterliefen ein paar Fehler wie etwa die zu hoch angegebene Zahl der Leichen, die zusammen mit einem Teil der Golf geborgen worden waren. Doch indem er beschrieb, wie wenig die *Glomar*-Operation erbrachte, traf er genau den Punkt, während die *Washington Post* durchweg behauptete, die Operation sei relativ erfolgreich gewesen, und das *Time*-Magazin in einem Artikel von einem vollständigen Erfolg sprach, bei dem die ganze Golf geborgen worden sei. In unserem Interview gab Colby, der sich anfangs geweigert hatte, überhaupt etwas über die *Glomar*-Operation zu sagen, schließlich zu, dass nur ein Teil der Golf gehoben werden konnte, während er behauptete, dass einige der durch die Golf gewonnenen Informationen durchaus »nützlich« gewesen seien.

Hershs Story über die Holystone-Operationen – »Submarines of U.S. Stage Spy Missions Inside Soviet Waters« – erschien am 25. Mai 1975 auf der ersten Seite der *New York Times*, sein Nachfolgebericht über die *Gato*-Kollision am 6. Juli 1975 ebenfalls in der *New York Times*.

Unsere Beschreibungen der Ergebnisse der Pike-Kommission entstammen ihrem Abschlussbericht, wie er in der *Village Voice* am 16. Februar 1976 abgedruckt wurde. Nachdem das Parlament abgestimmt hatte, den Bericht nicht zu veröffentlichen, wurde er der *Village Voice* durch den altgedienten CBS-Nachrichtenmann Daniel Schorr zugespielt, der die Ereignisse in seinem Buch *Clearing the Air* (Boston, Houghton Mifflin, 1977) beschreibt.

Die wichtigsten Interviews wurden geführt mit einstigen hochrangigen Mitarbeitern des Marinenachrichtendiensts, Beamten des Weißen Hauses und Crewmitgliedern der USS *Seawolf* und USS *Parche*.

Regierungsdokumente, Artikel, Bücher und andere Quellen: Um uns Aufschluss über Präsident Jimmy Carters Hintergrund als U-Boot-Offizier und die Richtlinien der Verteidigungspolitik unter seiner Regentschaft zu verschaffen, bedienten wir uns zweier seiner Bücher: *Why Not the Best?* (Nashville, Broadman Press, 1975) und *Keeping Faith: Memoirs of a President* (New York, Bantam Books, 1982). Unsere Beschreibung der Einsatzbesprechung über die Aktivitäten der für »Sonderaufgaben« vorbehaltenen U-Boote basiert auf Gesprächen mit einstigen hochgestellten Beamten, die Kenntnis von ihr hatten. Weil die Entscheidung, ein zweites sowjetisches Kabel an einem anderen Ort anzuzapfen, von so heikler Natur ist, sollten wir betonen, dass Richard Haver mit uns zu keinem Zeitpunkt je über die Anzapfstelle in der Barentssee gesprochen hat. In der Tat haben wir sogar bewusst darauf verzichtet, in diesem oder dem nächsten Kapitel irgendjemanden als Handlungsträger zu beschreiben, der mit uns über diese Operation gesprochen hat.

Der Rückzug sowjetischer Raketen-U-Boote in ihre Bastionen wurde in den 80er Jahren ganz allgemein in einer Reihe von Artikeln besprochen, wie etwa in den *U.S. Naval Institute Proceedings* und in der *Submarine Review*. Eine hervorragende Darstellung der ursprünglich divergierenden Meinungen von führenden Marinemitarbeitern und Analytikern darüber, was der sowjetische Schachzug zu bedeuten hat, findet sich in Gregory L. Visticas *Fall from Glory: The Men Who Sank the U.S. Navy* (New York, Simon and Schuster, 1995). Vistica, ein früherer Reporter der *San Diego Union-Tribune*, der mittlerweile für das Nachrichtenmagazin *Newsweek* arbeitet, beschäftigt sich in seinem Buch vor allem mit dem Tailhook-Sexskandal und einigen der Probleme innerhalb der Führung der amerikanischen Marine, die unvermeidlich zu diesem Skandal geführt haben. Doch er vertieft sich auch in die Frage, wie der Marinenachrichtendienst sich seine Meinung über die Bedrohung durch die Sowjets bildete und wie er mit dem im November 1980 von einem Satelliten erbrachten Beweis umging, dass die Sowjets einen Flugzeugträger bauten. Visticas Buch enthält auch die erste veröffentlichte Beschreibung der Einsatzbesprechung von Präsident Ronald Reagan über U-Boot-Spionage vom 6. März 1981. Zusätzlich sprachen wir mit Beamten, die bei dieser Besprechung anwesend waren, ebenso mit Mannschaftsmitgliedern der USS *Besugo (SS-321)* – des Diesel-U-Boots, auf dem der Film *Die Höllenhunde des Pazifik* gedreht wurde –, die Reagan beim Einüben der Kommandos beobachteten und das Einstürzen des Piers miterlebten.

Die Informationen über den Drogenmissbrauch auf der *Seawolf* und der *Parche* kamen von den Mannschaftsmitgliedern dieser Schiffe. Frederick H. Hartmanns Buch *Naval Renaissance: The U.S. Navy in the 1980s* (Annapolis, Md., Naval Institute Press, 1990) gibt einen guten Einblick, wie sehr dieses Problem die gesamte Marine erfasste. Er zitiert aus einem in den 80-er Jahren vom Verteidigungsministerium in Auftrag gegebenen Gutachten über Drogenmissbrauch, dem zufolge 47 Prozent der Befragten in der Marine und bei den Marines zugaben, Marihuana zu konsumieren. Hingegen waren es bei der Armee nur 40 und bei der Air Force 20 Prozent. Nur zwei Prozent bei der Air Force gaben die Verwendung von Kokain an, verglichen mit sechs Prozent bei der Armee und elf Prozent bei der Marine. Beunruhigt durch diese Zahlen und andere, ähnliche Erhebungen, gab Admiral Thomas B. Hayward, der Chef der Seekriegsleitung, im Dezember 1981 ein Video heraus, das jedem Mitglied der Navy gezeigt werden musste. Hartmann gibt wieder, wie Hayward auf diesem Video ein neues Programm namens »Stolz und Professionalität« ankündigt und diejenigen, die sich des Drogenmissbrauchs schuldig machen, streng verwarnt: »Nicht hier, nicht während meiner Wache, nicht in meiner Division, nicht auf meinem Schiff und auch nicht in meinem Geschwader, nicht in meiner Navy.« Dieses Programm, das einherging mit einer großen Zahl willkürlicher Drogentests, reduzierte den verbotenen Drogengebrauch in der Navy erheblich.

Die Termine der Einsätze von *Seawolf* und *Parche* sind den offiziellen Kommandoberichten der jeweiligen U-Boote entnommen, die sich in den Archiven der Marine befinden. Ebenfalls hilfreich war das »Fahrtenbuch«, ein Album mit Fotos, Insiderwitzen und Dienstplänen, das von einigen Mannschaftsmitgliedern der *Seawolf* zusammengestellt und jedem gegeben worden war, der die Mission von 1981 mitgemacht hatte. Was den gewaltigen Sturm betrifft, der sich über dem Ochotskischen Meer zusammengebraut und die *Seawolf* in Nöte gebracht hatte, so informiert darüber das *Mariners Weather Log* (veröffentlicht vom U.S. Department of Commerce/National Oceanic and Atmospheric Administration) 26, Nr. 2 (Frühling 1982), S. 89; dieser Band gibt Aufschluss über Wetterberichte für Oktober, November und Dezember 1981.

Kapitel 11: Die Kronjuwelen

Die wichtigsten Interviews wurden geführt mit ehemaligen Angehörigen der amerikanischen Geheimdienste und ehemaligen Mannschaftsmitgliedern der USS *Parche*.

Regierungsdokumente, Artikel, Bücher und andere Quellen: Nach Ende des Kalten Kriegs stellte der KGB Fotos von einer der beiden geborgenen Abhöranlagen, ergänzt durch einige der Aufzeichnungsgeräte, die sich im Inneren befunden hatten, im Museum des russischen Ministeriums für Staatssicherheit, im berüchtigten Lubjanka-Gefängnis, aus. Bei einem Besuch wurde unserem russischen Mitarbeiter Alexander Mosgovoj eine kleine Plakette auf dem Aufnahmegerät gezeigt, die es als Eigentum der amerikanischen Regierung auswies. Russische Beamte teilten Mosgovoj mit, dass die Anlage etwa 60 Kilometer entfernt von der Kamtschatka-Halbinsel im Ochotskischen Meer gefunden worden sei. Sie sagten außerdem, eine der

Anlagen sei eindeutig neuer gewesen als die andere und habe über kompliziertere Aufzeichnungsgeräte in ihrem Inneren verfügt, die sich in großem Umfang der neuen Mikroprozessortechnologie bedienten. Die Russen bestätigten, dass die Anlagen durch Atomstrom betrieben wurden und etwa 125 Tage am Stück betrieben werden konnten. Mosgovoj erhielt sogar ein Foto von der Abhöranlage.

Waldo K. Lyon half uns durch Gespräche bei dem Abschnitt des Kapitels, der in den Bereich seiner eindrucksvollen Sachkenntnis fällt: die physikalischen Eigenschaften arktischen Meereises und ihre Auswirkungen auf die U-Boot-Kriegsführung. Lyon bemühte sich in den 80er Jahren unermüdlich, Vertreter der Marine dazu zu bewegen, seine Erkenntnisse stärker einzubeziehen. Lyon, Jahrgang 1914, hat sich lange Zeit mit einer Energie und Leidenschaft, die für zwei Männer gereicht hätten, hineingekniet. Er engagierte sich, auch als er bereits über 70 Jahre alt war, weiterhin für das Arktislabor – außerdem war er amerikanischer Seniormeister im Badminton. Mit bereits über 80 Jahren bekämpfte er noch einen im Jahr 1997 gefassten Beschluss, das Gebäude einzureißen, in dem sich einer der wenigen Pools der Welt befand, der groß genug war, dass Wissenschaftler darin arktisches Meereis »ziehen« und wissenschaftliche Experimente durchführen können. Lyon, der im Mai 1998 starb, wollte das Labor intakt einmotten lassen, damit im Falle eines Krieges die Forschungen rasch wieder aufgenommen werden könnten. Es war ihm unverständlich, warum die U-Boot-Flotte nicht einsah, wie wichtig es war, die Anlage zu erhalten. Seiner Meinung nach bewiesen die Taktiken der Deutschen im Zweiten Weltkrieg und die Hinwendung der Sowjets zum arktischen Eis, dass potenzielle Feinde sich wieder dieser fast undurchdringlichen Deckung bedienen würden, um amerikanische Ziele an Land und auf See zu attackieren. Er vertrat die Auffassung, dass sich selbst ein einfaches Diesel-U-Boot unter dem Eis verstecken könne und dass die Vereinigten Staaten ohne weitere diesbezügliche Studien verwundbar blieben.

Eine weitere ausgezeichnete Quelle für die ersten zwei oder

drei Jahrzehnte von Lyons Arbeit ist »The Reminiscences of Dr. Waldo K. Lyon«, eine 297 Seiten umfassende Aufzeichnung in der Sammlung mündlicher Überlieferungen im U.S. Naval Institute in Annapolis, Maryland.

Die phantastische Szene, in der Admiral Rickover Präsident Reagan aufforderte, Lehman daran zu hindern, ihn, Rickover, in Rente zu schicken, wird vollständig wiedergegeben in der Einführung des Buches von John F. Lehman jr., *Command of the Seas: Building the 600-Ship Navy* (New York, Charles Scribner's Sons, 1988). Rickovers »Vergeltungsschlag« – ein Foto von Benedict Arnold neben dem von John Lehman aufzuhängen – wird erwähnt in Rockwells *The Rickover Effect* (S. 364).

Rickover war noch immer eine Ikone, doch selbst ein paar U-Boot-Veteranen waren der Meinung, dass es an der Zeit für ihn war zu gehen – und dass die Forderungen seiner Beamten für Reaktorsicherheit außer Rand und Band geraten waren. Im Jahr 1981 trat ein U-Boot-Kapitän, Fregattenkapitän Ed Linz, von seinem Kommando auf der USS *Kamehameha (SSBN-642)* zurück, um damit gegen die Handhabung des U-Boot-Programms zu protestieren. Er erklärte, ein Großteil der Offiziere habe so wenig Zeit, sich mit seemännischen Fertigkeiten zu befassen, dass eines Tages ein Atom-U-Boot auf Grund laufen würde, »weil es an der Kompetenz bezüglich der Grundlagen von Navigation und Schiffshandhabung fehlt; die Aufzeichnungen des Reaktorkontrollbereichs hingegen würden beim Auflaufen in bestem Zustand sein.« Rickover starb im Juli 1986.

»Odyssee 82« war der Name eines Fahrtenbuchs, das die Mannschaft der *Parche* in diesem Jahr zusammengestellt hatte.

Admiral Watkins' Bemerkung darüber, dass die Arktis ein ausgezeichnetes Versteck für sowjetische U-Boote darstellt, wurde zitiert von Compton-Hall in *Sub Versus Sub*, S. 97. In einem längeren Interview legte Admiral Watkins uns außerdem dar, warum er der Auffassung war, dass die amerikanische U-Boot-Flotte den Sowjets auch unter dem Eis hätte Paroli bieten können. Außerdem beschrieb er einige der Schachzüge, derer er selbst und andere sich bedienten, um die Russen psychologisch einzuschüchtern. Mit zu den faszinierendsten Begleiterscheinungen gehört Watkins' Entscheidung, dem U.S. Naval Institute – einer privaten, nicht-kommerziellen Organisation, die eng mit der Navy zusammenarbeitet – 1984 die Veröffentlichung der ersten Auflage von Tom Clancys Roman *Jagd auf Roter Oktober* zu gestatten, obwohl einige Admirale fürchteten, dass die Sowjets auf diese Weise vielleicht zu viel über die Möglichkeiten amerikanischer U-Boote erfahren könnten.

Watkins teilte uns mit, dass etwa zwei Drittel der technischen Informationen in Clancys Roman zutreffend sind. Das verbleibende Drittel jedoch ist falsch und überbewertet die Fähigkeiten amerikanischer U-Boote. Als Clancy sein Manuskript der Navy vorlegte, um die erforderliche Unbedenklichkeitserklärung einzuholen, entschloss sich Watkins, statt die Veröffentlichung zu blockieren oder die Fehleinschätzungen des Autors zu korrigieren, das Buch so in Druck gehen zu lassen, wie es war. »*Jagd auf Roter Oktober* hat uns einen Gefallen getan«, erklärte er. »Die Sowjets schluckten es sozusagen, und wir hatten die Schlacht gewonnen. Somit war das Buch ein wichtiger und kostenloser Bestandteil der U-Boot-Abschreckung.«

Mit dem gleichen Ziel, erzählte Watkins, übermittelte er den Sowjets »Signale«, indem er 1986 die Veröffentlichung von Gutachten über die neue, nach vorn gerichtete amerikanische Marinestrategie in den *U.S. Naval Institute Proceedings* zuließ. Einige der Kongressabgeordneten zweifelten die Richtigkeit seiner Entscheidung an, doch meinte er, den Sowjets über diese Art von öffentlicher Erklärung mitzuteilen: »Riskiert weder einen Konflikt noch einen konventionellen Krieg mit den Vereinigten Staaten, denn sonst steckt ihr in einem Hornissennest. Eines dieser Hornissennester befindet sich auf See, und dagegen habt ihr keine Chance.« Die Veröffentlichung des Romans wie der Strategie demonstrierte, so Watkins, dass »wir sowohl über die notwendige Entschlossenheit als auch über die erforderlichen Pläne verfügten.«

Ein anderer früherer Mitarbeiter sagte aus, dass die Navy als Bestandteil dieser psychologischen Kriegsführung gegen die Sowjets die Suche des Unterwasserexperten Robert D. Ballard nach dem Wrack der *Titanic* finanziell unterstützte. 1985 fand Ballard die *Titanic* und untersuchte das Wrack im Jahr darauf mit der Hilfe des Mini-U-Boots *Alvin*. Der Mitarbeiter erklärte, Ziel der Unterstützung von Ballards medienwirksamer Mission sei es gewesen, den Sowjets zu zeigen, dass »wir Dinge unter Wasser finden und in sie hineinsehen können«, damit sie glaubten, dass »wir nicht nur kleckern, sondern auch klotzen können«. All diese Anstrengungen, die Russen zu beunruhigen und sie glauben zu machen, dass sie mit den Vereinigten Staaten nicht mithalten konnten, wurden Watkins zufolge von dem inzwischen verstorbenen CIA-Direktor William Casey unterstützt.

Ein Großteil der Informationen über das stürmische Jahr 1983 in den amerikanisch-sowjetischen Beziehungen stammt aus George Shultz' *Turmoil and Triumph: My Years as Secretary of State: The Memoirs of George P. Shultz* (New York, Charles Scribner's Sonns, 1993). Der Verfolgungswahn, der von Andropow und anderen KGB-Mitarbeitern Besitz ergriffen hatte, wird lebendig beschrieben in Kapitel 13 von Oleg Gordiewskys und Christopher Andrews *KGB – Die Geschichte seiner Auslandsoperationen von Lenin bis Gorbatschow* (München, C. Bertelsmann, 1990).

Admiral Watkins erläuterte die Notwendigkeit, die Zweitschlagkapazität auf U-Booten zu verbergen, folgendermaßen: »Die Aufgabe strategischer Abschreckung auf See ist nicht der Erstschlag. Sie wird vielmehr als ›Strategie der Kriegsbeendigung‹ bezeichnet. Da passt sie hin. Der Erstschlag sollte natürlich von ballistischen Interkontinentalraketen durchgeführt werden. Landgestützte Flugkörper waren der potenzielle Erstschlag und haben von allen Abschreckungsmitteln vermutlich die destabilisierendste Wirkung.

Die Seestreitkräfte verfügten zwar über eine große Zahl an Sprengköpfen, sie waren jedoch Bestandteil der Strategie der

Kriegsbeendigung, die die Frage aufwirft: Wie kann man eine solche Auseinandersetzung gewinnen? Wer gewinnt? Nun, wir wissen beide, dass sie in Wahrheit niemand gewinnen kann. Doch wird der Gewinner der Schlacht weitgehend bestimmt durch das, was er nach dem ersten Waffengang noch übrig hat. Und obwohl dies ein heimtückisches Spiel ist und ich keineswegs behaupte, dass ich es besonders mag, ist dies nun einmal die Wirklichkeit, wenn man auf beiden Seiten offensive Waffen als strategische Abschreckung und nicht als strategische Verteidigung begreift.«

Watkins sagte außerdem, er sei fest davon überzeugt, dass die Sowjets keinen Erstschlag planten. »Wir teilten den Vereinigten Stabschefs und dem Präsidenten mit, wozu wir unserer Meinung nach in der Lage waren und warum wir meinten, dazu in der Lage zu sein, und fühlten uns, glaube ich, sehr sicher damit. Dieses Selbstvertrauen wurde den Russen auf vielfältige Weise vermittelt – durch unsere unerschütterliche Entschlossenheit, die wir bei den Beschlüssen zu den Zwischenfällen auf See zur Schau stellten, durch die Art, wie wir Besprechungen durchführten, durch die Offenlegung unserer Marinestrategie, durch die Informationen, die ihre Nachrichtendienste über den hohen Entwicklungsstand, die Fähigkeiten und Kapazitäten unserer U-Boot-Flotte sammelten, durch eine ganze Reihe anderer Veröffentlichungen und in die Welt gesetzter Spekulationen und so weiter, über einen langen Zeitraum.

Ihre Informationsbeschaffung war gut, und wir wollten, dass sie wussten, wie selbstbewusst wir waren. Das spielt eine wichtige Rolle. Es geht nicht darum, da oben anzugreifen und einen Haufen ihrer Raketen-U-Boote zusammenzuschießen, damit sie auch ja nie den Erstschlag führen. Nein. So würden weder sie ihre U-Boot-Flotte einsetzen noch wir die unsere.

Die Angelegenheit ging viel tiefer. Die U-Boot-Flotte war die Rückendeckung, könnte man sagen, um einen atomaren Waffengang zu unterstützen, und unsere Aufgabe war es natürlich, eine Abschreckung aufzubauen, die den ersten Schritt zu einem unklugen Schritt machen würde, und genau das haben wir getan. Und ich bin der Meinung, dass unsere Strategie uns entscheidend geholfen hat, die Russen während des Kalten Kriegs in die Knie zu zwingen. Weil sie diesen Kampf eben nicht gewinnen konnten. Und warum sollten sie dann also die Angelegenheit fortführen?«

Bob Woodward erwähnte als Erster Admiral Butts Vorschlag, ein Kabel in die Barentssee zu legen, um sowjetische Telefonleitungen in Echtzeit abzuhören, in seinem Buch *Veil: The Secret Wars of the CIA 1981–1987* (New York, Simon and Schuster, 1987). Das Werk liefert außerdem die bisher beste veröffentlichte Beschreibung davon, wie die Sowjets die Abhöranlage im Ochotskischen Meer fanden und wie die amerikanischen Geheimdienste und das Weiße Haus die *Washington Post* davon abzuhalten suchten, das zu veröffentlichen, was ihr 1986 über die Abhöraktionen bekannt war. Doch obwohl *Veil* Butts kostspielige Pläne darlegt, erwähnen weder Woodwards Storys in der *Post* noch sein Buch, dass die Navy bereits ein sowjetisches Kabel in der Barentssee anzapfte.

Die bisher einzigen Hinweise darauf, dass die US-Marine etwas mit angezapften Telefonleitungen in der Barentssee zu tun hatte, finden sich in Form von kurzen Einlassungen in drei anderen Büchern, die Butts Vorschlag ebenfalls erwähnen: Angelo Codevilla, ein früherer Mitarbeiter des Senats, der die Budgets der Nachrichtendienste in den Jahren 1977 bis 1985 zu prüfen hatte, stellt in *Informing Statecraft: Intelligence for a New Century* (New York, Free Press, 1992) fest, welch großen Wert die Abhöranlage im Ochotskischen Meer gehabt hatte, so dass »die amerikanische Regierung Anfang der 80er Jahre ein mehrere Milliarden Dollar teures Projekt in Betracht zog, mit dessen Hilfe der Informationsfluss einfacher und unmittelbarer erfolgen sollte. Dieser Plan beinhaltete das Anzapfen eines sowjetischen Unterwasserkabels in der Nähe der nordwestlichen Stadt Murmansk mit einem amerikanischen Kabel, das dann, vergraben im Sand des Europäischen Nordmeers und der Grönlandsee, bis nach Grönland führen sollte. Dieses Eindringen in das sowjetische Kommunikationsnetz würde bewirken, dass die Amerikaner narrensicher und rechtzeitig gewarnt würden, falls die Sowjets einen Krieg anfingen.« Codevilla fügt hinzu, dass diese Idee später »einem klassischen Gnadenstoß der Bürokratie« zum Opfer fiel. »Mächtige Fraktionen innerhalb der CIA und der Nationalen Sicherheitsagentur wandten sich gegen das direkte Anzapfen des Kabels, weil es teuer gewesen wäre und Geld von bereits laufenden Programmen abgezogen hätte« (S. 163–164). In *Fall from Glory* zitiert Greg Vistica eine namentlich nicht genannte Quelle aus dem Verteidigungsministerium mit der Aussage, dass die Marine Pläne für einen Unterwasserpflug erst erwogen, dann aber verworfen habe, »der ein Kabel von Grönland direkt bis zu den Abhöranlagen an der Nordküste der Sowjetunion legen und damit die Dienste der U-Boote überflüssig machen würde« (S. 72). Und in *The Universe Below* erwähnt Bill Broad, der aus einem Gespräch mit Codevilla zitiert, die Kabelanzapfaktion zunächst im Ochotskischen Meer und ihre spätere Wiederholung in der Barentssee. Das amerikanische Kabel hätte, so ergänzt er, aus Glasfaser und so lang sein müssen, dass die Zwischenschaltung von Verstärkern erforderlich gewesen wäre, um die Signale überhaupt empfangen zu können. Broad stellt außerdem fest, dass das Projekt – »ein gewaltiges Unterfangen auf dem Meeresboden, mit nichts vergleichbar, was je zuvor versucht worden war« – schließlich der teuerste Einzelposten im Budget des Marinegeheimdienstes gewesen sei, bis »der Stecker am Ende doch gezogen« worden sei (S. 82–83). Vor dem Erscheinen des vorliegenden Buchs hat niemand über das Anzapfen von Telefonleitungen in der Barentssee durch die Navy geschrieben, und niemand hat bisher die *Parche* als das U-Boot identifiziert, das die Abhöranlagen angebracht hat, oder erwähnt, wie umfangreich und gefährlich diese Operationen waren.

Zwei Bücher enthalten die vollständige Geschichte von John Walker und seinem Spionagering: John Barrons *Breaking the Ring: The Bizarre Case of the Walker Family Spy Ring* (Boston, Houghton Mifflin, 1987) und Pete Earleys *Family of Spies*:

Inside the John Walker Spy Ring (New York, Bantam Books, 1988). John Lehman offerierte seinen makabren Rat hinsichtlich der Bestrafung Walkers in *Command of the Seas* (S. 133–134). Studemans Einschätzung der von Walker verursachten Schäden war Bestandteil einer eidesstattlichen Erklärung, die er im Prozess gegen Jerry Whitworth verfasste. Sie befindet sich in den Akten des U.S. District Court for the Northern District of California und ist als Kopie enthalten in den Unterlagen des Senate Select Committee on Intelligence, »Meeting the Espionage Challenge: A Review of United States Counterintelligence and Security Programs« vom 23. September 1986. Die Geschichte vom Verrat der Firma Toshiba, die den Sowjets zur Herstellung besserer Propeller hypermoderne Fräsen verkauft hat, ist vollständig dokumentiert in Ralph Kinney Bennetts Beitrag »The Toshiba Scandal: Anatomy of a Betrayal« (*Reader's Digest*, Dezember 1987). Im Fall von Ronald Pelton haben wir uns vorrangig auf die Darstellungen des Prozesses durch Woodward, Patrick Tyler, Susan Schmidt und Paul W. Valentine in der *Washington Post* und durch Stephen Engelberg und Philip Shenon in der *New York Times* verlassen. Rich Havers Auftritt vor dem Nachrichtendienstausschuss des Senats und eine Zusammenfassung seines Berichts über das Auffliegen der Abhöranlage im Ochotskischen Meer wurde für uns von einem ehemaligen Regierungsbeamten beschrieben, der mit beidem vertraut war.

Unsere Zitate aus der Unterhaltung von Reagan und Gorbatschow stammen aus *Turmoil and Triumph*, Kapitel 36 (»What Really Happened at Reykjavík«), von George Shultz. Shultz bemerkt in diesem Buch, dass er sich für gewöhnlich bei seinen Zusammentreffen mit politischen Schlüsselfiguren sorgfältige Notizen machte.

Interessanterweise legte Shultz in einem Interview mit uns dar, dass er riskante, »militärisch orientierte« Spionagemissionen wie das Anzapfen von Kabeln befürworte, dass er aber dennoch glaube, die meisten geheimen Nachrichtendienstoperationen seien überbewertet. »Die wichtigsten Informationen –

daran müssen die Leute sich eben erinnern – erhält man, indem man einfach die Augen aufmacht«, so Shultz. »Ich möchte hier keine großen Unterschiede zwischen einzelnen Zeitungen machen, aber für mich waren Berichte von Bill Keller, der für die *New York Times* schrieb, immer besonders lohnenswert, ganz egal, wovon sie auch handelten. Er hatte keine geheimen Quellen oder irgend so etwas. Er war einfach ein kluger Kopf, der viel herumkam.

Und ich bin der Meinung, im Allgemeinen erhält man durch die Berichte des Außenministeriums, die sich zugänglicher Quellen und einfacher Beobachtung bedienen und Kontakt zu den Leuten suchen, das grundlegende Bild. Manchmal wird man sogar von den Informationen, zu denen man nur im Geheimen Zugang gefunden hat, in die Irre geleitet. Denn man hat doch immer das Gefühl, dass die Dinge, die man auf irgendwelchen geheimnisvollen Wegen erfahren hat, außerordentlich wichtig sein müssen.« Lachend fügte er hinzu: »Und es kann durchaus sein, dass gerade diese Informationen nicht halb so wichtig sind wie die offenkundigen.«

Kapitel 12: »Vertrauen ist gut, Kontrolle ist besser«

Die wichtigsten Interviews wurden geführt mit Admiral Carl Trost und anderen derzeitigen und ehemaligen Marineangehörigen.

Regierungsdokumente, Bücher, Artikel und andere Quellen: Admiral Crowe beschreibt Marschall Achromejews Besuch ausführlich in Kapitel 16 von *The Line of Fire*. Admiral Trost schilderte in einem Gespräch mit uns das Treffen mit Achromejew im »Tank« der Vereinigten Stabschefs ebenso wie seine eigenen Reisen nach Russland und seine Rückschlüsse auf die sowjetische Marine. Achromejew beging nach dem gescheiterten Putsch gegen Gorbatschow 1991 Selbstmord.

Die Aktivitäten des U-Boot-Geschwaders Elf waren Bestandteil seines Jahresführungsberichts für 1988.

Bush schrieb an Gorbatschow, um den Sowjets Hilfe anzu-

bieten, nachdem ihr Prototyp einer neuen, modernen kern-
kraftgetriebenen Angriffs-U-Boot-Klasse namens »Mike« 450
Kilometer nördlich von Norwegen 2500 Meter tief auf den
Grund des Meeres sank. Vorangegangen war ein Feuer an
Bord, bei dem 42 Mitglieder der Mannschaft ums Leben ka-
men.

Abschriften der Reden, die 1990 vor der Jahresversammlung
des Marine-U-Boot-Verbands (Naval Submarine League) gehalten wurden, sind in der Vierteljahresschrift der Organisation, *Submarine Review*, in einer späteren Ausgabe dieses Jahres zu finden. Die Rolle, die amerikanische Angriffs-U-Boote
im Golf-Krieg spielten, und Einzelheiten über die neue Marinestrategie, die »Operationen von See aus« vorsah, wurden in
zahlreichen Zeitungsartikeln und Broschüren der Navy beschrieben. Die US-Marine veröffentlichte einen Bericht über
Nachforschungen zur Kollision der USS *Baton Rouge*. Außerdem bezogen wir Informationen über diese Kollision und jene
der *Grayling* aus Zeitungsartikeln, die in der *New York Times*
und in der *Washington Post* erschienen, denen wir auch das Zitat des namentlich nicht bekannten höheren Beamten entnommen haben, der sich darüber wundert, ob Marinemitarbeiter
»überhaupt Zeitung lesen«, bevor sie solche Einsätze in Angriff
nehmen.

In den größeren Tageszeitungen wie auch in den *U.S. Naval
Institute Proceedings* und in der *Submarine Review* sind zahlreiche Beiträge erschienen, in denen die Pläne und die Leistungsfähigkeit der neuen *Seawolf* und des NSSN genannten Angriffs-U-Boots beschrieben wurden wie auch die Bereitschaft
der U-Boot-Flotte, erhebliche Einschnitte in Kauf zu nehmen.
Die Gewohnheit der *Submarine Review*, alle Reden von hochrangigen Marinemitarbeitern, die auf den Versammlungen des
Marine-U-Boot-Verbands gehalten wurden, abzudrucken, hat
es uns leicht gemacht, den Überblick über die Veränderungen
in der U-Boot-Flotte, angefangen bei neuen Technologien bis
hin zu neuen Aufgaben und Missionen, zu bewahren. Ein in
der allgemeinen Presse kürzlich erschienener Artikel – Richard

J. Newman: »Breaking the Surface« (*U.S. News & World Report* vom 6. April 1998, S. 28–42) – bietet ebenfalls eine verständliche Zusammenfassung dessen, worauf die U-Boot-Flotte sich heutzutage konzentriert.

In zwei Beiträgen wurde die Verlegung der USS *Parche* von Mare Island in einen neuen Hafen im Staat Washington kommentiert: Ed Offleys »Secret Nuclear Navy Submarine Finds New Home« im *Seattle Post-Intelligencer* (unter diesem Titel erschien der Bericht zugleich auch in der *Times-Picayune* [New Orleans]) vom 24. November 1994 und Lloyd Pritchetts »Will Top-Secret Sub Be Able to Slip into Area Quietly?« in der *Bremerton Sun* vom 8. August 1994.

Sowohl Offleys als auch Newmans Berichte legen nahe, dass der Iran und China ein geeignetes Ziel für neue Anzapfaktionen der *Parche* sein könnten.

Epilog

Gates' Entscheidung, das Video von dem Seebegräbnis für die Golf-Männer nach Moskau mitzunehmen, wurde letztlich angeregt durch die Tatsache, dass die Vereinigten Staaten Russland veranlassen wollten, Informationen über in Vietnam als vermisst gemeldete amerikanische Soldaten beizubringen. »Zuvor haben wir den Sowjets nie irgendetwas bestätigt, es sei denn in einem sehr vagen Sinne«, äußerte er in einem Interview. »Kurz nach dem Zusammenbruch der UdSSR ließ die Bush-Regierung den Russen durch Mittelspersonen mitteilen, dass wir ihnen nicht mehr darüber sagen konnten, was sich auf der Golf bzw. *Glomar* ereignet hatte. Doch als wir dann anfingen, die Russen darüber zu befragen, was aus den amerikanischen über Vietnam abgeschossenen Piloten geworden war und ob irgendwelche amerikanische Kriegsgefangenen nach Russland geschafft und dort festgehalten worden seien, wollten sie jedes Mal wissen: ›Und was ist mit unseren Jungs in dem U-Boot?‹«

Damals teilte die Regierung den Russen nur mit, dass es

keine Überlebenden und nur weit verstreute Wrackteile gab. »Später«, sagte Gates, »als ich meine Reise vorbereitete, schien es mir so, dass die Versicherung, dass der Kalte Krieg vom Standpunkt der CIA vorüber war, für die Russen von symbolischem Wert sein könnte.« Und dann entschied er sich, ihnen Informationen über die *Glomar* zukommen zu lassen. Er wollte die Russen damit überraschen, erzählte er. »Wir teilten den Russen nicht mit, was ich im Gepäck hatte. Wir sagten nur, dass ich ein Geschenk für Jelzin hätte, das von historischer und symbolischer Bedeutung sei. Sie konnten kaum abwarten herauszufinden, worum es sich handelte. Zur Abwechslung bewahrten wir das Geheimnis einmal bis zum Schluss. Ich nehme an, Aldrich Ames wurde nicht ins Bild gesetzt.«

Anhang A: U-Boot-Kollisionen

Die wichtigsten Quellen waren amerikanische und sowjetische bzw. russische U-Boot-Fahrer und Marineangehörige, Joshua Handler, Alexander Mosgovoj und Zeitungsberichte, die im Text genannt werden.

Anhang B: Die sowjetische U-Boot-Flotte: Unfälle und Katastrophen

Die wichtigsten Quellen waren amerikanische und sowjetische bzw. russische U-Bootfahrer und Marineangehörige und entsprechende Artikel in russischen Zeitungen und Zeitschriften. Der detaillierte Bericht über den Reaktorunfall auf der *Hiroshima* basiert auf einem Artikel mit der Überschrift »Iwan Kulakow Versus a Nuclear Reactor«, der im Mai 1991 in der Zeitschrift *Soviet Soldier* erschien (S. 28–31).

Seit dem Ende des Kalten Kriegs ist die russische Marine weit offener mit den Ereignissen der Vergangenheit umgegangen als die amerikanische, und zahlreiche Beiträge sind in der russischen Presse erschienen, die sich mit U-Boot-Katastrophen und damit zusammenhängenden Problemen befassen. Unser Rechercheur Alexander Mosgovoj schrieb einige dieser Berichte für verschiedene Presseorgane. Mehrere Berichte befassten sich mit den Vorkommnissen auf der *K-19* und dem Drama des Reaktorunfalls, bei dem im Jahr 1961 acht Mannschaftsmitglieder den Tod fanden. (Weitere 22 Männer starben schließlich an den Folgen der Verstrahlung.) Die Episode, an der die USS *Baltimore* und ein sowjetisches U-Boot der Zulu-IV-Klasse beteiligt waren, wurde erstmals 1991 in einer Serie in der *Chicago Tribune* und der *Newport News Daily Press* (Virginia) veröffentlicht.

Danksagungen

Die meisten der U-Boot-Fahrer und Geheimdienstmitarbeiter, die uns bei diesem Buch geholfen haben, machten ihre Anonymität zur ausdrücklichen Bedingung und nahmen große Risiken auf sich, indem sie überhaupt mit uns sprachen. Anfangs waren wir überrascht, wie freundlich viele von ihnen uns willkommen hießen und wie bereitwillig sie uns Zugang zu ihrem Leben und ihren Geheimnissen gewährten. Im Rückblick ist uns klar geworden, dass unser Buch ihnen zum ersten Mal die Gelegenheit bot, die Ereignisse mitzuteilen, die die besten und zugleich quälendsten Tage ihres Lebens ausmachten. Ihr Bedürfnis zu reden war ebenso groß wie unser Wunsch, denjenigen Aspekt einer Ära zu untersuchen, der bisher weitgehend unerforscht und unveröffentlicht geblieben war.

Einige dieser Männer waren dazu in der Lage, uns offen zu unterstützen, und wir nennen ihre Namen hier mit großem Stolz. Wir stellten den ausgezeichneten russischen Militärjournalisten Alexander Mosgovoj ein, damit er hohe russische Marineoffiziere und U-Boot-Fahrer interviewte und uns so ihre Version der Geschichte zugänglich machte. Joshua Handler, der überall in Russland Nachforschungen über sowjetische U-Boot-Unfälle und ihre Folgen für die Umwelt anstellte, ermöglichte dies, indem er uns mit Alexander Mosgovoj bekannt machte, und Joshs Frau Sada Aksartova übersetzte seine Berichte. Mosgovojs Sohn Wasilij half uns ebenfalls. Auf der amerikanischen Seite brachte John Craven uns mit seinen ganze Bände füllenden Maximen und mit seinem koboldhaften Schalk zum Lachen. Er half uns, die schwierigsten technischen

Themen zu verstehen, teilte dabei mit uns nicht nur seine Vision von der Tiefsee, sondern auch die seiner Anhänger und Gegner (die sich darüber lustig machten). Wir wollen uns außerdem bei Rafael C. Benitez und Harris M. »Red« Austin von der USS *Cochino* bedanken, weil sie uns die Ära nahe brachten, in der die U-Boot-Spionage ihren Anfang nahm. Otis G. Pike, Aaron Donner und Seymour M. Hersh ließen uns daran teilhaben, was sie erlebten, als sie vor 20 Jahren versuchten, erstmals ernsthaft einen Blick in das verborgene Reich der U-Boot-Operationen zu Zeiten des Kalten Kriegs zu werfen. Waldo K. Lyon erklärte uns geduldig die komplexen Eigenschaften arktischen Eises. Hinzu kommen eine ganze Reihe von Personen, die sich besondere Mühe dabei gaben, uns weiterzuhelfen, sowie Männer, die den folgenden Veteranengruppen angehören: Naval Submarine League (im Text Marine-U-Boot-Verband), United States Submarine Veterans, Naval Intelligence Professionals, U.S. Naval Cryptologic Veterans Association und Association of Former Intelligence Officers.

Schließlich gebührt unser Dank Harry Disch vom Scientists Institute for Public Information, der uns trotz des Zögerns der Navy eine Ausfahrt in einem U-Boot ermöglichte, indem er uns in einer Tour der sechsten Flotte unterbrachte, die er für Militärpublizisten arrangiert hatte. Wir möchten uns außerdem bei Diane Wilderman bedanken, deren Mann Alvin B. Wilderman, Kapitän der USS *Plunger (SSN-595)*, 1971 in der Nähe der Golden-Gate-Brücke von gewaltigen Wellen über Bord gespült wurde. Sie und viele andere Ehefrauen von U-Boot-Fahrern ließen uns sehr gut verstehen, wie sich die Risiken, die die Männer bei jedem ihrer U-Boot-Einsätze eingingen, auf ihre Familien auswirkten.

Trotz all dieser Unterstützung gab es in den fünf Jahren von 1993 bis 1998 Zeiten, in denen wir uns fast überfordert fühlten mit der Aufgabe, die verborgene Geschichte von vier Jahrzehnten zu erzählen, während wir uns zugleich bemühten, in einer Verlagswelt zurechtzukommen, die ihre eigene wirre Metamorphose durchlief. Ohne die Hilfe unserer Agentin Esther

Newberg von ICM hätten wir das nie geschafft. Mit ihr im Rücken wussten wir, dass wir uns auf das Wichtigste konzentrieren konnten – nämlich dieses Buch zu schreiben. Es ist uns gelungen, mit dem Schweigen und der Geheimniskrämerei fertig zu werden, weil wir uns darauf verlassen konnten, dass sie es mit allem und jedem aufnehmen würde. Sie wuchs außerhalb von New London, Connecticut, auf, beobachtete dort das Ein- und Auslaufen der U-Boote und fragte sich, was sie da draußen wohl taten. Sie war es, die uns mit sicherer Hand durch die Ränke der Verleger in Manhattan manövrierte. Sie ist eine der stärksten, liebevollsten und besten Frauen, die wir kennen, und wir sind außerordentlich froh darüber, dass sie auf unserer Seite ist. In ihrem Büro waren erst Amanda Beesley und dann Jack Horner immer bereit, uns anzufeuern. John De Laney, der Rechtsanwalt von ICM, war ebenfalls ein bemerkenswerter Verbündeter und guter Freund. Helen Shabason, Agentin für Film und Dokumentationen bei ICM, hat sich ebenfalls unermüdlich für unsere Sache eingesetzt. Außerdem möchten wir uns bei Robert Asahina bedanken, der schon sehr früh das Potenzial dieses Projekts erkannte.

Es war Esther, die uns zu Peter Osnos, dem Verleger von Public Affairs, brachte. Peter rief den Verlag Public Affairs ins Leben, weil er davon überzeugt ist, dass es Bücher gibt, die über das Tagesgeschehen hinausgehen, dass Journalisten und Historiker einen Anspruch darauf haben, gehört zu werden, und dass es »gute Bücher über wichtige Themen« geben kann und muss. Wir sind sehr stolz darauf, zu den Ersten zu gehören, die bei ihm veröffentlichen. Peter wies uns dazu Lektor Geoff Shandler zu, der uns half, immer wieder zum Kern der Sache zurückzufinden. Geoff ist überzeugt, dass Lektoren und Autoren noch immer zusammenarbeiten können und dass ein Lektor mehr zu tun hat, als Verträge für Manuskripte abzuschließen und Verkaufszahlen im Auge zu behalten. Es war diese Überzeugung, verbunden mit seinem bemerkenswerten Talent, die uns in der Schlussphase über die letzten Hürden half. In besseren Händen hätten wir gar nicht sein können. Er und Robert Kimzey, Cheflektor von Public Affairs, trugen entscheidend dazu bei, unserem Buch seine äußere Gestalt und seine Ausstrahlung zu geben. Lisa Kaufman, Mary-Claire Flynn, Erica Brown, Kate Darnton und Gene Taft von Public Affairs waren ebenfalls eine große Hilfe.

Wenn ein Buchprojekt einen ganz und gar in Beschlag nimmt, dann muss es immer andere, viele andere geben, die die losen Zügel aufnehmen. Wir alle drei möchten den Menschen danken, die hinter uns standen und für uns eingestanden sind.

Von Sherry Sontag

An erster Stelle will ich mich bei meinen Eltern, Marvin und Sandra Sontag, bedanken. Wenn ich schreibe, rede ich eigentlich mit ihnen. Ich danke außerdem meinen Schwestern und ihren Männern, Lauren Sontag Davitz und Michael Davitz sowie Aviva und Yedidiah Ghatan, wie auch meinem Bruder Avi und seiner Frau Freyda Sontag. Sie ließen nie nach in ihrer Unterstützung, obwohl mich die Arbeit an meinem Buch oft für lange Zeit von ihnen und den Sprösslingen des Sontag-Klans fernhielt: Tova, Josh, Shoshana, Shira, Matt, Ariella, Gabriel und Zachary.

Doreen Weisenhaus von der *New York Times* ermutigte mich, als ich noch beim *National Law Journal* arbeitete, meine Stimme als Autorin zu finden, und war mir seither die beste Mentorin und eine enge Freundin. James Finkelstein, mein Verleger beim *Law Journal*, ließ mich nie vergessen, dass das Leben auch nach diesem Buch weitergehen würde. Gemeinsam mit Deidre Leipziger und Claudia Payne von der *New York Times* waren sie mir alle eine unfehlbare Stütze und hervorragende Lehrer.

Holly, Bob, Emily und Anya Carter waren immer bereit, sich U-Boot-Geschichten und alles mögliche andere anzuhören; Gleiches gilt für Jon Stewart, Alexis Thomason, Julianne, Greg und Peter Genua, Joe Gallant sowie Bethany Birkett und Larry Howard, die mir mit Liebe und Weisheit in den schwierigen

Phasen Beistand leisteten. Michael Dalby, Lima Kim, Shirley Loci, Mala Feit, Manfred Fulda, Martin Weidner und seine Söhne Chris und Josh, Carlos und Marina Trovar, Mark Peterson, Chris DeMarco, Michael Whitlow und Joan Yager waren immer für mich da, wenn Not am Mann war, was häufig vorkam. Ohne sie alle hätte ich es nie geschafft.

Edgar Ievins investierte endlos viel Zeit und Mühe, kümmerte sich um meine Katze während der Monate, in denen ich mit der Recherche beschäftigt war, und erledigte einen Großteil des alltäglichen privaten wie beruflichen Papierkrams für mich. Julie Whitney sorgte dafür, dass ich mich entspannte und die kleinen Fortschritte des Buches zu würdigen wusste, während sie zugleich die noch vor mir liegende Arbeit freundlich ignorierte.

Tim Sheetz und Gary Leib von AT&T Global Information Solutions hielten den von uns bei der Recherche verwendeten Laptop auch dann noch am Leben, als er seine natürliche Lebensdauer bereits überschritten hatte. Barry Sears, ebenfalls Autor, und sein Bruder Doug Sears standen uns mit Rat und Tat zur Seite.

Noch viele andere haben sich als hervorragende Freunde erwiesen und die Zügel immer dann übernommen, wenn es nötig war. Zu ihnen gehören Leah Dilworth, Rick Birkett, Debra Strell, Carol Neal, Carl Allocco, Ruth Stone, Jane und Emily Hall, Jeanie Walsh, James O'Conner, Jodi Lambert, Mike Taranto, Jeremy Lampel, Rob Childs, Rob Wolfson, Larry Vedilago, Walt Bogdanich, David Millman, Paula Lovejoy, Brian Hoffman, Judith Spindler, Cara Hogue, Ann Day, Greg (Tauron) Mitchell, Lissie Mitchell, Mike Mullen, Kim Brewer, Randy Cooper, Bruce Harlan Boll, Ernie Foster, Tom Hruby, Josh Mills, Harvey Goldschmid, James M. Milligan, Dominick Oliveri, Martin Baskin, Robert From, Richard Klein, Julie Mitnick, Lila Nachtigal, Donald Rubell, Adriana Semnicka, Anna Sposej, Maria und Juaquin Valdez, Gene Andre, die Truppe bei Muffin und die Leute bei Marin Management. Mein besonderer Dank gilt Maggie Hopp und Ché Graham, die die Autorenfotos für das Buch und die Verlagsvorschau machten.

Schließlich möchte ich noch Mary O'Connor Spinner und meinen Großeltern Sydell und Abraham Bockstein sowie Harry und Dora Sontag danken. Ich wünschte, sie hätten dieses Buch lesen können. Sie werden mir immer fehlen.

Von Christopher Drew und Annette Lawrence Drew

Auch wir möchten an erster Stelle und vor allem unseren Eltern, Brüdern, Schwestern und anderen Verwandten danken. Chris' Eltern Leon und Helen Drew, seine Schwestern Cynthia Drew und Laura Bussey, Lauras Ehemann David und ihre Tochter Chelsea sowie Jane Stevens gaben uns ihre Liebe und Unterstützung. Annettes Mutter Maxine S. Lawrence, selbst eine begabte Rechercheurin, zeigte ihre enorme Liebe und Geduld, war immer verständnisvoll und munterte uns auf. Annettes Geschwister und deren jeweilige Partner – Mark und Catherine Lawrence, John und Priscilla Lawrence, Paul und Mary-Elise Lawrence Soniat sowie Betsy Lawrence – waren über die gesamte Entstehungszeit hinweg immer mit Unterstützung und Ermutigung zur Stelle. Eine von Annettes Tanten, Irma M. Stiegler, meldete sich sogar freudig für die mühevolle Aufgabe, in einer öffentlichen Bibliothek tagelang für uns alte Zeitungsberichte zu kopieren. Gedankt sei auch noch einmal meinem verstorbenen Vater John W. Lawrence, der in allen Dingen nach Vortrefflichkeit strebte; er ist mir ein großartiges Vorbild.

Chris möchte den leitenden Redakteuren bei der *New York Times* – Joseph Lelyveld, Bill Keller, John M. Geddes, Soma Golden Behr, Dean Baquet, Glenn Kramon, Joyce Purnick und Matt Purdy – insbesondere dafür danken, dass sie die Flexibilität aufbrachten, die erforderlich war, um das Projekt durchzuziehen. Andere bei der *Times* – Stephen Engelberg, Jeff Gerth, Michael Wines, Steven Erlanger, Philip Shenon, Don Van Natta, Lizette Alvarez und Adam Liptak – stellten uns ebenfalls großzügig ihre Dienste zur Verfügung.

Chris und Sherry fingen an, sich für U-Boot-Spionage zu interessieren, als Chris eine Serie von Berichten für die *Chicago Tribune* koordinierte, die den Schleier der Geheimniskrämerei, die um die U-Boot-Einsätze veranstaltet wurde, zu lüften begann. Die Serie wurde im Januar 1991 gemeinsam von der *Tribune* und ihrem Schwesterblatt, der *Newport News Daily Press*, veröffentlicht. Insbesondere das Interesse der letztgenannten Zeitung an dem Thema war aufgrund der geographischen Nähe zu einer der bedeutendsten mit U-Boot-Bau befassten Schiffswerften des Landes entsprechend groß. Michael L. Millenson, damals Reporter bei der *Tribune*, und Robert Becker, damals Korrespondent der *Daily Press* in Washington und heute Berichterstatter bei der *Tribune*, verschrieben sich dem Projekt ebenfalls. Jill Olmsted, Ruth Lopez, Mary Ann Akers und Linda Harrington übernahmen einen Teil der Recherche. Nicholas M. Horrock, damals der stellvertretende Ressortleiter für Nachrichten aus Washington bei der *Tribune*, und Jack W. Davis jr., Direktor und Verleger der *Daily Press*, verfolgten unsere Anstrengungen sowohl als wunderbare Freunde wie auch als zwei der besten Lehrmeister des investigativen Journalismus, die Amerika besitzt. Jack und seine Frau Mimi haben uns während des langen Entstehungsprozesses dieses Buchs die Tür zu ihrem Zuhause geöffnet und uns außerdem Zugang zur Bibliothek und zum Fotoarchiv der *Daily Press* gewährt. Will Corbin, Chefredakteur der *Daily Press*, erwies sich ebenfalls als äußerst hilfsbereit.

Mehrere Freunde nahmen uns während der Recherche bei sich auf oder trugen auf andere Weise zum Gelingen des Projekts bei: Curt und Sharon Hearn, Leonard und Rhoda Dreyfus, Richard F. Hoefer, Annie Tin, Cindy Lerner und ihre Söhne Elliot und Austin, Eric und Gaby Shilakis, Jeff und Sarah Kestner, Terry Atlas, Peter und Kate Goelz, Mimi Read, Charlie Burke und George Wallace. Robert Becker und seine Frau Karen Heller blieben standhaft in ihren Ermutigungen ebenso wie Michael Tackett und Julie Carey, Husein und Carol Jafferjee, Mike Karras und Kathy Macor, Don und Meryl McCusker, Brian und Eileen Machler, James T. High jr. sowie Jeffrey T.

Werner, der unübertroffen in seinem Enthusiasmus dafür war, auch noch das letzte Detail über die U-Boot-Flotte zu erfahren.

Von uns allen

Alle drei wollen wir mehreren militärischen und politischen Analytikern danken, die uns bei unserer Arbeit jederzeit unterstützt haben: William M. Arkin, Bruce G. Blair, Richard J. Boyle, Dr. Michael Gold-Biss, Chuck Hansen, Hans M. Kristensen, Barry M. Posen, Jeffrey Richelson, Richard Russell und Zong-Yee Willson Yang.

Allen Mitarbeitern des Naval Historical Center in Washington, D. C., die uns ihr Interesse und ihre Unterstützung entgegenbrachten und ihre Fachkenntnisse vermittelten, bringen wir größte Dankbarkeit entgegen: Kathleen Lloyd und Bernard F. Cavalcante von der Abteilung für operative Einsatzberichte (Operational Archives Division), John C. Reilly jr. und seinen Mitarbeitern von der Abteilung für Schiffsgeschichte (Ships' History Branch) sowie den Mitarbeitern der Bibliothek im Naval Historical Center. Wir danken außerdem den Angestellten in Bibliothek und Museum der U-Boot-Flotte im Marine-U-Boot-Stützpunkt in Groton, Connecticut, sowie Arlyn Danielson und Aldona Sendzikas vom USS *Bowfin* Submarine Museum and Park in Honolulu. Für den Zugang, den sie uns zu den umfassenden Beständen des Naval Institute und insbesondere zu seinen ausgezeichneten mündlichen Überlieferungen verschafft haben, danken wir Paul Stillwell und Linda O'Doughda. Sue Lemmon, Historikerin auf Mare Island, war eine unschätzbare Hilfe bei der Rettung historischer Unterlagen, als der Stützpunkt im Zuge der Entspannungspolitik geschlossen wurde. Besonderen Dank schulden wir Kathy Vinson und den Mitarbeitern des Defense Visual Information Center sowie Bill Tiernan vom *Norfolk Virginian-Pilot*.

Für ihre Unterstützung bei der Nachforschung zu verschiedenen U-Boot-relevanten Themen danken wir Rhonda Coleman vom *Vallejo Times-Herald*, Alex S. Weinbaum III und

John M. Pfeffer von der Free Library of *Philadelphia*, Wendy Sheanin vom *San Francisco Chronicle*, Stephen Johnson vom *Huston Chronicle*, Dorothy Marsden und Tom Lucy vom Vallejo Naval and Historical Museum, Axel Graumann vom National Climatic Data Center im U.S. Department of Commerce, National Oceanic and Atmospheric Administration, T. J. Tucker vom Naval Safety Center in Norfolk, Virginia, Dennis Filgren von der Harry S. Truman Presidential Library, Michelle Dzyak von der Penn State University, den Mitarbeitern der Martha Washington Library in Fairfax County, Virginia, und den Mitarbeitern der Research Correspondence Division der National Geographic Society.

Besonderen Dank schulden wir außerdem den wunderbaren Männern, die wir im Verlauf des Projekts kennen lernten und die dafür gesorgt haben, dass diese Geschichte aufgeschrieben werden konnte, bevor sie für alle Zeiten verloren ging. Unter ihnen war eine ganze Reihe großartiger U-Boot-Fahrer und ausgezeichneter Nachrichtenoffiziere, die in den vergangenen Jahren verstorben sind, darunter Bernard A. »Chick« Clarey, Frederick J. »Fritz« Harlfinger II, Roy S. Benson, Levering Smith, Ray S. Cline und der Wissenschaftler Waldo K. Lyon. Wir sind sehr froh darüber, dass wir ihre Geschichten noch hören durften.

Bildnachweis

Im Jahr 1900 erwarb ...: U.S. Navy

Fast 100 Jahre später ...: Electric Boat Company

Dieses letzte Foto ...: Freundlicherweise zur Verfügung gestellt von Harris M. Austin

Porträt Benitez: U.S. Navy, freundlicherweise zur Verfügung gestellt von Rafael C. Benitez

Die Tusk *war mit ...*: U.S. Naval Historical Center

Die Männer der Cochino *...*: Foto und Text freundlicherweise zur Verfügung gestellt von Harris M. Austins Sohn, Richard M. Austin

»Red« Austin ...: Freundlicherweise zur Verfügung gestellt von Richard M. Austin

Die Gudgeon *und ähnliche ...*: Freundlicherweise zur Verfügung gestellt von einem Mitglied der *Gudgeon*-Mannschaft

Überzeugt, dass sich ...: Electric Boat Company

Die Nautilus war ...: Electric Boat Company

Wenn der Präsident ...: U.S. Navy

John Craven träumte ...: U.S. Navy Photographic Center, R. P. Allan, 1969

Noch bevor ein Tieftauchboot ...: U.S. Navy, aufgenommen von einem Mannschaftsmitglied der *Trieste II*

Die Halibut *hatte ...*: U.S. Navy

Als Craven die Ingenieure von Westinghouse ...: für dieses Buch gemachte Aufnahme

Fregattenkapitän C. Edward Moore ...: U.S. Navy

Die Scorpion befand sich ...: U.S. Navy Naval Historical Center, freundlicherweise zur Verfügung gestellt von H. John R. Holland

Craven (links), Harry Jackson und ...: U.S. Navy

Der zertrümmerte Rumpf der Scorpion *...*: U.S. Navy

Fregattenkapitän ...: Newport News Daily Press (Virginia)

Über die Autoren

Sherry Sontag ist Journalistin. Bevor sie sich der Arbeit an *Jagd unter Wasser* zuwandte, war sie fest angestellte Korrespondentin des *National Law Journal*. Dort schrieb sie über die Sowjetunion, internationale Politik und Skandale in den Bereichen nationale Sicherheit und Banken. Davor arbeitete Sontag für die *New York Times*. Die gebürtige New Yorkerin verfügt über einen Abschluss der Journalistenschule der Columbia University und des Barnard College.

Christopher Drew hat sich dem investigativen Journalismus verschrieben und betreut als Redakteur Sonderprojekte bei der *New York Times*. Er schloss sich der *Times* 1995 an, nachdem er fast ein Jahrzehnt lang im Washingtoner Büro der *Chicago Tribune* gearbeitet hatte. In dieser Zeit verfasste er Berichte über nationale Sicherheit und erhielt zwei Auszeichungen von der White House Correspondents' Association. Drew schrieb außerdem für das *Wall Street Journal* und die *Times-Picayune* in New Orleans, wo er geboren und aufgewachsen ist und seinen Abschluss an der Tulane University machte.

Annette Lawrence Drew, die Rechercheurin des Buchs, wurde an der Princeton University in Politikwissenschaften promoviert. Sie ist mit Christopher Drew verheiratet und lebt mit ihrem Mann und ihrer Tochter Celia in Montclair, New Jersey.

Personen- und Sachregister